清代法律与清代政治

林乾——著

三联书店

Copyright © 2024 by SDX Joint Publishing Company.
All Rights Reserved.

本作品版权由生活·读书·新知三联书店所有。
未经许可，不得翻印。

图书在版编目（CIP）数据

清代法律与清代政治 / 林乾著 . -- 北京：生活·
读书·新知三联书店 , 2024. 8. -- ISBN 978-7-108-
07883-4

Ⅰ. D929.49；D691
中国国家版本馆 CIP 数据核字第 2024S6U953 号

责任编辑　陈富余
装帧设计　刘　洋
责任印制　卢　岳
出版发行　生活·讀書·新知三联书店
　　　　　（北京市东城区美术馆东街 22 号 100010）
网　　址　www.sdxjpc.com
经　　销　新华书店
印　　刷　河北松源印刷有限公司
版　　次　2024 年 8 月北京第 1 版
　　　　　2024 年 8 月北京第 1 次印刷
开　　本　635 毫米 × 965 毫米　1/16　印张 39.5
字　　数　588 千字
印　　数　0,001 - 3,000 册
定　　价　99.00 元
（印装查询：01064002715；邮购查询：01084010542）

目 录

自 序 1

一 总论

论中国古代廷议制度对君权的制约 2

从"法与天下共"论传统中国法权与君权的关系 15

中国古代权、法关系的演变 37

论传统中国法律信仰缺失的成因 62

二 清代立法与法律适用

清朝法律的重构与国家治理效能的强化 72

清会典、则例的性质及其与律例的关系 97

清代吏治腐败的法律诱因
——以"完赃减等"例为中心的考察 111

《户部则例》与清代民事法律探源 126

关于《户部则例》法律适用的再探讨 144

清代旗、民法律关系的调整
——以"犯罪免发遣"律为核心 172

聚众定例：清代法律重刑化的转折　195
清代乾隆时期群体性事件的法律控制及其效果考察　211
讼师对法秩序的冲击与清朝严治讼师立法　222
清朝以法治边的经验得失　245
从陈布统案论清代前期的"部院之争"　267

三　清代政治与权力运行

满族形成时期的二元文化特质与清的统一　288
巡按制度罢废与清代地方监督的弱化　303
康熙统一台湾的战略决策　314
论康熙时期的朋党及其对清初政治的影响　324
康熙第六次南巡前后的皇、储矛盾　335
雍正时期对西藏管理的制度化过程　356
论雍正帝相度"万年吉地"的几个问题　379
清代前期的抑绅政策及其社会意义　391
咸丰后督抚职权的膨胀与晚清政治　401

四　清代社会与结构转型

法律视域下的清代疫灾奏报与防治　414
论清代太医院的防疫职能　435
从叶塘包讼案看讼师的活动方式及特点　453
一个讼师家庭的两代上诉史　477
刑部郎中成"讼棍"
　　——嘉道严惩"讼师"的扩张解释　506

清代聚众行为的法律控制

　　——以讼师庄午可聚众抗法案为核心　539

包世臣游幕经世初论　556

新喻漕案与包世臣罢官

　　——探究文献背后的真相　575

自　序

本书是我从事教学研究以来，公开发表的清史及相关论文的部分结集。主要内容涵盖政治与法律两大主题。这也是我个人多年研究的旨趣所在。

政治制度在中国古代王朝的运行体系中始终处于支配地位，而皇权无疑是其中枢。为减少君主的个人"独断"，从而将国家重大决策纳入规程中议决，自秦朝建立以来，就逐渐确立了历代王朝衣钵相承的廷议制度。就历史的趋向而言，参与廷议的人员构成愈加广泛，议决的事项军国要务无所不包，议决结果可以"两议"或"多议"呈现。这堪称制度体系中对君权的制约。汉代著名政论家贾谊，从君主自身的综合素养出发，将其分为上、中、下三类，说上主可以引而向上，不可引而向下；下主可以引而向下，不可引而向上；中主可以引而向上，也可以引而向下。而在历史的长河中，上主、下主都甚少，绝大多数属于中主。由此他得出结论：中主"得善佐则存，不得善佐则亡"（《新书》卷第五），身边的大臣尤为重要。这无疑是对《尚书》"君明臣良"论断的一大发散。被誉为清朝第一疏的《三习一弊疏》，其作者孙嘉淦的着眼点也是"君心"本身。当我们跳出"好皇帝""坏皇帝"的惯性思维与评价，把讨论的重点转移到具有纲性约束的制度和法律层面时，似乎更能清晰透视君权在国家运行体系中的实际作用。特别值得注意的是，汉初以来通过对秦政的总结和批判，"人君所与天下共者，法也"，"法者，国家所以布大信于天下也"成为主流思想，进而在唐律中首次出现将"人主权断"加以严格限制的法律，"辄引制敕断罪"与"断罪不具引律令格式"，构成罪刑法定原则的基本条款，并与宰相副署制度、政事堂制度等，共同构成"律令政治"。换言之，汉唐政治与法律文明的呈现，乃至在东亚诸国的影响日趋扩大，说到底是君权在整体的制度和法律仪轨上运行。反之，宋明以来，君权及其运行逐渐挣脱制度和法律的双重约束，进而成为"独制天下而无所制"的集权统治，法律也从"天下之法"蜕变为黄宗羲所批判的"一家之法"。为了将清史的研究置于历史的"长时段"中，在"清承明制"的思考维度下，以上构成"总论"部分的主要观点。这一部分讨论的重点是中国古代君权的运行及其与法律之间的关系。

清朝是以满洲贵族为主体建立的中国古代最后的王朝。其游牧与农耕并重的鲜明二元文化特质，植根于关外时期，并在入关后的相当长时间深刻影响其国家治策。清朝统治者善于学习和总结，又不拘守"明制"汉法，以"实行"为施政主调。早在崇德元年（1636），即改国号伊始，清太宗就提出金世宗史称"小尧舜"，何以数十年而亡的"太宗之问"，其结论是"废骑射以效汉俗"。一个多世纪后的乾隆十七年（1752），高宗旧事重提，并在宫廷显要处（紫光阁）及圆明园等地竖立"训守冠服骑射碑"，民间俗称"下马必亡碑"。清朝在总结明亡的教训中，认为言路过盛过强，监察过多过滥，致使言论恣肆，朋党繁兴，政府效率低下，进而朝政不纲，国家遂而衰败。因而在顺治十八年（1661）断然废止为顾炎武所极称的有明一代家法——巡按制度，并将惩治朋党、抑制地方绅权作为治政的发力点，一以贯之。清朝解决了明朝废除丞相制后遗留下来的"杂糅"问题，进而使得专制皇权达到极点，这就是道光时期梅曾亮所说的本朝"事权之一，纲纪之肃，推校往古，无有伦比"，"大小省督抚开府持节之吏，畏惧凛凛，殿陛若咫尺，其符檄下所属吏，递相役使，书吏一纸揉制若子孙，非从中复者，虽小吏毫发事，无所奉行"。国家权力的高度统一及治理效能的极大提高，达到了古代王朝的巅峰。我一直认为，权力的运行如同钟摆一样，需要一定的振幅才能维持正常运转；而权力又是一个复杂繁冗的大系统，每一个有机体都构成复杂系统的重要一环。咸同时期的太平天国运动，是打破这一有机体正常运转的"大事件"，按照法国年鉴学派的观点，作为"事件"的历史只能归入"短时段"来考察，但如果把清朝近三百年的历史作为"长时段"，该"事件"无疑具有"中时段"的影响；它改变了整体权力结构，道光以前一百七十年的"无有伦比"已不复存在。面对军功督抚集团的崛起，清朝试图重振中央集权，但纷至沓来的内外变局，使得这些努力尽管在短时期也收到一定成效，但无法从根本上改变权力下坠的总趋向。显然，"势"已不在清朝一边。以上内容纳入本书的第三部分。这一部分还讨论了康雍时期在收复台湾、治理西藏方面的对策与制度演变。而废止巡按制度后，总体改变了行政与监察并行不悖的既往权力架构，尽管雍正帝试图通过扩大密折制弥补地方监察的缺失，但督抚专政一方的问题一直困扰着清朝统治者，并在乾嘉时期显露出来。

清朝是在部落基础上建立起来的王朝，它保存了自部落战争到国家草创直至王朝覆亡近三百年间数千万件原始档案。正如孟森先生所说，"改《实录》一事，遂为清世日用饮食之恒事，此为亘古所未闻者"，欲改即改，"毫无存留信史之意"（《读清实录商榷》）。因而，档案在清史研究中具有不可替代的独特价值。清朝法律的"全过程"研究，既为我们解读中国法律的早期起源问题提供了一个鲜活的样本，同时，大量利用原始档案，也使得清朝法律的实证研究成为可能。纳入本书第二部分的内容，都是在利用大量档案的基础上，对清代立法与法律适用等问题的探讨。如果说本人在清朝法律史的研讨中，有一孔之得，就是充分利用档案展开研究。清朝君临天下后，如何在"首崇满洲"的前提下，主动融入中华文化的主体中，表现在立法上，就是通过最初的"增损明季之旧章"，进而用了一百多年的时间，重新构建了符合其自身发展的法律体系。这套庞大体系既包括了律例本身，也包括会典、各部院则例等在内的"部门法"体系，还包括学界未曾关注的法律"通行"。如晏斯盛于乾隆九年（1742）所上的《请除田土买卖找赎积习事》，就是通过户部议复，最后以"通行"的法律形式颁发各省执行的。而该"通行"在现存的清朝各律例版本中，并不存在，但又确实在援用。通过档案还可以知道，清朝立法的高峰不在《大清律例》颁布的乾隆五年（1740），而恰恰在其颁行后的二十年间。同时，清朝统治者在很大程度上摒弃了儒家法的固有传统，在"以实心行实政"的思想指导下，高擎"奉法者强则国强"的理念。可以说，清朝是秦朝以后历代王朝中，法制化程度最高的时期。不但乾隆帝将律例置诸座右，每届秋审，与诸臣往复辨析；而且，"官吏皆习故态，虽小利害至微浅辄袖手，委重律令"（梅曾亮：

《柏枧山房诗文集》，上海古籍出版社，2005年，第20页）。通过六部则例、处分则例等，构建了"其法不得不密"的完整行政处罚体系。

清代经过康熙、雍正两朝七十多年的休养生息，在诸多经济政策的综合作用下，由人口增长而驱动的社会结构转型和变革在乾隆时期拉开帷幕，这种渐进式转变至嘉道时期发生急剧性跳跃。纳入本书第四部分的内容，讨论的重点是从社会结构转型的独特视角，重新认识和解读一直被研究者所忽略的嘉道时期。在大量利用档案的基础上，聚焦群体性事件、官民冲突、漕案积案、讼师健讼等影响王朝稳定及兴衰的重大问题，通过包世臣罢官及游幕经历，探讨中国步入近代前夜所面临的，传统社会所不曾有过的诸多挑战，以及法律的应对及其效果。乾嘉社会转型问题，需要学界共同努力探讨。从法律的视角看，这些转型期所发生的诸多社会问题，既有内部因素，也有外部影响。为解决这些问题，被誉为"国医"的包世臣，主动向当道者兜售他的救世良方，他敏锐地认识到，是既得利益的权贵阶层，阻碍了任何深层次的改革。道光十二年（1832），户部掌印给事中孙兰枝在《条陈江浙两省钱贱银昂商民受弊各情及去除积弊办法事》一折中，详尽计算了嘉庆以来银贵钱贱给各行业特别是国家财政造成的损失，以及社会问题的外部经济根源。孙兰枝籍隶浙江，他的上奏来自亲身调查，理据非常充分，道光帝将其交给两江总督陶澍等人悉心筹议。但帝国积弊已深，因循政治不能解决哪怕是皮毛的问题，更何谈根本性变革。

历史是客观发生的事实，而记述历史往往带有很强的主观性。据此研究历史、认识历史，本身就有一定的局限性。但这不影响我们对历史的探究。或许，这正是历史研究的魅力所在。

需要特别说明的是，本书的若干篇文章，是与师友合作完成的，考虑到本人是第一作者，或是执笔人，征得合作者同意，一并收入。

我自1983年在吉林师范大学历史系毕业，留校任教，迄今已过去整整四十一年。光阴飞逝，往事如昨。感谢这些年教育我的恩师王松龄、李洵、薛虹、郭成康、张晋藩先生。感谢一直帮助我的老师宋一夫、赵永春、李治亭、成崇德、马大正先生。感谢一直激励我的同学张占斌、周知民、郑毅、刘渤、张守龙、张晓堂、赵中男。感谢支持我研究工的同事刘广安、朱勇、顾元、王银宏。感谢我的妻子王丽娟。感谢三联书店潘振平先生对书稿的首肯,感谢本书出版过程中三联书店各环节工作人员的专业精神。感谢博士研究生王文箫、韦钰、蒋习轶及温河帮忙核对文献。

一 总 论

论中国古代廷议制度对君权的制约

廷议制度作为中国封建时代的主要国家制度，体现了地主阶级内部最高层次的民主。它较为有效地限制了君权的非正常行使，在相当范围内保证重大决策不发生或少发生失误，以维持国家机器和社会机体的正常运转。

一、廷议制度发展的四个阶段

廷议，又称朝议、集议。它是指国家遇有军国大政，如政策法规的制定、帝后的废立、某项重大措施的出台、重要的人事任免调动、战和及外事活动等，由君主或由君主责成丞相等召集中央主要官员，在廷臣会议上加以讨论、议决的一种具有某种法律效力的根本制度。它既区别于君主通常的听政形式，如常朝等，又与各具体职能部门内部讨论、议决有关问题的"部议"相区别。

廷议制度的发展经历了四个阶段，即产生期、确立期、发展期和蜕变期。

在统一的秦王朝建立以前，属于廷议制度的产生时期。早在原始社会，氏族议事会就成为氏族处理公共事务的权威性组织，部落和部落联盟也有相应的议事会。氏族的日常事务，通常由氏族首领解决；有关氏族共同利害的重大问题，都要由议事会讨论决定。历史演进到商周时代，遇有军国要事，仍有执掌朝政的奴隶主贵族会议商决的制度。《易·系辞上》有"议之而后动"的说法。《尚书·周官》更明确指出："议事以制，政乃不迷。"《周礼》讲到小司寇的职权时说："掌外朝之政以致万民而询焉。一曰询国危，二曰询国迁，三曰询立君。"春秋战国时代,激烈的社会变革更为广大的士人阶层提供了施展抱负的政治舞台,各诸侯国君礼贤下士,士人则趋之若鹜,为我们描绘了士与国君治天下的社会政治场景。但是,从严格的意义上讲,秦以前的这种类似后代廷议的制度,因为与原始的氏族社会民主制紧密相关,而且披着神秘的带有宗教色彩的外衣,所以不能与秦以后的廷议制度同日而语,它是社会生产力水平低下,人们无法或不能改变外在自然力量的条件下的产物。

第二阶段是廷议制度在秦汉的确立时期。统一的秦王朝建立后,封建专制主义中央集权制随之诞生。为了巩固有着广袤国土的新生的专制统一王朝,号称始皇帝的嬴政一方面顺应时代发展需要,集中一切可能集中的权力于一身,推进和完成春秋以来的社会变革,另一方面在重大问题上采取廷臣会议讨论、议决的方式,以弥补其自身之不足。重要的如"议帝号""议分封"等,都召集廷臣议决。

廷议在汉代得以最终确立并走向制度化轨道。汉武帝以后划分内、外朝,内朝由大将军、尚书令、侍中或中书令兼领尚书事主持集议;外朝在丞相府设百官朝会殿,由君主制诏,丞相御史遵旨召集廷臣议事。朝议或由皇帝亲自主持,或由丞相、大将军主持。参加廷议的人,依讨论问题性质各有不同,但事关军国大政,通常情况下由公卿、列侯、二千石、大夫、博士等人参加。公卿是政府理政大臣,熟悉当时的行政情况;列侯属于国家元老,了解过去的典故、制度的渊源沿革;二千石(执金吾、司隶校尉、三辅长官)熟悉京师地方情况;大夫"掌议论",可以详细陈述政治得失;博士"掌通古今",可以贡献意见,提出建议。公卿、列侯、二千石大多是职业官员,有丰富的从政经验;大夫、博士则通经博文,有广博的知识和学识。这两部分人结合起来,共同讨论,会有集思广益、取长补短的效果。所以刘向在《说苑》卷13《权谋》中说汉代的政治是"兼听独断"。"兼听"能广泛听取各方面的意见,不为一己见识所局限;"独断"是"兼听"基础上的抉择,与"专断"相去甚远。

东汉时对廷议参加者的身份、地位有了更为严格的规定,通常由三公议决,即"凡国有大造大疑,则与司徒、司空通而论之"[1]。有时也吸收其他高级官员参加讨论。而且,参加者要"署议",也就是在讨论的问题上签名。[2]

魏晋南北朝时期,中国处于分裂割据状态,但廷议制仍在各国国内实行。梁武帝时规定:"尚书中有疑事,前于朝堂参议,然后启闻。"[3]陈朝也规定:"其军国兴造、征发、选序、三狱等事,前须详断,然后启闻。"[4]北魏也一直盛行公卿集议制度,规定每月朔望两天,中午前公卿自己讨论政事,中午后皇帝与公卿"共议可否"[5]。孝庄帝时,在朔望这两天,三公、令仆、尚书、九卿及司州牧、河南尹、洛阳河阴执事官等会聚一堂,"参论国治,经纶王道,以为常式"[6]。这种公卿集议,最后形成决议时,与会者须署名,如果反对,可以不署名。[7]

由此可见,这一时期廷议制作为一种制度确定下来,并成为最高层次决策的主要形式。

第三阶段是唐、宋、明廷议制的发展时期。唐代三省长官在政事堂合决的制度,标志着廷议制的大发展。李华明确指出:"政事堂者,自武德以来,常于门下省议事,即以议事之所,谓之政事堂。"[8]唐太宗贞观元年(627)明确规定:"制:自今中书、门下及三品以上入阁议事,皆命谏官随之,有失辄谏。"[9]集议多由门下省的侍中主持。《大唐六典》卷8载:"凡下之通于上,其制有六……四曰议。谓朝之疑事,下公卿议。理有异同,奏而裁之。"据王曾《笔录》记载,政事堂议事,程序规范,秩序井然:"旧制,宰相上殿,命坐。有军国大事,则议之。常从容赐茶而罢,自余号令,除拜、刑赏、废置,事无巨细,熟状拟定进入,上于禁中(即省中)亲览,批纸尾,用御宝,可其奏,谓之划印,

---

[1] 《后汉书》志24《百官志一》,北京:中华书局,1965年标点本,第3557页。
[2] 《后汉书》卷43《朱晖传》,北京:中华书局,1965年标点本,第1460页。
[3] 《梁书》卷3《武帝纪》,北京:中华书局,1973年标点本,第84页。
[4] 《陈书》卷5《宣帝纪》,北京:中华书局,1972年标点本,第94页。
[5] 《魏书》卷27《穆亮传》,北京:中华书局,1974年标点本,第670页。
[6] 《魏书》卷74《尔朱荣传》,北京:中华书局,1974年标点本,第1649页。
[7] 《魏书》卷55《游肇传》,北京:中华书局,1974年标点本,第1218页。
[8] 李华《中书政事堂记》,《全唐文》卷316,嘉庆内府刻本。
[9] 《资治通鉴》卷192,北京:中华书局,1956年,第6031页。

降出奉行而已。由唐室历五代不改其制。"

宋代廷议制度有了更详尽的规定，设置了廷议的固定场所；参加者的排班程式固定化；廷议的议程达到程式化，设有掌管廷议的监议御史。《宋会要辑稿·仪制八·集议》载："国初，典礼之事，当集议者，皆先下诏，都省吏以告当议之官，悉集都堂。"仁宗时段少连说："国家每有体大之事，必集群官议于尚书省。"[1]

明代廷议制度有较大发展。洪武二十四年（1391）规定："今后在京衙门有奉旨发放为格为例及最要之事，须会廷臣计议允当，然后施行。"宣德时又明令："官民建言，六部尚书、都察院、六科给事中会议奏闻。"[2]

纵观唐至明代的廷议制度，处于不断发展和完善阶段。

第四阶段是清代廷议制度的蜕变时期。清前期，议政王大臣会议掌握很大权力，"凡军国重务不由阁臣票发者，皆交议政大臣会议，每朝期，坐中左门外会议，如坐朝仪"。但议政大臣"皆以满臣充之"[3]，这使它的效果不如以前各朝。雍正时设立军机处后，议政王大臣会议权力受到明显削弱。据王士禛说：国朝制，凡大事及章奏会议，内则亲王、贝勒、大臣，外则九卿、詹事、科道，而内阁、翰林院不与。[4]可见参加议决的人员也较为广泛。光绪末年，清朝实行官制改革，设置内阁，廷议发生蜕变，已不具原有意义。

从总的趋向看，廷议制度不断发展、完善，日益制度化、程式化。

二、廷议的议事内容

廷议的议事范围相当广泛，举凡国家的军政大事，都在其讨论议决之列。

第一，讨论重大制度兴革。秦朝建立后，要不要实行分封制事关稳

---

[1]《宋会要辑稿》，《仪制八·集议》，嘉庆刻本。
[2]《明会要》卷45《职官十七·集议》，北京：中华书局，1956年，第824页。
[3] 昭梿：《啸亭杂录》卷4《议政大臣》，北京：中华书局，1980年，第93页。
[4] 张晋藩、王超：《中国政治制度史》，北京：中国政法大学出版社，1987年，第630页。

定与统一的大局。秦始皇不敢擅作主张，而交给大臣们讨论。大臣们经过激烈的辩论，仍是各执一端。秦始皇最终采纳了李斯的建议，认为"置诸侯不便"，于是第一次在全国推行郡县制度，从而奠定了中国历代地方政体的基本格局，对统一的多民族的封建国家的形成、巩固与发展起了积极作用。

汉武帝时，中大夫主父偃认为朔方地广土肥，设置郡县对内地很有利。汉武帝把他的建议交给公卿讨论。御史大夫公孙弘等人"皆言不便"，认为这是"疲弊中国以奉无用之地"；中大夫朱买臣站起来驳斥公孙弘等人的说法。武帝于是决定设置朔方郡。

清康熙初年，吴三桂、耿精忠和尚可喜分别留镇云南、福建、广东，形成拥兵自重的半割据状态，和清朝中央政权的矛盾日见突出。康熙十二年（1673），吴、耿、尚提出"撤藩"，康熙帝交给议政王大臣会议讨论，多数大臣害怕"三藩"势力强盛，撤藩会惹来麻烦，主张迁就姑息，"言吴三桂不可撤"[1]；只有明珠、米思翰等少数人认为应实行撤藩。康熙帝在权衡利弊后，决定撤藩。"三藩之乱"虽经八年才最终平定，但巩固了国家的统一局面，也使康熙本人经受锻炼。他总结自己战争前后的思想变化时说：从前凡事都认为很容易，发生"三藩之乱"后，"觉事多难处，每遇事必慎重图维，详细商榷而后定"[2]。康、雍、乾三帝以"乾纲独揽"自称，但残酷的斗争现实和血的教训，也使他们认识到遇事必"详细商榷而后定"的重要性。

第二，议决帝后及太子废立。皇位继承制度是专制皇统得以延续的重要保证。汉初确立了太子制度。汉景帝设立太子前，曾许诺把帝位传给其弟梁孝王。大臣们劝谏不止。景帝只好召集爰盎等大臣集议。爰盎说："方今汉家法周，周道不得立弟，当立子。"[3] 窦婴进而对景帝说："天下者，高祖天下，父子相传，汉之约也，上何以得传梁王！"[4] 景帝只好立胶东王刘彻为太子，即后来的汉武帝。

---

〔1〕《清史稿》卷268《米思翰传》，北京：中华书局，1977年标点本，第9976页。
〔2〕《清圣祖实录》卷135，康熙二十七年五月壬申，北京：中华书局，1987年影印本，第5册，第464页。
〔3〕泷川资言：《史记会注考证·梁孝王世家》，太原：北岳文艺出版社，1999年。
〔4〕《汉书》卷52《窦婴传》，北京：中华书局，1964年标点本，第2375页。

明正统十四年（1449），英宗在土木堡被俘，京城宫中无主，一些大臣纷纷做南逃准备。在紧急时刻，很多大臣廷议，劝英宗之弟郕王即帝位。因事关重大，廷臣不敢擅作主张，征询言官的意见。给事中姚夔回答说："朝廷任大臣，正为社稷计，何纷纷为？"于是议定。[1]几天后，郕王即位，是为景帝。景帝登基，挽救了因"土木之变"造成的政治危机，稳定了军心、民心，在明代历史上具有重要的政治意义。

廷臣会议有时要进行激烈的辩论斗争。明武宗死后无子，宦官谷大用等到内阁参加集议，讨论立君问题。谷大用等人别有用心。大学士杨廷和从衣袖中拿出《祖训》让群臣看，并说："兄终弟及，谁能渎焉？兴献王长子，宪宗之孙、孝宗之从子，大行皇帝（武宗）之从弟，序当立。"梁储、毛纪等人都表示赞成。于是命令宦官奏闻皇太后。杨廷和等人唯恐发生变故，一直等候在左顺门前。不久，宦官奉遗诏及太后谕旨，宣谕群臣，完全像廷臣议决的那样。[2]

至于王朝后期，皇权衰微，权臣柄国，玩弄君主于股掌之上，其任意废立又所在多有。但这已不在本文的考察范围之列。

第三，议决战和及重大外事。汉武帝时，匈奴请求和亲，群臣集议讨论。博士狄山认为应该和亲。御史大夫张汤坚决反对，汉武帝于是拒绝和亲。[3]几年以后，匈奴再次请求和亲，汉武帝交群臣集议。多数人赞成御史大夫韩安国的和亲意见，王恢却表示反对。武帝最后采纳了多数人的意见。

北魏孝文帝计划南伐，让"任城王澄及咸阳王禧、彭城王勰、司徒冯诞、司空穆亮、镇南李冲"等人集议，有人赞成南伐，有人反对。孝文帝说，"众人纷纭，意见不等，朕莫知所从"。他决定采用集中辩论的方式，任城与镇南"俱坐所得失，长者从之"。经过辩论，公卿同意南伐，于是孝文帝发兵南征。[4]

宋钦宗靖康元年（1126）十一月七日，钦宗把割让河朔三镇的事

---

[1]《明史》卷177《姚夔传》，北京：中华书局，1974年标点本，第4714页。
[2]《明会要》卷45《职官十七·集议》，北京：中华书局，1956年，第825页。
[3]《汉书》卷59《张汤传》，北京：中华书局，1964年标点本，第2641页。
[4]《魏书》卷19《任城王澄传》，北京：中华书局，1964年标点本，第466页。

交群臣廷议。诏书说:"朕曲意议和,而金人必欲得三镇,与之及不与之,其利害如何?朕当从众而行,不敢自任。令百官以明日于尚书省集议以闻。宰执、亲戚不预。若割三镇,或不割,各如何保无后患?"第二天,百官齐聚延和殿,各发给笔札,文武分列两旁,共有一百多人。只有梅执礼、吕好问等三十六人言不可与,范宗尹等七十人赞成割让三镇,双方争论不休。争论激烈时,范宗尹声泪俱下,伏地大哭,认为只有给予三镇才能保住北宋朝廷。黄门拿着范宗尹的签稿让众人看,并说:"朝廷已有定议,不得异论。"这时,李若水从外地赶回,上殿后便大哭不止。他认为,割让三镇则黄河以北的大片江山都将丢失,如果不割让,太原、真定已经丧失,孤地难守。他主张加强防卫,力保三镇。大臣们又是一场辩论,最后决定采纳李若水的主张。[1]

康熙二十二年(1683)八月,施琅统兵攻入台湾,灭郑氏政权,建议"台湾虽在外岛,关(东南)四省要害",应派兵驻守,以防西方入侵。当时朝中大臣对台湾弃守意见不一,如李光地等人主张放弃台湾,让给荷兰。施琅上书争辩,认为"弃之必酿成大祸,留之诚永固边圉",康熙帝感到事关重大,先让议政王大臣会议讨论。议政大臣多赞成坚守台湾,设郡置县。慎重起见,康熙帝又让汉族大学士讨论。李霨、王熙等人也赞成坚守,于是弃留之争结束,清政府开始建立台湾地方行政机构。[2]

第四,议决重大人事任免、赏罚。比较复杂而重要的功罪赏罚,一般要由廷议议决。西汉哀帝时,丞相王嘉有罪,哀帝让中朝官议决。光禄大夫孔光认为应予惩罚,龚胜认为王嘉身为丞相,以迷国罔上罪之,无以告天下。汉哀帝又让中朝官合议,参加者有骠骑将军、御史大夫、中二千石及诸大夫、博士、议郎等人。讨论结果、意见由中朝官集议的两种增为三种,哀帝最后批准孔光等人建议,将王嘉逮捕下狱。[3]

北魏孝明帝时,任城王澄奏求重北边镇将之选,"诏公卿议之"。廷

---

[1]《宋会要辑稿》,《仪制八·集议》,嘉庆刻本。
[2] 中国第一历史档案馆整理:《康熙起居注》,北京:中华书局,1984年,第2册,第1129页。
[3]《汉书》卷86《王嘉传》,北京:中华书局,1964年标点本,第3501页。

尉少卿袁翻提出具体建议。[1]

明世宗初年，名臣杨一清为兵部尚书，总制陕西三边军务，时人把他和郭子仪相比，不久召回迁内阁首辅。后为奸臣诬陷，说他曾经接受宦官张永的贿赂，又说法司秉承他的意旨，构成桂萼罪。世宗因事涉朝廷重臣，命令法司和廷臣集议，终于为杨一清洗去罪名。[2]

嘉靖三十七年（1558），秋防结束，廷议欲召蓟辽总督杨博还，吏部尚书吴鹏认为不可。郑晓署兵部尚书，坚持说："博在蓟辽，则蓟辽安；在本兵，则九边俱安。"最终杨博被召回。[3]

廷议除议决以上几方面的问题外，还有民政、法制、迁都、宗庙、祭礼等内容。此不一一列举。

三、廷议和君权的关系

从政治上看，君臣关系主要体现为如何协调二者的权力关系，在君主最后裁决和官僚群体"赞划"之间寻找一个恰当的结合点。对此，中国封建时代的最高统治者基本有两种做法：一种是秦、隋两代君主实行的高扬皇权、"独制天下而无所制"的极端专制型统治。这种做法实际上是最高统治者只看到君主对臣下的单方面制约，并把它夸大到绝对的程度，而丝毫不承认臣下对君主也存在一种制约。这必然会使君主权力的行使像脱缰的野马一样，任性狂奔，独往独来，其结局都是"二世而亡"。另一种做法是较为充分地发挥臣下的"献纳"作用，承认自身存在缺陷，倾听臣下的意见，择善而从。

从总体上看，前一种做法毕竟是少数君主所为，而更多的君主会程度不同地，或自觉或不自觉地倾听臣下的意见，强调"君臣共治"。唐太宗自不必说，即使被视为专制帝君的女皇武则天，也积极倡导"君臣共治"。她在《臣轨》一书中比较详尽地论述了君臣之间的关系问题。宋太宗也被史家视为独裁者，但他也认识到"君臣一体，方能有为"的

---

[1]《资治通鉴》卷148，光绪二年刻本，第12页b。
[2]《明史》卷198《杨一清传》，北京：中华书局，1974年标点本，第5230页。
[3]《明会要》卷45《职官十七·集议》，北京：中华书局，1956年，第838页。

道理，常常对宰相们说，"前代帝王多以尊极自居，凛然颜色，左右无敢辄进一言。朕每与卿等款曲，商榷时事，盖欲通上下之情，无有所隐"。[1]

政治权力恰如冰山，仅从表面理解是很难抓住其本质的。在君与臣的排列顺序上，前者无可争辩地位居第一，具有一切事务的决断权。但仅仅抓住"天下事无分大小皆决于上"这类笼而统之的历史记述，就据以无限夸大君主的权力，是不符合历史实际的。况且，权力在绝对意义上的稳定，在现实生活中本来就是不存在的。稳定与均衡始终是相对的，经常存在着要打破稳定与均衡的因素。君相关系作为权力结构演变的晴雨表，无时不在反映君主与臣子之间围绕权力所进行的调节、斗争、平衡、稳定。历史学家吴晗说得好："苛暴的、独裁的、黑暗的时代，历史上虽不尽无，但都可说是变态的，非正常的现象。就政体来说，除开少数非常的君主个人的行为，大体上说，一千四百年（明清以前）的君主政体，君权是有限制的。"[2]

对君权的限制，可以分为三个层面，一是传统信仰层面，包括敬天法祖、先王经验等；二是制度层面，包括台谏制度、封驳制度、廷议制度等；三是伦理文化层面，包括儒家思想、是非标准等所谓的"道"。后一层面不免空泛，缺乏具体的针对性，只是一个"原则"；而前者随着人类文明的推进，人们征服自然能力的加强，越来越失去作用，我们从汉代帝王每遇"灾变"那种诚惶诚恐的心情，到明清时代几成具文的变化中就可见一斑。最有约束的还是制度层面。而在制度层面，以廷议制度的作用为最大。这是由廷议制的特点决定的。

廷议制有两个鲜明的特点。一是讨论的都是军国大政，参加者绝大多数是中央高级官员及有关人员。这使它与一般的事务性讨论相区别，具有最高层次内重大决策的特点。明世宗刚即位，夏言上书请世宗"日视朝后，御文华殿阅章疏，召阁臣面决。或事关大利害，则下廷臣集议"[3]。历代廷议讨论的都属"事关大利害"之类。

---

[1]《续资治通鉴长编》卷25，北京：中华书局，1992年，第581页。
[2] 张守常、常润华主编.《吴晗文集》（第3卷），北京：北京出版社，1988年，第24—25页。
[3]《明史》卷196《夏言传》，北京：中华书局，1974年标点本，第5191—5192页。

二是廷议都是议而后决。集议就是集中讨论。参加集议者因讨论问题的侧重而多寡不一，有时是数人，有时是几十人，也有时达一百多人。参加者都可以各抒己见，畅所欲言，相互辩论，不能把自己的意见强加给别人，只能摆事实、讲道理，以理服人。皇帝可以发表自己的倾向性意见，但这种意见并不一定就是廷议的结论，与皇帝意见相违背的事屡见不鲜。当集议者达成一致意见时，皇帝在通常情况下都能批准执行。但议决意见出现分歧又是常有的。这时皇帝或采纳多数人的意见，或者采纳少数人的意见。

议而后决，在很大程度上集中了统治阶级的集体智慧，有效地弥补了君主个人智慧不足、能力不及等缺陷。同时，廷议上参加者较为平等地讨论问题，体现了地主阶级内部最大限度的民主，减少了许多重大问题的失误。这就是明代夏言所说："圣意所予夺，亦必下内阁议而后行，绝雍蔽矫诈之弊。"[1]

我们从西汉和明朝两代会要所载廷议的件次上，更可见廷议制对君权的制约。《西汉会要》卷40和卷41（《集议》）所载廷议共62件次（一事复议及有关廷议制本身的建设内容除外），其中只有4次被君主明显否定或推翻，宗庙、典礼、法制和边事各占一次。君主否决廷议不到7%。《明会要》卷45《集议》所载廷议共101次（一事复议及有关廷议制度的内容除外），其中有13项被君主否决或不报（没有下所司施行）。这13项中，最多的是宗庙、典礼两项。廷议宗庙事有14次，其中5次被否决（含不报2次）；典礼事共11次，其中2次被否决。君主否决廷议的件次占廷议总数的比例是12%左右。这两个比例似可使我们认定：廷议议决的绝大多数事项都被君主认同，廷议具有较高的强制性效力，正常条件下君主是接受议决结果的。

考察中国封建时代的君权问题，不能仅从表面现象入手，更不能仅凭历史文献中的概括性论断下结论，而必须从君权的行使方式、决策程序等方面入手，尤其应对大量的历史事实进行综合系统研究，然后才能做出近似正确的结论。如果仅仅看到君主在一些无关紧要的问题上发号

---

[1]《明史》卷196《夏言传》，北京：中华书局，1974年标点本，第5192页。

施令,就断定所有的臣下即整个官僚集团在国家的重大军国事务中无足轻重,那将大错特错。一个皇帝可能日理万机,但他在对重大军国事务进行决策前,交群臣讨论,集思广益,然后择善而从,你能说这种做法是专断、独裁吗?

同样是明代的政治,在西方人的视野里却是迥然不同的。在中国度过后半生、经常出入禁中的意大利传教士利玛窦曾这样写道:"虽然我们已经说过中国的政府形式是君主制,但从前面所述应该已很明显,而且下面还要说得清楚,它还在一定程度上是贵族政体。虽然所有由大臣制订的法规必须经皇帝在呈交给他的奏折上加以书面批准,但是如没有由大臣磋商或考虑他们的意见,皇帝本人对国家大事就不能做出最后的决定。……我已做过彻底的调查研究,可以肯定下述情况是确凿无疑的,那就是:皇帝无权封任何人的官或增加对任何人的赐钱,或增大其权力,除非根据某个大臣提出的要求这样做。"[1]

事实上,随着封建社会历史的发展,其政治制度也逐渐完善。唐代后期以科举作为进身之阶的儒生士大夫集团崛起,地主阶级的整体意志在国家重大政治活动中的作用越来越大。从制度、文化、伦理等层面制约君主恣意妄为的体制业已确立并日臻完善,把君主作为被规定的对象,赋予其应该行使"合法"权力的做法更为明显。宋代的士大夫说得好:"至于君,虽得以令臣,而不可违于理而妄作;臣虽所以共君,而不可贰于道而曲从。"[2]是非的准绳绝非君主的旨意,而是"道",是统治阶级的整体利益。

如果君主强行把自己的意志加给整个官僚阶层,虽然有时会取得胜利,但他也会遭到后者的群起反对。明朝嘉靖初年,皇帝与官僚士大夫围绕"大礼议"斗争长达三四年。当世宗一再受挫后,决定反击,他召集朝臣到左顺门,突下诏书去掉"本生"二字,直称其父为皇考,群臣不甘示弱。嘉靖三年七月十五日这一天,二百多名朝臣跪于左顺门,坚决要求世宗收回成命。他们誓死维护封建正统礼法观念,宣称:"国家

---

[1] 利玛窦、金尼阁:《利玛窦中国札记》,何高济、王遵仲、李申译,北京:中华书局,1983年,第48页。
[2] 罗大经:《鹤林玉露》甲编卷3《五教三纲》,北京:中华书局,1983年,第49页。

养士百五十年,仪节死义,正在今日!"百官齐呼"高皇帝、孝皇帝"在天之灵,以强大的道义、情感声势压制世宗。"一时群臣皆哭,声震阙廷。"世宗大怒,不经法司审讯,直接处置百官,有十七人被活活杖毙[1],履行了"杀身成仁"的誓言。

明代废除丞相制以后,被黄宗羲等思想家说成"无善政"的时代。但是,明代官僚士大夫限制君主恣意妄为的斗争却是所在多有,从谏武宗南巡,到前述"大礼议之争",从"三案"到明末的垂死挣扎,无时不显示出士大夫高扬统治阶级群体利益的旗帜,同君主做斗争,免大厦于将倾的壮烈激越场面。黄仁宇说:"身为天子的万历,在另一种意义上讲,他不过是紫禁城中的一名囚徒。他的权力大多数带有被动性。"表面看来"皇帝具有传统赋予的权威,他想要做什么就可以做什么。其实,事情并不如此简单"。[2]

廷议制度"是几千年来一贯的制度","君主不以私见或成见独断国家大政,是历朝一贯相承的"。[3]由于廷议制度具有这些特点,因此我们可以认为:它确实有效地限制了君权的非正常行使,在相当范围内保证重大决策不发生或少发生失误;它作为中国封建时代的主要的国家制度,体现了地主阶级内部最高层次的民主,对于推动国家机器和社会机体的正常运转起到了重要的作用。

美化一种远不完善的东西同样不是历史科学。由于廷议制度本身是专制主义制度的产物,它在相当程度上被君主所控制,廷议中朝臣因为违背君主意愿而被惩罚,甚至罢黜的事例也不少[4];有时廷议成为各派官僚斗争的场所,或者成为皇帝进行权力平衡的工具[5];有时还会因妨碍重大决策的及时做出而贻误时机[6]。诸如此类,都使廷议制度本应发挥的正常作用受到一定削弱。因此,在肯定它对君权产生较为有效的限

---

[1]《明史纪事本末》卷50《大礼议》,四库本,第25页b。
[2] 黄仁宇:《万历十五年》,北京:中华书局,1982年,第93、98页。
[3] 张守常、常润华主编:《吴晗文集》(第3卷),北京:北京出版社,1988年,第24—25页。
[4]《西汉会要》卷41;《明会要》卷45,北京:中华书局,1956年,第838页。
[5] 祝总斌:《两汉魏晋南北朝宰相制度研究》,北京:中国社会科学出版社,1990年,第240页。
[6]《东汉会要》卷22《职官·集议》;《南史》卷77《施文庆传》,北京:中华书局,1975年标点本,第1939页。

制的同时,不能夸大其作用。

(原载《社会科学战线》1992年第4期;又载《成长中的新一代史学——1991年全国青年史学工作者学术会议论文集》,陕西人民教育出版社,1995年)

从"法与天下共"论传统中国法权与君权的关系

西方政治思想家博丹曾经说过:"从本质上讲,君主和绝对权力的主要标志就是无须征得臣民同意而将法律强加于其头上的权利。"[1]安德森认为,"西方绝对主义君主政体总是受到双重制约:受它支配的传统政治团体的存在以及支配它的无所不在的道德法规","西方绝对主义国家从未行使过绝对权力"。[2]我们无意以西方为参照系诠释中国的王权,因为中西方君主专制政体产生的环境及发展路径有着太多的差别。但笔者以为,当礼法界限颇为混淆或者礼更多地渗透影响到中国传统法律时,儒家的诸多"为君之道"就成为君主必须遵循的"潜规则"。我们不能因在制定法中难以找到对君主权力限制的条款就得出君权不受约束的结论。那种认为"古代的政令法律是转化为国家意志的君主意志,君主言出法随,赏戮由心"[3]的观点是否经得起推敲呢?有的法史学者进而认为,"法自君出"成为统治阶级的普遍观念,"得到了中国古代绝大多数统治者和士大夫的赞同","'法源自君主的意志'的确已经成为古代中国人法学世界观的重要内容"。[4]

笔者认为,"法自君出"更多地具有象征意义,因为君主一般是国家的代表,所谓"朕即国家"就是这种观念的反映。但是,把君主等同于国家或者把二者混而为一则是不合适的。就周代而言,"盟主与各邦成员为对等之关系……,盟主享有的特权至多不过具宗教上家长宗法的形式和意义"[5]秦朝建立后,皇权与法律的地位都有了前所未有的提升,

---

[1] 转引自安德森:《绝对主义国家的系谱》,上海:上海人民出版社,2001年,第40页。
[2] 安德森:《绝对主义国家的系谱》,上海:上海人民出版社,2001年,第41页。
[3] 刘泽华:《中国的王权主义》,上海:上海人民出版社,2000年,第231页。
[4] 何勤华:《中国法学史》第1卷,北京:法律出版社,2000年,第154、162、163页。
[5] 日知:《中西古典学引论》,长春:东北师范大学出版社,1999年,第287页。

但由此引发的社会矛盾却更加尖锐。汉代君臣反省秦朝二世而亡的原因，士大夫带有一种整体的觉醒与批判，"经常包含了对现实政治社会的全面否定"[1]，吕思勉甚至认为，"汉人好言易姓革命者，非欲徒取诸彼以与此，其意乃欲于政事大有所改革"[2]。正是借助对秦朝君主"独制天下而不为所制"的深刻反思，汉代士大夫发出"天下乃皇天之天下也"[3]的时代强音。"方制海内非为天子，列土封疆非为诸侯，皆以为民也！……天下乃天下之天下，非一人之天下也！"[4]成为那个时代的共识。

按照博丹对君主和绝对权力的设定"标准"，我们从古史中还很难找到"无须征得臣民同意而将法律强加于其头上"之类的君主，安德森所说的对君主的双重制约反倒俯拾即是。换言之，君权行使的"自由度"是有限的，君主和臣民一样，有遵守法律的责任与义务，其喜怒刑杀、轻重任意之类的"自由裁量"受到了很大限制。尤其是当制定法与君主的敕、令等"临事以制"发生矛盾时，应以前者为主。这些都反映了法律对君权的限制。

一、法与天下共，君主有守法之责

司马迁写《史记》，《酷吏列传》里共写了十个人，其中之一就是"专以人主意指为狱"的杜周。他任廷尉时以"善候伺"著称，"上所欲挤者，因而陷之；上所欲释者，久系待问而微见其冤状"。他的这种做法引起人们的不满，有人质问他："君为天子决平，不循三尺法，专以人主意指为狱。狱者固如是乎？"杜周的回答成为后人乃至今天治法史者所谓"法自君出"的依据："三尺安出哉？前主所是著为律，后主所是疏为令，当时为是，何古之法乎！"[5]在杜周看来，书于竹简上的法律，其效力远远不及皇帝的意旨和命令。杜周如此执法在当时即引起人们的

---

[1] 阎步克：《士大夫政治演生史稿》，北京：北京大学出版社，1996年，第331页。
[2] 吕思勉：《嵩庐札记》，见《论学集林》，上海：上海教育出版社，1987年，第721页。
[3] 《汉书》卷72《鲍宣传》，北京：中华书局，1964年标点本，第3089页。
[4] 《汉书》卷85《谷永传》，北京：中华书局，1964年标点本，第3467页。
[5] 《汉书》卷60《杜周传》，北京：中华书局，1962年标点本，第2659页。

指责。司马迁也以鄙夷的笔法写了杜周与其他几位酷吏之不同,称"郅都伉直,引是非,争天下大体。张汤以知阴阳,人主与俱上下,时数辩当否,国家赖其便。赵禹时据法守正"。写到杜周,司马迁笔锋一转,用了"杜周从谀,以少言为重"九个字。此时的汉朝已走过鼎盛,进入衰败之期。然此十人中,"其廉者足以为仪表,其污者足以为戒"。杜周执法"从谀"算是污点之一。此外,杜周也是"以权谋私"的典型,因为他"初征为廷史"时的主要家当仅有一匹马,"且不全","及身久任事,至三公列,子孙尊官,家訾累数巨万矣"。[1]可见他的道德操守是很差的。所以后人认为司马迁把他列入"酷吏"是很恰当的。

比起杜周,张释之确实与他有天壤之别。张释之是第一个明确提出"法者,天子所与天下公共也"的廷尉。当时汉文帝出行中渭桥,有一人闻听皇帝的乘驾将过来,连忙躲到桥下。过了一段时间,此人以为皇帝车驾已经走远,于是从桥下跑出,正好冲了乘舆,马为之惊。张释之在审理此案时认为应当罚金。文帝认为太轻,怒曰:"此人亲惊吾马,马赖和柔,令它马,固不败伤我乎?而廷尉乃当之罚金!"张释之认定自己按照法律判理,不应因此人冲撞皇帝车驾而重判,于是说:"法者,天子所与天下公共也。今法如是,更重之,是法不信于民也。"并认为当时如果皇帝下令杀也就杀了,"今已下廷尉,廷尉,天下之平也,一倾,天下用法皆为之轻重,民安所错其手足?"良久,文帝说道:"廷尉当是也。"[2]张释之在审理犯跸案时,认为皇帝与天下臣民一样,都有遵守法律的义务,不能任意轻重,尤其是在案件已经进入正常的司法程序之后。

张释之坚持法律的公正性,成为后世执法者的榜样。而提出"法与天下共"及君主有守法之责之类主张的人有几十位,影响所及,包括少数民族政权的最高统治者。如北魏世祖就常说:"法者,朕与天下共之,何敢轻也。"[3]史载元英宗执法严,参议中书省事因卖官犯事,刑部按法律处以杖刑。皇太后命减轻一等,改笞刑。英宗说:"不可。法者,天下之公。徇私而轻重之,非示天下以公也。"最终还是按法律处以杖

---

[1]《汉书》卷60《杜周传》,北京:中华书局,1962年标点本,第2661页。
[2]《汉书》卷50《张释之传》,北京:中华书局,1962年标点本,第2310页。
[3] 司马光:《资治通鉴》卷120《宋纪二》,胡三省注,北京:中华书局,1956年,第3797页。

刑。[1]清代的康熙皇帝也经常说"朕自幼读《通鉴》，于张释之犯跸盗环二事，深喜其用法平允，不愧廷尉之职"[2]，反复强调"法者，天下之公"，不能"牵文就义"，轻重任意。至于汉族王朝的统治者，"唐宗宋祖"都不止一次阐发"君与天下共法"的道理。[3]

后代在肯定张释之以法为天平，不允许根据君主之意有所轻重的同时，对张所说的"且方其时，上使诛之则已"表示了批评、反对意见。其中尤以唐代的杜佑为代表。他在《通典·刑法七》中有一段几百字的"长议"：释之为理官，时无冤人，绵历千祀，至今归美。所云：

> "法者，天子所与天下公共。廷尉，天下之平。若为之轻重，是法不信于民也。"斯言是矣。又云："方其时，帝使诛之则已。"斯言非矣。王者至尊无畏忌，生杀在乎口，祸福及乎人。故易旅卦曰："君子以明慎用刑。"周官司寇，察狱至于五听、三讯，罪恶著形，方刑于市，使万人知罪，而与众弃之。天生烝民，树之以君而司牧之，当以至公为心，至平为治，不以喜赏，不以怒罚。此先哲王垂范立言，重慎之丁宁也。犹惧暴君虐后，仓卒震怒，杀戮过差，及于非辜。纵释之一时权对之词，且以解惊跸之忿，在孟坚将传不朽，固合刊之，为后王法。以孝文之宽仁，释之之公正，犹发斯言，陈于斯主；或因之淫刑滥罚，引释之言为据，贻万姓有崩角之忧，俾天下怀思乱之志，孙皓、隋炀旋即覆亡，略举一二，宁唯害人者矣。呜呼！载笔之士，可不深戒之哉！[4]

在杜佑看来，既然承认"法与天下共"，那么就不能允许皇帝行法外之法。如果后代人以此言为据，滥杀无辜，那么就会导致"二世而亡"。因此他认为班固写《汉书》时，应将"方其时，帝使诛之则已"这句话删去不载。

---

[1]《元史》卷27《英宗本纪》，北京：中华书局，1976年标点本，第598页。
[2] 张英：《张英全书》，江小角、杨怀志点校，合肥：安徽大学出版社，2013年，下册，第460页。
[3] 杜佑：《通典》，北京：中华书局，1988年，第4371页。
[4] 杜佑：《通典》，北京：中华书局，1988年，第4368页。

明人丘濬在编撰《大学衍义补》时，引用了"杨氏曰"一段："释之论犯跸，其意善矣。然曰当其时上使人诛之则已，是则开人主妄杀人之端也。既曰法者，天子所与天下公共，则犯法者，天子必付之有司，以法论之，安得越法而擅诛乎？"[1]在杨氏看来，凡是犯法者，都要交由法司依法处理，即使事关君上，天子也不能"越法"而断。显然，这比杜佑的观点进了一层。汉代以后，晋惠帝时三公尚书刘颂上书，也明确提出"夫人君所与天下共者，法也"[2]的主张。宋代刘挚还提出"夫法者，天下之至公也"[3]，李觏提出"法者，天子与天下共也"[4]等主张。李觏还认为，"天之于立君，命之以符瑞。无民而灭之者，不以天下之大私一人也"。他还指出天之制兵革，是为了警告那些残暴的统治者，而不是为了服从独夫的意志以威胁天下，是"为天下威一人"，而不是"为一人威天下"，[5]可以说，这一思想具有很强的人民性。

既然法律是包括天子在内的所有人都必须遵守的"公共物"，那么，君主就应该明确自己的法律责任，不能专擅法律，使法律成为任由君主解释的私有物。贞观七年（633），贝州鄃县令裴仁轨私役门夫，太宗欲斩之，殿中侍御史李乾祐上奏道："法令者，陛下制之于上，率土遵之于下，与天下共之，非陛下独有也。仁轨犯轻罪而致极刑，是乖画一之理。臣守职宪司，不敢奉制。"[6]李乾祐所坚持的，是法律一经颁布，任何人都要遵守，包括制定者，因为它是国家公信力的象征，皇帝也不能擅私。当年九月，大唐盛开选举，一时也有诈伪资荫者，太宗让这些人自首，"不首者死"。随即就有诈伪事发生，大理少卿戴胄依法断流。太宗很不高兴，说："朕下敕不首者死，今断从流，是示天下以不信。卿拟卖狱乎？"戴胄回答说："陛下既付所司，臣不敢亏法。"太宗曰："卿自守法，而令我失信邪？"戴胄认为法律是国家的大信，高于皇帝"临事以制"的敕令，于是回答说："法者，国家所以布大信于天下；言者，

---

[1] 鲁嵩岳：《慎刑宪点评》，北京：法律出版社，1998年，第333页。
[2] 杜佑：《通典》，北京：中华书局，1988年，第4297页。
[3] 吕祖谦编：《宋文鉴》，北京：中华书局，1989年影印本，中册，第861页。
[4] 鲁嵩岳：《慎刑宪点评》，北京：法律出版社，1998年，第207页。
[5] 李觏：《直讲李先生文集》卷20，明刊本。
[6] 杜佑：《通典》，北京：中华书局，1988年，第4371页。

当时喜怒之所发耳。陛下发一朝之忿而许杀之,既知不可而置之于法,此乃忍小忿而存大信。若顺忿违信,臣窃为陛下惜之。"皇帝的旨意敕令在业已颁布的法律面前,是小者,它必须服从国家之大信即法律。即使至尊已出之令,也要废除。[1]

与臣民共同遵守法律,是君主的责任。在此基础上,明代中叶孙承宗提出"天子不失律"的主张。他把法律比喻为"乐之铎""师之符",是"不敢以意用"的。他指出:现今天下郡县所忧虑的是法律的意义不明,而朝廷所担心的是不遵守法律。而所以不遵守法律,根源来自君主:"上既用意以屈法,而下且屈法以奉意。尝怪汉廷尉释之号知法,而曰:当是时,天子杀则已。岂以天子而可独失律乎?"他还举出唐高宗时的两个例证:"唐权善才,法不得死,高宗欲杀之;王本立,法在必死,高宗欲原之。狄仁杰两执法以争,而两得其法。虽以高宗之主,终不敢以意与,而况治朝乎?"[2]

正如马基雅维里所说,君主只要不触犯他的皇宗皇祖的制度,总是能够维持他的地位的。[3]在一个世袭制的君主国里,法律一般制定于开国时期,以后可能有所完善,但主基调基本是确定的。因而,一个王朝初期制定的法律又带有"祖宗之法"的性质,它要求后世子孙遵守"祖宗之法"。我们在史书上经常读到以"祖宗之法"规谏已"偏离"最初法律轨道的君主的记载。唐肃宗时,将军王去荣以私怨杀本县县令,依法应判死刑。肃宗因为他善于用炮,下诏将王去荣贬为庶人,赴陕郡效力。当时贾至上疏,极力反对,认为肃宗这样做是"法令不一,而诱人触罪也"。肃宗只好下令让百官集议。韦见素等臣子上奏说:"法者,天地大典。帝王犹不敢擅杀,而小人得擅杀,是臣下之权过于人主也",王去荣犯下当杀之罪,且列于十恶,"而陛下宽之,王法不行,人伦道屈,臣等奉诏,不知所从"。他们最后提出:"王法有无,家国乃为之轻重,此臣等所以区区愿陛下守贞观之法。"[4]何谓"贞观之法"?它

---

[1] 杜佑:《通典》,北京:中华书局,1988年,第4372页。
[2] 孙承泽:《春明梦余录》卷44,北京:北京古籍出版社,1992年,第898页。
[3] 马基雅维里:《君主论》,北京:商务印书馆,1997年,第4页。
[4] 马端临:《文献通考》卷170《刑考九·详谳》,北京:中华书局,1986年,第1472页。

很大程度上并不是指制定法这类法律文本，而是指君主守法、不能"越法"这类做法。

苏轼对《尚书》中的"惟辟作福，惟辟作威"提出新的理解。他认为这句话是说"威福不可移于臣下也"。而怎样达到这一目标呢？"则莫若舍己而从众，众之所是，我则与之；众之所非，我则去之。夫众未有不公，而人君者天下公议之主也。"[1]

明嘉靖二年（1523），世宗宠信的太监崔文之家人李阳凤向工部匠头宋钰求贿被拒绝，后崔文以他事几乎将宋钰杖死，案件下到法司审理。但崔文倚仗世宗这个靠山，上书诋毁大臣。世宗偏听偏信，下诏将此案改交镇抚司审理。刑部尚书林俊认为此案应由国家正式的司法部门审理，故将此案执留不交，并多次上奏世宗。世宗大怒，责令林俊陈状。林俊在陈状中首先以《大明会典》为据，指出镇抚司不是法司，"列圣相承，恪遵无易"。接着他大讲"祖宗之法"必须守的道理："夫法本大公，罪必居一，使宋钰所告崔文等涉虚，自有反坐之律，所告果实，亦有必当之条，此祖宗成法，在陛下亦有所不得私者，况臣等微末之臣耶？今不待法司问结，而辄付镇抚，是固臣等奉职无状，只可治臣等之罪，而未可废祖宗之法。况今风霾雨土，赤日无光，天之示戒甚明，正上下内外省身修德之日，今此小事，尚尔有拂于天，万一有大于是，将何如耶？臣恐将来之变，有不可测者。伏愿皇上念祖宗之法，畏上天之戒，收回成命，仍将李凤阳（阳凤）等付法司，从公问结，以为将来之戒，则刑罚当而天下服矣。"[2]

林俊所坚持的是，案件必须由载入《大明会典》的国家法定机构审理，多少年来都是这样做的，"祖宗以刑狱付法司"这是"祖宗之法"，因此世宗的"内降诏书"是不合法的。他向世宗表明："臣不忍朝廷百五十年纪纲，为此辈坏乱也。"嘉靖帝"惮其言直，置之"。[3]

是否遵守"祖宗之法"，还含有儒家的伦理政治概念——孝的意义。因为守祖制、遵祖法是对先人的尊重，是对祖宗创业成果的继承，它体

---

[1] 吕祖谦编：《宋文鉴》，北京：中华书局，1989年影印本，中册，第829页。
[2] 孙承泽：《春明梦余录》卷45，北京：北京古籍出版社，1992年，第953页。
[3] 夏燮：《明通鉴》卷50，北京：中华书局，第4册，第1881页。

现了一种极强的政治伦理。因为没有哪一位皇帝愿意承担"不孝子孙"这样的罪名。所以古书上经常拿老祖宗说事,"起先帝于地下"常常让后世之君感到"无颜以对"。

二、对君主喜怒刑杀的限制

《君主论》中说:"君主必须是一头狐狸以便认识陷阱,同时又必须是一头狮子,以便使豺狼惊骇。"书中还认为:"一位英明的统治者绝不能够,也不应当遵守信义。"[1]马基雅维里对君主的劝告与中国的韩非子非常相似。但儒家的正统思想是反对君主搞权术的,强调君臣之间要讲"信义"。

君主无论怎样被神化,终究也是人,也有七情六欲、喜怒哀乐。只是由于君主承担社稷之重,这就使得他的喜怒哀乐不同于常人。出于对江山传之永久的考量,君主是不允许有过分的喜怒哀乐的,君主的责任剥夺了他作为一个正常人所具有的喜怒"自由"。中国的先儒们很早就把自然现象比附到人君的行事上。"王者言不从"就会有"霹雳","王者视不明"就会"多电","听不聪"则多暴雨,"心不能容"则多雷。[2]因此,皇帝的生杀喜怒也会有外在的自然表现,因而"有道之君"要节制自己的一切,"端拱而治"。更早的《尚书·洪范篇》把人君的"貌、言、视、听、思"和天气的"雨、旸、燠、寒、风"附会在一起,说国君的貌正了,雨就会按时而降,且不多不少;倘若不正,雨就会泛滥成灾,成为淫雨。其他如言与旸等也都有对应关系。反映在刑罚上,君主不能喜怒任意,刑杀无辜。丘濬在编撰《大学衍义补》时,开篇引述的是《易经》中的《噬嗑》《贲》《丰》《旅》《中孚》五卦的卦辞,接着又引用先儒对卦象与刑罚关系的解释,如此大费周折地从儒家经典《易经》中寻找"经义"根据,是要说明什么呢?我们看丘濬的论述:

---

[1] 马基雅维里:《君主论》,北京:商务印书馆,1997年,第84页。
[2] 董仲舒:《春秋繁露》卷14《五行五事》,乾隆刻本,第2页b。

> 制定于平昔者谓之法，施用于临时者谓之罚；法者罚之体，罚者法之用，其实一而已矣。人君象电之光以明罚，象雷之威以敕法。盖电之光，非如日星之明，有恒而不息，欻然而为光于时顷之间，如人之有罪者，或犯于有司，则当随其事而用其明察，以定其罚焉；或轻或重，必当其情，不可掩蔽也。否则，非明矣。雷之威岁岁有常，虩虩之声震惊百里，如国家有律令之制，违其式而犯其禁，必有常刑，或轻或重，皆有定制，不可变渝也。否则，非敕矣。夫法有定制，而人之犯也不常，则随其所犯而施之以责罚，必明必允，使吾所罚者，与其一定之法，无或出入，无相背戾，常整饬而严谨焉。用狱如此，无不利者矣。[1]

丘濬论述的主旨是说"法有定制"，而刑罚只是临时施用，但其轻重"不可变渝"，称职的君主必须明照四方，对刑罚有一种敬畏感，"整饬严谨"，不出差错。他还指出，刑罚之施行，必须明与威二者兼得，"不明而威，只是淫威，必然会滥及无辜"，"威明并用，容光之隙无不照，雷霆之下无不折"，才能达到"天下之大，四海之广，丰豫而亨通"的境界。[2]

具体到君主之于刑罚上，就有许多禁区，或者说有诸多限制，比如不能借刑杀来建立君主的威信；不能操生杀大权于己而不顾公是公非；不能喜怒任意，轻重失平。如果没有一种"祥刑"的态度，抱着惊惧的心情去处理案件，只能上干天和，下积人怨，最后走向败亡。史载隋文帝大怒之下欲六月杀人，大理少卿赵绰上书认为"不可以此时诛杀"。文帝却说："六月岂无雷霆，我则天而行，何不可之有？"[3]宋人胡寅说：雷霆犹如人君的号令，万物生成的六月，固然有雷霆，但雷霆未尝杀物，文帝乘怒杀人，其违天多矣。丘濬的评价就更不客气，他说文帝以阴谋得天下，而性犹猜忌，往往欲杀人以立威。"天立君以主生人，欲其则天道以为治，使天所生得全其生。今为天之子不能奉天道以

---

[1] 鲁嵩岳：《慎刑宪点评》，北京：法律出版社，1998年，第8页。
[2] 鲁嵩岳：《慎刑宪点评》，北京：法律出版社，1998年，第13页。
[3] 马端临：《文献通考》卷165《刑考四·刑制》，北京：中华书局，1986年，第1435页。

养天民，反假天之威以害之，使天无知则已，天道有知，岂肯容之耶？卒之不得其死，而其子若孙，自相鱼肉，至于殒宗绝祀，熟谓天道无知耶。"[1]

丘濬认为，人君不行仁政固然包括很多方面，"然皆借刑以行之，假刑以立威，尤不仁之政之大者也"。仁德之君必须刑法公正，不以喜怒为意，也要求法司不徇己意。宋人陈经说："君之喜怒无常，情法之轻重有常。理不徇君，而徇理之中可也。君言苟是，从君可也；非从君，乃从理也。君言苟未是，则从理可也，从理乃所以从君也。"[2]在理与君的排序中，理是第一位的，理就是法理，是法律准绳，只有君主的言论命令与理符合统一时才能遵从，这时法司遵从的仍然不是君主的言论，而只是因为君主也遵从了法理。当然，要执理不移，不为君主喜怒所左右也是不容易的，所以丘濬感慨说："后世人主惟恐其臣之不徇己；有不徇己者，或怒或斥"，与"成王之告君陈"相比，差得太远了。[3]

当然，轻重上下，使法律失去衡平之据，很大程度上是由于君主的爱憎。唐太宗号称英君，当时也有失入者不加罪之条，因此刑网日密。他问大理卿刘德威曰："近日刑网稍密，何也？"刘答曰："此在主上，不在群臣，人主好宽则宽，好急则急。律文失入减三等，失出减五等。今失入无辜，失出更获大罪，是以吏各自免，竞就深文，非有教使之然，畏罪故耳。傥一断以律，则此风立止矣。"

丘濬不同意刘的回答，他说：人主好宽则宽，好急则急，此就人君言之耳。为刑官者，执一定之成法，因所犯而定其罪，岂容视上人宽急而为之轻重哉。然中人之性，畏罪而求全，不能人人执德不回，守法不挠。是以为人上者，常存宽恤之仁，而守祖宗之法，毋露其好恶之几以示人，而使之得以观望也。[4]

东汉光武帝建武年间（25—56），董宣为洛阳令。时湖阳公主苍头（相当于奴）白日杀人，因藏到公主家中，官吏没有抓到。后来公主出

---

[1] 鲁嵩岳：《慎刑宪点评》，北京：法律出版社，1998年，第231—232页。
[2] 鲁嵩岳：《慎刑宪点评》，北京：法律出版社，1998年，第323页。
[3] 鲁嵩岳：《慎刑宪点评》，北京：法律出版社，1998年，第323页。
[4] 鲁嵩岳：《慎刑宪点评》，北京：法律出版社，1998年，第356页。

行,而用奴驾车,董宣在夏门亭等候公主车从。公主车马到后,董宣高声历数公主的过失,并令驾车的奴下车,当场将其格杀。公主回宫向皇帝告状,刘秀召董宣,想将他棰杀。董宣说:"陛下圣德中兴,而纵奴杀良人,将何以理天下乎?"请自己了绝,当即用头撞楹柱,流血不止。刘秀令小黄门制止董宣,并让董宣向公主叩头道歉了事,而董宣认为自己做得对,坚决不从。刘秀让人强使董宣叩头,董宣两手据地,终不肯低头。公主说:"文叔为白衣时,藏亡匿死,吏不敢至门。今为天子,威不能行一令乎?"刘秀笑曰:"天子不与白衣同。"因敕令董宣诣太官赐食。董宣将天子赐食食尽,并对刘秀说:"臣食不敢遗余,如奉职不敢遗力。"[1]

以上这个案例天子之所以"威不能行一令",是因为天子要遵从法律,服从"理天下"这个大局。在刘秀看来,作为白衣可以钻法律的漏洞,做些"藏亡匿死"之类规避法律的事情,但一为天子,就要为江山社稷负责,天子的责任不允许其肆意妄为,因此他才说出"天子不与白衣同"这样的话。

有的"令主"能够自我约束,喜怒不形诸法。明仁宗对刑部都察院大臣说:"朕于刑法,未尝敢以喜怒增损。卿等鞫狱之际,亦当虚心听察,如朕一时过怒,处诸非法,卿等国大臣,当执正,毋以忤旨为虑。"并说:"即朕一时严于嫉恶,令律外致刑,法司必再三执奏,不允,五六奏,又不允,同三公及大臣执奏,必允乃已。"宣宗即位后,下诏告天下,称"朕嗣大统,遵奉旧典,不敢以喜怒为轻重"。[2]

皇帝之所以有时喜怒不从法,说到底还是因为有亲疏爱憎,加之处在尊崇无比的位置,又有最高权力做后盾,因而也更容易使法律向自己一边倾斜,甚至走向法外用刑的"歧途"。每当这时,就需要臣僚尤其是法司执法不移,不为权势所威胁,不为利禄而诱惑,有一种"死法"的气概。正如宋代大臣范百禄所说:"古人执法,有三经断死而不渝者,有抗直犯颜而不观主威者;非但施之于守法而已,实士君子事上之道

---

[1]《后汉书》卷77《酷吏列传》,北京:中华书局,1965年标点本,第2490页。
[2] 傅维麟:《明书》卷73《刑法志》,康熙三十四年刻本,第15页b。

当然。"[1]明弘治时,闵珪历任刑部尚书、左都御史,"久为法官"。弘治十七年(1504),辽东边臣张天祥诬他人杀贡使一案经大理寺丞吴一贯等勘实,张天祥死于狱。由于张天祥叔父屡讼冤,孝宗密令东厂查其事,回奏以吴一贯所勘为诬,孝宗大怒,要尽翻前案,并将吴一贯等重罪处死。内阁大学士刘健等反复谏诤,并曰:"狱经法司谳,皆公卿士大夫,言足信。"孝宗说:"法司断狱不当,身且不保,言足信乎?"谢迁认为:"事当从众,若一二人言,安可信?"刘健又说众证人距京师地远,不可能将他们全部逮来对质。孝宗说:"此大狱,逮千人何恤!"刘健等人"再四争执",孝宗声色俱厉。吴一贯被押后,孝宗在午门亲鞫,"欲抵一贯死"。[2]闵珪上奏说:"一贯推案不实,罪当徒。"孝宗不允,闵珪仍执如初。孝宗欲治闵珪罪,并令其重新拟吴一贯罪。闵珪不为所动,"终以原拟上",孝宗召阁臣刘大夏。刘对曰:"刑官执法乃其职,未可深罪。"孝宗默然久之,曰:"朕亦知珪老成不易得,但此事太执耳。""卒如珪议"。[3]

这一案件从内阁大学士到刑部、大理寺再到御史,基本上完全站在孝宗的对立面,谏诤再四,甚至不惜以身殉法,就是因为他们认为"执法乃其职",不能唯上意是从。孝宗最终还是妥协了,同意将吴一贯拟徒。

唐太宗在旧史上无疑是一个从善如流的好皇帝形象,因此身当其时的大理寺少卿戴胄能守法不移。其他如张释之、于定国、陈宠、郭躬等汉代四大廷尉,所遇的是所谓文帝、宣帝、章帝这三位"令主"。故仅仅举出这些执法者能够匡主从法的例证似乎不足以说明问题。如果遇到一位英武有为,而身处政治环境极为尖锐复杂的君主,尤其是那些"以逆取江山"的皇帝,整个局面就会大不一样。这时,法律往往成为君主确立其统治,巩固强化其权力的工具,从而使法律的公正性大打折扣。无论是历朝官修的"正史",还是参与政权的官僚士大夫的私人著述,都把政治环境尤其是君主个人的情况作为执法者能否捍卫法律尊严

---

[1] 吕祖谦编:《宋文鉴》,北京:中华书局,1989年影印本,下册,第1636页。
[2] 《明史》卷180《王献臣传》,北京:中华书局,1974年标点本,第4802页。
[3] 《明史》卷183《闵珪传》,北京:中华书局,1974年标点本,第4868页。

的重要前提来考量。武周时期的徐有功最能说明问题。《新唐书》在为他立传时,用比较长的篇幅叙述他的执法环境,包括武则天代唐立周后对大唐臣子的畏惧,重用周兴、来俊臣等酷吏,制造了一个又一个"谋反案"。"吏争以周内穷诋相高",即看谁更有罗织罪名的能量,对此武则天不但不加以制止,反而"劝以官赏",于是形成了"以急变相告言者无虚日"的局面。正是在"朝野震恐,莫敢正言"的恐怖气氛中,"独有功数犯颜争枉直,后(武则天)厉语折抑,有功争益牢"。换言之,恶劣的执法环境是对执法者的最大考验。因为他面对的不单单是高高在上的皇帝,还有皇帝所宠信甚至有意纵容的一群酷吏,因此执法者在与君争法的同时,还要与一群酷吏周旋,而他手中的唯一利器就是悬在众人头上的法之剑。明末思想家王夫之在他的《读通鉴论》一书中,把武则天附于"中宗"下讨论,并加上"伪周武氏"的字样,对武氏极尽丑诋,说"武氏之恶""鬼神之所不容,臣民之所共怨,万世闻其腥闻,而无不思按剑以起"[1]。他对武氏寄情喜怒于法之上,尤为不满,说:"法者,非以快人之怒、平人之愤、释人之怨、遂人恶恶之情者也;所以叙彝伦、正名分、定民志、息祸乱,为万世法者也。"[2]

徐有功正是在这样的政治环境下开始他的"法之旅"的。《新唐书》给他的"定论"是:"不以唐、周贰其心,唯一于法……故能处猜后、酷吏之间,以恕自将,内挫虐焰,不使天下残于燎","议者谓过汉于、张,渠不信夫!"[3]徐有功任司刑寺丞时,处理了魏州人冯敬同告贵乡县尉颜余庆与博州刺史庞冲同反一案。此案由武则天下令交来俊臣鞫治,以反状上闻。武则天敕令将颜余庆处斩,家口籍没。徐有功依据《尚书》中"歼厥渠魁"的记载以及永昌元年赦文;尤其是《唐律·名例律》对首谋的解释,对此案提出不同处理意见,他上奏称魁首庞贞等已伏诛,颜余庆应"断为支党,处流"。当时有功玉阶具奏,太后大怒,抗声谓有功曰:"若为唤作魁首?"有功答称:"魁是大帅,首是原谋。"当时百僚供奉及仗卫有二三百人,面对武则天反复诘问,无不股

---

[1] 王夫之:《读通鉴论》卷21,北京:中华书局,1998年,下册,第639页。
[2] 王夫之:《读通鉴论》卷21,北京:中华书局,1998年,下册,第639页。
[3]《新唐书》卷113《徐有功传》,北京:中华书局,1975年标点本,第4192页。

栗,"而有功神色不动,奏对无差,人皆服其胆力,直而不挠"。[1]徐有功后迁司刑少卿,对所亲曰:"今身为大理,人命所悬,必不能顺旨诡辞以求苟免。"[2]对于徐有功所处的为官环境及他的执法如山,杜佑给予极高评价:

> 详观徐大理之断狱也,自古无有斯人,岂张、于、陈、郭之足伦,固可略举其事。且四子之所奉,多是令主,西汉,张释之,文帝时为廷尉;于定国,宣帝时为廷尉;东汉陈宠、郭躬,章帝时为廷尉:皆遇仁明之主。诚吐至公,用能竭节。若遇君求治,其道易行。武太后革命,欲令从己,作威而作周政,寄情而害唐臣。徐有功乃于斯时,而能定以枉直,执法守正,活人命者万计;将死复舍,忤龙鳞者再三。以此而言,度越前辈。[3]

再看宋、明的情况。宋初宰相赵普,"为政颇专","而能以天下事为己任",他对太祖赵匡胤说:"刑以惩恶,赏以酬功,古今通道也。且刑赏天下之刑赏,非陛下之刑赏,岂得以喜怒专之。"[4]

如果皇帝置国家法律于不顾,法司要以死相谏,或以辞职相抗。明万历时,朝政日非,民穷思变,皇帝以喜怒之情移法司之平。时为刑部侍郎的吕坤,忧心如焚,上疏曰:"法者,所以平天下之情。其轻其重,太祖既定为律,列圣又增为例。如轻重可以就喜怒之情,则例不得为一定之法。臣待罪刑部三年矣,每见诏狱一下,持平者多拂上意,从重者皆当圣心。如往年陈恕、王正甄、常照等狱,臣等欺天罔人,已自废法,陛下犹以为轻,俱加大辟。然则律例又安用乎!诚俯从司寇之平,勉就祖宗之法,而图圄之人心收矣。"[5]吕坤的上疏强化了一个古老的法律命题:法律不能因皇帝的喜怒之情而有所轻重。因为法律是用来"平天下之情"的,不是君主手中任意玩捏的工具。不错,法律之所

---

[1] 杜佑:《通典》,北京:中华书局,1988年,第4375页。
[2] 《旧唐书》卷85《徐有功传》,北京:中华书局,1975年标点本,第2819页。
[3] 杜佑:《通典》,北京:中华书局,1988年,第4382—4383页。
[4] 《宋史》卷256《赵普传》,北京:中华书局,1977年标点本,第8940页。
[5] 《明史》卷226《吕坤传》,北京:中华书局,1974年标点本,第5940页。

以比武装到牙齿的东西还恐怖、还狰狞,正是由于君主"毁法"所致。一向乐于将大臣的奏疏"留中"的万历皇帝,对吕坤的上疏仍采取了他一贯的处理方式——"不报",但"刚介峭直,留意正学"的吕坤采取了更激烈也是更无奈的办法,他上疏自陈,请求罢职还乡:"高皇帝之定律也,藁凡七易,当重者,自不从轻。刑部之拟罪也,法欲坚持,宁死谏,不宜阿奉。而臣以不切不果之念,退缩因循,致令无罪、轻罪之人,吞声饮泣。有臣如此,官守谓何?臣闻三年大旱,为匹妇之含冤;六月飞霜,因一夫之抱屈。今刑部狱中,含冤、抱屈者不止二人也,不平隐愤,上彻云霄,郁结穷愁,散为氛祲。……孽自臣躬。伏望皇上将臣罢斥,责令刑曹以后诏狱一切奉法,不得阿意奉承,以损圣德,以戾天和。臣即跧伏草莽,所甘心矣。"[1]

四百多年后,当我们诵读吕坤这份自陈不职疏时,仍会强烈地感受到这位大明刑部侍郎因不能很好地履行法律应有的职责而备受煎熬的痛苦。

吕坤是以特殊的形式离开污秽不堪的官场的,"称疾乞休,中旨许之"。尽管以后有吏部尚书孙丕扬等交章举荐,"疏至二十余上",但万历皇帝"终不纳"。万历四十六年(1618),吕坤结束了二十年的乡居生活,撒手而去。一叶落而知秋。当很多大臣都选择用逃避的方式来与最高统治者进行抗争时,"时日曷丧"也就为期不远了。史家说:明亡实启于万历。信然![2]

三、制定法与君主敕、令的关系

罗素说:人类扩张的欲望仅为想象暗示的可能性所制约。假如有可能,每个人都愿意成为上帝,而在那些大征服者身上,则否认权力的局限性。"它使社会合作成为困难的事情。"他同时指出:"在人类无限的

---

[1] 孙承泽:《春明梦余录》卷44,北京:北京古籍出版社,1992年,第919页。
[2] 据《廿二史札记》卷35"万历中缺官不补"载:自阁臣至九卿,台省曹署皆空,给事中、御史定额一百五十余人,当时只有四人,诏狱诸囚,以理刑无人不决遣,家属号长安门。"职业尽弛,上下解体。"

欲望中，居首位的是权力欲和荣誉欲。"[1]尽管中国封建王朝的君主承认自己在为政及个人素质方面有某种"缺失"及"知见不及"之处，但在权力上都喜欢自专。在法律方面，各王朝大多制定了比较完备的法典。为了使这些主要反映刑罚方面的法典"尽可能地不带有任意性"[2]，即突出"临事以制"的效果，在制定法之外，又将敕、令之类作为法典文本的补充。但如此一来，遂产生了制定法与敕、令之间的矛盾。如果说，制定法体现了法律的稳定性和"经久常行之制"的特点，且带有"祖宗之法"的强烈痕迹，那么，王朝中叶或后期的敕、令之类就具有较强的时效调节作用。"国将亡必多制"，这是儒家的一种信条，因此当敕、令之类更多地与制定法相冲突而且前者更多地反映帝王专擅刑罚的意志时，臣僚们又会毫不犹豫地向制定法回归。

晋元帝时，尚书左丞熊远上书，指出"军兴以来，处事不用律令，竟作新意，临事立制，朝作夕改"的弊端，以至于"主者不敢任法，每辄关咨"，认为这是"非为政之体也"。[3]晋惠帝时，"刑法不定，狱讼繁滋"，尚书裴頠上书指陈得失，说："刑书之文有限，而舛违之故无方，故有临时议处之制，诚不能皆得循常也。"但他认为刑罚"应有定准"，如果审处"皆在法外"就很不正常。[4]尚书三公郎刘颂也随即上书，对君主"临事以制"提出强烈批评，主张"天下万事""不得出以意妄议，其余皆以律令从事"，因为以往的法律是商榷周详而制定的，"法轨既定则行之，行之信如四时，执之坚如金石"，岂能"在成制之内，复称随时之宜，傍引'看人设教'以乱政典哉！何则？始制之初，固已看人而随时矣。今若设法未尽当，则宜改之；若谓已善，不得尽以为制，而使奉用之司公得出入以差轻重也。夫人君所与天下共者，法也。已令四海，不可以不信为教"。他严厉批评时人以"上古议事以制"为托词，行其"于成制之外，以差轻重"之实的做法。他还提出罪刑法定的主张。皇帝下诏令臣下讨论，汝南王亮等"以为宜如颂所启，为永

---

[1]　罗素：《权力论》，北京：东方出版社，1988年，第3页。
[2]　米歇尔·福柯：《规训与惩罚》，北京：生活·读书·新知三联书店，1999年，第117页。
[3]　马端临：《文献通考》卷169《刑考八·详谳》，北京：中华书局，1986年，第1467页。
[4]　杜佑：《通典》，北京：中华书局，1988年，第4296页。

久之制"，门下省在署议中也赞成刘颂的主张，认为"既已立法，诚不宜复求法外小善也。若常以善夺法，则人逐善而不忌法，其害甚于无法也"。[1]

西晋在立法上的进步之一，即将律、令明确区分开来，这与汉代"前主所是著为律，后主所是疏为令"，律、令概念混淆的情况相比，有了相当大的改变。参与修律的律学家杜预在作《律序》时也明确说："律以正罪名，令以存事制。"[2]韩国磐认为，西晋修律时将律、令、故事三者明确区分开来，在立法思想和法制的分工上，是一大进步。[3]

由于有了划分，才有了法律界域的"识别"。从晋代开始，对"临事以制"的做法也就有了更多的批评。前面所举的唐太宗与戴胄关于诈冒选人如何裁决的争论，即属法与敕之争。太宗按照敕令断死，但戴胄认为"敕者出于一时之喜怒"，和"国家所以布大信于天下"的法是不能相提并论的。敕是帝王的命令，仅代表君主的个人意志，属于"私"，而法却是代表国家的意志，具有不可动摇的公信力，不能因帝王意志而改变。有学者认为，汉唐是遵行律令最好的时代，堪称律令政治：律令政治乃以法令作为基础的政治，法令得到尊重，变得稳定或趋向独立，则政治将会走向法治。政府体制依照律令设置及运行，其体制将为较硬性的体制，较客观而不易改动。反之，政治及体制以君主的意旨（敕令）为基础，则人治及柔性体制必将因此出现。从汉至唐，门第政治兴盛，君主尚未进入绝对专制的阶段，君臣大体上仍能依法行事，这一时期可说是律令政治的时代。唐朝本身是转折的时期，而自武则天至唐玄宗，更为转折期的重要阶段，从此以降，律令地位日降，政治行为及官僚设置多以敕令为准，柔性体制于焉建立，对宋明以后政治影响极大。随着敕令权威的日益提高，及君主通过学士、知制诰等职剥夺中书省的出令权，君主专制的政治亦日益发展。[4]

在一个脆弱的以小农经济为基础的国度里，诉讼的经济成本实在太

---

[1]《晋书》卷30《刑法志》，北京：中华书局，1974年标点本，第938页。
[2]《太平御览》卷638，宋刻本，第11页a。
[3] 韩国磐：《中国古代法制史研究》，北京：人民出版社，1993年，第259—260页。
[4] 雷家骥：《隋唐中央权力结构及其演进》，台北：东大图书公司，1996年，第325页。

高,因此,法约刑简的儒家思想便大行其道。欧阳修说:法律以简明为尚,以行久为信,"而中材之主,庸愚之吏,常莫克守之,而喜为变革。至其繁积,虽有精明之士,不能遍习,而吏得上下以为奸。此刑书之弊也"。[1]法律繁多就会歧义重出,轻重不一。宋朝在继承唐朝律、令、格、式的基础上,多编敕以行,北宋中前期,律、敕并行,到了北宋末年,指挥、条贯甚至御笔手诏都编入为敕,使法律形式十分混乱。到了南宋,用敕不用律,国之常法被弃置一边。尽管国家设有专门的编敕所从程序上进行"把关",但往往"旦夕之间,果然又变"。实际上严重损害了国家常法的公信力,其弊端屡为臣僚所言。范仲淹在《答手诏条陈十事》中专门谈及"重命令",指出宋朝"先王重其法令,使无敢动摇将以行天下之政也。今睹国家每降宣敕条贯,烦而无信,轻而弗禀,上失其威,下受其弊。盖由朝廷采百官起请,率尔颁行,或昧经常,即时更改,此烦而无信之验矣。又海行条贯,虽是故违,皆从失坐,全乖律意,致坏大法,此轻而弗禀之甚矣。臣请特降诏书,今后百官起请条贯,令中书、枢密院看详会议,必可经久,方得施行。如事干刑名者,更于审刑大理寺究明,会法律官员参详起请之词,删去烦冗,裁为制敕,然后颁行天下,必期遵守。其冲改条贯,并令缴纳,免致错乱。设有施行,仍望别降敕命"。[2]

出令不慎,朝颁夕改,会使法律失去应有的权威。苏轼也说,国初只用律令,加以注疏,情文具备。"今编敕续降,动若牛毛,人之耳目所不能周,思虑所不能照,而法病矣",他认为应当"熟议而少宽之"。[3]但一个王朝越是混乱,改法更制越多。曾肇在上书《论内批直付有司》中说:"臣待罪右省,伏睹内中时有批降指挥,除付三省、枢密院外,亦有直付有司者,虽陛下睿明,必无过举,然忖之事体,终有未安。盖帝王号令,不可轻出,必经中书参议,门下审驳,乃付尚书省施行;不经三省施行者,自昔谓之斜封墨敕,非盛世之事。神宗皇帝正三省官名,其意在此。臣愚伏愿陛下,凡有指挥,须付三省、枢密院施

---

[1] 鲁嵩岳:《慎刑宪点评》,北京:法律出版社,1998年,第118页。
[2] 吕祖谦编:《宋文鉴》,北京:中华书局,1989年影印本,上册,第663页。
[3] 吕祖谦编:《宋文鉴》,北京:中华书局,1989年影印本,中册,第830页。

行，更不直付有司，以正国体。其三省、枢密院若奉内中批降指挥，亦须将前后敕令相参，审度可不，然后行下，不可但务急速奉行，以为称职。盖三省、枢密院皆执政大臣，陛下委以平章朝政之人，其任非轻，不同胥吏，但以奉行文书为事。又帝王号令，务要简大。若夫立法轻重，委曲关防，皆有司之职，非人主之务。"[1]

法令繁密已失去了立法的原义，叶适说，宋代"法度以密为累而治道不举"[2]，给后世的教训是极为深刻的。[3]

明代律令体系比较简明，丘濬说："我朝之律，仅四百六十条，颁行中外，用之百余年于兹。列圣相承，未尝有所增损；而于律之外，未尝他有所编类，如唐、宋格、敕者。所谓简而明，久而信，真诚有如欧阳氏所云者，万世所当遵守者也。"[4]正因如此，君主越法行事往往受到臣僚的抵制。可以说，整个明朝都在与君主以个人意志破坏国家常法的行为做不懈斗争。洪武二十四年（1391），嘉兴府通判庞安，缉获私贩盐徒送京师，而以盐赏其获者，户部以其违例，罚赏盐入官，且责取罪状。庞安为此上书说："律者，万世之常法，例者，一时之旨意，岂可以一时之例，坏万世之法！"并举唐太宗从戴胄以法断诈冒为例，"今之律，即古所谓法，国家布大信于天下者也。例者，即古所谓敕，出于一时之命也。今欲依例而行，则于例内非应捕人给赏之言，自相违背，是失信于天下也"。明太祖采纳了庞安的意见，"诏论如律"。[5]

明朝前期，君主大多不以意旨命令移法，凡特旨临时裁处，"罪名不著为律令者，大小衙门不得引此为例。若辄引此律，致令罪有轻重者，以故入人罪论"。[6]太祖训诰之辞还有这样的话：朕对中外奸徒情犯深重无疑者法外用刑，"意使人知警而不敢易法，然此一时权用，非守成之君所宜用常法也。今后子孙止守律大诰"，臣下敢有奏用法外之刑者，"文武群臣即劾奏"。宣宗也说："治天下以信为本，朕出一诏令，

---

[1] 吕祖谦编：《宋文鉴》，北京：中华书局，1989年影印本，中册，第911页。
[2] 叶适：《水心先生文集》卷4，明刊本。
[3] 郭东旭：《宋代法制研究》，保定：河北大学出版社，2000年，第61—70页。
[4] 鲁嵩岳：《慎刑宪点评》，北京：法律出版社，1998年，第118页。
[5] 王伟凯：《明史刑法志考注》，天津：天津古籍出版社，2005年，第43页。
[6] 孙承泽：《春明梦余录》卷44，北京：北京古籍出版社，1992年，第901页。

必预度可行可守而后发，不然，徒失信于民，岂为君之道！"到了明中叶，出现了引例不用律的情况，大臣纷纷上书。景泰初即位时，正值旱灾，他下诏行恤刑之议。朝臣议以谋逆、反叛及强盗出首免罪。给事中卢祥上疏认为不可："如此则是定不当行之例，施不当加之恩。"景泰帝从之。英宗天顺时，都御史王恕以《大明律》460条后又有《会定见行律》108"轻重失伦，不可行"上书请追报焚毁。英宗下旨言："《会定律》纰谬可焚，诸依此律出入人罪者以故论。"[1]孝宗弘治时以例破律。刑部奏：律、条历代相承，损益无几；敕、令则世自为格。宋人敕重于律，断狱以敕。敕中所无，方用律。昔贤病之。国初，刑用重典，取上裁，榜文纷纷下。洪武末，定大明律，刑官始得据依为拟议，轻重画一。后又申明大诰诸有罪减等。累朝遵用，而法外遗奸。列圣时，推移损益之，而有例。例非律所该，而实不大违远于律，特用辅律，非以破律也。而中外巧法吏，或借以文饰私怒，多引例便己意，而律寝格不用。于是命部尚书白昂、都御史闵珪，会九卿查议条陈，定夺划一，其余冗琐并革。昂等条上，命覆详。更上。已，上覆摘条例中疑者六条，命覆议。已，乃布行。[2]

四、君主不亲刑狱

由于礼对法的渗透，中国古代的刑罚融入了更多的伦理色彩。本来是凶煞无比的刑罚，由于慎刑、恤刑而有了"祥"的内涵。更由于刑罚或以刑罚为核心的法律在帝王为政中居于次要地位，所谓"刑者，政之末节也"[3]，因而就有了君主不亲刑狱的思想。不单君主，就是丞相也以理刑为非。汉文帝"明习国家事"，问左丞相周勃说："天下一岁决狱几何？"周勃说自己不知道。又问："天下钱谷一岁出入几何？"周勃仍"不知"。文帝又问左丞相陈平。陈平说"各有主者"。文帝问："主者为谁乎？"陈平曰："陛下即问决狱，责廷尉；问钱谷，责治粟内史。"

---

[1] 傅维鳞：《明书》卷73《刑法志》，康熙三十四年刻本，第18页b。
[2] 孙承泽：《春明梦余录》卷44，北京：北京古籍出版社，1992年，第912—913页。
[3] 《旧唐书》卷50《刑法志》，北京：中华书局，1975年标点本，第2145页。

文帝又以"苟各有主者,而君所主何事也?"相责问。陈平说:"宰相者,上佐天子理阴阳,顺四时,下遂万物之宜,外镇抚四夷诸侯,内亲附百姓,使卿大夫各得任其职也。"文帝"称善"。[1]

但自秦始皇起,躬操文墨的帝王也不乏其人。帝王亲理刑狱可使冤情上达,吏弊无隐,而"守道以御万机之本"的君王执政规则又要求君主抓根本、抓大事,不能"事必躬亲",《资治通鉴》写王莽"自揽众事""愦眊不渫"[2],可见,不论是观念思想上还是司法实践中,儒家的预设都存在矛盾,但整体上是反对人君亲理刑狱的。史载东汉明帝时楚王英以谋逆死,穷治逆案时,坐死、徒者数千人。守侍御史寒朗言其冤。时明帝"怒甚,吏皆惶恐,诸所连及,率一切陷入,无敢以情恕者"。依寒朗言,明帝亲往洛阳狱录囚,理出千余人。天旱即雨。范晔称其"善刑理,法令分明。日晏坐朝,幽枉必达。内外无幸曲之私,在上无矜大之色。断狱得情,号居前代十二"。[3]但丘濬却不以明帝亲理刑狱为是。他说"夫人君为治,贵于用得其人,臣之能,即君之能也。政不必自己出也。明帝善刑理,不足贵也",认为"人君苟存明帝夜起彷徨之心,以恤刑狱,虽不必自善刑理,而能委任得人,而不为左右之所蒙蔽,则幽枉无不达矣"。[4]

唐太宗"以宽仁治天下"。贞观六年(632),亲录囚徒,将死罪者三百九十人纵之回家,后悉赦之。对这种做法,后人提出诸多批评意见。欧阳修在《纵囚论》中指责太宗标新立异,逆情干誉,是为了求取令名而已,后世不值得效法。

宋太宗是帝王中好亲刑狱者,"京狱有疑者,多临决之","尝亲录系囚至日旰",近臣为此劝谏,太宗不以为然,并为自己躬亲刑狱辩护说:"或云有司细故,帝王不当亲决,朕意则异乎是。若以尊极自居,则下情不能上达矣。"自此后不管寒暑,"辄亲录系囚","后世遵行不

---

[1]《汉书》卷40《王陵传》,北京:中华书局,1964年标点本,第2049页。
[2] 司马光:《资治通鉴》卷38《汉纪三十》,胡三省注,北京:中华书局,1956年,第1206页。
[3]《后汉书》卷41《寒朗传》,北京:中华书局,1965年标点本,第1417页。《文献通考》言"坐死、徒者甚众",不确。
[4] 鲁嵩岳:《慎刑宪点评》,北京:法律出版社,1998年,第351—352页。

废"。[1]宋代人君理刑,是操生杀大权的反映,但反对的声音也很强。司马光在《应诏论体要》一疏中反对神宗"威福在己",提出"人君务明先王之道,而不习律令,知本根既植,则枝叶必茂故也"。他举阿云一案为例:"夫以田舍一妇人有罪,在于四海之广,万机之众,其事之细,何啻秋毫之末,朝廷欲断其狱,委一法吏足矣","夫执条据例者,有司之职也;原情制义者,君相之事也","文法俗吏之所事,岂明君贤相所当留意耶?"[2]

明正统二年(1437),侍讲刘球上疏曰:"古者人君不亲刑狱,而悉付之理官。书所谓:'予曰辟,尔惟勿辟;予曰宥;尔惟勿宥,惟厥中。'盖恐徇喜怒有所轻重于其间,以致刑失其中也。近者,法司所上狱状,有奉敕旨减重为轻、加轻为重者,法司既不敢执奏;至于讯囚之际,又多有所观望,以求希合圣意,是以不能无枉。臣窃以为一切刑狱宜从法司所拟,设有不当,调问得情,则罪其原问之官。"[3]

以上这些例证说明,封建的道统,祖宗之成法,以及肩负天下的官僚士大夫的集体意识,都构成了对君权的制约。正如史家陈登原所言:"法家虽在扶翊君权,然就统治者一面言之,既已有法,先须自知,韩非所记之事是也。既已有法,先当自守,张释之辈所言是也。在君权无限之中,隐寓制限之用,使之盗亦有道,固非后世面谕手谕,震怒交办之所可拟欤。"[4]

(原载《南京大学法律评论》2005年春季卷)

---

[1]《宋史》卷199《刑法志一》,北京:中华书局,1977年标点本,第4970页。
[2] 吕祖谦编:《宋文鉴》,北京:中华书局,1989年影印本,上册,第753页。
[3] 刘球:《修省十事疏》,陈子龙辑:《皇明经世文编》卷31,崇祯刻本,第4页a。
[4] 陈登原:《国史旧闻》,北京:中华书局,1962年,第一册,第289页。

中国古代权、法关系的演变

传统政治史的一般观点认为，君主的权力是不受限制的，金口玉牙，言出法随，这一观点是否符合中国古代政治的史实？中国古代的法律对君主的权力有没有制约、限制、规范？

我们可以把中国古代的权力归纳为三种，即极权、常规权力、基层社会权力，这三种权力与法律之间，都存在一种变量关系，因而形成权、法关系。这种关系的发展、演变及由此表现出来的特征，不仅影响着古代中国政治、社会发展的脉流，更对近现代的历史产生了独特而巨大的影响。正因如此，中国古代的权、法关系，是值得特别关注并深入研究的大问题。本文从中国古代权、法关系的渊源，中国古代三种权力的互动及其与法律的关系，中国古代权、法关系演变的三个时期及其特点以及中国古代处理权、法关系的启示四个方面，揭示中国古代权、法关系动态发展的逻辑规律及其借鉴意义。

一、权、法功能的同源

"權（权）"，在中国古代文献，特别是秦汉文献中多指秤锤、秤。《说文》曰："權，从木、雚声。"[1]"權"，用以称量物品。《广雅》集解曰："锤，谓之權。"[2]出土的文物也可以证明，"權"是指测量物体重量的器具，又称为"锤"，现存战国时期的秦權、楚權，以铜或铁制成，也有用陶、瓷、石等制成。简单说，就是砝码。《汉书·律历志》曰：

---

[1] 段玉裁：《说文解字注》，南京：凤凰出版社，2015年，第433页。
[2] 王念孙：《广雅疏证》，嘉庆元年刻本。

图1　　　　　　　图2　　　　　　　图3

"權者,铢、两、斤、钧、石也。"[1]这仍是讲"權"的本义是度量单位。

图1是石权,是用石头做移动的秤砣,图2是铁权,图3是铜权,均刻有铭文。图3刻有秦始皇统一度量衡的诏书:"廿六年(前221),皇帝尽并兼天下诸侯,黔首大安,立号为皇帝,乃诏丞相状、绾,法度量,则不壹,歉疑者,皆明壹之。"秦二世称帝后也在上面加刻诏书,原文为:"元年(前209),制诏丞相斯、去疾,法度量,尽始皇帝为之,皆有刻辞焉。今袭号,而刻辞不称始皇帝,其于久远也,如后嗣为之者,不称成功盛德,刻此诏,故刻左,使毋疑。"以上从文字到出土实物都可证明,"權"就是一种度量衡。

"權"字的意涵,由度量衡向"权力"转化,有一个演变过程。"權"作为度量衡,逐渐演变成以它的功能来体现它的度量。《孟子·梁惠王上》载:"權,然后知轻重。"[2]此处"權"做动词,即称量之后,才知道轻重。其后有均衡、权衡的意思。如《礼记·王制》载:"凡听五刑之讼,必原父子之亲,立君臣之义,以權之。"[3]即诉讼首先考虑是否违反父子之亲、君臣之义。在认为符合宗法制度之后,再来考虑罪行大小、损害轻重,决定刑罚裁量。汉代以后的文献,"權"字的意涵逐渐接近"权力"之意。成书于战国时期(通说,部分内容直到汉代才完成)的儒家经典《论语》中,《尧曰》一篇载:"百姓有过,在予一人。

---

[1]《汉书》卷21《律历志上》,北京:中华书局,1962年标点本,第969页。
[2] 赵岐注,孙奭疏:《孟子注疏》,北京:中华书局,2021年简体横排本,第52页。
[3] 郑玄注,孔颖达疏:《礼记注疏》,北京:中华书局,2021年简体横排本,第722页。

谨權量，审法度，修废官，四方之政行焉。"[1]百姓经常犯过错，高高在上的统治者要检讨。检讨的内容有三：一是谨權量，二是审法度，三是修废官。谨權量，各家注解不一，其中应包含两层含义，一是校正度量衡，二是检讨赋税徭役征收的尺度是否合适。"审法度"，即检讨以往法律的得失。"修废官"是检讨以往被废弃不用的人是否可以重新起用。这三件事做好了，国家就步入正轨。先秦时期，狭义的法律疆界比较小，直到秦汉以后才逐渐扩展。中国的先民非常注重教化，因此社会稳定工作做得很好。"谨權量，审法度"，把權、法两者联结起来，既是并列关系，也是一种对应关系。唐代柳宗元《断刑论》提出"仁必知经，智必知权"的主张，这里的权，是衡量、权宜之意。

法最早写作"灋"。小篆写作灋，金文写作灋。《说文》曰："灋，刑也。平之如水，从水。廌所以触不直者去之，从（廌）去。"[2]这个字由三部分构成，第一部分为"平之如水，故从水"。"權"字是一种量器，是砝码，是衡平的准绳。"灋"不是器具，但"灋"是人格化的器具，这是"灋"的第二部分构成，它通过人格化的物来体现，即"廌"。《异物志》载："东北荒中，有兽名獬豸，一角，性忠，见人斗，则触不直者；闻人论，则咋不正者。""廌"即獬豸（图4）。皋陶治狱，凡遇疑难案件，便将獬豸放出来，用其角顶向理屈的一方，带有原始部族的神判性质。汉代思想家王充在《论衡》中记载："廌（鮭）者，一角之羊也，性知有罪，皋陶治狱，其罪疑者，令羊触之。有罪则触，无罪则不触，斯盖天生一角圣兽，助狱为验。"[3]这是法的物化，即通过獬豸

图4

---

[1] 何晏注，北宋邢昺疏：《论语注疏》，北京：中华书局，2021年简体横排本，第476页。
[2] 段玉裁：《说文解字注》，乾隆五十七年四库本。
[3] 王充：《论衡》卷第十七，上海：上海人民出版社，1974年，第270页。

来表现中国的法。而獬豸要体现法的公平性,即触不直者,法要"平之如水",就此而言,"灋"与"權"的功能趋同,二者是同源的。

二、中国古代的三种权力及其与法律的变量关系

权、法关系是支配中国社会的最主要的关系。而在中国传统社会几千年中,有的时期解决得好,有的时期解决得不好。传统中国的权力类型,可归结为三类。一是集权,即最高权力,秦始皇后指皇权。与其他权力不同,正所谓"天无二日,国无二主",集权具有不可分割性和强烈的排他性。而在先秦乃至秦汉时期,皇权的疆界有限,在许多情况下,最高统治者将权力的一部分让渡给第二种权力,即常规权力。常规权力是指从中央到地方,各级衙署的权力,即国家正式机构的权力,既包括行政权,也包括监察权。对于古代中国而言,这部分权力包括秦汉时期中央的三公九卿,隋唐的三省六部,明清的内阁,地方上的郡县长官,等等。监察官包括言谏系统和监察系统。涵盖皇帝之下国家官员统系的所有范围。第三种权力是基层社会权力。这类权力有许多类型,如宗族权。隋唐以前,宗族对基层社会有着强大的控制力。两汉时期的世家大族,建筑坞堡,拥有部曲武装,甚至能与皇权相抗衡。晋代有"王与马,共天下"之谚。但这种权力带有半自治的性质,若不加限制,便容易发展成离心力量,对国家政权构成威胁。因此,宋代以后宗族权不断受到压缩,清代乾隆时更对其予以严格规范。除此之外,明清时期出现的行会组织,也在基层实行部分自治。再如县以下权力,国家也采取半自治的办法。学界一般观点认为,国家权力到县一级为止,县以下基本采取半自治的状态,所谓皇权至县而极,也即天下之政起于州县终于州县之意。官府不再干预,而是由民众推选。如明清的保甲、里长,国家制定基本的选用原则,后由地方年长德劭者担任。以上均属于基层权力的范畴。

以上三种权力并非对等,其中皇权是一切权力的核心,常规权力是国家机器运转的基本保障,基层社会权力是其补充。三者之间在历史上的不同时期,又有所不同,呈现出互相咬合,此消彼长的变量关系。因

为权力的结构要求维持在稳定状态,因此,若某一种权力的疆界扩大,即意味着其他权力的疆界缩小。从中国古代社会发展的趋向看,专制皇权的疆界越来越大,不断侵越其他权力,特别是常规权力,进而使得常规权力向下传导,侵蚀基层社会权力,这样传导的结果是,传统中国权力自治的部分越来越小,后来几乎销声匿迹。

同时,这三种权力又与法律形成一种变量关系,如下图5:

这个变量关系在发展中表现出的最重要的一个变化是:常规权力由世袭制向选举制转变。贵族分封制在周代十分普及、发达,其影响至唐代时仍有遗留。尽管从秦朝开始,在全国广泛实行郡县制度和察举制度,但是没有根本改变世家大

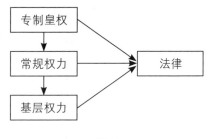

图5

族把持政权的局面。至科举制度出现,才真正出现革命性变化。隋唐科举制度是古代中国的伟大创造,它使"宰相出寒门"有了制度的保障,即淡化出身、弱化门第,很多贫寒子弟通过科举考试,走向国家权力中心。据统计研究,唐朝宰相之中,普通百姓出身的人占到很大比例。这些人来自民间,知悉百姓疾苦,制定政策、法律时更有全局眼光,不是简单保障一小部分人的利益,是古代中国得以延续近千年辉煌的主要因素之一。唐代文明受此影响,在历史上得以占有极高地位,唐律为当时东南亚主要国家所仿效,影响世界;遣隋使、遣唐使络绎不绝;外国人在中国任官是普通的事,凡此种种展现了唐王朝开放、自信的胸怀。但中国文化至宋代后,发生极大转变。"程朱理学"以"存天理、灭人欲"的纲常伦理束缚人的天性。中国文化的保守、内敛特性开始发散,如同缠足一样,从肉体到精神渐次禁锢。或许可以说,儒家文化的困境在这个时期已经表现出来。也有学者认为,儒家文化的困境是近代开始的。李鸿章把中西交汇称为中国遇到的"三千年未有之变局"。事实上,儒家文化在宋朝的时候就陷入困境,因而到晚明时候,反思程朱理学,进而批判者众多。尽管如此,科举制度在当时仍是一种最公平的竞争方式,造就了一代又一代坚持儒家道统的士人阶层,士大夫真正走上了参

政议政、把握国家决策的道路。

三、权、法关系演变的三个时期及其特点

在权力关系的变量中，法律的疆界有多大？法律的作用是否在不断提升？先秦时期"礼不下庶人，刑不上大夫"，规范人行为的更多是礼，学界的研究已经表明，先秦时期的"礼"包含了今天民事法律的许多内容。因而广义的礼，包括了法，至少包括了法的一部分。从狭义上理解，礼与法还是各有"疆界"的，到后来，法的疆界逐渐扩大，礼的范围逐渐缩小。

就总的趋向看，可以把传统中国权、法关系的演变划分为三个时期，而每个时期各有其特点。

第一个时期是春秋战国至秦代，其特征是"权移于法"。

这一时期，中国古代法律实现了重大的革命，即法律从贵族的垄断和随意解释中获得解放。早期的法律完全是统治者手中的工具，具有随意性。《鬼谷子》言当时的法律属"临事而制"，无法起到"平之如水"的作用，随意性极大。

昭公六年（前536）三月，郑国子产铸刑书于鼎，使法律出现了革命性的变化，其标志有二：一是法律的内容由"不预设"向定法、常法转变；二是改变了法律的秘密状态，走向公开。原来的法律从内容到形式，都由极少数人掌握，大众无从知晓，解释权也完全掌握在统治者手中，他们依据自己的需要随意解释。子产改革后，法律从秘密走向公开，内容也为民众所知晓。此后晋国赵鞅亦将范宣子所作刑书铸于鼎上，引起各国效仿。但这一变革当时引发了激烈的争论。如孔子就坚决反对此举，他认为这是助长礼崩乐坏的行为，故予以指责。叔向同样执反对态度，他给子产写信，阐述了四点反对理由：

一是"先王议事以制，不为刑辟，惧民之有争心也"。先王不制订法律，有事情（案件）按照大的原则来处理，因为担心一旦制订法律，民众就会产生争竞之心。此外还有一种解释，即遇有案件（事）发生，按照惯常的做法处理，不按照法律裁决，怕民有争心，由此带来争执。

总之，是担心公布法律引发民众的争讼之风。

二是"民知有辟，则不忌于上"。民众若知晓了法律规定，就不再惧怕统治者，统治者就无法超越法律惩治民众。法律结束了秘密的状态，就无法成为贵族手中制裁民众的工具。

三是"（民）并有争心，以征于书，而徼幸以成之，弗可为矣"。民众可以对照法律文本，评断针对自己的判决是否合理，由此带来的结果是治理天下和百姓的难度增加。

四是"民知争端矣，将弃礼而征于书。锥刀之末，将尽争之"[1]。民众知道了处理争执的依据，若受到不公，就会同他人、官府争执，甚至及于父子、亲友。如此一来，传统的礼，即作为维系尊卑贵贱等级身份的一套规范就会被打破，父不父、子不子，君不君、臣不臣，这是对社会秩序的极大破坏，而这正是"礼"所禁止的。现在有了法律并予以公开，民众放弃礼并冲破礼的约束，最后导致"锥刀之末，将尽争之"——锥刀一样微不足道的小事，都要通过法律来争执。所以一直到清朝，这类民事纠纷均被称作田土细事或田土细故。过去的先民没有完整的财产权观念，尽管土地在农业社会是"民命之本"，但在官府看来，土地争执也是小事细故，它们反对为此而兴诉。因为争的结果会导致诉讼量上升。诉讼量上升，没有更多司法机构来解决，就会"乱狱滋丰，货赂并行"。叔向批评子产这种做法，断定他会失败，因为子产所行之法都是三代走向末世的法律。

从以上孔子、叔向与子产之间的争论中，可以看到传统中国的法的观念。晋代著名经学家杜预在解释这段争议的时候概括为"权移于法，故民不畏上"，认为这是挑战统治者的权威。过去法律是由统治者随意解释，民众无从得知，而之后不同，一切以法律为准绳。百姓不畏上，不再惧怕统治者。

唐代经学家孔颖达对这场论争做出了更深刻的解释。他说："刑不可知，威不可测，则民畏上也。"刑法内容如何，百姓无从知晓，则在

---

[1] 杜预注，孔颖达疏:《春秋左传注疏》，北京：中华书局，2021年"十三经注疏"简体横排本，第1971页。

上者之威就不可测，所以民众敬畏在上者。但现在不同，"制法以定之"，有了制定法，而且"勒鼎以示之"，镌刻在鼎上，让所有的民众都知道，结果便是"民知在上者不敢越法以罪己"，不管是贵为天子还是诸侯，都不能超越法律，随意判刑。另一方面，"又不能曲法以施恩"，贵族犯了法也不能随意开脱，所以"权柄移于法矣"。[1]

孔颖达讲的第二层意思是，"铸鼎示民"，将法律公布公开，百姓知道了，"民知争罪之本在于刑书"。正如今天一样，罪刑的轻重有无，都写在法律文本上，以它为准绳，结果是"弃礼而取征验于书"，每个人都学习法律，都想用法律的武器来捍卫自己的权益，结果是"刀锥微细之事，亦将尽争辨以求侥幸"。[2] 中国社会自此出现所谓的健讼。秦朝崇尚法律，登峰造极，"以吏为师"，"吏"指刀笔吏，是从事法律工作的人。若按照秦朝的制度延续下来，中国有望建立一种法制社会，或者叫法制国家。尽管这个"制"和"法治天下"的"治"不同，不是用法律治理天下。汉代对秦代的做法做检讨，认为秦代高举法制的旗帜是其二世而亡的重要原因之一。《汉书·刑法志》曰："秦始皇兼吞战国，遂毁先王之法，灭礼谊之官"，过去依靠礼调解纷争，秦始皇将这些官职废除，更多建立的是法律之官，而且"专任刑罚"，自己也"躬操文墨，昼断狱，夜理书，自程决事，日县石之一"，让从事法律的人走上前台。其崇尚法律的结果是"囹圄成市，天下愁怨，溃而叛之"，认为这是秦朝灭亡的原因。[3] 但这种解释显然是偏见，并不符合历史实际。明朝张居正对此做过专门驳斥。

回过头来看，中国很早就完成制定法，而且法律由秘密走向公开。这是历史的极大进步，也是法律史上的革命性事件，对后世影响很大。古代中国的普法做得很好。新法颁布时，在地方衙署的照壁及时进行张贴，以宣传法律。由于法律条款很多，因而把那些与百姓直接相关的或者有重要变化的条款及时张贴，以便让百姓知晓。

---

[1] 杜预注，孔颖达疏：《春秋左传注疏》，北京：中华书局，2021年"十三经注疏"简体横排本，第1969页。

[2] 杜预注，孔颖达疏：《春秋左传注疏》，北京：中华书局，2021年"十三经注疏"简体横排本，第1971页。

[3] 《汉书》卷23《刑法志》，北京：中华书局，1962年标点本，第1096页。

中国传统社会结构有两次大变革,第一次是宋朝,田土买卖不再受到限制,由此带来商品化的第一次浪潮。历史上第一次健讼潮,亦因之而起。江西等地民众打官司的意愿较强。宋代还出现了职业的法律人——讼师,同时司法检验技术手段也达到新的高度。宋代是中国史上的一个重要转折,这个时期出现"健讼",主要原因在于生产力的发展。宋代有一个重要的制度变化,是中国历史上非常关键的变化,就是土地可以自由买卖,即"不抑兼并"。宋以前,土地整体上实行"配给制",尽管标准不一。西晋时实行占田,根据等级、身份等要素分配田地。隋唐实行"均田"。所以中国有一个传统,叫不患寡而患不均。如果一部分人过多占有社会财富,社会就不安宁。传统时代的财富主要体现在土地的占有上。因而董仲舒向汉武帝上书,说"富者田连阡陌,贫者无立锥之地"[1],这是天下将有大乱的征兆。宋代在很大程度上打破了以往的土地配给方式,实行不抑兼并,在法律上保障买卖自由。传统社会最大宗的交易标的就是土地,以及在土地上的衍生品。这是宋代诉讼量大为增加的重要原因之一。为适应这些变化,宋朝在审判机构的设置上有增加、有变化。法律的变化也很多。买卖田地出现了田底、田面,一田两主。

中国传统社会结构的第二次变化是清代乾隆时期,人口经过康熙时期"盛世滋生人丁永不加赋"的刺激,又经雍正时期的"摊丁入亩",在乾隆末年达到三亿。由此带来社会的结构性变化,即人口与自然资源的矛盾急剧上升,并通过人与人之间的矛盾呈现出来,由此迫使汉代以来的"民有私约如律令"的自然法状态得以改变,大量民事法律的制定已经成为稳定国家的重要举措。乾隆十八年(1753)修改土地交易法律规定:以后土地交易,必须在契约上写明是典还是卖,如果是卖契,务必写明绝卖、永不回赎字样。而自该法律定例以前,追溯三十年,在此三十年间,凡是没有写明绝卖字样的,可以回赎后重新立约,写明绝卖字样。宋代以来,土地交换很频繁,有十年田地转九家之类记载,交易频率大为增加。由于物价指数变化非常大,告找告赎之类案件增加。许

---

[1] 荀悦:《汉纪》,乾隆五十七年四库全书本,第7页b。

多清人笔记记载，清初顺治年间，因常年战争，每一亩田大概可卖二两银子，到了乾隆时期，经过一百多年盛世，国家太平，人口增加，好多瘠薄的土地经过精耕细作，提高了产量，民众从土地上得到的收益大为增加，因而这一时期一亩田值二十几两银子，一百多年涨了十倍。卖主不愿意接受以往的交易结果，认为当年的土地贱卖，所以乾隆十八年做出法律调整，可以找赎三十年，在三十年内只要符合条件，都可以找赎，实际要买主追加价银，或者卖主以更高价格赎回田地。根据此项法律，雍正元年起交易的土地，到新定法律为止的三十年间，只要土地契约上没有写明"绝卖、永不回赎"等字样，都可以找赎。这样，又带来了大量新的诉讼。

权与法演变的第二个时期是汉代到隋唐，也可以称为权、法协调时期，其特征是法律试图对权力尤其是皇权予以规范、限制、约束。

汉代法律发生的最重要变化是法律儒家化。汉代人觉得像秦朝那样以吏为师，单纯崇尚法律达不到治理国家的良好效果。因而将儒家思想的基本价值、主要原则作为法律的基础，使得很多法律内容都增加了这方面的规定，无论是民事法律规范，还是刑事法律，这就是法律的儒家化。后人乃至今人对此批评很多，但从社会治理而言，法律儒家化是有益处的，它带来社会的进步。直到不久前，我们又在刑法的解释上，承认"亲亲相为容隐"这一从汉朝就开始的基本法律原则。这条儒家法的原则，据学者研究，源于孔子。当时有人对孔子讲，一个人的父亲偷了羊，他的儿子出去做证，这个人认为儿子很有正义感。孔子却不赞成，他说：父为子隐，子为父隐，直在其中。直系亲属出来做证，违背父子之义。过去，家庭财产大部分情况下是共有的，而家长无疑拥有支配权，法律上属于"同居共财"，子证父罪，不但有违儒家的基本纲常伦理，也不利于家庭的和睦关系，而家庭又是国家稳定的基石。

这一时期最主要的标志有四：第一是"法与天下共"成为共识，即一旦制定了法，包括皇帝在内都要遵守。这一时期，提出或肯定该主张的至少有四十三位之多，包括皇帝及大臣。第一个明确提出这一主张的是汉朝的廷尉张释之。廷尉是汉代最高的司法官，为天下决平。汉唐时期表面上掌握最高司法权的是皇帝，实际上主要是廷尉。张释之明确提出：

"法者,天子所与天下公共也。"[1]法律要天子与大家共同遵守,天子不能自外其中。前引犯跸案,案情不赘述。

明代官员丘濬在其所作《大学衍义补》中系统阐发儒家思想,指出:张释之处理犯跸案的做法很好,但是也给皇帝留下把柄,让后来的人主有为所欲为的可能。丘濬解释说:"释之论犯跸,其意善矣",张释之的意图是好的,但当时他说"其时上使人诛之则已",这是"开人主妄杀人之端也"。[2]既然张释之说了"法者,天子所与天下公共"[3],那么"犯法者,天子必付之有司"[4],一定要交给司法部门,按照法律来处理,不能超越法律,因此丘濬批评张释之。

第二个标志是君主的"权断"被严格约束。权断,就是最高统治者的临时处置权,在这一时期从法律或制度层面对此予以约束。

西汉杜周也担任廷尉一职,但与张释之不同。杜周审理案件时专门以人主意旨为转移,人主若要重判,杜周便拟以重法,人主若要轻判,杜周便拟以轻法。时人讥讽杜周"君为天下决平,不循三尺法,专以人主意指为狱",杜周反驳说:"三尺安出哉?前主所是著为律,后主所是疏为令,当时为是,何古之法!"[5]杜周的这一做法受到普遍批评。司马迁在《史记》里,将他列为"酷吏",批评杜周不称廷尉之职。《史记》载,杜周上任时骑着一头残疾的毛驴,待他去职,已"积资数万",表明杜周通过廷尉一职聚敛了很多钱财。

晋代臣僚坚决反对杜周的行为,开始尝试用法律约束皇权。三公曹尚书刘颂解释法、理、事之间的关系,认为这三个层面有不同的级别、原则、办法。第一个层面是:"法欲必奉,令主者守文",司法官一定要按照法律条文来进行判决,才能显示法律的权威和公信力,法律才能得到执行。但是,无论多么完善的法律条文,都不能涵盖所有的犯罪现象,当犯罪的事实出现,其危害性又非常明显,而法律条文却付诸阙如时,刘颂提出第二个层面的解决办法,即"理有穷塞,故使大臣释滞",

---

[1]《汉书》卷50《张释之传》,北京:中华书局,1962年标点本,第2310页。
[2] 丘濬:《大学衍义补》卷111,成化刻本,第14页a。
[3]《汉书》卷50《张释之传》,北京:中华书局,1962年标点本,第2310页。
[4] 丘濬:《大学衍义补》卷111,成化刻本,第14页a。
[5]《汉书》卷60《杜周传》,北京:中华书局,1962年标点本,第2659页。

当法律条文解释不通时，大臣需要释法，有释法权。若遇到更大的案件，就需要第三个层面解决，即"事有时宜，故人主权断"[1]，由皇帝来进行裁断。刘颂对这三种情况举出例证，张释之处理犯跸案，以法为平，便是第一种情况，是"主者守文"的典型案例，即执掌国家司法的官员，一定按照法律规定来进行判决。

针对第二种即"大臣释滞"的情况，刘颂举出公孙弘断郭解之狱为例。郭解是西汉时著名的游侠，为人豪爽侠义，早年快意恩仇，替人报仇，并私藏亡命之徒，私铸货币。后来郭解有所收敛，百姓有冤屈，也找他来告理。郭解做了很多法律之外的事情，更多的时候不是用法律的手段来解决问题，所以当时对他的议论不一。有的说他侠义，有的说他是暴徒。当时有儒生批评郭解，说郭解滥杀无辜，追随郭解的人便将该儒生杀了。案发之后，法官将郭解逮捕，郭解辩解说自己"不知杀者为何人"，而杀人者亦逃脱，因此最后法官"奏郭解无罪"。[2]但御史大夫公孙弘认为，此案的判决不能拘守法律条文，郭解"布衣为任侠行权，以睚眦杀人"[3]。尽管郭解不知道杀人之事，但此事因他而起，比自己杀人还要罪加一等，当大逆无道。于是将郭解族诛。

针对第三种即"人主权断"的情况，刘颂举汉高祖杀丁公案作为说明。汉高祖刘邦早年被项羽追杀，项羽派丁公来追，高祖急，顾丁公曰："两贤岂相厄哉！"于是丁公引兵而还，高祖遂得以逃脱。后来高祖战胜项羽，即皇帝位，丁公找刘邦讨要奖赏，结果高祖杀掉丁公，并以此告诫他人不得效仿丁公。人主权断，属于更高层面，为了维护政权的稳定，在这个层面中，行使的不是法律。

刘颂作为有作为的法学大家，同时也是一个实践者。他还提出："法既定则行之，行之信如四时。"法律应该有非常强的公信力，就像春、夏、秋、冬周而复始一样，不期然而至。"执之坚如金石"，执法者应该不为所动。他说："人君所与天下共者，法也。"天子和天下人所共同拥有的，治理天下所依靠的，就是法律。最后经过讨论，认为"宜如颂所

---

[1]《晋书》卷30《刑法志》，北京：中华书局，1974年标点本，第936页。
[2]《史记》卷124《游侠列传》，北京：中华书局，1959年标点本，第3188页。
[3]《史记》卷124《游侠列传》，北京：中华书局，1959年标点本，第3188页。

启"[1]，按照刘颂的请求，作为永久之制。《晋书·刑法志》记载：诏下其事。汝南王亮曰："轻重随意，则王宪不一，人无所错矣。周悬象魏之书，汉咏画一之法，诚以法与时共，义不可二。今法素定……以为宜如颂所启，为永久之制。"门下属三公曰："昔先王议事以制，自中古以来，执法断事，既以立法，诚不宜复求法外小善也。若常以善夺法，则人逐善而不忌法，其害甚于无法也。案启事，欲令法令断一，事无二门，郎令史已下，应复出法驳案，随事以闻也。"这说明，刘颂的建议经过非常严格的程序而被采纳。

儒家法也有一些负面的影响。如儒家认为只有乱世才用法律：夏有乱政，而作禹刑；商有乱政，而作汤刑；周有乱政，而作九刑。所谓"三辟之兴，皆叔世也"[2]，国家政权衰弱是叔世，只有在这样的情况下，才用法律。这种观念根深蒂固，影响甚远，直到乾隆年间修纂《四库全书》，在收录的几千种书籍中，只收录了两部法典，即《唐律疏议》和《大清律例》。总纂修官纪昀解释其原因时称"刑为盛世所不能废，而亦盛世所不尚"，在儒家看来，盛世不应当崇尚法律。

此外，儒家法的刑罚世轻世重理论，后来又演变成时轻时重。这样就导致法律无法做到平之如水，也就无法发挥准绳一般的作用，法律完全成为工具，民众难以形成对法律的敬畏，进而导致社会藐视法律，官府滥用法律等种种弊端。

以清代惩贪立法为例。清朝惩贪立法不如明代严厉，特别是康熙末年为了清理亏空，制订"完赃减等"条例，雍正时期又进行扩张解释，即不论侵贪数额多少，如果在规定的三年期限内，把所有的赃款退还，就减等处罚，不处死刑，等于变相废除了贪污罪的死刑。明朝贪污六十两即处死刑，堪称最严厉的惩贪法。朱元璋时，在州县衙门立皮草人，使官员触目而惊心。到了清朝，贪污罪处死刑的门槛在提高，由明朝的六十两提高到一千两，在执行上，两千两才实判。同时规定，只要将所有赃款在规定的期限内退还，即不判死刑。到乾隆二十二年（1757）对

---

[1]《晋书》卷30《刑法志》，北京：中华书局，1974年标点本，第938页。
[2] 杜预注，孔颖达疏：《春秋左传注疏》，北京：中华书局，2021年"十三经注疏"简体横排本，第1970页。

此进行修改，暂时废止完赃减等例。故乾隆时期因废除此例而被判处死刑的封疆大吏有二十多人。乾隆帝去世后，又恢复了完赃减等例，导致贪污之风再次盛行。和珅是乾隆后期的贪官，嘉庆帝即位第四天就将其抓捕，赐自尽，抄没的家产数以亿计，故有"和珅跌倒，嘉庆吃饱"之谚。法律在本质上要反映而且必须适应生产力的发展状态，以及生产关系的变化。但法律经常变化，就无法信如四时，其公信力也会降低。

再如"天子威不能行一令"案。东汉光武帝刘秀在位时，董宣任洛阳令，执法将湖阳公主家仆人打死。董宣被人称作"强项令"。刘秀表示曰："天子不与白衣同。"天子更要遵守法律，白衣的时候不遵守法律，是个人之事，但做天子不守法，将为天下做反面的表率，那天下便无法治理了。于是给董宣赐食。董宣把皇帝赐给的食物全部吃掉，对皇帝说："臣食不敢遗余，如奉职不敢遗力。"[1]

再以不屈服天子的徐有功为例。前面所举的例子，都发生在政治清明的时期，所谓君明臣良。但徐有功不同，他身处武则天时期，时武氏代李自立，招致忠于李唐王朝的势力起来反抗，武则天重用周兴、来俊臣等酷吏，整治反对者。故当时的案件，本质是政治斗争，不仅仅是法律问题。而徐有功坚持按法律办事，不向武则天的曲法行为低头。《新唐书》评价徐有功说"不以唐、周贰其心，惟一于法"[2]，即不论是为大唐还是为武则天的大周，都不二心，以法律为唯一准绳，凡事都按照法律来处罚。

徐有功任司刑寺丞时，有人告贵乡县尉颜余庆与博州刺史李冲一起谋反，武则天将此案交来俊臣审理。经过严刑逼供，最后以反状上闻，武则天下令将颜余庆处斩，家口全部籍没。徐有功核准案卷时，发现有刑讯逼供之嫌。第二天，徐有功当众据永昌元年赦文及《名例律》对"首、谋"进行解释，奏称反叛的魁首李冲、李贞等已伏诛，颜余庆按法律应断为支党，处以流刑。武则天大怒，抗声质问徐有功："若为唤作魁首？"徐有功毫不畏惧，回答说"魁是大帅，首是原谋"。武则天指着

---

[1]《后汉书》卷77《酷吏列传》，北京：中华书局，1965年标点本，第2490页。
[2]《新唐书》卷113《徐有功传》，北京：中华书局，1975年标点本，第4192页。

案卷说:"违敕征债,与甿冲买弓箭,何为不是魁首?"徐有功回答说:"违敕征债,诚如圣旨,所买弓箭,状不相关。"武则天又说:"二月内与(李)冲征债,八月又通书,此岂不是同谋?"徐有功回答说:"所通之书,据状是寒温。其书搜检不获,余庆先经奏讫。通书征债,只是支党。"史书记载:武后反复诘问,百僚供奉及仗卫有二三百人,莫不股栗,而有功神色不动,奏对无差,人皆服其胆力,直而不挠。[1]随后,徐有功升为司刑少卿,作为刑部最高司法官的副手。

第三个标志是确定罪刑法定原则。传统中国是否有罪刑法定原则,学界一直有争议。罪刑法定,指法律条文中没有的不得定罪。它是现代刑法的三大原则之一,是近代法最主要的成就。可以肯定的是,中国古代确实有这项原则。笔者认为这是刘颂尤其明确提出来的。他说:"律法断罪,皆当以法律令正文,若无正文,依附名例断之,其正文名例所不及,皆勿论。"[2]名例指的是法律原则,类似刑法总则。如比附犯罪,重罪和轻罪如何衡量,它有一个尺度,在这个上面就是重罪,在其下面是轻罪,诸如此类。在定罪量刑时,都必须依据法典的正文,没有正文,看名例,即立法原则是否有规定,因为这部分是概括性的,正文、名例都没有规定,不得定罪量刑,这就是"正文名例所不及,皆勿论"。

同时,对某个案件有不同意见,允许法官之间进行讨论,即法吏以上,所执不同,得为异议。司法官员对法律的解释不同、认识不同,可以得为异议。对法律条文及原则理解不一,也很正常,需要进行讨论。但得为异议是有条件、有前提的。所以刘颂说:如律之文,守法之官,唯当奉用律令。至于法律之内,所见不同,乃得为异议也。今限法曹郎令史,意有不同为驳,唯得论释法律,以正所断,不得援求诸外,论随时之宜,以明法官守局之分。直到清朝,尚有"两议"制度。

《唐律疏议》是迄今能够见到的中国古代最完善的法典文本,它吸收了晋代以来援法断罪的成果,明确规定:诸断罪皆须具引律、令、格、式正文。"具引"指"全",不能断章取义。"诸断罪"就是包括所

---

[1]《新唐书》卷113《徐有功传》,北京:中华书局,1975年标点本,第4189页。
[2]《晋书》卷30《刑法志》,北京:中华书局,1974年标点本,第938页。

有断罪,"皆须"是全部必须之意。律、令、格、式,是唐代重要的四种法律形式。违者笞三十。故疏文中讲:"犯罪之人,皆有条制。"即由法律来规定;"断狱之法,须凭正文"[1],最后定罪量刑,必须依据正文。这一条款在唐代以后一直沿用,因此可以说中国古代有罪刑法定。

唐太宗在位期间,是中国历史上政治最好的时期之一。他从善如流,认识到个人——即便是皇帝——也是有局限性的,因而要发挥群体的力量和智慧。贞观七年(633),贝州鄃县令裴仁轨私役门夫,太宗大怒,欲斩之。殿中侍御史李乾祐曰:"法令者,陛下制之于上,率土尊之于下,与天下共之,非陛下独有也。仁轨犯轻罪而致极刑,是乖画一之理。刑罚不中,则人无所措手足。臣忝宪司,不敢奉制。"[2]反对将裴仁轨以轻罪而处斩。类似的例证不胜枚举。

另一个最重要的标志是:这一时期把约束皇帝的司法权纳入法典中。这是一个法律对皇权的具有标志性的约束。尽管理论上皇帝掌握最高司法权,但直到隋代,死刑权才真正上收中央,此前,地方大吏事实上握有生杀大权。隋朝强调死刑必须呈报中央。唐律肯定并坚持了这一做法,同时约束皇帝在司法上的随意性。唐律代表了中国古代法典的成熟状态,是古代法典的集大成之作,对世界各国都产生了很大影响,其原因在于简洁、平衡。简洁指唐律文字干净,条款不多,没有歧义,还有"疏议"解释;平衡指量刑不重也不轻。《断狱门》中有《辄引制敕断罪》一条,规定:"诸制敕断罪,临时处分,不为永格者,不得引为后比。"[3]"辄引"是擅自引用。制和敕,是皇帝的命令,皇帝发下的文书。如果断罪的时候引用皇帝的制敕,而这些制敕只是临时处分、不为永格,没有载入法典当中,这种情况下致罪有出入者,以故失论。这条规定表面上看是约束司法人员,实际是约束皇帝。皇帝若就某件事下达指示,司法官员可援引法典进行反驳,因为这样的"皇言"没有上升到法律层面。如果援引导致罪有出入,要以故失论,即有心之过,与过失不同,属于主观故意,要罪加一等。

---

[1] 长孙无忌:《唐律疏议》卷30,岳纯之点校,上海:上海古籍出版社,2013年,第476页。
[2] 《旧唐书》卷87《李乾祐传》,北京:中华书局,1975年标点本,第2853页。
[3] 长孙无忌:《唐律疏议》卷30,岳纯之点校,上海:上海古籍出版社,2013年,第477页。

唐太宗说过一句名言：天下英雄入吾彀矣。他发展了隋朝的科举考试，看到士子鱼贯而入，进入国家体制，感到很放心。贞观元年（627），太宗发布针对科举考试舞弊者的敕令：若士子舞弊，自首者免死；若不自首被查，或被他人告发，杀无赦。发布敕令后，有人揭发，经核查属实，唐太宗认为该处死。戴胄作为司法官，反对唐太宗的指示，说：按法律不应处死刑，应该断流。唐太宗气愤异常，说："朕初下敕不首者死，今断从流，是示天下以不信矣。"戴胄回答说："陛下当即杀之，非臣所及。既付所司，臣不敢亏法。"帝曰："卿自守法，而令朕失信邪？"戴胄曰："法者，国家所以布大信于天下；言者，当时喜怒之所发耳。陛下发一朝之忿而许杀之，既知不可而置之于法，此乃忍小忿而存大信也。若顺忿违信，臣窃为陛下惜之。"[1]法律作为国家的大信，不能因皇帝的一时喜怒而加以更改。这个案例是皇帝有敕令在先，不同于临时处分，戴胄坚持皇帝的敕令不能高于法律，即便损害皇帝的权威，也不能伤害法律。

类似的案例还有许多。隋文帝之子杨俊，能征善战，在建立隋朝的过程中立下汗马功劳。但他营造宫室，穷奢极欲，还动用官有资产，结果为人告发，隋文帝把他革职论罪。这时，有人劝文帝说，杨俊只不过浪费点官物造廨舍而已，是可以宽容的过错。文帝不同意，他说：我是五儿之父，如果像你们说的那样，何不另外制定一套天子儿律？天子不能亏法。文帝有"王子犯法与庶民同罪"的认识，更为可贵的是，他有天子带头守法的意识，因此才说天子不能亏法，皇帝应该带头守法。

传统观点认为，皇帝独断专行，实际情况不然。传统中国，国家的重大决策，包括重大疑难案件，都要交三公九卿来审。即使如秦始皇那样的皇帝，很多重大决策也是与朝臣一起讨论的，如实行分封制还是郡县制，就是交朝堂讨论，最后采纳了丞相李斯的建议，实行了郡县制。汉代开始，形成廷议制度，重大事项须经朝堂讨论。

这一时期，法律实现了真正意义上的统一，并得到许多思想家的高度肯定。法律不统一，往往会以当政者的喜怒哀乐来判案。"作法以

---

[1] 吴兢：《贞观政要》卷5，明刻本，第24页a。

齐之",即用一个准绳来判案,"宣众以令之",让老百姓都知晓。所犯当条,则"断之以律,疑不能决则谳之上府,故得万民以察,天下以治"[1]。唐朝经学家孔颖达认为汉唐以来的天下之所以治理得好,主要原因在于依法、宣令,这都是法律统一所带来的效果。

权、法关系的第三个时期是宋到清代。其特征是法律的平衡被打破,权、法关系的突出问题也发生在这一时期。

这一时期的主要特征有五,一是皇权超越法律,法律不能约束皇权,而专制主义中央集权制得到高度发展。明代朱元璋废除丞相制度,使得一千多年君臣之间的权力平衡被打破。宰相制度是制约君主权力的主要制度。隋唐时期宰相权力发展到很高程度,宰相有副署权,所有的重大决策都要在朝廷讨论。三省制中,中书省起草诏敕,门下省负责复核、审查,如认为诏敕不当,可以封驳。中书省、门下省经常集议于政事堂。诏敕法令经中书省、门下省后,尚书省方可执行。如果诏敕不经中书门下,尚书省可以不执行。这就是"中书取旨,门下封驳,尚书奉而行之"的一套宰相制度。明初废除丞相制度后,君相关系发生重大失衡,因此明末清初思想家黄宗羲说:"有明之无善政,自高皇帝罢丞相始也。"[2]认为明朝政治混乱,主要原因在于朱元璋废除丞相制度。丞相废除后,没有统领百官的宰相,皇帝直接领导六部,实际是君相合一,由此带来这一时期的第二个重要特征,即废人而用法。第三个特征是废官而用吏。第四个特征是法律地位上升。第五个特征是由程序制约皇帝权力。

先看皇权如何超越法律。这一时期,刑法的重点是"赏罚出于独",为皇帝一个人说了算张目,最高司法权排斥臣僚,不能与臣下讨论。《清经世文编》"论刑"部分第一篇是汪缙的文章,他指出:"尊君抑臣……刑法家之要也。"立法的重点在尊崇君主,打压臣僚。如果说以前的立法重点在治民,而以后的立法重点是治官。他还提出,体现君尊就在于刑赏之所自出,如果刑赏出于独,君威就振,刑赏出于共,会导致君

---

[1] 杜预注,孔颖达疏:《春秋左传注疏》卷十九上。
[2] 黄宗羲:《明夷待访录》,道光刻本,第8页b。

威替。因此他的结论是:"善用其刑赏,则刑赏出于独;不善用其刑赏,则刑赏出于共。"[1]可见此时立法的观念已完全偏向于君主。传统社会的一般权利,如结社、出版、言论等,在宋代很发达。明代的学校,自由气氛也很浓厚;宋朝更是公开讲君子有朋、有党,为朋党造声势。明初朱元璋将奸党罪入律,结党者要坚决惩处。许多所谓的"党案"如胡惟庸、蓝玉等案,都是如此,但学校的舆论作用仍然得到充分发挥。到了清朝,皇权得到极大增强,王夫之说明代政治"杂糅",即专制不彻底,清代解决了这一问题,因此才会出现"纲纪之肃,事权之一,推校往古,无与伦比"的状况,这个时期的立法重点是治臣之法。

皇权超越法律的第二个表现,是将隋唐时期约束君主的法律条款作为附例,致使其地位大为降低。更重要的是敕令,唐律明确规定不能擅自引用,而自宋代起,敕令正式上升为国家法,并优先适用。当皇帝的敕令与法典发生矛盾时,法典要让位于皇帝的敕令。崇宁五年(1106),针对诏敕与国家法典之间的关系,宋徽宗下诏书曰:"出令制法,重轻予夺在上。比降特旨处分,而三省引用敕令,以为妨碍,沮抑不行。是以有司之常守,格人主之威福。夫擅杀生之谓王,能利害之谓王,何格令之有?臣强之渐,不可不戒。"[2]这道诏书与"尊君抑臣"之法完全呼应,也是为皇权超越法律张目。敕令原本比国家法典的位阶要低,而宋代多次进行"编敕",即经过立法程序,将一部分敕令筛选出来,上升为国家法律。宋徽宗认为三省以此抵制特旨处分,是对皇权的侵犯,说这是用有司的常守抵制君主的威福,并引出"擅杀生之谓王"一段论述,称大臣以此驳回皇帝的特旨,是滋长臣强的开始。随即规定:"自今应有特旨处分,间有利害,明具论奏,虚心以听;如或以常法沮格不行,以大不恭论。"皇帝发诏书诏令,包括御批的条子,大臣不得用法阻搁不行,如有出现,以大不恭论。第二年又下一道诏书:"凡御笔断罪,不许诣尚书省陈诉。如违,并以违御笔论。"[3]就此,皇帝可以生杀在握,宰相等不得干预。这个时候的皇权与以前相比,确有很大变化。

---

[1] 汪绂:《案刑家》,贺长龄辑:《皇朝经世文编》卷90《刑政》,道光刻本,第1页a。
[2] 《宋史》卷200《刑法志二》,北京:中华书局,1977年标点本,第4990页。
[3] 《宋史》卷200《刑法志二》,北京:中华书局,1977年标点本,第4991页。

这一时期出现的另一重要变化，是从两汉的法简权专到"废人而用法"，这一变化对中国影响很大。宋代思想家叶适指出"废人而用法"的问题。法律愈立愈多是皇权加强的必然要求，君主要专制，需要制定繁文缛节来束缚官员，因此叶适说君主"欲专大利而无受其大害，遂废人而用法"。现在各级官吏都要按照各种规章制度、行政法规来行事。由于法多扰官，官员不胜其繁，导致废官而用吏的问题出现。官是掌印的，或者辅助处理政务的，而吏是办事人员，二者有森严的等级，但是法律繁多，官员不熟悉也无法熟知，于是吏就借机走向前台。吏役父死子继，是事实上的掌权者。叶适说："以天下之大而畏人，是一代之法度又有以使之矣。"[1] 皇权上升后，要制约官吏，就需要法律来钳制他们。

明代谢肇淛进而提出："从来仕宦法网之密，无如今日者。"官员摇手触禁，动辄得咎，明清时期称州县官员是"琉璃瓶"，稍碰即碎，因为法律多如牛毛，动辄触咎。顾炎武是明清之际的伟大思想家，相较于黄宗羲，他的思想更具理性，黄宗羲是激进的民本思想者，他反对专制，认为天下大害，君而已，提出天下要治理得好，必须把君主废黜，这是具有近代意义的民本思想。顾炎武指出：法令是败坏人才的工具。订立很多法律，本来的用意是防奸究，使大臣不能专权，不能为所欲为，不能侵害皇帝的权力，而实际效果只有十分之三。相反，由于制定的法律繁多，天下豪杰不能有所作为，反面效果却有十分之七。他的结论是："万历以后，法令存而教化亡！""吾有以见徒法之无用矣！"[2]

顾炎武是清初经世派大儒。他的著作包括《日知录》《天下郡国利病书》《顾亭林文集》等，都带有强烈的"经世"之意。顾炎武还有一句名言："文须有益于天下。"[3] 皓首穷经的最终目的是要有益于天下。所以清朝真正的经世之学是从顾炎武开始的，一直到龚自珍、魏源、包世臣，一脉相承。顾炎武的《郡县论》九篇是其最有名的作品。古代思想家、政论家，以"郡县论"为题的论议实在不少，而以往争论的焦点

---

[1] 叶适：《水心先生文集》卷4，正统十三年刻本，第3页b。
[2] 顾炎武：《日知录校注》卷9，陈垣校注，合肥：安徽大学出版社，2006年，第501页。
[3] 顾炎武：《日知录校注》卷19，陈垣校注，合肥：安徽大学出版社，2006年，第1043页。

是要不要郡县，顾炎武认为实行郡县制是历史发展的必然选择，其问题的出现是伴随君权强化以后并愈加严重的。他指出，中国之所以愈来愈弱、愈来愈乱，无法重现汉唐时期的繁盛景象，根本原因在于"封建之失，其专在下；郡县之失，其专在上"[1]。这堪称对中国传统政体利弊最经典的概括。分封制度最大的问题是权力向下倾斜，周天子的权力不如诸侯，出现诸侯专政，各个小国实同独立王国，此即"其专在下"。但郡县制度发展到后来也有问题，即权力向上收束，越向下权力越小，致使治民之官权轻责重，权责失配。地方所有的权力都上收到中央，由中央进而上收到皇帝，权力高度集中，于是出现种种弊端。顾炎武说，现在的君主"人人而疑之"，因而"事事而制之"，所以"科条文簿日多于一日"，故有司官"凛凛焉救过之不给，以得代为幸，而无肯为民兴一日之利"。像康熙皇帝经常倡导的那样，多一事不如少一事。因为稍微不慎，就触犯法律，科条文簿太多，处分随时可加于身，做事不如不做事。越无所作为，越无灾无难，越升发得快，所以他说"民乌得而不穷"，最后顾炎武得出结论："率此不变，虽千百年，而吾知其与乱同事，日甚一日者矣。"[2]这是伟大的思想。顾炎武还说："小官多者其世盛，大官多者其世衰。"[3]这是顾炎武研究传统中国政治体制的结论之一。小官指治民之官，都是服务百姓的官，汉唐时期因小官多而得以兴盛。大官指治官之官，因为皇权专制，对官员不放心，于是不断增设机构，叠床架屋，权力分散，互相牵制、分权。这些治官之官只能起相反的作用，而民众的负担增加，所以其世衰。

明中叶以来，江南出现资本主义经济生产要素，张居正改革时，与曾任苏松巡抚的海瑞交换意见。张居正在给海瑞的信中说"三尺法在江南不行久矣"[4]，并说"将来中国有乱，必自此中出"。乱子一定会从江南这个地方出现。明中叶以来，这个地区确实有些近代的因素，自我

---

[1] 顾炎武：《亭林文集》卷1，康熙刻本，第7页a。
[2] 顾炎武：《亭林文集》卷1，康熙刻本，第7页a。
[3] 顾炎武：《日知录校注》卷8，陈垣校注，合肥：安徽大学出版社，2006年，第454页。
[4] 张居正：《答应天巡抚海刚峰》，张舜徽主编：《张居正集》，武汉：湖北人民出版社，1997年，第133页。

意识很强。东林党就敢于与奸党做斗争。东林书院的门联写道：风声雨声读书声声声入耳，家事国事天下事事事关心。地方官员做得不好，他们可以联名上书，以清议的力量影响人事任免。这既与宋代以来养士大夫之气，科举制度下他们维护儒家的道统，以道统捍卫国家有关，也与江南发达的经济及人们的思想解放有关。

这一时期的第四个特征是法律地位的提升，法移于吏，权力向吏役转移。由于订立了非常多的法律，法律条款多如牛毛，官员无法熟悉，因而吏役成为"专家"，他们实际掌握了"释法权"。据著名满学家王钟翰先生考证，清朝制定的则例、章程大约有一千二百部。科条太多，所以官员都不敢做事，做事就"犯错"，影响升迁。而铁打的衙门流水的官，变成"官流吏不流"，好像世袭一样，某些吏役长久垄断某个衙门的差事。清朝的州县官，据台湾学者研究，在任平均年限只有一年多，无法有所作为。龚自珍说："天下无巨细，一束之于不可破之例"，都是法律条规在那里管着，"虽以总督之尊，而实不能以行一谋、专一事"。[1] 到了同治、光绪之际，冯桂芬在《省则例议》中进而指出："今天下有三大弊，吏也、例也、利也。任吏挟例以牟利，而天下大乱。"他说：这些法律当初何以订立？是为了治天下，初衷很好，而例之大纲，还不失治天下宗旨，但例的条目越来越细，开始的时候与宗旨若离若合，后来与治天下风马牛不相及，最后与宗旨大相悖谬。他还说"吏之病在例案太繁"。他的结论是，如果不一把火把这些例烧毁，天下不治。因此，并不是法律越多越好，从叶适到顾炎武，再到龚自珍、冯桂芬，都严肃批评繁文缛法，使得地方不治。我们要总结历史经验教训，不能陷入法律依赖症。

第五个特征是，法律制约君主的更多是程序。一个案件进入程序，君主很难改变，而程序之外就难以约束。宋代以来加强皇权的基本做法是多设衙署，把同一权力分散到几个机构去行使。明代嘉靖时，太监崔文家人向匠师宋钰索贿被拒绝，家人怂恿崔文把宋钰几乎杖毙。事下刑部审理，还没有结案。世宗出中旨，移交宦官的司法机构镇抚司来

---

[1] 龚自珍：《明良论》，王佩诤校：《龚自珍全集》，北京：中华书局，1959年，第35页。

审,实际要减轻崔文及家人的罪行。刑部尚书林俊坚决不从,嘉靖皇帝大怒,但林俊不为所动。传统中国士大夫在儒家道统思想影响下,出现许多捍卫其信仰,宁死而不屈的人,虽然他难以改变皇帝的意志,但这种铁肩担道义,把个人的生死荣辱置之度外的气节,值得肯定。林俊坚决不移交,他说"祖宗以刑狱付法司",意思是从太祖朱元璋就规定,所有的刑事案件都要交付法司、刑部来判决,镇抚司的职能仅限于缉奸盗,问完供后必须移交刑部拟罪。他指出,从没有尚未定罪再移交镇抚司之事。他说,崔文这个人是先朝遗漏的大奸,他本来就罪不容诛,现在他走后门,尽管皇帝下中旨,但我不忍朝廷一百五十年的纪纲被这个人败坏。最终嘉靖帝"惮其言直,乃不问"[1]。明朝养士气尤为突出,朝臣一起行动,谏阻明武宗南巡、谏阻嘉靖帝大礼议,这两次集体行动,被打死十几人,但仍有朝臣坚持,明武宗只得打消南巡的想法。中国古代监察制度十分完善,与行政权力并行不悖。朝廷喉舌遍布天下。

再举乾隆审理李侍尧案。李侍尧是汉军旗人,清朝入关之前,最早投服的一批汉人,就有他的祖先。李侍尧善于逢迎上意,会讨好高宗,也有办事能力,擅长进贡。乾隆皇帝喜欢九九如意,所以他就进九九如意,后来被揭发在云南受下属巨额贿赂。这个案子由钦差大臣和珅来审。和珅从李侍尧的家人口中找到其受贿的确实证据,拟斩监候。批交"大学士九卿议"[2],这是最高级别,通常也是最后判决,一般情况下,皇帝不能驳回。会审结果是"斩决"。皇帝不忍心,只好打破常规,让督抚各抒己见。地方大员几乎都赞同九卿会审的结果。但巡抚闵鄂元揣度皇帝的意思是要救李侍尧,所以他上书援引八议制度,即"议勤议能"之条,经乾隆帝准奏,赦免李死刑。后来李侍尧东山再起。这个案例说明,即便皇帝要改变刑部等司法机构的判决,也要在程序之外寻找办法。

---

[1] 龙文彬:《明会要》卷66,光绪十三年刻本,第2页b。
[2] 《清史稿》卷323《李侍尧传》,北京:中华书局,1977年标点本,第10820页。

四、中国古代处理权、法关系的启示

首先，中国的法律始终没有从权力的束缚下获得主体地位，始终处于从属、附属地位。汉唐时期，权力受限于法。宋朝以后大为改变，渐渐地赏罚出于独。汉唐时期宰相对皇权有所制衡，出现房玄龄、魏徵等名相。明代也有杨廷和、张居正等，但多不得善终。张居正一死，家产被抄没，儿子被逼自缢而亡，子孙发配边远，株连者更众，说明宰相制度废除后，行使相权没有保障，所以有所作为的，难逃罪责。乾隆帝有一句名言：本朝无名臣乃天下之大幸。这与武则天等唐宋君主的君臣共治思想是大相径庭的。

其次，是传统中国在立法特别是约束官员上，也有不少值得肯定的做法，如官员犯罪区分公罪、私罪。公罪，指没有主观故意，有三种情况，如经验、智力所不及；没有先例可循，允许犯错误；在执行公务时出问题，不加罪。如果是私罪，有主观故意，要罪加一等，甚至要革职，永不叙用。比如盗案，要求官员限期破案，限期不破案要严加处分。但官员也有规避的办法，比如把盗案报为窃案。这种情况下如果被举报，或者事主揭发，就是私罪，有主观故意，要加重处罚。还有官司出入罪。出罪和入罪在折合时不一样。出罪轻于入罪。这就是在制度设计上进行的优化，出罪可能放纵罪犯，但入罪，本来没有死罪判了死罪，人死不能复生，因而要比出罪处罚得重。还有区分"故"和"过失"，前者是主观故意，后者是失误。等等。

最后，对公权力的限制。传统中国公权力很发达，所以要限制。因之，中国古代法律，公法系统非常发达，而私法即民商事立法，大多处于缺位的状态。宋朝开始，伴随专制皇权的发展，对公权力的限制越来越多，体现在法律上，就是治官之法愈来愈多，尽管带来吏治不振等问题，但法律对权力的限制整体需要肯定。中国很早就有区分犯罪者身份的制度，区分有禄人、无禄人，就是对职务行为犯罪和非职务行为犯罪的一种区别。如"任所置买田宅"，自唐律一直到清律，都有严格规定，在其做官乃至权力管辖、辐射地方，如果置买田宅，一俟被查出则田产充公，官员治罪。诸如此类的法律规定很多，也有现代借鉴价值。我们要实事求是地分析、认识传统法律的成就，也要客观地认识到它的局限。

（载《中华文明讲演录》，北京大学出版社，2013年；又载《中国与以色列法律文化国际学术研讨会文集》，中国政法大学出版社，2005年。略有修改）

论传统中国法律信仰缺失的成因

追求"民主""法治"以摆脱传统王朝更迭的治乱循环怪圈,走向现代化国家,是中国知识阶层自清末以来一直不懈追求的"中国梦",这一梦想在百余年来的历史进程中,历经反复,至今仍有很长的路要走。党的十八大以来,新一届国家领导人特别强调恪守宪法原则、弘扬宪法精神、履行宪法使命,这对于构建法治社会,无疑是抓住了根本。

构建法治社会,必须在全社会形成良好的法律信仰,以法律为"至尊",尊重、敬畏并崇尚法律,改变古代农业社会形成的"移法就情"的人情社会的"法律观";而代民出治的各级权力机关,更要通晓、守护并遵从法律,从而改变以权代法、以权越法、以权压法的观念和行为。

传统中国虽有发达的成文法传统,统治者也重视通过法律来控制社会秩序,有的王朝甚至出现过崇尚法律的时期,但整体上远未形成将法律视为至尊的信仰,"徒善不足以为政,徒法不能以自行""刑为盛世所不能废,而亦盛世所不尚"是传统中国对法律的主体认知,也可以说是主流观念。在古代中国特别是统治者看来,法律虽不可或缺,但只是"治之具",其价值相对于"德礼"具有从属性,这种"工具主义"的法律观是传统中国缺乏法律信仰与法治秩序的思想认识根源。

构建现代法律信仰,需要以个人权利概念转变法律的工具性,赋予其独立价值;以公民社会背景下的多元秩序来制约权力的专断性,使权力在法律约束下运行,从而实现法治秩序。

对法律的信仰即对"法治"秩序的信仰,而"法治"秩序则意味着"法律的至尊性"(supremacy)或"法律的优势"(predominance of Law)。根据英国法学家戴雪(Albert Venn Dicey)的阐述,在一个"法律主治"的国家,人民仅受法律的统治,在法律的禁止性规定之外,人民有安排自己生活的绝对自由。只要未经普通法院的正当程序，任何个人或机构都没有权力宣布某个公民有罪并因此限制其自由；并且，凡有权利受侵害的地方，便有与之相对应的法律救济。在戴雪这里，"法治"秩序的要义在于：一方面以法律限制权力的"专断性"，另一方面保障个人权利受到侵害时有制度化的救济途径。[1]

传统中国并非没有"法治"，事实上，如果仅就"法治"的字面意义——"依法裁判"而言，"与其他任何国家的法官一样，中国的司法官吏也非常注重于依法判案，甚至有过之而无不及"[2]。但传统中国的"法治"，并非"个人主义、自由主义的产物，而是为着国家权力统治人民的需要提出来的。如果说是对国家权力的限制，也是因为认识到任意性的权力反而不利于统治，而给掌权者设立一个权力限度对统治大有好处"，中国传统的"法治"具有两个基调，"一方面是把法律作为威吓民众的武器的一般预防主义思想，另一方面是明确统治权限、控制官吏擅断的思想"。[3]

那么，传统中国为何未能产生西方文化传统中那种视法律为至尊、以法律保障个人自由与权利的法律信仰呢？

一、"工具主义"法律观

在传统中国的法律语境中，"法治"与"德治"及"礼治"等概念属于同一范畴，指的都是一种"治道"，即统治阶层管理社会与民众应当采取的策略。

儒家视法律的出现为社会危机的一种"救时"措施，所谓"夏有乱政，而作禹刑；商有乱政，而作汤刑；周有乱政，而作九刑"，"三代之法"，都是末世。[4]孔子强调"道之以政，齐之以刑，民免而无耻；道

---

[1] 戴雪：《英宪精义》，雷宾南译，北京：中国法制出版社，2009年，第244页。
[2] 德克·布迪，克拉伦斯·莫里斯：《中华帝国的法律》，朱勇译，南京：江苏人民出版社，2008年，第432页。
[3] 仁井田陞：《唐律的通则性规定及其来源》，姚荣涛译，刘俊文主编：《日本学者研究中国史论著选译》（卷八），北京：中华书局，1992年，第103页。
[4] 《春秋左传正义》，北京：北京大学出版社，1999年，第1228页。

之以德,齐之以礼,有耻且格",在社会治理的诸多工具的排序中,德、礼优先且处于主体地位,而法律处于末端。受此观念影响,传统中国的政治家大都认为治理社会应当以德、礼为本,刑罚为末。作为中国古代最完善的法典,《唐律疏议》制订的原则,突出强调"德礼为政教之本,刑罚为政教之用",可以说是这种观念的集中体现。

法家虽然崇尚非道德化、非人格化的客观法律,反对国君对法律的恣意破坏,如《黄帝四经》强调"执道者,生法而弗敢犯(也),法立而弗敢废也"〔1〕;汉代著名廷尉张释之强调"法者,天子所与天下公共也";早在公元3世纪的《晋律》中便出现了类似现代的"罪刑法定主义"主张。但法家对法律的态度也是工具主义的,在这点上与儒家并没有实质差别,正如萧公权先生指出:"吾国古代法治思想,以近代之标准衡之,乃人治思想之一种。盖先秦诸子之重法,皆认为法为尊君之治具,而未尝认其本身具有制裁元首百官之权威。……于是法与术显然悉降为专制之治具,君主之权位遂超越臣民法度之上而绝无丝毫之限制。"〔2〕

由于法律只被视为"专制之治具",所以,"中国的所谓法,一方面就是刑法,另一方面则由官僚制统治机构的组织法、行政的施行规则以及针对违反规则行为的罚则所构成"。〔3〕传统的律典也不过是"皇帝告诫官吏如何准确运用刑罚的指示"〔4〕。《管子》明确记载说"杀戮禁诛谓之法",《盐铁论》中也有"法者,刑罚也,所以禁强暴也"。可以说,传统中国法律更多或主要表现为刑法或刑罚,因而,统治者崇尚法律往往意味着"尚刑主义";民众遵从法律意味着甘愿成为被惩治或宰制的客体。"尚法"会加剧社会危机。汉初君臣在总结统一六国的强大的秦王朝何以"二世而亡"时,得出"尚法而亡"的结论。这使得"汉代之法"更多融入儒家的思想观念。司马迁在《史记·酷吏列传》中提出:"法令者治之具,

---

〔1〕 国家文物局古文献研究室:《马王堆汉墓帛书》(壹),北京:文物出版社,1980年,第43页。
〔2〕 萧公权:《中国政治思想史》,北京:新星出版社,2005年,第167页。
〔3〕 滋贺秀三:《中国法文化的考察——以诉讼的形态为素材》,王亚新译,《明清时期的民事审判与民间契约》,北京:法律出版社,1998年,第2页。
〔4〕 钟威廉:《大清律例研究》,苏亦工译,《美国学者论中国法律传统》,北京:清华大学出版社,2004年,第409页。

而非制治清浊之源也。昔天下之网尝密矣,然奸伪萌起,其极也,上下相遁,至于不振。当是之时,吏治若救火扬沸,非武健严酷,恶能胜其任而愉快乎!"《汉书·刑法志》更是把秦朝灭亡的原因归结为"以吏为师"。以上结论对后世影响甚大。因而我们的先民不论是从法律的认知上,还是从法律的实践层面上,都印证了"尚法"不利于统治者的长治久安。宋人杨万里论述法与刑的关系说:"法不用则为法,法用之则为刑;民不犯则为法,民犯之则为刑。"[1]也就是说,法律作为治理社会的工具之一,一旦外化为具体的运用,就成为刑罚的同义语。明代理学家丘濬引述吴澂"罚者一时所用之法,法者平日所定之罚",强调"法者罚之体,罚者法之用,其实一而已矣"。[2]

将法律定位为刑罚性的工具,这使法律不可能具有超越性的独立价值。有学者认为,"在中国文化的大系统中,道→德→礼→法→刑是王道政治理念迫于现实向下的渐次展开,但目的只是通过这种展开,最终能沿着刑→法→礼→德→道的上行路线,达到王道政治的实现,即出礼而入于刑,施刑而返于德,禁暴而归于道"[3]。此观念与西方把法律视为信仰的精髓,相信"上帝即法律本身,故特别珍爱法律"[4]的观念形成鲜明对比。

法律的工具性定位还使传统中国无法具备昂格尔所强调的法律的"自治性":在实体内容上,传统法典因为"过分地吸收道德"而成为道德宣谕与行为规范相结合的混合体,从《唐律》制订的原则——"一准乎礼"即可看出法典更多融入道德理念,自身没有独立性;就司法机构的设置而言,中国古代地方衙署甚至没有或较少设有专门的审判机构,审判只被视为地方衙署多种行政职能中的一种。中央自唐宋以后虽设有刑部、都察院、大理寺等"三法司",但审判、复核、平反等职能仅是其诸多行政职能之一而已,更谈不上"专属性"与"独立性";在方法

---

[1] 杨万里:《诚斋集·刑法论》,乾隆刻本。
[2] 丘濬:《大学衍义补》卷100,林冠群、周济夫点校,北京:京华出版社,1999年,第853页。
[3] 张中秋:《原理及其意义——探索中国法律文化之道》,北京:中国政法大学出版社,2010年,第168页。
[4] 哈罗德·J.伯尔曼:《法律与革命——西方法律传统的形成》(第一卷),贺卫方等译,北京:法律出版社,2008年,第506页。

上,传统律学只是经学的附庸,并未产生自身独有的价值理念与研究方法;在法律职业上,只懂法律的官员被视为庸俗的"刀笔吏",精通法律的讼师则被视为如盗贼般的"讼棍",鲜有学者愿意把自己视为法律专家,这与古罗马法学家享有的那种尊崇地位,是大异其趣的。

故此,中国古代虽然很早就有"法治"概念,而且在两千年的帝制时代也有过"法治"实践,但由于法律在传统文化中只被视为刑罚性的工具,缺乏自身的独立性与自治性,因此,传统中国社会从未形成过法律至上的信仰,也就无法产生现代意义上的"法治"。

二、法律从属于权力

用法律约束权力的专断性,以使公民免受他人意志及行为的恣意奴役,是法律信仰的核心。这种信仰的产生,既需要将权力视为"必要之恶"而加以警惕,也必须理顺并妥善处理好权力与法律的关系,限制尼采所说的"权力意志"的恣意妄为和扩张,改变法律完全从属于权力、服务于权力的状态。

西周至春秋早期,国家权力在很大程度上由国君与贵族共享,周天子虽是天下的共主,但其权力受先例及传统礼仪、习惯的限制,他对各地的诸侯及封臣并没有生杀予夺的绝对权力,"王权还不是那么极端化,原始民主遗风尚有一定生存空间"[1],法律具有多元性的效力渊源。国君没有颁布具有普遍效力的法律的权力。[2]秦汉以后,君权虽得到加强,但君主仍不是唯一的法律渊源,臣僚拥有相对普遍的立法和议法权,郡县长官实际上掌握生杀大权。隋唐以后,私人注律受到严格限制,死刑权实现真正上收,立法和最高司法权完全从属于皇权。

回过头来再看权、法关系。在传统中国的固有观念中,一直存在"有治人,无治法"的坚定信念,因为在先民看来,任何法律即便是"善法",也需要人去执行。更为重要的是,法律是人(主要是君主)制定

---

[1] 俞荣根:《儒家法思想通论》,桂林:广西人民出版社,1998年,第95页。
[2] 徐祥民:《春秋时期法律形式的特点及其成文化趋势》,《中国法学》2000年第1期,第142—148页。

的。"专以人主意指为狱"的汉代杜周,任廷尉时以"善候伺"著称,"上所欲挤者,因而陷之;上所欲释者,久系待问而微见其冤状"。他的这种做法引起人们的不满,有人质问他说:"君为天下决平,不循三尺法,专以人主意指狱。狱者固如是乎?"杜周的回答成为"法自君出"的依据之一:"三尺安出哉?前主所是著为律,后主所是疏为令,当时为是,何古之法乎!"在杜周看来,书于竹简上的法律效力远远不及皇帝的意旨和命令,或者说,法律无非是君主所肯定的内容。我们可以将杜周的回答做宽泛解释,大大小小的各级官吏,他们如同各级衙署的"小皇帝",其权力可以超越法律,凌驾于法律之上。从某种意义上说,他们本身就代表法律,是法律的象征。法律来源于权力,从属于权力,因而,也必须服务、服从于权力。

从法律内容来看,传统法典更多是在维护以皇权为核心的专制统治、等级秩序和封建伦常,具有极强的"私属性"。因而,尽管内容、条款不断增加,但甚少或者说根本没有现代意义的对民众私权的保护。换言之,传统法典从内容到形式,都是禁止性、惩戒性规定,法律所展现出来的多属"恶法";对于民众的权益,则视为"锥刀之末"的"细故"而不加规定,即便理直而"打官司",也被视为不安本分的"刁民"。这样的法律哪里值得尊崇?故明清之际的思想家黄宗羲提出,三代以后之法的制定,原因皆出于私,"其所谓法者,一家之法,而非天下之法也"[1]。近人萧公权也认为:三代以下"其制度本于私天下之一念,大背贵民之旨,故不足以比三代之法耳。抑就另一方面观之,三代公天下而法因以疏,后世私天下而法因以密。疏者近于无法,密者适成非法"[2]。法律属于专门知识,更多的民众当其蒙受冤屈时,无法也不会求助于法律,而奢望"青天大老爷"的出现,说到底,"青天意识"不是社会对法律的呼唤,而恰恰是对"人治"的朝拜。法律的工具性特征以及从属于权力的位序,使得传统社会呈现出一种明显的"大政小法"的格局,法律被要求"服从并服务于政治"[3]。

---

[1] 黄宗羲:《明夷待访录·原法》,道光刻本,第6页b。
[2] 萧公权:《中国政治思想史》,北京:新星出版社,2005年,第396页。
[3] 林乾:《中国古代的法律与权力》,北京:中国政法大学出版社,2004年,第212页。

三、"刑罚时轻时重"

　　法律的工具性质以及从属于权力的位序，引申出传统中国法律的另一个重要特征，即法律的时轻时重，即非衡平性。学者们总是从积极方面解读中国法律的起源。汉代许慎在《说文》中解释："灋，刑也。平之如水。从水，廌所以触不直者去之，从去，会意。"中国的先民将良好愿望寄托在"獬豸"这种独角神兽身上，据说，它能够辨别善恶，用独角触不直者。但这种法律的"平之如水"即衡平性，却甚少在司法实践中得以贯彻，而代之的更多是法律的时轻时重，即非衡平性。

　　法律的工具性质决定了其在不同历史时期扮演的角色不同。当社会秩序稳定，四民乐业，家给人足时，法律被搁置起来，"备而不用"，即古人艳称的"刑措"，认为这恰恰是"盛世"的表现；而当一个王朝走过其鼎盛，步入衰落时期，法律的重刑化就成为一种必然。反映在同样一种犯罪行为上，在不同时期受到的惩罚就有很大不同，甚至悬如天地。这时，"约法刑简"就遭到破坏，统治者不得不借助严刑酷法来强力维护社会秩序。清初沿袭明朝法律，死刑条款不足二百，到乾嘉以后，累积的社会矛盾大有山雨欲来之势，统治者遂用重法治官、治民，死刑条款达八百余条。以强盗罪而言，康、雍时期分别首、从，处以斩绞、发遣之罪，咸丰以后，社会秩序被打乱，强盗罪不分首、从皆斩；到了同治时期，不但首、从皆斩，且地方官可以先斩后奏，乃至斩而不奏；更为重要的变化是，连把风、接赃之人，因属"同恶相济"，一并处斩。法律成为统治者试图纾解社会危机的筹码，重轻予夺，曲缩伸张，同罪异罚不但体现在法律身份不平等上面，也体现在不同时期的不同适用上。因而，法律更多以狰狞的面目出现，人们侥幸以逃避法律为能事，何谈"尚法"？！桃应曾向他的老师孟子提出"舜为天子，皋陶为法官，舜的父亲瞽瞍杀人，则如之何"这样的问题。孟子最初的回答是"把他抓起来"。桃应又问孟子："舜是天子，难道他不禁止皋陶吗？"孟子回答说："舜怎么会禁止？他已经授权皋陶了。"桃应又问："那舜怎么办？"孟子最后回答说："舜视弃天下犹弃敝屣也。窃负而逃，遵海滨而处，终身欣然，乐而忘天下。"[1]连贵为天子的舜都会背着犯有死罪的父亲"窃负而逃"，逃避法律的惩罚，岂能要求普通民众遵从法律的裁决？可以说，儒家法的本质是维护"尊尊亲亲"的等级秩序，是法律面前绝对意义上的不平等。而社会的发展变化要求打破这种人为的，同时也是用法律来保障的等级秩序，就此而言，挑战并质疑法律，对社会变革具有积极意义。

四、民众法律意识的缺失

如果说以上三个方面是造成传统中国法律信仰缺失的体制、制度性原因，主要是从"官"即法律实施的主体的视角来分析的，那么，从民众即法律实施的对象即客体而言，法律意识、法律知识的缺失，也是一个重要原因。传统中国没有形成类似西方的法律至上的观念。从立法原则到具体内容，法律更多体现为保障以皇权为主的公权法特征，因而刑罚构成其主体，或主要部分，有时甚至是全部。这就意味着，民众一旦与法律接触，往往成为被宰制的对象。就此而言，法律为不祥之物，等同于污物。我们的先民在不祥之法上，专门加上"祥刑"之字义，就是希望给法律赋予社会稳定器的功能。

同时，法律是专门知识，在农业社会里，知识本身是社会上层乃至进入上层社会的人所独享的，不能进入普通民众之中。因而，民众的法律知识是欠缺的，甚至绝大多数民众处于无知的状态。因而人们一旦触犯法律，也不会用法律来维护自己的权益。就统治者而言，他们更是垄断法律，拥有对法律的解释权、裁判权，希望民众长久地处于对法律的无知状态。公元前536年，郑国执政子产铸刑书于鼎上，晋国贵族叔向明确表示反对，他写信指责称："昔先王议事以制，不为刑辟。惧民之有争心也。……民知有辟，则不忌于上，并有争心，以征于书，而徼幸以成之，弗可为矣。"[2]唐代大儒孔颖达在为这句经典作解时说："刑不可知，威不可测，则民畏上也。今制法以定之，勒鼎以示之，民知在上者

---

[1]《孟子注疏》，北京：中华书局，2021年"十三经注疏"简体横排本，第637页。
[2]《春秋左传正义》卷43，北京：北京大学出版社，1999年，第1227—1228页。

不敢越法以罪己，又不能曲法以施恩，则权柄移于法矣。"[1]统治者惧怕法律公开以后，为民众所知悉，并据此维护自身权益，那样的话，统治者就不能"议事以制"，随意解释法律了。

应使民众处于对法律的无知状态，直到清末，即便是以洋务派、改革者著称的人，仍然如此认为。同光年间，有一江宁县令，为了在江苏州县官吏中"普法"，编写了七言律文，经按察使司呈请巡抚丁日昌颁行。而丁日昌却有不同看法，认为在乡塾中让生童"读律不读书"是错误的，因为一旦让人掌握律例奥妙，则不便于官员。他说："悬书读法，要在各州县视民如伤，于律例中择其易犯各条，恺切讲解，或榜示通衢，未尝不可稍资警惕，若爱民初无实心，则良法仅成具文，不诚无物，其何感之能通？圣人云，民可使由之，不可使知之，此中固有深意存焉。"在丁日昌的眼中，法律只有那些与民众容易触犯的条款有关，而即使是"生童"这样的知识阶层，也不便于让他们知晓法律。那么，他所说的"深意"究竟是指什么？他解释说："律例一书，善读者以为仁之至、义至尽，至平至正，允协于中，不善读者凿破混沌，便生机械，老庄齐物之旨，其弊尚流为申韩，申韩刻薄之余，其弊将安所底止？童蒙不读书而读律，亦非当务之急也。"令人将已经颁发州县的七言律文，收回销毁。[2]说到底，还是一个"怕"字，他担心法律一旦为非官府的人所知晓、所掌握，会挑战公权力对法律所独有的解释权、裁决权。

通过以上分析可知，传统中国并不存在视法律为至高无上的信仰，这种法律信仰的缺失，也是当代中国建设法治社会的一种负担，或可以称为消极因素。而如何超越缺乏法律信仰的文化传统，构建新的法律信仰与法治秩序，不仅是学术界应该关注的重要课题，也是建设法治国家必须跨过去的一道门槛。

（原载《人民论坛》2013年5月，与罗洪启）

---

[1]《春秋左传正义》卷43，北京：北京大学出版社，1999年，第1229页。
[2] 丁日昌撰：《抚吴公牍（下册）》卷38，北京：朝华出版社，2019年影印本，第1195—1196页。

二

清代立法与法律适用

清朝法律的重构与国家治理效能的强化

乾隆五年（1740）《大清律例》在全国颁行后，乾隆帝明令以后不得擅改成书。但终有清一代，恰乾隆一朝成为立法的高峰。最高统治者何以一改初衷，频繁增补法律？这些新增法律是否具有特定指向和新的意涵？与刑部律例相对应，各部院所制定的则例是否具有法律规范的性质？"委重律令"是否表明清朝国家治理已经步入"法治"门槛？以上问题实际涉及如何重新认识法律以及它在清朝治理国家中的地位和作用。本文利用档案等文献，拟从本土法律历史资源的视角进行探讨，以就教于学人。

一、以增补律例为核心的刑事法律重构

《清史稿·刑法志》在肯定乾隆帝"一代法制，多所裁定"的同时，对其频繁立法修例颇多微词，称其"临御六十年，性矜明察，每阅谳牍，必求其情罪曲当，以万变不齐之情，欲御以万变不齐之例。故乾隆一朝纂修八九次，删原例、增例诸名目，而改变旧例及因案增设者为独多"[1]。这一看法与清朝人的整体认识吻合[2]，也多为近来学者所沿用[3]。

---

[1] 《清史稿》卷142《刑法一》，北京：中华书局，1977年标点本，第4186页。乾隆朝实有13次修纂律例。
[2] 乾隆时袁枚称"预设数万条成例待数万人行事"，是"以死法待生人"。袁枚：《答金震方先生问律例书》，贺长龄等编：《清经世文编》卷91，北京：中华书局，1992年，第2248页；嘉道时梅曾亮称"法之简者其弊浅，法之密者其弊深"，"计较于一罪之轻重，而卤莽于千万人之死生"，见梅曾亮：《柏枧山房诗文集》，彭国忠、胡晓明点校，上海：上海古籍出版社，2012年，第12—13页。
[3] 陈惠馨教授称，她无法理解为何清朝如此庞大且体系结构完整的成文法体系，在当代法律人与史学者的眼中却是如此的负面与面貌模糊。参见陈惠馨：《向法规范回归之清代法制研究》，台北：元照出版有限公司，2017年，"自序"，第2页。

但以上评价既掩盖了乾隆时期因时立法、重构清朝法律的成就,尤其忽略了通过法律途径解决诸多经济社会问题的积极意义和成效,可以说是对清朝法律的严重"误读",因此也需要一次"发现"。

(一)乾隆前期的立法高峰及其成因

清朝修律乾隆朝最为频繁,且增补、新订例文最多。以同治九年(1870)清朝例文的最高数字1892条计,剔除沿用的明朝例文,乾隆朝增加例文至少有600条,约占清朝全部例文的32%。其中增加最多的恰是《大清律例》颁布后至乾隆三十三年(1768)的28年间,例文达到1456条,共增加414条,年均15条。以后至乾隆五十三年(1788)的20年间,仅增加117条,例文总数为1573条,年均5.8条,是前期的三分之一强。至嘉庆六年(1801)为1603条,13年间仅增加30条,年均2.3条。由此我们的问题是,《大清律例》颁布后,乾隆帝何以放弃不得擅改成书的煌煌谕旨,并在此后的二三十年间,例文如此剧增并达到有清一代的峰值?这里是否"隐藏"有必须重新审视、解读而为人忽略的重要信息?

首先,例文的急剧增加是律例结构改变后的内在逻辑要求。中国传统律典以事统类的篇章结构,至明洪武二十二年(1389)的《大明律》,变为以六部相统摄的结构,致使"古来律式为之一变"[1]。清初至雍正时相沿不改,至乾隆五年颁行《大清律例》,例文获得与律文同等位阶[2],且乾隆元年(1736)经刑部奏准并在五年后颁布的律例"凡例"中规定:嗣后条例"有陆续增修之处,仍定限三年一次编辑,附律例之后颁行直省,从此永著为例"[3]。故此,增修例文乃是奏准的"定例"。但针对《大清律例》颁布后,臣僚仍纷纷奏请增改律例的情况,乾隆帝以律例一书,周详明备,现已刊刻颁行,不可以一人一事即欲顿改成法,于六年(1741)九月明确谕令"嗣后毋得轻议纷更,如果所言实属有当,

---

[1] 沈家本:《历代刑法考》,北京:中华书局,1985年,第1783页。
[2] 雍正三年《大清律集解附例》"凡例"称:律后附例所以推广律义而尽其类,亦变通律文而适于宜者也,故律一定而不可易,例则有世轻世重随时酌中之道焉。可见附例的作用不可与律文等量齐观。
[3] 《大清律例》,田涛、郑秦点校,北京:法律出版社,1999年,第28页。

该部亦止可议存档案，不得擅改成书"[1]。

但律例结构及内容本身的缺失，特别是涉及儒家纲常义理等传统法的核心，致使在法律适用上无法援引。乾隆六年，安徽巡抚陈大受题奏泾县民董宫等人强卖亲伯母汤氏，抢分家财一案，按例应拟绞监候，因伦理所关，而原有定例内亲属、凡人未有分别，他请敕议逐条指明，以便引用划一。刑部随即查出定例中有两条例文，不但斩、绞罪名悬殊，而且亲属、凡人未经注明，致使援引比照易有出入，为此奏请嗣后亲属内有期功卑幼谋占资财，将伯叔姑等尊属用强抢卖，逆伦悖理之案，照强夺良家妻女卖与人为妻妾之例，加重拟斩监候；并请将此案强卖嫡亲伯母之董宫即拟斩候，同时请移咨律例馆载入例册，永远遵行。经九卿议准后，当年载入"强占良家妻女"例文。[2]

雍正三年（1725）律沿用康熙时的做法，以"律文仿自唐律，辞简易致讹舛，于每篇正文后增用总注，疏解律义"[3]。但乾隆五年律例，将十四条总注纂为例文后[4]，其余四百多条总注全行删除，致使无总注律文在司法适用上出现诸多滞碍与遗漏，臣僚为此纷纷奏请修改。乾隆六年十二月，御史王纲振奏称：律内总注，本夫纵容、抑勒妻妾与人通奸，奸夫自杀其夫，奸妇不知情者，仍依纵容、抑勒本条科断，不在拟绞之限，向来俱照注办理。今律例馆将注删去，恐将来无所适从。经刑部议覆，纳其所奏，并通行内外理刑衙门一体遵行。[5] 乾隆八年（1743），馆修纂入。

其次，例文的急剧增加，与清朝带有家法性质的"实行"执政思想

---

[1]《清高宗实录》卷152，乾隆六年十月乙巳，北京：中华书局，1986年影印本，第10册，第1179页。
[2]《题报宁国府泾县民董宫等强卖汤氏姑媳抢分家财拟绞监候事》，乾隆六年三月初七日，刑科题本02-01-07-0136-009，中国第一历史档案馆藏。《题为安徽宁国府泾县民董宫等强卖汤氏姑媳拟绞监候事》，乾隆六年五月二十二日，刑科题本02-01-07-0146-002，中国第一历史档案馆藏；《清高宗实录》卷143，乾隆六年五月丁亥，北京：中华书局，1986年影印本，第10册，第1059页。
[3]《大清律集解附例》奏疏，四库未收书辑刊编纂委员会：《四库未收书辑刊》第1辑，北京：北京出版社，2000年影印本，第26册，第6页。
[4] 见孙家红：《清代律例条文的继承和演变——以〈读例存疑〉为考察中心》，高翔主编：《中国历史研究院集刊》第2辑，北京：社会科学文献出版社，2020年，第126—187页。
[5]《清高宗实录》卷156，乾隆六年十二月乙未，北京：中华书局，1986年影印本，第10册，第1229页。

一脉相承,是因应社会结构转型加剧带来的诸多问题与挑战的迫切现实需要。传统中国律典的主流是以事类为篇章的结构,属于"原则法"或"根本法",但从不排斥"具体法"或"细目法"[1],后者尤能体现"世轻世重,准社会现象以为衡"[2]。而王朝演进有一个普遍规律,即从创立之初的法约刑简,向中期的法密刑重转变。清朝既受此"规律"的影响,又面临诸多传统王朝未曾出现或未能成为主要社会问题的挑战。清朝统治者奉"实行"为祖宗家法。雍正帝多次宣称,"我朝自太祖、太宗、世祖以至皇考,咸贵实行,不尚虚文"[3]。"我朝制度,崇尚实行"[4],"实行"重在解决社会现实问题,实事求是,强调落实、有效。而无论是顺治律还是雍正律,多在律文小注、总注上着力以求适于时,但总体不出明律藩篱。满洲有国恤百日内剃头皆斩之祖制,乾隆十三年(1748)因孝贤皇后大丧期内多名官员违背祖制,乾隆帝遍查《会典》《大清律例》,并无治罪明文,原因修会典时,"不过增损明季之旧章",命将此制载入《会典》《律例》。[5]

乾隆五年律例不再登载谕旨。但该年律例初刊本,《户律》田宅门"检踏灾伤田粮"律,例文"凡遇蠲免钱粮之年,将所免钱粮分作十分,以七分免业户,三分免佃户"后,载雍正十三年(1735)十二月上谕一道,且一直沿至晚清。律学家薛允升谓其不合体裁。[6]今人研究也不明其理。[7]其貌似与"体裁"不符,恰反映清朝统治者为法律预留"冗余",审慎处理普遍存在的租佃矛盾的态度,也是因应社会结构转型的"实行"显例。

---

[1] 薛允升:《读例存疑》,黄静嘉点校重刊本,台北:成文出版社有限公司,1970年,第4页;梁启超:《论中国成文法编制之沿革得失》,汤志钧、汤仁泽编:《梁启超全集》第5集,北京:中国人民大学出版社,2018年,第504页。
[2] 梁启超:《论中国成文法编制之沿革得失》,汤志钧、汤仁泽编:《梁启超全集》第5集,北京:中国人民大学出版社,2018年,第505页。
[3] 《清世宗实录》卷2,康熙六十一年十二月甲寅,北京:中华书局,1986年影印本,第7册,第47页。
[4] 《清世宗实录》卷12,雍正元年十月丁卯,北京:中华书局,1986年影印本,第7册,第225页。
[5] 《清高宗实录》卷316,乾隆十三年六月乙丑,北京:中华书局,1986年影印本,第13册,第198页。
[6] 薛允升著,胡星桥、邓又天主编:《读例存疑点注》,北京:中国人民公安大学出版社,1994年,第194页。
[7] 参见郑秦:《清代法律制度研究》,北京:中国政法大学出版社,2000年,第53页。

康熙时期，无力贫户依靠租种富户土地为生者，在山东等省份非常普遍，以此推动租佃关系充分发展。为应对频发的自然灾害，清朝实行法定灾免政策，还多次在全国蠲免钱粮，以期休养民力。但在如何裁定业户与佃户各自减免分数上，因各自利益不同，争论甚大。最终于康熙二十九年（1690）将山东巡抚佛伦的建议纳入条例，后来又作为"永著为例"的普通法而广泛适用。此即前引例文。雍正五年（1727）又制定保护佃户不受侵犯，及拖欠租课受到惩罚的佃户条例。[1]乾隆帝即位后，将雍正十二年（1734）以前各省民欠钱粮全部宽免，业户因此得受实惠。他考虑到无业佃户未被恩泽，如照所蠲之数，履亩除租，绳以官法，则势有不能。为此于当年十二月发布劝减佃租谕，提出业户受实惠十分，可以捐其五分以惠及佃户；但又顾虑一旦以定例形式固定下来，佃户则有挟制业户之法，业户则以此为借口，少向国家缴纳钱粮，于国赋财政大有影响，为此他颁发谕旨，令劝谕各业户酌量减租，不必限定分数；若有素丰业户能加惠佃户者，则酌量奖赏，其不愿者听之；若彼刁顽佃户，借此观望迁延，则仍治以抗租之罪。[2]此即载入《大清律例》之唯一"不合体裁"的谕旨。[3]

乾隆五年（1740）六月，《大清律例》修竣尚未颁行之际，河南巡抚雅尔图奏请定交租条例，他援引《会典》康熙九年（1670）及雍正八年（1730）定例，请酌定章程，如被灾五分，则自应止收五分之租；被灾六分则收四分之租，甚至被灾十分，租息全免。这本与乾隆帝前发谕旨吻合，为此批准执行。但乾隆帝立即意识到，"各省可否照此办理之处"，不能草率决定，为此他把此一立法建议提交到最高层面，命大学士会同九卿议奏。[4]陈其凝作为河南道监察御史，率先发表不同意见，他说天下田地，佃种交租不外分收、包纳二法，皆为地主与佃户协商而

---

[1] 参见经君健：《试论雍正五年佃户条例》，《经君健选集》，北京：中国社会科学出版社，2011年。
[2] 《清高宗实录》卷9，雍正十三年十二月壬午，北京：中华书局，1986年影印本，第9册，第317—318页。
[3] 参见《大清律例》，北京：中华书局，2015年影印本，第2册，第129—130页。
[4] 《奏为请定交租之例事》，乾隆五年五月十五日，朱批奏折04-01-35-0591-038，中国第一历史档案馆藏。

定,即便熟年,田主也不能收十分租谷,若有荒歉,唯照收成分数交租。业户出田以养佃,佃户力作以交租,民间交易,情可相通,若官为立法,强以必从,佃户减租挟制,田主揹勒租谷,互相争角,生事扰民。请民田佃种照旧交收,不必官为定例。[1] 乾隆帝非常慎重,将其交大学士、九卿议奏,又经户部讨论,认同御史所奏,各省督抚仍照雍正十三年十二月内谕旨实力遵行,务使主、佃相安。[2] 律例馆人员以律例不载上谕的体裁为由,奏请移除。乾隆帝认为,"此条若全行删去,则外省不复知有此例矣",命将从前定例七分免业户,三分免佃户之处,仍行载入,"并备录朕旨以便遵行"。[3] 此即律例中所载上谕之由来。貌似不合体裁的上谕与例文并存的立法形式,律例仅此一条,它综合国家、地主、佃户、官员各自的利益与责任,尊重主、佃之间的"协商"习惯,在操作上留有较大弹性和回旋余地,为应对雍乾以来因租佃关系恶化而滋生的租佃矛盾,预设政策空间,堪称容纳民间习惯与国家法,国家法与政策衔接,兼顾时效性与地域差别的"良法"。因此,尽管其后臣僚一再以种种理由奏请定例,乾隆帝终不为所动。[4]

(二) 因应制度变迁与思想观念变革的法律重构

"制度是一系列被制定出来的规则、守法程序和行为的道德伦理规范。"[5] 经济社会制度的变迁,促使人们的思想观念发生变化,以往视为天经地义的传统义利观,在乾隆时期出现明显动摇,法律不能缺位,必须予以回应与调整。新增条例这方面的内容占了相当比重。

康熙五十一年(1712)实行滋生人丁永不加赋,次年户部遵旨定例:征收钱粮,但据康熙五十年(1711)丁册定为常额,续生人丁永

---

[1]《奏为豫省请定交租之例筹划未尽事》,乾隆五年六月初九日,朱批奏折04-01-35-0592-001,中国第一历史档案馆藏。
[2]《清高宗实录》卷120,乾隆五年闰六月庚子,北京:中华书局,1986年影印本,第10册,第755页。
[3] 薛允升著,胡星桥、邓又天主编:《读例存疑点注》,北京:中国人民公安大学出版社,1994年,第194页。
[4] 参见经君健:《论清代蠲免政策中减租规定的变化》,《经君健选集》,北京:中国社会科学出版社,2011年,第289—309页。
[5] 道格拉斯·诺思:《经济史中的结构与变迁》,陈郁等译,上海:上海三联书店,1994年,第225—226页。

不加赋;有私派钱粮及造册之时借端需索,该督抚严查题参。薛允升评价该定例是"赋役中一大关键",它改变了有田则有赋、有丁则有役的"定制",自有此例,有田者均代有丁者应役,若有丁而无田,则并无可当之差矣。[1]雍正二年(1724)在此基础上实行摊丁入亩,使得农民从土地的超强束缚中解放出来,加之人口的持续性增长,推动人员自由流动和劳动力的转移,由此带来雇佣关系的发展,并冲击了安土重迁的传统观念。由此,户部于乾隆九年(1744)采纳给事中钟衡条奏,制定"留养资送贫民定例",规定各省流寓孤贫,如籍隶临邑仍照例移送收养外,其在原籍千里之外者,准其动支公项银两,一体收养,年底造册报销。[2]但如此一来,各省民众有于秋收后,将粮食器具寄顿亲族,挈家外出,冒称流民者;又有灾地贫民领得赈票,转卖得钱流移外出者;又有一半在家领赈,一半充作流民者,乃至有"在家做饥民,不如出外做流民"之语,他们千百成群,肆行需索,甚至抢夺店铺,干犯官长,相习成风,严重冲击了原有的社会秩序。乾隆帝为此发布长篇谕旨,令地方督抚等不必拘泥定例,反启民间浇薄之习。随后于乾隆十三年纂为定例:凡被灾最重地方饥民外出求食,各督抚善为安辑,俟本地灾祲平复,然后送回。[3]其后又有地方大吏,以人口流动带来隐患为由,奏请制定法律予以限制,乾隆帝明确表示反对,说如果为此增设科条,贫民不能得所。命将他的长篇谕旨传达到湖广、江西、四川等各督抚。[4]

  传统中国法的核心要旨是固化良贱尊卑等级秩序;满洲祖制,尤重主仆名分。而伴随雇佣关系的发展,主雇之间的刑事案件大量发生。乾隆时期,多次立法调整"雇工人"条例[5],整体限缩其适用范围。乾隆二十五年,经广东按察使来朝奏准,如短雇工作,包括铺户乏人力作,

---

[1] 薛允升著,胡星桥、邓又天主编:《读例存疑点注》,北京:中国人民公安大学出版社,1994年,第162页。
[2] 《奏请收养外来孤贫事》,乾隆九年四月二十二日,录副奏折03-0338-017,中国第一历史档案馆藏。
[3] 薛允升著,胡星桥、邓又天主编:《读例存疑点注》,北京:中国人民公安大学出版社,1994年,第189页。
[4] 《清高宗实录》卷604,乾隆二十五年正月庚申,北京:中华书局,1986年影印本,第16册,第786—787页。
[5] 参见经君健:《关于明清法典中"雇工人"律例的一些问题(下)》,《中国经济史研究》2008年第1期。

乡民农忙雇倩帮工,并非受制服役,而仅止计日受值者,均以凡论。[1]
乾隆五十一年(1786),山东巡抚明兴题报蓬莱县民王成子强奸雇主王克仁之妻邢氏不从,用刀砍死,援引"雇工虽无文契,若受雇在一年以上者,即以雇工人定拟;其犯奸杀重情,即一年以内亦照雇工人治罪"例文,将王成子拟凌迟处死。案经刑部会同吏部、礼部、都察院、大理寺,依原拟判决。[2]而乾隆帝以"若仅雇倩佃户,及店铺雇觅佣作之类,并无主仆名分,亦未服役者,俱照雇工之例概拟极刑,则雇主殴死雇倩平民,皆得援例问拟杖徒轻罪,殊未允协,自应分别科断"。命军机大臣会同刑部,将雇工与雇倩平民,如何区别主仆名分,及是否服役之处,明立界限,详议具奏。经大学士和珅等议准,若农民佃户,雇倩耕种工作之人,并店铺小郎之类,平日共坐同食,彼此平等相称,不为使唤服役者,此等人并无主仆名分,亦无论其有无文契、年限及是否亲族,俱依凡人科断。刑部随即将此例纂入例册,并将旧例删除,通行直省问刑衙门一体遵办。王成子等案,即照新例改拟具题。[3]

法律具有定分止争的社会功能。进入乾隆朝,固有的社会秩序明显松解、礼仪尊卑、权利义务观受到极大冲击。山东有"不欠钱粮,不是好汉"之谣,令统治者震惊异常。乾隆十年(1745),礼部侍郎秦蕙田称,贵以治贱,贱以承贵,乃纲纪攸关,"竭作奉公,百姓之职,公旬三日,古有常期",今国家一切工程,皆计工给价,而江南河工,夫役领价到手,工程未半,随即脱逃。他还列举近来种种社会失序现象,说这些都有违上下相维之义。[4]刑部据其上奏,纂为"白昼抢夺定例"。同年又据河督白钟山奏请,又定领帑侵蚀脱逃例,载入工律"冒破物料"律例文。

---

[1]《奏请定短雇工人干犯家长议罪条例事》,乾隆二十五年十一月十九日,朱批奏折04-01-01-0244-022,中国第一历史档案馆藏。
[2]《题为山东蓬莱县民王成子强奸雇主之妻事》,乾隆五十一年五月初十日,刑科题本02-01-07-1736-011,中国第一历史档案馆藏。
[3]《奏议雇工致死家长请申明例义事》,乾隆五十一年四月十九日,录副奏折03-1199-016,中国第一历史档案馆藏;《清高宗实录》卷1253,乾隆五十一年四月己丑,北京:中华书局,1986年影印本,第24册,第835页。
[4]《奏请申严名分之防以肃纲纪以正人心事》,乾隆十年六月二十五日,朱批奏折04-01-01-0117-034,中国第一历史档案馆藏。

经济的发展和人口的持续增长，推升土地房屋等不动产的价格快速上涨，而频繁交易过程带来的问题，使得清朝的物权法更加完善。雍正八年，户部议覆盛京侍郎王朝恩条奏定例，对民间卖产与典产严格区分，凡立契未载绝卖字样；或产主因一时急需，减价求售，而于契内并未载明绝卖字样；或注定年限回赎者，并听回赎。但乾隆以来，因土地价格上涨的诉讼急剧上升，促使相关立法加密完善。乾隆八年湖北巡抚晏斯盛奏称，湖北每逢告期，词状充几，检查事由，以田土争执者十居七八，且有经年累岁评告无休，甚至酿成人命者亦复不少，原因从前田地瘠薄价廉，而今之时价已数倍于往日，故售业者每思贱赎而贵卖以冀觅利，为此奏请制定告找告赎年限。[1] 户部题覆称："查典卖田房，近因田地价昂，始行告赎索找，有数十年卖出之产而子孙告找者；有转相授受之产而隔手告找者；有契内已有永远为业字样因年远人亡遂借端捏词告赎索找者：此雍正八年定例时未经议及。查典、卖原有不同，契载亦有分别，今应酌议。"随即定以更为详尽的典、卖回赎法律，"俟命下之日，臣部通行直省，一体遵行可也"[2]。乾隆帝批复"依议"。但因该项法律以"通行"形式颁布，并未载入律例。乾隆十八年（1753），浙江按察使同德再次上奏[3]，户部据此定例：其自乾隆十八年定例以前，典、卖契载不明之产，如在三十年以内，契无绝卖字样者，听其照例分别找、赎。若远在三十年以外，契内虽无绝卖字样，但未注明回赎者，即以绝产论，概不许找、赎。如有混行争告者，均照不应重律治罪。

《大清律例》颁行后，经过二三十年持续增补律例，清朝构建起"能与社会新现象相应"[4]的法律体系。乾隆二十四年（1759），山西按察使永泰表示，"圣朝法律详明，宪章大备，凡有一言一事可以著为令甲、共所遵守者，无不条分缕析，开载刑书，固已节目毕张、纲维具举

---

[1] 《奏请除湖北田土找赎积习以清讼源事》，乾隆八年十一月二十二日，朱批奏折 04-01-01-0103-041，中国第一历史档案馆藏。
[2] 《题为遵旨查议湖北巡抚晏斯盛奏请清除田土买卖找赎积习事》，乾隆九年二月十三日，户科题本 02-01-04-13800-015，中国第一历史档案馆藏。
[3] 《奏请定产业找赎之年限以杜讼源事》，乾隆十八年二月二十七日，录副奏折 03-0341-012，中国第一历史档案馆藏。
[4] 梁启超：《论中国成文法编制之沿革得失》，汤志钧、汤仁泽编：《梁启超全集》第 5 集，北京：中国人民大学出版社，2018 年，第 507 页。

矣"〔1〕。乾隆帝其后明降谕旨,称刑名案件,变幻百出,虽日定一例,不能遍给,命中外问刑衙门,以后不得议改议增。〔2〕自此,通过律典重构清朝刑事法律的节奏大为减缓。整体看,《大清律例》颁布后的二三十年,适逢由人口持续增长推动的社会结构转型加速,很多以往王朝没有或少有的社会问题和矛盾骤然凸显,使得清朝原有的"增损明季之旧章"的法律体系,无法适应其"实行"的执政思想和解决实际问题的要求,进而使统治者擎起立法的旗帜,以快节奏的频繁立法来管控新的社会矛盾和问题。由于难以突破因袭明律的七篇结构和律例平行适用的法律原则,出现颇多"以例破律"问题,但恰恰反映出其补齐立法缺失的客观事实。

二、以则例为核心的"部门法"体系的建构

研究清代法律,不应仅以《大清律例》作为唯一对象,更不能把它视为清朝法律的全部。《大清律例》颁行后,因律例馆改隶刑部,各部开始独自制定则例,并逐渐形成与律例并行不悖又相互援用,层级有别又适用范围不同的法律规范。后者以不同的名称呈现,包括具有国家大经大法、经久常行之制的《会典》;以《则例》《全书》等为核心的具有行政、民事、经济、军事、民族等"部门法"特点的法律规范。〔3〕

(一)律例馆改隶刑部前所纂律例适用于各部院

律例馆自顺治二年(1645)开设,作为内廷机构,其职能除主掌修律外,并统摄各部院则例的修纂,至乾隆元年修纂《大清律例》之初仍无变化。故内外臣僚在此前后通常将律例馆所修纂的则例统称为六部则例;也将各部则例统称为律例。二者称谓上的混用,表明其职能存在

---

〔1〕《奏为罪犯收赎有心再犯白契奴婢杀伤家长及家长亲属等事》,乾隆二十四年十月初二日,朱批奏折04-01-01-0235-004,中国第一历史档案馆藏。
〔2〕《清高宗实录》卷663,乾隆二十七年闰五月己卯,北京:中华书局,1986年影印本,第17册,第415页。
〔3〕关于会典的讨论,参见林乾《清会典、则例的性质及其与律例的关系》等多篇论文,载林乾:《治官与治民:清代律例法研究》,北京:中国政法大学出版社,2019年,第3—15页。

大量交叉，刑事法律尚未与行政、民事等法律完全剥离，也是其立法技术不成熟的表现。

雍正元年（1723），因御史汤之旭条奏，启动编修律例事宜。而他的上奏将康熙刑部现行则例称为《六部现行则例》，因该《则例》内容虽以刑名为主，然多有与其他各部交叉事宜，适用于六部。[1]两年后修成的《大清律集解附例》中，据各部院衙门咨送例案共纂成204条，分类编载，此即钦定例。该法典还将各部院规程等不具援引者大量编入，尤以文武官处分事项为多，故乾隆五年《大清律例》颁布前，该法典仍普遍适用于各部院。乾隆三年（1738），都察院左副都御史索柱以"部院议事悉遵律例，则内外帖服，近看部院议覆事件，援引律例，诚有未为允协，急当严禁"为由，奏请规范部院不引律例行为。[2]经大学士、九卿等议准，嗣后吏、兵二部议处官员，除律例内有一定专条，向系全条载入者，仍照旧办理外，其律例内并无正条，比照别条定议者，即于具题本内将律例内并无正条引用别条之处，声明请旨。[3]说明吏、兵等部文武官员降革等行政处分，仍适用于律例。

乾隆元年，律例馆开始修纂《大清律例》，同时承担吏部、兵部则例的编纂。其后，兵部因编纂《八旗则例》，率先与律例馆剥离，独自编纂本部则例；但如《三流道里表》等，仍由律例馆会同兵部编纂。乾隆三年，御史陈豫朋奏查，"兵部衙门现修则例，刑部衙门现修律例，今吏、户两部所关尤重，而惟以档案为凭，临事稽查，难免舛错"，奏请吏、户二部照兵部奏请之例开馆纂辑，俟钦定之后刊刻遵行；礼部《学政全书》《科场条例》，近年更定者不少；内外工程事隶工部，其丈尺做法虽颁有成式，而一应事宜有当划一颁示者，以上毋庸开馆，请该部增辑成书，恭候钦定。[4]吏部议覆称，查《吏部则例》原系归并律例

---

[1]《清世宗实录》卷11，雍正元年九月癸巳，北京：中华书局，1986年影印本，第7册，第206—207页。

[2]《奏请敕谕各部院大臣议覆事件宜载明律例事》，乾隆三年四月十七日，朱批奏折04-01-01-0031-001，中国第一历史档案馆藏。

[3]《清高宗实录》卷70，乾隆三年六月丁亥，北京：中华书局，1986年影印本，第10册，第127页。

[4]《奏请修吏户两部条例以正铨衡以厘财赋事》，乾隆三年六月十六日，录副奏折03-0329-037，中国第一历史档案馆藏。

馆修辑，所有新增条例，仍请附律例馆汇集成书；礼部现开礼书馆，一切更定条例，即在礼书馆一体编辑，均毋庸开馆；唯户、工两部，事务纷繁，节年增改甚多，应令自行开馆纂辑。乾隆帝允准。[1]此即六部正式分纂则例之始。次年，大学士管吏部尚书事张廷玉等，将各省官员提升、提调、署事、实授等项，查明定例、考核成案，逐一分析，奏请"命下之日，交与律例馆，载入铨选则例，仍通行各省，一体遵照办理"。乾隆帝满文朱批：所议诸条皆好，依议。[2]说明所有吏部事宜，全部由律例馆修纂。

乾隆五年《大清律例》不再有文武官员降罚等具体处分事宜，它由原来的纳刑事与行政、民事等为一体的法典，一变为单纯的刑事法典。为配合该法典使用，由律例馆同期修纂的《吏部则例》，也于乾隆七年（1742）向全国颁发。乾隆帝谕称：六部纂修则例，次第进呈，朕皆逐一详览，其中或有更正，或有删除，俱照新定之书遵行。并命将从前旧本存储，以备稽查。[3]

次年五月，律例馆会同兵部修纂完成《督捕则例》及《军卫道里表》等书后，该内廷衙署正式改隶刑部。[4]同年，兵部独立完成的《中枢政考》《八旗则例》等书，次第颁布实施。[5]武职大员将以上则例等书统称为律例。[6]自此，律例馆职掌仅限于刑部。各部则例遂全部独立修纂。[7]乾隆十一年（1746），曾在律例馆任主事的御史戴章甫上奏，请将乾隆七年至十一年吏部增例汇刊入册，庶法制周详，有益官方吏

---

[1]《清高宗实录》卷75，乾隆三年八月丙申，北京：中华书局，1986年影印本，第10册，第188页。

[2]《奏为详酌定议各省官员题升调章程请旨交与律例馆载入事》，乾隆四年正月二十二日，朱批奏折04-01-12-0013-037，中国第一历史档案馆藏。

[3]《清高宗实录》卷159，乾隆七年正月己丑，北京：中华书局，1986年影印本，第11册，第13—14页。

[4]《奏为律例馆馆务移归刑部事》，乾隆八年五月十七日，朱批奏折04-01-01-0101-042，中国第一历史档案馆藏。

[5]《奏报奉到钦颁八旗则例日期事》，乾隆九年七月二十八日，朱批奏折04-01-16-0020-013，中国第一历史档案馆藏。

[6]《奏为建威将军补熙所奏八旗则例划一办理事》，乾隆十一年五月二十一日，朱批奏折04-01-01-0133-041，中国第一历史档案馆藏。

[7]王钟翰先生称：迨乾隆九年，以关涉定例之部文，刊刻通行，于是条例、省例，始稍稍行世。概括极为准确。参见王钟翰：《清史补考》，沈阳：辽宁大学出版社，2004年，第73页。

治。[1]自此，《吏部则例》也由本部单独修纂。翌年正月，清廷启动《会典》纂修工程，十三年，大学士等奏定纂修会典义例，其第一款不仅明确了《会典》与则例的关系，还要求除现有吏、兵、礼、刑部编有则例或律例外，其余各衙门未有则例者，即交纂修分门编辑。[2]自此，除六部外，其他衙署也开始纂修则例。

由于刑部增修律例甚多，而其他各部则例的制定明显滞后，致使引用两歧之事时有发生。乾隆二十五年九月，贵州巡抚周人骥奏称：近年所纂之例，止于治罪科条，此外户部尚无例册[3]，礼、工二部虽有而不全，吏、兵二部之例纂自乾隆六年，迄今已阅二十载，其间增删更定者不知凡几，俱未改正，外省止以准到部文存案，合计新旧未纂条例之案牍，不下千百件，请敕部速为办理颁发，以昭遵守；因外省每有误引已停之例，他并奏请各部院将删除旧例造一目录，行知外省。[4]自此，各部院等机构则例的制定明显加快。[5]

六部则例中，刑部、户部定制五年一修。其他四部十年一修。吏部至同治元年（1862）纂修时，各司积累铨选处分等则例共八十七卷四千余件。[6]乾隆三十九年（1774），御史陈朝础援例奏请修内阁、都察院则例。乾隆帝称"殊可不必"，原因阁务、院规不过恪守旧章，非若六部比拟例案必须互证兼资者可比。他在解释六部之所以频繁编纂则例时说，各部为直省案件总汇，其常行事例，多有因地因时、斟酌损益者，不得不纂为则例，俾内外知所适从，然甫届成书，辄有增改，故每阅数年，或十余年，又复重辑一次，并不能为一成不易之计。[7]

---

[1]《奏请续修现行吏部则例事》，乾隆十一年七月二十七日，录副奏折03-0340-026，中国第一历史档案馆藏。

[2]《清高宗实录》卷315，乾隆十三年五月辛亥，北京：中华书局，1986年影印本，第13册，第183页。

[3] 乾隆十六年已修成第一部《户部则例》，周所述不确。

[4]《奏为敬陈纂辑条例事宜事》，乾隆二十五年九月二十二日，朱批奏折04-01-08-0002-003，中国第一历史档案馆藏。

[5] 参见《钦定户部则例》，海口：海南出版社，2000年，第3页。

[6]《奏请开馆修辑吏部则例等事》，同治元年二月十三日，录副奏折03-4994-001，中国第一历史档案馆藏。

[7]《清高宗实录》卷963，乾隆三十九年七月壬申，北京：中华书局，1986年影印本，第20册，第1062页。

（二）则例的法律适用与清朝"部门法"体系

据王钟翰先生的研究，清代各衙署所纂则例总数，不下二千种。[1]如何认识如此浩繁的则例？其是否具有法律效力？朱勇先生用"六事法体系"概括中国古代法典编纂形式，为重新认识本土法律提供了新的视角。[2]本人认为，清朝是典型的"部门法体系"，只是其衙署众多，编纂又以衙署为主，难以用现代"部门法"归并类别。整体看，清朝各部则例具有双重属性，就广义而言，它属于各机构必须遵守的办事规程，可以视为行政法规范；从则例的门类、内容而言，相当数量的则例具有很强的法律适用性，故皇帝统称为"六部律令"。[3]如都察院的《钦定台规》可以视为清朝的监察法规；礼部的《学政全书》《科场条例》《磨勘条例》属于学校、科举考试制度等方面的单行法规；《中枢政考》《八旗则例》等属于军事法规；《理藩院则例》属于管理蒙古等民族事务的法规；等等。臣僚也明确，"则例者，朝廷之宪典也，政事以为权衡，臣工之所遵守也"[4]，概括出则例的双重属性。

考试、报捐是作为"凡"即良民的基本权利。雍正五年实行大规模除贱为良后，许多贱民获得"凡"的地位。而在安徽徽州、宁国、池州三府，被指为"世仆"者不下一万户，每遇报捐、报考，诉讼不断。婺源县民人余泽山，因与伊家世代服役的葛、胡两家结讼连年，嘉庆七年（1802）到都察院具控，案咨两江总督费淳审理，认定葛姓等"与例载安徽省徽州、宁国、池州三府细民，有先世佃田主之田、即葬田主之山者不准开豁之例"相符，未便因其退田、拆屋，即行开豁。次年咨覆都察院。其后，安徽省署臬司宋镕牌示，该县以葛、胡两姓并无卖身文契，余姓不得视同仆役，如有报捐、应考，不许余姓拦阻。嘉庆十年

---

[1]　王钟翰先生称，经其寓目者多达五六百种，这仅是所有则例的五分之一。参见王钟翰：《清史补考》，沈阳：辽宁大学出版社，2004年，第32页。
[2]　朱勇：《论中国古代的"六事法体系"》，《中国法学》2019年第1期。
[3]　《清宣宗实录》卷7，嘉庆二十五年十月丙午，北京：中华书局，1986年影印本，第33册，第162页。
[4]　《奏请将六部各衙门现行则例划一以昭法守事》，无年份，朱批奏折04-01-30-0005-018，中国第一历史档案馆藏。

(1805），余泽山再赴都察院具控。都察院查称，前项"特设专条，载入例册，永远遵行，初不关身契之有无"，请敕下礼部，"将该三府此等之人应否报捐、应考之处，悉心妥议，奏请钦定，填入例册"。[1]礼部随即议定：佃主之田、葬主之山，虽年久身契遗失，仍以世仆论。但其后又有胡友仲赴都察院控柳元胜系其明宣德年间买仆之后裔，冒捐监生。安徽巡抚董教增奏称，"历年安省以文契遗失、葬主山佃主田具控者纷纷不绝"，"旋结旋翻经数十年案悬不结"，被控之家户族繁衍，多者千余丁，少者数百丁。他援引雍正五年开豁为良谕旨并魏廷珍奏准定例，及乾隆三十四年（1769）定例，请凡世仆控案，唯以现在是否服役为断。[2]礼部议覆，自国初以后，虽现在不与奴仆为婚，并未报官存案者，令地方官随案查明，以立案之日起限，俟三代后所生子孙方准捐考。[3]嘉庆帝不赞同礼部所议，命照董教增所奏，该处世仆名分，统以现在是否服役为断，若年远文契无可考据，并非现在服役豢养者，虽曾葬田主之山及佃田主之田，著一体开豁为良。[4]《礼部则例》载入该谕旨；又奉旨定例，载入《户律》"人户以籍为定"条例。一时开豁数万人。[5]

因"商厮"良贱身份而引发的诉讼也颇多，此名目系两淮盐商所独有，系指专办走司事务，得受劳金。嘉庆四年（1799）两江总督费淳以其"情同店伙，与雇工长随虽无文契而有主仆名分者微有区别，是否不准报捐，例无明文，是以该司等未敢遽断"，奏请敕下部臣明立科条，以凭遵照定案。嘉庆帝朱批：即有旨。[6]

在各部院则例中，户部则例的编纂，比刑部为多，至同治十三年（1874），编纂近二十次之多，反映清代民事法律规范得到发展完善。乾

---

[1]《奏为安徽婺源县民人余泽山呈控主仆名分事》，嘉庆十年二月十六日，录副奏折03-2189-017，中国第一历史档案馆藏。
[2]《奏为远年世仆请分别开豁以省狱讼事》，嘉庆十四年十一月二十一日，朱批奏折04-01-01-0517-009，中国第一历史档案馆藏。
[3]《奏为议复董教增开豁世仆事》，嘉庆十四年十二月二十五日，录副奏折03-1631-085，中国第一历史档案馆藏。
[4]《清仁宗实录》卷223，嘉庆十四年十二月庚戌，北京：中华书局，1986年影印本，第30册，第1009页。
[5]参见《钦定礼部则例》，海口：海南出版社，2000年，第377页；薛允升著，胡星桥、邓又天主编：《读例存疑点注》，北京：中国人民公安大学出版社，1994年，第170—171页。
[6]《奏为查明商厮与奴仆有别应否准捐请旨敕部定议事》，嘉庆四年九月二十日，朱批奏折04-01-30-0429-020，中国第一历史档案馆藏。

隆四十一年（1776），由大学士于敏中任总裁编纂的《户部则例》最称严整精核，它分为12门，共有例文2729条。[1]道光二年（1822），协办大学士、户部尚书英和完成编纂《户部则例》。据他奏报，旧例12门，共例6068条，修纂后存原例5142条，修改857条，归并1481条，删除588条，增275条，统计99卷，分列14门，共例5755条，是同期刑部条例三倍有余。他还奏称，钦定刊刻后，"所有从前旧例不得再行援引，如臣部各司及各直省有故引与例不符之案，或仍援引已改之旧例，希图蔽混，即行严参，并将承办书吏交部治罪，以昭核实"。[2]

尽管统属一部的则例，全面编纂始自乾隆初年，而各部署所属的相关则例，为应急需，编纂得更早。户部职能内的相关则例，如茶法、军需、漕运、海运、筹饷、办捐、进口、赈灾、仓场等不下百种，其中不乏先于户部则例而先期完成者，如税课则例。

清制凡直省应纳税课，例应刊刻木榜，大书设立关口，使商贾一目了然，"立法极为周密"，但在一些地方或不设立，或以小字暗置僻处，乾隆帝即位后，经户部议准，通行各省务须遵照设立，并大书榜示，违者该督抚即行严参治罪。甘肃布政使徐杞将所属纳税串根与造报底册查对后发现，比坊刻通行则例增减不一，且府与府不同，县与县有别，一税而数处各别，他确查情由，据各属详称，应纳税课并无部颁则例，各照存破旧本，按物收税，旧本并无印信，实难为据，唯照税银多寡通融造报，相沿已久。徐杞查布政司所存部颁税课则例无存。为此他奏请敕下户部将甘肃商畜税银则例，分别过税、坐税名目，逐条抄发刊示遵行。乾隆帝命户部议奏。[3]

清朝沿袭明制，按省编修《赋役全书》，作为征收赋役的唯一法定文本，它由布政使司汇所属州县卫田赋各数，以地丁赋粮、商牙课税为一书，应支官役、俸工、驿传、料价为一书，应解本色、折色物货为一书，分别原额、新增、开除、实在，汇纂成编，每十年则修辑之，书

---

[1] 参见《钦定户部则例》，海口：海南出版社，2000年，第3—5页。
[2] 《奏为纂修则例完竣请交武英殿刊刻事》，道光二年八月初九日，录副奏折03-3648-010，中国第一历史档案馆藏。
[3] 《奏请勒颁税课则例事》，乾隆元年九月二十六日，朱批奏折04-01-35-0543-021，中国第一历史档案馆藏。

成,申户部、户科,颁州县,以备考核。[1]乾隆五年,江苏布政使徐士林发现,江苏有杂办款目甚多,共银三万五千多两,沿自前明,迄今《赋役全书》只编应解之款,未开出办原委,即有开载出办之处,也未编定如何征收则例,于是有缺额累官,有征收累民。他为此奏请敕查,将江苏杂办钱粮,核定则例,俱登载原委,俟将来编入《赋役全书》,则官知遵守,吏不作奸。[2]乾隆帝随后特颁谕旨,其实在缺额有累官民者,著总督杨超曾、巡抚徐士林详确查明,请旨豁免。[3]类似事例不胜枚举,说明清朝已有"税收法定"的意识。[4]

因增租夺佃而引发的佃户与业主之间的大量民事诉讼,并进而成为大狱案,是清中叶突出的社会问题。《大清律例》并无保护佃户租地的明文。《户部则例》颇详,并有民人佃种旗地的规定。[5]此项立法,是因京畿一带,民人皆借佃种旗地为生,坟墓、室庐往往即在佃种地内,凿井、灌溉费用籽本,子孙相承,由来已久,故非有欠租及偷典情弊,概不准夺佃,以使旗民各安其业,立法最为尽善。但嘉庆以来,旗民互控之案多由庄头、地棍撺唆地主,因增租不遂从而夺佃,又因夺佃有干例禁,往往假自种为名,辄将十数家分佃之地概请押退,承审官虽悉其弊端,特以例有自种之文,无凭驳斥;而各佃户因佃种日久,一旦失业,衣食无资,又以地主实系增租夺佃,纷纷控诉,两造各执一词,案悬不结,旗民均受其累。嘉庆十二年(1807),御史陆言奏请敕部详悉妥议,"酌定自种亩数,纂入则例,永远遵行,如此则地主仍有可种之地,而佃户不致有失业之虞,实于旗民两益"[6]。嘉庆帝令户部议奏。

清朝数量浩繁的各种则例,不仅是各部署必须遵从的办事规程,所谓"有例则兴,无例则灭",也是处理民事、行政、经济、军事、民

---

[1]《乾隆大清会典》,南京:凤凰出版社,2018年点校本,第69页。
[2]《奏为请定杂办钱粮征收则例事》,乾隆五年七月十八日,朱批奏折04-01-35-0006-017,中国第一历史档案馆藏。
[3]《清高宗实录》卷124,乾隆五年八月庚子,北京:中华书局,1986年影印本,第10册,第820页。
[4]参见刘志伟:《从"纳粮当差"到"完纳钱粮"——明清王朝国家转型之一大关键》,《史学月刊》2014年第1期。
[5]参见《钦定户部则例》,海口:海南出版社,2000年,第86页。
[6]《奏请敕部酌定地主自种地亩数纂入户部则例事》,嘉庆十二年七月初二日,朱批奏折04-01-35-0600-016,中国第一历史档案馆藏。

族等各类事务的法律规范。它与律例共同构成国家制度法制化运行的基石。

三、以强化国家治理为核心的"切要之法"

自《大清律例》于乾隆六年正式颁布起,江南等地出现的针对国家权力机构的冲击此伏彼起,迅速向全国多地蔓延。这些主要表现为哄堂、塞署、罢市、罢考、抗官、抗粮、爬抢等聚众事件,对社会秩序的稳定与国家机器的正常运行构成极大威胁,也给颁行伊始的《大清律例》提出新的挑战。当年七月,乾隆帝把保守天下久安长治的"根本切要之计"划分为两个层面,一是"非有法者不久"的"切要之计",主要体现为"振纲纪、修制度",他称为"致治之具";二是"根本之图":以风俗人心为本,人心正则风俗淳,而朝廷清明,国祚久远,胥由于此。[1]

由此,统治者从"致治之具"出发,对法律进行快节奏、大幅度的修改、增补,治官、治民,双管齐下,交互为用,形成合力,是重构法律体系的集中体现。

(一)强力维护社会稳定的"聚众法律"

乾隆十一年(1746),浙江处州镇总兵苗国琮,援引盗贼拒捕杀死勿论之条,奏请嗣后凡遇聚众不法行为,许令文武官员即时带领兵壮,执持器械迅往扑捉,如若辈恃众不服,不听拘拿,或呼噪抵格,许即麾兵壮,施放器械,照盗贼拒捕之条杀死勿论。[2]

传统律典并无惩治群体性事件方面的立法。《明律》首次订立"激变良民律",但惩罚的客体是官吏,立法的宗旨是对横征暴敛等激起民变的官员渎职行为的惩罚。清律沿用明律,并于康熙五十三年(1714),

---

[1]《清高宗实录》卷146,乾隆六年七月辛未,北京:中华书局,1986年影印本,第10册,第1105页。
[2]《奏为请严聚众之例事》,乾隆十一年八月二十七日,朱批奏折04-01-01-0137-026,中国第一历史档案馆藏。

针对山西、陕西，制定第一个附例。雍正二年，又援引山、陕之例，针对福建制定第二个附例。这两个附例惩罚的客体变为聚众者，适用范围仅限于三省，且因惩罚甚重几乎不被援引。刑部对苗国琮提出的比照盗贼拒捕例，予以限制性采纳。[1] 随即作为"激变良民律"第一条适用于全国的例文，载入《大清律例》。

就在清廷讨论前项条例的前后，又接连发生多起规模更大的群体性事件，且向山东、山西、直隶等近京蔓延。乾隆帝详尽阐述运用法律手段强力解决聚众事件的思路，称抗官塞署，放火罢市，肆为不法。此民气所由日骄，刁风所由日炽，水懦民玩，信不虚也。夫星星之火，可以燎原，事机之由，积小成大。国家为政自有纪纲，民有罪当伏民之诛，官有罪则当抵官于法。若因恐长民之刁风，而置官于不问，则废法；然因治官之罪，而刁民转自以为得计，则益无所忌惮。山陕光棍之条，正为此设。[2] 乾隆十三年春，在清朝财赋重地苏州，发生以顾尧年为首的数千人围困省署事件。乾隆帝命巡抚安宁将主谋首恶立即杖毙，又命总督尹继善率兵前往弹压。其后发布长篇上谕，提出"聚众抗官，大干法纪，最为地方恶习，不可不亟加整顿"。认为屡屡出现聚众抗法，是因"并未专设科条"，"明罚敕法，全在因时制宜，而辟以止辟，乃帝王经世之大用"。命刑部另行严切定例具奏。[3] 刑部随即遵旨订立最严厉的聚众法，并于当年馆修入律。[4]

十三年定例重点有四：一是从重从快，对首犯不经过一般的司法程序，而就地正法，所谓"一面具奏，一面正法"，实际赋予地方官"先斩后奏"权，并按照强盗杀人例，实行枭示。二是扩大主犯的惩罚范围，适用就地处决的犯罪客体延伸到"同恶相济"，包括"同谋者"、

---

[1]《奏请严定聚众之例以儆刁风事》，乾隆十一年十月二十二日，朱批奏折04-01-01-0128-044，中国第一历史档案馆藏。
[2] 参见《清高宗实录》卷289，乾隆十二年四月丙子，北京：中华书局，1986年影印本，第12册，第773页；《清高宗实录》卷290，乾隆十二年五月辛卯，北京：中华书局，1986年影印本，第12册，第793页。
[3]《清高宗实录》卷314，乾隆十三年五月己丑，北京：中华书局，1986年影印本，第13册，第152—153页。
[4] 吴坛著，马建石、杨育棠主编：《大清律例通考校注》，北京：中国政法大学出版社，1992年，第593页。

邀约聚众者、下手殴官者等三类,涵盖了从起意、聚众到实施的整个过程。三是警示性强。要求地方官将犯事缘由及正法人犯姓名刻示,遍贴城乡晓谕。四是对相关官员的失职行为予以严厉处罚。

由于在法律适用上从严、从速,聚众案在乾隆十九年(1754)后明显减少。总括乾隆朝136起聚众案中,自乾隆六年至十九年的14年间为最多,计72起,占乾隆一朝的半数以上。说明通过法律强力控制聚众事件产生了明显效果。[1]

(二)重典治吏,废止完赃减等条例

乾隆初年逐渐蔓延的群体性事件,尽管有自然灾害、物价上涨、经济制度变迁等叠加因素的作用,而地方官的横征暴敛和贪污腐化无疑是重要的催化剂。如山西安邑征粮,关押粮户多达一百多人,由此激起民变;江南很多地方赈灾时捏多报少,有的竟少报数十万户,以中饱私囊。乾隆帝称侵贪各犯,为吏治之大害。安民在于察吏,如果"但知求之于民,而未知求之于治民之吏",则无以为治,[2]也从未有"大吏朘削于下官,郡邑诛求于编户,如此而谓小民能受和平之福"[3]。由此通过法律手段重典治吏,进而与治民的"聚众法律"相互呼应,形成官民并治格局,乃乾隆时期国家治理的突出特点。

清朝惩贪立法的特点是"律文极严,而例则极宽",特别是制定于康熙末年,至雍正时期又多次进行扩张解释、广泛适用的完赃减等条例,事实上废止了侵贪犯罪处以死刑的法典要旨,为薛允升称为几千年"刑典中一大关键"。[4]

乾隆四年(1739),经刑部尚书尹继善奏请,大学士、九卿议准,嗣后因事受财,贪婪入己,枉法、不枉法及律载以准枉法、不枉法论等

---

[1] 参见林乾:《清代乾隆时期群体性事件的法律控制及其效果考察》,《国家行政学院学报》2018年第6期。
[2] 《清高宗实录》卷365,乾隆十五年五月己未,北京:中华书局,1986年影印本,第13册,第1021—1022页。
[3] 《清高宗实录》卷576,乾隆二十三年十二月甲寅,北京:中华书局,1986年影印本,第16册,第335页。
[4] 薛允升著,胡星桥、邓又天主编:《读例存疑点注》,北京:中国人民公安大学出版社,1994年,第413—414页。

赃，果一年限内全完，死罪减一等改流，流罪以下各减一等发落；如限内不完，死罪照原拟监追，流罪以下各照原拟发落，应追赃物照例追赔。[1]律例馆随即纳入"官吏受财"条例。[2]越一年，多名侵贪官员被处以死刑，朝野议论国家执法涉于严峻。乾隆帝说：此等之人，不置之于法，则国法将何所施乎？从古帝王，从未有振纲肃纪而致败者。[3]当年九月，他又以近来侵贪之案渐多，命将乾隆元年以来侵贪各案人员，实系贪婪入己、情罪较重者，陆续发往军台效力，并命嗣后官员有犯侵贪等案者亦照此办理。[4]刑部据此定例，纳入"徒流迁徙地方"例文。

司法与立法一致，才能形成合力，法不空悬。而从限制、减缩进而废止完赃减等条例，适与聚众定例的制定时间吻合。乾隆十二年（1747）秋审，刑部核拟直隶参革涿州知州张德荣亏空一案，进呈说帖援引完赃减等例：查得刑部定例，凡侵盗那移应追之赃，分限三年，一年内全完，死罪减二等，应满徒；二年内全完，死罪应满流，不完者照原拟监追。其三年之内全完，如何减免之处，律例载未明晰。

刑部说帖令乾隆帝大惑不解，下令"查此例系何年何人所定，并雍正年间审明实系侵盗之犯，曾无一人正法者乎？其三年内亏空全完，作何拟罪之处，一并查奏"。[5]俟经张廷玉覆奏[6]，乾隆帝谕令大学士等修改法律。随经议准：凡侵贪案犯，若以身试法，赃私累累，至监追二限已满，侵蚀未完尚在一千两以上，及贪婪未完尚在八十两以上者，秋审时即入情实，请旨勾到。[7]

乾隆十二年定例，是对完赃减等例的限制性解释，把原来无限期监追缩短为二限即两年，两限后根据犯罪的具体情形，区分为情实、缓决

---

[1]《奏为完赃减等则贪风不止请酌定律文事》，乾隆四年二月初二日，朱批奏折04-01-01-0047-009，中国第一历史档案馆藏。
[2] 吴坤纂、郭成伟编：《大清律例根原》，上海：上海辞书出版社，2012年，第1512页。
[3]《清高宗实录》卷146，乾隆六年七月癸亥，北京：中华书局，1986年影印本，第10册，第1095页。
[4]《清高宗实录》卷151，乾隆六年九月庚寅，北京：中华书局，1986年影印本，第10册，第1168页。
[5] 刑部说帖，无年月。据实录等核实，应为乾隆十二年九月。
[6]《奏为直隶参革涿州知州张德荣亏空案事》，乾隆十二年九月，朱批奏折04-01-08-0003-007，中国第一历史档案馆藏。
[7]《清高宗实录》卷299，乾隆十二月九月庚戌，北京：中华书局，1986年影印本，第12册，第912—913页。

二类。但仍为完赃减等预留很大空间。十四年朝审，刑部等将应入情实的多名官犯，仍援引完赃减等例朦胧入于缓决，乾隆帝以"治国者防微杜渐，岂可以事小而忽之。刑章重大，如此办理，殊失明刑止辟之道。著另行改正"命嗣后"职官治罪，除杂犯外，凡实犯罪名，秋朝审时，或应缓决，或应情实，著另为一册进呈"。

将官犯册单独进呈，是秋审、朝审制度的重大改革，在强化皇权对官员犯罪的最终处置权，压缩部权的同时，是对地方司法权的重要监督，更是对侵贪犯罪的极大威慑。乾隆帝称，侵贪之案如果概入缓决，则国法所行，唯在闾里小民以及盗贼之辈，非国家制刑之意！[1]法律贵在因时立制，此等劣员，多留一日，则民多受一日之残，国多受一日之蠹。旋转之机，端在于此。命将此谕刊刻颁发，令内外文职衙门，入于交盘册内，永远传示，各宜凛遵。[2]乾隆二十三年（1758）九月，命将所有实系侵亏入己者，限内完赃减等之例，著永行停止。[3]隔年，陕西按察使阿永阿奏请，其例内枉法赃限内完赃减等之条，一并永行停止。[4]随经刑部议准。[5]至此，完赃减等条例完全废止，对官员侵贪犯罪向最严厉的律文回归。

乾隆时期历时二十多年，八次修改侵贪治罪例文，极大震慑了犯罪行为。乾隆帝称此为"立政之大经，御世之大法"[6]。当御史汤先甲对近年严刑法制提出尖锐批评时，乾隆帝指出，明刑弼教，是国家治世之大权，而当宽当严，唯在因时随事，期于情法允协，所以惩奸宄而安善良，初不得借口于世轻世重，先自存偏畸之见。他把法律严惩的对

---

[1]《清高宗实录》卷350，乾隆十四年十月癸未，北京：中华书局，1986年影印本，第13册，第830、835页。
[2]《清高宗实录》卷351，乾隆十四年十月甲辰，北京：中华书局，1986年影印本，第13册，第852页。
[3]《清高宗实录》卷570，乾隆二十三年九月戊戌，北京：中华书局，1986年影印本，第16册，第238页。
[4]《奏为犯赃之吏应不准完赃减等事》，乾隆二十五年二月十九日，朱批奏折。详见林乾：《清代吏治腐败的法律诱因——以"完赃减等"例为中心的考察》，《国家行政学院学报》2017年第5期。
[5]《清高宗实录》卷609，乾隆二十五年三月壬申，北京：中华书局，1986年影印本，第16册，第849页。
[6]《清高宗实录》卷365，乾隆十五年五月己未，北京：中华书局，1986年影印本，第13册，第1022页。

象归结为两类，提出"干犯法纪之人，莫如悖逆、贪污二者，于法断无可纵，此令典昭垂，自古至今，未之有易"[1]，表明最高统治者把贪污犯罪与企图颠覆国家政权的悖逆犯罪，作为法律严加惩治的两大重点。事实也确如此。废止完赃减等条例后，有多达数十位在任的封疆大吏被处以死刑，是清朝乃至中国历史上少有的重典治吏时期。清朝于此时进入"极盛之世"，与此密不可分。

四、借鉴与反思

从"增损明季之旧章"到重构清朝法律体系，是个长期而缓慢的历史过程，而乾隆前期无疑是关键的时间节点。乾隆初年起逐步确立的六部等中央主要行政机构分别编纂则例的制度，正满足了经济制度变迁和社会结构转型加速的特殊要求，统治者适时快节奏、大幅度调整法律，重构了以则例为核心的涵盖刑事、民事、行政、经济、军事、民族等完备庞大的法律体系，是国家制度运行和社会治理法制化的巨大历史性跨越，为清朝进入"极盛之世"奠定了重要的法律制度基础。乾隆帝多次总结清朝之所以能够达到"扩土之广，臣服之普，民庶之安，虽非大当，可谓小康"；且前代所以亡国的八大现象，包括强藩、外患、权臣、外戚、女谒、宦寺、奸臣、佞幸，"今皆无一仿佛者"，是因为"励精图治"和"立法无弊"。[2] 道光时期的著名学者梅曾亮进而概括，清朝"事权之一，纲纪之肃，推校往古，无有伦比"，各级官吏"虽小利害至微浅，辄袖手委重律令"。[3] 由此我们应该对乾隆朝开启的重构法律的过程，并以此强化国家治理的效能，予以全面、客观、肯定的评价。尤其是在这一过程中逐渐形成的，清朝最为完备发达的"部门法"体系，代

---

[1]《清高宗实录》卷576，乾隆二十三年十二月甲寅，北京：中华书局，1986年影印本，第16册，第336页。
[2]《清高宗实录》卷1112，乾隆四十五年八月己未，北京：中华书局，1986年影印本，第22册，第874页；卷146，乾隆六年七月辛未，北京：中华书局，1986年影印本，第10册，第1105页。
[3] 梅曾亮：《柏枧山房诗文集》，彭国忠、胡晓明点校，上海：上海古籍出版社，2005年，第19—20页。

表了本土固有传统法律的最后形态,蕴含与近代"部门法"衔接的丰富内容,是值得深入挖掘而尚未得到重视的宝藏。

中国历史是绵延不断的时代脉动,法律的历史更是如此。长期以来,囿于研究对象、方法及文献等局限,古代法律与现代部门法悬隔如天。后者既为前者不能提供有价值的法律资源而视其为断烂的朝报,前者更为无法进入后者的门堂而彷徨不知所向。如果我们把视野投向距今未远,有些仍在深刻影响我们的清朝法律,境况会大不同。回望的历史有多深,未来的路就能走多远。打通古今,为当代部门法提供重要而有价值的本土法律历史资源,进而让法律史研究走向"又一春",或在于此。

马克思主义的辩证方法,为我们考察清朝的法律提供了又一视角。必须认识到,清朝法律的重刑化与重构法律的过程相伴生,包括熊学鹏、汤先甲等许多臣僚当时就此提出尖锐批评,清末修律大臣沈家本甚至称"中国数千年来亦未有若斯之繁且重者也"。尽管这一趋向有如前所述的特殊历史背景和条件,统治者最初也认识到只有德化人心、风俗纯美,才能使王朝立于万年不拔之基,但统治者慢慢患上法律依赖症,陷入梅曾亮所说的"书吏一纸,揉制若子孙,非从中覆者,虽小吏毫发事,无所奉行"的一切等待中央发布法令的被动局面。"委重律令"的消极影响是,没有人"任劳怨为天下先,此豪杰志士所以束手而无奇,奸人所乐窥而无惮者也"[1]。教训同样深刻而发人思考。我们应该研究并认真思考,如何在昌明法制的过程中,避免法律重刑化和"冗法化"。

还必须指出,清朝对社会风险,特别是若晦若明的"异端"思想存在明显的夸大乃至误判。统治者一再宣称"凛遵宪典","从不以语言文字罪人",但恰恰乾隆朝文字狱案最多,且多比附逆案判处。御史汤先甲批评说,今内外问刑衙门遇有造作妖言、收藏野史之类,多丽逆案,宜坐以所犯罪名,不必视为大案,极意搜罗。乾隆帝举乃祖乃父所办的戴名世、吕留良案为证辩解说,邪言左道,煽惑愚民,肆行诋毁本朝,

---

[1] 梅曾亮:《柏枧山房诗文集》,彭国忠、胡晓明点校,上海:上海古籍出版社,2005年,第20页。

"此而不谓之逆,则必如何而后谓之逆者"?在数十起文字狱案中,固有传播反清思想者,但夸大、臆想乃至附会定案者比比皆是。思想钳制的恶果必然是"万马齐喑"。历史如同一面镜子,照出清朝统治者镜像背面的同时,也加深了我们对法律的本质是维护统治阶级利益的工具的认识。

五、结　语

自乾隆元年启动《大清律例》编纂后,律例馆向修订刑部则例的单一职能转变,各部开始独自编纂则例,由此开启以则例为中心的法律重构。乾隆十二年清廷重修《会典》,在京文武各衙署均开始"清厘案卷",编纂则例。乾隆二十九年(1764),历时十八年之久的《会典》修竣,乾隆帝以"例可通,典不可变",将会典与则例区分为二,相辅而行。至此,国家制度的运行正式法制化。至于会典则例与各部院则例之间的关系,拟另文专论。

(原载《政法论坛》2022年第2期)

清会典、则例的性质及其与律例的关系

清代先后于康熙、雍正、乾隆、嘉庆、光绪五朝纂修《会典》，自《乾隆会典》始，典、则分途，即将《则例》从《会典》中分离出来，区分"典"与"则"的不同适用范围和性质。嘉庆时改《则例》为《事例》，光绪朝沿之不改。对于《清会典》及《则例》(《事例》)的性质，历史学界及法史学界都有不同的看法。争论的焦点在于《会典》及《则例》是否具有"行政法典"的性质，本文从《会典》与《则例》二者间的异同以及二者与律例之间关系的角度，对这一问题做初步探讨。

一、《会典》是以国家行政法典为主干的"大经大法""经久常行之制"

从《康熙会典》编纂开始，就确立了这样一个原则："《会典》所载，皆经久可行之事"，"其事属权宜，不垂令甲者，则略而不录"。[1]这就明白无误地标明其"令甲"的性质。以后的几部会典沿此不改。《乾隆会典》开宗明义，《凡例》第一款即"会典以典章会要为义，所载必经久常行之制，兹编于国家大经大法，官司所守，朝野所遵，皆总概纲领，勒为完书"[2]。因《会典》具有宪章的效力，故不能随意增删，且具有长期稳定性。康熙在《御制大清会典序》中说，虽各代"制作不能尽同，要皆举弘纲详细目，变通因革，亦各其宜也"。在他看来，《会典》是为一代立法，希望这些"良法美意，相与世世恪遵无斁"。其后的几部会典，《御制序》中也都有"体皇考之心以为心、法皇考之政以

---

[1]《康熙会典》卷首《凡例》，康熙刊本，第4页b。
[2]《康熙会典》卷首《凡例》，康熙刊本，第1页a。

为政,其有因时制宜,更加裁定者,无非继志述事之意,绍闻衣德之思"之类的话。也就是说,《会典》带有"祖宗成法"的意义,是不能率意更改的。这也是以后纂修《会典》,凡更改补充之条,皆经"钦定"的道理所在。乾隆时法制大备,国家各项制度基本完善,因此他称《会典》"乃一成不易之书,非阅世递辑之书也"。也正因如此,《乾隆会典》的《凡例》中称该书"于朝庙典礼各定为一仪,于官司事例各定为一则,化参差之迹,成画一之规,嗣后如间有因时损益之处,其畸零节目,止于则例内增改,即有关大体者亦止刊补一二条,无烦全书更动,庶一劳永逸,以便遵循"。

由于载入《会典》的都是"经久常行之制",因此,乾隆朝自典、则分途后,尚在尝试不将定制的事项载入《会典》,军机处就是一个很好的例证。[1]《清史稿·刑法志》评价乾隆"临御六十年,性矜明察",增删案例"为独多"[2],其实这恰是清代法制完备化的体现。《乾隆会典》中,有相当一部分事项是编纂官"奉旨纂入"的。而他谕令"纂入会典"的宗旨,正是出于国家经久定制的考虑。如内阁是沿袭明制而设,清初是中枢机构,但大学士员额不定,出自特简,康熙、雍正两朝《会典》都是这样记载。乾隆认为这不符合定制,"大学士未有定数,自是官不必备,唯其人之意","朕思内阁居六卿之上,满汉大学士应有定员,方合体制",因此于乾隆十三年(1748)命大学士定为满汉各二人。他又将以往《会典》所载大学士兼衔划一为三殿三阁,认为这样才"较为整齐",这二项使内阁制更为整齐完备的改动,乾隆帝命一并"载入会典,永著为例"。[3]再如,康、雍两朝《会典》,沿用明代旧制,大学士无斋戒陪祀之文。但乾隆认为,明代大学士官仅五品,在尚书之下,文官以尚书为冠,"大学士已在其中",但清代至雍正时大学士已定为一品,在尚书之上,是文官领袖,如沿用旧例就不合本朝体制,因此"所称尚书以下,应改为大学士以下",命"嗣后一应祭祀,大学士等一

---

[1] 郭成康指出:乾隆帝并不打算把军机处列入正式的、法定的国家机构建制序列,乾隆朝纂修的《大清会典》无"办理军机处"条目,就是明证。参见《18世纪的中国与世界·政治卷》,沈阳:辽海出版社,1999年,第130页。
[2] 《清史稿》卷142《刑法一》,北京:中华书局,1977年标点本,第4186页。
[3] 《乾隆会典则例》卷2《内阁》,乾隆刊本,第2页b。

例斋戒陪祀,将此载入《会典》"。[1]

中国幅员广大,人口众多,没有一个全国遵行的制度很难"号令统一"。专制主义中央集权的基本精神是,国家的大经大法,所有臣民都要遵行,即康熙在《御制大清会典序》中所说的"大中之轨立",才能"跻斯世于隆平万年无疆之休"。载入《会典》的国家各项礼仪制度之所以整齐划一,是为了便于长久遵行。所以,清代大史学家章学诚说:"盖典章法令,国有《会典》,官有案牍,其事由上而下,故天下通同。"[2]清朝统治者正是依借《会典》来实现"天下道同"的。诚然,中国各地方的情况不同,有"因地制宜"之必要,但《会典》所载属于普遍适用的"大经大法",各部院及地方直省都要据此处理,这是保证中央政令能够上下一以贯通的基本前提。康熙中叶,地方督抚每以中央各部院据成法"掣肘"地方事务上言,言官亦以此请。但康熙强调"总督、巡抚从一省事起见,部臣从天下事起见"。[3]他反复告诫地方官,"各省督抚料理一省之事,所见止在一省,往往不能通行。凡事应悉心区画,从天下大计起见"[4]。在康熙看来,如果中央的成法不讲,一味屈从地方,将何以为政?因此他说:"科道条奏,每言部中不宜屡驳,以掣督抚之肘。督抚亦以部中掣肘为言。朕思各省督抚各理一省之事,部臣料理事务,关系天下之事。"[5]所处的位置不同,考虑问题的角度也不一样,但必须坚持"成法",这个"成法"就是使"天下道同"的《会典》体制。

康熙还认为,"明末一切事例,朝更夕改,全无一定,以致沦亡",因此他特别强调法令的稳定性。康熙十八年(1679)八月,他令各部门统一"详查亲政以来事例,几经更改,得当者自应永行,不得当者仍应改正",并命九卿"一一公同会议"。[6]

如前所述,纂修《会典》的资料来源首先是历朝实录作为其"全书

---

[1]《嘉庆会典事例》卷9,《内阁》,嘉庆刊本,第18页b。
[2] 章学诚:《章学诚遗书》卷15《方志略例二》,《答甄秀才论修志第二书》,北京:文物出版社,1985年,第138页。
[3] 中国第一历史档案馆整理:《康熙起居注》第一册,北京:中华书局,1984年,第426页。
[4] 中国第一历史档案馆整理:《康熙起居注》第一册,北京:中华书局,1984年,第439页。
[5] 中国第一历史档案馆整理:《康熙起居注》第一册,北京:中华书局,1984年,第430页。
[6] 中国第一历史档案馆整理:《康熙起居注》第一册,北京:中华书局,1984年,第431页。

纲领"，这是表明其"宪典有稽，本源该备，以昭大训"；其次是"上所颁降"的诏、敕、谕、旨，及各部门题请经讨论"议定""议准"等事项，这是表明其权威性和合法性；再次是"各衙门开造文册"，这是保证《会典》作为在行法典的时效性。因此，纂修会典章程中才有"会典所载，皆系见行规条"的规定。[1]事实上，清朝统治者在其自己的行政体系没有建立以前，主要凭借《大明会典》的行政法体系保持国家机器之正常运转，不仅关外的皇太极时期，"凡事都照《大明会典》行"[2]，甚至发展到"不敢把《会典》打动他一字"[3]的迷信程度，而且，直到顺治时，"各衙门亦既仿而行之矣"[4]。只是"未经圣明之新裁，终非昭代之令甲"，因此恭请编纂，"悬为成宪，庶臣工有秉式，制度无纷更"。[5]康熙亲政以前，清朝的许多制度、法规之所以屡有更改，极不稳定，正是这两种行政法体系既共生共容又相互排拒的矛盾体现。康熙亲政以后，在大量吸收明代行政法典为其所用的基础上，逐渐确立起本民族特征的行政法体系。这种事例屡见不鲜。如康熙十九年（1680）四月，在讨论严禁贩马条例时，康熙命大学士"将从前禁止及开禁始末，查明再奏"。[6]二十四年（1685）正月十三日，玄烨亲诣太庙致祭，礼成后，他感到"执事官捧福胙由两神位间趋走，于尊祖敬宗之意似属不合"，问太常寺卿葛思泰等，"曾查旧例否"？葛思泰等奏称："臣等查太常寺《纪书》《礼部会典》，止载祭享太庙时，太常寺官赞赐福胙，光禄寺官进福酒、胙肉。其应从何处趋走，并未开载。"康熙以"对越祖宗，关系重大，礼宜严肃"，"又凡祭祀，亚献礼俱唱为次献礼，亦与汉字不符"，命会同内阁、礼部"察例来奏"。[7]同年四月，太常寺会同礼部议奏文华殿供设神农、孔子等先师先圣牌位，康熙问大学士的意见，明

---

[1]《乾隆会典则例》卷首，乾隆刊本，第5页b。
[2]《天聪朝臣工奏议》卷上，高鸿中：《陈刑部事宜疏》。关于皇太极时期具体执行《明会典》的情况，请参阅张晋藩主编：《清朝法制史》，北京：中华书局，1998年，第28页。
[3]《天聪朝臣工奏议》卷上，宁完我：《请变通大明会典设六部通事奏》。
[4] 魏象枢：《寒松堂全集》卷1，《圣朝大礼既行，亟请更定会典等事疏》，北京：中华书局，1991年，第4页。
[5] 魏象枢：《寒松堂全集》卷1，《圣朝大礼既行，亟请更定会典等事疏》，北京：中华书局，1991年，第4页。
[6] 中国第一历史档案馆整理：《康熙起居注》第一册，北京：中华书局，1984年，第522页。
[7] 中国第一历史档案馆整理：《康熙起居注》第二册，北京：中华书局，1984年，第1280页。

珠答称"明代原有此制",康熙遂曰:"前代既有此例,著照例举行。"[1]时福建设炉二十座铸钱,户部郎中色棱格奏请将福建省境明末旧钱全部销毁,户部题覆,以郎中为是。康熙问大学士曰:"在明朝时曾将元朝钱尽销毁否?"明珠答称"不知"。康熙命其"试为查明"。当汉大学士王熙说"宋朝崇宁钱最工,至今有流传者"后,康熙遂曰:"旧钱流布不止福建一省,他省亦皆有之,止可听其从容毁去。若骤为禁止,恐不肖之徒借端生事,贻害平民,亦未可定"[2],命九卿酌议。《康熙会典》颁布后,清朝的行政法体系已基本确立,积累了各方面的统治经验和处理各种政务的办法,因此,除新创事例需参酌前代旧制外,一般多在本朝的典则中进行比较取舍。

《会典》作为"大经大法",要求臣民以及后嗣子孙"遵守罔衍"的事例也举不胜举。如清政府把保甲制作为一种基层组织和常行制度写入《雍正会典》后,即以此作为考核地方官的重要内容。如田文镜作为河南总督,不但亲自督率,将保甲法施行的各注意事项条分缕析,而且还以此作为评定属员优劣的主要标准之一,[3]当发现唐县知县周璠"不能勤查保甲,一任捕役纵贼"时,田文镜就将他参劾。而固始县县丞程秉礼因为"奉行保甲极其谨严",田就举荐他为唐县县令。[4]作为最高统治者的雍正直到病逝前还要求"督抚等转饬有司实力奉行"保甲,并称"倘有不遵,即行严参,从重议处"。[5]

由于《会典》具有"宪章"的效力,因此,它成为以后编纂各类典制类政书最直接的依据。乾隆中叶,"清三通馆"奉敕开修,其所依据的重要材料即《大清会典》。清史专家王钟翰先生曾在《清三通纂修考》一文中,对"三通"取材《会典》有过详细的考证,以下择录几则[6]:

---

[1] 中国第一历史档案馆整理:《康熙起居注》第二册,北京:中华书局,1984年,第1321页。
[2] 中国第一历史档案馆整理:《康熙起居注》第二册,北京:中华书局,1984年,第1326页。
[3] 《抚豫宣化录》卷3上《特揭保甲之要法以课吏治事》,郑州:中州古籍出版社,1995年,第103—105页。
[4] 《抚豫宣化录》卷1《题请调补事》,郑州:中州古籍出版社,1995年,第31—32页。
[5] 雍正《上谕内阁》,十三年(1736)七月十四日谕,《雍正朝汉文谕旨汇编》,桂林:广西师范大学出版社,1999年,第8册,第376页。
[6] 参见王钟翰:《清史杂考》,北京:中华书局,1963年,第240—242页。

"八旗……载在'会典',宜大书以彰昭代之洪规。"(《清朝文献通考》卷一,《田赋考》序)

"今谨依'会典'各衙门序次敬辑,以昭本朝制度云。"(《清朝文献通考》卷八十,《职官考》序)

"谨依'会典'所列群祀……别为群祀考。"(《清朝文献通考》卷一〇五,《群祀考》序)

"臣等敬稽……'钦定大清会典'……凡有关兵制者,参酌排纂,具载于篇。"(《清朝文献通考》卷一七九,《兵考》序)

"臣等谨遵'会典'之例,分条编辑。"(《清通典》卷六一,《凶礼》一)

"今遵'大清会典'成例,叙释奠于帝王庙之后。"(《清通志》卷四一,《吉礼》六)

王钟翰先生得出结论说:"是知三书所本,皆以'会典''通礼'及'礼器图式'诸书为依据;故书虽为三,其实一也。"[1]

"清三通馆"开于《乾隆会典》修成后,"清三通"撰修时依据的《会典》当是《乾隆会典》,而且,显然是把《会典》作为制度之本来对待的。

二、则例是通权达变、因时制宜又具有一定稳定性的行政法规

这里的"则例"包含两种,一是指《会典则例》《会典事例》,二是指中央各部门编纂的指导本部门、本系统行政事务的各种则例,如《六部则例》等。本文认为,尽管二者有所区别,但都属于行政法规的性质。

自宋代以来,伴随着专制主义中央集权体制的不断发展强化,国家机构设置发生了不少重要变化,其中之一是机构设置越来越多,职权交叉、职责不明,大小相维、轻重相制成为强化专制统治的制度化措施。顾炎武所谓"自古及今,小官多者其世盛;大官多者其世衰"就是这个

---

[1] 参见王钟翰:《清史杂考》,北京:中华书局,1963年,第237页。

道理。[1] 为了对叠床架屋式的文武大小衙门进行有效地管理，宋代以来的行政立法工作取得了迅猛的发展。明清两代都多次编纂《会典》正是为了适应这种需要。纪昀在为《乾隆会典》写提要时说："时势异宜，政令不能不增，法制不能不改，职守亦不能不分"[2]，讲的大概就是这层意思。但是，《会典》所具有的"大经大法"及稳定性特征，又使它很难适应千变万化的行政事务。因此，正如律外求例，律不变"多成虚文，而例遂愈滋繁碎"[3]一样，行政立法中也出现了舍典求例，例益繁多的情况。清代各朝"则例"逐渐增多的事实就是明证。

清朝入关后，顺治一朝各种政治力量互争雄长，所以朝令夕改的情况很多。康熙新政后，左都御史王熙上疏说："伏念世祖章皇帝精勤图治，诸曹政务皆经详定，数年来有因言官条奏改易者，有因各部院题请更张者，有会议兴革者，则例繁多，官吏奉行，得以任意轻重。"为此王熙提出各有司"详察现行事例"，或遵或更，"条晰"具题，以便"画一永遵"。[4]

康熙帝为政尚简，坚持法律规章的稳定性，以"有治人无治法"作为理念，强调人治，中期又以"多一事不如少一事"作为理政原则，因此康熙一朝颁行的则例并不多，行政立法活动也较少。雍正时期行政立法明显增多，在他君临全国的十三年间，颁布了十几种"则例"。乾隆时期行政立法趋于完备化，立法活动也达到高峰。《清史稿》讽其"以万变不齐之情，欲御以万变不齐之例"，讲的虽是刑事立法，同样也适用于行政立法。更重要的是，乾隆时编纂则例已形成制度。早在乾隆七年（1742），《宫中现行则例》编纂成书，他当即下谕，自今年为始，"宫内一切事务，宫殿监督领侍等，须恪遵定例，每年年底，仍将紧要事件，遵旨汇奏，有不遵者以制论"[5]。至迟乾隆中叶，清廷做出了每隔

---

[1]《日知录》卷8，"乡亭之职"，黄汝成：《日知录集释》，秦克诚点校，长沙：岳麓书社，1994年，第283页。
[2]《乾隆会典》卷首《提要》，乾隆刊本，第1页b。
[3]《清史稿》卷142《刑法一》，北京：中华书局，1977年标点本，第4186页。
[4]《清史列传》卷8《王熙传》，王钟翰点校，北京：中华书局，1987年，第514页。
[5] 内务府辑：《钦定宫中现行则例》卷4《太监》，沈云龙主编：《近代中国史料丛刊续编》第63辑第624号，台北：文海出版社，1979年影印本，第627页。

十年要重修两次则例的规定。邓之诚说:"清以例治天下,一岁汇所治事为四季条例。采条例而为各部署则例。新例行,旧例即废,故则例必五年一小修,十年一大修。采则例以入会典,名为会典则例,或事例。"[1]在清代一百数十种事例、则例、条例中[2],乾隆朝修纂的即有数十种之多[3]。

  各种"规则"的及时颁布无疑弥补了《会典》"经久常行之制"的不足,对于通时达变,因时制宜,适应变化的形势有积极的效果。对于规范国家各部门的活动,促进由人治向法治的转化也有值得肯定的作用。康熙曾说:"有一省可行,而他省不可行者,有可行于古,不可行于今者;亦有不可行于古,而可行于今者。原宜审时度势,斟酌至当。若胶执一说,不知变通,岂能行之无碍?"[4]但处理好"经久常行"与"通时达变"之间的关系并非易事。因为国家法令要昭信于民,要有相对稳定性,然而,站在不同的立场,又有不同的要求。如贯穿清前期的旗民相斗杀案件,就颇令统治者感到棘手。当时旗民案件由刑部审结,左都御史魏象枢建议"斗殴小事,悉归州县审结,大事方将赴刑部告理",康熙说从前旗民案件归州县管理,"遂有言庄屯受屈者",后归章京审理,民人又多苦累,"故立法甚难",为此他令九卿等确议具奏。[5]康熙时每遇大"灾异",就令各衙门重新核实原有定例是否有差谬,如康熙十八年(1679)京师等地大地震后,康熙帝几次召集大学士、九卿等议"应行应革之例"。但总的趋向是,康熙坚持法令的相对稳定性。当时身为都察院长官的左都御史魏象枢也持此议,认为"凡事皆有定例。从来一法立,则一弊生。目前亦无必当更改之法"。大学士明珠也赞成道:"若欲改立一法,则一弊复生,实有如宪臣魏象枢所言者,似于治理未为有宜。"[6]在中国封建时代,皇帝的谕旨、诏令具有最高的法律权威,相当多的诏敕谕旨成为立法的直接来源。因而,在某个特殊或非常时

---

[1] 《中华二千年史》卷5下,北京:中华书局,1988年,第531页。
[2] 张晋藩主编:《清朝法制史》,北京:中华书局,1998年,第171页。
[3] 郭松义等:《中国政治制度通史》第十卷,北京:社会科学文献出版社,2011年,第606页。
[4] 中国第一历史档案馆整理:《康熙起居注》第一册,北京:中华书局,1984年,第430页。
[5] 中国第一历史档案馆整理:《康熙起居注》第一册,北京:中华书局,1984年,第544页。
[6] 中国第一历史档案馆整理:《康熙起居注》第一册,北京:中华书局,1984年,第520页。

期,由皇帝发谕、诏等形式以对非常事务进行调节显然比以立法形式出现更为有效、及时。因此,正如明珠所言,"皇上所降谕旨,无所不该",没有必要再行立法。[1]包括条例、则例等在内,康熙朝的总体立法原则是慎之又慎,《简明赋役全书》的编纂就讨论多次,因为既要"便于民间遵行",又要使"贪官滑吏不能因缘为奸",兼顾起来确实不易。[2]

自则例编纂制度化后,各主要衙门几乎都有自己的"则例",而且,许多部院的下属及分司机构也编纂则例。对此,乾隆帝也认为:"各部为直省案件总汇,其常行事例,多有因地因时斟酌损益者,不得不纂为则例,俾内外知所适从。然甫届成书,辄有增改,故每阅数年或十余年,又复重辑一次,并不能为一成不易之计。"[3]

各部院衙门订立的"则例"都是经过议准、题覆乃至钦准等法定程序,将多年的则例汇编到一起而成书的,因此无疑也具有法律效力,也可以说,编撰《则例》本身就是一次立法活动,包括对原有但已不适应的条规的删除;核定各则例间的歧出歧入问题;则例须与《会典》相一致,并以后者为大法;等等,这在《凡例》中是明确的。因此,《则例》等之编撰过程绝非将历年的资料汇辑一起。但各部院的则例、章程等与《会典则例》《会典事例》仍有差别。本来,典、则分纂是为了区分二者不同的适用时间和范围,突出"典"的经久常行和大经大法这一特征,而则例主要突出其适用性、变通性。一般而言,编入《会典》的则例多有很多案例,是比较成熟的法律案例,因此具有相对的稳定性。同时它所适用的范围也比各部院的则例要宽泛。可以说,它对于全国各衙门都具有法律约束力。邓之诚先生说"采(各部署)则例以入会典,名为会典则例或事例"[4],最准确地概括了各部院的一般则例与编入《会典》的则例二者之间的差别。乾隆时礼部尚书德保曾言:该部自乾隆三十五年(1770)修成则例后,又经过十余春秋,其间"有钦奉谕旨著为令典,

---

[1] 中国第一历史档案馆整理:《康熙起居注》第一册,北京:中华书局,1984年,第520页。
[2] 中国第一历史档案馆整理:《康熙起居注》第二册,北京:中华书局,1984年,第1287—1288、1356—1357页。
[3] 《清高宗实录》卷963,乾隆三十九年七月壬申,北京:中华书局,1987年影印本,第20册,第1062页。
[4] 《中华二千年史》卷5下,北京:中华书局,1958年,第531页。

及内外诸臣条奏，经臣部议准者积至六百余件"，"遇有关典制事件，不但一时难以稽查，且恐办理未能划一"，因此疏请勒限续修。[1]这就是说，编成的则例必须按例执行，但则例随着新问题的出现又不断加以完善，用新的事例补充旧例之不足。在这些"新例"未经编纂时，其中有的已"著为令典"，转化为法律文本生效，但更多的散在一起，其中新例之间可能互有抵触，且新例与旧例之间也有矛盾，因此需要及时编纂，一则划一，二则以新例代替旧例。章学诚曾说："今六部条例，需十年一修，十年之中，改易旧例，已奉明文，虽前例已刊，后例未出，人亦不能作弊，正相同也"[2]，这是就程序上而论，事实上以往吏胥正是利用新旧例混杂而上下其手的。这方面的事例相当多，使清理各部院歧异不明晰等类则例成为一件令统治者头痛的事，见诸《嘉庆会典事例·吏部·处分例》中的，嘉庆一朝就有两次[3]全面的清理则例工作。[4]

大量则例的出现，对于推动国家各衙门依法行政、照章办事，减少随意性和人治因素，无疑具有积极意义，直到光绪修撰《六部处分则例》时，堵焕辰在该书的序言中还说："官守确有定章，功令无能稍贷，所以严文职考成者"，莫如是书，认为"出治者不读是书而无所遵循，佐其出治者不读是书而无所引用，此不待烦言者也"。[5]但是，则例繁多带来的负面影响也越来越明显，中外大吏摇手触禁，动辄犯咎，囿于文法，很难有所作为。龚炜说，"居官贵有特见"，"一拘于例，则吏得远称博引以行其私。故官之权尝轻于吏"。[6]清末的冯桂芬甚至说："今天下有大弊三：吏也，例也，利也。任吏挟例以牟利，而天下大乱于乎尽之矣。"[7]这当然是极而言之。

---

[1]《乾隆礼部则例》卷首，乾隆刊本。
[2] 章学诚：《章学诚遗书》卷27《湖北通志检存稿四》、《湖北通志辨例》，北京：文物出版社，1985年，第304页。
[3] 嘉庆朝两次全面的清理则例分别为嘉庆九年（1804）、嘉庆十六年（1811）。
[4]《嘉庆会典事例》卷67《吏部·处分例》，嘉庆刊本。
[5] 文孚纂修：《钦定六部处分则例》，堵焕辰序，沈云龙主编：《近代中国史料丛刊》第34辑第332号，台北：文海出版社，1969年影印本，第3页。
[6] 龚炜著，钱炳寰整理：《巢林笔谈》卷5《执法毋为例拘》，北京：中华书局，1981年，第118页。
[7] 冯桂芬：《校邠庐抗议》，北京：朝华出版社，2017年，第49页。

三、会典、则例是与"律令相表里"的关系

清代的汪缙曾在《案刑家》一文中一针见血地指出:"尊君抑臣,综核名实,刑法家之要也。"[1]本文认为,为适应专制皇权不断强化和加强对国家机关有效运行的发展要求,要促使行政法典从刑法典中率先剥离,并很快形成完备的体系。如果说,《唐六典》的编纂,局部地打破了诸法合体的传统法律体系[2],那么《乾隆大清会典》的修竣则标志着中国古代行政法体系的完备化。但值得注意的是,自《唐六典》以来的行政法典,都沿袭了《周礼》六官以典设官明职的体例,这就使得行政法典与刑法典存在着难以完全割舍的关系。刑法典中大量存在行政犯罪惩罚之类的条款就颇能说明问题,而清代修律时关于"文武官行政处分"是否删除的争议,症结也在这里。[3]

另一方面,儒家所倡导的"居敬而行简,以临其民"的治天下原则,以及法家提出的"治民先治官""明主治吏不治民"的主张,都对后世的立法实践带来了深远的影响。一个突出的现象是,明清两代的刑法典主要按"六部"编列,说明刑法典也受"设官明职"的影响。[4]在封建王朝行将入木的相当长的时间里,各专门法律始终没有确立起来,以刑法为主干的诸法合体的法律体系始终是中国封建时代不可撼动的法律体系,不能不说与此有关。因此,在明清时代,刑法典与行政法典互有包含,相辅而行,结成互为表里的"双胞胎"。

《会典》及《则例》等行政法典与"律令相表里"主要是从法源的权威一致性、实践中的互补性,以及共同维护统治的目的性等方面而言的。

---

[1]《皇朝经世文编》卷90《刑政一》,道光刻本,第1页a。
[2] 张晋藩:《中国法律的传统与近代转型》,北京:法律出版社,1999年,第313页。
[3] 岛田正郎:《清律之成立》,《日本学者研究中国史论著选译》卷8《法律制度》,北京:中华书局,1992年,第509页。
[4] 沈家本在《重刻明律序》中称明废丞相制后,"政归六部,律目亦因之而改。千载百年之律书,至是而面目为之一大变者,实时为之也"(《律目考》)。日本学者内藤乾吉认为自明代始,律例采《周礼》六官法,自有渊源,"可作种种考虑"(《大明令解说》,《日本学者研究中国史论著选译》卷8,北京:中华书局,1992年,第300页)。

以顺治初修成的《大清律集解附例》而言，它以刑部左侍郎党崇雅为主，会同其他五部官员，以满译本《明会典》的刑部律例为参考编撰而成。之所以由吏、户、礼、兵、工五部官员参加，是其熟谙本部情况，与各部的则例不相歧异，同时反映了刑法典的编纂活动受到"六分法"的行政机构设置的影响。对此，清末法学家沈家本指出："原疏所列修律之员，吏、户、礼、兵、工五部各一人。盖以刑部律例与五部多相关涉，必须五部之人方通晓五部则例，遇有修改，不至与五部互相歧异。此前人办事精密之处。后来修律但用刑部之人，不复关照五部，于是刑部之例与五部往往歧异，援引遂多抵牾，竟至久同虚设。由此观之，谓前人胜于后人，尚何说之辞？"[1] 按照沈家本的意见，按中央六部之序立修纂的刑法典，没有其他五部的参加是很大缺欠，彼此的歧异给司法审判工作带来了诸多不便。

从法源上讲，康熙、雍正两朝《会典》的例文以及后来的《会典则例》《会典事例》与《大清律例》中的例文，有相当一部分是同源，这也是则例具有法律效力的根据所在。在法律实践中也确实如此。如康熙三十四年（1695）将《刑部见行则例》载入清律时，为求划一，将该则例与律文歧异者改并增删，同时又明确规定："今虽不行而宜备参考者，仍照例附载，以备比引考证。"更为值得注意的是："别部事例，间有与律义相合者，亦照刑部见行例采入。如律例内有应具题请旨者，俟别题请旨。"[2] 这就是说，其他各部事例"与律义相合者"，是能够载入律例的。

《大清律例》卷五《名例律》有"断罪依新颁律""断罪无正条"二条律文，同书卷三十七《刑律》中有"断罪引律令""断罪不当"二条律文，实际上都是规定法司依律断案及违反时的惩治条款。这与《嘉庆会典事例》卷六十七《吏部·处分例》中的"引用律例"是互为补充的。如乾隆五年（1740）议准的议处官员例，就有"比照律文定拟"的条文："凡议处官员，例无正条，必须旁引比照者，如比照则例，可以

---

[1] 沈家本：《顺治律跋》，《寄簃文存》卷8，北京：商务印书馆，2015年，第236—237页。
[2] 《乾隆大清会典则例》卷124《律纲》，乾隆刊本，第31页a。

引用全条，务将全条载入；如不便引用，务将所引则例，或一段，或数语，载入稿内。如例无可引，比照律文定拟者，亦务将律文，或一段，或数语，引用定议。总期案情例意，两相吻合，不得徒取字面相似，以滋高下之弊。如律例并无正条，又无可旁引比照之案，令该司官将案情详细察覆，酌定处分，该堂官等再行斟酌定议，于疏内声明，请旨著为定例，以备引用。"[1]这里实际讲了处分官员优先引例（指各部则例），其次可以引律例，二者都为合法。二者都不能比引，需经二级核定，再呈报皇帝，请旨后即作为定例，以后有此类案件，即以此新定例定案。同年又议准，"有将情罪相符之例，不行引用，擅行割裂增删别条，摘取字面，以致将不应处分官员，竟行革职降调离任者，别经发觉，除将本人开复外，将承办之员，照所议降革议处"[2]。这一款关于处分官员引用则例的条文，与前引《大清律例》的条文具有异曲同工之效。据薛允升考证，《大清律例》中"断罪依新颁律"是"仍明律，原无小注数语。乾隆五年按律为百代不易之经，故犯在颁降以前者，亦应依律拟断"。[3]"断罪引律令"的条例"系雍正初年例，乾隆五年改定"。薛氏并提示，此条"与断罪无正条例文及处分则例参看"[4]。据此似可推断，同是乾隆五年最后议定的法律条文，分别载入《律例》与《处分则例》中，从而使二者在适用上有所不同。这也是《会典》与"律令相表里"的例证之一。

事实上，由于则例与律例编纂时间不一，二者互相采入的例案确也不少，以至于出现二书并载，重复繁冗的弊端。乾隆五年修纂《大清律例》时，将乾隆四年（1739）十二月以前所有1049条成例载录的同时，鉴于吏、兵两部已有《处分则例》，因此全部删除旧本所载文武官行政处分的规定："文武官罚俸降革，事隶处分，间亦载入律例，然多不全不备。今吏兵两部开馆编辑，各有专书，无庸于律例内纷见杂出，其有

---

[1]《嘉庆会典事例》卷67《吏部·处分例·引用律例》，嘉庆刊本，第2页b。
[2]《嘉庆会典事例》卷67《吏部·处分例·引用律例》，嘉庆刊本，第2页b。
[3] 薛允升著，胡星桥、邓又天主编：《读例存疑点注》，北京：中国人民公安大学出版社，1994年，第95页。
[4] 薛允升著，胡星桥、邓又天主编：《读例存疑点注》，北京：中国人民公安大学出版社，1994年，第870页。

应议罪款而兼及处分之处,并改交部议处,或改交部分别议处。事以类从,义乃贯串,然参观自得……"然而,由于律例中的例文与各部院的则例也逐年增加,要想完全避免"纷见杂出"是不可能的。但这件事说明,至迟到乾隆时期,行政法典从刑法典完全剥离,形成独立的法律体系。我们不能因为在刑事审判中不引入"则例"之类行政法典(刑法典有以律断罪的规定)而否认会典及则例是行政法典(或法规),就像在行政处罚中不引用律例但仍需肯定后者是刑法典一样,因为二者的适用对象和规范及目的是不同的。乾隆所谓"事以类从",大概就是这个意思。同时,我们也不能因为会典及则例中有废止不行的条文存在而否认它是行政法典[1],就像不能因为律例中有废止不行的条文而否认律例是刑法典一样。正如瞿同祖所说:"清律自雍正五年(1727)颁布以来,实际上不引用的条文也不删除,仍保留在法典中,成为具文。"瞿先生举出雍正之于八议的例子后,又指出"官司出入人罪"条的例子,他说:"实际上,寻常失出失入者按《吏部处分则例》议处(罚俸、降级、革职),向不引用刑律。只有罪情严重的案件,经皇帝降旨交刑部议处时,才引用刑律。"[2]

以上我们简略地探讨了《会典》《则例》二者之间的区别,以及二者与律例的关系。本文认为,自宋以后,随着专制主义中央集权的不断发展强化,对各级文武官员的控制越来越强。为了使中央各部院之间、中央与地方之间达到制衡的效果,以及有效地发挥国家机器的职能,行政立法的迫切性比以往更为突出。从宋代叶适、陈亮到晚明顾炎武、黄宗羲、王夫之等,都对国家行政体制提出了尖锐的批评,而他们一致的意见是"法条日多"。这也是行政立法日趋繁密的另一种反响。因此,要对《会典》《则例》的性质做出全面的认识,似乎不能单就某一方面论之。

(原刊《政法论坛》,中国政法大学出版社,2001年)

---

[1] 钱大群:《明清"会典"性质论考》,《法律史论丛》第四辑,南昌:江西高校出版社,1998年,第75—87页。
[2] 瞿同祖:《清律的继承与变化》,《瞿同祖法学论著集》,北京:中国政法大学出版社,1998年,第422页。

清代吏治腐败的法律诱因
——以"完赃减等"例为中心的考察

学者论清代惩贪立法,认为它集古代之大成,"组成了一张令贪官污吏望而生畏的法网"[1],但难以解释清代吏治腐败甚于往代的现象。特别是乾隆帝,"执法未尝不严",封疆大吏被处死者二十余人,但仍然无法遏制吏治日下的趋势,所谓"诛殛愈众,而贪风愈甚"。[2]究其根由,绝非一端,而"完赃减等"定例无疑是重要的法律诱因。[3]该项法律普遍而长期适用于侵盗、贪污等犯罪,事实上在清朝近一个半世纪,停止了历代沿用极久的侵贪死刑罪,成为几千年"刑典中一大关键"。[4]可以说,有清一代愈演愈烈的吏治腐败,乃至"嘉道中衰",完赃减等例无疑起到了重要的催化作用。

一、清代侵贪罪死刑"门槛"的提高

在历代"官刑"法律体系中,无一例外,都把奖廉惩贪作为治官之本,因为吏治清明与否关系到国家能否长治久安。《商君书》说听任官吏鱼肉百姓未有不亡者。齐相晏婴称"廉者,政之本也",汉文帝说"廉吏,政之表也"。康熙帝也称"治天下以惩贪奖廉为要"。《尚书·吕刑》有"五过之疵",其中"惟货",指"行货枉法";"惟来",指以财请赇。这是中国古典文献对贪污犯罪行为的较早记载。晋律设"违制

---

[1] 郑秦:《清代法律制度研究》,北京:中国政法大学出版社,2000年,第269页。
[2] 薛福成:《庸盦笔记》,南京:江苏人民出版社,1983年,第59页。
[3] 郭成康、郑宝凤:《乾隆年间侵贪问题研究》,《清史研究集》第八辑,北京:中国人民大学出版社,1997年。
[4] 薛允升著,胡星桥、邓又天主编:《读例存疑点注》,北京:中国人民公安大学出版社,1994年,第413—414页。

律",唐律赓续隋律,改为"职制律","言职司法制,备在此篇",确立依法管理国家权力的基本属性。

概言之,历代惩贪法有一个基本特点,即以赃定罪,严治枉法。唐律有"六赃",其中受财枉法、不枉法、受所监临"三赃",俱指官吏而言,而以枉法最重,不枉法次之,受所监临又次之,故载在"职制律"。[1] 自唐宋以迄明朝,枉法赃皆有死罪,此即严治贪赃枉法之意。唐律规定:诸监临主司受财而枉法者,至十五匹绞;不枉法者,最高刑罚为加役流。宋律因之。[2] 宋以"忠厚开国,凡罪罚悉从轻减,独于治赃罪最严。盖宋祖亲见五代时贪吏恣横,民不聊生,故御极以后,用重法治之,所以塞浊乱之源也"[3]。据学者研究,仅太祖、太宗两朝,官吏因赃罪处死者五十余人。[4] 严治赃官,作为祖宗家法,至宋朝中叶,仍严格遵守。故王安石说:"今朝廷之法所尤重者,独贪吏耳。"[5] 明律将唐宋"职制律"相关"赃罪"条款移出,在《刑律》中专设"受赃"一门;又在《大明律》卷首,列"六赃图",官吏受财枉法至八十贯而绞。"(明)太祖严于吏治,凡守令贪酷者,许民赴京陈诉。赃至六十两以上者,枭首示众,剥皮实草。""法令森严,百职厘举,祖训所谓革前元姑息之政,治旧俗污染之徒也。"[6] 从立法到执法,堪称最严。《明史》称"吏治澄清者百余年"[7]。

为保证官员队伍的廉洁,官吏一涉赃罪,本人不得开复为官,即"永不叙用",甚至其子孙也不得出仕为官。汉文帝下令,坐赃者不得为吏。汉安帝以后,连同赃吏子孙,禁锢三世。唐太宗"深恶官吏贪浊,有枉法受财者,必无赦免"[8]。宋太宗时,"诸职官以赃致罪者,虽会赦不得叙,永为定制"[9]。犯赃罪者与大逆、谋反等"十恶"一样对待。

---

[1] 薛允升:《唐明律合编》卷11,北京:法律出版社,1999年,第251页。
[2] 窦仪:《宋刑统》卷11,北京:法律出版社,1999年,第199页。
[3] 赵翼:《廿二史札记》下册,王树民校,北京:中华书局,1984年,第525页。
[4] 郭东旭:《宋代法制研究》,保定:河北大学出版社,2000年,第151页。
[5] 王安石撰,张鹤鸣整理:《王安石全集(全6册)》第4册,《临川先生文集》卷39,武汉:崇文书局,2020年,第366页。
[6] 赵翼:《廿二史札记》下册,王树民校,北京:中华书局,1984年,第764页。
[7] 《明史》卷281《循吏传》,北京:中华书局,1974年标点本,第7185页。
[8] 吴兢撰,弋直集论:《贞观政要(全2册)》上,北京:中国书店,2019年,第80页。
[9] 《宋史》卷4《太宗本纪》,北京:中华书局,1977年标点本,第59页。

惩治贪污，主刑之外有附加财产处分。前述载在唐宋"职制律"的"三赃"，赃物皆没官。[1]

清初沿袭明律，以"治国安民，首在惩贪"，将明律枉法赃八十贯绞，改为八十两实绞、监候。而不枉法赃，历代皆无死刑，清初改为至一百二十两实绞、监候。由于不枉法赃"折半科罪"，故二百四十两实绞。乾隆时律学家吴坛认为，"本朝改枉法、不枉法赃罪皆死，所以惩贪也"[2]，实则不然。因为上述"律文"旋即为内容更宽泛、适用更持久的"例文"所取代，而律文实成具文。

在惩治侵贪的法律体系中，以上规定皆属"贪污"犯罪，而官吏对国家财物的非法占有，属于"侵盗"犯罪，历代纳入刑律"贼盗"篇，惩罚比"贪污罪"为宽。唐宋律"监临主守自盗"律规定：诸监临主守自盗，及盗所监临财物者，加凡盗二等，三十匹绞。明律改为"监守自盗仓库钱粮"律，惩罚严于"贪污罪"，律文规定：凡监临主守自盗仓库钱粮等物，不分首从，并赃论罪，至四十贯斩。明中叶有所放宽，至二百两处斩。[3]

清初沿用明律，但逐渐放宽对官员侵盗罪的惩罚，死刑"门槛"也一再提高，并适用于贪污犯罪。康熙十年（1671）在律文"四十贯，斩"后加注"杂犯、徒五年"，此即"予以斩之名，实止杂犯也"。[4]二十七年，将死刑门槛提高到三百两。雍正三年（1725），世宗"以三百两即斩之例似乎太严"，又把死刑门槛提高到一千两以上，拟斩监候。自此作为"正例"相沿不改。这就是晚清律学家薛允升所概括的，清代"监守自盗，律文极严，而例则极宽"[5]。

与历朝相比，清代惩治侵贪立法，可谓宽纵，不但极大提高死刑"门槛"，而且，无论是渔利于民的贪污，还是蠹蚀于官的侵盗，都适用

---

[1] 长孙无忌等撰：《唐律疏议》，北京：中国政法大学出版社，2013年，第54页。
[2] 吴坛著，马建石、杨育棠主编：《大清律例通考校注》，北京：中国政法大学出版社，1992年，第905页。
[3] 《大明律》，北京：法律出版社，1999年，第137—138、407—408页。
[4] 《大清律例根原》，上海：上海辞书出版社，2012年，第2册，第879页。
[5] 薛允升著，胡星桥、邓又天主编：《读例存疑点注》，北京：中国人民公安大学出版社，1994年，第413页。

于"完赃减等"例,致使清代侵贪犯罪事实上长期不适用于死刑。

二、"完赃减等"例的普遍适用

由于清律五年一小修、十年一大修,特别是例文的历次删并修改,"完赃减等"例定自何年何人、内容包括哪些?又如何由侵盗例比附到"贪污例"?不仅《大清律例》多不备载,律学家的著述也语焉不详。乾隆十二年,刑部向乾隆帝进呈说帖,援引"完赃减等"例:查得刑部定例,凡侵盗挪移应追之赃,分限三年,一年内全完,死罪减二等,应满徒;两年内全完,死罪应满流,不完者照原拟监追。其三年之内全完,如何减免之处,律例载未明晰。

刑部说帖所援引的"完赃减等"例,令乾隆帝大惑不解,朱批道:"如是则侵盗之犯,总无正法之理矣。皇考时亦如是办理乎?"他下令"查此例系何年何人所定,并雍正年间审明实系侵盗之犯,曾无一人正法者乎?并令将三年内亏空全完,作何拟罪之处,一并查奏"。[1]

大学士张廷玉、讷亲随即查明,复奏"当日定例之始末":经查,康熙五十三年(1714),刑部尚书赖都奏称,现在亏空积至八百余万两之多,其中不无家产可以清还,请分限减等,并严承追官员处分之例,经吏、户、兵、刑四部会议:凡侵盗挪移应追之赃,一年内全完,将死罪人犯比免死减等例,再减一等发落;若不完,再限一年追赔,完者免死减等发落,不完照原拟监追,仍再限一年,著落犯人家属追赔。如果家产全无,保题豁免。四部议奏后,奉旨依议,钦遵在案。

对于乾隆帝提出的雍正年间侵盗各案如何处理,是否都适用于"完赃减等"、无一人正法的疑问,张廷玉、讷亲从刑部现存有卷可稽之案,共查出四十起,处理结果大体有六种情况,其中有在监病故者,有限内全完照例减为流徒者,有援赦得免者,有奉恩旨减豁者,有妻子入辛者库者,有发往军台效力者。山西巡抚苏克济亏空未完40万两一案,拟

---

[1]《奏为直隶参革涿州知州张德荣亏空案遵查向例敬陈拟改章程请敕速议事》,乾隆七年,朱批奏折04-01-08-0003-007,中国第一历史档案馆藏。据《清高宗实录》卷298,应为乾隆十二年九月。

入情实未勾,后奉特旨释放。此外俱拟缓决,未经有正法之案。

由于"完赃减等"例广泛适用,但定例并无"三年内全完,作何拟罪"的规定,对如此重要缺漏,张廷玉等复奏认为:完赃减等立法本意是给侵盗罪犯,特别是死刑犯人宽以时日,俾该犯有所希冀,亏空得以早完,其帑项不清之犯终身瘐死狱中。但因"定例只照原拟监追,而历来成案又未拟入情实,竟似拖欠帑项可以不至正法,诚如圣谕,如此科断,殊非惩贪之意"。为此,张廷玉等提出补充立法建议:嗣后亏空人犯除一年两年完赃减等仍照定例办理,若三年之内有能将亏空全完者,令该部具折请旨,或照两年之例减流,或照原拟监候,其完赃不能及半者,应即入于情实案内,以彰国法。"如此立定章程,庶侵盗人员知有正法之日在,已侵者不敢复存幸免之心,即未侵者亦皆知所儆畏,贪风或可稍戢。"

对张廷玉、讷亲的复奏,乾隆帝显然有不同意见。他在"三年全完"补充立法建议一节朱批道:"此意则全以钱粮为重,而非惩创侵贪之本意矣。肆行侵贪而无忌,未必非因此法作俑。"

对于雍正年间侵盗犯人没有一人正法的复奏,乾隆帝也深表怀疑,他朱批说:"皇考执法惩贪,天下所共知,诸臣所深畏,岂有十三年间,未正法一贪官污吏之理?"命另行详查具奏。[1]

根据张廷玉、讷亲核查上奏的结论,雍正朝十三年间,没有官员因侵贪被处死刑。特别是侵贪数额达450万两以上,最后仍有40万两没有"完赃"的原山西巡抚苏克济,也奉"特旨释放"。这说明完赃减等例在雍正一朝广泛适用。而无论从立法到司法,雍正朝对完赃减等例,实行得更为宽纵。康熙六十一年(1722)十二月,雍正帝以近来各省亏空钱粮者不少,原因"或系上司勒索,或系自己侵渔",真正因公挪用者不多。及至案发,往往改侵欺为挪移,虽勒限追补,而全完者甚少。故发布上谕,限定三年补完亏空,限满不完,从重治罪。[2]雍正元年

---

[1] 吴坛著,马建石、杨育棠主编:《大清律例通考校注》,北京:中国政法大学出版社,1992年,第477页。

[2] 吴坛著,马建石、杨育棠主编:《大清律例通考校注》,北京:中国政法大学出版社,1992年,第675—676页。

（1723）据此定例：侵盗钱粮挪移亏空监追等犯，遇恩赦仍行监禁严追，有能三年内全完，免罪释放。[1]这远比康熙五十七年（1718）"完赃减等"例更为宽纵。由此，完赃减等例也被称为"完赃减等"免罪例。

同治年间刑部编纂的具有司法解释性质的《大清律例根原》，"监守自盗仓库钱粮"律有"续增现行例"，例文前刑部"谨按"称："康熙五十三年十二月内，九卿议复承追处分事例，类于此律，谨拟节录于后。"该例文因包括承追侵贪官员赃款处分，故文字颇为繁冗。除与前面所述张廷玉、讷亲查核后上奏内容重复外，起首一句非常重要："凡侵盗、挪移等赃，一年内全完，将死罪人犯比免死减等例，再减一等发落；军、流、徒罪等犯，免罪。"[2]

这就是说，"完赃减等"例的全称应该是"完赃减等"免罪例。它主要包括三个义项：第一，完赃减等免罪限定三年期限。第二，侵盗犯死罪者，在一年内把全部赃款退还，减死罪二等，处以徒刑；侵盗犯死罪以下者，在一年内把全部赃款退还，免罪释放。第三，侵盗犯死罪者，在两年内把全部赃款退还，减死罪一等，处以流刑；侵盗犯死罪以下者，在两年内把全部赃款退还，各减一等发落。而在第三年全完，没有具体规定。如果三年仍然不完，采取的是模糊处理，死罪"瘐死狱中"，死罪以下发落。

雍正三年（1725）颁行《大清律集解》时，把以上康熙五十三年的"完赃减等"免罪例整体纳入附例中。这也是雍正一朝，没有官员因侵贪犯罪处以死刑的原因。而雍正时期全面适用该项法律，有其特殊的背景，即雍正初年亏空数额巨大，远远超过了康熙时定例的800万两，全国当在2000万两之巨。为此设立专门机构——会考府。而总理事务大臣允祥密奏，户部亏空达259万两，江南初步核查亏空是320万两，后来达到800万两，监押待审的官员有数百名之多，而前述山西卸任巡抚苏克济侵贪数目高达450万两。如此巨额亏空，至少一大部分为官员侵

---

[1]《大清律例根原》，上海：上海辞书出版社，2012年，第2册，第883页。
[2]《大清律例根原》，上海：上海辞书出版社，2012年，第2册，第882页；《江苏巡抚陈桂生奏为追缴人犯王汇吉名下侵项全完请循例减等发落事》，嘉庆二十四年正月初十日，朱批奏折04-01-01-0590-008，中国第一历史档案馆藏。

盗。因侵盗罪重，挪移罪轻，前者在刑律，后者在户律。为堵塞涉案官员以侵盗为挪移，雍正三年定例：勒限一年，令其先完挪移之项，后完侵欺之项。若完挪移数内完足侵欺之数，其余侵欺挪移之数委属力不能限内全完者，暂停正法，仍再勒限监追。[1]至雍正四年（1726）八月，全国各省赔补亏空仍没有完成，雍正帝再发谕旨，再限三年，宽至雍正七年（1729）。

同时，雍正五年对户律"挪移出纳"律进行修改，也制定了"完赃减等"例，内容更为宽纵：挪移2万两以上者，虽属挪移，亦照侵盗钱粮例拟斩，监候。统限一年，果能尽数全完，俱免罪。若不完，再限一年追完，减二等发落。两年限满不完，再限一年追完，减一等发落。若三年限满不能全完者，除完过若干之外，照现在未完之数治罪。[2]

自康熙末年至雍正一朝，为赔补巨额亏空，将侵盗犯死罪另定"完赃减等"免罪例，有当时特殊的背景。"完赃减等"免罪例又是如何比附援引到纯属贪污的犯罪中的？刑部在《大清律例根原》"监守自盗仓库钱粮"完赃减等正例后，有"臣等谨按"一节称：侵盗、挪移等赃，原专指亏空钱粮而言，因有"等赃"二字，遂将枉法婪赃各项，俱照此例减免。[3]如此说来，惩治贪污的枉法等罪，是通过"比附"操作，适用于"完赃减等"免罪例的。

乾隆四年（1739）二月初二日，刑部尚书尹继善奏称：自康熙五十三年刑部奏定，凡侵盗挪移等赃一年限内全完，将死罪人犯比免死减等例再减一等改徒，军流徒罪等犯免罪等语。定例之初原为侵挪仓库钱粮，例应追赔，其犯罪本由亏帑，是以限内完帑尚可从宽。乃因例有等赃二字，历来奉行者遂谓一切赃私包举其内，于是贪官污吏皆得照依限全完之例，无不附会援引，概从减免矣。

侵盗、贪污等罪皆适用于"完赃减等"例，也带来情、理、法的背离，因为非因赃入罪之案，皆照本律问拟，无从减免，而律文治罪较例

---

[1] 吴坛著，马建石、杨育棠主编：《大清律例通考校注》，北京：中国政法大学出版社，1992年，第676页。朱批奏折，无年月，中国第一历史档案馆藏。据内容考订为乾隆十二年。
[2] 朱批奏折，无年月，中国第一历史档案馆藏。据内容考订为乾隆十二年九月。
[3]《大清律例根原》，上海：上海辞书出版社，2012年，第2册，第885页。

文为重,"是无赃者反不若有赃之得计,于法于情均未平允"。[1]此项例文的广泛适用,特别是比附适用于贪污犯罪,无异于纵容官吏的贪污行为,对吏治影响甚大。故乾隆初即有停止之议,乾隆中最终停止。

三、"完赃减等"例的短暂废止

乾隆即位之初,即不断有官员奏请修改乃至废止"完赃减等"例。雍正十三年(1735)十一月,直隶按察使多纶上《请将完赃减等免罪之例再为分别更定以遏贪风以砺廉隅事》一折,他首先指出:康熙五十三年定例,所以独设宽大之条,系专指侵盗挪移仓库钱粮者而言,其犯枉法、不枉法赃者原不在内,嗣缘贪污官吏巧于夤缘,就例内等赃字样,即为牵扯援引,亦于限内完赃,分别减等、免罪矣。其次,他痛心疾首地指陈,正是因为有完赃减等免罪例,助长了官吏的贪污行为,甚至驱使官吏"做贪官":贪官污吏,若不明正典刑,不唯无以清民怨而伸国纪,抑且此等贪污之人,无不善于弥缝,是以有犯即败者十无四五,不败者则公然满载而归,已败者不过将所婪之赃照数吐还,即可免其罪戾。法属空悬,彼何乐而不为贪官污吏耶?况既已利欲熏心,势必无时无事不以肥己为怀,计其一任之内所婪之赃,必不止一人一事,即或遇明察上司,抉其私弊,亦未必能一无遗漏,尽皆发露,已发露者不过缴完原赃,便可逍遥法外,未发露者仍得安然享用,彼又何乐而不为贪官污吏耶?最后,他提出"完赃减免之例,似应亟为分别":除犯侵盗挪移仓库钱粮者,仍照旧例遵行外,其有犯枉法不枉法赃罪,应拟绞拟军流徒者,概不准"完赃减等"免罪。多纶明确提出,贪污犯罪应停止适用"完赃减等"免罪例。时乾隆帝刚即位,他命多纶将此项建议告之直隶总督李卫,"若伊以为可行,令其具题"。[2]此事也就没了下文。

乾隆四年,刑部尚书尹继善以其"职任司寇,有明刑弼教之责",

---

〔1〕《奏为官役因事受财入己依限完赃减免罪等则贪风不止请酌定律文事》,乾隆四年二月初二日,朱批奏折 04-01-01-0047-009,中国第一历史档案馆藏。原折将康熙五十三年误为三十五年。

〔2〕《奏请将完赃减等免罪之例再为分别更定以遏贪风以砺廉隅事》,雍正十三年十一月二十一日,朱批奏折 04-01-30-0353-022,中国第一历史档案馆藏。

上《请酌定完赃减免之例以肃吏治以昭国法事》一折，极言"完赃减等"不可适用于贪污犯罪：夫设法原以惩贪，非徒以完赃为重也。贪赃之徒，受财作弊，贼害民生，实于政教有关，非止亏空钱粮可比，一经败露，断宜明正其罪，以彰止辟之义，乃因照数完赃，而重罪者仅充城旦，军流以下丝毫无罪，何以止贪风而彰国法？自有完赃减免之例，彼于受财之始，即怀侥免之心，婪赃坏法，无所不为，偶遇一事发觉，完纳原赃便可无事。因完赃减免之例行之已久，尹继善奏请嗣后除侵盗挪移亏空钱粮之犯仍照旧例办理外，对贪污犯罪，限制适用完赃减等例：若因事受财、贪婪入己、枉法不枉法及律载以准枉法不枉法论等赃，果一年限内全完，死罪减一等改流，流罪以下各减一等发落。如限内不完，死罪照原拟监追，流罪以下各照原拟发落，应追赃物照例追赔。乾隆帝令大学士九卿详议具奏。[1]经大学士等议复，采纳尹继善所奏，将"枉法各赃，只许减等，不许全免除，将分别减等之处，另入受赃例款"[2]。至此，"完赃减等"免罪例修改为，完赃只减等，不免罪。[3]而侵盗犯罪，仍适用"完赃减等"免罪例。乾隆八年（1743），因侵盗钱粮入己一千两以下，判徒五年。后限内完赃，浙江巡抚常安奏请"例得免罪"，并咨明刑部。乾隆帝朱批"知道了"。[4]

此时，贪污案件频发，皆做减等处理，侵贪之风蔓延。乾隆六年九月，订立将贪污犯罪情节重者发往军台效力的专项法律，以部分取代完赃减等例。乾隆帝特别说明：定例文武官员犯侵贪等罪者，于限内完赃，俱减等发落。近来侵贪之案渐多，照例减等，便可结案。此辈既属贪官，除参款外，必有未尽败露之赃私，完赃之后，仍得饱其囊橐，殊不足以惩儆。著尚书讷亲、来保将乾隆元年以来侵贪各案人员，实系贪婪入己、情罪较重者，秉公查明，分别奏闻，陆续发往军台效力，以为

---

[1]《奏为官役因事受财入己依限完赃减免罪等则贪风不止请酌定律文事》，乾隆四年二月初二日，朱批奏折04-01-01-0047-009，中国第一历史档案馆藏。
[2]《江苏巡抚陈桂生奏为追缴人犯王汇吉名下侵项全完请循例减等发落事》，嘉庆二十四年正月初十日，朱批奏折04-01-01-0590-008，中国第一历史档案馆藏。
[3]《大清律例根原》，上海：上海辞书出版社，2012年，第2册，第885页。
[4]《奏为参革浙江提督裴鋐完赃免罪事》，乾隆八年八月初三日，朱批奏折04-01-01-0102-025，中国第一历史档案馆藏。

黩货营私者之戒。嗣后官员有犯侵贪等案者，亦照此办理。[1]此即《大清律例》"徒流迁徙地方"第37条例文。薛允升称：官犯发往军台效力，始于乾隆六年（1741），尚书讷亲等钦遵谕旨奏准，原系专指侵贪之案，完赃后减为徒流者而言。[2]侵贪犯罪发往军台效力，虽是完赃减等例的变通，但毕竟比原例为重。现存档案可见，陆续有侵贪官犯发往军台，如广西原思恩府知府刘廷锡因侵盗钱粮一千两以上拟斩，于一年限内完赃，按新定之例发往军台效力。但从执行层面看，仍然宽纵。乾隆七年（1742），广西巡抚杨锡绂援引刘廷锡之案，将奉旨拟入情实的侵贪斩犯饶鸣镐，以"完赃减等"，奏请发往军台。乾隆帝览奏，大为不满，朱批说："此奏甚属不合。汝身为巡抚，试思此奏，为奖廉乎？为教贪乎？"并说："汝心思不可问矣。朕将留心看汝矣。"[3]

地方大吏对侵贪案件习以为常，除处理上趋向宽纵外，更是一再拖延，不以为意。乾隆十二年（1747）二月，因地方题奏侵贪案件，拖至一年以上未题覆者多达十几案，乾隆帝认为"殊非国家立法惩贪之意，可寄谕各该督抚将以上各案即速审明定拟题覆，务必入于今年秋审案内"。[4]数月后，刑部核拟直隶参革涿州知州张德荣亏空一案时，奏称张德荣例应拟斩，但亏空银两尚未追完，应请缓决。乾隆帝表示反对，指出：此等亏空案件若因其未完，即请缓决，是未完者转得邀缓决之恩，而全完者反抵于法，则侵欺之犯唯以拖欠帑项为幸免之计，谁复将亏空之项完补？如此科断，殊非惩贪之意。[5]他正告朝中大臣：因侵贪之案率入缓决，以致人不畏法，侵贪之风日炽。为此下令修改例文。随即修改为：侵贪人犯若以身试法，赃私累累，至监追二限已满，侵蚀未完尚在1000两以上，及贪婪未完尚在80两以上者，秋审时即入情实，

---

[1]《清高宗实录》卷151，乾隆六年九月庚寅，北京：中华书局，1987年影印本，第10册，第1168页。

[2] 薛允升著，胡星桥、邓又天主编：《读例存疑点注》，北京：中国人民公安大学出版社，1994年，第113页。

[3]《奏请将贪犯饶鸣镐以依限完赃例发往军台效力事》，乾隆七年五月二十九日，朱批奏折04-01-01-0088-030，中国第一历史档案馆藏。

[4]《清高宗实录》卷285，乾隆十二年二月己丑，北京：中华书局，1987年影印本，第10册，第717页。

[5]《清高宗实录》卷298，乾隆十二年九月辛卯，北京：中华书局，1987年影印本，第10册，第897页。

请旨勾到。[1]

乾隆十二年定例,是对完赃减等例的限制性解释,把原来无限期监追缩短为二限即两年。两年后的秋审,乾隆帝把云南官犯戴朝冠、刘樵,广西官犯朱红,三名侵贪官犯正法。刘樵是湖南武陵人,时任永昌知府,因任古州同知期间,修固古州城,在三年保固期内完全坍塌,又查出抽收税银,共侵贪达1万两以上,案发后令其子刘天任携带7000两偿还私债、捐官,其中仅在户部捐纳知县,即用银3840两。乾隆称,刘樵以国帑视为己物,父亲亏空,令子捐官,情罪非寻常可比,令入于乾隆十四年(1749)秋审情实。官犯戴朝冠,直取库银,付原籍置产,且恃年逾七十,冀得瘐死了事。朱红任广西河池州知州,三年限期后,仍有未完之赃8645两,巡抚舒辂援引"完赃减等",将其拟入缓决,乾隆帝异常震怒,将舒辂革职,将朱红拟入情实勾决。乾隆帝明发谕旨说:朕因各省侵贪案件渐多,特于乾隆十二年颁发谕旨,令限满即入情实册内候勾。朕之本意,不特为止侵盗,实乃以惩贪婪。此等在人不处极刑,使其肥身家而长子孙,将明罚敕法之谓何?国家又何庸虚设此罪名,以启怠玩为也?乾隆帝担心勾决之明降谕旨"传播甚速,或于部文未到之先,该犯预知正法之信,辄于监内自尽,该地方官以监毙呈报,使该犯仍不能明正典刑,侵贪之员无所惩儆",传谕该省督抚,务须慎密。尽管以上三案只是众多侵贪案中的冰山一角,但乾隆帝仍然没有彻底停止完赃减等例的打算,表示"权不改勒限之例。若后来侵贪者复多,必照此旨办理"[2]。当年十月,刑部查出各省秋审缓决官犯共十八案。乾隆帝得报非常愤慨,不无痛心地说:夫缓决本章,一省即可盈尺。向来办理秋朝审案,每遇官犯,辄事宽纵,但于一次混入缓决,即为成案,断不复改,谓之老缓。果尔,则国法所行,唯在闾里小民以及盗贼之辈,而官犯仅止虚受罪名,幸全首领,是岂国家制刑之意哉?!他随即发布长篇谕旨,表示侵贪犯罪如果得不到严惩,必然对吏治造成

---

[1]《奏为犯赃之吏应不准完赃减等等敬陈管见事》,乾隆二十五年二月十九日,朱批奏折04-01-01-0244-001,中国第一历史档案馆藏。
[2]《清高宗实录》卷349,乾隆十四年九月壬申,北京:中华书局,1987年影印本,第13册,第816页。

重大影响：向来侵贪之犯，人人皆知其必不正法，不过虚拟罪名，是以侵渔之案，日积而多，若不亟为整顿，则营私蠹国之风，由兹日长，渐至酿成锢习。近来秋朝审官犯册内，唯侵贪者常多。此等劣员，多留一日则民多受一日之残，国多受一日之蠹。斧锧一日未加，则侵贪一日不止。唯一犯侵贪，即入情实，且即与勾决，人人共知法在必行，无可幸免，身家既破，子孙莫保，则饕餮之私，必能自禁，何至甘心捍网冒法，此狂澜之必不可不回，而膏肓之必不可不救。旋转之机，端在于此。命将此谕旨刊刻颁发，令内外文职衙门，入于交盘册内，永远传示，各宜凛遵。[1]

乾隆十四年处决三位侵贪官犯，尽管对官员有所震慑，但并没有出现乾隆帝所期待的"旋转之机"。侵贪之风继续蔓延。最终促使乾隆帝停止"完赃减等"的，是发生在乾隆二十二年（1757）、二十三年（1758）的两件侵贪大案。二十二年九月，原任湖南布政使杨灏侵盗三千余两，湖南巡抚蒋炳以其限内完赃，秋审时将其拟入缓决。三法司、九卿、科道等廷谳时，也以杨灏限内完赃，归入缓决。乾隆帝阅秋审册时，不胜骇然，手战愤栗，将杨灏改为斩立决。巡抚蒋炳交部严加治罪，三法司交部从重严加议处，参与秋审的九卿、科道，一并交部议处。[2]杨灏正法后，蒋炳被革职、籍没。处理此案后，乾隆帝命嗣后以各省行刑之日为断，官吏犯侵贪之罪，情实予勾者，即行刑之日已过，亦著行刑；其在行刑以后审结者，入下年册内新事，刑部粘签声明。一年后，兵部奏原任贵西道员钮嗣昌，前因侵亏镇远府库项仓储入己一万余两，为掩饰罪行，在毕节等地向矿场勒派，又在大定府等地解平粜谷价二千六百余两，经审理问拟斩候，因限内完赃，减等发往军台效力。今坐台期满，为此上奏。乾隆帝以限内完赃，减等发往军台效力，此虽向例，但完赃减等之例，实属未协。嗣后除因公挪移及仓谷霉湿，情有可原等案，仍照旧例外，所有实系侵亏入己者，限内完赃减等之

---

[1] 郭成康、郑宝凤：《乾隆年间侵贪问题研究》，《清史研究集》第八辑，北京：中国人民大学出版社，1997年。《清高宗实录》卷351，乾隆十四年十月甲辰，北京：中华书局，1987年影印本，第13册，第850—851页。
[2] 《清高宗实录》卷546，乾隆二十二年九月戊戌，北京：中华书局，1987年影印本，第15册，第946—947页。

例,著永行停止。[1]

至此,沿用四十余年的侵盗犯罪"完赃减等"例,停止使用。终乾隆朝,尽管有臣僚奏请恢复"完赃减等"例,但乾隆帝不为浮议所动。[2]

如前所述,"完赃减等"例是专为侵盗犯罪而制定的法律,"受赃"等贪污犯罪虽然一直比附适用于这一法律,但并没有载入《大清律例》"受赃"门。侵盗犯罪停止该项法律后,如果在"受赃"等贪污犯罪中不明文停止,无异于纵容贪污行为。有鉴于此,乾隆二十五年(1760)二月十九日,陕西按察使阿永阿上《奏为犯赃之吏应不准完赃减等等敬陈管见事》一折,他指出:为吏莫重廉平,而论法最严贪纵,是以犯赃之吏赃止一两,俱永不叙用。而枉法赃律载:八十两实犯绞监候,以其罪无可逭也,乃自定有限内完赃减等之例,而贪墨之人遂得幸免显戮,各以完赃减等结案。现今侵盗亏空既已肃清,此辈计图肥己,不敢取于上,将必取于下,遇事婪赃,不一而足。及至事犯被参,而与者受者、说事过钱之人,皆图避重就轻,认赃必少,易于全完,其未破者不知凡几,一经减等结案,仍得拥其厚赀,满载而归,肥身家而庇子孙,彼且自视以为得计。苟非严立之防,其何以惩贪婪而肃吏治也?从前枉法赃与侵亏入己者,定有完赃减等之条,原系推类而及,今侵亏入己者,限内完赃既不准减等,则枉法赃全完减等之例,似应一例停止。乾隆帝令该部议奏。[3]刑部议复,一如阿永阿所请。至此,贪污犯罪也停止"完赃减等"例。[4]

四、"完赃减等"例的恢复

"完赃减等"例停止后,乾隆一再纠正地方大吏徇庇侵贪犯罪的做

---

[1]《清高宗实录》卷570,乾隆二十三年九月戊戌,北京:中华书局,1987年影印本,第16册,第238页。

[2]《清高宗实录》卷570,乾隆二十三年九月戊戌,北京:中华书局,1987年影印本,第16册,第238页。

[3]《奏为犯赃之吏应不准完赃减等敬陈管见事》,乾隆二十五年二月十九日,朱批奏折04-01-01-0244-001,中国第一历史档案馆藏。

[4]《清高宗实录》卷609,乾隆二十五年三月壬申,北京:中华书局,1987年影印本,第16册,第849页。

法，对援引该项法律的官员予以严厉处分。[1] 乾隆一朝，因侵贪而立案的多达三十多起，其中正法或赐令自尽的封疆大吏就有二十六位。而府县官员正法的更多。仅甘肃冒赈案，执行正法的官员就有五十六犯。[2] 以上受到严厉惩处的侵贪犯罪，多数发生在停止"完赃减等"例之后，说明侵贪犯罪大多受到严厉惩罚。薛福成说：高宗英明，执法未尝不严。当时督抚如国泰、王亶望、陈辉祖、福崧、伍拉纳、浦霖之伦，赃款累累，屡兴大狱。侵亏公帑，抄没家产动至数十百万之多，为他代所罕睹。[3] 在一段时间内遏制了侵贪之风蔓延的趋势。

当然，法律上停止"完赃减等"例，并不意味着吏治会从根本上好转，除权力需要有效监督等制度完备外，执法的严格与否与此关系重大。乾隆帝晚年，极力粉饰太平，不乐见贪赃大吏被处以极刑。乾隆六十年的闽浙总督伍拉纳侵贪案，是他归政前处理的最后一桩大案。他不无检讨地说："此皆因朕数年来率从宽典，以致竟有如此婪赃害民之督抚。朕当先自责己。"[4] 承认"各省督抚中洁己自爱者不过十之二三，而防闲不峻者亦恐不一而足"[5]。乾隆去世后，编修洪亮吉奏称"十余年来，督抚藩臬之贪欺害政，比比皆是"[6]。章学诚也说，自乾隆四十五年（1780）以来，迄于嘉庆三年（1798）而往，贪墨大吏，日甚一日。[7]

令人不解的是，乾隆帝去世不久，在修改侵贪法律时，嘉庆帝将乾隆二十三年新定"侵亏完赃不准减等"例删除，并新定条例，于嘉庆七年（1802）入律，事实上完全恢复了"完赃减等"旧例，并有"三年限外不完，永远监禁。全完者奏明请旨照二年全完减罪一等之例"[8]，比康熙五十三年（1714）例更为宽纵。对此，薛允升批评说：有完赃免罪之

---

[1]《清高宗实录》卷670，乾隆二十七年九月甲子，北京：中华书局，1987年影印本，第17册，第687—688页。
[2] 郭成康、郑宝凤：《乾隆年间侵贪问题研究》，《清史研究集》第八辑，北京：中国人民大学出版社，1997年。
[3] 薛福成：《庸盦笔记》，南京：江苏古籍出版社，2000年，第52页。
[4]《清高宗实录》卷1488，乾隆六十年十月丙戌，北京：中华书局，1987年影印本，第27册，第912页。
[5]《清高宗实录》卷1484，乾隆六十年八月乙酉，北京：中华书局，1987年影印本，第27册，第833页。
[6]《清史稿》卷356《洪亮吉传》，北京：中华书局，1977年标点本，第11313页。
[7]《章学诚遗书》卷29，北京：文物出版社，1985年，第328页。
[8]《大清律例根原》，上海：上海辞书出版社，2012年，第2册，第890—891页。

法，则四十两以下之案，无有不完赃者矣。监守自盗例，以侵欺之罪为轻，而以帑项为重也。乾隆年间，官犯以侵贪正法者不少。此例定后，绝无此等案件，而户律虚出通关各条例，俱有名无实，亦刑典中一大关键也。[1]嘉庆以还，档案中又频现完赃减等之案，而引用该项法律时，又有扩大解释的趋向。嘉庆十八年（1813），署福州府平潭同知徐涛侵吞洋盗金条等物，赃至1000两以上，按监守自盗律拟斩监候。次年，因徐涛在一年内完赃，福建督抚上奏"核与限内全完死罪减二等之例相符"，"请于斩罪上减二等，杖一百、徒三年"。[2]而书吏侵吞仓库钱粮，也适用于完赃减等。

这就是说，分别于乾隆二十三、二十五年停止的侵盗、贪污犯罪"完赃减等"例，于嘉庆七年完全恢复。自此，因侵贪犯罪而正法者，"绝无此等案件"。侵贪之风亦如脱缰之马，无所束缚。清代吏治愈不可问，"嘉道中衰"与此不无关系。

（原刊《国家行政学院学报》2017年第5期）

---

[1] 薛允升著，胡星桥、邓又天主编：《读例存疑点注》，北京：中国人民公安大学出版社，1994年，第413—414页。
[2] 《奏为查明拟斩官犯徐涛限内全完赃银照例减等事》，嘉庆十九年闰二月初二日，朱批奏折04-01-30-0224-007，中国第一历史档案馆藏。

《户部则例》与清代民事法律探源

中国古代虽然没有严格的近代意义上的民法典，但是却不能说中国古代不存在民事法律。尤其是清代在继承前代民事法律的基础上，在民事制定法方面取得了较大进步，其突出表现是《大清律例》中户律例文的增加，以及《钦定户部则例》的多次编纂及颁行。

一、六部二十四司体制的突破与民刑分野的推进

刑法在中国古代法律体系中占有主导或支配地位，这是毋庸置疑的客观事实。但是，值得注意的是，自明代始，中国古代法典编纂体例发生了重大变化，确立了以国家机关——吏、户、礼、兵、刑、工分类的法典结构体系，使得法律调整的对象更为明晰和集中，适应了宰相制度废除后强化专制主义中央集权的需要，同时也为民事法律从传统的诸法合体的法典体例中脱胎出来，进一步实现民、刑有分创造了条件。

自隋唐以来，实行尚书省下六部——吏、户、礼、兵、刑、工分辖四司的中央行政管理体制。各部的第一司名称与部名同，称为子司，又称头司或本司。如户部四司为户部、度支部、金部与仓部。这种体制带有专业分工的性质，是不断演进的结果，因此八百年间递相因沿。但至明洪武十三年（1380）废除中书省以后，六部直接听命于皇帝，凸显了六部作为中央最高行政机关的地位。与此同时，为了加强对地方的统辖、管理与领导，改行省设三司——承宣布政使司、都指挥使司、提刑按察使司，分掌各省行政、民事和司法。三司互不统属，听命于中央，实现了六部对地方的条条管理。由于地方刑名钱谷是大政，事务冗繁，已非原有四司所能涵盖，因此户、刑二部打破了四司体制，向按省设司

转变。

明初设六部时,"户部权最重"[1]。朱元璋说:"古者六曹之设,任天下之务,次独户曹。"[2]按以职设官、以官统事的机构设置原则,户部掌管民政、财政事务,其中民事工作相当繁重,如田土侵占、投献、诡寄、影射,禁止户口隐漏、逃亡、朋充、花分,禁止违反律令规定的继嗣、婚姻,以及民间交易等也多归属于户部。

废除丞相制后户部初设五科:一科、二科、三科、四科、总科。后改为四属部:总部(后改为民部)、度支部、金部、仓部。洪武二十三年(1390)又按地域改为河南等十二部。每部仍设四科,二十九年(1396)改十二部为十二清吏司。宣德十年(1435),定制按十三布政司辖区设十三司,而原来的部下降为科,即各司下属四科,其中民科,主管所属省府州县地理、人物、图志、古今沿革、山川险易、土地肥瘠宽狭、户口、物产之登记。金科负责市舶、渔盐、茶铺等税收。[3]

刑部的改革与户部同步进行。最初设总部(后改为宪部)、比部、都官部、司门部。后按地区划分,改为河南等十二道。宣德十年,与户部一样,定为十三清吏司。司下不再分科。刑部受理天下刑名,但民间狱讼,非通政使司转达于部,刑部不得听理。直到嘉靖三十九年(1560),五城御史才接受民间词讼,"不复遵祖制矣"。

清代在明代建制的基础上,户部增置江南司,为十四司,刑部于明十四司外,增置直隶、奉天、督捕(原隶兵部,康熙间改入)三司,另分江南为江苏、安徽二司,共为十八司。

刑、户两部按布政司辖区,分设主管司,属于中央对地方的垂直管理。这表明了封建社会晚期行政管理水平的提高,同时也打破了隋唐以来的六部二十四司体制。

户、刑二部按地区管理体制的确立,适应了中国封建社会后期中央对地方直接统属的发展趋向,也是商品经济关系发展变化的需要。商品

---

[1] 邓之诚:《中华二千年史》卷5,北京:中华书局,1983年,第111页。
[2] 索予明:《明太祖御笔释例续编》,《故宫季刊》2卷3期,1968年。
[3] 《明会典》卷2《吏部·文选清吏司·官制一》,《续修四库全书》,上海:上海古籍出版社,2002年影印本,史部,第789册,第59页。

与交换关系的发展,促进了以契约关系为基础的民事法律关系的发展。在这一过程中,民事争议骤然增加,中央政府过去的管理体制已无法应付。

值得一提的是,户部也是第一个设置两个侍郎的部,这也反映出原有户部体制不能适应繁多的民政、财政事务而不得不加以变革的事实。

户部突破传统四司体制,按省设司,属垂直型条条管理。这种变革要求法律与之相适应。清末沈家本指出:明废丞相制后,"政归六部,律目亦因之而改。千数百年之律书,至是而面目为之一大变者,实时为之也"[1]。日本学者内藤乾吉也认为自明代始,律例采《周礼》六官法,自有渊源,"可作种种考虑"。其中之一是为适应政治体制改革的需要。[2]

与之相对应,在法律编纂的内容上,也反映了民事法律重要性提高的趋向。如《唐律疏议》五百条三十卷,其中户婚、厩库共四卷,计七十四条,占全部篇幅的七分之一。而《大明律》四百六十条,户律共七卷九十五条,占全部篇幅的五分之一弱。清乾隆五年律,户律仅有八十二条,而至晚清修律前,户律例文已达三百例,一百五十年间增长近四倍,其中相当部分含有民事制定法的性质。

二、《钦定户部则例》的编纂及颁行

清因明制,法律编纂体例和国家机构设置基本沿袭明朝。但在依法调整社会关系方面,均较明朝有较大发展。清人曰:"用人行政,二者自古皆相提并论。独至我朝,则凡百庶政,皆已著有成宪,既备既详,未可轻议。"[3]这里所说的"成宪"主要指《会典》及各部则例。

康熙初年开始按六部统编则例,于八年颁行《六部考成见行则例》,不久又颁行《新定六部考成见行则例》。而作为上述则例缩编的《六部

---

[1] 沈家本:《重刻明律序》,《寄簃文存》卷6,北京:中华书局,1985年,第2209页。
[2] 内藤乾吉:《大明令解说》,刘俊文主编,姚荣涛、徐世虹译:《日本学者研究中国史论著选译》卷8,北京:中华书局,1992年,第390页。
[3] 曾国藩:《应诏陈言疏》,《曾国藩全集·奏稿》卷1,石家庄:河北人民出版社,2016年,第4页。

成语》(满汉合璧),成为"清代满汉士子入仕捷径所必须具备的条件之一"[1]。于此可见其重要性。

康熙十二年(1673),颁行《六部题定新例》,这是清朝第一部较为完整的则例书,其目的是使"用法者唯其所从","奏法者"能有"所守"。康熙皇帝对编纂则例的立法工作十分重视,经常令"将所察则例开入本内"[2]。在涉及旗民间的民、刑立法时,更为慎重。如康熙十八年(1679)讨论修订法律时,当时旗民案件由刑部审结,左都御史魏象枢建议"斗殴小事,悉归州县审结,大事方将赴刑部告理",康熙说从前旗民案件归州县管理,"遂有言庄屯受屈者",后归章京审理,民人又多苦累,"故立法甚难",为此他令九卿等确议具奏[3]。每遇大"灾异",便令各衙门重新核实原有定例是否有差谬,如十八年京师大地震后,他几次召集大学士、九卿等议"应行应革之例"。但总的趋向是,坚持法令稳定性。当时身为都察院长官的左都御史魏象枢也持此议,认为"凡事皆有定例。从来一法立,则一弊生。目前亦无必当更改之法"。大学士明珠也赞成道:"若欲改立一法,则一弊复生,实有如宪臣魏象枢所言者,似于治理未为有宜。"[4]

经康、雍两朝的休养生息,尤其是在"滋生人丁永不加赋"政策的刺激下,清代人口急剧增长,社会经济得到较快发展,至乾隆时期进入极盛之世。与此相适应,法律修纂也加紧进行。自乾隆中叶始,六部则例开始分部编纂,而且形成定制。有清一代户部则例的编修情况,据民国初年《清代则例参考书目》[5],介绍如下:

1.《钦定户部新例》,不分卷,有乾隆十六年(1751)五月例,抄本四册。

2.《钦定户部续纂则例》,二十八卷,和珅等纂,乾隆五十一年(1786)修,八册。

---

[1] 王钟翰:《序》,李鹏年、刘子扬、陈锵仪编:《清代六部成语词典》,天津:天津人民出版社,1990年,第2页。
[2] 《康熙起居注》,康熙四十五年丙戌二月,北京:中华书局,1994年标点本,第1947页。
[3] 《康熙起居注》,康熙十九年庚申五月,北京:中华书局,1985年标点本,第544页。
[4] 《康熙起居注》,康熙十九年庚申四月,北京:中华书局,1985年标点本,第520页。
[5] 中国社科院历史所图书馆藏书。

3.《钦定户部则例》，一百三十四卷，和珅纂，乾隆五十六年（1791）修，四十八册。

4.《钦定户部则例》，一百三十四卷，嘉庆七年（1802）修，三十二册。

5.《钦定户部则例》，一百三十四卷，托津纂，嘉庆二十二年（1817）修，六十册。

6.《钦定户部续纂则例》，十三卷，托津纂，嘉庆二十二年修，十册。

7.《钦定户部则例》，九十九卷，道光十一年（1831）修，四十册。

8.《钦定户部续纂则例》，十五卷，潘世恩纂，道光十八年（1838）修，六册。

9.《钦定户部则例》，九十九卷，赛尚阿纂，咸丰元年（1851）刊，七十二册。

10.《钦定户部则例》，一百卷，倭仁纂，同治四年（1865）修，四十八册。

11.《钦定户部则例》，一百卷，宗室戴龄纂，同治十三年（1874）修，六十册。

其他户部单行则例如茶法例、军需则例、漕运全书、海运全案、商税则例、进口税则、筹饷章程、筹赈事例、外办新捐章程、出使章程、支款章程等达九十种之多。其中仅现行常例即有十几种，而道光朝的现行常例就有六年本、八年本、十一年本、十九年本、二十五年本。

单行则例的增多是适应乾隆以后尤其是鸦片战争以来社会经济转型的需要。

实际上，户部所订则例远比以上所列要多。据同治四年纂修户部则例大臣所奏，"计自乾隆四十一年（1776）至咸丰元年先后十三次奏请纂辑成书"[1]，按此，五十三年间平均每四年续修一次，远超律例"五年一小修"的规定。据此推断《户部钦定则例》至少有十六部之多。纂修次数之多，在六部中称最，这与该部事务繁杂，民事案例不断出现有直

---

[1]《钦定户部则例》卷首，同治四年刊本，第1页b。

接关系。

《则例》与《大清律例》不同，需不断续修。乾隆曾明确指出："各部为直省案件总汇，其常行事例，多有因地因时，斟酌损益者，不得不纂为则例，俾内外知所适从。然甫届成书，辄有增改，故每阅数年或十余年，又复重辑一次，并不能为一成不易之计。"[1]于户部为钱粮总汇，涉及民政事务繁杂，"例案较繁，兼有随时更改之处"，因此，"若非续纂通行，恐今昔事宜，难免歧误"，[2]这也是乾隆四十一年至咸丰元年间前后十三次编纂颁行《钦定户部则例》的主要原因。章学诚曾说："今六部条例，需十年一修，十年之中，改易旧例，已奉明文，虽前例已刊，后例未出，人亦不能作弊，正相同也。"[3]

编纂《则例》是重要的立法活动。大体说来，采入《则例》的条款经过由案到例的编纂过程，一般为臣僚或各部奏请开馆、皇帝下旨勒限修纂、各部选择提调总纂等官编辑、部堂官复核后缮具黄册进呈、皇帝御览后旨命颁行、户部刊刻、各省及中央有司请例等。由于皇帝对《则例》的编纂颁行自始至终起领导作用，尤其是涉及重要变更事项及条款要单折请旨，因此，《则例》均为"钦定"。

在编纂的各环节中，纂修官的选任至关重要，因为《则例》"一经编辑成书即为将来办案程式，若办理不得其人，或借手吏胥，词意含混，易滋上下其手之弊"，因此嘉庆十六年（1811），当"清厘例案之时"，皇帝发布上谕，"著各该堂官等择其在署年久、熟谙政务、平素端谨之人，责令详慎修辑，务使义意贯通、词句明显，以便永远遵守"。[4]嘉庆的这一上谕被载入《钦定户部则例》"通例"门中。

编纂官确定后即开馆修纂，编纂的原则大体如下：

一是将皇帝自上届《则例》颁行以来发布的上谕载入新纂则例中，以为指导。但由于上谕多已纂入《会典》，为免重复，自同治四年户部

---

[1]《清高宗实录》卷963，乾隆三十九年七月壬申，北京：中华书局，1987年影印本，第20册，第1062页。
[2]《钦定户部则例》卷首，同治四年刊本，第1页a。
[3] 章学诚：《章学诚遗书》卷27《湖北通志检存稿四》《湖北通志辨例》，北京：文物出版社，1985年，第304页。
[4]《钦定户部则例》卷98，同治十三年刊本，第1页a。

则例始,"凡有关例义"的上谕,照旧载入,"有应遵纂例文者,即敬谨补纂","其无关例义者""例内不复恭录"。这既保证了皇帝的上谕作为修例的法源,同时对无关例义的上谕"不复恭录",也使《则例》体例更为完善,更具有操作性。

二是在例、案之间进行取舍,这是所有编纂工作的核心。由于在《则例》颁行过程中出现许多新案,这些新案中的相当部分经过题准、奏准或钦颁谕旨等程序,已作为"现行之案"产生法律效力,这无疑是对旧例的完善与补充。因此同治四年《户部纂辑则例》中规定"旧例有与现行之案不符者,逐条逐案详查折中";采取的办法是"例均舍案存例,案均改例从案"。这就是说,当现行之案较多,而例与之相矛盾时,将案上升到例,即所谓"新例",而原例或删除,或作为案保留在例中,以体现不以案废例的原则。

三是鸦片战争以来,中国社会迈向近代,许多新的问题出现,给立法修例带来很大挑战。清朝没有按照原有的则例编纂框架束缚自己,而是不断将新例编纂成单行例,清后期几百种单行例的出现弥补了立法工作滞后于社会变革的缺陷。但对战争状态下形成的带有权宜性的新案,则没有纂入新例中,以保证中央政令的统一适用。如军需奏销、坐地筹饷等即是。户部在修纂奏折中说:"其咸丰三年以后各项钱法、票钞及一切减成、放款,均因办理军务,为一时权宜之计,拟另行立簿存案,毋庸纂入则例。"对于现办各口洋税章程,依照上届修例办法,"另抄存卷"没有纂入。

四是对"修改删除之例,逐条各加按语"。据户部奏,同治四年修例时,"计修改、新增、删除例共二百五十一条"。[1]

总体而言,同治四年户部则例较以往则例有明显进步,这主要体现在编纂体例更符合法律文本的规范。包括无关例义之上谕不载;旧例将通例附入户口门,不伦不类,新例将通例单列一门,起到提纲挈领的作用;旧本杂出各门的条款很多,新例依类归并;旧例有原纂例条经续纂修改而原例未删,又有一事而分门并载义涉两歧者,新例于两条中酌定

---

[1]《钦定户部则例》卷首,同治四年刊本,第5页b。

删除一条，以归划一；旧例有事本一类而分为数目数十目者，新例修并归于一目；旧例例目有的多至数十字，新例例目改为几个字，使文简意赅；旧例没有总目，例目散在各卷，"易致忽略，今于每门各加总目，以备查阅"。

由于此次修例，"成案章程多于寻常数倍，且有应行钞档备案之件较上届情形颇为繁重"，因此户部奏请简派一名堂官"专司勘定底本"，同治帝遂派户部侍郎董恂专办。[1]这也是此次修例较为成功的重要原因。

三、《户部则例》与《大清律例·户律》的关系

清代户部每隔四五年即重新修纂颁行则例，在六部中极为突出，这些则例有什么功用？与《大清律例·户律》是何种关系？这是研究者经常思考的问题。本文认为，由于中国封建时代的统治者，重公权，轻私权，以及商品交换关系相对不发达的现实，民事法律始终处于从属地位。然而自明代始，商品交换关系的发展带来了资本主义关系的萌芽，而清中叶以后，人口的爆炸性增长、社会关系的迭次重要变革所引发的新的民事法律关系的出现，与社会矛盾不断上升，都要求制定民事法律予以调整。由于《大清律例》具有相对稳定性，司法实践中新案又不断出现，致使官员"舍例就案"，因此不修例就不能及时调整现实的需要。道光十年（1830），皇帝发布上谕，以则例不能依限完成，致使数年间"官员既无新例可遵，又谓旧例已改，茫无所措"为由，革除乾隆时所定十年修例的定限。[2]《户部则例》的多次编纂不仅适应了这一发展要求，而且就其内容及条目而言越来越具有"民法"的性质。有些较《大清律例》更为明晰具体，如户口门的"继嗣"条，区别旗、民制定了不同的规定，而《大清律例》牵混一处；有些则较《大清律例》详尽，如田赋门（卷十）关于撤佃条款、出旗带地、置产投税、旗民交产、违禁买卖（附押借长租）、重复典卖、认卖认赎、盗卖盗耕等；尤

---

[1]《钦定户部则例》卷首，同治四年刊本，第4页a。
[2]《钦定户部则例》卷100，同治十三年刊本，第21页a。

其是对汉族与少数民族之间的经济民事立法更补《律例》所未有。而载入"通例"的"现审田房词讼"达二十四条之多，堪称清代的民事诉讼法规。

以下从几个方面简要论述《户部则例》与《大清律例·户律》的关系。

首先应该指出，《则例》与"律令相表里"是在法源上具有统一性。由于《大清律例·户律》中的相当部分例文取资于《户部则例》，因此，《户部则例》是修订《大清律例·户律》的重要根据。

邓之诚在论及《大清会典》时说："清以例治天下，一岁汇所治事为四季条例。采条例而为各部署则例。新例行，旧例即废，故则例必五年一小修，十年一大修。采条例以入会典，名为会典则例，或事例。"[1]这是由案（条例）到例到典的最精确概括，它同样适用于由案→例→律例之例这一过程。因此从法源上讲，《则例》的例文与《大清律例》中的例文，有相当一部分是同源的，清末法学家薛允升在《读例存疑》中已有详尽考辨。早在康熙三十四年（1695）将《刑部现行则例》载入清律时，便明确提出"别部事例，间有与律义相合者，亦照刑部见行例采入。如律例内有应具题请旨者，俟别题请旨"[2]。这就是说，其他各部事例"与律义相合者"，也将载入《律例》。

正是为了避免修订清律与五部则例发生歧异，顺治初修成《大清律集解附例》时，便以刑部左侍郎党崇雅为主，会同吏、户、礼、兵、工其他五部官员共同参加编纂。

此后乾隆年间修订律例，均将此作为修纂原则。如乾隆三十二年（1767）五月大清律例修竣后，大学士管刑部事务的刘统勋奏称："所有历年钦奉上谕及议准内外臣工条奏，并吏、户、礼、兵、工等部议准有与刑名交涉应纂为例者，各详细复核，分类编辑。"[3]四十三年（1778）修纂律例时再次重申"吏、户、礼、兵、工等议准有与刑名交涉应纂为

---

[1] 邓之诚：《中华二千年史》卷5，北京：中华书局，1983年，第531页。
[2] 乾隆《大清会典则例》卷124，乾隆二十九年刊本，第31页a。
[3] 吴坛著，马建石、杨育棠主编：《大清律例通考校注》，北京：中国政法大学出版社，1992年，第19页。

例者，详细复核，分类编辑"[1]。

清末法学家沈家本指出："原疏所列修律之员，吏、户、礼、兵、工五部各一人，盖以刑部律例与五部多相关涉，必须五部之人，方通晓五部则例，遇有修改，不至与五部互相歧异，此前人办事精密之处。后来修律，但用刑部之人，不复关照五部之人，于是刑部之则与五部往往歧异，援引遂多抵牾，竟至久同虚设。由此观之，谓前人胜于后人，尚何说之辞？"[2]

基于以上的修纂要求与做法，《户部则例》中的一部分内容被收入《大清律例》中。换言之，《大清律例·户律》中相当多的例文，是采自《户部则例》的。这不仅在乾隆年间吴坛完成的《大清律例通考》中有明显的反映，薛允升所著的《读例存疑》也考证出，《户律》中的民事法律例文，多数源于《户部则例》。

其次，《则例》与《大清律例·户律》在实践中具有互补性。

第一，《户部则例》调整的范围远比《大清律例·户律》宽泛，而且具有因"时地异宜"及时修订的灵活性。《户部则例》"通例"目"奏折"条规定："凡各处咨请部示事件，除有例可循者照例核议、咨覆外，或时地异宜，必须斟酌更订者，无论应准应驳，即行酌议具奏，并将应奏不奏之大臣附参交议。毋得据咨率准，亦不得沿用不便据咨遵议字样率行咨驳，违者一并严议。"[3]借以保证《则例》的及时修订，发挥应有的调整作用。

第二，由于受律例文字表述的限制，在入律后的例文中，有些不尽合《户部则例》中的原意，甚至相互龃龉、冲突，为法律适用带来不便。因此，律学家薛允升反复强调，很多入律的例文必须查找《户部则例》的原例，才能知其所以然。

第三，嘉道以后，中国社会在动荡中发生裂变，以《大清律例》为核心的刑法典体系明显滞后于社会现实，以旗民交产与通婚为例，实际

---

[1] 吴坛著，马建石、杨育棠主编：《大清律例通考校注》，北京：中国政法大学出版社，1992年，第21页。
[2] 沈家本：《顺治律跋》，《寄簃文存》卷8，北京：中华书局，1985年，第2268—2269页。
[3] 《钦定户部则例》卷99，同治十三年刊本，第8页b。

上已经打破《大清律例》的禁例,却没有做出相应的修改。而《户部则例》却几次修纂,做出变通规定,弥补了《大清律例》的严重缺陷。

第四,《大清律例》在历次修订时,就整体而言,例文有增无减,有改无删,这就使许多例文前后抵触,自相矛盾。薛允升称,例文与现实不符者"甚多",他还说:"盖专就修例时年岁核算,每届重修时,即应奏明更正此办法也。乃二百年来,从无改正一条,何也?"[1]这反映了立法者对于祖宗成法所持的保守态度。与此相比较,《户部则例》能够将奏准、题定或钦遵上谕而形成的新例,及时加以补充,或用于取代旧律,表现了很强的现实性和时效性。

第五,《户律》中的一部分例文,在实施时必须参照《户部则例》相关条款才能生效。例如"脱漏户口"雍正十二年例文规定:"八旗尺遇比丁之年,各该旗务将所有丁册逐一严查,如有漏隐,即据实报出,补行造册送部。如该旗不行详查,经部查出,即交部查议。"此例文中的"送部""经部查出",均指户部而言。由于《户部则例》户口门"比丁"等条的规定较之《大清律例·户律》详细,以致《户律·脱漏户口》律文无法颁布生效。薛允升称:"户部定有专条,较为详明。此例无关引用,似应删除。"[2]《户部则例》的法律效力于此可见一斑。

综上所述,由于《大清律例》是祖宗成法,具有严格的修律程序,而且涉及吏、户、礼、兵、刑、工各个方面,不可能根据变动的民事状况及时地做出补充修订。至于《户部则例》所调整的对象主要是民事行为,因而有可能及时地修订,确认和调整新的民事法律关系。特别是嘉道以后国是日非,固有的修例之制也难以维持。至于《户部则例》与《户律》之间产生了矛盾,一是由于不能及时修订《户律》附例所致,再者也反映了当时立法技术的水准。

再者,较之《大清律例·户律》,《户部则例》不仅在内容上更具体,而且体现了法与时转的特点。

---

[1] 薛允升著,胡星桥、邓又天主编:《读例存疑点注》,北京:中国人民公安大学出版社,1994年,第165页。

[2] 薛允升著,胡星桥、邓又天主编:《读例存疑点注》,北京:中国人民公安大学出版社,1994年,第163页。

（一）旗民婚姻关系与财产继承

《户律·婚姻门》"嫁娶违律主婚媒人罪"，附例如下："八旗内务府三旗人，如将未经挑选之女许字民人者，将主婚人照违制律，杖一百。若将已挑选及例不入选之女，许字民人者，照违令律，笞五十。其聘娶之民人一体科罪。"这是清初基于实行满汉不通婚之政策而订立的律文。但随着旗民间经济往来的频繁，旗民婚嫁也随即出现。因此《户部则例》的规定较之《户律》尤为详细，而且不乏酌情变通之处。如按律例科断后，"仍准完配，将该族女开除户册"，即惩罚后仍视为合法婚姻。则例本条还增加小注："惟告假出外在该省入籍生有子女者，准照同治四年六月奏案办理。"同治四年六月奏准案的内容为："旗人告假出外已在该地方落业编入该省旗籍者，准与该地方民人互相嫁娶。"又曰："若民人之女嫁与旗人为妻者，该佐领族长详查呈报，一体给予恩赏银两"，只是旗人娶长随家奴之女为妻者，严行禁止。反映了旗人法律地位与民人的平等，以及旗民通婚禁条的弛禁。

不仅如此，则例还规定，"八旗满蒙汉及各省驻防人等聘定未婚女子，因夫物故，矢志守节，或母家实无依倚，夫家尚有父母，并前妻子女情愿过门倚奉翁姑、抚养子女，著该旗查明咨部，准其收档入户，照例办理"[1]。这不仅弥补了律例之不足，而且也反映满汉婚姻关系的发展变化，以及法律所持的肯定态度。

《律例·户律》"立嫡子违法"条，禁止立异姓之子为嗣，养子虽有财产继承权，但"不许将分得财产携回本宗"。《户部则例》与此相同，但增加以下一段："至抱养之子，除初生抛弃者，不准捐考外，如果在周岁以后者，非初生暧昧不明，准其应考报捐，即用养父三代。"[2]既明确了养子的身份，同时又保护养子的出仕为官权，对抚养人有利，对稳定抚养人与被抚养人之间的关系有积极意义，也补充了《户律》对继嗣没有区别旗、民，致使刑例不能旗、民两适的缺陷。

---

[1]《钦定户部则例》卷1，同治十三年刊本，第29页b。
[2]《钦定户部则例》卷3，同治十三年刊本，第25页a。

《大清律例·户律》不准立异姓为子的立法原意是通过严禁旗人立民人之子及户下家奴子孙为嗣,以保证旗人财产、支领银粮不外流。然而《户部则例》在八旗立嗣条下,不但放宽立嗣条件,而且明言:"如实无昭穆相当之人,准继异姓亲属,取具该参佐领及族长族人生父,列名画押,印甘各结送部,准其过继。"[1]兵部例文也与此相符。由于此例文符合乾隆四十年上谕"立嗣亦不致以成例沮格""从权以合经"的立法精神,即允许立旗人异姓亲属之子为嗣,因此该例文被一直保留下来。这与刑律例文明显冲突。因此,薛允升指出:"刑部改,而别部例文未改,有犯,碍难援引。"[2]但在实际中八旗人口稀少,异姓之间多为亲戚关系,因此,异姓承嗣并不少见,在这方面《户部则例》的效力高于《大清律例·户律》。

此外,《律例》中八旗无子立嗣例文:"寻常夭亡未婚之人,不得概为立后,若独子夭亡……准为未婚之子立继。"但对"夭亡"无年龄限定,《户部则例》则载明:"子虽未婚娶,业已成立当差,年逾二十岁身故者,亦准予立继。""凡未婚而年在二十岁以下夭亡者无后,在父自当先从故子同辈中按照服制次序为其父立继,如阖族中实无故子同辈可继之人,亦只得为未婚夭亡之子立继,不得重复议继,致滋讼端。"既有年龄规定,又在法律上堵塞了争讼漏洞。

从整体看,由于《户部则例》按清代最明显又最重要的民事主体之不同,将八旗与民人继嗣分为两门,明示区别,因此比《大清律例·户律》之混于一处更为完善。例如"清厘旗档"条对民人之子自幼随母改嫁与另户旗人者,成丁后取结报部,令其为民,实际上明确了民人之子的身份并不因其母改嫁的关系而改变。与此同时,凡旗下家人之子随母改嫁与另户,民人之子随母改嫁与族下家人,及家人抱养民人之子者,丁册内注明,均以户下造报。明确了此等人不具有民人一样的法律地位。[3]

---

[1]《钦定户部则例》卷1,同治十三年刊本,第6页b。
[2] 薛允升著,胡星桥、邓又天主编:《读例存疑点注》,北京:中国人民公安大学出版社,1994年,第177页。
[3]《钦定户部则例》卷1,同治十三年刊本,第24页b。

(二）出旗为民及旗人出外谋生的法律认定与调整

由于咸丰后出旗为民的大量涌现，以及旗人出外谋生禁条的废止，促使户部及时制定了相关民事责任管辖的法律条文。《户部则例》"旗人告假出外"条规定："旗人有愿出外营生者，准将愿往省份呈明，该参佐领出具图结报明，该都统给予执照，填写三代年貌家口，盖用印信注明册档，随时分咨户、兵二部，准其出外营生，或一人前往，或携眷前往，均听其便。""有愿在外落业者，即在该管州县将愿领执照呈请详缴，由该省督抚分咨部旗，编为该地方旗籍……有愿入民籍者即编入民籍。所有户婚田土词讼案件统归地方官管理。"[1]"各省驻防兵丁及由驻防升用官员及由京补放官员，情愿在外置业者，也悉从其便。"[2] 对"旗民杂处村庄"则规定：旗人有犯，许民人举首；民人有犯，许旗人举首。地方官会同理事同知办理。这些规定，对旗民畛域的破除，旗民法律地位的趋于平等，尤其是对改变旗人倚食官府、出外谋求生计有积极意义，并且补充了《户律》"人户以籍为定"例文所不备。

此外，《则例》卷三户口门"民人奴仆""人户籍贯""豁除贱籍"等例条，对民事主体关系的调整，均详于《户律》。

(三）调整旗民之间产权、典权关系的规定

清代前期，出于维护满族贵族及旗人的优越地位，法律严禁旗民交产。《户律》"典买田宅"例文，是针对八旗而言，此例据雍正十三年（1735）上谕，遵旨纂定，惩处甚严。但《户部则例》"违禁置买"条有小注曰："驻防兵丁不在此例"，即驻防八旗不受此条法律限制。薛允升曾经指出修订《大清律例》时"未经添入（此小注），系属遗漏"。[3]

嘉庆十三年（1808）《户律》"典买田宅"例文，仍然严禁民人典买旗产。但咸丰时修订《户部则例》，对"旗民交产"条作出详尽规定。

---

[1]《钦定户部则例》卷2，同治十三年刊本，第9页a。
[2]《钦定户部则例》卷2，同治十三年刊本，第15页a。
[3] 薛允升著，胡星桥、邓又天主编：《读例存疑点注》，北京：中国人民公安大学出版社，1994年，第202页。

如民人承买旗地，准赴本州县首报地亩段数，呈验契据，该管官验明后发给旗产契尾，令其执业。[1]不但京旗屯田、老圈、自置，俱准旗民互相卖买，而且"照例税契升科"，"均准投契执业"，[2]这使得旗民交产合法化。不仅如此，例文还对旗人违法买卖作出惩罚规定，"如旗人将祖遗及自置田房典卖与人，不将原契跟随，或捏造民契过税出卖后，本人物故，其子孙恃无质证持原契控告者，审实，照契价计赃，以讹诈论，有禄人加一等治罪"[3]。

对民人契典旗地，《则例》确定了回赎期限（二十年），如果超过立契期限，"即许呈契升科（小注：无论有无回赎字样），不准回赎"。如果在限内，仍准回赎。对限内无力回赎欲改为绝卖者，"许立绝卖契据，公估找贴一次"，如果买主不愿找贴，"应听别售，归还典价"。"如或不遵定限，各有勒掯找赎情事，均照不应重律治罪。"[4]既保护了双方的利益，又限制了不法行为。可见这方面的民事立法已颇为完善。

《户部则例》在"置产投契"条中详尽规定了旗人间典买田地及旗人典买民人田地的法律关系。在"撤佃条款"中还就民佃官赎旗地、民佃易主旗地、民佃入官旗地等各种不同主体下的权利义务关系，对撤佃条件、履行义务等做了详尽规定，[5]是旗民间契约制度发展的重要体现。

与《户部则例》相比，《大清律例》的相关部分仍胶执清前期的规定，光绪十五年（1889）甚至一度恢复了原有的禁止旗民交产的例文。为此，薛允升指出："即此一事，而数十年间屡经改易，盖一则为多收税银起见，一则为关系八旗生计起见也。"[6]由于《大清律例·户律》中的相关例文已成具文，显示出了严重滞后。

另据乾隆十六年（1751）刑部议定的"典卖田宅"例，对不税契过割的惩罚规定："凡州县官征收田房税契，照征收钱粮例，别设一柜，

---

〔1〕《钦定户部则例》卷10，同治十三年刊本，第14页a—b。
〔2〕《钦定户部则例》卷10，同治十三年刊本，第14页a。
〔3〕《钦定户部则例》卷10，同治十三年刊本，第20页a。
〔4〕《钦定户部则例》卷10，同治十三年刊本，第15页a。
〔5〕《钦定户部则例》卷10，同治十三年刊本，第3页a。
〔6〕薛允升论此最详，参见薛允升著，胡星桥、邓又天主编：《读例存疑点注》，北京：中国人民公安大学出版社，1994年，第204页。

令业户亲自赍齐契投税，该州县即粘司印契尾，给发收执。若业户混交匪人代投，致被假印诓骗者，即照不应重律杖八十，责令换契重税。"此条例中并无代投治罪之条，而这又恰恰是民间流行的弊端。为此《户部则例》"征收事例"规定如下："州县征收钱粮……于花户完纳时眼同登记，填发串票……如有借手户书，致有完多注少等弊，该督抚题参"；"州县经征正杂钱粮，听纳户自封投柜"。[1]但是由于大户包揽小户，通过户书上下其手，代为完纳，引发大户与小户词讼纷纷。例如河南巡抚田文镜到任不久，便发现"豫省各州县征收钱粮，竟有不令小民自封投柜，纵容劣衿银匠柜书串通包揽，代为完纳，空填流水，出给串票，直至拆封之日方行入柜"。为杜绝此项弊端，保护小民合法利益，田文镜征引户部上述定例及处分例，移文全省司道府州官吏转饬所属，"嗣后钱粮俱各遵照定例，令小民自封投柜，眼同柜书登填流水，即给串票。将银听粮户自行穿线入柜，不许交给衿监、银匠、柜书、原差代纳。而该司道府州不时稽查，如有前项包揽棍徒，立即严拿详报，以凭照例分别褫革枷责"[2]，从而雄辩地说明了在司法实践中《户部则例》的效力和价值。

（四）对于汉族与其他少数民族之间的婚姻、财产、交换等关系的规定

汉族与少数民族间的民事法律，《大清律例》几乎付诸阙如，而《户部则例》"番界苗疆禁例"等例目填补了这方面的空白。

譬如，清朝一般禁止汉苗两族交易田产，但《户部则例》规定："贵州省汉苗呈控典卖田土事件，该地方官查其卖业年份远近、是否盘剥，折责，秉公定断"，"清查以后，凡系黔省汉民，无论居黔年份久暂，相距苗寨远近，及从前曾否置有苗产，此次曾否领颁门牌，一概不准再有买当苗产之事"。实际上通过承认清查以前的汉民置苗产，默认了汉苗间田产交易。

《则例》还规定对于客民迁移回籍所遗产业，苗民无力收买，准售

---

[1]《钦定户部则例》卷9，同治十三年刊本，第6页b。
[2] 田文镜著，张民服点校：《抚豫宣化录》卷3下，郑州：中州古籍出版社，第153页。

与有业汉民；其所当苗产，许苗民呈明取赎；如是客民垦荒成熟，酌断工本。既保护了苗民田产，也照顾了客民的权益。

除一般禁止汉民置买苗产外，对汉民典种苗土，汉民前往苗地贸易、放债等均不在禁止之列，而且在法律上予以保护。尤其是法律承认汉苗间的租佃关系，规定客民招佃，原系苗民者仍照旧承佃，不得另招流民，也不准额外加收，均照原契数目；如系未耕土地，先由苗佃开垦，所出租谷照苗寨旧规酌分；对苗民承佃客田，揩不纳租，准客民控官究追。兴义、普安一带客民，"有置当苗民全庄田土者"，所招佃户也多系汉人，因此特别规定：如有退佃，先从原庄苗人承佃，如苗人不愿佃种，仍许汉人佃种。

在苗寨贸易开店之客民，将钱米货物借给苗民，只许取利三分，严禁全利盘剥，更不许将苗民田土子女折为钱物，违者严惩。

此外，《户部则例》对广西苗民交易、典佃等事项，也作出法律规定。[1]

《户部则例》的上述规定为处理汉族与西南少数民族间的田土财产关系提供了法律依据，对解决民族纠纷、增强民族团结无疑具有积极意义。

（五）为旗民田房争讼提供了法律依据

清代就完全民事主体而言，主要包括旗、民两大主体。从严格意义上说，二者的法律地位有所不同，同罪异罚较为普遍。《大清律例》中反映明显。但由于《律例》没有对民事行为主体加以严格区分，因此执行上带来相当不便。《则例》在这方面显示出立法技术的完善。《户部则例》"通例"门中"现审田房词讼"，共有二十四条例文，内容极为丰富，涉及旗民争控户田案件、旗民互控案件、部审旗民互控事件、旗人之间的田地案件等方面，而且对于管辖与受理衙门、诉讼程序、审判权限、审结时限、"抱告代审"，以及监督等均作出详细规定。凡"应批断者即行批断，应送部者必查取确供确据，叙明两造可疑情节，具结送

---

[1] 以上均见《钦定户部则例》卷4，同治十三年刊本，第17页a—第22页a。

部"。如两造隐情不吐,"必须刑讯者,会同刑部严审"。这种限制规定是有别于刑事诉讼的。如需实地勘查,应将当事人"押发州县,令会同理事同知查丈审结"。而且规定八旗现审处办理旗民交涉案件自人、文到部之日起,限三十日完结。

总之,"现审田房词讼"是旗民财产关系不断发展的产物,堪称清代的民事诉讼法。

综括上述,清朝民事法律继承了中国民事法律的悠久传统,尤其是清中叶以来经济的发展,以及经济关系的变革,推动了《大清律例》中《户律》的出现。但由于《大清律例》相对稳定的特征,以及它毕竟属于以禁与罚为核心的刑法典,因此无论是从民事关系的调整范围上,还是从民事法律规范的内容上,都不如《户部规则》广泛和具体。可以说,《户部则例》是清代民事法律比较集中的制定法,大体代表了清代民事立法的成就和水平。由于《户部则例》中一些重要的例,经过一定程序编入《大清律例》,因此某些民事案件依照《大清律例》审结与依照《户部则例》审结具有一致性。另据《户部则例·现审田房词讼》,有些民事案件或予民事制裁,或予行政责处,或予刑事制裁都分别作出了具体规定。可见《户部则例》不仅针对民事法律关系的发展及时修订,以补充《大清律例·户律》的不足,而且在司法实践中起到了法律根据的作用,尤其是嘉道以后律例与则例出现明显矛盾,以致在实践中依则例而不依律例,这是因为则例具有现实性、时效性,而非作为成法的律例可比。

(原载《比较法研究》2001年第1期,与张晋藩合作)

关于《户部则例》法律适用的再探讨

在清代颁布的几百种则例中,《户部则例》尤其值得注意,这是因为经过十几次大规模修纂颁行的《户部则例》,及时调整了清代的民事法律关系,弥补了《大清律例》相关法律的重大缺陷。特别是律例体系于乾隆时期稳定以后,通过不断修订《户部则例》,以适应清中叶社会重要变革的需要,其法律调整的功能凸显出来。

按照其他各部事例,"有与律义相合者"采入律例的原则[1],每次修订律例时,刑部都将各部则例中事关罪罚,应入例者纂入律例。换言之,律例中的例文,有相当一部分采自各部则例。如果阅读晚清律学家薛允升的《读例存疑》,就会对此了然于目。但由于律例主要关系刑罪,而各部则例显然与之不同,因此即使同一法律渊源的例文,反映在律例和各部则例上,其适用范围又有明显区别。研究清代例文的变化,颇能看出法律实施的时间效力。但由于户部定例或则例采入律例是出于"治罪"的需要,而采用后的刑律例文有语焉不详、歧义纷出之类错谬,这使我们仅仅依据《大清律例》的例文不能全面了解清代相关法律的变化,甚至会出现诸多"误读"。当然,就一般性而言,古代的法律文本,只有通过司法引用,才好说明其法律效力之存在。那么,《户部则例》是否被引用?如何引用?以下通过四个例文的制定及其进入司法程序的多个案例来回答这个问题。

---

[1] 乾隆《大清会典则例》卷124,乾隆二十九年刊本,第31页a。

一、从"旗民结姻定例"看《户部则例》的法律适用

旗人在法律上的优越地位是清代民事主体不平等的重要体现。但自乾嘉以来,随着"八旗生计"的日益困窘,旗人的社会地位已逐渐沦降。反映在旗民间的婚姻关系方面,以往几乎没有旗人之女嫁与民人为妻的案例,但此时已有较多这方面的案例。因此,嘉庆时期,对"旗人婚嫁"作出规定,禁止旗女嫁与民人为妻。[1]

在道光二年(1822)校勘本《户部则例》中,有"旗人婚嫁"例文:

> 旗人之女不准与民人为妻。若民人之女与旗人联姻者,该族长佐领详查呈报,一体给与恩赏银两。如有谎报冒领,查出从重治罪。[2]

户部这条例文实则鼓励民女嫁与旗人为妻。但旗女嫁与民人为妻应如何治罪,并无明文规定。道光十六年(1836)的一个案例促使皇帝下旨令户部议定例文。

这一年发生了镶白旗汉军马甲德恒之母陈陈氏,将次女许配给民人高纬保为妻一案。此案最初送呈刑部时,刑部感到"难断",不但刑律无此专条,即使《户部则例》亦无治罪之条,而此案如按《户部则例》科断,只能令其断离,但又不符合"从一而终之义"。刑部为此上奏称:镶白旗汉军马甲德恒之母陈陈氏将次女许与民人高纬保为妻,查律例并无旗民结姻作何办理专条,《户部则例》亦无作何治罪明文。向遇此等案件,其已婚嫁者未便致令失节,只令户册除名,免其离异,将主婚之人照违制律杖一百,或照违令律笞五十,办理即未能划一。今陈氏系未嫁之女,当令退婚,而乃以死自誓,不愿另嫁。论女子从一而终之义,似难断离;据旗女不婚民人之文又难判合。为此请旨饬下户部妥定条

---

[1] 据满族史专家定宜庄研究,清代对"旗人婚嫁"作出明确规定很可能在嘉庆时期。见定宜庄:《满族的妇女生活与婚姻制度研究》,北京:北京大学出版社,1999年,第342页。
[2] 《钦定户部则例》卷1,道光二年校勘本,第27页。

例,以便遵守。

　　道光帝接到刑部上奏后,随即下旨称:刑部现行律例,并无旗民结姻作何办理专条。《户部则例》载有民人之女准与旗人联姻,一体给与恩赏银两,旗人之女不准与民人为妻,亦并无违者作何治罪明文。此案陈陈氏将次女许给高纬保为妻,止经聘定,著准其完配。嗣后应如何明定条例,著户部妥议具奏。钦此。

　　户部接到谕旨后,立即给刑部发一咨文,咨查刑部历年所办此等案件如何未能划一。刑部当即查出两个案例咨送户部:一个是嘉庆十五年(1810)夏氏将未经挑选之旗女私行许配民人刘贵为妻,照违制律治罪;另一件是本年他克什布以已经销除旗档之人为伊义子王七聘娶旗人富李氏之女为妻,照违令律治罪。

　　户部依据《户部则例》的相关条款,参照《大清律例》,又特别按皇帝特旨,定例具奏如下:臣等伏查《则例》内载"旗人之女不准与民人为妻,若民人之女与旗人联姻者,该族长佐领详查呈报,一体给与恩赏银两","至旗人娶长随家奴之女为妻者,严行禁止"等语,定例严明,遵循已久。近年旗人户蕃人众,间有以女许字民人者,迨知有干例禁,议及退婚,而女子矢志靡他,大率不肯另嫁,以致互控到官。若判合,既与定例未符;若断离,又非所以敦风化。今刑部所奏陈陈氏将次女许给高纬保为妻一案,仰蒙皇上洞悉下情,俯念女子从一而终之义,特旨准其完配,实为至允极当,并谕令妥议条例。臣等公同核议:窃以为律设大法,礼顺人情,自当因事制宜,俾昭遵守。拟请嗣后八旗内务府三旗旗人内,如将未经挑选之女许字民人者,请将主婚之人照违制律治罪;若将已挑选及例不入选之女许字民人者,请将主婚之人照违令律治罪。其民人聘娶旗人之女者,亦一体科断。至已嫁暨已受聘之女,俱遵此次恩旨准其配合,仍将其女开除户册,以示区别。[1]

　　户部还奏请,"俟命下纂入则例"。

---

[1] 祝庆祺等编:《刑案汇览全编·续增刑案汇览》卷3《户律·婚姻》,北京:法律出版社,2006年,第155—156页。

经道光帝谕准"从之"[1]，遂载入《户部则例》。

户部所议定的这一例文，后一并载入《大清律例·户律》附例，但例文不如《户部则例》为详，刑律例文为：八旗内务府三旗旗人，如将未经挑选之女许字民人者，将主婚人照违制律，杖一百；若将已挑选及例不入选之女，许字民人者，照违令律，笞五十，其聘娶之民人一体科罪。[2]与《户部则例》相比较，户律的例文删去了"至已嫁暨已受聘之女"，"准其配合，仍将其女开除户册"一句。而且，《户律》例文中的"若将已挑选及例不入选之女"云云，涉及皇嗣龙脉之延续，即民间俗称的"选秀女"之制，《大清律例》无此专条，而在《户部则例·户口·选验秀女》中非常详尽，同治十三年（1874）刊本的《户部则例》共有例文十九条，另有嘉庆、道光帝"永著为令""永著为例"等谕旨六道。因此，何者为"例不入选之女"，必须以《户部则例》的"选验秀女"例为准。[3]

道光十六年对旗民婚姻的立法，反映在咸丰元年（1851）刊本的《户部则例》中，该则例"旗人嫁娶"条规定：

> 旗人之女不准嫁与民人为妻。倘有许字民人者，查系未经挑选之女，将主婚之旗人照违制律治罪；系已经挑选及例不入选之女，将主婚之旗人照违令律治罪。聘娶之民人亦将与主婚者一例科断，仍准其完配，将该旗女开除户册。若民人之女嫁与旗人为妻者，该佐领、族长详查呈报，一体给与恩赏银两。如有谎报冒领情弊，查出从重治罪。至旗人娶长随家奴之女为妻者，严行禁止。[4]

这条例文本着情、法两不废的原则，坚持法律的严肃性与强制性，同时又以"仍准其完配"的规定顺应了礼情。而一再强调道光十六年的

---

[1]《清宣宗实录》卷280，道光十六年三月丙申，北京：中华书局，1987年影印本，第37册，第318页。
[2] 薛允升著，胡星桥、邓又天主编：《读例存疑点注》，北京：中国人民公安大学出版社，1994年，第224页。
[3]《钦定户部则例》卷1，同治十三年刊本，第14—23页。
[4]《钦定户部则例》卷1，咸丰元年刊本，第1页。

"仍将其女开除户册",即开除旗籍的规定,这当然是极为严厉的惩罚。

值得注意者,《户律》的前述例文没有变化,但《户部则例》的例文经再次修订后对旗女嫁民人为妻进行了部分放宽。如在户例前引完整例文后有加注小字二行:"惟告假出外在该省入籍生有子女者,准照同治四年六月奏案办理。"[1] 同治四年(1865)六月的奏案内容在"旗人嫁娶"的例文中有详细规定:"旗人告假出外已在该地方落业编入该省旗籍者,准与该地方民人互相嫁娶。"此例文后附有小注:同治四年六月准奏。

这一补充例文是同治四年六月,推广旗人听往各省落业附籍办法后出台的。

当时山西巡抚沈桂芬条陈恤旗民而实边防一折:旗人听往各省之法,道光年间曾经筹办有案,现拟另为推广,以裕旗人生计。请嗣后旗人有愿出外营生者,无论降革、休致文武官员及未食钱粮、本食钱粮举贡生监,暨兵丁闲散人等,准由该都统给照前往,如愿在外省落业,准其呈明该州县编为旗籍,其服官外省之降革、休致文武官员及病故人员之子孙亲族人等,无力回京者,亦准一体办理,所有词讼案件,统归该州县管理。如有不安本分滋生事端者,即由该地方照民人一律惩治。其愿入民籍者,即编入该地方民籍。

皇帝将此奏折发交八旗都统会同户部议奏,并制定相应条例。户部等议定的条例基本上采纳了沈桂芬的建议。皇帝以其"所筹尚属周妥",准予推广。[2]

这项条例实际上规定除八旗现任文武官员外,旗人可以到各省落业,也可以编入各省旗籍或民籍。同时,由于各省旗人词讼案件统归州县管理,"照民人一律治罪",因此,旗民间的界域已被打破,各省旗、民之间的通婚也就正常了。

由于各省八旗"准与该地方民人互相嫁娶",因而同治四年的《户部则例》例文,起始就对其适用范围做了界定,把禁止旗女嫁与民人的

---

[1]《钦定户部则例》卷1,同治十三年刊本,第29页b。
[2]《清穆宗实录》卷144,同治四年六月甲午,北京:中华书局,1987年影印本,第48册,第379页。

主体限定在"在京旗人之女"这一范围。[1]但《户律》的例文没有相应更改,因此其法律效力要大打折扣。

从驻防八旗的执行情况看,显然是遵循《户部则例》的。如光绪五年(1879)长善等撰的《驻粤八旗志》中"旗人嫁娶"条,一字不易地将咸丰元年《户部则例》中的"旗人嫁娶"照录过来[2]。

就旗女不得嫁民人为妻的法律禁条而言,直到清朝行将灭亡的前夕,即光绪二十七年(1901)才完全废除。[3]

二、从"夺佃定例"看《户部则例》的法律适用

由于土地的耕种、施肥、灌溉等过程需要投入较多的人力物力,而其获益期限又较长,这就要求租种地主土地的佃户的佃权有法律的保护。清入关之初,通过"圈地""投充"等形式,使广大自耕农成为旗人地主的佃户。而维护主、佃关系在清代有着特殊的意义,但《大清律例》中无此条款,而在实践中的诸多案例恰是适用《户部则例》的相关条款。

我们先来看夺佃条款的议定。

撤佃条款是乾隆四年户部定例。起因是清政府出公帑赎回民典旗地后,户部议请允许旗人承买。乾隆却不赞成这样做,他在上谕中称,原先圈给旗人的土地,现已"渐次典与民间为业,阅年久远,辗转相授,已成民产。今欲将从前典出旗地陆续赎回,必须于民全无扰累,办理始为妥协"。而且,八旗贫乏兵丁,也拿不出钱买地,势必都归富户,因此认为户部会同八旗议奏的情况不尽合适。为此,乾隆将他的疑虑以上谕的形式行文直隶总督孙嘉淦,让这位直接管理旗民交处之地的大吏发表意见。[4]孙嘉淦曾以乾隆即位之初上《三习一弊疏》而名震朝野,他接到上谕后又上了一篇有名的《八旗公产疏》,指出民种旗地,旗取其

---

[1] 同治十三年校勘本《钦定户部则例》卷一。《钦定户部则例》卷1,同治十三年刊本,第29页a。
[2] 《驻粤八旗志》卷5,沈阳:辽宁人民出版社,1992年,第250页。
[3] 《清德宗实录》卷492,光绪二十七年十二月乙卯,北京:中华书局,1987年影印本,第58册,第504—505页。
[4] 光绪《大清会典事例》卷159,北京:中华书局,1991年影印本,第2册,第1022—1023页。

租，"一地两养，彼此相安，从无异说"。但近年来因夺佃互控后，旗奴庄头从中取利，而"田主苦于欠租，虽有地而无利，民人苦于另佃，求种地而不得"。因此提出订立不得夺佃之法，"洵为旗民两便之道矣"[1]。乾隆令户部会同八旗议定。

户部在会同八旗遵旨议定的"夺佃条款"中主要有三款规定：民典旗地动公帑取赎，在百姓不苦于得价还地，实惧其夺田别佃，应令地方官于赎地之时，询明现在佃种人姓名及现出之租数，造册三本，一存地方官处，一存部备案，一送八旗抄录备案。嗣后无论何人承买，仍令原佃承种，其租银照册收取，不得分别需索。如本佃抗欠租银，许地方呈官别佃；若并未欠租，而庄头土豪无故增租夺种者，审实治罪。再，田主果欲自耕，则佃人虽不欠租，亦当退地；若地主并非自种而捏称自种别佃者，审实亦量治其罪。[2] 这一条款一直沿用，在同治十三年的《钦定户部则例》中，几乎没有任何文字变化。[3] 据礼亲王昭梿讲，这一条款在他生活的嘉庆年间，"旗民赖以相安无事"[4]。

然而，这一条款在乾隆五十六年（1791）和珅当政时进行了更改。和珅当时以大学士管理户部事务，于这一年奏准：民人佃种旗地，其原佃额租本轻，现有别佃情愿增租及情愿自种者，均由业主自便，从前不许增租夺佃之例废止。[5]

由于户部新例的实施，引起旗民之间聚讼纷纷，因此于嘉庆五年（1800）正月，即赐和珅自尽的第二年，户部又奏请恢复乾隆四年户部例文。户部上奏时首先具引《户部则例》：

> 查臣部则例内载：民人佃种旗地，地虽易主，佃户仍旧，地主不得无故夺佃增租；如佃户实系欠租，方许地主呈官另佃；或地主实欲自种，佃户虽不欠租，亦准退地；若并无前项情事，而

---

[1] 孙嘉淦：《八旗公产疏》，贺长龄等辑：《清经世文编》卷35，道光六年刊本，第21页a—第22页a。
[2] 光绪《大清会典事例》卷159，北京：中华书局，1991年影印本，第2册，第1022—1023页。
[3] 《钦定户部则例》卷10，同治十三年刊本，第3页a—第5页b。
[4] 昭梿：《啸亭杂录》卷7，"孙文定公"，北京：中华书局，1980年，第189页。
[5] 刘锦藻：《清朝续文献通考》卷7《田赋七》，上海：商务印书馆，1937年，第7557页。

庄头、地棍串唆夺佃增租者，审实严加治罪；等语。此系原任大学士孙嘉淦奏准入例之条。臣等细推，例义原属周详。……数十年来，遵行已久，业佃两得其平。自乾隆五十六年和珅管理户部时，将此例禁奏改，任听地主增租夺佃，其民人佃种庄头旗地，亦俱听其自便。数年以来，旗人及内务府庄头撤地另佃者，实复不少，而赖耕为食之贫民，一旦失其生计，恐不免游手为匪，实于政治民生均有未协。臣等再四思维，应仍请改照旧例禁止增租夺佃，以安贫民而杜陇断。[1]

户部在接下来的奏文中，还将嘉庆四年底的一宗增租夺佃案叙入，并请求按原例即乾隆四年《户部则例》裁处：

再，嘉庆四年十二月十九日，据都察院咨送乐亭县民人井善继呈控内务府庄头蔡志成并不欠租夺种地亩等情一案，奉旨：户部查奏。钦此。臣等细查该民人所控情节，即因夺佃涉讼，虽称并无欠租，唯系一面之词，且该庄头撤出之地，是否该庄头自种，抑系另佃增租之处，例有分别，必须查明，方可核办。应将原告井善继及该庄头蔡志成，并照抄井善继原呈，一并解交直隶总督，查讯明确，即照旧例定拟。

户部于嘉庆五年正月二十二日上奏，当日奉旨"依议"。[2]户部这一修改例"允准纂入定例通行"[3]后，是否真的"通行"了呢？回答是肯定的。因为户部当即将"奏准从前准其增租夺佃之例即行停止等因一案，移咨盛京内务府、锦州副都统衙门，盛贮公文封套二角，咨送兵部转行"[4]。

---

[1]《会计司呈稿》，中国人民大学清史研究所、中国人民大学档案系中国政治制度史教研室编：《清代的旗地》，北京：中华书局，1989年，下册，第1253页。
[2]《会计司呈稿》，中国人民大学清史研究所、中国人民大学档案系中国政治制度史教研室编：《清代的旗地》，北京：中华书局，1989年，下册，第1253页。
[3] 王庆云：《石渠余纪》卷4《不许增租夺佃》，北京：北京古籍出版社，1985年，第201页。
[4]《会计司呈稿》，中国人民大学清史研究所、中国人民大学档案系中国政治制度史教研室编：《清代的旗地》，北京：中华书局，1989年，下册，第1252页。

尽管恢复了乾隆四年（1739）户部例文，但因有"自种"例文，因而仍有旗人地主以自种为名行夺佃另种之实，致使讼案繁多。为此，嘉庆二十年（1815）御史陆言奏请，限定地主自种亩数，其上疏首先援引《户部则例》：

> 伏查户部则例内载：民人佃种旗地，地虽易主，佃户仍旧，地主不得无故夺佃增租。如佃户实系拖欠租银，仍许地主呈官另佃；或地主实欲自种，佃户虽不欠租，亦应退地。若并无前项情事，而庄头、地棍串唆夺佃增租者，审实严加治罪。等语。推原例意，盖以近京一带，民人皆借佃种旗地为生，坟墓室庐往往即在佃种地内，凿井灌溉，费用籽本，子孙相承，由来已久，故非有欠租及偷典情弊，概不准夺佃，所以使旗民各安其业，立法最为尽善。

陆言在上奏中指出，由于"夺佃"文例中有"自种"之例，致使以自种为名实则夺佃者颇多，而如此一来又干"例禁"，使佃户纷纷控诉。"两造各执一词"，都引《户部则例》为据，致使讼案久悬。为此他请求"酌定亩数，纂入则例，永远遵行"：

> 近来旗民互控之案，多由庄头、地棍串唆地主，因增租不遂，从而夺佃，又因夺佃有干例禁，往往假自种为名，辄欲将十数家分佃之地，概请押退，承审官虽悉其弊端，特以例有自种之文，无凭驳斥。而各佃户因佃种日久，一旦失业，衣食无资，又以地主实系增租夺佃，纷纷控诉。两造各执一词，案悬不结，旗民均受其累，殊非从前定例之本意也。臣犹思听讼贵清其弊源，立法不厌其详密。查地主力能自种之地不过数十亩，若不予以限制，则庄头、地棍仍得从旁唆串，致启地主假托之端，应请敕下部臣，详悉妥议，酌定亩数，纂入则例，永远遵行。如此则地主仍有可种之地，而佃户不致有失业之虞，实于旗、民两有裨益。臣管见所及，是否有当，伏乞皇上圣明睿鉴，敕部施行，谨奏。嘉庆

二十年七月初二日奉朱批：户部议奏。钦此。[1]

陆言上疏强调用"自种"亩数的规定来限制夺佃增租之实。但"自种"的概念本来就很模糊，因此操作起来颇难。但上疏者一再具引《户部则例》，说明它的法律适用效力是很强的。

三、从"房田买卖定例"看《户部则例》的法律适用

在传统社会，实物财产的最主要形式除了地产，就是房屋了。

同旗地一样，旗房也是清初通过强行圈占后分拨给旗人的旗产。最初，清政府实行"满汉分城"，即旗人住内城，民人住外城。康熙二十二年（1683），允许旗人移居外城，旗人之间、旗民之间的房产交易由此逐步展开。雍正十二年（1734），经户部奏准定例，允许八旗官兵购买入官人口、房产，从而使旗房私有化有了法律上的保障："八旗官兵人等有将现银承买入官人口、房产者，即将银两先行交部，俟收明银两知照到旗之日，两翼给予印信执照，报部入册。如有将俸禄银粮坐扣抵买者，一面咨部坐扣俸饷，一面将人口、房产给认买人领去，俟俸饷坐扣完日，再行知会两翼给与执照，报部入册。"[2] 户部这一定例于乾隆五年纂入《大清律例·典买田宅》例文中。

但是，这一采入《大清律例》的户部定例只反映原属国家所有的旗产向旗人私有转化的法律认定，但旗、民间的房产交易仍被严格禁止。

乾隆四十七年（1782），清政府颁发谕令，在限制民人购买入官旗地及旗地上的房屋数量的同时，事实上承认了旗、民间房屋买卖的合法性。[3]

嘉道以后，旗民交产逐渐放开，最值得注意的是，咸丰年间颁行的房契文书，后附写契投税章程，而章程中将《大清律例》与《户部则例》并载。

---

[1]《军机处录副奏折》，中国人民大学清史研究所、中国人民大学档案系中国政治制度史教研室编：《清代的旗地》，北京：中华书局，1989年，下册，第1283页。
[2] 薛允升著，胡星桥、邓又天主编：《读例存疑点注》，北京：中国人民公安大学出版社，1994年，第202—203页。
[3] 光绪《大清会典事例》卷1120，北京：中华书局，1991年影印本，第12册，第136页。

试举咸丰九年（1859）的芮富春卖房契为例。此契共三纸：红契、房契官纸及契尾。房契官纸上部印有"房契官纸"（大字），钤印，具体内容为：

立卖房契人芮富春今因手乏，将民房一所，坐落 州厅县 村庄，坐向街门合 ，东邻 南邻 西邻 北邻统计共房 间，棚。门窗户壁俱全，上下土木相边。任元中人说合，情愿卖与牙纪州厅县 乡 村庄殷照之名下永远为业。言明卖价 平银 制钱其笔下交清，并不欠少。自卖之后，如有重契、盗典、盗卖，以及指房借贷官银私债，暨远近亲族人等争竞等情，俱有中人一面承管。恐口无凭，立卖房契，永执业为据。

随交上手累落红契 张，白字 张。

中人 孙光宇
牙纪 康慎公

写契投税章程列后：

一、律载：置买田房不税契者，笞五十；仍追契内田宅价一半入官。又户部则例内载：凡置买房不赴官纳税请粘契尾者，即行治罪，并追契价一半入官。仍令照例补纳正税。凡民间置买田房，自立契之日起，限一年内纳税。典契十年限满，照例纳税。逾限不税，发觉，照律例责追。……咸丰九年八月二十五日立卖房契人芮富春等。[1]

---

[1] 转引自张小林：《清代北京城区房契研究》，北京：中国社会科学出版社，2000年，第62—63页。

写税投税章程共有若干条，大多依据户部相关定例，在具列章程后有一句话：以上八条，牙纪人等均当切实遵办。可见，房屋买卖经纪人等对《户部则例》是要遵守的。这里投税章程所具引的《户部则例》例文，实际上是买、典并文，是相关条款的略写。在同治十三年校勘本《钦定户部则例》"置产投税"中有明确而详细规定，其第六条例文是对纳税时间的规定：凡民间置买田房，于立契之后限一年内呈明纳税……第七条例文是对不税契的惩处规定：凡置买田房不赴官纳税请粘卖屋者，即行治罪，并追契价一半入官。仍令照例补纳正税（后八字为小注，引者注）。……第八条例文是对由典到卖及税契的规定：民人典当田房契载年份，统以十年为率，限满听赎，如原主力不能赎听典主投税过割执业。……[1]

以上所引并非旗、民间的房屋交易，但把《户部则例》的相关条款写入房契买卖合同中，说明《户部则例》在法律上的适用。以下再引两个案例加以说明。

在《刑案汇览》所附《刑部事宜》中，有"援引户部则例案件应行会审"一条，并附有案例。此案是乾隆五十八年（1793）说帖。该年刑部江苏司审办王克敏负欠不还并已故张希盛等民典房一案。乾隆为此下谕旨："应否会同户部审办，交馆查核。"律例馆遵旨查核：此案张希盛价典旗人关福盛房间之处，前经江苏司具稿咨送户部会核，既经户部以未经讯问未便定议咨覆，似应即请户部派员会审，较为详慎。并请嗣后如有关涉户口、田地，应用《户部则例》之案，俱一体咨行户部，派员会审。[2]

田土、户婚即清人所谓"民间词讼"，也即我们今天所说的民事法律诉讼的主要内容，之所以"关涉户口、田地，应用《户部则例》之案"，要咨行户部，派员会审，因为这是户部职掌所在，刑部不能越俎代庖，同时也说明户婚、田土之类案件要具引《户部则例》。事实上，

---

[1] 同治十三年校勘本《钦定户部则例》卷十《田赋四》。《钦定户部则例》卷10，同治十三年刊本，第9页a—第13页a。
[2] 《刑案汇览》卷末《刑部事宜》。祝庆祺等编：《刑案汇览全编》卷49《刑律诉讼·教唆词讼》，北京：法律出版社，2006年，第3161页。

成于康雍之交的《古今图书集成》"律令部汇考"所收入的几十个《户部则例》的案例，有相当一部分是刑部移咨、户部定例的（详后）。更不用说旗、民间的田土、户婚争控案件，本来就是由户部现审处审理的。审理的依据除了最重要的物证，就是《户部则例》。

本来，房地交易买卖，必须税契，这在《大清律例·户律·典买田宅》以及《户部则例·置产投税》中均有明确规定。但对典契时限尤其是三五十年的"老典"，以及"名典实卖"行为，《户部则例》限制较多。而清政府从典价较低、体恤出典人情不得已着眼，往往或不要求税契，或请一再展限典契时间。嘉庆五年户部的一个上奏颇能说明问题：

> 伏查臣部则例内载：旗人典卖房地，系出卖，令赴左右翼纳税；系出典，令各报明该佐领记档，回赎时，仍令报明销档。又户律内载：凡民间活契典当田房，一概免其纳税，其有先典后卖者，按照卖契银两实数纳税。又查雍正十三年十二月奉上谕：活契典业，乃民间一时借贷银钱，原不在买卖纳税之例，嗣后听其自便，不必投契用印，收取税银，在京两翼收税之处，亦照此例行。钦此。嗣于乾隆三十五年臣部议覆御史增禄条奏，典契以十年为率，倘有于契内多载年分者，一经发觉，照白契典卖房地漏税之例笞五十，追契内原价一半入官，予限三年，令其首报，改典为买，一体上税，奏准通行。续于乾隆五十五年左翼监督巴宁阿条奏，八旗白契置买房地，并老典三五十年，从前遗漏未经纳税者，无论年分远近，准其再予展限二年补行纳税，其已过十年者，令原业备价回赎，如无力回赎，即令典主呈明，纳税执业，等语。均经臣部议覆，遵行在案。此亦因典契年远，讼端难息，不得不为之限制，以绝纷争也。乃自乾隆五十七年限满迄今，数年以来，臣部办理八旗争控田房案件，查验呈出契据，其遗漏未经补税及典契已过十年尚未报税者，仍复不少，此二项均属漏税，例应治罪，罚交契价一半入官。推原其故，或因身系屯居，路途窎远；在京孤寡，呈报无人；及兵丁人等不能及时措办纳税之资；辗转迟延，是以未能补税。但一经事犯到官，即应照例追价。此

内遇有实在无力完交者，该旗将本人应食钱粮，按月坐扣，或本人情愿，将所置田房交官变价，且更有刁佃人等，知其漏税情弊，遂尔挟制抗租，业主欲行呈告，又虑漏税罚追，似此案件，不一而足。臣等查，买卖房地，系议定时值价银，两相情愿，而典契则系一时乏用，暂为通融，其典价较卖价原不足数，若改典为卖，原业未免亏折，揆之情理，未为允协。伏思我皇上惠养八旗人等，每岁不惜数百万帑金，所以筹乐利者，至周且备。今因漏税，罚追契价，无力完交，致将房地、俸饷由旗咨请扣抵，似非仰体圣主惠爱旗人、远筹生计之至意。臣等公同酌议，仰恳圣恩，可否将旗人契典房地，除康熙年间典契仍不准控赎，及现在已经过税之案，均毋庸议外，其余活契出典房地，可否仍遵照雍正十三年谕旨，不必投契用印，收取税银，虽过十年之限，仍准原业回赎，概不税契，以息争端。抑或查照乾隆五十五年奏准展限之案，再行恳恩，宽为展限数年，俾屯居旗人家喻户晓，穷苦兵丁缓为措办，令伊等于限内将补税缘由自行呈明该翼，由翼将契纸发交该旗，令该管佐领钤用图记，送回该翼补税，给与本人收执，该参佐领毋得借端勒。如有甫满十年之契，并令问明原业主，准其于限内备价议赎，倘过限不赎，典主即赴翼报税，不准原业主于事后告找、告赎。倘限满再有隐匿不报者，仍照原议，追契价一半入官，照例治罪。是否有当，伏祈皇上训示遵行。谨奏请旨。[1]

清政府之所以多次展限典契回赎时间，是出于维护处于弱势地位的出典人绝大多数是"穷苦兵丁"，"无力完交"，因而只能曲法从情。户部于八月二十一日上奏，当日奉旨：著加恩再展限五年，如五年后，仍有未经纳税者，再行奏明请旨。钦此。[2]

尽管最高统治者屡施"圣恩"，对《户部则例》等相关规定"暂为

---

[1]《内务府来文》，中国人民大学清史研究所、中国人民大学档案系中国政治制度史教研室编：《清代的旗地》，北京：中华书局，1989年，下册，第1557—1558页。
[2]《内务府来文》，中国人民大学清史研究所、中国人民大学档案系中国政治制度史教研室编：《清代的旗地》，北京：中华书局，1989年，下册，第1557—1558页。

通融"，但不可否认的事实是：《户部则例》及其补充条款，或者"遵行在案"，或者"奏准通行"，而户部"数年以来""办理八旗争控田房案件"，依据的仍是乾隆三十五年奏准的"漏税之例"。

四、从"旗民交产定例"看《户部则例》的法律适用

清朝统治者本着"八旗为本朝根本，国家莫有要于此者"[1]的原则，通过"圈地"等形式分配给旗人"份地"。这些旗产是旗人赖以生存的经济基础，因此，《钦定大清会典则例·户部》明确规定："八旗地亩原系旗人产业，不准典卖与民，向有定例"[2]，这就是所谓"旗民不交产"的例禁。雍正元年（1723），清政府在颁发的八旗田宅税契令中进而明确解释说："查定例内，不许旗下人等与民间互相典卖房地者，盖为旗人恃房地为生，民间恃地亩纳粮，所以不许互相典卖，斯诚一定不易之良法也。"[3]

但事实上，随着经济的发展，尤其是雍乾以来，民人典买旗地的情况已呈不可遏制之势。乾隆二年（1737）御史舒赫德估计，旗地"近京五百里者，已半属于民人"[4]，三年后又一位御史禄谦上奏称："旗人地亩入于民间者，十之六七。"[5]乾隆十年（1745），御史赫泰上疏中讲得尤为清楚："至于在旗地亩，向例不许卖与民间，俱有明禁，因旗人时有急需，称贷无门，不敢显然典卖，乃变名曰老典，其实与卖无二，至今而旗地之在民者，十之五六矣。"[6]对于旗地产大量流失的严重情况，一方面清政府从维护"八旗根本"着眼，拿出重资"赎地回旗"，仅乾隆二十七年（1762）一次赎回民地即有二百多万亩[7]；另一方面，对于多年形成的事实上的买卖予以承认。雍正七年（1729）上谕以"典卖与民

---

[1]《世宗宪皇帝上谕旗务议覆》卷4，雍正四年二月二十一日奉，清乾隆文渊阁四库全书本，第6页a。
[2] 乾隆《大清会典则例》卷34，乾隆二十九年刊本，第19页b。
[3]《八旗通志》卷70《艺文志》，长春：东北师范大学出版社，1985年标点本，第1347页。
[4] 舒赫德：《八旗开垦边地疏》，贺长龄等辑：《清经世文编》卷35，道光六年刊本，第9页b。
[5] 中国第一历史档案馆藏《内阁大库档》。
[6] 赫泰：《复原产筹新垦疏》，贺长龄等辑：《清经世文编》卷35，道光六年刊本，第17页b。
[7] 光绪《大清会典事例》卷160，北京：中华书局，1991年影印本，第2册，第1029页。

者","相沿日久，著从宽免其私相授受之罪"[1]就是证明。

乾隆中后期至嘉庆时期，旗地产流失相当严重。为此，清政府颁行了多项法律，予以惩戒。如乾隆二十八年（1763）奏准："旗人将地亩典卖与民人及旗下家奴者，地亩价银著追入官。"[2]嘉庆六年（1801）奏准：旗、民等有典买旗地者，勒限一年无论旗、民，准其自行首报，除将旗地照例入官外，旗人免追原得地价，民人免追历年租利，均免治罪，如限满后再有隐匿不报者，别经发觉，仍照例于旗人名下追价，民人名下撤地入官，并追其历年得过租利，以息讼端。

仅仅七年后，即嘉庆十三年（1808），户部再次奏准定例："旗地旗房，概不准民人典买，如有设法借名私行典买者，业主售主俱照违制律治罪。地亩房间价银一并撤追入官。失察该管官，俱交部严加议处。至旗人典买有州县印信跟随之民地民房，或辗转典卖与民人，仍从其便。"户部的这一定例后被载入《大清律例·户律》中。

然而，禁例的频繁制定，却从相反方面暴露了问题的严重性。道光五年（1825），协办大学士英和上疏称"国家百八十余年，旗民久已联为一体，毫无畛域"，请允许旗人出外自谋生路，并落籍为民，清政府采纳。[3]于是，旗民不交产例禁的开放已呈必然之势。到咸丰二年（1852），经户部奏准，正式开放旗民不交产例禁，上谕称："户部奏旗民交产拟请量为变通一折。另片奉天旗地照旧办理等语。向来旗民交产，例禁甚严，无如日久生弊，或指地借钱，或支使长租，显避交易之名，阴行典卖之实。此项地亩，从前免纳官租，原系体恤旗人生计，今既私相授受，适启胥役人等讹诈句串等弊。争讼繁多，未始不由于此。若仍照旧例禁止，殊属有名无实。著照该部所请，除奉天一省旗地盗典盗卖，仍照旧例严行查禁外，嗣后坐落顺天直隶等处旗地，无论老圈自置，亦无论京旗屯居及何项民人，具准互相买卖，照例税契升科。其从前已卖之田，业主售主，均免治罪。"朝廷同时颁发《变通旗民交产章

---

[1] 乾隆《大清会典则例》卷34，乾隆二十九年刊本，第19页b。
[2] 光绪《大清会典事例》卷160，北京：中华书局，1991年影印本，第2册，第1030页。
[3] 英和：《会筹旗人疏通劝惩四条疏》，贺长龄等编：《清经世文编》卷35，北京：中华书局，1992年影印本，中册，第878页。

程》十六条。[1] 旗民交产例颁行后曾有一段曲折，即咸丰九年户部因税契征银"甚属寥寥"请求恢复旧例，咸丰帝谕准。

既然"旗民不交产"之例禁已"有名无实"，因而，税契升科数额多少不能反映旗民田产交易数量的增减，恢复禁例只能是表面文章，具文而已。因此，同治二年（1863），御史裴德俊上奏"请复旗民交产之例"[2]后，清政府立即允准，"仍照咸丰二年奏定章程办理"[3]。

恢复咸丰二年旗民交产例后，户部将咨文移行到直隶总督，总督刘长佑立即饬令直隶布政使司"通行各属遵办"。但问题仍然很多，尤其是与"纳赋之实"的目标相去甚远。布政使王榕吉据前任清苑县知县朱溥上报称：朱知县当即将载有皇帝上谕的部文出示，"剀切晓谕"，并传集乡地予限查报。中间虽然查出若干匿税之案，但"奉文日久，查办仍无头绪"。王榕吉呈报称：凡有置买旗地，无论远年近年，即以同治三年为期，按村示出晓谕，饬令民人自赴州县呈明地段亩数，有原契者检同原契查核相符，立时查照章程，分别酌定应征钱粮数目，即自同治三年（1864）起征，粘发旗产契尾，给领收执。刘长佑据此上呈，清政府允准。[4] 自旗民交产例实施后，法律上承认了嘉庆以来旗民交产日趋繁多的事实。因而在同治四年、十三年两个版本的《钦定户部则例》中，均有"旗民交产"一目。其例文的第一条是：顺天直隶所属旗地，无论京旗、屯居、老圈、自置，俱准旗户民人互相买卖，照例税契升科。其同治三年例：前置买诡寄旗产者，准令呈明更正，除酌定赋额外业主、售主概免治罪，并免追从前花利。如例后匿不着报，一经查出地亩，概追入官，仍照隐匿科罪。其第二条至第五条例文分别是：民人承买旗地赴本州县首报地亩段数，过割执业；限定赋额等则；确定回赎期限（二十年为准）；置买旗房数量限制。[5]

---

[1] 光绪《大清会典事例》卷1118，北京：中华书局，1991年影印本，第12册，第118页。
[2] 《户部井田科奏咨辑要》。刘锦藻：《清朝续文献通考》卷9《田赋九》，上海：商务印书馆，1937年，第7579页。
[3] 光绪《大清会典事例》卷160，北京：中华书局，1991年影印本，第2册，第1046页。
[4] 刘长佑：《请变通旗民交产章程疏》，葛士浚等辑：《清经世文续编》卷34，光绪二十七年刻本，第3页b—第4页a。
[5] 同治十三年校勘本《钦定户部则例》卷十。《钦定户部则例》卷10，同治十三年刊本，第14页a—第15页b。

众所共知，研究清代法律的实态，必须从例文的变化着手。载入《大清律例》唯一一条"严禁旗民交产"的例文是嘉庆十三年的户部定例，而此时旗地之在民者肯定会超过乾隆前期的情况。况且，其距开放"旗民交产禁例"只有四十几年。就此而言，《律例》中的例文既不能反映清代中后期旗民田房买卖日趋繁多的真实情况，也起不到《户部则例》那样的调整旗民财产关系的法律作用。

还有一例可以证明《户部则例》的适用。《户部则例》的适用范围最初限于"内地"，乾隆十五年发生西洋人典买旗地案件后，户部遵照乾隆谕旨，议定其适用范围扩大到居住在中国的西洋人，并纂入《则例》。该年十二月初十，户部因在宫廷的西洋画家郎世宁于典买旗地禁例再次颁布后，私典旗人蔡永福之地，上奏依定例撤回地亩，并治罪与、受双方。乾隆接到上奏后，虽然认定郎世宁有犯禁例，但又认为西洋人情形不同，因此"恩施格外"，做了免罪处理。得旨：民人私典旗地，定例綦严，屡经饬禁。但念郎世宁等系西洋远人，内地禁例，原未经通饬遵行，且伊等寄寓京师，亦借此以资生计。所有定例后价典旗地，著加恩免其撤回治罪。其定例以前所典之地，亦著免其一例回赎。如原典之人自行用价收赎，仍听其赎回。此朕加惠远人，恩施格外。今禁例既经申明，嗣后西洋人于此项地亩之外，再有私行典买旗地者，与、受之人定行照例治罪，并此次恩免撤回之处，从重究治。郎世宁等既经宽免，所有出典之蔡永福等，并失察之该管各官，均从宽免其治罪议处。至河淤地亩，亦系郎世宁等价典之地，俱免圈撤，但蔡永福于认买公产之外，所有多得河淤地亩典价，并非伊分内应得之项，著该部照例查办。[1] 户部据此，以乾隆十五年为限，作为西洋人私典旗地的治罪分界，订立定例，并载入《户部则例》：西洋人在乾隆十五年例禁后典买旗地，与业主一律治罪。若例前买典地亩俟其撤回，并免治罪，典主愿赎仍听。[2]

---

[1]《清高宗实录》卷378，乾隆十五年十二月己卯，北京：中华书局，1987年影印本，第13册，第1197页。
[2]《钦定户部则例》卷10，同治十三年刊本，第17页b—第18页a。

五、关于《户部则例》的颁行时间

清朝的《户部则例》始于何时？《清朝文献通考》载：《钦定户部则例》一百二十六卷，乾隆四十一年（1776）大学士于敏中等奉敕纂。臣等谨按：户部向无则例，创始于乾隆二十六年（1761）。至四十一年告成，奏御刊布，嗣是五年一修，如刑部律例馆之例。[1]《通考》的这个"谨按"可以说是不准确的。我们认为，至迟到康熙后期，已有"户部则例"的名称并相继纂成户部定例之事。这一点，从《古今图书集成·祥刑典·律令部》第五十卷至第八十二卷"律令部汇考"的清代部分可见一斑。由于《古今图书集成》一书撰成于康熙末年，因此，载入"汇考"的户部则例大多数为康熙中后期户部议定的则例。"汇考"是按年代顺序排列各事项，征引材料的顺序先是上谕，其后是《大清会典》（此书征引的《大清会典》是康熙朝所撰）、吏部则例、户部则例，依次为礼、兵、刑、工部则例。《大清律》征引的较多，与各部则例并引。其中收入户部则例共四十多例，其年代最早的一例为康熙二十二年十月，"盘查漕船私盐随帮纵丁持械拒捕大干纪律大坏盐法事"[2]。翌年二月十三日、五月初十、六月初七三次奉旨议定处分条例。[3]最晚的一例为康熙五十六年。为了探讨《户部则例》的"早期形式"，现将辑入《古今图书集成》的户部则例主要案例列为下表。

时　间	户部则例所载内容简介	出　　处
康熙二十三年八月	户部就应行完结钱粮不行分析明白混行转报定例	《古今图书集成》第770册，42页
康熙二十四年三月	户部咨复二件。其第二件复台臣张条奏查盐事，户部以有治罪条款，"毋庸再议"咨复	《古今图书集成》第770册，44页

---

[1]《清朝文献通考》卷222《经籍十二》，上海：商务印书馆，1937年，第6849页。
[2] 陈梦雷：《古今图书集成》，北京：中华书局，1934年影印本，第770册，第40页。
[3] 陈梦雷：《古今图书集成》，北京：中华书局，1934年影印本，第770册，第41—42页。

续表

时　间	户部则例所载内容简介	出　处
康熙二十五年二月	奏销钱粮	《古今图书集成》第770册，46页
康熙二十六年八月	贪赃加派治罪	《古今图书集成》第770册，47页
康熙二十八年十月	贩私盐	《古今图书集成》第770册，51页
康熙二十八年十一月	承追杂项钱粮。内有刑、户部"例不画一"，"应照刑部画一"字样	《古今图书集成》第770册，51页
康熙二十九年四月	定武生开垦之例	《古今图书集成》第770册，52页
康熙二十九年九月	旗人抑勒钱价定例	《古今图书集成》第770册，52页
康熙二十九年十二月	绅衿纳粮当差及诡寄治罪条款	《古今图书集成》第770册，53页
康熙三十年五月	巡盐差役扰害地方	《古今图书集成》第770册，55页
康熙三十一年二月	特参贪污	《古今图书集成》第770册，57页
康熙三十二年三月	民人买旗地案	《古今图书集成》第770册，59页
康熙三十五年正月	查禁私盐	《古今图书集成》第770册，64页
康熙三十五年十一月	旗人买民间田房案	《古今图书集成》第770册，64页
康熙三十六年三月	旗人违禁烧锅案例	《古今图书集成》第771册，1页
康熙三十七年三月	旗人私铸案例	《古今图书集成》第771册，3页
康熙三十九年七月	兴贩私盐案	《古今图书集成》第771册，8页
康熙三十九年七月	亏空钱粮案	《古今图书集成》第771册，8页
康熙三十九年八月	故意留难漕船定例，有"俟命下之日载入例内通行，该部仓场衙门、八旗遵行"一段文字	《古今图书集成》第771册，9页

关于《户部则例》法律适用的再探讨

续表

时　间	户部则例所载内容简介	出　处
康熙四十一年五月	贵州捧案	《古今图书集成》第771册，19页
康熙四十二年正月	镇彝训导何谦托病规避，川督题参。"查定例委解颜料借病抗诿，规避者革职，应将何谦照此例革职，奉旨依议。"	《古今图书集成》第771册，27页
康熙四十四年二月	刑部为黄县革职知县王弘勋亏空粮谷一案，是否减等"咨请部示"。户部咨复：王弘勋"已属旧例减等之犯……自应不入秋审……"	《古今图书集成》第771册，42页
康熙四十五年正月	定巡缉私茶例	《古今图书集成》第771册，48页
康熙四十五年四月	定商灶与民互相讦告事件听地方官审理例，四月又定盐法衙门不许擅用夹棍例	《古今图书集成》第771册，49页
康熙四十六年二月	定两淮盐法衙门将私贩之棍除正罪外，准其用刑	《古今图书集成》第771册，53页
康熙四十七年正月	加征火毛不入己定例	《古今图书集成》第771册，59页
康熙四十八年二月	户部按例查追亏空案	《古今图书集成》第772册，1页
康熙四十九年二月	运丁藐法等事	《古今图书集成》第772册，3页
康熙五十年二月	定运使交代之例	《古今图书集成》第772册，13页
康熙五十一年二月	更定漕例八款	《古今图书集成》第772册，16—17页
康熙五十三年八月	定运铜鼓铸处分之例，有"统候命下之日，知照各部载入现行则例，永为遵守可也。奉旨依议"一段文字	《古今图书集成》第772册，25页
康熙五十四年十一月	定奉天民人不许卖身，旗、民地土不得越界垦种例	《古今图书集成》第772册，28—29页

　　［按：《古今图书集成》，原名《古今图书集成汇编》，主要编辑者为陈梦雷。陈曾在皇三子允祉诚亲王府做幕，由允祉主持修撰该书，康熙三十九年（1700）进呈御览时康熙帝改易今名。皇四子胤禛即位后，

陈因助允祉谋太子之位被逐出诚亲王府，发遣黑龙江船厂。雍正四年（1726），经大学士蒋廷锡等补纂康熙末年事例后，该书正式刊刻。据专家考证，此书成于康熙末年。[1]

从以上"律令部汇考"所收录的几十例户部则例来看，当时则例的修订尚无定例，有的一事分载几处，甚至分载不同年份；有的事例歧出不定；但也有一部分尤其是时间靠后者已具备"则例"的性质。

如康熙四十八年（1709）二月的《户部则例》，内容是沔阳州革职知州朱化隆因民欠亏空银近六千两，户部令地方官查追。而湖南布政使王毓贤据四十三年以前未完地丁银粮通行豁免之上谕，呈请湖南巡抚免追。署理湖南巡抚郭某据此具题，康熙令户部议复。户部回复称：臣部以定例州县官因别案离任后方参亏空者，该管上司有治罪分赔之责。请将朱化隆发回原籍之处，明系该管上司推卸，承催各官希免参罚，将该抚所请之处毋庸议可也。奉旨依议。

由于此案关涉颇多，当年八月，户部江南等司随即上请"明亏空处分之例归于画一以便遵守"，经户部堂裁后，立即"行知十四司存案"。[2]而且，凡属定例，大多有"俟命下之日通行直隶各省一体遵行可也，奉旨依议""命下之日载入××条例通行直隶遵奉施行可也，奉旨依议"之类字样。从该书收入较多户部则例看，当时是有《户部则例》一书的，并且流传范围不限于宫中。否则，也不可能编入《古今图书集成》中。按照《古今图书集成·凡例》所言，《汇编》收录的标准是："纪事之大者入于'汇考'"，"大事有年月可纪者，用编年之体，仿'纲目'立书法于前，而以按某书、某史详录于后，事经年伟，而一事之始末沿革展卷可知"。[3]

据此推断，康熙末年已存在《户部则例》，当然，这并不是说此时的《户部则例》是经过整理、修纂的定本。而更大的可能是，随着户部议奏、议定、议准之类事例的增多，逐渐累积的户部定例。换言之，《户部则例》的案例内容是一个长期积累的过程，康熙、雍正时期虽未

---

[1] 王钟翰：《陈梦雷与古今图书集成及助编者》，《清史余考》，沈阳：辽宁大学出版社，2001年。
[2] 陈梦雷：《古今图书集成》，北京：中华书局，1934年影印本，第772册，第1—2页。
[3] 陈梦雷：《古今图书集成》，北京：中华书局，1934年影印本，"序言"。

经全面整理颁行,但一部分条款当为朝野官员所遵守。

正如《大清律例》的颁行是乾隆五年,而其中相当多的条例是清入关以来顺、康、雍三朝逐渐累积,甚至还有沿用明朝的一样,我们不能据《大清律例》的颁行年代而否定在此以前各条例的法律存在。《户部则例》的情况也当如是观之。

即使按《清朝文献通考》所说乾隆四十一年首次颁行,很多条款也是清初以来逐渐累积并且在乾隆四十一年颁行前就已经产生效力的。这样看,就容易理解我们在《〈户部则例〉与清代民事法律探源》一文中所举雍正时期的田文镜"征引户部上述定例及处分例"(原文如此)了。

再回来看我们对田文镜材料的引证。

田文镜于康熙五十六年(1717)擢内阁侍读学士[清代无内阁侍学大学士职官,法律出版社《中国法制史研究反拨》(下称《反拨》)251页称田文镜"康熙末年为内阁侍学大学士"]。雍正元年九月署山西布政使,翌年正月授河南布政使,八月署河南巡抚,十二月实授(并非如《反拨》一书所称先擢升巡抚后调任河南)。[1]田文镜是雍正帝最欣赏的大吏,是"模范三督抚"之首者,他的《饬令小民自封投柜》文告发布于雍正三年(1725)九月,在我们引证的材料前有这样一段话:

> 照得输纳钱粮原系小民自封投柜,按户征比,故不许诡计田粮、不应差徭,亦不许大户包揽、小户代为完纳。再查定例内有"文武生员及上司衙役钱粮包揽等弊,该管官查出,如系生员,褫革,责四十板,衙役责四十板,枷号两个月;该管官不行查出,被上司查参,罚俸一年;至州县官,有完粮之民不给印票,照私派例革职拿问;司、道、府等官明知不报者,革职;督抚不行题参者,降五级调用"等语。功令何等森严。[2]

征收钱粮关系州县考成与百姓生计,之所以定例"自封投柜"是为

---

[1]《清史列传》卷13《田文镜传》,北京:中华书局,1987年标点本,第960—961页。
[2] 田文镜著,张民服点校:《抚豫宣化录》卷3下,郑州:中州古籍出版社,第153页。

了防奸伪而杜加征,这条"户部定例"最迟始于康熙三十九年。顺治时期虽然规定,"州县各悬木柜,排列公廨门首",但"令纳户眼同投柜",也就是在纳户亲眼跟视下缴纳,不是由纳户自投。

康熙三十九年户部题准,征粮设立滚单,"令民遵照部例,自封投柜,不许里长、银匠、柜役称收"。自封投柜法实行后,几乎沿用于有清一代,并受到一致称许。如雍正二年谕称:民间输纳钱粮,用自封投柜法,亦属便民之道。[1]如不实行"自封投柜",即为"违例"。道光十二年(1832),有人上奏江苏湖州府所属地区征收钱粮不令纳户自封投柜,道光帝为此廷寄上谕,戒饬时任江苏巡抚的林则徐曰:"各州县官征收钱粮,自应恪遵功令,听民自封投柜,何得显违例禁?"著林则徐"慎之!"。林则徐为此上《遵查各属违例浮收片》,表示"通饬钦遵,严行申禁"。[2]

《大清律例·户律·欺隐田粮》例文有州县征收粮米行三联版串法,但无"自封投柜"之文。《读例存疑》《大清律例通考》等清代名家的律学书均未标出三联版串法例文订立时间。据《清朝通志》载,行三联法在康熙二十八年(1689)[3],又据《清史稿》载,行滚催"自封投柜"在康熙三十九年[4]。也就是说,采入《大清律例》的例文在康熙二十八年或三十九年后。然而,正如薛允升所说,《户部则例》中的"州县经征正杂钱粮,听纳户自封投柜,云云,刑例所无"。[5]

这就是说,"自封投柜"的户部定例最迟在康熙三十八年(1699),而田文镜是于雍正三年九月发布《饬令小民自封投柜》之文告的,又怎么谈得上"起死回生去援引身后半个世纪才颁布的《户部则例》"!的确,死于雍正十年的田文镜不可能看到乾隆四十一年版的《户部则例》,但《户部则例》不是只有在乾隆四十一年那一年才存在,而在此以前"全然蒸发"了的。罗马不是一天建成的,《大清律例》不是只有乾隆五

---

[1] 光绪《大清会典事例》卷171,北京:中华书局,1991年影印本,第2册,第1179页。
[2] 林则徐:《林则徐集》,北京:中华书局,1985年,第125—126页。
[3] 《清朝通志》卷83《食货略三》,上海:商务印书馆,1937年,第7243页。
[4] 《清史稿》卷121《食货志》,北京:中华书局,1977年标点本,第3530—3531页。
[5] 薛允升著,胡星桥、邓又天主编:《读例存疑点注》,北京:中国人民公安大学出版社,1994年,第192页。

年才存在的,《户部则例》也当如此。所谓"史学界俗称'硬伤'",所谓"盲目征引,不作考证,颠倒历史,让死去四五十年的人复生转世",是否可称为"上纲哲学"?!

六、关于《户部则例》是否印发给州县官

可以肯定的是,《户部则例》是印发给州县官的。因为它事关钱粮征比,关系州县官的考成。俗话说,县官两件事:刑名与钱谷。就后者而言,哪一项也离不开《户部则例》。我们先来看《户部则例》的修纂颁布过程。应该说,《则例》的编纂就是为了"刊刻通行,以便遵守"。正如同治初户部大臣上奏所言,自乾隆四十一年至咸丰元年修撰的十三部《户部则例》,成书后均"颁发各直省在案"。[1]

从修例所动用的款项来看,往往先行借拨,"照向例于书成颁行后由各直省批解书价"。[2] 修例的过程大体经奏请开馆,由皇帝特旨派堂官勘定底本,各司修撰,管部大学士公同复核,修纂校勘完竣后"照例缮具黄册""恭呈御览",经皇帝"钦定"发下后,由户部刊刻颁行等。修纂时间一般是一年。

《户部则例》刊刻后,户部首批应该颁发的范围是"在京各衙门暨八旗都统及外省督抚将军府尹并臣部各司处"。第二批是各省司道府州县,由于各省盐、关等各差不一,所需多少也不一致,因此第二批需上报数额后刊刻。各省向户部呈报所需多少部,称为"请例"。"各省盐政、关差、司道府厅州县应颁之例,应俟请例之时,再按所请数目多寡,由银库借银刷印,仍照旧例每部令其缴价银十二两,限一年内附便解部,归还原款。"[3]

以同治四年本《户部则例》而言,列有职衔的各修纂人员共八十二人。首列管部大学士及满汉尚书、侍郎(左右)等堂官,户部下属各司

---

[1]《钦定户部则例》卷首,同治十三年刊本,第1页b。
[2]《钦定户部则例》卷首,户部奏。《钦定户部则例》卷首,同治十三年刊本,第1页b。
[3] 同治四年校勘本《钦定户部则例》卷首,奏折。《钦定户部则例》卷首,同治十三年刊本,第3页a。

员外郎、主事担任纂修官。

我们再从刑名师爷及律学家为州县官写的"牧令书"之类看《户部则例》是否颁发到州县一级。

在清中叶著名律学家王又槐所辑著的《钱谷备要》卷三中,有"交代折奏书籍"一目,其中一款规定:"凡大小衙门官员交代,将任内奉行条例派拨专书经手,汇齐于交盘之内,倘有遗漏,将该管官照遗漏行文例议处。"在此条下有四字小注:以上见例。

在该目下"附书籍"的律例则例类中,首列《大清律例》,其下依次为《吏部则例》《户部则例》《礼部则例》《督抚则例》《中枢政考》《洗冤录》《五军道里表》《三流道里表》《工程做法》《科场条例》《历年条例》等若干种。在所附书籍目录后,作者写道:"以上系府州县交代应行点交之大概也。"[1]

另外,在该书卷一"交代例"中,诸多例文"均见《户部则例》"[2],卷五"承追例""承变例""分赔""坐扣"等例文,其中相当一部分关涉惩治条款,而这些例文作者标注:"均见《户部则例》""以上见《户部则例》"。[3]在卷六"催征""豁免"等目中,所辑例文颇多,其中规定:"州县征收钱粮红簿,令上年十月内申送布政司钤印,开征前领回,于花户完纳时眼同登记,填发串票,其一切征收号簿,每日提进内衙,亲察完欠,发出征比,如有假手户书致有完多注少等弊,该督抚题参。"辑者标注:"以上并见《户部则例》。"[4]其他如卷七的"灾赈总例"等所辑例文,辑者也注明:"以上见《户部则例》。"[5]

《户部则例》也被其他政书所征引。如徐栋于道光十七年(1837)编的《保甲书》,是继其《牧令书》之后的又一部重要"功令书",该书共四卷,卷一《定例》,仅辑自二书,首即《户部则例》,次乃《刑部条例》。[6]

---

[1] 王又槐:《钱谷备要》卷3,乾隆五十八年刻本,第13页。
[2] 王又槐:《钱谷备要》卷1,乾隆五十八年刻本,第22、26、29、35、37、39页等。
[3] 王又槐:《钱谷备要》卷5,乾隆五十八年刻本,第13、17、25、31、33页等。
[4] 王又槐:《钱谷备要》卷6,乾隆五十八年刻本,第30、51页。
[5] 王又槐:《钱谷备要》卷7,乾隆五十八年刻本,第36页。
[6] 参见徐栋:《保甲书》,道光十七年刻本。

再如，包世臣在《庚辰九月为秦侍读条列八事》中，也明确说："各部各司，皆有则例，永为法守。"他建议"请饬部院大臣，转饬实缺及行走各司员，限三个月内，将本司则例，详细讲求，三月之后，集而考校之。其能约记例文及通晓例意者，定为优等，酌量鼓励。其全不谙晓，又不上紧学习者，分别撤任降俸，以观后效"。[1]清朝号称"以例治天下"，这里的"例"，即包括《户部则例》。

在《大清律例增修汇纂大成》等律书中，将律例与《大清律辑注》《中枢政考》《户部则例》等书的相关条款并载，如该书卷十一《户律·仓库上》钱法门，"多收税粮斛面"例、"私借钱粮"例后，多并载《户部则例》。卷十二《户律·仓库下》"那移出纳"例下，载入《户部则例》四条，作者加注曰：以上四条均见《户部则例》。"冒支官粮"例文下又载旗员私售米票条例，作者加注曰：见《户部则例》。"转解官物"例下载多条《户部则例》后，作者加注：均见《户部则例》。"隐瞒入官家产"例下载入多条《户部则例》，为我们提供了旗人拖欠公帑的治裁办法、入官房地典抵、变价等法律规定。此外，该书卷十五《户律·市廛》"私充牙行埠头"例、"市司评物价"例、"把持行市"例等，均多载入《户部则例》。[2]

《户部则例》之引用，也多见于封疆大吏的奏疏案牍。如嘉道以来，中国白银外流日益严重，成为清朝财政体制紊乱的重要原因之一。道光十三年（1833），林则徐在上《查议银昂钱贱除弊便民事宜折》中称："至文银出洋，自应申明例禁。查《户部则例》内载：洋商将银两私运夷船出洋者，照例治罪等语。而刑部律例内，只有黄金铜铁铜钱出洋治罪之条，并无银两出洋作何治罪明文。"本来，《户部则例》等条款的"照例治罪"，是需要刑部律例明确"治罪之文"的，这也就是清人通常所说的"《大清律例》与各部则例互为表里"的关系。[3]林则徐认为《户部则例》已有白银私自出洋之禁例，但如何治罪，必须依据刑部律

---

[1] 包世臣：《齐民四术》，《包世臣全集》，合肥：黄山书社，1997年，第372页。
[2] 《大清律例增修汇纂大成》卷12、15，光绪二十九年排印本，第31—32页，第2—3、5页。
[3] 详尽论述参见林乾：《清会典、则例与律例的关系及其性质》，《政法论坛》，北京：中国政法大学出版社，2001年9月。

例，而刑部律例无此专条，因此他上疏皇帝，请"敕部明定例禁，颁发通行"。[1]

以上探讨了《户部则例》在法律上适用的具体事例和一般原则规定，以期引起学界对《大清律例》以外的法律存在的关注。这似乎对探讨古代法律文本以及法律渊源也有裨益。

（原载《法律史学研究》第1辑，中国法制出版社，2004年）

---

[1] 林则徐：《林则徐集》，北京：中华书局，1985年，第137页。

清代旗、民法律关系的调整
——以"犯罪免发遣"律为核心

清代法律关系的主体,并不以满、汉等族别界域作为主要区分[1],而官方文献一般用"旗民定例"来表述,法典及法律文书亦多旗、民并称。换言之,旗与民构成了清代社会最基本的两大法律主体。在承继关外时期法律习惯的基础上,清朝在入关后的百余年间,致力于确立、维护旗人的优越法律地位;随着统治根基的稳固,乾隆时期通过修订例文不断调整旗、民间的法律关系,其总趋向是旗民定例的"画一"。而这一过程又与八旗制的变革等因素直接相关。本文通过"犯罪免发遣"入律及其例文的变化,尤其是法律适用过程中所暴露的社会问题,以期揭示旗、民刑事法律关系的嬗变及其特征。[2]

一、"犯罪免发遣"入律及旗人法律特权的确立与维护

清朝入关之初对旗人犯罪的处罚,仍沿用后金(清)时期的习惯法律[3],即重罪处死,轻罪用鞭扑,没有所谓"五刑"之等差。顺治元年(1644)定,旗人有犯"悉遵旧例,不许用杖"[4]。这里的"旧例"即"国初定,旗下人有犯,俱用鞭责"[5]之内容。三年(1646)五月,几乎

---

[1] 清代有以某个民族为主而订立的法律,如《蒙古律例》《苗例》等,但其属于特别法的范畴,而本文是就清代具有普适性的法律而言,如《大清律例》。
[2] 有关清代旗、民间民事法律关系的论述,请参阅张晋藩、林乾:《〈户部则例〉与清代民事法律探源》,《比较法研究》2001年第1期;林乾、张晋藩:《〈户部则例〉的法律适用——兼对几个问题的回答》,朱勇主编:《〈崇德会典〉·〈户部则例〉及其他》,北京:法律出版社,2003年,第76—111页。
[3] 参见《满文老档》,北京:中华书局,1990年译注本,第1645页等。
[4] 光绪《大清会典事例》卷727,北京:中华书局,1991年影印本,第9册,第39页。
[5] 光绪《大清会典事例》卷727,北京:中华书局,1991年影印本,第9册,第39页。

完全因袭明律的《大清律》颁行全国，旗人立法也开始有了等差。至十三年（1656）六月，刑部在议奏更定律例四事时，以"旗下人犯军流徒罪者，止行鞭责，以致奸宄无所惩创"，明确提出折枷免遣制，即今后犯军罪者，枷号三月；犯流罪者，枷号两月；犯徒罪者，枷号一月。顺治帝以所奏"有裨锄奸去恶，著即遵行，永著为例"[1]。十八年（1661），进而对徒、流内的等级（徒分五等，流分三级）如何折枷予以具体规定：旗下人犯徒一年者，枷号二十日，以上每一等递加五日，徒三年者，枷号四十日；犯流二千里者，枷号五十日，以上每一等递加五日，三千里者，枷号两月；军罪仍枷号三月，杂犯死罪准徒五年者，枷号三月十五日。[2]

以上顺治十三年、十八年两次议定的"旗下人"犯罪折枷例作为"新例"[3]"现行例"[4]遵行六十余年，但没有入律。至雍正三年（1725）修律时，刑部认为"现行例旗下人犯徒流等罪准折枷号与此条（军官军人犯罪免徒流，引者注）免徒流律意相符，应另立一犯罪免发遣律，名列于军籍有犯之前，以旗下犯罪折枷号之例载入，作为正律文"[5]，并增总徒四年者，枷号四十五日；将准徒五年枷号三月十五日改为枷号五十日等项；又以律内军罪有附近、边卫、极边、永远等项之分，将枷号日期分为四等，自七十日起至九十日止。[6]

将顺治时所定例文载入正律的这一过程，并非简单的"以例入律"形式上的变化，它表明"犯罪免发遣"作为主体法的地位于雍正三年正式确定下来。根据"例可废律不可变"的立法原则，此后的修律（实际是修例）活动只能围绕例文来展开。而旗、民法律主体地位的不平等也就有了法理的依据，并一直沿用到清末。

---

[1]《清世祖实录》卷102，顺治十三年六月庚辰，北京：中华书局，1987年影印本，第3册，第787页。
[2] 光绪《大清会典事例》卷727，北京：中华书局，1991年影印本，第9册，第40页。
[3] 康熙五十四年刊刻的沈之奇所撰《大清律辑注》于"名例·五刑·徒"律上注：旗下人犯徒、流，折责枷号，有新例。见沈之奇：《大清律辑注》，怀效锋、李俊点校，北京：法律出版社，2000年，第3页。
[4] 吴坤纂、郭成伟编：《大清律例根原》卷3，上海：上海辞书出版社，2012年，第39页。
[5] 吴坤纂、郭成伟编：《大清律例根原》卷3，上海：上海辞书出版社，2012年，第38页。
[6] 吴坛著、马建石、杨育棠主编：《大清律例通考校注》，北京：中国政法大学出版社，1992年，第218页。

自隋唐时期确立的五刑制至明代有了一个变化，即在流、死间加入非正律的军（充军）罪。明代为了保障国家安全的军队有稳定的兵源，设有军籍，且"军皆世籍"[1]。军籍属于都督府，卫所军士不受普通行政官吏的管辖，在法律身份上与民不同。对其犯军流徒罪处罚也异于民。[2]清代律学家沈之奇认为"充军一法，乃是后起之例。以所犯情重，流不足以尽其罪，又不可即坐以死，故令充军。流止远地为民，终身不返，军则入卫当差，且有永远、极边、烟瘴地方者。多见于条例，而律内亦间有之，不在五刑之列也"[3]，并指出"军人有定额，若犯罪者皆充徒、流，则军伍渐空，且改军籍为民矣。故止定里数，调发充军"[4]。

从上可知，军籍有犯免徒流之立法用意是保证兵源，免使营伍空虚。这与旗人"犯罪免发遣""律意相符"。对此，清人多有论及。薛允升认为"总系优待旗人之意"[5]。道光时协办大学士英和更是一语道破，他说"其意可想而知也"，"国初旗人尚少，欲其团聚京师，虽有罪不肯轻弃"。[6]清末修律时沈家本上疏中亦称："方我朝入关之初，八旗生齿未臻繁盛，军伍有空虚之虑，差务有延误之虞，故八旗之人犯军流徒者，特设此折枷之制，免其发配，原为供差务、实军伍起见。"[7]《清史稿·刑法志》进而指出："原立法之意，以旗人生则入档，壮则充兵，巩卫本根，未便离远，有犯徒流等罪，直以枷号代刑，强干之义则然。"[8]由此可见，设立"犯罪免发遣"之律条是在清初民族矛盾十分尖锐的特定条件下，为保持满族对全国的威慑力量而采取的重要措施，负有充实八旗兵源、维护国家安全的职能。

---

[1]《明史》卷90《兵志》，北京：中华书局，1974年标点本，第2193页。
[2] 薛允升于明律"军官有犯"律下曰："前明军官有犯与民官办法不同，科罪亦异，盖系优待此辈之意。"并引王肯堂《大明律笺释》："军官军人已隶戎籍，难再徒流，故特立此专条也。"见薛允升：《唐明律合编》卷2，北京：法律出版社，1999年，第26、29页。
[3] 沈之奇：《大清律辑注》，怀效锋、李俊点校，北京：法律出版社，2000年，第3、30页。
[4] 沈之奇：《大清律辑注》，怀效锋、李俊点校，北京：法律出版社，2000年，第3、30页。
[5] 薛允升著，胡星桥、邓又天主编：《读例存疑点注》，北京：中国人民公安大学出版社，1994年，第105页。
[6] 英和：《会筹旗人疏通允惩四条疏》，贺长龄等编：《清经世文编》卷35，北京：中华书局，1992年影印本，中册，第878页。
[7] 沈家本：《修订法律大臣沈家本奏旗人犯罪宜照民人一体办理折》，故宫博物院明清档案部编：《清末筹备立宪档案史料》，北京：中华书局，1979年，下册，第941页。
[8]《清史稿》卷143《刑法志》，北京：中华书局，1977年标点本，第4196页。

军籍有犯免徒流与旗人犯徒流折枷又有所不同。前者以隶军籍者为一特殊群体，特立专法以保护；后者视旗人为特殊群体，隐含民族之不平等，其初还暗寓对汉人之不信任，而视旗人为最可倚恃之力量。

早在后金建国前夕，努尔哈赤就创立了沿袭于有清一代的最重要的社会组织形式——八旗制。这种寓兵、民于一体的制度，在最初编旗时将所有治下户口，不分部族，全部编入。[1]当时八旗人户稀少，为了适应征服并进而统驭人数众多的广大汉族区域的需要，"八旗子弟，人尽为兵"，具体是"以旗统人，即以旗统兵，隶乎旗者，皆可为兵"。[2]在二十万八旗兵中，"居京师者半之"[3]，同时每占领一处重镇，即留八旗驻防以震慑汉民，致使八旗兵力有不足之虞。因而才有"生则入档，壮则充兵"之制，才有三年比丁，严治漏隐，"只言八旗而不言民人"[4]之法律。凡编入八旗的人户，称为"旗人"，又称"旗下人"，编入某旗即为某旗人，其子孙沿其父祖也称某旗人。[5]旗人特权法真正地使八旗子弟成为"国之世仆"[6]，这也正是为清代有识之士所诟病的"聚数百万不士不农不工不商不兵不民之人于京师"[7]之根本原因所在。

八旗内部等级森严，除宗室外见诸法典的又有正身旗人、另户旗人、下等旗人、旗人奴仆等区分。以职业而论，又有八旗官员、披甲当差（旗军）等区别。以旗而论，又有满洲八旗、蒙古八旗、汉军八旗之别。"犯罪免发遣"律不但完全适用于以上各类旗人，而且还一度适用于入籍奉天的民人。[8]总括旗人特权法律，主要包含以下三个方面：

---

[1] 清代虽有满、蒙、汉八旗之分，但各旗民族成分非属单一，学者多有论述。见郑天挺：《清代的八旗兵和绿营兵》，《清史探微》，北京：北京大学出版社，1999年，第333页；王钟翰：《王钟翰学述》，杭州：浙江人民出版社，1999年，第151—153页。
[2] 《清史稿》卷130《兵志》，北京：中华书局，1977年标点本，第3859页。
[3] 魏源：《圣武记》附录卷11，北京：中华书局，1984年，第467页。
[4] 薛允升著，胡星桥、邓又天主编：《读例存疑点注》，北京：中国人民公安大学出版社，1994年，第163页。
[5] 光绪《大清会典事例》卷1113，北京：中华书局，1991年影印本，第12册，第64页。
[6] 顾琰：《御制训谕八旗简明语》，希元、祥亨等纂：《荆州驻防八旗志》，沈阳：辽宁大学出版社，1990年，第15页。
[7] 魏源：《圣武记》，北京：中华书局，1984年，第563页。
[8] 奉天民人例乃康熙四年所定，乾隆十六年删除。参见吴坛著，马建石、杨育棠主编：《大清律例通考校注》，北京：中国政法大学出版社，1992年，第221页。涵盖满、蒙、汉八旗，见乾隆五十八年上谕所称："向例满洲杀死满洲，例文本未妥协，自应以旗人杀死旗人，载入例条，则蒙古、汉军皆可包括。"

一是死罪豁免权。乾隆二十九年以前的馆修律例，在"犯罪免发遣"例文后还附有顺康时期的五条例文，主要内容是旗人犯死罪享有免死权。顺治十二年（1655）定例载："凡满洲、蒙古、汉军官员军民人等，除谋为叛逆、杀祖父母、父母、亲伯叔、兄，及杀一家非死罪三人外，凡犯死罪者，察其父祖并亲伯叔、兄弟及子孙阵亡者，准免死一次。本身出征负有重伤、军前效力有据者，亦准免死一次。"[1] 这条法律的适用范围相当宽泛，因而在其后的顺治十四年（1657）、康熙十七年（1678）、二十一年（1682）做了若干限制：凡强盗重犯、打死人命等犯罪主体不得"论功议免"。但康熙二十六年（1687）又有所反复，规定"嗣后强盗案内有护军披甲闲散人应正法者，著察其祖父、父辈阵亡并自身效力之处，缮写奏折，附入本内具题"。雍正三年（1725）"犯罪免发遣"正式入律后，上述规定附于律后作为例文遵行。乾隆五年（1740）将其内容修改后移入"应议者父祖有犯"条下，二十九年将其从"犯罪免发遣"本律后删除。但它仍作为"现行则例"[2]，具有法律效力。

值得指出的是，这项法律不属于传统的"议""请"范围。因为适用"议""请"之法者，其主体有特定范围，且以个体或整体之一部分的形式表现出来，即适用对象必须明确、具体。比如清律中"应议者有犯"对宗室、觉罗的规定既详又尽[3]，而此例是沿袭顺康时规定，袭蹈旗人固有之特权。另外，自唐律以来，推恩逮下，皆就一人嫡派而论，从无辗转旁推之理，而顺治时所定例文，祖父之外，推及伯叔兄弟，也可称为因宽免旗人之死罪而设之特殊法条了。

二是用鞭责、枷号取代正刑，这也是"犯罪免发遣"律之主体。按律文规定，旗人犯笞杖罪，各照数鞭责；犯军、流、徒罪免发遣，以枷号代之。刑部在解释该律时称："谨按此言旗下人犯罪科断之法，不与

---

[1] 吴坛著，马建石、杨育棠主编：《大清律例通考校注》，北京：中国政法大学出版社，1992年，第221页。《清朝文献通考》卷195《刑一》载其事为顺治十三年："定满洲世职官员犯罪降革之例"；又同书卷196《刑二》载康熙十年"定旗下军民论功免死之例"，与吴坛所记时间不同。
[2] 吴坛著，马建石、杨育棠主编：《大清律例通考校注》，北京：中国政法大学出版社，1992年，第221—222页。
[3] 本文讨论集中于一般旗人，至于宗室觉罗及八旗官员的相关法律，拟另文叙及。

民人一例也。凡旗下犯笞杖等罪者用鞭责；徒流军罪则依徒役之年限、配所之远近，分别枷号，仍各照应得杖数鞭责，俱免发遣。"[1]笞、杖之刑，即《尚书》中"扑作教刑、鞭作宫刑"者。在执行上以板代之，并有折算方法，故称"折责"。清初笞、杖所用板，即古代之讯杖，用竹或木做成，犯罪不承即用之。因此讯杖重，笞杖轻。[2]旗人犯笞杖，以鞭代之，含有避重就轻之意。另外，笞杖以臀受，这对马上民族为不宜，故旗人较早即以鞭代笞杖。后金天命七年（1622）诸贝勒议定：百鞭折杖五十，嗣后，二鞭折一杖。[3]顺治四年定：旗人旗下家奴犯应笞者，以鞭代之，不折责。[4]

充军、枷号，沈之奇认为"皆后起之法"[5]。枷号又称枷示，即在监外戴枷示众，揭其所犯罪状。北周已有枷刑律。明代枷刑被普遍应用，仅《问刑条例》采用者即有五十三条。这种刑罚使罪犯"尽夜不得休息"[6]，清初枷号轻重不一，乾隆五年定，应枷人犯，俱重二十五斤。康熙二十九年（1690）以前，枷号旗下人犯，置放本旗门上，自该年以后，各旗将枷号人犯互相转放，由城门尉、城门校、千总、领催、披甲人等，详验加封收受，发门之后，刑部派满汉官员调旗巡察。[7]后来为照顾枷号旗犯，在各门示众处设立房屋以为住宿之地，被称为"门监"。"门监""实非囹圄可比"。可能是犯者日多，乾隆元年议准，在门监之旁添造房屋一二间，或在门监内拨一二间，作为女犯居住歇宿之所，枷号旗犯始有男女分监之所。刑部又以"此等枷号人犯，原非重囚，且系已结之案"为由，奏准"许其跟随亲属一人，在内照管"。嘉庆十六年

---

[1] 吴坤纂、郭成伟编：《大清律例根原》卷3，上海：上海辞书出版社，2012年，第39页。薛允升称旗人徒流改折枷，"是徒流免而杖罪亦免矣"，误。见薛允升著，胡星桥、邓又天主编：《读例存疑点注》，北京：中国人民公安大学出版社，1994年，第23页。按清律规定：凡民人犯军流罪者，俱至配所，照应得之数折责。即徒流军为主刑，杖为附加刑。附加刑是在主刑开始生效时执行。故刑部解释旗人犯徒流军折枷后，有"仍各照应得杖数鞭责"之语。
[2] 沈之奇：《大清律辑注》，怀效锋、李俊点校，北京：法律出版社，2000年，第2页；吴坛著，马建石、杨育棠主编：《大清律例通考校注》，北京：中国政法大学出版社，1992年，第193页。
[3] 《满文老档》，北京：中华书局，1990年译注本，第387页。
[4] 光绪《大清会典事例》卷723，北京：中华书局，1991年影印本，第9册，第3页。
[5] 沈之奇：《大清律辑注》，怀效锋、李俊点校，北京：法律出版社，2000年，第18页。
[6] 刘锦藻：《清朝续文献通考》卷245《刑考四》，上海：商务印书馆，1937年，第9889页。
[7] 光绪《大清会典事例》卷727，北京：中华书局，1991年影印本，第9册，第42页。

(1811)，勒保上奏：枷号尺寸重轻虽符定例，但板片厚不及一寸，木插厚仅三四分，难以经久。且犯人两手不能及口，难于饮食，因此改定为长二尺五寸，阔二尺四寸，仍符二十五斤之数。嘉庆帝谕刑部"即纂入则例，并将现有枷号参照新定尺寸更正，以归画一"[1]。枷号实际是一种附加刑[2]，但旗人犯徒流军罪普遍适用折枷后，它又上升为一种主刑，只是它作为正刑之外的"非法之刑"来援用。

按笞、杖、徒、流与死并为五刑，自隋唐以来遵行不改。而旗人有犯，以鞭责、枷号代之，是四刑不加于旗人，如果加之死刑豁免权，则是五刑不加于旗人。由此可看出旗人法律特权具有贯穿与完善的特点，所谓旗民"刑罚异制"[3]，堪称确凿有据的不易之论。

三是旗人司法管辖的特殊化。司法管辖的实质是司法权由谁来行使。旗人犯罪适用于特别法律，而保证其法律实施的是特殊的司法制度。以刑事案件而论，大体可分为旗人之间、旗民之间二种。清律规定，若两造俱系旗人，不得由州县审办。八旗兵丁、闲散、家人等，犯笞、杖罪者，该管章京即照例回堂完结，即旗人犯笞、杖轻罪，由该旗完结。这表明旗权对旗人司法的介入。[4]雍正十三年定，八旗案件，俱交刑部办理，但"细事仍听该旗完结"。即应得罪名在徒流以上者，方得送刑部审办。对于旗民间的诉讼，也屡有变化，而焦点是以旗为主还是以州县为主。康熙时近京之地旗民争斗杀伤之案多有发生。左都御史魏象枢建议"斗殴小事，悉归州县官审结，大事方准赴刑部告理"。康熙帝意有所难，称"从前庄屯（旗人）与民人事情，曾归州县审理，遂有言庄屯受屈者，后归章京审理，民人又多苦累，故立法甚难"[5]。"军民约会词讼"例文规定："凡旗人谋故斗杀等案，仍照例令地方官会同理事同知审拟外，其自尽人命等案，即令地方官审理。如果情、罪已

---

[1] 光绪《大清会典事例》卷723，北京：中华书局，1991年影印本，第9册，第7页。
[2] 李祖荫等撰注：《清史稿刑法志注解》，北京：群众出版社，1957年，第58页。
[3] 刘锦藻：《清朝续文献通考》卷245《刑考四》，上海：商务印书馆，1937年，第9890页。
[4] 章京行使惩罪权，兼有旗权、族权之双重性质，据俄国人类学家史禄国于清末民初的调查，八旗氏族首领拥有笞杖的惩罚权。而出于氏族荣誉的考虑，氏族会全力保护罪犯。见史禄国：《满族的社会组织——满族氏族组织研究》，北京：商务印书馆，1997年，第66、160页。
[5] 《康熙起居注》，康熙十九年庚申五月，北京：中华书局，1984年标点本，第544页。

明，供证已确，免其解犯，仍由同知衙门核转。倘恃旗狡赖，不吐实供，将案内无辜牵连人等先行摘释，止将要犯解赴同知衙门审明。"此条例文定于雍正元年，规定州县办理旗人案件，有"会审""不会审"之别，实则不准州县擅责旗人，故《处分则例》规定：官员擅行夹责旗人者，降一级调用。

事实上，旗人即使犯重罪，地方官也难以过问。康熙末年，三等侍卫毕里克的奴仆在涞水县"捶民几毙"，知县甘汝来受理此案后审问奴仆，而毕里克率仆从在县衙大堂哄闹。甘汝来将毕里克收逮，并下其奴仆于狱。案件上诉到中央，吏、兵、刑三部会审，拟革甘汝来职，因康熙帝开恩才免甘汝来之罪。[1]雍正时有镶黄旗人王三格自称内务府仓官，早年将祖遗圈地典给民人孙含夫、冉铎等人，雍正三年，王回到满城殴打孙含夫并占夺原地。四年（1726）三月，孙含夫到保定控告，王三格反诬冉铎为邪教教主，任命孙含夫为"将军"等职，直隶按察使据报将冉铎等打入狱中。地方官因王三格是仓官，不便审理，请将其仓官革退后再行审结。雍正指示直隶总督李绂"严惩"王三格，并说："仓官非官，彼自名之为官也，殊可发一大笑！"[2]

上文"理事同知"并非佐理知府事务的同知[3]，而是专门审理旗人案件的机构。康熙二十四年（1685），先于江宁、杭州设理事厅官，翌年三月起，西安、荆州、镇江、福州、广州等八旗驻防之地也各设理事厅官一员。三十七年（1698），因直隶巡抚于成龙题请，设立满洲理事同知，驻保定，审理旗人斗殴等案，后添设张家口同知、天津同知、通州通判分别审理。[4]至康熙时八旗驻防普遍设有理事同知。乾隆时人萧奭说："国制，凡旗人在外，不归汉官统辖。与民人争讼，则将军督抚

---

[1]《清史稿》卷304《甘汝来传》，北京：中华书局，1977年标点本，第10495页。
[2]《朱批谕旨》卷二十二下，李绂奏折，雍正四年八月初一日，清史资料汇刊本，北京：商务印书馆，2006年，第681页。
[3] 郑秦先生认为"理事厅有两种，以有无'地方之责'为别"，仍将其混同于知府佐理职官，见郑秦：《清代旗人的司法审判制度》，《清代法律制度研究》，北京：中国政法大学出版社，2000年，第304页。
[4] 李绂：《请令理事同知通判分审旗人案件疏》，《穆堂稿》卷3，道光十年奉国堂刻本，第7页a。

会理事同知庭鞫。八旗驻防之地皆有是官（理事同知）。"[1]道光时协办大学士英和也言："旗民交涉案件，例由理事厅审理"，"旗人自恃地方官不能办理，因而骄纵，地方官亦难于约束，是以滋事常见其多"。[2]光绪时长善等撰《驻粤八旗志》卷一《官兵额设》有"旗民理事同知"一职，编撰者曰：理事同知一员，"专管……旗民交涉事件。当驻防之初，遇有旗民争讼等事，将军于八旗防御内，择其通晓案牍者，拣派一员审理。自设理事同知后，凡有讼狱檄饬同知承审焉"。[3]

不仅八旗设有专理旗民讼狱的理事同知，而且"理事同知衙署各有囹圄"。自乾隆四十三年（1778）定例，驻防地方如有秋审人犯，不必解部，即于同知监狱监禁。但当时广州驻防八旗尚无旗监，故将军永玮上奏称："本处理事同知衙门向未设有监狱，旗人内如有犯罪应送刑部者，俱交南海县监内暂行监禁。今圣主特旨将犯罪旗人著不必送往京城，即交同知监内监禁，诚圣主矜恤旗人，于办公不致烦剧之至意。""若将犯罪旗人仍照前交与南海监禁，该同知承办不免掣肘，且旗、民不分。"因此奏准在同知衙署附近将镶蓝旗汉军佐领废署改为旗监，专交理事同知管理，其禁卒、牢头皆由同知雇募。[4]

对旗人犯罪采取特别的司法管辖，一般司法机关不得干预，正是为了维护旗人的法律特权。但由此导致了社会治安状况不断恶化，同时也破坏了司法统一的原则。康熙多次说京畿之地"旗人庄头大为民害"，"有司畏威而不敢问，大吏徇隐而不能纠"。[5]直隶巡抚于成龙称违法者"依仗旗下名色"，"无所不为，有司官虽明知而不敢深求治罪"。[6]甚至"旗人辱骂职官"，"此等事甚多，举首者少"。[7]雍正亦称："畿甸之内，旗民杂处，向日所在旗人暴横，小民受累，地方官虽知之，莫敢谁

---

[1] 萧奭：《永宪录》，北京：中华书局，1959年，第60页。
[2] 英和：《会筹旗人疏通劝惩四条疏》，贺长龄等编：《清经世文编》卷35，北京：中华书局，1992年影印本，中册，第878页。
[3] 《驻粤八旗志》，马协弟等点校，沈阳：辽宁大学出版社，1990年，第51页。
[4] 《驻粤八旗志》，马协弟等点校，沈阳：辽宁大学出版社，1990年，第110—111页。
[5] 《清圣祖实录》卷103，康熙二十一年七月己酉，北京：中华书局，1987年影印本，第5册，第40—41页。
[6] 《康熙起居注》，康熙二十五年丙寅三月，北京：中华书局，1984年标点本，第1443页。
[7] 《清圣祖实录》卷123，康熙二十四年十二月甲辰，北京：中华书局，1987年影印本，第5册，第310页。

何。"[1]"向来庄住旗人,欺凌民人者甚多。"[2]对于人命重案,刑部也不敢依法惩断,康熙二十七年(1688)六月,侍卫常关保家奴打死民人张守礼,刑部审断时仅拟常关保降级调用,康熙认为常关保是"纵仆妄行",命将其革职。[3]雍正六年(1728),良乡知县冉裕棐杖责旗人乌云珠,署直隶总督宜兆熊以违例将他题参。雍正帝以"旗、民均属一体",冉裕棐不应革职听审,将宜兆熊题本掷还,并要刑部查有无地方官不许体刑旗人成例具奏。刑部查出成例后雍正命将其废掉。[4]类似以上事例甚多,几成为困扰清政府的一大社会问题。因此,一旦特权法律存在的条件发生变化,对其修改亦势所必然。

二、"旗民定例"的修订与旗人法律特权的限制

以"犯罪免发遣"律为核心的旗人法律特权从其形成、确立到维护,大体经过了一百余年,即从顺治到乾隆前期。乾隆中叶,随着清朝统治基础的巩固,以及"八旗生计"问题的日益严重,尤其是旗人普遍享有的法律特权对法制秩序的破坏,统治上层开始关注并着手解决旗人法律特权问题,主要是通过订立限制性法律条款,禁止一些犯罪行为援引"犯罪免发遣"律,甚至将犯罪主体开除旗档,实施最严厉的身份惩罚。

就在"犯罪免发遣"入律的次年即雍正四年二月,雍正帝以"违禁偷刨封禁矿砂等律,汉人发边卫充军,旗人解部枷责"定例不一,认为"发遣治罪,满汉应同一律",命大学士:"可否将旗人改折法更改,与汉人画一之处","确议具奏"。[5]同年九月,大学士等议复时承认折枷

---

[1]《清世宗实录》卷8,雍正元年六月壬申,北京:中华书局,1987年影印本,第7册,第160页。
[2]《雍正起居注》,雍正五年四月丁未,北京:中华书局,1993年影印本,第1213页。
[3]《清圣祖实录》卷135,康熙二十七年六月丁未,北京:中华书局,1987年影印本,第469—470页。
[4] 胤禛撰:《雍正上谕内阁》不分卷,雍正六年三月初三日、二十四日谕,清雍正九年内府刻乾隆六年增刻本,第8页a。
[5]《清世宗实录》卷41,雍正四年二月癸酉,北京:中华书局,1987年影印本,第7册,第606页。

例"未免轻于干犯",但认为"满洲、蒙古营生之道,与汉民迥异,有犯军流罪者,概行发遣,恐致难以图存",请仍照旧例,而对对汉军人犯使用折枷权予以限制,雍正"从之"。[1]此举表明最高统治者意识到旗、民同罪异罚问题的严重性。

乾隆即位伊始,就注意调整"轻重悬殊"的"旗民定例"。他认为"旧定旗、民条例,未免轻重悬殊,所当随时更定,以求画一"。乾隆二年(1737),以"今满洲生齿日繁,且知遵守法度,相残之事甚少"为由,对雍正时仍沿袭的"满洲杀死满洲,即行正法"原例著九卿会同八旗都统详议具奏。九卿等随即议定:"嗣后旗人遇有命案,仍依律分别斗殴、谋杀,定拟绞、斩监候;其有服制者,照服制科断",并"永著为例"。这一条例生效后,乾隆发现这类案件"至秋审时苟非谋故重情,概为缓决",认为"立法之道,与其狃而易犯,不若使知所畏而不敢蹈",肯定"向来立法从严,具有深意",而且"旗民事例,既经画一,今又改从斩决旧制,朕心有所不忍",因此定"嗣后满洲与满洲殴杀案件,著于秋审时俱入情实,庶旗人咸知儆惕,不犯有司"。应该说,这是向"画一之法"迈出的重要一步,尽管它调整的是旗人间相斗杀条例,但体现了旗人定例向"汉法"归一的趋向。次年,援引"存留养亲例",定"旗人犯死罪,非常赦所不原,而家无以次成丁者,亦照民人之例,准其留养"。[2]

在使旗民定例"画一"的过程中,乾隆中叶开始,对"犯罪免发遣"律的法律适用进行了诸多限制。

最初的限制性例文是从旗人社会的底层奴仆开始的。本来,旗人奴仆没有独立户籍,按八旗户籍编审例,户系于佐领,丁系于户,书其家长名氏及其子弟,而附以奴仆。后来,清政府允许部分八旗奴仆"开户",另立户籍,但不能归入民籍,仍开在所属旗档内。乾隆四年定,"世代出力"的奴仆,主人情愿将其"开户"者,履行一系列程序后"即准开户记档"。但仅限于"盛京带来,并带地投充奴仆,远年丁册有

---

[1]《清世宗实录》卷48,雍正四年九月辛卯,北京:中华书局,1987年影印本,第7册,第719页。
[2] 光绪《大清会典事例》卷727,北京:中华书局,1991年影印本,第9册,第45页。

名者"[1]。乾隆六年对奴仆"开户"的限制进一步放宽。在此前后，八旗奴仆因符合"数辈出力，勤劳年久"和"本主情愿"等条件而"放出为民"者"成案繁多"[2]，而这些"放出为民"者，在法律地位上已脱离奴仆身份，而取得一般民人身份（出仕等政治权仍有限制），如果再享有"折枷"特权，显然已不合适。故乾隆十六年（1751）馆修入律时有二条例文：一是"凡旗下家奴犯军流等罪，仍依例酌发驻防为奴，不准折枷外，其犯该徒罪者，照旗下正身例，折枷鞭责发落"。另一条为："凡八旗满洲、蒙古、汉军奴仆，犯军流等罪，除已经入籍为民者，照民人办理外，其盛京带来并带地投充、远年擒获及白契印契所买、若经赎身归入佐领下开户者，均照旗人正身之例一体折枷、鞭责。其设法赎身并未报明旗、部之人，无论伊主曾否收得身价，仍作为原主户下家奴，有犯军流等罪，仍照例问发。"这二条例文规定，八旗奴仆取得民籍的不再享有"折枷"权，而"开户"者仍享有"折枷"权。但乾隆二十一年（1756）议定八旗开户者"放出为民"，因而三十二年（1767）修律时将以上二条并为一条，并取消了开户人享有的折枷权。又因乾隆二十八年（1763）订有汉军奴仆问拟实徒专条，故三十二年修律时将汉军奴仆的折枷权也一并取消。[3]

其次是对犯有"情节惨忍"行为者，剥夺折枷权的使用，同时将折枷权由"依例"改为"请旨定夺"。乾隆十九年（1754）九月，发生旗人七克登布殴死服孙九格一案，法司拟七克登布折枷发落。乾隆予以驳回，他解释旗人折枷"在公署及过误，自可照例完结，至关人命，即当核其轻重。七克登布以酒醉细故，遂凶殴服孙九格致死，殊属惨忍"，命将其发往拉林、阿尔楚喀，并谕"嗣后似此案件该部照律定拟外，仍酌量情罪，请旨定夺，不必概入汇题"[4]。律例馆据此上谕于乾

---

[1]《奏为遵议户部奏八旗户下家奴开档放出为民办理牵混请酌定划一章程一折事》，乾隆四年十月初七日，朱批奏折 04-01-01-0040-003，中国第一历史档案馆藏。
[2]《奏为遵议户部奏八旗户下家奴开档放出为民办理牵混请酌定划一章程一折事》，乾隆四年十月初七日，朱批奏折 04-01-01-0040-003，中国第一历史档案馆藏。
[3] 吴坛著，马建石、杨育棠主编：《大清律例通考校注》，北京：中国政法大学出版社，1992年，第218—219页。
[4] 光绪《大清会典事例》卷727，北京：中华书局，1991年影印本，第9册，第46页。

隆二十一年定例，并增加"旗员中如有诬告讹诈，行同无赖，不顾行止者，亦如之"等内容。五服尊卑相犯，律例以亲疏分等差。对旗人此种犯罪，将应否援引"折枷权"，改为"请旨定夺"，也即将"折枷权"操于君上之手。明言"情节惨忍者，不准折枷完结"，表明在订立旗人法律时儒家思想的渗透。乾隆二十三年（1758）又令八旗于每年十一月将有无不守本分顽恶不肖之人具奏，如有此等人犯，即发遣拉林。[1]以下限制"寡廉鲜耻"等罪名援引"折枷"律也体现了这一思想。

早在康熙后期，即有因"行止不端，厚颜无耻，而被流遣"之案例。[2]乾隆二十七年（1762）六月，乾隆谕称：从前定例，旗人犯军流徒罪均准枷责发落者，原因国初满洲习俗淳朴，自宜格外培养，近来八旗生齿日繁，殊失国初浑厚之风，伊等每以铨补外任，希图便安，几与汉人无别，独至获罪应遣，则过于区别，亦非大公之道。至于汉军原系汉人，凡得缺升转，均属一体并用，更毋庸另立科条。嗣后凡满洲有犯军流遣罪，如系寻常事故，仍照旧例枷责完结，傥有寡廉鲜耻之徒，自应削去户籍，依律发遣，其汉军人犯，无论军流徒罪俱斥令为民，照所犯定例发遣，不必准折枷责，著为例。[3]首次以法律形式将犯寡廉鲜耻罪之旗人销除旗档，这既是最严厉的惩罚，也表明最高统治者严格执法的决心。为了安抚旗众，纠正执法上的偏差，三十一年（1766）四月上谕称：前次定例，原以示之惩儆，用挽颓风，此专指情罪重大者而言，非谓寻常事件，亦不加区别也。至包衣汉军，则皆系内府世仆，向无出旗为民之例，与八旗汉军又自有别，尤不应混行援例，嗣后问拟旗人罪名，务详犯案情节，如实系寡廉鲜耻，有玷旗籍者，不但汉军当斥令为民，依律发遣，即满洲亦当削其名籍，投畀远方，其余寻常罪犯及因公获遣者，无论满洲汉军，仍照定例折枷鞭责完结，如此则旗人益当知所劝惩，而敕罚亦昭平允。[4]三十二年（1767），律例馆据此上谕将旗人犯寡廉鲜耻恭纂入律，并强调将犯人"削去本身户籍，依律发遣，仍逐

---

[1] 关嘉录译，佟永功校：《雍乾两朝镶红旗档》，沈阳：辽宁人民出版社，1987年，第211—212页。
[2] 关嘉录译，佟永功校：《雍乾两朝镶红旗档》，沈阳：辽宁人民出版社，1987年，第31—32页。
[3] 光绪《大清会典事例》卷727，北京：中华书局，1991年影印本，第9册，第46页。
[4] 光绪《大清会典事例》卷727，北京：中华书局，1991年影印本，第9册，第46页。

案声明请旨"。[1]

三是对住居庄屯的下等旗人限制使用"折枷权"。乾隆三十五年（1770）十二月，内务府审奏鹰户谢天福等与民人高士杰等析卖三教庵木植分肥一案时，将高士杰等拟以杖徒，谢天福等因是旗人，折枷号完结具奏。乾隆以内务府审处"固属循照向例"，但鹰户人等"虽隶内府旗档，而散处近京各州县，实与民人无异，若犯事到官，不当与在城居住当差之旗人一例问拟"，今于民人拟以实徒，"而谢天福等则援旗人例折枷发落，同罪异罚，不足以示平允。且使若辈恃有此例，势必任意滋事，毫无畏忌，所谓爱之适以害之"。谕"嗣后内务府所属庄头、鹰户、海户人等，如犯军遣流徒等罪，俱照民人一例定拟"[2]。乾隆三十七年（1772）律例馆据此修纂入例。此例文的形式要件在于庄头等散处各州县，实与民人无异。事实上，庄头、鹰户等旗下等旗人。因为"正身旗人并不准居住庄屯，其在庄屯居住者，皆非正身旗人也"。这一定例除限制下等旗人援用"折枷"权外，将是否居住庄屯作为限制要件。其后又有内务府汉军旗人方天秃在屯开铺生理一案，审结时与海户、庄头等均照民人一体定拟。故乾隆三十九年（1774）修律时加入"附京住居庄屯旗人、王公各处庄头，照民人一例定拟"字样。薛允升认为，附京住居庄屯旗人等，均非指正身旗人，"若正身旗人似又当别论。如因在庄屯居住，即与庄头等同科，似非例意"。[3]

四是对非食粮当差旗人援引"折枷号"的限制。这也是乾隆朝对援用折枷权的最大限制。乾隆三十九年十一月周元理在上奏审拟船户刘治偷卖漕米一案时，将从犯旗人方天秃依例折枷发落。乾隆肯定周元理"固属照例办理"，但指出"同系旗人，其间亦各有分别，如果身居京师食粮当差，在官执役旗人身犯流徒等罪，原可折枷号完结，若在屯居住及各处庄头，与民人混处日久，即与民人无异，则犯法亦当与民同科"，谕嗣后除京城之满洲蒙古汉军现食钱粮当差服役之人，及外省驻防之食

---

[1] 吴坛著，马建石、杨育棠主编：《大清律例通考校注》，北京：中国政法大学出版社，1992年，第219页。
[2] 光绪《大清会典事例》卷727，北京：中华书局，1991年影印本，第9册，第46—47页。
[3] 薛允升著，胡星桥、邓又天主编：《读例存疑点注》，北京：中国人民公安大学出版社，1994年，第24页。

钱粮当差者，如犯流徒等罪，仍照旧鞭责发落外，其余居住庄屯旗人，及各处庄头，并驻防之无差使者，其流徒罪名，俱照民人一例发遣，著为例。[1]四十三年修律时将此纂入例文。[2]如果按此例文，享有折枷权的主体是食粮当差及在官执役者，这与"军籍有犯"律文涵盖的主体十分接近。但如此一来，"旗人之混入军流民籍日积日多"，因此乾隆五十年（1785）二月刑部奏请将东三省屯居无差使之旗人以及驻防无差使之旗人，犯军流徒照旧例折枷完结，经乾隆谕允后于五十三年（1788）馆修入例。[3]

  以上从乾隆二十一年例、三十二年例、三十七年例、四十三年例可以看出，乾隆意在矫正"轻重悬殊"的"旗民定例"，尤其是住居庄屯"与民人混处"的旗人有犯，乾隆从同罪同科的法律统一适用原则，修订条例，从而较大地限制了折枷律的适用范围，也使得旗人定例接近或更符合儒家传统规范，增强了与"汉法"的"画一"。这一时期修订旗人法律值得关注的还有立法逐渐从严，并将其与整饬八旗风纪联系在一起。乾隆三十五年，发生旗人结伙为盗殴伤事主一案，刑部审拟时援引康熙时定例减等处罚。乾隆得报后"不胜骇愕"，指出"旗人乃竟甘心为盗，实属从来所未有"，认为减等处罚"此以加之民人犯法尚可"，而满洲出此"下流败类"，必须"力挽浇风，大加惩创"，以"部议削籍改发新疆为奴亦不足以示儆"，著刑部另行定例。刑部等遵旨将此案为从之犯拟斩立决，并定"嗣后满洲旗人有犯盗劫之案，俱照强盗本律定拟，不得以情有可原声请"。[4]这一时期对旗人犯罪免刺字的条例也进行了修改。乾隆四十七年（1782）定，旗人罪犯例应刺字者，即销除旗档，照民人办理。[5]翌年，对这条新例又有所修改，但仍规定：旗人如犯不肖无耻之罪，至于刺字者，除旗档，照民人办理。[6]以上这些对旗

---

[1]光绪《大清会典事例》卷727，北京：中华书局，1991年影印本，第9册，第47页。
[2]吴坛纂，马建石、杨育棠主编：《大清律例通考校注》，北京：中国政法大学出版社，1992年，第220页。
[3]吴坤籇，郭成伟编：《大清律例根原》卷3，上海：上海辞书出版社，2012年，第45—46页。
[4]《清朝文献通考》卷201，上海：商务印书馆，1937年，第6654—6655页。
[5]《清朝文献通考》卷202，上海：商务印书馆，1937年，第6672页。
[6]姚雨蓢纂辑，胡仰山增修：《大清律例增修统纂集成（全7册）》第3册卷4《名例律上》，"犯罪免发遣"，光绪二十一年刻本。

人犯罪的处罚,已渐趋"与民同科",同罪异罚的法律状况有了较大改变。但从整体上讲,乾隆朝定例仍局限在对旗人中的个别人群及个别类型犯罪(罪名)不得援引"犯罪免发遣"本律上,并不带有普适性。法律条款也存在不稳定性。而且,对销除旗籍的法律制裁通常采取审慎态度。

对"折枷"权予以最大限制甚至使"犯罪免发遣"律几乎成为具文的,是被晚清律学家薛允升称为"刑典中一大关键"[1]的道光五年(1825)例。

旗人法律牵涉面十分广,它的每一次调整都触动统治基础这根神经。因此,即使已经"著为例"的法律也会出现较大反复,甚至成为具文。本来乾隆朝对旗民定例的调整已向着划一法律的路途迈进,并且初见成效,但嘉庆初年因对旗人犯罪处罚较轻,致使旗人犯罪案件日多。道光五年,协办大学士英和上《会筹旗人疏通劝惩四条疏》,极言其弊。上疏以"国家百八十余年,旗民久已联为一体,毫无畛域"为立论依据,指出"后人不能深悉旗人立法之意","以致姑息而无所惩创,或应画一而反歧视"等种种弊害,为此他提出四项劝惩办法。在"销除旗档宜遵例实力奉行"一项中,他称乾隆年间多次修改定例,限制折枷发落,此在昔日"为因时变通,而在今日则为遵循旧例,无如后来诸臣,往往以姑息为慈祥,自嘉庆二三年间,刑部将逃走发遣之例,改为投回免罪仍准挑差,嗣后诸例渐次废弛,犯窃者则作百检十,一切例应刺字者,俱为之曲法开脱,以致旗人肆无顾忌","种种不法,皆由水懦易玩,犯者愈众",认为只有严加惩治,才能消弭弊害。[2]

英和以八旗都统、协办大学士之重臣身份,其上疏立即受到重视,道光五年四月二十六日奉旨:依议。[3]督捕司以"劝惩旗人一折所有未尽各事宜,现据各该处咨请部示,本部逐加查核,酌议七条,应通行各

---

[1] 薛允升著,胡星桥、邓又天主编:《读例存疑点注》,北京:中国人民公安大学出版社,1994年,第105页。
[2] 英和:《会筹旗人疏通劝惩四条疏》,贺长龄等编:《清经世文编》卷35,北京:中华书局,1992年影印本,中册,第878页。
[3] 英和上疏全文以"云南司通行",全文载入《刑案汇览》。见祝庆祺等编:《刑案汇览全编》卷49《刑律诉讼·教唆词讼》,北京:法律出版社,2006年,第163页。

省遵照办理"[1]。律例馆随即载入这样一条例文：凡旗人窝窃、窝娼、窝赌及诬告、讹诈、行同无赖不顾行止并棍徒扰害、教诱宗室为非、造卖赌具、代贼销赃、行使假银、捏造假契、描画钱票、一切诓骗诈欺取财，以窃盗论，准窃盗论，及犯诱拐强奸、亲属相奸者，均销除本身旗档，各照民人一例办理。犯该徒流军遣者，分别发配，不准折枷。

道光五年例几乎颠覆了"犯罪免发遣"律的主体。对此，薛允升指出："旗人犯徒流等罪，本系折枷发落，并不实发。乾隆十九年（1754）始有殴死卑幼、情节残忍者，发拉林之例。二十七年又有寡廉鲜耻实发之例。三十五、三十九等年，又分别有庄头、屯居发遣之例。然犹与民人有异也。此例行而直以民人待之矣。"他还说："从前旗人颇知自爱，犯法者少，即有犯者，并不实发，亦不销档。嗣虽定有实发之例，而仍不销档，是以逃人匪类亦无销档之文。道光五年定例以后，不特军流以上应行销档，即徒杖以下凡系逃人匪类，无不销除旗档矣。今昔情形不同，此刑典中一大关键也。"[2]

也就是说，道光五年例实行后，旗人的折枷权已受到很大限制，其法律适用几乎涵盖了犯军流徒罪的各种行为。更重要的是，旗人犯罪多销除旗档，这是八旗制的重要变化，也是清代旗人法律的最根本性变化，几乎动摇了沿袭一百五十余年的"犯罪免发遣"律的基本原则。这是我们考察清代法律变迁应予以高度重视的所在。

三、"犯罪免发遣"案例透视的旗人社会问题

以"犯罪免发遣"律为核心的旗人特权法律，既沿续了部族习惯法的传统，也与旗人在确立清朝统治过程中的特殊地位直接关联。正所谓"八旗，国家之爪牙也"[3]。表面上它是对旗人特权的法律保障，但特权法本身也是一把双刃剑，当承载或支持这种特权法实施的社会条件逐渐

---

[1] 祝庆祺等编：《刑案汇览全编》卷1《名例·犯罪免发遣》，北京：法律出版社，2006年，第167页。
[2] 薛允升著，胡星桥、邓又天主编：《读例存疑点注》，北京：中国人民公安大学出版社，1994年，第25、105页。
[3] 李祖陶：《旗户分居议》，盛康编：《皇朝经世文续编》卷40，光绪二十七年铅印本，第1页b。

发生变异时，法律反过来又会成为特权享有者的一种桎梏，受保护者往往会成为受害者。因为从根本上讲，旗人特权法的实施旨在维护以旗人为基础的清朝统治。道光五年例颁行后，引发了一系列社会问题，主要有以下三个方面：

一是因贫困而导致的犯罪增加。清朝官、私文献都谈到旗人风俗的演变及随着时间推移犯罪增多的问题，并将其与八旗人口激增、旗人生活的贫困化联系起来。本来，正如英和所说，"我朝豢养旗人之恩，至优极渥矣"，"凡可以利益旗人者无微不至"，[1]但为什么旗人犯罪越来越多呢？英和从法律角度观察，认为是宽严失当所致："或苛求过当，应宽而反严，以致束缚而不得疏通；或日久懈弛，应严而反宽，以致姑息而无所惩创。"[2]嘉庆则认为旗人匮乏"固由生齿日繁，物价昂贵"[3]。据载，乾隆初年在京八旗仅闲散壮丁即有五万七千九百余人。[4]而因"贫苦逃走者甚多"[5]，因贫困而犯罪的案例也占了相当一部分。

乾隆四十七年至五十七年（1792）间，连续发生多起旗人窃案，计有满洲旗人花沙布、苏仲阿、苻神保和汉军旗人程正、大柱儿、杜二伯、杜三儿等犯窃罪，分别被处以发遣或开除旗档为民。[6]

旗人因贫困而发掘祖坟之案也所在多有。道光十三年（1833），已革马甲石二（明定），纠邀家奴李八等发掘高祖石如璜、曾祖隆恩等男妇坟九冢，开棺见尸，盗取财物。经刑部审明，将明定销除旗档，照例拟以凌迟处死，并将其年未及岁之子书节依例拟军监禁，俟成丁时发配。正白旗汉军都统以明定有妻武氏、女二妞，或留旗或销档咨部。刑部认为"旗人发冢，例应销本身旗档，犯积匪等连子孙一并销档。此案

---

[1] 英和：《会筹旗人疏通劝惩四条疏》，贺长龄等编：《清经世文编》卷35，北京：中华书局，1992年影印本，中册，第878页。
[2] 英和：《会筹旗人疏通劝惩四条疏》，贺长龄等编：《清经世文编》卷35，北京：中华书局，1992年影印本，中册，第878页。
[3] 《清仁宗实录》卷100，嘉庆七年七月癸未，北京：中华书局，1987年影印本，第29册，第345页。
[4] 《清高宗实录》卷78，乾隆三年十月癸未，北京：中华书局，1987年影印本，第10册，第227页。
[5] 《清高宗实录》卷155，乾隆六年十一月辛卯，北京：中华书局，1987年影印本，第10册，第1217页。
[6] 见《清高宗实录》卷1171，乾隆四十七年十二月庚辰，北京：中华书局，1987年影印本，第701页等。

犯发掘祖坟，残忍蔑伦，较积匪等情尤重，其妻女应一并销档，交县编入民籍，严加管束"[1]。由于旗人私砍坟树之案增多，"各司办理多有参差"，道光二十八年（1848）刑部"申明律意"，根据情节轻重，分为二种，"将私砍成行坟树拟杖枷军徒之旗人，均按照名例销除旗档；其私砍坟旁散树照不应重律问拟者，仍留旗档，鞭责发落"，并"传知各司一体照办"。[2]至光绪十一年（1885），又有旗人福端私锯祖坟树株一案，云南司审办时将福端拟徒折枷，刑部堂审时交律例馆查核，律例馆依据道光二十八年定章，将福端销除旗档，实发。律例馆又以道光二十八年所定章程"历年既久，诚恐各司办理未能画一，相应传知各司经承回明存记，嗣后审办旗人私砍成行坟树问拟杖枷军徒者"，均按前项章程，"不得遽行折枷，以归画一而免歧异"。[3]甚至连睿亲王的后代钟氏兄弟，也因生活无着"私掘祖坟"。[4]

但新修订的法律本身又形成对旗人新的束缚。如刑律有："凡旗人因贫糊口，登台卖艺，有玷旗籍者，连子孙一并销除旗档，毋庸治罪。"[5]这一例文是道光五年因英和上疏订立。乾隆五十四年（1789），正白旗人昆英在"京城内外逐日短雇"，打短工二年有余，在山东德州被获，乾隆以其"系正白旗人，因其叔萨克进布责打，离家出走，不知自爱"，"实属下贱，不顾颜面"，命"销去旗档，发往配所"。谕"嗣后刑部遇有此等案件，即照此办理"[6]。刑部遵旨定例："在京满洲另户旗人，于逃走后甘心下贱，受雇佣工不顾颜面者，即销除旗档，发遣黑龙江等处严加管束。毋庸拨派当差，转令得食饷养赡。其逃后讯无受雇佣工、甘心下贱情事者，仍依本例办理。"乾隆五十一年，有旗员傅嵩安及家人百绥，因"家贫"私自出京，希望"向伊同年借贷"，被拿获后

---

〔1〕 祝庆祺等编：《刑案汇览全编》卷1《名例·犯罪免发遣》，北京：法律出版社，2006年，第170—171页。
〔2〕《刑部通行章程》不分卷，光绪二十年刻本。
〔3〕《刑部通行章程》不分卷，光绪二十年刻本。
〔4〕《民族问题五种丛书》辽宁省编辑委员会编：《满族社会历史调查报告》，北京：民族出版社，2009年，下册，第14页。
〔5〕 薛允升著，胡星桥、邓又天主编：《读例存疑点注》，北京：中国人民公安大学出版社，1994年，第764—765页。
〔6〕 光绪《大清会典事例》卷727，北京：中华书局，1991年影印本，第9册，第234页。

解送刑部治罪。[1]

二是旗籍管理与犯属安置问题。乾隆时虽也有开除旗档而发遣之定例，但开除旗档仍针对个别犯罪行为。自道光五年定例后，旗人有犯，"直以民人待之矣"。销除旗档，是对旗人最严厉的处分，它意味着其不再享有旗人待遇，不再是统治民族之一员。对旗人而言，它在心理上的影响甚至要超过徒流实发这些主刑。道光五年定例的另一重要变化是，开除旗档几乎作为徒流军实发的先决条件，即开除旗档后才执行主刑。这就使旗籍管理与犯属安置问题凸显出来。

首先是犯妻、子女的身份问题。道光五年定例，旗人有犯"均销除本身旗档"，犯妻、子女是否开除旗档未有明文。故当年十一月，凉州副都统以销档之旗人若于投回之日，与其妻如何安置咨请部示。刑部按犯妻"律以从夫之义"，称其妻应一并销档，并通行各省。刑部同时又留有余地，称"旗档虽销，名分自在，仰事俯畜，原应各从其便"[2]。但问题接踵而来。道光十一年（1831）有旗人札克当阿，因妻卜氏脱逃，其本身旗档被销。札克当阿被销档后，情愿带二女销档。管旗副都统以此咨部。督捕司在回复时称：若犯积匪等项罪名，方将其子孙旗档一并销除。此案属于只销本身旗档之案，若因其父母销档为民，情愿带出子女出旗，亦将其子女一并销除户档，是违定例，认为其二女应仍附旗籍。但这就出现了"一家两籍"的情况，而按照"人户以籍为定"的户籍管理法，势必出现父女分离的结果。刑部似乎也考虑到这一层，因而牵强附会地称："如谓父母子女不忍生离，不思札克当阿夫妻既已销档为民，行止听其自便，何难依附同居抚养，揆之律法人情，俱无窒碍，未便轻议更张。所有该副都统咨请部示之处，应毋庸议。"[3]

"一家两籍"的出现给户籍管理带来了很大问题，因此后来"销档之案并不认真核办，不论原犯轻重，其妻室子女全系徇情朦混率请留

---

[1]《清高宗实录》卷1271，乾隆五十一年十二月戊午，北京：中华书局，1987年影印本，第24册，第1135页。
[2] 祝庆祺等编：《刑案汇览全编·续增刑案汇览》卷2《名例·犯罪免发遣》，北京：法律出版社，2006年，第95—97页。
[3] 祝庆祺等编：《刑案汇览全编》卷1《名例·犯罪免发遣》，北京：法律出版社，2006年，第170页。

档，希图支食养赡钱粮，亦不行知地方官归入民籍，但将本犯销档之处咨报部旗即为了事"。如此一来，又给社会治安带来隐患。因为旗犯家属既在旗档，仍在营房居住，而旗犯逃回往往藏匿营房（家中），该管官以为已销除旗档，与己无干；而地方官以为未奉明文，致使这类人逍遥世外，遨游街市，毫无畏心。同治五年（1866）七月，山海关副都统长善上疏指出"办理销档之案，有名无实"，甚至东三省的逃兵、山海关发遣逃军纷纷加入"马贼"队伍，认为如此下去"实不胜言"，疏请对道光五年所定销档章程量为变通：拟请嗣后销档人犯无论所犯重轻，连妻室一并销除，即逐出本旗，不准在营房居住，其子女未成立者听其随去，如子已成丁已挑差授室，女已长成尚未聘嫁者，即应核其原犯情罪，分别办理，如不应并销即另立一档归入伯叔兄弟或远近亲属收管，随时查办。其罪应并销者即行逐出本旗，令其外居。凡销档人犯务须行文地方官，将其归入民籍，与编氓一体营运谋生，分别归入何里何社，立案存查。刑部基本采纳了长善的意见。[1]

  其次是犯属抚养安置问题。刑部从清理旗档的考量做出犯旗之妻一并销档的通行，并于道光五年十二月初三日生效，但又引发了这样的问题：犯夫长年未归，将犯妻开除旗档后，不仅其本身生活无着，且子女抚养、老人奉赡都成问题。据热河都统向户部咨报：热河自乾隆年间起至道光五年四月二十六日奏准章程之日止，逃走逾限未回兵丁、闲散内有百余名，除报部销档外，唯查该逃人有逾数年以至一二十年不回者，并有逾三四十年未回者，已难定其存亡。至其妻等于伊夫逃后或奉养翁姑，或抚育子女，还有亲族子女全无、苦守清贞者，还有年迈不能自食者。今若于伊夫未回以前裁其养赡钱粮归入民籍，势必无所归倚，难免饿殍。因此咨请户部将此类犯妻暂留旗籍，俟该夫等投回拿获之日再连伊等一并销除旗档。俸饷处查称，在道光五年四月二十六日英和奏准定例及当年十二月初三日刑部所议（妻随夫开档）通行期间，又有八旗都统造报逃走兵丁、闲散人等之妻共八十五名口。俸饷处提出：各该妇之夫逃走日期在刑部未定章程以前，自未便将伊等销除旗档，所得养赡

---

[1]《刑部通行条例（第1册）》卷1《名例·犯罪免发遣》，同治八年聚珍版，第1页a—第9页b。

钱粮等仍照旗人例给予；定案在刑部未定章程以后者，视其子孙分别给予，若无子孙不得援引请赏。户部据此认为：所有热河逃走逾限未回兵丁、闲散人等之妻，现食养赡钱粮自应划一办理，相应遵照本部章程，即道光五年十二月初三日刑部未定章程以前者仍准支食，并将此知照刑部。刑部认为应遵照户部章程办理，唯此项逃人之妻非独热河一处，户部既未通行，将来各驻防无所遵循，仍不免纷纷请示，徒繁案牍，应仍通行各驻防将军都统查照办理。至各省驻防有在道光五年十二月初三日本部未定章程以前各逃人之妻业经销档者，应令该将军都统查照此次议定章程，分别更正办理。[1]

三是旗下奴仆有犯问题。如前所述，旗下奴仆与正身旗人一样享有犯罪免发遣权。但道光五年定例后，开除旗档之案骤多，而开除旗档后军流徒实发完结，即编入民籍。这是就一般旗人而言。旗下奴仆如何定例，法律没有明确。户部认为，道光五年曾奏准旗人官员逃走一次即行革职销档，是指正身旗人而言。故户部在修改则例时仅将正身旗人逃走例内修改销档，而旗下家人逃走各例并未修改。其理由是：家奴若因有犯反得转贱为良，故仍照旧例问拟；王公属下包衣有犯，不准销档。后又扩大到官兵闲散人等如有逃走，亦毋庸销档。户部以此咨知刑部，刑部随即表示认同：既经户部议以不准销档，知照各旗办理，核与本部例内并无抵牾。自可无论次数一体遵照办理。应请交督捕司汇入档册，传知各司抄录存记，嗣后如有包衣旗人逃走，即照户部章程办理。[2]

户部章程是从奴仆不能因犯军流徒后编入民籍，反得以贱为良而订立，实际上是为了把奴仆永远控制在主人属下，这不仅使奴仆比正身旗人更能长久保留旗籍，也使其即使多次犯逃罪也会永远享有豁免开除旗档的权利。法律的这种尴尬在道光六年一个案例中表现得很充分。道光六年（1826），闲散包衣扑得儿行窃贝勒府内什物，计赃在一两以上，罪应拟杖。广东司以扑得儿与正身旗人不同，"如照民人例刺字，则该

---

[1] 祝庆祺等编：《刑案汇览全编·续增刑案汇览》卷2《名例·犯罪免发遣》，北京：法律出版社，2006年，第95—97页。
[2] 祝庆祺等编：《刑案汇览全编》卷1《名例·犯罪免发遣》，北京：法律出版社，2006年，第168—169页。

犯案列旗籍，现办并无不销档而刺字之旗人；若竟依旗人销档免刺，是该犯既得免为包衣，较之平人反为轻减。窃盗是罔顾行止，因此正身旗人初次犯窃有玷旗籍，如罪止笞杖，即应销档，但免刺字。至王公属下包衣，究与正身旗人不同，初次犯窃未便照正身旗人销除旗籍，亦未便与民人犯窃一律刺字。应毋庸销除旗档，仍免其刺字，即照拟发落，以示区别"。[1]这个案例的判决既不依民，也不依旗，堪称"特例"。事实上，类似这样无法援引法律条例的判决并不是个别的，而是大量的。它说明法律的盲区很多，更重要的是立法水平的落后。如从前已革宗室觉罗犯寻常杖、枷、徒、流、军及斩、绞等罪，交刑部照旗人例一体科断，应销档者，免其销档。道光六年发生闲散觉罗瑞秀逃走一案，让刑部无法科断。因为按宗室觉罗私自逃走，只应治罪不应销档。奉天司称：向来此等案件，俱比照旗人旧例治罪而不销档，故办理无虞窒碍。今旧例已删除，新例则逃走一月以外，销档而不治罪。宗室觉罗既不在销档之列，即别无治罪之条，现在审奏闲散觉罗瑞秀逃走一案，罪名既无凭核定。刑部请宗人府订立专条，才可引用。[2]

综上所述，随着统治基础的稳固，自乾隆中叶始，清政府力图对以"犯罪免发遣"律为核心的旗人特权法进行修订，以调整旗民"同罪异罚"问题，使之向着划一法律的方向迈进。但囿于"八旗乃国家根本"的传统惯习，法律调整的效果又是有限的。直到晚清变法修律时，旗民不同刑的问题才作为化除满汉畛域之良法得到解决。

（原载《清史研究》2004年第1期。韩国首尔大学
《法学》2004年第6期摘要发表）

---

[1] 祝庆祺等编：《刑案汇览全编》卷1《名例·犯罪免发遣》，北京：法律出版社，2006年，第169页。
[2] 祝庆祺等编：《刑案汇览全编》卷1《名例·犯罪免发遣》，北京：法律出版社，2006年，第172—173页。

聚众定例：清代法律重刑化的转折

传统中国刑罚，清代最为苛重。以死刑条款而言，顺治时律例内真正死罪有239条，杂犯斩、绞36条。其后杂犯改为真犯，其他犯罪死刑条款又逐渐增加。至清末，律例内死罪有840多条，较顺治时期增加十之七八。"即中国数千年来，亦未有若斯之繁且重者也。"[1]清代法律的重刑化，又以乾隆时期为最。不但定例呈现"爆炸"式增长，且惩罚越加严酷。同治九年修订律例，条例有1892条。去除沿用明例部分，有近一半是乾隆时期新增定例。这些新增定例不仅出现了重刑主义，且改定者也以"改重者为多"[2]，故《清史稿·刑法志》讥其"以万变不齐之情，欲御以万变不齐之例"。而清代法律向重刑化转折的重要枢机，则是乾隆十三年（1748）的聚众定例。

一、清代法律的"变局"

清代法律的重刑化，雍正时期已开其端。但雍正病逝后以"遗诏"形式令将雍正年间订立的重法概行改轻，故乾隆元年（1736）七月起，清廷采纳刑部尚书傅鼐的奏请，系统、全面地对清朝律例进行清厘、修改。[3]这次修订律例的直接成果，就是乾隆五年（1740）本《大清律例》的刊行。清代法律的基本构架，特别是律文部分至此已经相当稳定。此时，例文有1049条，而雍正三年《大清律集解》，附例有842条。关键

---

[1] 沈家本：《寄簃文存》卷1，北京：中华书局，1985年，第2028页。
[2] 沈家本：《寄簃文存》卷6，北京：中华书局，1985年，第2221页。
[3] 薛允升著，胡星桥、邓又天主编：《读例存疑点注》，北京：中国人民公安大学出版社，1994年。

之处在于，乾隆五年《大清律例》的颁行，使得例文的法律地位提升到与律文并列，这就为其后大量增修例文提供了便利之门，也是清代法律的一大变局。从法律适用上，以往律文处于优先地位，此即"有律者引律，无律者引例"的"旧制"。[1]直到雍正时期，仍严格禁止律例两引，雍正六年（1728）规定，如有两引者，"外省督抚提镇本章，著通政司驳回，将情由参奏。三法司本章，著内阁驳回，将情由参奏"[2]。但乾隆时期，例文大量增修的同时，并取得了优先适用的地位。这是清代法律的重要变化。

其次，律例馆自顺治二年（1645）设立后，原是独立的机构，规格也高，由各部院通悉法律者为提调纂修等官，额设18人。其职责并不限于刑事法律的修纂，还承担各部则例的磨勘、编订。这就使得各部制定的则例与《大清律例》"互相发明"。这种制度一直沿用到律例馆改隶刑部之前。乾隆三年（1738），监察御史陈豫朋奏称："吏、户两部档案繁多，请开馆纂辑成书；其礼、工两部事宜亦请增辑。"吏部议复称："查吏部则例，原系归并律例馆修辑，所有新增条例，仍请附律例馆汇集成书。礼部现开礼书馆，一切更定条例，即在礼书馆一体编辑。均毋庸开馆。惟户、工两部事务纷繁，节年增改甚多，应令自行开馆纂辑。"乾隆帝予以采纳。[3]次年，大学士兼吏部尚书事张廷玉等，就各省官员提升、提调章程等事详酌定议后，奏请皇帝"命下之日，臣部交与律例馆，载入《铨选则例》，仍通行各省一体遵照办理"。[4]这就是说，由于律例馆统摄各部法律条规的磨勘、制定，律例与各部院则例有了比较好的衔接，整体上不会出现龃龉之处，吏役也难以借此操纵。特别是吏部则例，关涉降革处分等项，因归并律例馆修纂，起到了"与刑例相发明"的作用。

---

[1]《清圣祖实录》卷137，康熙二十七年十一月丙戌，北京：中华书局，1987年影印本，第5册，第499页。

[2]《清世宗实录》卷65，雍正六年正月戊寅，北京：中华书局，1987年影印本，第7册，第998页。

[3]《清高宗实录》卷75，乾隆三年八月丙申，北京：中华书局，1987年影印本，第10册，第188页。

[4]《奏为公同详酌定议各省官员题升题调章程请旨交与律例馆载入铨选事》，乾隆四年正月二十二日，朱批奏折04-01-12-0013-037，中国第一历史档案馆藏。

乾隆五年《大清律例》颁行后，清廷以为本朝法律基本完善，大规模立法活动已无必要，遂于乾隆七年将律例馆改隶刑部。但事实上，以后例文不断增修，且其地位提升，而律例馆改隶刑部后，仅能对刑部则例及与律文相龃龉者进行磨勘、修订，无法涉及其他各部则例，这使得律例与各部则例相矛盾者甚多。作为"功令之书"，各部则例不但不能"与刑例互相发明"，且"有与刑例显相参差者"。薛允升作《读例存疑》，采录数十条，"或以补刑例之缺，或以匡刑例之误"。[1]乾隆八年，议政大臣、刑部尚书来保等就律例馆馆务归并刑部后奏称，"查律乃一定之章程，例则因时为损益。故定例内开：凡有续增条例，定限三年一次编辑，附于律例之后，以便遵行。自顺治二年间设立律例馆以来，迄今并未裁撤"。律例馆改隶刑部后，其原有官房也划归刑部使用。[2]此后，律例馆职能单一，无法统摄各部则例，造成各部则例之间矛盾甚多，且与律例大相悖谬，成为清代一大问题。[3]

《大清律例》颁行后，内外官员发现缺漏者甚多，或者在执行上存在问题，故"仍有纷纷条奏律例者"，为此，乾隆六年（1741）河南巡抚雅尔图奏称："律例者百年不易之成宪。条款越多，则干犯者众。纷更糜已，则遵守为难。我朝律书已经四次论定，现在律例馆汇集编纂，今已告成，汇众说而集大成，谅无遗义。请敕下内外臣工，其条刑名律例之处，概行停止。"乾隆帝虽然肯定"所奏固是"，但时当言路之开，故未作禁止规定。[4]

几个月后，乾隆帝下发谕旨，以大清律现已刊刻颁行，而新到任之臬司科道等，条陈律款者尚属纷纷，其他不属于法司、职非言责者，也奏请酌改。认为"究竟不能尽民间之情弊，而朝更夕改，徒有乖于政体。嗣后毋得轻议纷更。如果所言实属有当，该部亦止可议存档案，不

---

[1] 薛允升：《例言》，薛允升著，胡星桥、邓又天主编：《读例存疑点注》，北京：中国人民公安大学出版社，1994年。
[2] 《奏为律例馆馆务移归刑部其官房亦应统归刑部及按年奏销支取心红纸张请旨事》，乾隆八年五月十七日，朱批奏折04-01-01-0101-042，中国第一历史档案馆藏。
[3] 冯桂芬：《省则例议》，《校邠庐抗议》，郑州：中州古籍出版社，1998年，第95—97页。
[4] 《清高宗实录》卷147，乾隆六年七月壬辰，北京：中华书局，1987年影印本，第10册，第1124—1125页。

得擅改成书"[1]。

乾隆帝的这一思想延续到乾隆十一年（1746），并改刑律三年一修为五年一修。是年七月，御史戴章甫奏请续修则例，俾法制周详，并称刑部则例馆，曾奏明三年一次纂辑，今吏部则例，积至五年，宜先行纂辑。乾隆帝援引晋杜预所言"简书愈繁，官方愈伪"，强调法律无论怎样订立，也难以穷尽人间情伪，而屡易屡增，实亦无此政体。认为"刑部为谳决之司，动关民命，其条例拟议之处，较别部为多。但现在律例，皆再三详定，以期协中，亦不宜轻于损益。从前所定三年，朕意亦谓太速，嗣后刑部似应限以五年。至于吏部等部则例，即限以十年，亦不为迟"。着大学士会同九卿，将如何分年纂辑之处，定议具奏。[2]此即后世清律"五年一小修"之由来。

二、乾隆十三年聚众定例

既然乾隆帝一再强调法律的稳定性乃"国家政体所系"，何以又出现频繁增修法律且向重刑化发展？这与乾隆十年（1745）前后急剧增加的聚众事件有直接关联。

由于自然灾害、人口爆炸性增长以及物价持续上涨等叠加因素的作用，乾隆六年起，聚众事件呈现迅猛增加且规模快速扩大的态势，直至乾隆十年，每年都有十余起，且以闹赈、强索、阻运、罢市等为主。在地域分布上，以江、浙、闽、粤等南方省份为主。此间，乾隆帝多次发布谕旨，训饬地方官执法要严。

十年六月，礼部侍郎秦蕙田奏称："近来被灾之地，竟有因地方官发赈稍迟，而不法之徒抢夺村市、喧闹公堂者；又如地方官审理词讼，有乡里棍徒怀挟私愤，纠众罢市，甚至凌辱长官无所顾忌者；又有顽佃抗租，而地方官听其刁脱者。如此之类，皆足以增长刁风，酿成恶习。

---

[1]《清高宗实录》卷152，乾隆六年十月乙巳，北京：中华书局，1987年影印本，第10册，第1179页。
[2]《清高宗实录》卷271，乾隆十一年七月辛酉，北京：中华书局，1987年影印本，第12册，第539—540页。

各省哄堂、罢市、抗租诸弊习，均有违上下相维之义。此种不法之徒，律有明文，原无容另设科条，请特颁敕谕，令直省督抚通率所属各地方官，申饬禁令，严加约束，俾皆晓然于上下之定分与奉公之大义。一遇此等事件，即从重究治，毋得稍为宽纵，庶顽徒知所儆惧，而于风俗人心实有裨益矣。乾隆帝著该部议奏。"[1]

本来，秦蕙田奏称"无容另设科条"，但因乾隆帝令该部议奏，随即作为刑律"白昼抢夺"定例：直省不法之徒，如乘地方歉收，伙众抢夺，扰害善良，挟制官长；或因赈贷稍迟，抢夺村市，喧闹公堂，及怀挟私愤，纠众罢市、辱官者，俱照光棍例治罪。若该地方官营私怠玩，激成事端，及弁兵不实力缉拿，一并严参议处。

一年后的乾隆十一年八月，浙江处州镇总兵苗国琮上《请严聚众之例以儆刁风事》一折，这完全是对聚众者严加惩处的立法建议。他奏称："窃见地方刁恶之徒，每每遇事生风，挟私鼓众，如塞署、罢市、抗粮、殴官等类，初不过一二人倡之，即有数十百人从而和之，一时蜂起，同城文武率皆畏其势众焰凶，共相敛容下气，甜言婉慰，冀其解散，隐忍而不究者有之。否则事定之后方敢查拿，首恶多致远扬，混执旁人勘问，既损威失重于先，徒迁怒滥刑于后。何以维风、何以教善？虽例载山陕福建等省刁民聚众至四五十人者，将为首照光棍例拟斩立决，为从者拟绞监候，逼勒同行之人，各杖一百。立法不为不严。然地方有司狃于姑息，多不比照问拟，既无大创，奸民已不知畏惧，且聚众之时，断无仅止四五十人者，多至盈千，少亦数百。伙众逞狂是为乱民，乱民即与盗贼无二。查盗贼拒捕有杀死勿论之条，请嗣后凡遇前项不法，许令文武即时带领兵壮，执持器械迅往扑捉，如若辈即能俯首伏罪，不敢抗拒，则分别末减，以为畏法者劝。倘敢恃众不服，不听拘拿，或呼噪抵格，许即麾兵壮，施放器械，照盗贼拒捕之条，杀死勿论。"

对苗国琮此奏，乾隆帝颇为肯定，朱批曰："此奏似有所见，著该

---

[1]《奏请申严名分之防以肃纲纪以正人心事》，乾隆十年六月二十五日，朱批奏折 04-01-01-0117-034，中国第一历史档案馆藏。

部议奏。"[1]

刑部在议奏时，肯定苗国琮所奏，"系为惩奸除恶起见，应如该镇所请行"。但对上奏"持械往捕"一节，提出限定性意见，认为"奸民执仗公行，原与盗贼无二，自难徒手擒拿。若止赤手群聚，随众呼号，尚与盗贼有间，果如该镇所奏，恐地方官办理不善，转致奸民望风潜逃，或混行擒拿，或局外良民，被拘不服；或带往兵壮，贪赏冒功。且一经施放器械，或将首恶捕格致死，案何由定？是则持械捕拿，必须相机而行，不得率意轻举"。请嗣后遇有奸民鼓众之事，如该犯等持有兵仗，而文武不带持械之兵壮擒拿，致令奸犯远扬，及聚众人犯并未执有器具，而文武辄带兵壮遽行杀伤，以致激成事端，俱按律分别究惩。乾隆帝"从之"。[2]

此即"激变良民"律清代第一条例文："凡刁恶之徒聚众抗官，地方文武员弁即带领兵壮迅往扑捉，如稍有迟延者，即照定例严议。其扑捉之时，该犯即俯首伏罪，不敢抗拒，应分别末减。如该犯等持仗抗拒，许文武官带同兵壮持械擒拿。若聚众之犯并未执有器械，文武官纵令兵壮杀伤者，严加议处。"

本来，聚众定例的本律为沿自明代《兵律》中的"激变良民"律，但清代立法的指向已与明代大相背离。明代立法惩罚的客体是官，清代惩罚的客体主要为民。此外，分散在清律"刑律"各门的聚众定例尚有多条。

回到前项例文，其立法主旨似乎兼顾官兵与犯罪者之间的"衡平"，但主旨意在强调文武官弁对聚众事发后的迅速处置所应承担的责任。从该项定例的执行情况看，为以后，特别是嘉道时期地方官残害民众，滥杀无辜，大开方便之门。刑部所忧虑的事情，恰恰成为事实。而对律例考究颇深的薛允升，对刑部定例删除"格杀勿论"之句，表示无法理解。他称："此乱民也。原奏有'如公然抗拒，许官兵施放器械，杀死

---

[1]《奏为敬陈请严聚众之例遇有不法伙众许令文武带兵持械扑捉首恶管见事》，乾隆十一年八月二十七日，朱批奏折04-01-01-0137-026，中国第一历史档案馆藏。
[2]《清高宗实录》卷277，乾隆十一年十月甲申，北京：中华书局，1987年影印本，第12册，第619—620页。

勿论'之语，定例时删去。此语是责令地方官擒拿，而不许地方官专杀，殊不可解。寻常拒捕，尚可杀死勿论，况此等聚众抗官之乱民乎？此句似不可删。"[1]

但如此立法，仍无法遏制愈演愈烈的聚众事件。在此前后，乾隆帝发布十几道谕旨，逐渐形成以最严酷立法试图遏制聚众行为蔓延的治策。而蔓延全国的聚众案，特别是山西的大规模聚众围城等事件，是促使乾隆帝改变治策的直接诱因。

对主要因灾致变的聚众案，乾隆帝一开始采取较为温和的处理办法。乾隆七年（1742）冬至八年（1743）春，湖广、江西、江南等省，皆有抢粮之案发生，而江西最甚，一邑中竟有抢至百案者。为此，乾隆帝特旨派出四名宣谕化导使前往江南等地，反复开导，并称"倘如此开导，而犹有怙过不悛者，即加之以罪，夫复何辞"！[2] 其后又发布谕旨，训地方官整饬风俗。在"训饬文武官约束刁民谕"中，乾隆帝已有强力惩治聚众者的思路。他说："地方偶尔歉收，刁顽之民遂乘机肆恶，扰害良善，挟制官长，行同光棍，不可不重加惩治。著督抚提镇严饬所属弁兵，实力查拿，若有推诿不前者，严参交部议处。"[3] 当他得悉福建连续发生多起罢市、辱官等聚众事件后，认为这是地方官姑息的结果。乾隆九年底，他采纳福建疆吏的建议，将教民上谕及律例中紧要条款汇刊成帙，每遇朔望，令教官传集生监讲读，再将汇刊之书，让生监赍回本乡，散给乡民，宣扬传播。[4]

乾隆十一年，在湖南、湖北、陕西、江苏、浙江、福建等省，连续发生数十起规模颇大的聚众事件，且向山西、直隶等近京之地蔓延，这让清廷高度紧张。当年八月，乾隆帝在发布"命督抚训饬刁风谕"中，首次对既往政策、法律予以检讨，称"从前御史等条奏民风渐骄，不宜

---

[1] 薛允升：《例言》，薛允升著，胡星桥、邓又天主编：《读例存疑点注》，北京：中国人民公安大学出版社，1994年，第337—338页。
[2] 《清高宗实录》卷185，乾隆八年二月癸卯，北京：中华书局，1987年影印本，第11册，第381页。
[3] 《清高宗实录》卷191，乾隆八年闰四月壬午，北京：中华书局，1987年影印本，第11册，第457—458页。
[4] 《清高宗实录》卷231，乾隆九年十二月壬申，北京：中华书局，1987年影印本，第11册，第985页。

任其日炽,朕尚以此言为太过"。近日接报各地罢市、抗官之案迭兴,"可知民气日骄,洵属不诬。朕乃蹈所谓莫知其子之恶矣"。提出对不肖者"须重加惩创"。[1]八月,苗国琮奏请将严惩聚众者纳入定例。但如前所述,该项定例主要是针对官兵不主动作为的处分法律,对聚众者如何惩罚,并没有新的法律。

乾隆十二年(1747),聚众案在频率、激烈程度、蔓延地域等方面,远比上年来得更为迅猛,大有星火燎原之势。而自上年冬因以粮载丁而引发的山西万泉县聚众案,至此已发展到聚众数百人围城毁屋,而山西安邑同时有聚众近千人拆毁牌楼、塞门放火、拒捕伤人之事。"山西民风素称淳朴",而发生如此激烈的聚众案,令乾隆帝大为震惊。当年四月,他在谕旨中首次提出"重法惩治"的治策。他说:

> 近据各省奏报奸民聚众之案,如江南宿迁、山东兰山皆因求赈。浙江临海则因求雨。福建上杭则因抗租。山西安邑、万泉则因丁粮豁免等事。遂至聚集多人,抗官塞署,放火罢市,肆为不法。此皆愚无知之百姓,平日于地方官毫无敬畏之心,且见报灾办赈,稍未妥协,督抚亦即据实题参,竟若州县之短长,操之自己,因而望恩幸泽,无有餍足,稍有未遂,遇事生风,不遵劝谕,众情汹涌。州县即有衙役民壮,城守即有汛兵,而众寡不敌,势难擒捕。及至事过之后,聚者已散,无从查拿,访得一二倡首之人,根究党与,又恐查拿未确,滥及仇扳,往往从轻归结,附和之众,益无顾忌。此民气所由日骄,刁风所由日炽,所谓有一利即有一弊,扶起一边,又倒一边,水懦民玩,信不虚也。朕爱育群黎,惟惠养是务,亿兆善良者众,岂肯因一二莠民,顿尚威克,但怀保不可不厚,而去恶不可不严,奸棍横行,贻害地方,亟当整肃纪纲,以杜其渐。督抚宜共体此意,留心化导,扶植州县,强干者嘉奖之,文弱者激劝之,使得奋励展布,各尽职守,俾小

---

[1]《清高宗实录》卷273,乾隆十一年八月壬辰,北京:中华书局,1987年影印本,第12册,第571—572页。

民咸知国宪之当遵，命吏之当敬，敛戢其浮嚣之气，慴服其骄悍之心，禁于未然，较事发而后以法绳之者所全多矣。可传谕各督抚知之。[1]

此谕可以视为乾隆帝对聚众案治策发生重大转折的枢机。五月，河南巡抚硕色奏报偃师县民因出借仓谷，百余人拥至县署一案时称，聚众者并未久聚抗固，与山陕光棍聚众罢市、抗官塞署有间。乾隆帝对此大为不满，称"迩来各省屡有此事，若非痛为惩创，则远近闻风，奸徒何由知儆！山陕光棍之条，正为此设"，"语云：涓涓不绝，将成江河，萌芽不剪，将寻斧柯"。命传谕硕色，严行申饬。[2] 万泉、安邑聚众案结案时，乾隆帝提出"星星之火，可以燎原，事机之由，积小成大。古称善御者，必利其衔策"的重要思想。七月，御史李文驹以山西、河南刁民，屡次纠众抗官，奏请差员按部宣谕，乾隆帝予以拒绝。这表明他已放弃以往"温和"的方式处理聚众案。

十三年，江苏、浙江等地发生数十起聚众案，特别是苏州府聚众案人数多达数千。五月，乾隆帝发布长篇谕旨，命订立专项法律，严惩聚众者。他说：

刁民聚众抗官，大干法纪，最为地方恶习，不可不亟加整顿。前因山西有万泉、安邑之案，及河南、安徽、福建等省，或抢赈闹官，或邪匪勾结。往往聚众抗违，逞凶滋事。曾屡伤地方官，严究重处，并通行降旨晓谕，所期安静奉法。而愚民动辄汹涌喧哗，甚至殴官伤役，骄悍之风，竟成锢习。揆厥由来，总因朕保赤心殷，伊等有恃无恐，虽有严究重惩之谕，并未专设科条，是以无所畏惮。且地方小有水旱，有司匿灾不报者，朕必重其处分，而抚绥乏术者，督抚亦必加参处。刁民缘此挟制官长，不但不知

---

[1]《清高宗实录》卷289，乾隆十二年四月丙子，北京：中华书局，1987年影印本，第12册，第773—774页。
[2]《清高宗实录》卷290，乾隆十二年五月辛卯，北京：中华书局，1987年影印本，第12册，第793页。

敬畏，一若地方官之去留，可操之由己。不知朕所矜怜者，颠连而无告者也，善良自好之人也，是宜加恩保护。至于聚众抗官，目无国宪，乃王法之所必诛，岂可稍为姑息，惟当下立寘重典，则不逞之辈，触目警心，凛然知不可犯。向来审解成招，监禁候旨，往返经时，即将首犯弃市，不过与寻常案件等。其当场伙众，久散归农，转以迟快一时为得计，全无动色相戒之意，何以警顽梗而杜刁风！从来诘奸乃以禁暴，皇考时因直隶地方劫盗案多，定为不分首从皆斩之例，二十年来，强劫稀少，后乃复照旧例办理。又皇祖时因旗人屡有斗殴雠杀之案，定为满洲殴杀满洲，立即处斩之例，其后此风遂息，因亦仍照旧例。可见明罚敕法，全在因时制宜，而辟以止辟，乃帝王经世之大用。此等直省刁民，聚众抗官要犯，作何令其警戒不敢干犯法纪之处，著该部另行严切定例具奏。此朕刑期无刑，不得已之苦衷，将来革薄从忠，刁风丕变，再行酌定，另降谕旨。[1]

刑部当即定例，这就是载入清律"激变良民"律的第二条定例：

> 凡直省刁民，因事哄堂塞署，逞凶殴官，聚众至四五十人者，为首依律斩决，仍照强盗杀人例枭示。其同谋聚众，转相纠约，下手殴官者，虽属为从，其同恶相济，审与首犯无异，亦应照光棍例拟斩立决。其余从犯照例拟绞监候。被胁同行者，照例各杖一百。如遇此等案件，该督抚先将实在情形奏闻，严饬所属立拿正犯。速讯明确，分别究拟。如实系首恶通案渠魁，该督抚一面具题，一面将首犯于该地方即行斩枭，并将犯事缘由，及正法人犯姓名，刻示遍贴城乡，俾愚民咸知儆惕。如承审官不将首犯究出，混指他人为首，因而坐罪，及差役诬拿平人，株连无干、滥行问拟者，严参治罪，将该督抚一并交部严加议处。[2]

---

[1]《清高宗实录》卷314，乾隆十三年五月己丑，北京：中华书局，1987年影印本，第13册，第152—153页。
[2] 光绪《大清会典事例》卷771，北京：中华书局，1991年影印本，第9册，第474—475页。

乾隆十三年例不仅成为聚众定例的最严酷法律，也为其后群体性犯罪的立法，定了一个"标杆"，因此在清代立法史上具有转折性的标志意义。其后该定例又于乾隆五十三年（1788）、嘉庆十四年（1809）修订，但严惩的立法宗旨没有改变，惩罚也续有加大。

文武官员兵弁的责任，在各自法律文本中，表述不尽相同，整体上，武职责任重于文职。《处分则例》规定："凡刁恶顽梗之民，约会抗粮、敛钱、构讼、抗官、塞署、罢市、罢考、殴官等事，聚众至数十人者，地方官与同城文武协同擒获者，免议。如不实力协拿，致令脱逃，将地方官降二级，戴罪限一年辑拿，限满不获，照所降之级调用。"兵部《处分则例》规定："未能实力擒拿，以致当场脱逃者，三个月限满不获，同城武职均革职留任。"〔1〕

除兵律"激变良民"定例外，刑律中尚有多项惩治聚众犯罪的法律。如乾隆十八年（1753）定例的聚众殴差、夺犯条款〔2〕；乾隆二十三年定例的"饥民聚众爬抢"例〔3〕；同年，湖北巡抚庄有恭条奏定例：如有不服拘拿，不遵审断，或怀挟私雠，及假地方公事挺身闹堂，逞凶杀害本官者，拿获之日，无论本官品级及有无谋故，已杀者不分首从皆斩立决。已伤者，为首照光棍例斩决；为从下手者绞候。其聚众四五十人者，仍照定例科罪〔4〕；乾隆五十三年的聚众拒捕定例〔5〕；等等。

而对于官兵不能及时查拿聚众者之惩罚，除前述载入《大清律例》者外，在光绪《大清会典事例》中，尚有多项规定。〔6〕此处不赘述。

---

〔1〕 薛允升著，胡星桥、邓又天主编：《读例存疑点注》，北京：中国人民公安大学出版社，1994年，第338页。

〔2〕 薛允升著，胡星桥、邓又天主编：《读例存疑点注》，北京：中国人民公安大学出版社，1994年，第443页。

〔3〕 薛允升著，胡星桥、邓又天主编：《读例存疑点注》，北京：中国人民公安大学出版社，1994年，第452页。

〔4〕 薛允升著，胡星桥、邓又天主编：《读例存疑点注》，北京：中国人民公安大学出版社，1994年，第630页。

〔5〕 薛允升著，胡星桥、邓又天主编：《读例存疑点注》，北京：中国人民公安大学出版社，1994年，第770页。

〔6〕 参见光绪《大清会典事例》卷132、96、116等，北京：中华书局，1991年影印本，第2册，第709、239页等。

三、聚众法律的适用及问题

通常来说，雍正时期法律最为严酷，实则不然。乾隆十三年聚众定例，将最严厉的刑罚纳入立法中，远远超过雍正时期的立法。在雍正三年编订的大清律"激变良民"附例中，有两个条款，一是针对山陕地区的，一是针对福建的。这两个例文成为乾隆十三年的立法基础，但惩罚的力度、适用的范围显然受到限制。

雍正三年（1725）的第一个例文是：山陕刁恶顽梗之辈，假地方公事，强行出头，逼勒平民，约会抗粮、聚众联谋，敛钱构讼，抗官塞署；或有冤抑，不于上司控告，擅自聚众至四五十人者，地方官与同城武职，无论是非曲直，拿解审究，为首者，照光棍例拟斩立决；为从，拟绞监候。其逼勒同行之人，各杖一百。承审官若不将实在为首之人拟罪，混行指人为首者，革职，从重治罪；其同城专管武职不行擒拿，及该地方文职不能弹压抚恤者，俱革职。该管之文武上司官，徇庇不即申报，该督抚提镇不行题参者，俱交该部照例议处。

第二个例文是：福建地方，如有借事聚众、罢市、罢考、打官等事，均照山陕题定光棍之例，分别治罪。其不行查拿之文武官弁，亦俱照例议处。

由上可见，雍正时期聚众罪的最高刑罚是为首者斩立决，为从者绞监候。且第二个例文由第一个衍生出来，而其适用范围仅限于山、陕、福建三省，可以说是地方法。而乾隆十三年例将其适用范围扩大到全国，不再是特别条款，而是普通条款，这正是十三年例的关键所在。其次，十三年例将首犯的刑罚等级提高到叛逆以下的最高等级——枭示，而且完全不经过正常的司法程序，就地处决，所谓"一面具题，一面正法"。三是扩大了主犯的范围，使适用就地处决的犯罪客体被延伸，同谋为从者也斩立决，一般为从者绞监候。立法的着眼点在于及时遏制事态进一步发展和恶化。四是威慑性强。不但赋予有司当场处决权，而且要将犯众枭首以示，将犯事缘由及正法人犯姓名刻示，遍贴城乡晓谕，从而提高威慑性。最后是对相关官员的失职行为加大处罚。

乾隆十三年定例，不但立法严酷，在执行上更为严厉。几乎所有聚众案，乾隆帝都饬谕"多办几人"，或命刑部直接改为重拟判决。由于乾隆帝屡次训诫，并处罚"轻办"者，以至于形成"重办"之风。而"恭请王命"就地正法之聚众案越发多起来。

苏州府聚众案发后，安宁遵照乾隆谕旨，将首犯顾尧年等三人立毙杖下。其后在处理青浦县朱家角地方罢市一案时，亦照此办理，将为首秦补等二犯杖毙。乾隆帝称，刁民聚众抗官，恣为不法，立毙杖下，毫无足惜，但在起事之初，群情汹涌，或众犯不服拘拿，强梁哄闹，则杖毙一二人，可以挫其凶悍之气，使早为解散。至于既经拿获究审，自应按律定拟，若加以杖毙，必有议其法外用刑、草菅人命者。并说"因近日聚众之案甚多，特命刑部定议，照陕甘刁民聚众之例，立即正法"，安宁办理此二案，尚未接到部议，是以遵寄信谕旨，将顾尧年等杖毙，秦补等二犯，亦行杖毙，未免轻率。命嗣后办理此等案件，应照新定之例，立置重典。对于为从充徒之犯，考虑到他们"易致脱逃，且恐多事"，指示应照京城积匪为害地方者，有永远枷号各城门示众之例，永远枷号。[1]乾隆十二年（1747）发生的江苏宿迁县革生王育英，因地方赈济，缮写罢市知单案，此时尚无新例，故安宁以罢市未成，照刁徒直入衙门挟制官吏例，发边外为民上奏。但受到乾隆帝训斥，称王育英既缮写传单，分贴县城，乃谋事已行，何得以罢市未成，脱卸重罪？谕安宁改照光棍律定拟具题。[2]

再看新例实行后的聚众案。乾隆十七年（1752），直隶总督方观承在审拟邢台县监生王方平等聚众抗官塞署一案时，没有一面正法，一面具题，而是具题等待刑部核准，乾隆帝大为震怒，称聚众抗官，最为风俗人心之害，王方平审系首恶，自应照例，一面将该犯押赴邢台先行正法，一面具题。该督仍循例具题，欲俟法司议覆，再行办理，殊属周章顾虑，传旨申饬，令知实心改悔。此本已交该部改办，王方平着即行解

---

[1]《清高宗实录》卷316，乾隆十三年六月丁卯，北京：中华书局，1987年影印本，第13册，第199—200页。
[2]《清高宗实录》卷287，乾隆十二年三月戊午，北京：中华书局，1987年影印本，第12册，第747页。

赴邢台正法，余犯仍俟部文发落。[1]

类似这种由乾隆帝亲自著刑部或地方官改重惩或"多办"的事例不胜枚举。在次年福建巡抚喀尔吉善奏报惠安县民何献等抗粮拒捕一案时，乾隆帝批谕"从重多处数人"[2]。二十八年（1763）春，直隶遵化州民闹赈哄堂，乾隆帝命布政使观音保"从权请出王命，将为首数犯立行正法"，并谕"毋庸通详具题，转致有乖事体，亦不必俟方观承审鞫定拟"。观音保奉旨，即将起意指使之主犯朱履泰等三人斩决，乾隆帝仍斥责观音保"一味姑息"，命将崔四等从犯五人一并即行正法。[3]

三十二年（1767），河南巡抚阿思哈奏报审拟新野县革役杨蛟等聚众扒毁民房案，因所拟立决、监候者仅有数人，乾隆帝以其"意存轻纵，已交刑部另行核议，分别定拟矣"。[4]越一年，甘肃阶州成县毛嘴山民谭壮等因差役催粮凌虐，拆毁县役房屋多间，陕甘总督明山奏请将谭壮照聚众为首例斩决枭示[5]，乾隆帝谕示严办："岂可不从重多办数人，大示惩创？"[6]五十年（1785），处州卫前帮水手聚众勒加工钱案，乾隆帝命传谕直隶、山东督抚派兵严密截拿，拿获后即于该处正法示众，必须多办数人，以示惩儆。并一再申明，"不得存化大为小之见"，"不可存姑息完事之见"。[7]此类案例甚多，不具引。

乾隆时期对聚众案的严厉惩罚，可以"恭请王命"的研究数据来说明。清代雍正时将前代在执行军令时的"旗牌"前加以"王命"二字，并用来惩罚群盗。但对其使用严格限制，明确"一二事犹可，不可为常"。而到了乾隆时期，特别是十三年定例后，使用"王命旗牌"的

---

[1]《清高宗实录》卷414，乾隆十七年五月癸酉，北京：中华书局，1987年影印本，第14册，第423—424页。
[2]《清高宗实录》卷453，乾隆十八年十二月丁未，北京：中华书局，1987年影印本，第14册，第910页。
[3]《清高宗实录》卷684，乾隆二十八年四月癸巳，北京：中华书局，1987年影印本，第17册，第653—654页。
[4]《清高宗实录》卷797，乾隆三十二年十月辛巳，北京：中华书局，1987年影印本，第18册，第759页。
[5]《奏为成县知县汤尚箴不察属役殴勒激变阶州知州汪沁当弹压无能先行奏闻事》，乾隆三十四年九月十五日，朱批奏折04-01-01-0283-065，中国第一历史档案馆藏。
[6]《清高宗实录》卷843，乾隆三十四年九月甲辰，北京：中华书局，1987年影印本，第19册，第262页。
[7]《清高宗实录》卷1229，乾隆五十年四月己亥，北京：中华书局，1987年影印本，第24册，第481页。

案例急剧上升，至乾隆五十年达到峰值。仅见于《清高宗实录》的就有五十多起，而这只是实际执行情况的冰山一角。在使用"类别"上，排在暴力抗清、强盗、械斗、发遣逃犯后的第五位，即哄衙闹署、聚众抗官案，占所有案例的10%。而一次聚众案"恭请王命"处死者达到数十上百人。如乾隆五十年河南柘城县聚众案，以此处死者前后达九十五人之多。[1]

乾隆十三年定例开启的重刑化，也引起大臣的注意与劝谏。乾隆十五年（1750）五月，熊学鹏奏称，上年秋审勾决，较前数年觉多，近年臣工条奏，更改刑名律例，大概多尚严厉，请密降旨晓示内外臣工，办理一切刑名，不可刻核相尚，条奏增设科条者，概行禁止。对此乾隆帝大为光火，斥责"熊学鹏此奏甚属悖谬"，并为其严酷法律置辩，也谕及其治策转变的由来和初衷。谕称："内外问刑衙门，在朕初年，或不免有意从宽，而谓近年来专以刻核相尚，则可保其必无。以此时刑狱而尚以为过严，信为罔知轻重之尤者矣。比年阅事既多，深知为治必出于大公至正，斯久而无弊。熊学鹏识见迂谬，特详悉剖示，令中外诸臣共知明刑弼教。其有游谈附和者，必从重治罪。"[2]

乾隆二十三年（1758）十二月，御史汤先甲以法律严苛，奏请刑法变通一折，乾隆帝直斥其"所言甚属迂谬"，称明刑弼教，乃国家治世之大权，而当宽当严，惟在因时随事，所以惩奸宄而安善良，初不得借口于世轻世重，先自存偏畸之见。针对该御史折内所称"内外问刑衙门遇有造作妖言、收藏野史之类，多丽逆案，宜坐以所犯罪名，不必视为大案，极意搜罗"之语，乾隆帝称："邪言左道，煽惑愚民，肆行诋毁本朝，此而不谓之逆，则必如何而后谓之逆者？该御史折内有刑官何必立意求深，多援条例之语，一似我朝刑法，本系从宽，至朕独为加重，刑官不无有意迎合者。"又说："朕御极之初，承皇考整饬之后，随时用中，复济之以宽大。乃沿之日久，或贪官篝箧不饬，或奸民诪张为

---

[1] 以上参考孙靖洲:《清代恭请王命制度的渊源与流变》，朱勇主编:《中华法系》第五卷，北京：法律出版社，2014年。
[2]《清高宗实录》卷365，乾隆十五年五月己未，北京：中华书局，1987年影印本，第13册，第1021—1023页。

幻,此而不严,官方国纪、风俗人心,何所底止?至若律例条目,随时增定,原因案件参差不一,非律文所能赅备,是以轻重相衡,期一归允协,然不自今日始也,使一切芟除,刑官将何所凭准,且现在问刑衙门,有能借条例以高下其手、锻炼周内者乎?"乾隆帝将其原折掷还,并向朝臣明为宣示,俾众共知之。[1]

由于法司竞尚严苛,爰书奏章中"从重"满天飞。为此,乾隆五十五年(1790)六月,谢清问奏请"删除问刑定案从重字样",乾隆帝斥其"所见更为错谬",称内外问刑衙门,遇有罪浮于律者,不得不从重办理,并非概予从重,著严行申饬。[2]直到嘉庆即位后,于四年正月颁布谕旨,命嗣后问刑衙门,俱应恪遵宪典,专引本律,不得于律外又称不足蔽辜及从重字样,即虽字但字抑扬文法,亦不准用。[3]

乾隆晚年曾回忆说,朕初即位时,即预感十三年有大事发生。我们无法确切得知,乾隆帝所称的"大事",是否针对官府的哄堂、塞署、抗粮、罢市、罢考等聚众案,以及他试图为遏制大有燎原之势的这些聚众事件而订立的法律。但如上所述,乾隆十三年定例,无论是立法还是执行,确实可以视为清代法律的重要转折。

(原载《旧律新诠——大清律例国际研讨会论文集》,清华大学出版社,2016年)

---

[1]《清高宗实录》卷576,乾隆二十三年十二月甲寅,北京:中华书局,1987年影印本,第16册,第334—337页。
[2]《清高宗实录》卷1357,乾隆五十五年六月癸酉,北京:中华书局,1987年影印本,第26册,第189—190页。
[3]《清仁宗实录》卷37,嘉庆四年正月甲戌,北京:中华书局,1987年影印本,第28册,第430—431页。

清代乾隆时期群体性事件的法律控制及其效果考察

一、聚众抗官专项法律的制定

清代的群体性事件官方多用"聚众抗官"来表述，主要表现为：聚众罢市、罢考；抗粮闹漕；冲击或堵塞衙署，殴打官府差役人员；通过匿名揭帖等形式纠约众人；等等。从社会学的视角看，聚众事件属于群体性越轨行为，对社会秩序具有直接的威胁性和破坏性，如不能及时加以控制，或者控制力不强，也会极大冲击乃至危及社会秩序，动摇王朝的统治根基。

整体而言，传统法律在应对群体性事件方面处于缺失状态。明律首次订立"激变良民"律，惩罚的客体是官吏，立法的宗旨是对为非作歹、横征暴敛等容易激起民变的官员渎职行为的惩罚。清律沿用明律，并于康熙五十三年（1714），针对山西、陕西，制定第一个附例。雍正二年（1724），又援引山、陕之例，针对福建订立第二个附例。旋经律例馆奏准，将以上两条例文，附于《大清律》下。[1]这两次定例，适用范围仅限于三省，属于特别法性质。而订立专项法律在全国施行的是乾隆十三年（1748）定例。

自乾隆十一年（1746）始，全国许多省份不断出现聚众抗官案，且聚众的规模从数百人到数千人不等，对官府的冲击也愈演愈烈，山西安邑、万泉，围困府县达数日之久，苏州府顾尧年案甚至围困巡抚衙署。

---

[1] 吴坛著，马建石、杨育棠主编：《大清律例通考校注》，北京：中国政法大学出版社，1992年，第593页。

纷至沓来的奏报令乾隆帝大为震惊，他多次发布上谕，认为这些事件是因地方官不能及时处理所致，指出"星星之火，可以燎原，事机之由，积小成大"[1]，表现出通过法律解决的意图。

聚众案在多省频发，也引起了地方官的高度重视，他们建言订立专法。乾隆十一年，浙江处州镇总兵苗国琮奏请赋予地方文武官更多的临时处置权，并纳入处分条例：嗣后凡有塞署、罢市、抗粮、殴官等不法之事，许令文武即时带领兵壮，持械往捕，如有抗拒者，许即麾兵壮，施放器械，照盗贼拒捕之条，杀死勿论。乾隆帝着该部议奏[2]。刑部议复时整体采用了苗国琮的上奏，但对持械往捕一节，认为聚众者与盗贼毕竟不同，故未予采纳。最后定例：凡刁恶之徒，聚众抗官，地方文武员弁，即带领兵壮迅往扑捉，如稍有迟延者，即照定例严议。其扑捉之时，该犯即俯首伏罪，不敢抗拒，应分别末减；如该犯等持仗抗拒，许文武官带同兵壮，持械擒拿。若聚众之犯，并未执有器械，文武官纵令兵壮杀伤者，严加议处。[3]

十三年五月初六，乾隆帝发布长篇上谕，提出"聚众抗官，大干法纪，最为地方恶习，不可不亟加整顿"，认为屡屡出现聚众抗法，是因为"虽有严究重惩之谕，并未专设科条，是以无所畏惮"。他着重强调，虽然此类案件通过正常的司法程序也能事后惩治犯罪，但参加者已然归去，时过境迁，反以逞快一时为得计，不如将首犯立置重典，使人触目警心，凛然知不可犯。法律全在因时制宜，而辟以止辟，乃帝王经世之大用，"此等直省刁民，聚众抗官要犯，作何令其警戒不敢干犯法纪之处，著该部另行严切定例具奏"[4]。刑部等随即定例：凡直省刁民，因事哄堂塞署，逞凶殴官，聚众至四五十人者，为首照例拟斩立决，仍

---

[1]《清高宗实录》卷291，乾隆十二年五月乙卯，北京：中华书局，1987年影印本，第12册，第816页。

[2]《奏为敬陈请严聚众之例遇有不法伙众许令文武带兵持械扑捉首恶管见事》，乾隆十一年八月二十七日，朱批奏折04-01-01-0137-026，中国第一历史档案馆藏。

[3]《奏请严定聚众之例以儆刁风事》，乾隆十一年十月二十二日，朱批奏折04-01-01-0128-044，中国第一历史档案馆藏；吴坛著，马建石、杨育棠主编：《大清律例通考校注》，北京：中国政法大学出版社，1992年，第593页。

[4]《清高宗实录》卷314，乾隆十三年五月己丑，北京：中华书局，1987年影印本，第13册，第152—153页。

照强盗杀人例,枭示;其同谋聚众,转相纠约,下手殴官者,系同恶相济,亦应照光棍例,拟斩立决;其余为从之犯,照例拟绞监候。其被胁同行、审无别情者,照例各杖一百。该督抚遇此等案件,即据实先行奏闻,严饬所属立拿正犯,速讯明确,分别定拟,如系实在首恶,即一面具奏,一面正法、枭示,并将犯由及该犯姓名,遍贴城乡,使愚民咸知儆惕。如承审官不将实在首犯审出,混行指人为首因而斩决,及差役诬拿平人、株连无干,滥行问拟者,即将承审官分别革职,依律治罪。该督抚一并严加议处。[1] 乾隆帝在批准这项专法时称,"此朕刑期无刑,不得已之苦衷,将来革薄从忠,刁风丕变,再行酌定,另降谕旨"。

"激变良民"律由此变为"首条聚众抗官律"[2],惩罚的客体由官吏而变为聚众者,适用范围涵盖全国,具有普适性。概括乾隆十三年定例,其重点有四:一是从重从快,对首犯不经过一般的司法程序,而就地正法,所谓"一面具题,一面正法",实际上赋予了地方官"先斩后奏"权。二是扩大了主犯的范围,适用就地处决的犯罪客体延伸到"同恶相济",包括"同谋者"、邀约聚众者、下手殴官者等三类,涵盖了从起意、聚众到实施行为的整个过程。三是警示性强,要求地方官将犯事缘由及正法人犯姓名刻示,遍贴城乡晓谕。四是对相关官员的失职行为予以处罚,将乾隆十一年的文武员弁"稍有迟延者,即照定例严议",修改为"同城专汛武职不行擒拿,及该地方文职不能弹压抚恤者,俱革职"。

二、专项法律的实施及其效果

乾隆十三年定例随即由刑部移咨地方各省,在全国颁布实施。五十三年(1788),刑部将前述康雍时期的两个附例与乾隆十三年例合并为一,载入《大清律例》。嘉庆十四年(1809)再次修改聚众抗官法,

---

[1]《清高宗实录》卷314,乾隆十三年五月己丑,北京:中华书局,1987年影印本,第13册,第153页;光绪《大清会典事例》卷771,北京:中华书局,1991年影印本,第9册,第474—475页。
[2] 吴坤纂,郭成伟编:《大清律例根原》卷45,上海:上海辞书出版社,2012年,第709页。

将聚众罢考、罢市、抗粮、打官等类犯罪，照光棍例，为首拟斩立决，为从拟绞监候，惩治力度整体有所减轻，此后未有修改。故论清代对聚众犯罪的刑罚，以乾隆时期为最严，其实施过程及其效果，尤可关注。

整体看，十三年专法的适用更趋严厉，不但从犯的惩罚超越新例，适用于积匪为害地方例，永远枷号；而且使用"王命旗牌"就地正法之案屡见不鲜。

苏州聚众案是促使乾隆帝最终选择订立专法、严惩聚众犯罪的重要枢机。巡抚安宁遵照谕旨，将首犯顾尧年等三人立毙杖下。随后在处理青浦县朱家角地方罢市一案时，安宁也将首犯秦补等二人杖毙。乾隆帝认为如此办理不妥，提出既经拿获究审，自应按律定拟，若加以杖毙，必有议其法外用刑、草菅人命者，并说"因近日聚众之案甚多，特命刑部定议"，安宁办此二案，尚未接到部议，是以遵照寄信谕旨，将顾尧年等杖毙；秦补等二犯亦行杖毙，未免轻率，致滋谤议。嗣后办理此等案件，拿获到案后，应照新定之例，立置重典。对于为从充徒之犯，照京城积匪为害地方例，永远枷号各城门示众。[1]

新法在实施过程中，地方大吏最初掌握的尺度并不严格，而乾隆帝每每饬令"严办"。乾隆十七年，直隶总督方观承在审拟邢台县监生王方平等聚众抗官塞署一案时，没有按照"一面具题，一面正法"的新法执行，而是具题等待刑部核准再行"正法"，乾隆帝览奏颇为震怒，称聚众抗官，最为风俗人心之害，王方平审系首恶，自应照例，一面将该犯押赴邢台先行正法，一面具题。该督仍循例具题，欲俟法司议覆，再行办理，殊属周章顾虑，命传旨申饬，并将此本交刑部改办，王方平着即行解赴邢台正法。[2]类似这种由乾隆帝亲自命刑部"改办"或令地方大吏"多办"的事例不胜枚举。在次年福建巡抚喀尔吉善奏报惠安县民何献等抗粮拒捕一案时，乾隆批谕："从重多处数人。"[3]二十八年

---

〔1〕《清高宗实录》卷316，乾隆十三年六月丁卯，北京：中华书局，1987年影印本，第13册，第199—200页。

〔2〕《清高宗实录》卷414，乾隆十七年五月癸酉，北京：中华书局，1987年影印本，第14册，第423—424页。

〔3〕《清高宗实录》卷453，乾隆十八年十二月丁未，北京：中华书局，1987年影印本，第14册，第910页。

（1763）春，直隶遵化州民闹赈哄堂案，聚众者达一千数百人，并在州署拆砖砌门。事闻后乾隆帝命布政使观音保"从权请出王命，将为首数犯立行正法"，并谕令"毋庸通详具题，转致有乖事体，亦不必俟（总督）方观承审鞫定拟"。[1] 观音保随即遵旨将起意指使之主犯朱履泰等三人斩决，但乾隆帝仍斥责观音保"一味姑息"，命将崔四等从犯五人一并即行正法。[2] 三十二年（1767），河南巡抚阿思哈奏报审拟新野县革役杨蛟等聚众扒毁民房一案，因所拟立决、监候者仅有数人，乾隆帝以其"意存轻纵"，命交刑部另行核议，分别定拟。[3] 越一年，甘肃阶州成县毛嘴山民谭壮等因差役催粮凌虐，拆毁县役房屋多间，陕甘总督明山奏请将谭壮照聚众为首例斩决、枭示，乾隆帝谕示："岂可不从重多办数人，大示惩创？！"[4] 五十年（1785），处州卫前帮水手聚众勒加工钱，在直隶泊头地方停泊哄闹，不肯开行，并伤官抢犯。乾隆帝命传谕直隶、山东督抚派兵严密截拿，拿获后即于该处正法示众，必须多办数人，以示惩儆。并一再申明，"不得存化大为小之见""不可存姑息完事之见"[5]。此类案例甚多，恕不具引。

对聚众案的从犯，将从重、从快的惩罚原则上升到司法层面，是从乾隆十九年（1754）开始的。当年闰四月，福建巡抚陈宏谋在处理诸罗县民吴兴等纠众辱官、拒捕两案时，将为从各犯，全部已拟绞候具题，但尚未经刑部核复。按照规定，应入于下次（次年）秋审。但陈宏谋认为，此二案情罪重大，因而令臬司归入本年秋审会勘办理，并以此奏请。乾隆帝予以肯定，并规定嗣后停勾年份，著刑部将情罪重大案犯，开具事由，另行奏闻，请旨正法。并传谕各该督抚，凡遇此等案件，俱

---

[1]《清高宗实录》卷683，乾隆二十八年三月丁亥，北京：中华书局，1987年影印本，第17册，第649页。
[2]《清高宗实录》卷684，乾隆二十八年四月癸巳，北京：中华书局，1987年影印本，第17册，第653—654页。
[3]《清高宗实录》卷797，乾隆三十二年十月辛巳，北京：中华书局，1987年影印本，第18册，第759页。
[4]《清高宗实录》卷843，乾隆三十四年九月甲辰，北京：中华书局，1987年影印本，第19册，第262页。
[5]《清高宗实录》卷1229，乾隆五十年四月己亥，北京：中华书局，1987年影印本，第24册，第481页。

照此办理。[1]

乾隆帝在督办聚众案时的从重从快取向,特别是对地方大吏的一再训诫,极大影响了后者。地方官甚至将一般的人命案件,也恭请王命,斩决枭示。这势必冲击固有的法律秩序。为此,乾隆帝予以纠正,他指出,如果此等寻常案件亦一律恭请王命,尚有何案应行按例请旨定夺耶?其后,又发生直隶总督梁肯堂将抗粮殴官一案首犯先行正法等事,乾隆帝只是饬谕了事。[2]

十三年定例的严格执行,整体遏制了急速上升的聚众事件。笔者据《清实录》《朱批奏折》《录副奏折》等统计,乾隆朝共发生大小近三百起聚众案,而以乾隆六年(1741)至十三年为最多,占比达75%。乾隆十三年以后,特别是乾隆二十年(1755)起,急速下降。[3]从乾隆六年至十三年间每年十起以上,下降到年均不足两起。总计乾隆二十年以后的四十年间,共计五十起。

群体性事件发案率急速下降有多种因素,其中,与中国灾害周期的发生密切关联。据统计,乾隆六十年间灾害死亡人数,乾隆六年首次出现千人,达2000人,后续维持在1000—3000人,而乾隆十二年(1747)陡然达到前期的第一次峰值,即23000人。[4]据此或可推断,"因灾致变"是乾隆十三年前聚众案高发频发的重要因素之一。换言之,乾隆朝聚众案高发的峰值及其曲线,与乾隆朝受灾强度曲线存在高度吻合。乾隆朝第一个十年,特别是乾隆五年至九年(1740—1744),是有清一代水旱等自然灾害集中发生的高峰期[5],其影响不仅直接作用于社会、经济,且因社会趋于动荡,而导致包括法律在内的统治政策由宽缓而向严猛转换。而聚众抗官新例的制定,以及在适用上的加重、从严,无疑也是聚众案急速下降的重要原因。这与乾隆中期通过修订法律,废

---

[1]《清高宗实录》卷463,乾隆十九年闰四月庚午,北京:中华书局,1987年影印本,第14册,第1008页。
[2] 中国第一历史档案馆编:《乾隆朝上谕档》,南宁:广西师范大学出版社,2008年,第17册,第881页。
[3] 参见林乾:《因灾致变——乾隆朝群体性事件高发的"灾害"诱因》,朱勇主编:《中华法系》第六卷,法律出版社,2015年。该文著录乾隆朝群体性事件136起,统计未包括较小的事件。
[4] 朱凤祥:《中国灾害通史·清代卷》,郑州:郑州大学出版社,2009年,第362页。
[5] 葛全胜、王维强:《人口压力、气候变化与太平天国运动》,《地理研究》1995年第4期。

止"完赃减等"条款,着力惩治官员犯罪,即由治民转向治官,也存在高度契合;也说明专项新法的制定及实施,整体遏制住了聚众案对社会秩序的冲击,使得乾隆朝保持了社会总体稳定,从而为国家各项政策措施得以实行创造了不可或缺的社会条件。

三、问题及影响

乾隆时期对聚众案的处理过程及善后措施,具有长远影响的有三个方面。

一是普遍加强了府县防护力量的配置。乾隆帝在钦差大臣讷亲复奏万泉案情折内,该处兵丁连外委只有十名之处,特加朱批称:一邑而如此兵单,应筹调补。考虑到万泉地处山僻,城市窄小,不能移驻多兵,最后新增30人,连同原有10人,共40名兵丁专驻。安邑地方原不甚僻,距运城只15里,原有9名兵丁,又从平垣营拨兵11名,共有20名驻扎。万泉、安邑归河东道管辖,比照晋省归绥道例,给与兵备道衔,都司以下等官,听其调遣节制,以便呼应及时。[1]增加驻兵、将原来主管民事的道员改加军事属性等措施,随即由署理山西巡抚德沛组织落实,主旨是"防范周密,足资弹压"。[2]在处理苏州聚众案时,乾隆帝一度考虑在这里添设八旗驻防,并命军机大臣传谕巡抚安宁,令其斟酌妥议,密行陈奏,勿令幕宾家人传知,稍漏风声,以致人情怔惧。八旗驻防是清朝在重要城市单独圈设的"旗城",关系重大。安宁回奏称,苏州地处腹内,非杭州、京口沿河沿海可比,且地方情形,实亦毋庸添设。此议遂罢[3]。其他地方均有类似增加兵丁驻扎的举措。此举在整体上加强地方防护力量的同时,也推高了国家的行政成本。乾隆以后地方

---

[1]《奏为遵旨拟于万泉安邑二县添派兵丁并请照例给予河东道兵备道衔事》,乾隆十二年五月二十八日,朱批奏折 04-01-01-0147-031,中国第一历史档案馆藏。

[2]《奏请于蒲州协平垣营内抽拨兵勇把总充补万泉安邑巡逻兵丁事》,乾隆十二年六月二十六日,朱批奏折 04-01-01-0147-003,中国第一历史档案馆藏;《清高宗实录》卷 294,乾隆十二年七月壬辰,北京:中华书局,1987 年影印本,第 12 册,第 850 页。

[3]《清高宗实录》卷 314,乾隆十三年五月丁酉,北京:中华书局,1987 年影印本,第 13 册,第 163 页。

吏役的普遍增加乃至膨胀，大多可以追溯到乾隆时期。

二是加大对处置聚众案不力官员的惩处，文职官员也照"武职失守城池例"惩办。乾隆十五年，是秋审制度把官犯册独立一册进呈的第一个年份，而这项制度的推行与加大对聚众案处置不力官员的惩办直接相关。乾隆十四年（1749）十月，本年朝审缓决本内，有斩犯朱发、李廷栋等四案，其中三案，多是因处置聚众不力而由三法司改斩决为缓决的官员，乾隆帝认为三法司"办理俱属错误"。他指出：朱发、李廷栋身为司牧，奸民哄闹，擒捕无方，三法司所拟比照武职攻破城池之例治罪，减等处罚。夫奸徒小蠢，本属子民，何至仓皇失措，以朝廷所付民社之寄，弃而不守，乃谓本非武职，比照治罪，缓其处决，岂城池仓库，专责之武臣，而地方文职，可置不问乎？胡璘以都司奉委协拿人犯，奸民哄闹，即望风不进，乃谓非逗留观望，然乎？否乎？刘钟虽是末弁，但畏缩远避，以致偾事，何情可原？着另行改正。并令嗣后职官治罪，除杂犯外凡实犯罪名，秋朝审时，或应缓决，或应情实，着另为一册进呈。[1]

三是不即时追究官员的过错责任，从长远看带来诸多负面影响。乾隆帝在处理聚众案时，最初一再秉持"民有犯当置国之法，官有罪当处官之刑"的衡平原则。但随着更多聚众案的发生，他对激变良民官员的责任追究，不再实行"即时性"，理由是一旦官员因此解任，一似其进退升调操之在民，定会滋长刁悍民风。因而对此类官员往往不即时处理，时过境迁后而以其他原因迁调。乾隆八年，湖南出现多起聚众抢谷案，巡抚阿里衮奏称：奸民借米价稍昂，鼓众挟制，若立即参劾牧令，恐愈长顽梗刁风。乾隆帝对此大表赞成，朱批称："甚是。即使应参，亦不应以此事参处，况不应参乎？阿尔赛（湖广总督）奏闻时，即批示矣。"[2] 按察使明德上奏请求特降谕旨，训示督抚提镇，嗣后不许混参有司。乾隆帝朱批道：前日阿尔赛欲参县令，朕批示不可。不谓汝见

---

〔1〕《清高宗实录》卷350，乾隆十四年十月己卯，北京：中华书局，1987年影印本，第13册，第830页。

〔2〕《奏报饥民抢谷各案缘由及现在办理情形事》，乾隆八年五月初一日，录副奏折03-1248-029，中国第一历史档案馆藏。

到此。好，勉之。[1]

聚众抗官专法订立前，乾隆帝多是就案指示，尚未形成一致性处理意见。乾隆九年五月，直隶滦州等地出现民众聚集强借粮食、抢割麦田之事，总督高斌参奏知州李钟俾不能体察民情，即将其掣回。随着聚众案的频发，特别是新法颁布前后，乾隆帝改变了对官员的即时处理原则。乾隆十二年，万泉聚众案发，山西巡抚爱必达将万泉知县佟浚题参革职，乾隆帝谕称：不职知县原不可姑容，然何不查察于平时，而纠参于刁民聚众之后？随即将爱必达解职。大学士讷亲到山西省城后，奏请将失机文武官弁革职，拿交刑部治罪。乾隆帝予以肯定。本来，革职处置的是"失机文武"，即因处理聚众案不力的官员，但又出现"奉提官犯，民间颇有荒唐之词，引以为快"之事，讷亲立即奏请"特颁谕旨，俾官吏军民知二邑惩治官弁，悉由玩纵之故，交与抚臣照例发臬衙门，敬谨誊黄刊布，遍示穷乡僻壤"。乾隆帝肯定这种做法，称朕之所以重处各官者，以其不能安辑地方，发奸摘伏也，岂意愚民反因此而得计哉。有旨谕部。[2]

在办理苏州聚众案时，安宁因杖毙人数实际多达三十余人，致物议沸腾[3]，遂自请议处。乾隆帝称其并无办理不善之处，毋庸交部议处，并称：法纪所在不容假借，奸民敢于肆横，则其咎在民而不在官，初非严于百姓，而宽于安宁也。[4] 乾隆十七年（1752），湖南巡抚范时绥在处理湘乡县民周二等聚众抗官一案时，将首犯就地正法，并奏称知县卓尔布激成事端，办理不善，现在会疏题参。乾隆帝认为就地正法办理正确，而题参之事未见妥协：若因刁民滋事，将地方官即登白简，将来愚顽之徒，必且以此胁制官长，殊非整饬刁风之道。此后若遇此等案件，

---

[1]《奏陈湘省积贮仓谷事》，乾隆八年闰四月初九日，朱批奏折 04-01-35-1125-001，中国第一历史档案馆藏。
[2]《奏为遵旨查审安邑县知县佟浚庸懦不职及该县刁徒聚众拆毁牌楼等按律分别定拟事》，乾隆十二年五月二十八日，朱批奏折 04-01-01-0142-041。
[3] 萧奭：《永宪录》，北京：中华书局，1959年，第395页。
[4]《清高宗实录》卷314，乾隆十三年五月丁酉，北京：中华书局，1987年影印本，第13册，第162页。

应于事后酌量改调，或再行参革，均未为晚。[1]

乾隆中期，聚众案发案频率、强度都大幅下降，乾隆帝改变不即时查处责任官员的做法，政策及法律调整的重点又转向整饬不法官员。二十九年（1764），湖南新宁县刘周佑控告书役舞弊，署知府王锡蕃交发本县办理，知县李腾渊将原告禁押，置所告之事不问，致街民散帖罢市。聚众案处理后，地方大吏对有责任官员以议处上请。乾隆帝颇为不满，称向来外省抗官之案，虽事涉有司，应行参处，亦必首惩纠众之人，而于官员应得处分，不即汲汲究治，诚虑匪徒因此长胆，不可不防其渐也。今该府县等既心存袒护，而措置乖方，是先不能守其正己临民之本，又岂可与仅系稽查不力、弹压不严者，竟予一律议处，使复持缓治之议？有意为之姑息，将穷檐冤抑，终无上闻，覆盆尚可言耶！[2]命将王锡蕃、李腾渊同时查明参处，随即又派刑部侍郎阿永阿驰驿前往，会同总督吴达善查办此案。四十四年（1779），直隶正定井陉知县周尚亲派累致变案，也经乾隆帝及时纠正。知县周尚亲派钱累民，生员梁绿野等传单聚众，赴正定府控告，及正定府饬委典史前往查拿，生员梁进文又聚集村民，殴伤差役。事闻，乾隆帝谕示直隶总督周元理从重惩处，并需多办数人。周元理随即遵旨奏拟结案，乾隆帝将其结案折交三法司速议。此时，提督衙门接获案内被缉捕的梁绿野，赴京呈诉该县科派侵肥。乾隆帝复阅周元理结案折，怀疑他袒徇劣员[3]，遂派刑部侍郎喀宁阿等驰驿前往查办。喀宁阿等途次先将梁绿野逐款讯问，随即奏上，乾隆帝据此判断，井陉一案并非奸民捏词诬控，谕称：若州县实系科派累民，以致激变，而该督尚欲为之消弭开脱，于政体官方，大有关系，非寻常公过可比，若复置之不究，致各省相率效尤，吏治尚可问乎？！因事关重大，加派尚书、军机大臣福隆安前往彻查，查明周尚亲

---

[1]《清高宗实录》卷419，乾隆十七年七月辛巳，北京：中华书局，1987年影印本，第13册，第491页。
[2]《清高宗实录》卷718，乾隆二十九年九月丁巳，北京：中华书局，1987年影印本，第17册，第1006页。
[3]《清高宗实录》卷1078，乾隆四十四年三月丁酉，北京：中华书局，1987年影印本，第22册，第490页。

短价侵吞为实，依律拟绞。[1]周尚亲被执行绞决。周元理随后也被解任，降为三品职衔。

总论清代群体性事件，有两个高发期，一是乾隆朝前二十年，一是道光中期前后的二十年。乾隆时期除万泉安邑和苏州二案外，大多规模较小，更没有演化为强烈的对抗性冲突，整体上仍然在可控的范围内。而通过制订专项法律及适用上的从严、从速，聚众案得到极大遏制。道光时期的群体性事件以"闹漕"为中心，尽管案发频率没有达到乾隆时期的高度，但烈度极大，[2]有的甚至围城攻地，官府大多用兵弹压，而湖北崇阳、湖南耒阳两大案，官府急调两省大兵，经月而事平。包世臣预言，"东南大患，终必在此"[3]。太平天国随即而起，而在有漕省份得到极大响应。二者的关联及问题值得深入探讨。

（原载《国家行政学院学报》2018年第6期）

---

[1] 台北故宫博物院编：《宫中档乾隆朝奏折》第47辑，台北：台北故宫博物院，1982年，第169—170、174页。
[2] 魏源：《魏源集》上，北京：中华书局，1976年，第340页。
[3] 林乾：《新喻漕案与包世臣罢官》，《中国古代法律文献研究》第9辑，北京：社会科学文献出版社，2015年，第409页。

讼师对法秩序的冲击与清朝严治讼师立法

处于鼎盛的清乾隆中期，以地方大吏为主的一些人，通过对沿自明代的"教唆词讼"律文的奏请修订，推动了清政府以严治讼师为目的的一系列立法活动的展开，试图以此遏制或缓解令地方政府难以应付的如"大川腾沸，无有止息"[1]般的"健讼"势头。自此，至迟自宋代就已趋于活跃并合法存在的充当原被告幕后辩护人的讼师，在法律上几无存在的空间。然而，这种官方的法律表达却在很大程度上掩盖了严治讼师立法背后的真实意图，即由于讼师的介入，直接冲击了法约刑简的儒家法律理念以及原本就漏洞百出的司法制度，威胁到法秩序的稳定以及建构在这种基础上的地方政府司法功能的实现；在以行政兼理司法的制度框架下，也必然影响到地方政府在民众中的形象，以及地方官的仕途经济。换言之，讼师所参与的法律活动远非帮助当事人写状词那样简单，而是在某种程度上影响乃至主导了法律的天平向自己（的当事人）一边倾斜。当统治集团按照惯性维系这种统治，不愿意或者不可能对沿袭几个世纪的司法制度进行变革时，讼师就被视为同贼盗一样的严重危害社会的群体而受到严厉惩治。乾隆二十九年（1764）定例成为突破"教唆词讼"本律的一道分水岭，它不但背离了最初订律的立法宗旨，也使此后的频繁立法日趋走向重刑化，讼师在这样的背景下无疑成为高风险的职业。

一、讼师对法律秩序的冲击

江南"健讼"成风，自明中叶已成为一个公众话题，并引起统治上

---

[1] 袁守定：《南北民风不同》，徐栋：《牧令书》卷17，道光二十八年刻本，第26页b—第27页a。

层的极大关注。海瑞在应天巡抚任上屡被论劾,他在《被论自陈不职疏》中称:"'种肥田不如告瘦状',苏、松、常、镇有此民谣久矣。"一再强调"江南民风刁伪,每放告日,状劾以三四千计"[1],这种不正常甚或扭曲的法律秩序似难以逆转。他被罢官后,已升任内阁首辅的张居正在回复他的信中,曾直言不讳地说这位"青天"丢官的原因是"三尺法不行于吴久矣,公骤而矫以绳墨,宜其不能堪也",并对自己"不能为朝廷奖奉法之臣",表示"深愧"。[2]江南地方官员经常向张居正告苦,以致有"近时前后官于此土者,每呼为鬼国"之类说法,并发出"他日天下有事,必此中创之"[3]的预言。

明清鼎革并没有中断江南"健讼"的势头。入清以来,随着每一轮经济波动的发生,尤其是米价上涨带动的置产浪潮,直接导致田土等词讼案件的上升。"已卖之业,加赎争讼;连界之田,挽谋构隙。因而破家者有之,因而起家者亦有之。"康熙十九年(1680)春,米价腾贵,田价骤长,"昔年贱价之田,加价回赎者蜂起"。[4]

在社会稳定经济持续发展的背景下,"健讼"之风一旦得经济助推和讼师媒介,便成为无法逆转的一种社会景观,影响所及,远远超出词讼本身,构成对地方政府司法职能的侵蚀以及对统治秩序的威胁。具体而论,表现有三。

一是讼师的存在是对地方官司法能力及水平的极大挑战。清代沿袭前朝体制,地方官尤其是州县官以行政兼理司法,尽管其首要职责是行政,但在司法方面,州县官不仅主持庭审和作出判决,还主持勘查和讯问以及缉捕罪犯。[5]他既是行政的第一责任人,同时也是司法方面的第一责任人。因此,通晓法律是政府对州县官的基本要求。但就一般而言,由于在正规的科举考试中已经取消了法律方面的内容,因而州县官在履

---

[1] 海瑞:《海瑞集》上册,陈义钟编校,北京:中华书局,1962年,第237页。
[2] 张居正:《答应天巡抚海刚峰》,《张太岳集》卷22,上海:上海古籍出版社,1984年,第262页。
[3] 张居正:《答应天巡抚论大政大典》,《张太岳集》卷28,上海:上海古籍出版社,1984年,第338页。
[4] 叶梦珠:《阅世编》,上海:上海古籍出版社,1981年,第23页。
[5] 瞿同祖:《清代地方政府》,北京:法律出版社,2003年,第210页。

任之初的相当一段时间里是以毫无法律知识或仅仅是一知半解的状态来处理大量而繁杂的法律案件的。本来，官员熟读律例，讲明律意，才能剖决诸务，这已写入《大清律例·吏律》中，但实际上，要求官员能够"讲读律令"这一带有强制性的法律约束早已成为一条具文。有鉴于此，吏部于乾隆七年在进呈《处分则例》时，拟将"官员考核律例"一目删去，理由是"内外官员各有本任承办事件，律例款项繁多，难概责以通晓，嗣后将官员通晓律例咨明注册之例删去，止留书吏通晓律例一条"。把通晓法律交给书吏与国家的体制相悖——哪怕事实上如此——因而乾隆帝以"律例有关政治"为由，反驳说：如果官员对"律例茫然不知，办理事件徒委之于书吏之手，有是理乎？此条着应旧例，不应删去"。[1]

州县官被称为亲民之官，他们大多经由正途出身，缺乏社会历练和司法实务经验，即使十分干练的州县官，面对繁杂的律令则例，也容易坠入讼师设计的圈套中。谚云："无谎不成状"，这对州县官的法律知识是个很大考验。从某种意义上说，州县官履任之初接受的首场"考试"可能就来自讼师，后者往往用一些设计好的案件来试探州县官对法律知识的掌握及熟悉程度。他们含沙射影，"妄指幕友关通"，以故意引起官员的疑窦。[2] 长期做州县官的汪辉祖对此深有体察，他承认由于地方官"庶务纷乘"，要对法律全部熟贯，势有不暇。他同时指出，如果地方官对"田宅、婚姻、钱债、贼盗、人命、斗殴、诉讼、诈伪、犯奸、杂犯、断狱诸条，非了然于心"的话，一旦"两造对簿，猝难质诸幕友者，势必游移莫决，为讼师之所窥测"。讼师的"窥测"实际上就是对州县官法律知识掌握程度的一种试探和很难说是善意的了解，以此作为其日后能在多大程度上钻法律的漏洞，而不被州县官识破的依据。如果熟谙律例，"使讼师慑服，诳状自少，即获讼简刑清之益"[3]。

与地方官法律知识缺乏[4]形成鲜明对照的是，讼师作为职业法律群

---

[1]《钦定六部处分则例》卷14《旷职》，光绪十八年上海图书集成印书局本，第1页b。
[2] 杨一凡编：《古代折狱要览（全16册）》第10册，《续佐治药言》，北京：社会科学文献出版社，2015年，第135页。
[3] 杨一凡编：《古代折狱要览（全16册）》第10册，《学治说赘》，北京：社会科学文献出版社，2015年，第70页。
[4] 瞿同祖：《清代地方政府》，北京：法律出版社，2003年，第196页。

体，即主要通过帮助他人写状词而获取利益，这种职业似乎早在宋朝就已出现[1]，至明中叶时，讼师队伍及其力量的发展已引起人们的注意。一则笔记记载说，村老对吴人健讼之盛大为惊讶："俗既健讼，故讼师最多。"讼师亦有等第高下之分，最高者被称为"状元"，最低者为"大麦"。不但"状元"以此道获厚利，成家业，即使"大麦"一级，亦以三寸不律足衣食，赡俯仰，从未有落莫饥饿死者，并说讼师多是衣冠子弟为之。[2]清代讼师甚至还在被严厉惩治的时候组成了类似同业行会那样的组织，如道光十四年湖南省会同县城东街的仓颉庙就是作为"包揽词讼往来聚会之所"而存在的。[3]

讼师们通晓法律，其中不少从业者是子承父业。如道光时山西平定州讼师郭嗣宗的父亲在家塾课子时，"并令读律例，又令作控词，兄弟互控，其父批判，贻谋本奇"。其父死后，郭嗣宗多次为人作词状，他对"例案甚熟"，对《洗冤录》尤有研究。[4]乾隆时广西的讼师覃必俊是位老讼师，他的两个儿子覃昌贤、覃老贵或者跟随他学习讼师业务，或者一起参与同一桩诉讼，或者独立写词状。[5]

很明显，在法律及诉讼的链条上，作为端点的讼师无疑是法律的精通者，或者是通晓者，而作为另一端的州县官大多不熟悉法律，这使二者一开始就以法律为介质形成对立关系。换言之，讼师与州县官的法律较量贯穿于地方司法实务的始终，而以地方官履任之初更形尖锐。所以，清朝的地方官十分欣赏明朝况钟留下的"下车各政"中"讼棍访著即办，须在下车时，迟则无济矣！"的做法。[6]事实上，在江南任职的名吏如汤斌、李卫、徐士林、陈宏谋、钱琦、林则徐、丁日昌等人，都

---

[1] 参见中国社会科学院历史研究所宋辽金元史研究室校：《名公书判清明集》卷32"把持"、卷33"哗徒"等目，北京：中华书局，1987年，第473—481页。
[2] 徐复祚：《花当阁丛谈》卷3，转引自谢国桢：《明代社会经济史料选编》下册，福州：福建人民出版社，1981年，第373页。
[3] 《光绪会同县志》卷12《艺文》，光绪二年刊本，第33页a。
[4] 张集馨：《道咸宦海见闻录》，北京：中华书局，1999年，第40—41页。
[5] 《奏为审明讼师覃必俊骗财病故事》，乾隆四十六年十月十四日，录副奏折03-1230-038，中国第一历史档案馆藏。覃氏父子还是少数民族，以上档案对其族别的记载不一，或写为猺（傜）民，或写为獞民，《宫中档乾隆朝奏折》记为獞民，见台北故宫博物院编：《宫中档乾隆朝奏折》第49辑，台北：台北故宫博物院，1982年，第498页。
[6] 觉罗乌尔通阿：《居官日录》，《官箴书集成》编纂委员会编：《官箴书集成》第8册，合肥：黄山书社，1997年，第9页。

在下车伊始，发布了惩治讼师告示，以严拿讼师为急务。

站在地方官的角度讲，如果一个地方讼师活跃，狱讼繁多，做官就增加了很大的风险。稍晚于海瑞的松江人何良俊，谈到在江南做官时说，像松江这样的"天下大府"以及华亭这样的"剧县"，由于讼狱繁多，钱粮浩大，"上司文移之庞杂，山积波委"，即使"日勤职业，犹惧不逮"。[1] 由于"地方官词讼无日无之，最足见居官者之明暗"，因此，能够履行好其司法职责，对地方官而言，"是一大段工夫"。[2]

每天处理大量刑民案件，是对地方官行政能力的考验，许多地方官因此望而生畏，这种情况在清代更趋严重。南方健讼，投诉的人多如"大川腾沸，无有止息。办讼案者不能使清，犹挹川流者不能使竭也"。而北方就完全是另外的样子。"讼牍既简，来讼者皆据事直书数行可了。即稍有遮饰，旋即吐露。此南北民风之不同。"这种状况直接影响到地方官的仕途经济。因而"欲为循良之吏者，唯在北方为较易。若南方，则全以精神为运量，精神不足，虽明治理，弗能及也"。[3]

汤斌赴江苏巡抚之任前，好友朱彝尊写信提醒他在这里做官很不易。"举措一不当，民心涣而不能骤合，若是其难哉。"[4] 后来汤斌也多次说江苏"风俗刁诈，人心险恶。官斯土者，往往以情面请托败其官声，得罪公论，祸不旋踵"[5]。陈宏谋指出，地方官的事务，烦杂难理，江左较多，苏、常二府尤甚，而讼狱是其大端。他说这里的人多智巧，好事喜争，理屈者强词夺之尚易辩白，而种种伎俩极容易让官员陷入圈套。词讼案件急办、缓办都难保不出问题。如果急办，稍有失平，就有把柄被抓在手，用来耸动上听；如果缓处，更容易节外生枝，一案变成数案，小事变成大事。他为此感到难以处断。陈宏谋是公认的能吏，但江南人"喜事好讼"，也让他感到头痛，案件"难于折服，物议易起"，

---

[1] 何良俊：《四友斋丛说》卷34，北京：中华书局，1997年，第316页。
[2] 陈庆门：《仕学一贯录》，徐栋：《牧令书辑要》卷23，同治七年江苏书局刻本，第19页b。
[3] 袁守定：《南北民风不同》，徐栋：《牧令书》卷17《刑名上》，道光二十八年刻本，第26页b—第27页a。
[4] 朱彝尊：《送汤潜庵先生巡抚江南序》，汤斌：《汤斌集》下，郑州：中州古籍出版社，2003年，第1913页。
[5] 汤斌：《汤斌集》上，郑州：中州古籍出版社，2003年，第559页。

他认为最好的办法唯有就事论事,平心静气,秉公持正。[1]

二是讼师的存在及对法律的介入,直接冲击了正常的法律秩序。按照层级管辖和刑民案件大体区分的原则,州县官有权裁决治下的轻微刑事案件和一切民事案件,后者被称为自理词讼。因此可以认为,州县对民事案件的判决就是终审判决。由于清代未能改变以往法典编纂上的民刑混合状态,民事立法存在严重缺欠,法律明显滞后于社会现实,加之民事审判程序很不完善,这也在客观上给州县官的审判工作增加了难度。

地方官对自理词讼并不按情合理推求,一味草率混断颠倒是非。李侍尧称,广东各州县接阅呈词中,审断不公以及案经数载不行讯结者甚多,而检查报案十无一二。[2] 广东的情况相当有代表性。

地方官对民事案件的不作为,恰好为讼师的介入留下了大有作为的空间。为词讼案件而牵累,州县官都奉行"不滥准"的原则,换言之,民事告状中有相当一部分被拒绝受理。而要让地方官受理,往往需要夸大其词以打动这些官员,即所谓"张大其词以耸宪听,不虑审断之无稽者,以待有投状一著为退步耳"。"初著"是为了让州县官准理,而"后著"才将真情托出,即所谓"原词虽虚,投状近实"。[3] 因为州县官对民间细故本有不屑之情,如果讼状"仅假手于庸碌代书具词呈诉,非格格不吐,即草草敷衍,徒令阅者心烦,真情难达",如果"得一智能之士为之代作词状",结局就会完全不同,这个"智能之士"就是"讼师"。[4] "讼师驾词耸听,管准不管审"[5],能够满足当事人打官司的诉求,至于状词与事实之间有多么一段漫长的"求证"路途,就都留给州县官了。在行政资源明显不足的地方政府,这无疑增加了行政运行的成本,也使行政效率大为降低。这也是从地方官到最高统治者皇帝,都把罪责

---

[1] 陈宏谋:《论吴中吏治书》,徐栋:《牧令书辑要》卷7,同治七年江苏书局刻本,第13页a—第14页a。
[2] 台北故宫博物院编:《宫中档乾隆朝奏折》第74辑,台北:台北故宫博物院,1982年,第549—551页。原档残,无具奏人名,据折中内容推断为广东提督。
[3] 李渔:《论一切词讼》,徐栋:《牧令书辑要》卷7,同治七年江苏书局刻本,第11页b。
[4] 王有孚:《一得偶谈》,徐栋:《牧令书》卷18,道光二十八年刻本,第21页b。
[5] 《治浙成规》卷8《臬政·严肃吏治各条》,《官箴书集成》编纂委员会编:《官箴书集成》第6册,合肥:黄山书社,1997年,第646页。

归咎于讼师的重要原因之一。嘉庆帝在上谕中说民间讼牍繁多,"全由于讼棍为之包谋,此等刁恶之徒,陷人取利,造作虚词,捏砌重款","种种鬼蜮情形,实堪痛恨"。[1]

汤斌履任江苏巡抚伊始,就发布告示,指出:"吴中健讼成俗,讼师地棍,表里为奸,往往驾捏虚词,教唆诬告,与本等事情毫无风影。"他还特别提醒民众不要听信讼师播弄,自陷法网。在汤斌所开"遵行条款"中,大多属于"不准"或"反坐"之类内容,旨在惩治诬告等行为,其最后一条曰:不开代书、歇家各姓名、住址者,即系匿名刁讼;并无副状、字格逾式者,一概不准。[2]他令各州县专置一个"无耻刁民簿",除原因辩冤诉屈,所告得实者,不分曾否告几次,免其登记外,其余但系半虚者即登此簿。簿登三次者,将本犯扭解本院,以凭尽法重治。所告多人,除紧关重犯外,其无干牵告之人所费盘缠,即于本犯名下计日追银,给牵告之人收领。[3]汤斌的办法包括经济、法律、社会道德等多项,堪称一种综合治理。

讼师不仅通过写词状在案件进入诉讼程序前故布疑阵,掩饰真相,让官员"莫辨五里昏雾"[4],使"官府之所以多事"[5],干扰行政系统司法职能的正常发挥,而且,词状被准理,进入正式诉讼程序后,他们还通过操纵越诉案、上控案、京控案等直接破坏正常法律秩序,形成对下级司法机构的牵制。

前引平定州讼师郭嗣宗,就借其出嫁女自刎案,京控三次,省控四次,钦差行辕控二次,由院司发交太原府讯,拖延四年不结,委员及府县皆不敢撄其锋。每次提审,郭即扶其七旬余老母在旁挺撞,问官稍加声色,郭母即欲碰头寻死,是以此案无员敢于承审,首府亦置之高

---

[1] 祝庆祺等编:《刑案汇览全编》卷49《刑律诉讼·教唆词讼》,北京:法律出版社,2006年,第2566页。
[2] 汤斌:《汤斌集》上,郑州:中州古籍出版社,2003年,第552—553页。
[3] 汤斌:《汤斌集》上,郑州:中州古籍出版社,2003年,第572页。
[4] 《福惠全书》卷3《考代书》,《官箴书集成》编纂委员会编:《官箴书集成》第3册,合肥:黄山书社,1997年,第257页。
[5] 中国社会科学院历史研究所宋辽金元史研究室校:《名公书判清明集》卷12,北京:中华书局,1987年,第476页。

阁。[1]江都县讼师凌廷选自嘉庆时即因京控捏供陷害事拟徒，道光即位遇赦，后又多次京控，其人非常"狡猾"，经委审官禀请递籍查解，凌廷选心怀不甘，又混捏他人行凶陷害各情，饰词京控，虽经讯明并无其事，尚复恃老不服。案子拖到道光十八年（1838），凌廷选已年逾八十，只能"照律收赎"完结[2]。潜山县讼师夏载文"唆使上控，词证绝不露夏姓一字。其计愈密，其机愈深"。[3]

在越来越多的京控、上控、越诉等案件中，的确不乏讼师操纵的案例。也有一些案件，讼师以当事人身份直接出现。由于京控、越诉等类案件，皆距案发地较远，如果牵累多人，不易查实；尽管按照属地原则发委审核，但各种代价实在过大，因而讼师更易于逃避惩罚。也有一类案件是由于地方官久拖不结因而上控。蓝鼎元在广东潮阳任知县时，举练都草湖乡讼师陈兴泰，就"终日唆讼为主，常创诡名，架虚词，赴道府控告素不相善之家"。[4]

嘉庆十二年（1807），都察院左都御史周廷栋在上奏中谈到，近来各省民人赴京上控之案日多，实由间阎雀角细故，地方官以为无关紧要，懒于听断，旷日持久，挨延不结，遂激上控之端。次年，都察院左副都御史莫晋上奏称，京控、上控案增多是因为刁劣生监险健之徒，往往遇事生风，挟制官长。"刁民无所顾忌于官府，而官府转不能无所顾忌于奸民。纵欲除暴警顽，恐遭反噬，重则解任质审，轻亦提案上结，州县官曾不得制其短长，甚或俱伤两败，势必日趋于因循姑息，以侥幸于无事。"[5]

清代沿袭以往诉讼制度，规定凡"生监、妇女、老幼、残疾，无抱告者不准"[6]，这类人群或因"维持风教"而被限制诉权，或因不具有完全民事行为能力而被剥夺本人的诉权。与限制诉权相对应，他们享有

---

[1]张集馨：《道咸宦海见闻录》，北京：中华书局，1999年，第40—41页。
[2]《京控十三案》，抄本，中国政法大学图书馆藏。
[3]徐士林：《徐公谳词》，济南：齐鲁书社，2001年，第628页。
[4]蓝鼎元：《蓝公案》，《刘公案蓝公案》，北京：燕山出版社，1996年，第659页。
[5]《奏请严惩诬告以肃法纪事》，嘉庆十三年正月二十八日，录副奏折03-2175-014，中国第一历史档案馆藏。
[6]《大清律例会通新纂》卷28，道光九年刻本，第4页b—第5页a。

收赎等一定的刑事豁免权。换言之,这类人群是可以通过"委托"他人提起诉讼的,这就是所谓的"无抱告者不准"。当然,对抱告者的身份也有限制,如限于族属、家丁等范围。而讼师们完全可以族属身份直接介入诉讼的全过程,在这种情况下,意味着州县官遇到了一个更强的对手。讼师恰恰利用这一制度预设,教唆妇女等上控。因此文献中不乏"讼师伎俩""或以妇女老稚出头"之类记载。[1]浙江按察使司发布的条规中,说词讼案件往往陆续投词,牵连原状内无名之人并妇女幼孩,任意罗织以图泄忿,更有讼棍从中教唆,颠倒是非,肆行拖累,该地方官并不细心查核,率据原呈将无关紧要证佐并牵连妇女人等概行传唤,以致无辜受害,实属有干例禁。[2]

三是讼师介入法律,直接影响到地方官的审判,间接侵蚀其固有的司法职能,还在一定程度上动摇官府在民众中的权威地位。中国古代法律较早即具有开放的特征,案件的判决大多公之于众,通过法律这个特殊的窗口将地方官的司法活动置于民众的监督之下。当然,一般民众不具备法律上的辨识力,而这恰恰是讼师的长处。[3]

州县官对词讼案件的态度会直接影响到地方民众对他的评价。如果他采取拖延的办法,不仅会有讼师教唆民众上控,还会使他失去民众的信任。

工科给事中胡墨庄曾上奏说:"至于(民间)词讼,三八放告,繁剧之邑,常有一期收呈词至百数十纸者,又有拦舆喊禀及击鼓讼冤者,重来沓至,较(刑事)案件不啻百倍。若草率断决,或一味宕延,则拖累之害,几于遍及编户。是故地方官勤于词讼者,民心爱戴。明于案件者,上司倚重。然州县莫不以获上为心,常有上司指为能员,而民人言之切齿者。此皆以词讼为无关考成,玩视民瘼,或以既得于上,反恣意

---

[1] 王又槐:《办案要略·论批呈词》,《一个师爷的办案经》,北京:九洲图书出版社,1998年,第37页。
[2] 《治浙成规》卷8《臬政·词状被告干证金发差票细心核删不许牵连妇女多人》,《官箴书集成》编纂委员会编:《官箴书集成》第6册,合肥:黄山书社,1997年,第655页。
[3] 夫马进认为讼师对促进地方官公正执法有积极作用。参见夫马进:《明清时期的讼师与诉讼制度》,王亚新、梁治平编:《明清时期的民事审判与民间契约》,北京:法律出版社,1998年,第402页。

朘削其民之故也。"因此州县未结旧案，常至千数，署前守候及羁押者，常数百人。[1]

汪辉祖也提出，有教养之责的州县官，不能仅仅"条告号令具文而已，有其实焉，其在听讼乎"！为官者必须明白剖析，"是非判，意气平矣"。[2]因此他不赞成"省事之说"，认为这"大属不易"。[3]

袁枚也认为"健讼"与州县官拖延不结、民令不申有直接关系，并不能简单归结为讼师的教唆。他说孔子的"无讼说"是圣人"甚言无讼之难，非言听讼之易也。今之人不能听讼，先求无讼；不过严状式、诛讼师，诉之而不知，号之而不理，曰吾以息讼云尔。此如防川，怨气不申，讼必愈多。不知使无讼之道，即在听讼之中。当机立决，大畏民志，民何讼耶？"[4]小民赴县告状，竟至二三十日尚不批出，所批仍属含糊，似准不准，应拘不拘，有拘不审，偶审不结，以致乡民皆以告亦无益。地当烦剧，民乃好讼，但如果地方官预先存有刁讼之心，未免有畏难苟安之念。"官恶民刁，而民益得逞其刁，官畏事烦而事益以难理，积疲之习，咸由于此。"[5]

有牧民之责的地方官，在民众心目中就是国家的代表和象征，如果审断不公，往往会使他所代表的地方司法形象受到损害，影响法律的公信力。从《徐公谳词》（徐士林撰）等官员的公牍中可见，州县官不能明析案情，率情而结，是非颠倒是一种常态，或者"初审失实"，或者"县拟徒杖，深属冤抑"，有的案件"官不详察，讦争累年"，有的州县官胡批乱断，"长刁风而启讼端，自该县谳语始矣"。州县官审结错误经徐士林改正的案件占了相当比例。[6]有的州县官不悉心研鞫案情，只信刑书等言，被人殴毙之案竟以灭伦寸磔之罪诬断。案经查出实情后，县

---

[1] 包世臣：《齐民四术》卷7下，《包世臣全集》，合肥：黄山书社，1997年，第380页。
[2] 杨一凡编：《古代折狱要览（全16册）》第9册，《学治臆说》，北京：社会科学文献出版社，2015年，第452页。
[3] 杨一凡编：《古代折狱要览（全16册）》第10册，《续佐治药言》，北京：社会科学文献出版社，2015年，第135页。
[4] 袁枚：《袁枚全集》，南京：江苏古籍出版社，1999年，第2册，第303页。
[5] 陈宏谋：《手札节要》，徐栋：《牧令书辑要》卷7，同治七年江苏书局刻本，第7页a。
[6] 徐士林：《徐公谳词》，济南：齐鲁书社，2001年，第73、95、229、365页。

令坚供自己初任州县，不谙法律。[1]

为了掩饰无能，大多数州县官在审案时"往往乐居内衙而不乐升大堂"，因为内衙可以起止自如，而且可以"中局而止"，而在大堂则形劳势苦，有"诸多未便"。[2]有的地方官认识到"情虚之原告，即非讼棍，必系刁徒"，因此通过"密审"的形式以期查明实情，即将人带入署内密室，百端诘问，不许胥役一人在旁，"恐被知我审案之法，可一不可再矣"。[3]

讼师的介入暴露出地方官由于不作为以及率情而为带来的种种弊端，地方官的法律缺位也使讼师有了更多的法律话语权。早在宋朝，他们就"把持县官，劫制胥吏，颐指气使，莫敢不从"。因此当地"阖邑之人只要有争讼，无不并走其门，争纳贿赂，以求其庇己"，甚至讼师"之所右，官吏右之；所左，官吏左之"。[4]明代的讼师也成为左右地方官府的一种势力。据徐复祚讲，他认识的"张状元，昆山人，忘其名。每与筹计一事，辄指天画地，真有悬河建瓴之势。可令死者生，生者死，诗张变幻，时阴时阳，百出不穷；何愧状元名号哉"！[5]

讼师大多出自贡监生员，他们多是科场的失意者，对社会现实有切身的了解，具有动员士人的威望。他们往往通过在衙门内外抛置及各处遍贴揭帖的形式，"或言官府之长短，或言词讼之是非，或诉书差之弊端，或言某为强盗、某为窝家，或言某处私和人命，或谓某人凶恶"。[6]如"宁远俗素嚣健，动辄上控，兼好肆为揭帖以诬官长"[7]。潜山县有名的讼师操祖铭甚至可以左右该县的判决，"县官在其掌握"，"官权直归

---

[1] 台北故宫博物院编：《宫中档乾隆朝奏折》第21辑，台北：台北故宫博物院，1982年，第209—211页。
[2] 杨一凡编：《古代折狱要览（全16册）》第9册，《学治臆说》，北京：社会科学文献出版社，2015年，第452页。
[3] 刘衡：《蜀僚问答》，《官箴书集成》编纂委员会编：《官箴书集成》第6册，合肥：黄山书社，1997年，第392页。
[4] 中国社会科学院历史研究所宋辽金元史研究室校：《名公书判清明集》卷32，北京：中华书局，1987年，第477—478页。
[5] 徐复祚：《花当阁丛谈》卷3，转引自谢国桢：《明代社会经济史料选编》下，福州：福建人民出版社，第373页。
[6] 褚瑛：《州县初仕小补》，《官箴书点评与官箴文化研究》，北京：中国法制出版社，2000年，第321页。
[7] 杨一凡编：《古代折狱要览（全16册）》第9册，《学治臆说》，北京：社会科学文献出版社，2015年，第453页。

私室",他"金言一出,典史之朱签立至。前案犹云堂批,此案实奉操谕,雷厉风行,捕衙听其指挥矣",甚至"县庇捕,捕庇操,操复自庇以庇捕,官监帆联一气矣"。[1]

有讼师做法律后盾,刁民既不畏官,也不畏法。相反,官却畏讼师。讼师郭嗣宗对"例案甚熟",因此"地方官甚畏之"[2],控其出嫁女自刎案完结后,其婿无罪可科,本应毋庸议。按察使司畏惧郭翻控,"将其婿问不应为而为笞三十例,将以媚郭,而此童废弃终身矣"。[3]

讼师通过参与诉讼,加剧了官民之间的对立。道光时吴嘉宾说,今之有司"或法所得为而不敢为,或法所不得为而过为之"。"法之意必使民畏官,必使官爱民。民不畏官,法有以治之;官不爱民,法有以治之。二者其具甚密而恒若相妨,两法相妨必有一界……国家以法属有司,有司者不自过乎?法亦不使民得过乎?"[4]在他看来,正是由于执掌法律的有司不能恰当地运用法律,使具有协调官民关系功能的法律反而成为陷民于法网的所在,这难道不是有司的过错吗?不该引起有司的反省吗?国家将法律赋予有司,而他们却使法律处于缺位与越位的状态,这难道还不足以让人们警觉吗?

乾嘉时期的严治讼师定例以及以此为核心的多项立法,正是在以上这样一个背景下展开的。

二、严治讼师定例及对"教唆词讼"律的突破

中国较早结束了法律的秘密状态,而将成文法典公之于众,并作为审判的主要依据。法律公布之始,即引起极大争议,因为法律处于秘密状态,使民众"不测其浅深,常畏威而惧罪也"。而法律公开后,就会"权移于法,故民不畏上",孔颖达注疏说:"刑不可知,威不可测,则民畏上也。今制法以定之,勒鼎以示之,民知在上者不敢越法以罪己,

---

[1] 徐士林:《徐公谳词》,济南:齐鲁书社,2001年,第641—643页。
[2] 张集馨:《道咸宦海见闻录》,北京:中华书局,1999年,第41页。
[3] 张集馨:《道咸宦海见闻录》,北京:中华书局,1999年,第41页。
[4] 吴嘉宾:《读律心得序》,《官箴书集成》编纂委员会编:《官箴书集成》第6册,合肥:黄山书社,1997年,第159页。

又不能曲法以施恩，则权柄移于法矣。……今铸鼎示民，民知争罪之本在于刑书，将弃礼而取征验于书，则虽刀锥微细之事，亦将尽争辩以求侥幸。"[1]

公开法律不但打破了法律为少数人所垄断的状态，使之获得了空前的"解放"，而且使法律从维护统治秩序的单纯工具性功能中解脱出来，成为民众知悉并在一定程度上维护自己权益的利器。

由于法律繁杂难悉，民众受教育水平极为有限，他们的法律知识缺乏，因而一般民众并不能用法律保护自己的权益。从这种意义上说，讼师担负着民众的某种法律启蒙以及监督法司公正执法的职能。通常情况下，民众遇到法律"问题"，也会向讼师咨询是否应寻求法律解决。由于民事案件同刑事案件一样，采取的是书面起诉的原则，而在告状与准理之间又相距甚远，这使得讼师一开始就成为法律活动的主角，而当事人往往退居次位。为了约束、规范、制裁写词状与事实不符，唐律订有"为人作辞牒加状""教令人告事虚"等两个法律专条，但惩罚的客体不同。前条是惩罚受雇请代人写状词擅增所告罪状的行为，后条处罚的客体是两个，被教唆人及教唆人，惩罚有主次之分，因为教唆人诬告他人，与本身自犯不同，因而为次，而被教唆人即告者为主。综观唐律的立法宗旨，主要是惩罚在雇者不知情的情况下，擅自增状，以及教唆人诬告他人的行为，但不禁止正常为人写词状之举，并且，教令人告得实应赏。宋代民间学习词讼之风盛行，江西有"往往开讼学以教人者"[2]，官府虽禁止此类行为，但允许设立书铺，为民人起草诉状。[3]

明代合并以上两条律文内容，改律目为"教唆词讼"，律意即立法宗旨已有所不同，惩罚也重于唐律。律文前部分内容为"凡教唆词讼及为人作词状增减情罪诬告人者，与犯人同罪。至死者减一等"。同时对讼师等为人作词状等活动仍予以肯定，律文后部分规定："其见人愚而不能申冤，教令得实，及为人书写词状而罪无增减者，勿论。"这显

---

[1]《春秋左传正义》卷43，《十三经注疏》，北京：中华书局，1980年影印本，下册，总第2044页。
[2] 周密：《癸辛杂识》，杭州：浙江人民出版社，1984年，第23页。
[3] 屈超立：《宋代地方政府民事审判职能研究》，成都：巴蜀书社，2003年，第49、193页。

然是对前项限制行为的一种法律救济。清代律学家沈之奇对此解释说:"教唆与作状增减,虽是两项,而事实相连。有但教唆不为作状者,有既教唆又为作状者。然教唆内即有增减情罪之事,若无增减,便是教令得实矣;作状增减内,亦有教唆之事,若不教唆,何为增减耶?"[1]他的解释是站在清人的立场上,与唐律的立法精神不尽吻合。唐明律的重要区别是:唐律为人作辞牒,加增其状,比照诬告拟处,但加增其状毕竟不同于诬告本身,因此减诬告一等;唐律止罪作词之人,告人者无科罪之文。明律改为"与犯人同罪,至死者减一等",与唐律比较已为加重,且告人者、教唆者同等治罪,惩罚主体为二而非一。同时,唐律教令人者为从之律意已无,其与被教令者成为并列的两个惩罚客体,这为清律"起意为先"的定例埋下伏笔。因此晚清薛允升称,教唆即唐律之教令,唐律"雇者从教令法,若告得实坐赃论,雇者不坐,尤得事理之平"。[2]

清朝沿用以上明律,但鉴于讼师对法律秩序的冲击,陆续修订例文,加大对讼师的惩罚,其中,尤以乾隆朝定例最多,而乾隆二十九年定例已突破了"教唆词讼"律文原意,堪称以例破律之典型。

清"教唆词讼"律前后计订有十二条例文,除沿用明代二条,康熙时针对旗人定例一条,雍正时考取代书一条外,其余八条皆为乾嘉时所修订,其内容皆以严治讼师为立法宗旨,包括地方官不行查拿治罪专条,已构成较为完整的法律链。

早在乾隆三年(1738)正月,由于各地方"受理之官审虚之时并不穷究讼师,按律科罪",因此使此辈"包揽词讼,敢于幔(谩)天说谎",情况愈演愈烈。江西道监察御史陈治滋上奏,请责成巡道专门负责稽查地方官不按"教唆词讼"律尽法惩治讼师的行为,"通饬所辖州县官吏,如有承审情虚之案,务必严拿讼师,一面通报,以便与诬告之犯并案科罪。倘州县有瞻徇因循,不行根究者,许被害之人赴巡道指名

---

[1] 沈之奇:《大清律辑注》,怀效锋、李俊点校,北京:法律出版社,2000年,第842页。
[2] 薛允升:《唐明律合编》卷24,北京:法律出版社,1999年,第654页。

控告"。乾隆帝命"该部议奏"。[1]三年后，乾隆帝命刑部加重对诬告罪的惩罚。刑部随即定例：越诉、上控审虚，除照诬告加等治罪外，先将该犯枷号一个月示众。[2]这项定例虽未载入"教唆词讼"例文，但意在惩治讼师教唆下之诬告、越诉之罪。律意精神是加等治罪。因此，四川按察使李如兰认为，自该项定例通行后，"讼棍已各自警惕，较前敛迹矣"。为拔本塞源，李如兰奏请定例，查禁讼师秘本。据他讲，坊肆向有刊卖讼师秘本，包括《惊天雷》《相角》《法家新书》《刑台秦镜》等，书中分门别类，"拟定肤诉样式，造成险恶套语，以供狡黠之徒，剿袭学习，逞其刀笔"。他每查出此类书籍，即行严禁。但由于各省流传已久，此地销毁，彼地刊卖，故屡禁不绝。因此他奏请皇帝敕下全国各省一体查禁，将原书版全部销毁，如有再造以及仍前货卖，俱照淫词小说例分别治罪。地方官不行查出，亦照前例议处，并勒限半年内，将前项各书缴官面毁。七年（1742）二月，乾隆帝令刑部议奏。[3]刑部随即定例，将一切构讼之书，尽行查禁销毁，不许售卖。有仍行撰造刻印者，照淫词小说例，杖一百，流三千里。将旧书复行印刻及贩卖者，杖一百，徒三年。买者，杖一百。藏匿旧版不行销毁，减印刻一等治罪。藏匿其书，照违制律治罪。其该管失察各官，分别次数交部议处。[4]

禁毁讼师秘本只是使这类"构讼之书"从公开流传转入暗中传播。正如薛允升所说："刻本可禁而抄本不可禁，且私行传习，仍复不少，犹淫词小说之终不能禁绝也。"[5]其实际效果可以想见。

对"教唆词讼"律具有颠覆性的定例是乾隆二十九年条例，这是根据江苏按察使钱琦所奏《奏请严积惯讼棍之例事》修订的。这一定例将惩治讼师提升到与窃盗犯同科的高度。钱琦进士出身，曾任常镇道、江

---

[1]《奏陈科场暗派之累民宜禁讼师教唆之害民宜绝事》，乾隆三年正月二十四日，录副奏折03-1163-029，中国第一历史档案馆藏。
[2]薛允升著，胡星桥、邓又天主编：《读例存疑点注》，北京：中国人民公安大学出版社，1994年，第678页。
[3]《奏请严定讼师治罪之例并将秘本销毁事》，乾隆七年正月初十日，录副奏折03-1195-009，中国第一历史档案馆藏。
[4]吴坛著，马建石、杨育棠主编：《大清律例通考校注》，北京：中国政法大学出版社，1992年，第899页。
[5]薛允升著，胡星桥、邓又天主编：《读例存疑点注》，北京：中国人民公安大学出版社，1994年，第703页。

安粮道等职,按察苏州时,曾向袁枚询利弊,袁向其陈说十余条,钱琦"次第张施"。[1]他对讼师构讼深恶痛绝,履任后,即将有名讼棍杨奉周、蔡利仁等二十余名访拿,并按例严办。他在审理词讼案件时,发现江北民情朴实,词状稀少,即使有一二控告之人,也是词意肤浅,一览可知,讼棍唆使也属间有之事。而江南却是另外一种情况,这里评讼成风,除按期放告外,拦舆喊冤投递者,殆无虚日。而在准理的案件中,凭空捏架及越诉之案占了相当比例。"彻底推求,皆缘有一等狡黠之徒,专以刀笔为生涯,竟借词讼为行业,如劣监、武生、革书、退役以及训蒙算命等人,类能为之,偶遇乡愚户婚田土以及鼠牙雀角,或本无讼心,从中唆耸,或别施机巧,尽掩真情,百计千方,包告包准。"讼师何以如此猖獗?他认为是法律不严所致。因为惩治讼师,轻者杖惩,重者枷号,最高的惩罚仅是悬带铁牌示众而止。故此讼师"憨不畏法,一经官访,反倒自谓有名,倍增声价,诓诈勒索,益甚于前,狱讼之多,实由于此"。就法律而言,以前的教唆词讼定例仅是就事论罪,并没有对惯犯严定科条,以致讼师恬不知改。他认为积惯讼棍播弄挑唆的危害,实与窃盗无异,因此订立讼师治罪之法,应与窃盗同科。为此他奏请:嗣后凡有教唆词讼及代作词状、增减情罪、诬告人者,地方官一经究出,或经访拿,除所犯罪大及情罪本轻而所犯又仅一二案者,仍照律例与犯人同罪分别按拟外,按讼师初犯、累犯及犯次定罪:如果是初犯,同时并发有三四案,罪止拟杖,经核明应得杖罪,再加枷号两个月;犯至五案,拟以杖一百、徒三年;六案以上,即照积匪猾贼例,发云贵两广极边烟瘴地方,交地方官严加管束。如先经犯案,发落之后,或再犯,审明仅止一二案,亦枷号两个月;或再犯,前后共计四案,三犯、前后共计三案,照发遣例量减一等,杖一百,徒三年。或再犯,前后共计五案,三犯、前后共计四案,均以发遣例治罪,仍照窃盗刺字之法,定以"讼棍"两字,分别刺臂、刺面。如此定例,使讼师"轻则齐

---

[1] 袁枚:《福建布政使钱公墓志铭》,《广清碑传集》卷8,苏州:苏州大学出版社,1999年,第517页。

民羞伍，重则投畀遐荒，刁徒稍知敛戢，而良善得以安全"。[1]乾隆帝于钱琦上奏当日，即令"该部议奏"。[2]

刑部随即定例：审理词讼，究出主唆之人，除情重赃多，实犯死罪，及偶为代作词状，情节不实者，俱各照本律查办外，若系积惯讼棍，串通胥吏，播弄乡愚，恐吓诈财，一经审实，即依棍徒生事扰害例，问发云贵两广极边烟瘴之地充军。

乾隆二十九年例的相关内容，曾在康熙中期一度实行，但没有上升到制定法的层面。康熙三十九年（1700）覆准：奸徒包揽词讼，有不由州县径行奔赴上控者，有已经结案多年希图翻案者，有污蔑问官、牵告衙役、罗织多人者，此等讼棍，应按光棍例定拟，以儆刁风。[3]

钱琦奏中所言积匪猾贼，多指著名巨盗，或怙恶不悛，因此清律严立此条[4]：积匪猾贼为害地方，审实，不论曾否刺字，改发云贵极边烟瘴之地充军。显然，这是作为危害社会安全的一种严重犯罪来科刑的。钱琦请将积惯讼师比照积匪猾贼定例，也就将讼师犯罪提升到死刑以下的最高刑罚。刑部定例时参照钱琦所请，以"棍徒扰害生事例"科之，适用的刑罚也是死刑以下的最高处罚。

乾隆三十九年（1774），针对京控案中讼师的作用尤为明显，订立治罪专条。在刚审结的直隶献县民妇李王氏赴京呈控一案时，经钦差大臣究出代作呈词的李云鹏以及为从之李青选，一并定拟。浙江道监察御史王宽由此案推想，其他案件肯定也有讼师漏网的情形。为此他上奏称：此等奸徒明知每控则必奏闻，奏闻即当差审，但仍然架词耸听，挟制株连，等到两造胜负既明，而讼棍教唆无据。请以后遇有奏审重案，如果虚诬，即交原审大臣将有无唆使扛帮情节严行根究，按律问拟。如果没有此种情弊，亦即随案声明。他还同时奏请：以后钦部案件究出讼

---

[1] 台北故宫博物院编：《宫中档乾隆朝奏折》第22辑，台北：台北故宫博物院，1982年，第448—449页。
[2] 《奏请严积惯讼棍之例事》，乾隆二十九年八月十七日，录副奏折03-0819-023，中国第一历史档案馆藏。
[3] 光绪《大清会典事例》卷819，北京：中华书局，1991年影印本，第9册，第937页。
[4] 薛允升著，胡星桥、邓又天主编：《读例存疑点注》，北京：中国人民公安大学出版社，1994年，第467页。

师,讯明潜踞何地,即将该地方官照寻常失察讼师例,分别从重议处。是年九月,刑部与吏部据此定例。[1]

按照"律贵诛心,法重造意"的立法原则,乾隆六十年(1795)又订起意为主惩治讼师例:教唆词讼诬告人之案,如原告之人并未起意诬告,系教唆之人起意主令者,以主唆之人为首,听从诬告之人为从。如本人起意欲告而教唆之人从旁怂恿者,依律与犯人同罪。有赃者,计赃以枉法从其重者论。

如前所述,由于讼师教唆而发生的诬告案,讼师与诬告者科以同等之罪,不分主从,这是改变唐律相关立法精神而留下的法律漏洞,而这条定例援引名例律"共犯罪分首从""以造意为首,随从者减一等"的律意而订,也是加重讼师法律责任之意。唐律"教令人告事虚"的治罪之条,以告者为主,教者为从,薛允升认为"此不易之法"。而六十年定例以起意、非起意分别首从,薛允升认为"不特首从倒置,与各条亦属互异,均非唐律之意"。他还颇为不平地说:"若以为告人者,多系乡愚无知,均由此辈播弄而起,非严办无以清讼端,惟既定有讼棍拟军之条,援照问拟亦可示惩,又何必首从倒置为耶?盖诬告有诬告之律,讼棍有讼棍之例,各科各罪,本自厘然。"讼师治罪已有多项专条,不但无此必要,且与其他律意大相违背,尤其是尊亲卑幼有犯,若如此例所云,"凡起意者即应以为首论,设如起意教令人诬告有服尊长,亦可以起意之人为首乎?"[2] 唐律贯彻礼教的立法精神,在此条律文中专有一项内容:"即教令人告缌麻以上亲,及部曲、奴婢告主者,各减告者罪一等;其被教者论如律。若教人告子孙者,各减所告罪一等。虽诬亦同。"如果按照起意为主的法律,如教唆卑幼告虚,势必尊卑长幼失序,违背礼法及等级秩序的基本精神。在立法上显然是有根本性缺失的。

嘉庆时期惩治讼师的立法宗旨,主要是通过加强官代书的管理,惩治代书与讼师勾结,压缩讼师的活动空间。

---

[1]《奏为请严究赴京诬控之讼师以肃吏治事》,乾隆三十九年九月初九日,录副奏折03-1414-012,中国第一历史档案馆藏。
[2] 薛允升著,胡星桥、邓又天主编:《读例存疑点注》,北京:中国人民公安大学出版社,1994年,第704页。

早在雍正七年（1729），定有考取官代书之例，并规定呈状有代书姓名，官府方许收受。但代书与讼师之间仅是合法与不合法的区别。在许多文献中，二者并无区别，所谓"代书类多积年讼师，惯弄刀笔"[1]，只是前者通过考试得到了官方认可。地方官认为"民间词讼，以小为大，增轻作重""非因讼师教唆，即由代书架捏"。[2]

如果是一个平庸的代书，他不得不假手讼师；如果代书本人也能写词状，其"惯弄刀笔"的后果与讼师是一样的。乾隆十二年（1747），因讼师、代书串通作弊，一应呈状，虽登代书之名，实出讼师之手，狼狈为奸，势所难免。为此通行直省督抚，转饬各属，遵照定例，严禁代书，不许将他人写就呈状，擅登姓名，如有讼师教唆增减，而代书受贿登名者，该衙门即严行究审，除将讼师及告状本犯各照本律治罪外，代书照在官人役计赃以枉法从重论，若审无入己赃私及赃数轻者，仍照教唆增减本律同讼师一体治罪。[3]

由于严治讼师定例的实行，讼师以更隐蔽的方式参与诉讼。嘉庆十七年（1812），山西道监察御史嵩安上奏，经刑部议复后定例：凡审理诬控案件，不得率听本犯捏称，倩过路不识姓名人书写呈词，务须严究代作词状唆讼之人，指名查拿，依例治罪。

五年后即嘉庆二十二年（1817）进而定例：凡有控告事件者，其呈词俱责令自作，不能自作者，准其口诉，令书吏及官代书，据其口诉之词，从实书写。如有增减情节者，将代书之人，照例治罪。其唆讼棍徒，该管地方官实力查拿，从重究办。[4]按此定例，等于排除讼师的一切活动，但该条法律显然不切实际，因为百姓的文化水平及法律知识不可能自写状书。直到清朝将覆亡时，"乡民不能自写呈词者颇多，觅人代写，则增减情节者，比比皆是矣"。[5]

---

[1] 黄六鸿：《福惠全书》，《官箴书集成》编纂委员会编：《官箴书集成》第3册，合肥：黄山书社，1997年，第257页。
[2] 方大湜：《平平言》，《官箴书集成》编纂委员会编：《官箴书集成》第7册，合肥：黄山书社，1997年，第639页。
[3] 光绪《大清会典事例》卷819，北京：中华书局，1991年影印本，第9册，第937页。
[4] 以上未注明者，并见《大清律例》，天津：天津古籍出版社，1995年，第527页。
[5] 薛允升著，胡星桥、邓又天主编：《读例存疑点注》，北京：中国人民公安大学出版社，1994年，第704页。

或许是嘉庆十七年、二十二年定例仍有不完善之处，更因为地方官"奉行不实"，二十五年（1820）七月，嘉庆帝发布上谕，通谕直省审理词讼各衙门，凡遇架词控诉之案，必究其何人怂恿，何人招引，何人为之主谋，何人为之关说，一经讯出，立即严拿重惩，勿使幸免。上谕要求地方官于接收呈词时，先讯其呈词是否自作自写，如供认写作出自己手，或核对笔迹，或摘词中文义，令其当堂解说，不能解说者，即向其根究讼师姓名，断不准妄称路过卖卜卖医之人代为书写。勒令供明，立拿讼师到案，将造谋诬控各情节严究，得实，一切重罪悉以讼师当之，其被诱具控之人转可量从宽减。认为这样就会"刁徒敛戢，讼狱日稀"。[1]皇帝的这一上谕作为"通行"下发全国，从而具有与律例同样的法律效力。这一"通行"的颁行，重点在于"接收呈词，严追唆讼写作之人"，也即嘉庆帝上谕所言"探源究诘"，而更大的变化是，"一切重罪悉以讼师当之，其被诱具控之人转可量从宽减"，从而为有司定罪量刑时重惩讼师提供法源上的支持。这是"共犯罪以起意为主"条例的进一步延伸，从而使惩治对象主要转移到讼师上来，而诬控之人可以减轻处罚。这与"教唆词讼"律的立法精神已相悖离。并且，呈词人还要"当堂解说""勒令供明"，这使告状被准理的难度增加，是对诉权的极大限制。就在该"通行"颁行的前五日即七月初四日，嘉庆帝驳回贾允升京控案概不准发还之奏，称"近来讼风日炽，使奸民臆计赴京控诉，必当一概准理，岂不益长刁风，倍增讼狱，拖累株连，流弊更大"？认为"一切户婚田土钱债细事，一经京控，悉皆奏咨办理，亦于政体非宜"[2]，实际上就是将京控案中的民事案件排除在受理之外。

本来，刑部为严惩越诉、诬控案中的讼师，已定有于本例加等治罪，又各加一等之例，到了"无可复加"的地步。嘉庆二十二年，刑部又议请：嗣后在问刑衙门呈控事件者，令于呈尾将代作之人注明姓名籍贯住址，一并传案详讯，一经审属虚诬，将具呈人照例反坐，代作者与

---

[1] 祝庆祺等编：《刑案汇览全编》卷49《刑律诉讼·教唆词讼》，北京：法律出版社，2006年，第2566页。
[2] 《清仁宗实录》卷373，嘉庆二十五年七月戊午，北京：中华书局，1987年影印本，第32册，第927页。

犯人同罪，其主唆之人，起意者仍以为首论。或审明另有唆讼别案，即照积惯讼棍例治罪，若呈内不将代作姓名住址开载，不准受理；集讯时代作之人提传未到，又别无证佐，即将所控立案不行，分别注销。嘉庆帝谕称"刑部所奏断不可行"。因为具呈之人，知有不写代作人姓名不准受理之例，势必诡托写人，以求准理，又或将素有仇隙者，预为冒写，以图拖累，皆情事所必有，其代作呈词者，案情审实，与伊毫无所益，一经审虚，罪与原告同科，其人岂肯自将姓名载入呈内？！势必假捏诡名，脱身事外。及审虚坐诬之时，人本乌有，何从提讯？是科条愈繁，巧诈愈滋，于防伪除奸之道，相去益远，而抱屈衔冤之真情，无处申诉，莫若明白晓谕，俾小民简而易遵。

因惩治讼师连带的案件告理复杂化，这是乾嘉时期民事案件的一个重要变化。

由于讼师多由士子而来，这使此类讼师多了一层保护伞，也增加了惩治讼师的难度。如潜山讼师操祖铭"惯于讼，诡于讼"，因操本人是监生，"兼恃强势，以济讼胆"。[1]许多文献记载，地方官对于惩处有功名的讼师很感棘手。汪辉祖曾讲述他在湖南宁远做知县时整治士子干讼之法，认为很成功，并颇为得意地说："故知衿士原多知礼，不当与讼师同日而语也。"据他讲，陈鹏年任江宁知府时，上任之始，即与诸生约："有毁廉隅争讼者，檄诸县，簿载其名，岁终报府，俟督学按试时上之。终公之任，诸生无争讼者。"他认为这也是治干讼之一法。[2]自明中叶以来，士子干讼已成为朝野关注的社会问题。[3]汤斌巡抚江苏时，也认为"学路久迷，人心日坏"，在《申饬学校以端士习事》中，列举种种不端之士习，大多与干讼有关，其中之一是"身为讼师，窝访卖访，各衙门线索在其掌握"。[4]乾隆三十六年（1771），即严积惯讼师定例七年后，山东学政韦谦恒奏请士子干讼比照教唆词讼本律加等治罪，刑部为此定

---

[1] 徐士林：《徐公谳词》，济南：齐鲁书社，2001年，第641页。
[2] 汪辉祖：《治士子干讼》，《官箴书集成》编纂委员会编：《官箴书集成》第7册，合肥：黄山书社，1997年，第364页。
[3] 顾炎武曰："百年以来，以此为大患。"见顾炎武：《生员论》，《顾亭林诗文集》，北京：中华书局，1983年，第22页。
[4] 汤斌：《汤斌集》上，郑州：中州古籍出版社，2003年，第583—584页。

例：生员代人扛帮作证，审属虚诬，该地方官立行详请褫革衣顶，照教唆词讼本罪上各加一等治罪。如计赃重于本罪者，以枉法从重论。其讯明事属有因，并非捏词妄证者，亦将该生严加戒饬。倘罔知悛改，复蹈前辙，该教官查明再犯案据，开报劣行，申详学政黜革。

在清律"名例律"中，规定生员干讼不准纳赎。以上乾隆三十六年定例，生员干讼先处杖罪，"自亦不准纳赎"。在"诬告律"中，生员如非实系证佐之人，挺身硬证，与诬告人一体治罪。此次加一等治罪，"较挺身硬证者办罪更重"，生员并非在官人役，之所以"以枉法论，均系因生员而从严也"。薛允升认为，"非生员而与生员相类者，恐亦不少"，因此他建议此条例文"似应移于教唆词讼律后"。[1] 刑部定例的次年，前述内容又经修改议准，作为学政整饬生员的定例执行，文字内容更为直白："生员代人作证，经地方官审系全诬，则故撄法网，较之寻常包揽者，其情尤重，若仅照平民一律定拟，实不足以惩儆，应立行详请褫革，即照教唆词讼本罪上各加一等治罪。"[2]

乾嘉时期的严治讼师立法，可以说有了比较完整的法律链，且自成体系。而官员的责任立法是法律能否执行、执行效果如何的关键所在。按照"有治人，无治法"的法律理念，再周密的法律也需要人去执行。如前所述，自明律始，中国法典的编纂形式是诸法合体，因此，禁毁讼师秘本、京控失察讼师等定例已含有官员失察的法律惩罚内容。而在这些定例之前的乾隆元年，在"教唆词讼"律下，已订有官员失察讼师治罪专条，法律规定：讼师教唆词讼，为害扰民，该地方官不能查拿禁缉者，如止系失于觉察，照例严处。若明知不报，经上司访拿，将该地方官照奸棍不行查拿例，交部议处。所谓奸棍不行查拿例，即降一级调用。[3]

《处分则例》将刑律以上条款进一步细化，将失察区分为公罪、私

---

[1] 薛允升著，胡星桥、邓又天主编：《读例存疑点注》，北京：中国人民公安大学出版社，1994年，第693页。
[2] 素尔讷：《学政全书》卷26，霍有明、郭海文校注，武汉：武汉大学出版社，2009年，第99页。
[3] 薛允升著，胡星桥、邓又天主编：《读例存疑点注》，北京：中国人民公安大学出版社，1994年，第703页。

罪两种情形：地方教唆词讼之人，代人增减情罪，写状诬告及架词越诉者，令地方官严拿治罪。如失于觉察，罚俸一年（公罪）；若徇畏不办，降一级调用（私罪）。[1]

有了以上定例，如果拿获讼师成效显著，就可以免除处分。道光九年（1829），琦善调任四川总督，上任后他以"近来评讼繁兴，类有讼师暗中唆使"为由，命所属各地严拿讼师。随即有成都、华阳二县访获程赞元等六名。琦善将此上奏。上谕称：地方失察讼师在境，例有处分。该州县如明知故纵，该督照例严参，如自行拿获，可免处分。随后，四川各州县又报获讼棍三十案，共犯三十三名，已咨题完结。琦善以州县官"尚知振作"为由奏请将绵州等十八州厅县应得处分宽免。道光帝于十年（1830）六月初三日准奏，并谕以后遇有办获讼棍之案，所有地方官处分邀免，仍著汇案具奏，并以"通行"下发全国。[2]

综观乾嘉时期的严治讼师定例，有这样几个特点：一是重刑主义，将积惯讼师视为危害社会的重大犯罪来定罪量刑。唐律作辞牒加增其状，罪重者减诬告一等；明律与犯人同罪；清例"加之又加"，按足边充军拟罪，乃死刑之下最高刑罚，连嘉庆也承认"再无可加"。二是惩罚的客体由告者向教唆者转移，在立法上参照名例"共犯罪以起意为先"的精神，将讼师作为惩罚的第一客体。"一切重罪悉以讼师当之"，又为法司具体量刑提供了最高法源依据。三是事实上废止了"教令得实勿论"的立法宗旨，从而使讼师的一切活动在禁止之列。第四，从生员干讼定例到禁毁讼师秘本定例，既从源头上阻断讼师队伍的潜在力量，又将讼师传习之技予以明禁，均是"拔本塞源"、釜底抽薪之意。第五，为了保证立法的执行，订立官员责任惩罚定例。这也使围绕严治讼师的立法构成了一个完整的法律链，形成从立法到执行的完整法律体系。而其对清代的诉讼制度之影响也日益彰显，对此将另文专论，此不赘述。

（原载《清史研究》2005年第3期）

---

[1]《钦定六部处分则例》卷45《教唆词讼》，光绪十八年上海图书集成印书局本，第1页b。
[2] 祝庆祺等编：《刑案汇览全编》卷49《刑律诉讼·教唆词讼》，北京：法律出版社，2006年，第2567页。

清朝以法治边的经验得失

清朝在中国统一多民族国家的发展史上占有重要地位,与以往的封建王朝相比,它所面临的边疆民族事务更为复杂,解决的难度也更大。在继承并积极拓展以往治边政策的同时,清朝将边疆民族管理纳入法制化、制度化轨道,是区别于以往的所在。从这个意义上说,清朝治边的成功与其说是政策上的,毋宁说是法制上的。

清朝早在关外作为地方性政权时期就设置了管理民族事务的机构——理藩院。康熙即位之初,将其从礼部独立出来,并以其"职司外藩""责任重大,非明朝可比","凡官制体统应与六部相同,理藩院尚书照六部尚书,入议政之列"。自此,理藩院成为列名六部之后的重要中央机构。[1]至乾隆朝,更将理藩院视为同吏、户、刑三部"均属紧要"[2]的重要机构。理藩院设有理刑司、则例馆等下属机构,负责制定边疆民族地区的法律等事务,其制定并颁行的《蒙古律例》《回疆则例》《理藩院则例》等特别法,与作为普通法的《大清律例》一并成为清朝有效管理边疆民族事务的基本法典。也可以说,由理藩院作为主体奏请制定的各种则例、条例、章程等带有强制约束力的法律法规,极大丰富并拓展了中华法系的内容和内涵,也是清朝提高治边效果的最有效工具,其经验得失值得认真总结。

---

[1]《清圣祖实录》卷4,顺治十八年八月戊申,北京:中华书局,1987年影印本,第4册,第83页。
[2]《清高宗实录》卷332,乾隆十四年正月己未,北京:中华书局,1987年影印本,第6册,第552页。

一、从俗从宜与统一法制

清代各少数民族大多生息在边疆地区,经济发展水平很不平衡,原有社会结构以及风俗习惯也大异其趣。许多地区或部族沿用传统习惯法调整民、刑纠纷。如何将边疆民族地区的习惯法与国家的制定法统一协调起来,既是清朝统治者面临的重大难题,也是提高其管理效能,以法治边必须解决的现实问题。就总体而言,清朝比较妥善地处理了从俗从宜与统一法制相协调的关系问题。具体而论,有以下几个方面。

一是按照从俗从宜的原则,尊重、维护少数民族的习惯法,并将其合理部分纳入国家制定法中予以承认。

清朝统治者一再强调少数民族"习俗既殊,刑制亦异"[1]的重要性,并将"因俗制律"作为制定边疆民族地区法律的一项基本原则。对此,雍正帝就明确提出立法要坚持"从俗从宜,各安其习"[2]的原则。对此乾隆朝加以继承,并以国家法典的形式予以肯定。乾隆《大清会典》在规定理藩院理刑司职能时,开宗明义,指出"国家控驭藩服,仁至义尽。爰按蒙古土俗,酌定律例"。[3]理藩院在请求编纂则例的奏折中,也一再强调"其事理与内地不同,往往以因地制宜,须随时通变","蒙古现行原例与回疆则例之中,均有因时制宜、变通办理之处"。[4]清朝最早对蒙古族实行以法管理,从"盛京定例"到《蒙古律例》,不断完善相关法律法规,但对其固有的习惯法仍然予以承认并高度重视,指出"不可以内地之法治蒙古","拂人之性,使之更改,断乎不可"。[5]罚畜是许多游牧民族的习惯法,蒙古族有"罚九"的传统。对此,从《蒙古律例》到《钦定理藩部则例》都予以承认,并设专条,规定"罚九定

---

[1]《清史稿》卷142《刑法一》,北京:中华书局,1977年标点本,第4189页。
[2]《清世宗实录》卷80,雍正七年四月辛巳,北京:中华书局,1987年影印本,第8册,第48页。
[3] 乾隆《大清会典》卷80,乾隆刊本,第26页b。
[4]《续修则例原奏》(道光二十二年四月三十日)、《现修则例原奏》(光绪十六年十一月初七日),《钦定理藩部则例》卷首,天津:天津古籍出版社,1998年,第46、49页。
[5] 中国第一历史档案馆:《国朝掌故讲义》,引自赵云田:《清代蒙古政教制度》,北京:中华书局,1989年,第64页。

额"，即皆罚马牛。"入誓"也是蒙古习惯法，它具有口头证据和实物证据的性质。《蒙古律例》中有多项关于"入誓"的条款，既有适合"入誓"的条文，也有免于入誓的规定。[1]

收复新疆伊始，大臣们一度认为"今为我属，凡事皆归我律更张"[2]，但现实使之很快认识到，"办理回众事务，宜因其性情风俗而利导之，非可尽以内地之法治也"。[3]对大臣拘泥内地之例的做法，乾隆帝还予以训导。乾隆五十二年（1787），喀什噶尔参赞大臣塔齐以"拿获行窃回人，交该管伯克审讯"时若因该犯抗拒不承认被责打致死为由，奏请将承审此案的伯克革职。乾隆帝不以为然，指责"塔齐比照内地之例办理外夷案件，殊属拘执"，并谕新疆大臣一体办理。[4]再如在西藏地区，乾隆前期并没有制定承认藏族习惯法的法律，乾隆末年，清朝政府在总结治藏法制经验的基础上，也制定了承认其习惯法的专门条例。[5]

二是根据少数民族接受中原地区生产生活方式的不同而适用不同的法律，表现出边疆民族立法"从宜""因时"的特点。

清朝统治者往往根据是否毗邻汉族居住区，以及"归服"时间的先后，将一些民族或居住不同地区的同一民族区分为"生""熟"两类。如将台湾本地居民分为"熟番"和"生番"；僮、傜、黎、彝等民族，清朝统称为苗民，也有所谓"生苗""熟苗"之区别，因而法律适用也不尽一致。雍正三年（1725），针对"苗例"即苗人杀人伤人赔牛赔银的部族习惯法，清朝制定国家法，规定凡苗彝有犯，苗例"应论死者，不准外结，亦不准以牛马银两抵偿，务按律定拟题结，并将其载入《大清律例》"。[6]但由此也导致国家法在执行时遇到了阻碍。雍正十年

---

[1] 参见《蒙古律例》卷12《断狱》，收录于中国社会科学院中国边疆史地研究中心主编：《蒙古律例·回疆则例》，全国图书馆文献缩微中心，1988年。
[2] 《西域地理图说注》卷2《官职制度》。
[3] 《清高宗实录》卷648，乾隆二十六年十一月丁未，北京：中华书局，1987年影印本，第17册，第257页。
[4] 《清高宗实录》卷1262，乾隆五十一年八月辛丑，北京：中华书局，1987年影印本，第24册，第988页。
[5] 参见刘广安：《清代民族立法研究》，北京：中国政法大学出版社，1993年，第156页。
[6] 《大清律例》卷37，"断罪不当"。

（1732）六月，贵州按察使方显上奏说，自苗人犯杀人应死不许外结亦不许以牛马银两赔偿定例后，数年以来，滇、黔各属苗猓，皆知畏法。此类久经归服熟苗，因化导日久，有犯自然应与内地民人一体治罪。如果是新开苗疆，因其不知法律，每有命案多不报官，或私请寨老人等评理，用牛马赔偿，即或报官，又多于报后彼此仍照苗例讲息，不愿官验。因此他奏请对归附已久熟苗，如有劫盗仇杀等案，应照内地审结；对于新开苗疆，其中有情愿照苗例以牛马赔偿者，念其归服日浅，准予息结，详明立案。[1] 同年，湖广镇一位总兵也奏称，苗人之间每有仇杀案发，"按律得偿者，实不可得也"。对这些"从宜""因时"的请求，雍正帝是支持的，朱批称："朕览所陈，皆宜从容转移，非急切可以官法绳之者。"[2] 也就是说，将国家制定法施行到民族地区，要采取因势利导、循序渐进的办法。[3]

法律上的"因时""从宜"，最终要以是否有利于稳定边疆为依归。嘉庆十四年（1809），西宁办事大臣说自己到任后，"细查蒙古、番子大约重财轻命，习尚相同。向来命盗等案，一经罚服，两造欣然完结，即深夙怨，亦皆冰解，若按律惩办，不特犯事之家仇隙相寻，即被害之家，亦以不得罚服，心怀觖望"。认为"此种积习，不可化悔"，因此提出"关系边疆大局之案，自应憼以兵威，严拿首从，随时奏明办理，以彰国典"。如果只是"自相戕杀及偷盗等案"，"可否俯顺夷情，仍照旧例"。[4] 也就是说，事关边疆大局的案件，绝不能采取妥协或模棱的方式处理；而对于一般案件，如果不牵涉边疆大局，是有调和余地的。

三是边疆民族地区的特别法，具有优先适用的地位。

清朝针对不同部族，乃至同一部族的不同地区，制定了大量法规，这些都可以视为特别法。而在作为普通法的《大清律例》中，关于边疆民族地区的法律条文有一百余条，其中，有一部分是与特别法重叠的，但《大清律例》作为普适性的法律存在，不可能也没有必要涵盖特别法

---

[1]《雍正朝汉文朱批奏折汇编》第22册，南京：江苏古籍出版社，1989年，第715—717页。
[2]《雍正朝汉文朱批奏折汇编》第23册，南京：江苏古籍出版社，1989年，第203—206页。
[3]《清高宗实录》卷52，乾隆二年闰九月丁卯，北京：中华书局，1987年影印本，第9册，第885页。
[4] 叶尔衡编：《蕃例条款》，郑州：大河日报社，1913年。

的所有内容。换言之，当特别法有规定时，优先适用特别法，而不是普通法——《大清律例》。乾隆七年（1742）定：嗣后八旗游牧察哈尔蒙古偷盗牲畜，及犯别项罪名者，皆照《蒙古律例》，如《蒙古律例》所未载，再照刑部律例办理。嘉庆二十二年（1817）重申此项规定并补充：凡办理蒙古案件，如蒙古例所未备者，准照刑例办理。[1]对此，晚清律学家薛允升指出："蒙古与民人不同，有犯俱照理藩院例科罪，并不援引刑律。有罚牲畜者，有交邻盟者，唯偷窃牲畜等类，彼此例文相等。"[2]对于蒙古官员的处罚，也适用这一原则。如道光二十年（1840）定：内外扎萨克应议处分，凡蒙古例所未备者，准咨取吏、兵、刑三部则例，比照引用。[3]

四是边疆民族地区的立法权掌握在清朝中央政府手中。

立法权和司法管辖是构成治权的最基本内容。在清代，有关边疆民族的立法主要通过理藩院（部）来行使。乾隆《大清会典》规定，理藩院"掌内外藩蒙古回部之政令，控驭抚绥，以固邦翰"，[4]理藩院在上给皇帝的奏折中，将其职权具体表述为"臣院为蒙古、回疆事务总汇之所，所有内、外扎萨克蒙古各旗，以及回部各城之体制、典礼、法守、刑名，并呼图克图喇嘛事宜，咸归职掌"。[5]由此可见，理藩院是代表清朝中央政府制定边疆民族法律的最高机构。在嘉庆十九年（1814）首次按六部编纂则例之制制定《理藩院则例》之前，理藩院主要通过修纂《蒙古律例》来行使立法权。《理藩院则例》初次编纂，例文由乾隆末年的209条增加到713条，道光七年（1827）第二次修例激增为1454条，这与《大清律例》最高条例数目1892条相比，仅差400余条。而后者的1892条例文中，尚有100余条属于边疆民族的立法，由此可见清朝在边疆民族立法上的成就之大。

---

[1] 光绪《大清会典事例》卷994，北京：中华书局，1991年影印本，第10册，第1257页。
[2] 薛允升著，胡星桥、邓又天主编：《读例存疑点注》，北京：中国人民公安大学出版社，1994年，第791页。
[3] 光绪《大清会典事例》卷994，北京：中华书局，1991年影印本，第10册，第1257页。
[4] 乾隆《大清会典》卷79《理藩院》，乾隆刊本，第1页a。
[5] 《续修则例原奏》，道光二十二年四月三十日，张荣铮、刘勇强等编：《钦定理藩部则例》卷首，天津：天津古籍出版社，1998年，第46页。

清朝统治者高度重视边疆民族立法工作。按照规定,"凡在告成以后续定之例,概不登载。唯理藩院职掌藩服,恭遇西陲平定",乾隆帝以新疆"规制详备",特发上谕,"展辑条例至乾隆二十七年"[1],表现出政治家的敏锐和打破成规的务实风格。在立法修例的过程中,理藩院还移咨刑部、吏部、兵部等相关机构,以避免出现歧异,而达到法律的统一适用。《理藩院则例》中原有"从重治罪"及"照例议处"等语涉含混各条,修例大臣奏请应该"比照内地文武官员处分条例",为此"咨请吏、兵、刑三部处分条款,参互考订,定为专条"。《理藩院则例》对官员的法律责任惩罚,原无公罪、私罪等区分,为此,又咨调以上三部处分则例,"分别公罪、私罪、不应轻、不应重律,照内地条例酌减定为专条"。道光十三年(1833)修订《回疆则例》时,不但将原有旧例全行删改,而且"新定章程亦须纂入",为此,理藩院又咨行叶尔羌参赞大臣等处,"将自大功告竣以后奏定各条全数详细查明,咨复臣院"。则例初步修竣后,一般先将汉字黄册进呈,"俟钦定后,将清(满)字黄册、蒙古黄册翻译妥协,再行进呈"。如有新增、修改尤其需要皇帝"钦定"的条款,要贴黄标识。所有则例全行修竣后,须刷缮黄册,装潢成函,呈皇帝御览,"候钦定后发下"。这时,理藩院要"核计应行颁发之处,共需若干部,再行奏闻请旨"。道光七年续修时,理藩院核计,"应行颁发之在京各衙门及盛京、热河、伊犁等各处之将军、都统,兼辖蒙古事务之督抚、藩臬、道、府、州、县,西北两路的新疆大臣、内外扎萨克汗、王、贝勒、贝子、公、台吉、正副盟长、协理台吉以及游牧、理事、司员等,共需则例全书六百部"。新的立法修例完成后,到颁行各部门有一段时间差,由于清朝执行"奉有谕旨""遵照新改条例办理",为此,理藩院也参照刑部修例的做法,将该部刑例先行抄录满、蒙、汉三体草本,"飞行管理蒙民交涉理刑各将军、都统暨办事大臣等,转行内外扎萨克各盟长等。自奉文之后,遇有命盗案件,一体遵照新例

---

[1] 乾隆《大清会典·凡例》,乾隆刊本,第4页b。

办理"。[1]

以上的立法程序表明,边疆民族立法权归属中央(理藩院),这也是清朝政府在边疆民族地区施行治权、以法治边的法理基础。唯因如此,才能保证其立法的严肃性、权威性以及统一性和稳定性。这对维护多民族国家主权的统一和完整具有十分重要的意义。

五是最高司法权尤其是死刑判决权在清朝中央政府手中。

康熙元年(1662)题准,蒙古地区拟定的死罪犯人,由扎萨克审明报理藩院,由院会三法司定拟具奏,应监候秋后处决者,照刑部秋审例,会满洲九卿议奏。[2] 清朝中央政府拥有死刑判决权也载入《蒙古律例》:"凡应拟绞斩之蒙古人犯,由诸扎萨克处审讯,声叙罪情报院,由院会同三法司定拟具奏请旨。""死罪人犯援赦免罪""死罪人犯收赎"等定例既因袭蒙古习惯,又不违背司法统一原则。《钦定回疆则例》对各伯克的司法权有明确规定,如"哈资伯克总理刑名;斯帕哈资伯克分理回子头目词讼;喇雅哈资伯克分理小回子词讼;帕提沙布伯克缉奸捕盗,兼管狱务"。但同时规定:一切重案必须报理藩院会三法司核拟。[3] 法律还规定:各城阿奇木伯克等只能办理轻罪之案,但仍令禀明驻扎大臣,存案备查。如遇有刑讯重案,阿奇木伯克不得滥设夹棍、杠子,擅自受理,随时禀明本管大臣,听候委员会同审办。[4] 对于死刑案件,要咨呈理藩院、刑部,由三法司审核拟罪,最终由皇帝批准。

清朝中央政府也逐步加强了西藏地区的司法管辖权。乾隆五十四年(1789)元月十三日,由驻藏大臣鄂辉等奏酌的《西藏善后章程》中,明确提出:"嗣后除唐古忒番人所犯私罪,仍照旧发交朗仔辖(管理刑法头人)按情妥办外,至有关涉汉、回、外番及别项公罪之事,无论大小重轻,均令该朗仔辖呈报驻藏大臣,拣派妥干文武会同审理,秉公

---

[1] 以上未注明者参见《钦定理藩部则例》卷首,收录于张荣铮等编:《钦定理藩部则例》,天津:天津古籍出版社,1998年;《回疆则例》卷首,收录于中国社会科学院中国边疆史地研究中心主编:《蒙古律例·回疆则例》,全国图书馆文献缩微中心,1988年。
[2] 光绪《大清会典事例》卷997,北京:中华书局,1991年影印本,第10册,第1285页。
[3] 于占杰点校:《钦定回疆则例》卷2,沈阳:辽宁民族出版社,2020年,第35页。
[4] 于占杰点校:《钦定回疆则例》卷6,沈阳:辽宁民族出版社,2020年,第90页。

剖结存案。"[1] 六月二十七日，军机大臣议复时完全肯定了鄂辉的前项奏请，乾隆帝朱批"令依议速行"。四年之后通过的《钦定藏内善后章程》二十九条中，极大限制了朗仔辖等的司法权，加强了中央对重案的司法管辖。该章程规定：今后对犯罪者的处罚，都须经过驻藏大臣审批；没收财产者，亦应呈报驻藏大臣，经过批准始能处理。[2]《钦定理藩部则例》卷六十一"西藏通制"吸收了以上内容，并详加定例。

二、规范内地与边疆民族之间的法律关系

内地与边疆、汉族与少数民族以及少数民族之间的关系处理得如何，直接关系到边疆地区的稳定与发展，也是确保清朝统治基础稳固之所在。清朝打破了传统治边政策的框架，更多地通过法律手段规范、调节内地与边疆、汉族与少数民族之间的关系。也可以说，《大清律例》中的一百余条关于边疆民族的条文，大多数是调整边疆与内地、汉族与少数民族以及少数民族之间关系的，既有刑事方面的，也有民事经济方面的。其内容大体包括以下几个方面：

一是申严边禁，激起边疆民族地区事变的，按"引惹边衅"例从严治罪。

清朝对前往边疆民族地区从事贸易活动以及佣工生产者，均实行严格的印票制度，边禁极严。法律规定，内地汉民前往回疆各城觅食佣工者，如无原籍、年貌、执业印票及人票不符，即行递解回籍，倘回户私自容留，查出治罪。[3] 雍正七年（1729）所定盘诘奸细律规定：私通土苗，借骗财物，引惹边衅，或潜住苗寨，教诱为乱，贻害地方者，除实犯死罪外，俱问发边远充军。乾隆二年（1737）违禁下海例规定：凡民人偷越（生番）定界，私入台湾番境者，杖一百；如近番处所，偷越深山，抽藤、钓鹿、伐木、采棕等项，杖一百，徒三年。薛允升称此例

---

[1] 季垣垣点校：《钦定巴勒布纪略》卷22，北京：中国藏学出版社，2006年，第321页。
[2] 张羽新编：《清朝治藏典章研究》（上），北京：中国藏学出版社，2002年，第139页。
[3] 于占杰点校：《钦定回疆则例》卷8，沈阳：辽宁民族出版社，2020年，第109页。

"恐其扰累生番之意"[1]。嘉庆十年（1805）重申乾隆二年（1737）定例并添加"引惹边衅"例内容：致启边衅或教诱为乱、贻害地方者，除实犯死罪外，问发边远充军。

乾隆十四年（1749），贵州黄平州役陈君德强奸苗妇阿乌并拒捕殴伤苗人阿乜案发，巡抚爱必达请照强奸未成、执持凶器致伤旁人例拟绞监候。乾隆帝以案关少数民族地区，下旨"从重定拟"，并命刑部议定重惩进入番苗境内滋事的汉族官吏及民人法律专条。刑部遵旨议定"例应斩候、绞候者，从重改立斩、立绞，亦于审明题覆日，押赴犯事处正法"。乾隆帝谕令将此"载入律例"[2]。修并后的例文除以上内容外，又加入"并将正法原由，张挂告示，通行晓谕。该管官员有纵差骚扰、激动番蛮者，仍援照引惹边衅例治罪"。

由黄平州役侵犯苗人所定例文来看，清朝对驻扎在边疆民族地区的官、兵、役人等侵犯少数民族案件，惩处尤为严厉。雍正五年（1727）修改后的《大清律例·刑律·受赃》在官求索例规定：文武职官，索取土官、外国、傜、僮财物，犯该徒三年以上者，俱发边卫充军。苗蛮、黎、僮等僻处外地之人，并改土归流地方，如该管官员，有差遣兵役、骚扰、逼勒、科派供应等弊，因而激动番蛮者，照引惹边衅例，从重治罪。[3]雍正十三年（1735）定例：驻扎外边的官兵及跟役等，有偷盗蒙古马匹者，审实即在本处正法。乾隆十二年（1747）定，新疆地方兵丁跟役，如有白昼抢夺杀伤及为强盗等事，该办事大臣审实，一面奏闻，一面即行正法。

二是对专管、兼辖边疆民族地区的官员，实行法律责任制度。

清朝统治者"历观往代"，认为"中国筹边所以酿衅，未有不由边吏凌傲姑息，绥驭又失宜者"，指出"此实绥靖边隅、抚驭外人之要务"[4]，

---

[1] 薛允升著，胡星桥、邓又天主编：《读例存疑点注》，北京：中国人民公安大学出版社，1994年，第359页。
[2] 《清高宗实录》卷339，乾隆十四年四月癸巳，北京：中华书局，1987年影印本，第13册，第675页。
[3] 田涛、郑秦点校：《大清律例》，北京：法律出版社，1998年，第503页。
[4] 《清高宗实录》卷1116，乾隆四十五年十月壬子，北京：中华书局，1987年影印本，第22册，第917页。

因而在审择边吏的同时，专一事权，立法惩治不法。凡是边疆民族地区发生"生番滋事""苗蛮扰害"等案件，专管、兼辖各官均将受到严厉惩罚。《兵部处分则例》载有多条法律规定。如"苗疆兵役滋事"条例规定：苗疆地方塘汛兵丁擅向苗民需索、强买，及文职衙门差役经由苗寨擅动苗夫、科敛索诈，该管州县各员有心故纵者，革职提问（私罪）；如该管州县于差役滋扰，事发不行申报，尚复曲为徇隐者，革职（私罪）。内地奸民潜入土蛮等地方交通构衅、教诱犯法，地方官能查拿究办，不论年月远近，俱免议处；倘明知故纵，将州县印捕官革职（私罪）。府州、道员、两司及督抚等均有相关法律责任。[1]与此相对应，对于保障边疆地区安定、各部族相安无事者，给予议叙。《兵部处分则例》规定：如三年之内民番相安无事，将该管官记录一次，乡保、土官、兵丁人等，该督抚酌加奖赏。

三是保护边疆民族的基本权益。

出于对边疆民族地区稳定的考虑，清朝立法的重点在"不扰边""不生事"，同时带有权益保障的色彩。如严禁内地汉人潜入粤东黎境放债盘剥，有违照私通土苗例严惩。严禁赊买、拖延、骗勒远人，以及在甘肃、西宁等处逼令减价。"禁止商民重利盘剥穷回"例规定：商民借给回子银钱，只准三分行息，不准转票，利上加利，亦不得将房地贱价折偿负欠，商民如有重利盘剥者，该阿奇木伯克查出即行呈报本城大臣，照例治罪。[2]

为了保障新疆地区经济秩序的稳定，清朝制定法律严禁宗教机构私敛和伯克私征。当时，新疆地区哈密、吐鲁番诸城久经内属，钱币流通一如内地；而喀喇沙尔、库车、沙雅尔、阿克苏诸城向无制钱，或以银买卖，或以田地折算，或以物易换；在喀什噶尔、叶尔羌、和阗等地则通行"普尔"钱。货币不统一，既易生纠纷，也不利通商。因此乾隆二十四年（1759）奏准，用预备军营铸炮之铜在叶尔羌开炉设局，铸钱一如内地之制，面用乾隆通宝汉字，以叶尔羌诸地名回字附于背，重二

---

［1］文孚纂修：《钦定六部处分则例》卷40《边防》，沈云龙主编：《近代中国史料丛刊》第34辑第332号，台北：文海出版社，1969年影印本，第794—799页。
［2］于占杰点校：《钦定回疆则例》卷8，沈阳：辽宁民族出版社，2020年，第109页。

钱，值银一分，共铸钱五十余万，用来换回部旧钱。通过此举完成了新疆地区货币的统一。[1]

对边疆民族地区的物产、矿产等自然资源，清朝也立法予以保护，严禁偷挖、偷采。"盗田野谷麦"律规定：在新疆地方偷挖金砂，无论人数、砂数多寡，为首枷号三个月，实发云贵两广极边烟瘴之地充军；为从，枷号三个月，解回内地，杖一百，徒三年。嘉庆十六年（1811），由于民人在蒙古地方纠集多人，偷挖黄芪（为禁物，根可入药），滋扰牧场，刑部遂定"在口外出钱雇人刨挖黄芪"治罪专条。由于相关立法似嫌琐碎，嘉庆帝谕称：边外所产，如铅斤木植，不一而足。设奸民等舍此趋彼，聚集既众，必仍滋事端。若逐案增定条例，亦属琐碎。总在沿边关隘，于无业游民出口时，认真查禁，为正本清源之道。[2]

出于对边疆民族地区生产生活之需的考虑，道光以后逐渐弛禁各种物品交易，物、矿挖采等经济活动也逐步放开。道光二年（1822）奏定《青海番子事宜》中，以青海西北产鱼盐之地，特准穷苦蒙古领照运售，其沿边回、汉人等，概不准私赴口外，挖盐捉鱼。[3]两年后，又以"粮、烟、茶、布，为蒙古养命之源"，著准其发给商民部票，与蒙古公平交易，并于请票时，将该商民籍贯人数及携带货物注明，以备稽查。

四是逐步放宽内地与边疆地区的财产交换。

清朝前期，出于对边疆民族地区赖以生活的财产的保护，严禁田产交易。法律还规定，田土财产只能在本地区本部族间交易，严禁同一部族跨地区交易。但自乾隆时起，随着人口压力的加重，以及经济的活跃，逐渐放宽内地汉民与少数民族之间的田土交换。如在湖南永顺等地，规定乾隆十一年（1746）以前汉民所买苗田免其查究。《户部则例·番界苗疆禁例》提供了这方面的详细立法情况。该条例规定："贵州省汉苗呈控典卖田土事件，该地方官查其卖业年份远近、是否盘剥，折责，秉公定断"，"清查以后，凡系黔省汉民，无论居黔年份久暂，相

---

[1] 于占杰点校：《钦定回疆则例》卷6，沈阳：辽宁民族出版社，2020年，第83—84页。
[2] 《中枢政考·关津门》，转引自薛允升著，胡星桥、邓又天主编：《读例存疑点注》，北京：中国人民公安大学出版社，1994年，第491页。
[3] 光绪《大清会典事例》卷993，北京：中华书局，1991年影印本，第10册，第1248页。

距苗寨远近，及从前曾否置有苗产，此次曾否领颁门牌，一概不准再有买当苗产之事"。实际上通过承认清查以前的汉民所置苗产，默认了汉苗间交易田产的事实。《户部则例》还规定，对于客民迁移回籍所遗产业，苗民无力收买，准售与有业汉民；其所当苗产，许苗民呈明取赎；如是客民垦荒成熟，酌断工本。表现出法律既保护了苗民田产，也照顾了客民的权益。

除一般禁止汉民置买苗产外，对汉民典种苗土，汉民前往苗地贸易、放债等，均不在禁止之列，而且在法律上予以保护。尤其是法律承认汉苗间的租佃关系，规定：客民招佃，原系苗民者仍照旧承佃，不得开垦，所出租谷照苗寨旧规酌分；对苗民承佃客田，捏不纳租，准客民控官究追。兴义、普安一带客民，"有置当苗民全庄田土者"，所招佃户也多系汉人，因此特别规定：如有退佃，先从原庄苗人承佃，如苗人不愿佃种，仍许汉人佃种。在苗寨贸易开店之客民，将钱米货物借给苗民，止许取利三分，严禁全利盘剥，更不许将苗民田土子女折为钱物，违者严惩。此外，《户部则例》对广西苗民交易、典佃等事项，也作出法律规定。[1]《户部则例》的上述规定，为处理内地汉族与西南少数民族地区间的田土财产关系提供了法律依据，对解决民族纠纷、增强民族团结无疑具有积极意义。[2]

五是从刑罚执行上，力图避免同罪异罚。

清朝对于少数民族之间的案件，除普通法《大清律例》有规定者外，一般适用习惯法以及特别法，并采取属人主义原则。如在蒙古地区蒙古人有犯，首先适用《蒙古律例》。而普通法《大清律例》对蒙古、民人交涉案件，采取属地主义原则。"凡遇斗殴、拒捕等事，该地方官与旗员会讯明确，如蒙古在内地犯事者，照刑律办理。如民人在蒙古地方犯事者，即照蒙古例办理。"[3]这就必然带来两种法典在适用上的歧异。

---

〔1〕 以上均见《钦定户部则例》卷4《户口》，"番界苗疆禁例"，同治刊本。
〔2〕 详见张晋藩、林乾：《〈户部则例〉与清代民事法律探源》，《比较法研究》2001年第1期。
〔3〕 薛允升著，胡星桥、邓又天主编：《读例存疑点注》，北京：中国人民公安大学出版社，1994年，第90页。

就整体而言，由于《蒙古律例》的立法技术不够完善，加之其惩罚主体有所侧重，因而当其与大清律不相一致时，就会出现同罪异罚的情况。乾隆十四年，因为蒙古人偷窃内地人牲畜，皆照蒙古律拟绞；而内地人偷窃蒙古人牲畜，仍依内地窃盗计赃治罪，"蒙古、内地人相聚一处（归化城等地），未免情同罪异"，理藩院奏准：嗣后内地人如在边外地方偷窃蒙古人牲畜者，照蒙古例为首拟绞监候，为从议罚三九。[1]这条法律规定的本意是为了避免同罪异罚，而实际上却加重了对内地民人的惩罚。问题也由此而生。嘉庆十七年（1812）有这样一个案例：热河多个蒙古人抢盗，按照蒙古例，强劫伤人得财者，不分首从，皆处斩。热河都统认为惩罚过重，考虑到刑部有"同行上盗并未杀伤分别发遣"之例，咨请刑部是否按刑部例"酌量定拟"。他还特别指出："刑例与蒙古例，本无二致，是引用蒙古例，自应参观刑例，方免畸重畸轻。今各州县审理蒙民交涉强劫杀人伤人之案，每因拘泥例内不分首从之文，往往将随同上盗并未帮同下手之犯一律拟斩，殊不足以昭情法之平。"并以此案中三潭、叶什、额尔克图等人仅听从强劫，实无帮同拒捕情事，应照蒙古人偷窃银一百二十两以上为从例，拟发云贵两广充当苦差。刑部在议复时申明"蒙古有犯，本应依蒙古例科断，如蒙古例内不及赅载，方准参用刑律"的法律优先适用原则，同时承认蒙古强劫杀伤人不分首从皆斩之例，确较刑律为重，非所以示持平，而且，以未经帮同下手之犯与杀伤人者同拟骈诛，亦无以示区别。认为"似可参用刑律"，并奏请"恭候钦定，倘蒙俞允，载入例册遵行"。嘉庆帝于五月十七日批准执行。这一部示新例随即载入《增订蒙古则例》中。[2]

此案发生后两年，又发生两起类似案件。[3]这两个案例都发生在蒙古地方，但盗犯与事主都是民人，按照属地的原则，赤峰县贼犯彭锡五应拟斩决，但若照刑律，应问拟烟瘴充军。另一案平泉州盗犯董成纠邀

---

〔1〕 光绪《大清会典事例》卷994，北京：中华书局，1991年影印本，第10册，第1262页。
〔2〕 "嘉庆十七年部示蒙古强劫杀人并未帮同下手伙盗仿照刑例未伤人伙盗发遣新例"，收录于中国社会科学院中国边疆史地研究中心主编：《蒙古律例·回疆则例》附《增订蒙古则例》，全国图书馆文献缩微中心，1988年。
〔3〕《蒙古律例》附《增订蒙古则例》，中国社会科学院中国边疆史地研究中心主编：《蒙古律例·回疆则例》，全国图书馆文献缩微中心，1988年。

白吉、宋三、李亮赴李希贤家行窃,被李知觉,董成等将李捆缚,并未成伤,劫得衣服钱文。这两起案件,前者按蒙古律问拟,则较刑律为重,后者按蒙古律问拟,则较刑律为轻。总督以"究应遵照何例定拟以归允当,拟合咨请部示"。刑部接咨后当即"片行理藩院详查"。理藩院回复称:蒙古律载有强劫伤人得财之条,并无抢夺专条,应将蒙古律内强劫条例抄送刑部查办。刑部据此回复总督:蒙古例内并无抢夺作何治罪专条,向准参用刑律办理。刑律内强劫与抢夺罪名轻重悬殊,蒙古既无抢夺之例,强劫条内又无兼包抢夺之文,是蒙古抢夺一项,即应参用刑律。[1]

从以上嘉庆时期新增定例来看,尽管不是汉族与少数民族间的交涉案件,但新定例使《蒙古律例》与《大清律例》更为协调,反映了特别法向普通法归依的趋向,薛允升所谓"蒙古例文愈改愈宽"[2],使其重刑主义的特征逐渐淡化,这对于统一法制有积极意义,是少数民族法律进步的标志。

三、宗教立法以安边抚众为重点

清代以前,由国家制定的成文法很少涉及宗教的内容,而生息在边疆地区的民族,尽管宗教信仰有所不同,但大多宗教意识较强,宗教活动颇盛,有的地区实行政教合一制度,宗教势力很大。因此,从一定意义上说,宗教问题处理得如何,事关边疆稳定大局和国家统一大业。清朝在法律上对宗教采取审慎的态度,不但民间宗教被视为"邪教",立法严禁,而且对从西方传入的天主教也长时间严加禁止。[3]对于蒙、藏民众中广泛信奉的藏传佛教即黄教,清朝统治者有个逐步认识的过程。

---

[1]《蒙古律例》附《增订蒙古则例》,中国社会科学院中国边疆史地研究中心主编:《蒙古律例·回疆则例》,全国图书馆文献缩微中心,1988年。
[2] 薛允升著,胡星桥、邓又天主编:《读例存疑点注》,北京:中国人民公安大学出版社,1994年,第479页。
[3] 天主教曾于嘉庆十六年定例严禁,同治九年将该定例删除。白阳、白莲、八卦等一直作为"邪教"严加禁止。参见薛允升著,胡星桥、邓又天主编:《读例存疑点注》,"礼律·禁止师巫邪术",北京:中国人民公安大学出版社,1994年,第298—300页。

皇太极认为,"蒙古诸贝子,自弃蒙古之语,名号俱学喇嘛,卒致国运衰微"[1],并表示"嗣后俱宜禁止"[2]。康熙对蒙古族信奉黄教也不以为然,认为"此风亟宜变易",指出"蒙古惑于喇嘛,罄其家资,此皆愚人偏信祸福之说,而不知其终无益也"。[3]但当清朝统治者认识到可以利用喇嘛教安抚控御广大蒙藏地区时,又转而改变态度,予以大力抚持。雍正帝体察到西藏和准噶尔的关系:准噶尔安宁,西藏就不会生事;西藏不平静,也会引起蒙古的骚动。而造成这种互动关系的恰是喇嘛教。他因此得出结论:"故欲约束蒙古,则喇嘛之教亦不轻弃。"[4]他还认识到"佛教特以劝善惩恶,济人觉世为本",如果"广布黄教,宣讲经典,使番夷僧俗崇德慕义","则以佐治王化,实有裨益"。[5]乾隆帝经历廓尔喀入侵西藏这一事件,对喇嘛教的认识至为深刻,指出"兴黄教,即所以安众蒙古"。"我朝之兴黄教","盖以蒙古奉佛,最信喇嘛,不可不保护之,以为怀柔之道也"。[6]

清朝对藏传佛教的立法较早,《蒙古律例》有一卷"喇嘛例",计有6条律文,包括喇嘛服饰颜色、班第等犯罪治罪办法、容留贼盗等内容。[7]至光绪时颁行的《理藩部则例》,有"喇嘛事例"五卷,共有128条律文,231条条例,堪称清朝国家制定法中宗教立法的总汇,也是对传统宗教立法的巨大突破,填补了以往立法的空白。更重要的是,它为国家管理宗教事务提供了法律依据。具体而论,清朝宗教立法有以下几个特点。

一是确立国家对宗教的管理权。

清朝的宗教立法,借鉴了"元朝尊重喇嘛有妨政事之弊"的深刻教

---

[1]《清太宗实录》卷18,天聪八年四月辛酉,北京:中华书局,1987年影印本,第2册,第237页。
[2]《清太宗实录》卷28,天聪十年三月庚申,北京:中华书局,1987年影印本,第2册,第356页。
[3] 王先谦:《东华录》卷71。
[4] 胤禛撰:《雍正上谕内阁》不分卷,雍正五年四月初八日谕,清雍正九年内府刻乾隆六年增刻本,第15页b。
[5] 魏源:《圣武记》卷12,清刻本。
[6] 乾隆帝:《喇嘛说》,全文收录于张羽新编:《清朝治藏典章研究》(中),北京:中国藏学出版社,2002年,第606—609页。
[7] 参见《蒙古律例》卷11《喇嘛例》,清刻本。

训,后者甚至将宗教置于政治之上,"如帝师之命与诏敕并行,政衙朝会百官班列而帝师亦专席于坐隅,其弟子之号司空、司徒、国公,佩金玉印章者,前后相望",以致"怙势恣睢,气焰熏灼,为害四方,不可胜言"。[1]因此,清朝宗教立法的首要特点是确立国家对宗教的管理权。

对于拥有广泛社会基础的宗教[2],清朝从法律上将其置于国家的管理之下。康熙多次说"本朝为护法之主"[3],只有清朝政府才具有"总持道法""以道法归一为要务"[4]的国家管理职能。因此,清政府是喇嘛教的最高保护者,不允许宗教领袖包括大喇嘛在内置于政权之上。法律规定:凡呼图克图、诺们汗、班第、达堪布、绰尔济系属职衔;国师、禅师系属名号。呼图克图等除恩封国师、禅师名号者准其兼授外,概不得以呼图克图兼诺们汗、班第、达堪布、绰尔济等职衔,亦不得以国师兼禅师名号。此外,"呼图克图等印信、册命、敕命定制""专设喇嘛印务处""达赖喇嘛等圆寂转世后,印信、册敕分别办理"等法律规定,[5]使班禅、达赖及大喇嘛均需经清朝中央政府册封才为合法,清政府具有对喇嘛教首领的封赠权。

二是限制、削弱达赖等大喇嘛的世俗行政权力。

为了限制家族宗教势力的发展,法律规定:"大小番目及前后藏管事喇嘛均不得以达赖喇嘛、班禅额尔德尼族属挑补,搀越管事。"只有等到达赖喇嘛、班禅额尔活佛转世后,"方准将前辈亲族量材录用,以昭公允"。[6]而从法律上限制达赖、班禅的世俗行政权力,堪称最为成功。

乾隆十五年(1750),清朝平定珠尔墨特那木扎勒之乱后,乾隆帝认为这是限制西藏宗教权力的最好时机,他对议政大臣说:"夫开边黩

---

[1] 乾隆帝:《喇嘛说》,全文收录于张羽新编:《清朝治藏典章研究》(中),北京:中国藏学出版社,2002年,第606—609页。
[2] 各地喇嘛在庙人数最多时,占蒙古人口总数三分之一。参见卢明辉:《清代蒙古史》,天津:天津古籍出版社,1990年,第88页。
[3] 《卫藏通志》卷12,清刻本。
[4] 《理藩院则例》卷56,乾隆刻本。
[5] 《钦定理藩部则例》卷56《喇嘛事例一》,收录于张荣铮等编:《钦定理藩部则例》,天津:天津古籍出版社,1998年,第393—395页。
[6] 《钦定理藩部则例》卷61《西藏通制上》,收录于张荣铮等编:《钦定理藩部则例》,天津:天津古籍出版社,1998年,第448—449页。

武,朕所不为,而祖宗所有疆宇,不敢少亏尺寸,此番办理,实事势转关一大机会,不得不详审筹画,动出万全,以为边圉久远之计。"[1]随即,他又对军机大臣阐发他的这一思想,指出"西藏经此番举动,正措置转关一大机会,若办理得当,则可保永远宁谧"。[2]在次年颁布的《善后章程》中,明确废除封授郡王(藏王)制度,实行由驻藏大臣和达赖喇嘛共同管理藏政的行政管理体制。这是此后乾隆五十八年(1793)用法律形式确立驻藏大臣总揽藏政的重要步骤。长期以来,"驻藏大臣往往视在藏驻扎为苦差,诸事因循,惟思年期届满,幸免无事,即可更换进京"。当廓尔喀入侵时,驻藏大臣鄂辉,"办理藏务,无事不商之噶布伦",乾隆帝斥责其"殊属非是",并说"卫藏一切事务,自康熙、雍正年间大率由达赖喇嘛与噶布伦商同办理,不复关白驻藏大臣,相沿已非一日"。达赖喇嘛将事委之于噶布伦,而噶布伦从中舞弊。乾隆帝认为"今经此番大加惩治之后,自应另立章程,申明约束"。他考虑到"现在回疆俱有驻扎大臣办理,一切事务俱系大臣主持。该处阿奇木伯克等不过奉令承教,随同办理",因此明确提出"驻藏大臣与新疆办理大臣体制相同"[3]的立法改制原则。五十七年(1792)十一月,他对军机大臣说:"朕节次所示条款内,如严禁达赖喇嘛左右近侍亲族,及噶布伦等,干与滋事,并发去金奔巴瓶,签掣呼毕勒罕各款,皆系保护黄教,去彼世袭嘱托私弊,达赖喇嘛,自当一一遵奉。此系极好机会,皆赖上天所赐,福康安等,当趁此将藏中积习涤除,一切事权,俱归驻藏大臣管理,俾经久无弊,永靖边隅,方为妥善。"[4]在随后颁布的《三十九条章程》中,法定了驻藏大臣总揽藏政的行政体制,限制了西藏宗教领袖的世俗权力。《西藏通制》第一条"西藏设驻扎大臣"明确规定:"西藏设驻扎大臣二员,办理前后藏一切事务,其大臣更代均由特简。"其第二

---

[1] 《清高宗实录》卷 377,乾隆十五年十一月乙卯,北京:中华书局,1987 年影印本,第 13 册,第 1169 页。
[2] 《清高宗实录》卷 377,乾隆十五年十一月乙卯,北京:中华书局,1987 年影印本,第 13 册,第 1171 页。
[3] 方略馆编,季垣垣点校:《钦定廓尔喀纪略》卷 14,北京:中国藏学出版社,2006 年,第 266 页。
[4] 《清高宗实录》卷 1417,乾隆五十七年十一月壬子,北京:中华书局,1987 年影印本,第 26 册,第 1058 页。

条"西藏诸处事务均隶驻藏大臣核办"规定:"驻藏大臣总办阖藏事务,与达赖喇嘛、班禅额尔德尼平行。噶布伦以下番目及管事喇嘛分系属员,无论大小事务俱禀明驻藏大臣核办。""(西藏)凡大小各缺,均由驻藏大臣会同达赖喇嘛挑选。"[1]有学者认为,《钦定西藏章程》颁行后,"达赖、班禅拥掌教之虚名,无统治之实际,此实政教分离之渐"。[2]

三是通过确立活佛转世制度,将宗教职务纳入国家行政管理系统。

活佛转世是藏传佛教有别于其他宗教和佛教其他派别的独特传承方式,即在大活佛圆寂之后,寻找一名被认为是其转世再生,具有灵异特征的幼童作为其继承人,蒙古语称作"呼毕勒罕"。17世纪中叶,由于清朝中央政府的册封,形成了达赖喇嘛和班禅额尔德尼两大活佛转世系统,其转世按约定俗成的办法,即大活佛圆寂后,其转世灵童,往往由布达拉宫四大护法(吹忠)喇嘛降神指定。乾隆帝以"吹忠附会妄指"甚多,各呼毕勒罕既出于一家亲族,因而就不能使人无疑。加之蒙藏地区上层僧俗贵族,往往利用活佛转世谋取巨大的政治、经济利益,"吹忠或受贿恣意舞弊,或偏庇亲戚妄指",因此转世呼毕勒罕"或出自族属姻娅,或出自蒙古汗、王公等家,其与蒙古王公、八旗世职官袭替相似"。[3]这是造成蒙藏地区动荡不安、纷争不已的一个主要原因,因此,乾隆帝仿抽签任官办法,建立了金瓶掣签制度,并于乾隆五十八年颁布的《二十九条章程》中以法律的形式固定下来。其后在《理藩院则例》中又加以具体化。《喇嘛事例三》"指认呼毕勒罕定制"明确规定:转世呼毕勒罕"准于闲散台吉或属下人等及唐古忒平人之子嗣内指认。其达赖喇嘛、班禅额尔德尼之亲族及各蒙古汗、王公、贝勒、贝子、公、扎萨克台吉等子孙内,均禁止指认呼毕勒罕"。同时,废止"吹忠"降神指定的办法,代之以金瓶掣签:西藏所属各地方及西宁所属青海番子等处所出之呼毕勒罕,均咨行驻藏大臣会同达赖喇嘛缮写名签,入于大昭供奉金本巴瓶内,公同掣定。其蒙古各部落所出之呼毕勒罕,呈报理藩

---

[1] 托津纂:《理藩院则例》卷62,《西藏通制下》,清道光二十二年官刻本,第7页b。
[2] 许先志、蔡晋成:《西藏新志》。
[3] 乾隆帝:《喇嘛说》,全文收录于张羽新编:《清朝治藏典章研究》(中),北京:中国藏学出版社,2002年,第606—609页。

部，理藩部堂官会同掌喇嘛印之呼图克图缮写名签，入于雍和宫供奉金本巴瓶内，公同掣定。[1]金瓶掣签制度，通过法律的形式，将指认达赖、班禅和大活佛宗教职务继承人选，纳入了国家行政管理的轨道，加强了国家对宗教的管理，而且，将选任转世灵童的权力，从蒙藏上层贵族手中集中到中央政府，有利于防止蒙藏上层贵族通过夺取宗教权膨胀政治势力，也有利于克服地方势力之间和宗教派别之间为争夺转世灵童而造成的矛盾和斗争，从而有利于蒙藏地区的安定和发展。正如乾隆帝所说："辑藏安边，定国家清平之基于永久，予幸在兹。"[2]

除佛教外，在中国西北等地影响甚大的是伊斯兰教。清朝也加强了这方面的立法。15世纪以后，伊斯兰教头目逐渐在新疆控制了世俗政权。阿浑（阿訇）的社会地位居于世俗权力之上，常利用教徒聚众废杀伯克，所谓"贤则留之"，"无道则与众回废而杀之"。[3]清朝统一新疆后，乾隆特发上谕，指出"阿浑乃回人诵经识字者，与准噶尔喇嘛相似"，"着传谕舒赫德等，晓示各城回人，嗣后诸事，唯听阿奇木等伯克办理，阿浑不得干预"，[4]从而限制了伊斯兰教势力的发展。《回疆则例》进而以法律形式规定："摩提色布伯克管理回教经典，整饬教务，不预民事。"[5]"慎选充当回子阿浑"定律还将宗教头目的选任交由各庄伯克、回人公保，其条件是"通达经典，诚实公正"，选任者要出具甘结，再由阿奇木伯克禀明，该管大臣点充。阿浑还需每月朔望赴大臣衙门叩见。"如有不知经典，化导无方，或人不可靠及剥削回户者，即行惩革，并将原保之阿奇木伯克等一并参办。"[6]道光九年（1829），谕令再次申明阿浑只准念习经典，不准干预公事，规定阿浑子弟有当差及充当伯克者，亦不准再兼阿浑。[7]

---

[1] 托津纂：《理藩院则例》卷58，《喇嘛事例三》，清道光二十二年官刻本，第2页a。
[2] 乾隆帝：《喇嘛说》，全文收录于张羽新编：《清朝治藏典章研究》（中），北京：中国藏学出版社，2002年，第606—609页。
[3] 《回疆通志》卷12，清刻本。
[4] 《清高宗实录》卷615，乾隆二十五年六月辛丑，北京：中华书局，1987年影印本，第16册，第924页。
[5] 于占杰点校：《钦定回疆则例》卷2，沈阳：辽宁民族出版社，2020年，第35页。
[6] 于占杰点校：《钦定回疆则例》卷8，沈阳：辽宁民族出版社，2020年，第106页。
[7] 光绪《大清会典事例》卷993，北京：中华书局，1991年影印本，第10册，第1254页。

四是彰明法律，惩处不法。

清朝统治者认识到黄教"所系非小，故不可不保护之"，但这种保护"非若元朝之曲庇谄敬番僧也"，宗教头目，不管地位多高，在法律上"与齐民无异"，因此，即使大喇嘛有分裂国家、叛逃等重大不法行为，也必置于法。[1]早在康熙十四年（1675），康熙帝在平定蒙古布尔尼叛乱中，即将教唆叛乱的五名喇嘛处死。三十九年（1700），他给差往内蒙古查办案件的张格等人的谕令中，特别强调"倘喇嘛有犯法者，尔等即按律治罪"[2]。乾隆五十五年（1790），廓尔喀侵入后藏时，仲巴呼图克图先期逃避，大喇嘛济仲、札苍等托占卜之词，以其不可守，以致众喇嘛等纷纷逃散。事平后，乾隆令将为首之济仲拿至前藏，当众剥黄正法，其余札苍及仲巴呼图克图俱拿解至京治罪。处理此事后，乾隆说："我朝虽护黄教，正合于王制所谓'修其教不易其俗，齐其政不易其宜'，而惑众乱法者，仍以王法治之，与内地齐民无异。"[3]也就是说，不管宗教地位多高，都必须严格遵守国家的法律，否则，必将受到制裁。所谓"与内地齐民无异"，也即承认教职人员都受法律约束。乾隆在谕内阁时说得更清楚："朕于黄教素虽爱护，但必奉教守法之喇嘛等，方加以恩遇，若为教中败类，罪在不赦者，即当明正典刑，断不稍为袒护。""此次办理占卜惑众之罗布藏丹巴一事，即于卫护黄教之中示以彰明宪典之意。"命将办理缘由通谕中外知晓。[4]

对于在此次廓尔喀入侵中挑唆起衅之沙玛尔巴，乾隆令将其骨殖分悬布达拉、扎什伦布及察木多、打箭炉等各处大寺庙，"一一悬挂，并将起衅犯事缘由逐一开写，号令示众，用示儆戒"。[5]当和琳奏请将沙玛尔巴亲侄乐伞建本等三犯照大逆缘坐律拟斩、其堂侄阿里等七人发烟

---

[1] 乾隆帝：《喇嘛说》，全文收录于张羽新编：《清朝治藏典章研究》（中），北京：中国藏学出版社，2002年，第606—609页。

[2] 《承德府志》卷1，光绪刊本。

[3] 乾隆帝：《喇嘛说》，全文收录于张羽新编：《清朝治藏典章研究》（中），北京：中国藏学出版社，2002年，第606—609页。

[4] 方略馆编，季垣垣点校：《钦定廓尔喀纪略》卷14，北京：中国藏学出版社，2006年，第268页。

[5] 《清高宗实录》卷1412，乾隆五十七年九月己亥，北京：中华书局，1987年影印本，第26册，第987页。

瘴地方安插时，乾隆以"藏内人等，不谙缘坐条例"，"令将乐伞建本等三犯竟着解京交部治罪。阿里等七名口，即交四川总督分发两广、福建烟瘴地方安插，不必解京"。[1]

乾隆后期的多项立法垂制，不但稳定了蒙藏地区，也受到西藏宗教领袖的欢迎。达赖明言卫藏诸事，上烦大皇帝天心，"定立法制，垂之久远"，表示"惟有同驻藏大人，督率噶布伦及番众等，敬谨遵照，事事实力奉行"。[2]乾隆帝对其亲自下谕几十道拟定的《善后章程》也颇为自得，当福康安奏称达赖喇嘛对一切善后章程"断不致稍形格碍"时，乾隆朱批道："自当如此。况朕所定，皆系保护黄教，去彼世袭用私之事。值此时机好会，皆上天所赐也。"[3]

总体上看，清朝通过宗教立法，改变了西藏、新疆等地政教合一的体制，限制了宗教势力对行政权力的干预，将宗教管理纳入法制化轨道，遏制了宗教分裂势力的渗透，维护了国家主权的统一和完整。这些都是必须充分肯定的。

以上论述的三个方面，足以说明清代以法治边取得了很大成功。直到新疆建省前，哈密亲王迈哈默特还称《回疆则例》是"世守历代册宝"，因"遭兵焚毁，遇事无可稽考"，请理藩院"补行颁发"。[4]光绪三十四年（1908）六月，因"各处纷纷咨取"《理藩部则例》，致使这部法典不敷所用，理藩部遂按照聚珍版印刷二百部，以付急用。辛亥革命后，北洋政府在西北民族地区仍部分使用这部法律。[5]

事物总有两面性。当我们积极评价清朝以法治边取得巨大成功时，也必须指出，其消极、防范、限制甚至阻碍边疆民族地区发展的立法，负面影响也实在不可低估。越界有禁，越旗有罚，长时期法律上的封禁

---

[1]《清高宗实录》卷1415，乾隆五十七年十月丙戌，北京：中华书局，1987年影印本，第26册，第1034页。
[2]《卫藏通志（全7册）》第4册卷13下《纪略下》，北京：中华书局，1985年，第321页。
[3]《奏八世达赖喇嘛派使臣谢皇上派大军剿灭廓尔喀贼之恩折》，乾隆五十七年十月二十三日，录副奏折03-0194-3407-030，中国第一历史档案馆藏。
[4]《清德宗实录》卷125，光绪六年十二月乙巳，北京：中华书局，1987年影印本，第53册，第795页。
[5] 张荣铮编：《关于〈理藩院则例〉》，《钦定理藩部则例》卷首，天津：天津古籍出版社，1998年，第2页。

和隔离，无疑阻止了清代中国各民族之间交流和融合的历史步履，也影响了边疆民族地区的经济发展和社会进步。随着时间的推移，尤其是当西方殖民主义挟其船坚炮利叩开中国大门的时候，其危害性就更加凸显出来。对此，作者另拟专文予以论述，此处不赘。

（原刊《中国边疆史地研究》2005年第3期）

从陈布统案论清代前期的"部院之争"

学术界论"部院之争",特指清末"预备立宪"时,在官制改革过程中,新设立的法部(原刑部)与大理院(原大理寺)之间产生的司法权限之争,而对清代前期的"部院之争",以及由此体现的"两议"司法运行体制,特别是皇权对部、院权力制衡的统摄,尚无专文论述。

清承明制,由刑部、大理寺与都察院组成三法司,作为中央最高司法机构,参与司法审判活动,但与前代相比,清代三法司的职权又发生较大变化。清代以前,"亭平疑狱,专属大理",[1]大理寺承担主要的司法职能,刑部与都察院只有复核与监督职能,而到了清朝,刑部变为中央最高司法审判机关,故有"部权特重"之谓。大理寺的职权被极大削弱,曾在清末刑部任职的近代法学家董康就有"惟清之大理,视同闲秩"之言。[2]权力过重易滋生弊端,因而必须对刑部的权力加以制衡才有最大可能实现司法公正,清朝统治者希望通过"三法司核拟"的会审制度来限制刑部的权力。此前研究者多着眼于三法司会审制度及其过程,注重分析会审制度在司法运行中所起的作用,对三法司内部权力制衡关系的运转机制则少有论及;同时,对清代大理寺执掌平反冤狱职能的缺少几乎也无论及,"数十年来,未见(大理寺)翻驳一案,出入一囚者",[3]因此清朝中央司法监督主要体现在都察院对刑部的权力制约。我们通过档案材料,特别是乾隆时期著名的陈布统案,探讨清代前期的"部院之争",对于观察清代中央司法机关之间监督机制的运行及其效

---

[1] 何勤华、魏琼编:《董康法学文集》,北京:中国政法大学出版社,2004年,第348—349页。
[2] 何勤华、魏琼编:《董康法学文集》,北京:中国政法大学出版社,2004年,第348—349页。
[3] 《清圣祖实录》卷11,康熙三年四月乙巳,北京:中华书局,1987年影印本,第4册,第178页。

果，对于我们建设及完善中国的现行司法机关内部监督体系，均有重要意义。故专文探讨。

一、"部院之争"的前提：职权分配的不平衡

刑部在清朝有"刑名总汇"之称，作为全国最高司法审判机关，在司法活动中占据了主导地位。地方徒刑案件须报刑部备案，流刑及充军、发遣即须刑部批结，死刑案件由督抚向皇帝具题后，三法司照例奉旨核拟具奏，而京师的徒刑以上案件也由刑部审断，是为现审。此外，清朝的会谳大典——秋审也是刑部的一项重要职责，为了彰显"明德慎罚，慎重人命"的统治理念，清代将死刑分为"立决"和"监候"，非常严重的犯罪如谋反等才会拟"立决"，相当于现代刑法的死刑立即执行，而被判处"监候"之囚，则因社会危害性较轻可以"缓期执行"，留待第二年复核，再根据案情轻重判断是否需要执行死刑，如此循环往复。这种复核就是清朝的秋审制度。大理寺作为"三法司"之一，主要职责是平反冤狱，即复核死刑案件有无冤错。[1]而有"风宪衙门"之称的都察院的主要职责是监察，司法事务中的监察也是其职责的重要部分，《大清会典》规定，都察院"凡重辟则会刑部、大理寺以定谳，与秋审、朝审"。[2]

刑部与都察院共同参与的司法活动主要有三法司会审京师死刑案件，核拟全国死刑案件，以及秋审、朝审。京师的死刑案件，由刑部承办"现审"后，都察院与大理寺官员先后赴刑部参与会审，分为"会小法"与"会大法"。"会小法"是指参与会审的非三法司最高长官，由承办的刑部清吏司长官召集，大理寺派出一名寺丞或评事，都察院则派出一名御史参加。"会小法"作出处理意见后送往刑部呈堂，由该部堂召集三法司的高级会审，即都察院左都御史或副都御史，大理寺卿或少卿赴刑部面审同议，该会审由三法司最高级别长官参与，称为"会大

---

[1] 林乾:《传统中国的权与法》，北京：法律出版社，2013年，第281—291页。
[2] 光绪《大清会典》卷69，北京：中华书局，1991年影印本，第632页。

法"。地方各省的死刑重案，奉旨"三法司核拟具奏"者，由督抚具题，一面向皇帝具题，一面将揭帖咨送都察院与大理寺，都察院与大理寺根据揭帖详推案情，复核所拟罪名与适用法律是否适当，预拟意见，待刑部拟定谳语意见，送都察院参核，若与预拟意见无异，再送大理寺审核，审核无异议则画稿会题。秋审程序分为地方秋审和中央秋审，地方秋审由府县造案犯清册，有司审录，督抚会审后将结果汇题上奏皇帝，由皇帝降旨"授权"三法司复核地方秋审结果，从而进入中央秋审程序。刑部进行看详、核拟，审定部拟意见，然后于每年八月在天安门外金水桥西与九卿、詹事、科道官员齐聚举行会审。[1]

在三法司会审的司法活动中，刑部均为主稿衙门，虽然顺治十五年强调"嗣后凡三法司核拟事情，御史会同大理寺官（与刑部）面审同议"，[2]但刑部负责前期准备，办理具体核拟事宜，出具核拟结果，承担主要职责。秋审会谳大典时，也由刑部书吏按招册逐一唱名，遇有实缓变动者再加读看语，"其他各衙门，不过随同画诺而已"。[3]《清史稿》中亦有"清则外省刑案，统由刑部核复。不会法者，院、寺无由过问，应会法者，亦由刑部主稿。在京讼狱，无论咨奏，俱由刑部审理，而部权特重"的评价。[4]由此可以看出清代司法实践中，刑部占据主导地位，权力较都察院为重。

二、"部院之争"的合法途径："两议"制度

权力一旦缺乏制衡便会被滥用，清前期刑部是所谓"大部"，作为主稿衙门大权独揽，极易对案情上下其手，从而有害司法公正，蒙蔽皇帝视听，因此清朝规定了三法司会审制度，使司法判决经过多重商讨与监督，从而最大可能地实现司法公正。为了保障这种监督权的实施，清朝皇帝设计出"两议"制度来保障甚至鼓励三法司互相制衡，充分沟

---

[1] 林乾：《传统中国的权与法》，北京：法律出版社，2013年，第281—291页。
[2] 《钦定台规》卷3《理刑》，乾隆八年刊本，第40页b。
[3] 何勤华、魏琼编：《董康法学文集》，北京：中国政法大学出版社，2004年，第348—349页。
[4] 《清史稿》卷144《刑法三》，北京：中华书局，1977年标点本，第4206页。

通。清代大理寺职权几乎悬置，清前期主要是由都察院利用这种途径向刑部提出异议，来制衡刑部甚至与刑部争权。

顺治十年（1653）规定，"三法司凡审拟死罪，议同者，合具看语；不同者，各具看语奏闻，永著为例"[1]，就是说三法司各衙署在核拟死罪案件时，意见相同，共同画题上奏；意见不同，可将两种不同核拟结果分别上奏，这种制度被称为"两议"。顺治帝还要求三法司会审时必须面商，避免仅公文往来而致会审流于形式。顺治十二年（1655）谕称：近来三法司题覆稽延，皆由文移往来，虚费月日。且事不同审，稿不面议，岂能得平？以后核拟死罪，在京者，尔等各堂官面同研审；在外题奏者，各将原招详察明白，面同议覆，俱当虚心商酌，务期情罪适当，律例允协。[2]

康熙年间又强调了三法司诸臣尤其是负责平反核复的大理寺和负责监督的都察院不得碍于情面，不肯作为。康熙三年（1664）四月，御史李秀上疏：刑狱出入，生死攸关，在外督抚成招，在内刑部定案，自缳首以上，必敕三法司核拟，此诚明慎用刑之至意也。近见三法司衙门会审，皆勉强趋赴，当其承问时，出论多有参差。及至成招看语，仍然照旧，依样画题。数十年来，未见翻驳一案，出入一囚者，总因法司诸臣，彼此恐招嫌怨，不肯力破情面。嗣后请敕三衙门，各出看语，通列具题，专候睿裁。得旨，三法司议奏。[3]

雍正时期进一步明确大理寺与都察院的权力与责任，令地方督抚将案件咨送刑部的同时，必须咨送都察院与大理寺，且三法司须共同审理案卷。雍正元年（1723）五月规定：嗣后凡三法司会议案件，刑部于各省具题完结本尾，有带及行令补参者，督抚咨覆到部，其或处分，或宽免，作何完结之后，令刑部知会画题衙门，公同刷卷。[4]

---

[1]《清世祖实录》卷78，顺治十年十月庚辰，北京：中华书局，1987年影印本，第3册，第618页。
[2]《清世祖实录》卷94，顺治十二年十月己巳，北京：中华书局，1987年影印本，第3册，第741页。
[3]《清圣祖实录》卷11，康熙三年四月乙巳，北京：中华书局，1987年影印本，第4册，第178页。
[4]《清世宗实录》卷7，雍正元年五月庚寅，北京：中华书局，1987年影印本，第7册，第144页。

雍正年间还规定，若刑部所引律例不当，都察院、大理寺扶同蒙混未查明改正，一并交部议处。雍正十一年（1733）三月，大学士张廷玉条奏：律例之文，各有本旨，而刑部引用，往往删去前后文词，只摘中间数语，即以所断之罪承之，甚有求其仿佛、比照定拟者，或避轻就重，或避重就轻，高下其手，率由此起。夫都察院、大理寺与刑部同为法司衙门，若刑部引例不确，应令院、寺驳查改正，驳而不改，即令题参。如院、寺扶同蒙混，或草率从事，请即将院、寺官员一并加以处分。雍正帝命九卿确议具奏。随即议定：凡引用律例，务必请罪相符，如律内数事共为一条，轻重互见，仍听只引所犯本罪，若一条只断一事，不得任意删减；或律例无可引用，援引别条比附者，应令于疏内声明，律无正条，今比照某例科断，倘承审官仍前玩忽，援引失实，及律例本有正条而故引别条，出入人罪，该堂官查出，将承审之司员题参，书吏严拿究审，各照本律治罪。至三法司衙门，理应一体详慎，嗣后凡应法司会审事件，刑部引例不确，院、寺即查明律例改正，倘院、寺驳改犹未允协，三法司堂官会同妥议，如院、寺扶同蒙混，别经发觉，将院、寺官员，一并交部议处。[1]

司法程序中的"两议"，意味着都察院与大理寺不得在会审中蒙混职责，反映了三法司之间的权力制衡，目的在于促进司法公正，同时也便于皇帝掌握最高司法权。清前期"两议"屡见不鲜。顺治十七年（1660），三法司核议浙江巡按牟云龙之罪。一议，牟云龙系钦差巡按，将贪官吴之荣原参赃四万余两，妄请脱卸，虽无受贿实据，但情罪重大，应照先拟立斩；一议，或系承问官隐匿受赃原情，以致云龙凭详具题。请敕督抚取承问官及书办口供，以凭定拟。顺治帝折中"两议"，谕称贪官审实赃款，辄为出脱请销，徇庇情弊，法难宽贷，著该督抚严取申详经承员役口供，再加详审确议，划一具奏。[2]

"两议"制度的主要目的是保障大理寺与都察院实施监督权，限制

---

[1]《清世宗实录》卷129，雍正十一年三月乙酉，北京：中华书局，1987年影印本，第8册，第678页。
[2]《清世祖实录》卷133，顺治十七年三月乙丑，北京：中华书局，1987年影印本，第3册，第1028页。

刑部"部权特重",促使三法司在会审时进行更充分的讨论,最终得出更完善的结论,"画一具奏"。而在实际运行过程中,三法司运转机制逐渐偏离其预设的监督、制衡初衷,官员分门别派时有发生。乾隆时期,三法司之间利用"两议"制度屡屡提出对立意见,渐成两衙门掎角之势,抬高司法成本,降低司法效率,因此最高统治者试图通过限制"两议"来解决这一问题。

乾隆六年(1741),湖北巡抚范璨奏报,民人江在金殴伤大功服兄江声先身死,拟以斩决,并声叙应否比照救母情切,酌量宽减,请刑部议覆。刑部议覆称,查江在金供内,虽有怕声先误打伊母之语,然实无救母情形,自不便比照此例议减。左都御史杭奕禄等议:江在金并无与兄斗殴之事,若照弟殴大功服兄律拟以斩决,未免情轻法重,应改为斩监候。乾隆帝采纳了都察院的意见,将江在金改为斩监候秋后处决,并就此案表明:凡遇人命重案,朕必再三推详,稍有可原之情,或降旨更改,或交九卿会议。三法司唯应按律定拟,不得意为轻重。今此案刑部系按律办理者,而都察院、大理寺,另议监候,虽属原情,究非立法之本意。且两议之事,间或一二人意见不同则可,乃三法司本属一体,而与刑部判然两议,将来一衙门立一意见,甚有关系,著训谕知之。[1]同年十月,大理寺少卿周倓奏称:法司会议,不得各立意见,曾经奉有谕旨,今三法司仍蹈故辙,动成"两议",请嗣后三法司核拟事件,有应酌改者,即移知刑部,定期赴刑部衙门公同面议,划一定拟。得旨允行,下部知之。[2]这一规定对"两议"限制使用,即允许有"两议",但不允许两个衙门各持一议从而形成两个机构的"对立"。乾隆十一年(1746)五月,云南总督兼管巡抚事张允随题,李文贵殴死胞兄李文远一案,刑部等衙门将李文贵依弟殴胞兄致死律,拟斩立决。御史宜兆熊等随后提出不同意见:李文远之伤,由自行碰跌及夺爬所致,与实在弟殴胞兄者有间,可否量为末减请旨。乾隆帝将此案交九卿定议具奏。乾

---

[1]《清高宗实录》卷147,乾隆六年七月乙酉,北京:中华书局,1987年影印本,第10册,第1117页。
[2]《清高宗实录》卷153,乾隆六年十月壬子,北京:中华书局,1987年影印本,第10册,第1183页。

隆帝表示，弟殴胞兄致死，例应斩决，三法司照例定拟，原未差谬，所以重人伦也。然立决案件，具题时皆三覆奏，其中情节稍有一线可原者，朕必交九卿定议，以期至当，向似此等改从监候者，不知凡几。御史等宜无不知。即此案稍涉疑似，部、堂两议，而御史亦各从而列名于后，未为不可。今乃部、堂御史，各分门户，置定例于不问，而伊等即行另议，改为监候。于理甚属不合，况从前因伊等两议具奏，屡经降旨训饬，乃并不遵旨奉行，非无心错误可比，此风断不可长，著将后议之御史等，交部严察议奏。[1]

如此一来，"两议"之制又无法发挥权力制衡的作用，大臣们多以"两议"为讳，刑部作为主稿衙门，得出案件结论后，其余会审者纷纷附和，依样画题，如此刑部一家独大的情形又阻碍了三法司运转机制的有效运行，背离了三法司会审制度的原意，因此皇帝又下旨提倡"合理的两议"。乾隆十八年（1753）五月谕称：谳狱重案，交三法司核拟，原期详慎，以昭平允。其事属同，固成信谳，如或迹涉两是，间有一二人不能尽归画一者，自不妨各抒所见，候旨酌夺，向来原未定有不准两议之例。今据左都御史梅瑴成召对时奏称，近年法司办理刑名，每以两议为讳。朕前因刑部、都察院每各持意见，彼此分朋，竟成两衙门相角，此实恶习，有关政体，是以降旨训谕；而乾隆六年大理寺少卿周倓因奉有训饬谕旨，遂奏请画一具题。夫狱一成而不变，案情律意，推校不惮周详，要归一是而已。固不得逞其偏见，攘臂相争；而避立异之名，苟且附和，亦岂国家设官集议之本意！且懦黠者，转得借口以为蒿目无策。嗣后三法司核拟重案，如有一二人意见不能相同者，原可两议具题，但不得合部、合院，各成一稿。[2]

由此可见，皇帝对三法司之间关于刑案的不同意见及其呈现的"两议"方式，希冀保持在合理的范围内，既达到对刑部权力有实质制衡但又不允许与刑部形成对立。[3]"部院之争"的存在是以司法监督为目的，

---

[1]《清高宗实录》卷267，乾隆十一年五月甲子，北京：中华书局，1987年影印本，第12册，第471页。
[2]《清高宗实录》卷439，乾隆十八年五月癸酉，北京：中华书局，1987年影印本，第14册，第713—714页。
[3] 林乾：《传统中国的权与法》，北京：法律出版社，2013年，第281—291页。

有效促进司法活动的详慎公正为指归,而不能影响其司法效率的发挥,尤其不能演变为朋党之争进而妨碍国家机器的正常运行。

三、陈布统案透视的部院之争

要了解某项法律制度,一方面要分析其具体内容(这一点在成文法国家尤其重要),另一方面更要考察其运作过程,了解其内容如何适用于社会,只有这样,方可达到对某种法律制度的客观评价。就中国传统司法而言,也应从这两个方面进行分析。[1]"两议"的一再出现,说明清朝前期的会审并非流于形式。发生在乾隆二十六年(1761)的陈布统案,是对清朝前期司法审判影响颇大的案件,也是深入剖析"两议"机制下部院之争的重要案例。而现存的十几件原始档案,为我们呈现出一个案件从地方督抚—刑部—都察院(大理寺)—九卿—大学士—皇帝全闭环的司法过程,特别是不同角色对具体案情的不同视角。

(一)秋审中的部院之争

陈布统案比较完整体现了乾隆二十六年秋审会审时,都察院左副都御史窦光鼐与刑部抗争的全过程。当年广西秋审招册内,有一起人命案件:乾隆二十四年(1759),陈布统与陈父悔夜守禾田,黄父亦、邓亚美与人约同窃牛,深夜路过田地打火吃烟,被守禾的陈布统等人望见,疑为偷禾之贼,邀同众人一同追捕殴打,致黄父亦、邓亚美身死。广西经审转,由督抚将陈布统依故杀律拟斩监候,入情实;陈父悔依共殴下手伤重致死律,拟绞监候,入缓决。

该案经秋审复核,刑部作为主稿衙门经过看详、核拟,针对案情给出的意见是:

其一,陈布统应依故杀律拟斩监候,入于情实。陈布统供称自己知晓死者黄父亦等三人曾窃牛卖银分用,而案发时是乾隆二十四年五月初十日,黄父防是重邀黄父亦与邓亚美,三人一同窃牛。刑部认为

---

[1] 郭成伟、孟庆超:《清代司法程序中的惰性因素分析》,《政法论坛》2002年第5期。

该供述乃一面之词，死者等人曾经窃牛之事并无失主与证据，案发当天窃牛也无事实，陈布统等人疑其偷禾也无事实，即使死者心有此念，陈布统等人也不得而知，并且初更之时，在田野之中结伴而行也是常事，不能依据凶手疑心就认定死者黄父亦等三人为窃贼，因此陈布统的行为不应认定为捕贼，而是恃众行凶，以故杀律判斩监候拟入情实，似为妥当。

其二，陈父悔应改拟情实。督抚在定罪时既然已照故杀及共殴致死平人律定议，证明初审时也未认定陈父悔等人的行为为捕贼，故此再将死者邓亚美定为贼匪，从而作为陈父悔死罪的减轻情节就变得自相矛盾。刑部议为：陈父六等五人追及邓亚美，对邓亚美用乱棍连殴，其间邓亚美并未出言抵触，已被乱棍殴伤，倒地昏迷，痛楚不堪，不可能出现督抚疏称"不服捆拿，殴因拒缚"；邓亚美本来不是贼匪，不必拴缚，又何来"拒缚"之说？在此情形下，陈父悔又用锄柄殴打邓亚美，将其左后肋骨打断从而致其死亡，实属杀害无辜，暴横已极。若此时将死者邓亚美冠以贼匪之名，便是故意放纵凶犯，于情理不合，因此应将陈父悔改拟情实，以为逞凶杀人者戒。[1]

刑部以上意见得到九卿赞同。而都察院左副都御史窦光鼐不肯依样画题，按程序向刑部发出签商改驳，称陈布统不该入于情实，陈父悔也不应改拟情实，二人都应入缓决。窦光鼐原签中详细阐述其观点，就法律适用及犯罪事实认定等问题对刑部质疑：

第一，陈布统应改缓决。死者黄父亦与邓亚美同往窃牛，有其同伙黄父防亲口证供，且虽窃牛未成，三人黑夜聚集他人田地，形迹可疑，被当作偷禾之嫌疑人合情合理，并且，又岂知三人不是窃禾不成被禾地主人陈布统追逐才诡称窃牛？窃禾未遂之人，按律"笞五十"，陈布统等人作为事主及邻佑，是为"应捕之人"，陈布统追及黄父亦后已将其制服，但黄父亦声称事后要带人放火烧村，陈布统闻言信以为真，用枪连戳将黄父亦杀死，这一情节属实，因此广西督抚以陈布统"临时起

---

[1]《奏为广西陈布统等伤毙贼人案副都统御史窦光鼐与九卿各执己见请旨事》，乾隆二十六年八月二十六日，朱批奏折 04-01-01-0250-030，中国第一历史档案馆藏。

意，杀出有心"为由将其以故杀入于情实似乎并无不当。然而，这种看似故杀的情形，在"罪人拒捕"条内不拒捕而擅杀罪人的罪责中已有规定，换言之，罪人拒捕条内不拒捕而擅杀罪人本身兼容故杀情形，即使陈布统有心杀人，也应属擅杀，以斗杀论，应拟绞监候。陈布统被以故杀罪拟定斩监候，是因为督抚与刑部认为其杀人为事实，但死者黄父亦等窃牛并未发生实事，陈布统"并未被窃，残忍杀人，法难宽宥"。而上述论证已说明故杀理由很难成立：陈布统追捕窃匪而擅杀致死，应属擅杀罪人，其本罪不应死者，应各以斗杀论，情节较故杀平民为轻，刑部不应以故杀加重陈布统罪刑，也不应将罪人视作平民给予同等保护；就陈布统罪行而言，斩监候的量刑本就过重，因此秋审时更不应入情实，应该改为缓决。

第二，陈父悔已入缓决，不可改为情实。窦光鼐提出，邓亚美已先被陈父六等乱棍殴伤，后仍拾取石头掷向他们，存在拒捕情节，而且肩胛臂膊犹可谓轻伤，但右肋骨断与顶心偏左都可谓致命伤，可见邓亚美在陈父悔追打其行为前，已身受重伤，其死亡结果不能全部归因于陈父悔的殴打行为，只因陈父悔最后下手，直接导致邓亚美死亡结果的发生，才量刑最重。因此从情节看，陈父悔并非穷凶极恶，有心致死，督抚原拟缓决较为平允，而刑部议将其改入情实十分不妥。随后，窦光鼐对刑部改议情实的理由一一反驳。首先，刑部将这起案件定义为"械斗"，将捕贼行为定义为"械斗"本就十分荒唐，更何况定例对凶器的界定为刀、枪、弓箭、斧、鞭、铜、扒头流星、骨朵、参穗、秤钟等物，陈父悔手中所持锄柄自然不在"重械"之列，因此不应定为械斗。其次，刑部提出，其时邓亚美已倒地不起，陈父悔仍上前殴打，此举与落井下石无异，可以作为加重情节。窦光鼐就此辩解称，黑夜之中众人追逐殴打，仓促混乱之间无暇仔细辨别，直到后来检验时才分辨伤者所受何伤，分别为何人所为，陈父悔造成致命伤是偶然巧合，并非有意致邓亚美身死，因此与落井下石不同。其三，窦光鼐对刑部"一命抵一命"之说质疑称，如果只要杀人者必须抵命，则每年三法司核拟的死刑案件均为应抵之犯，其中多数受害者为无罪之人，似更应令凶手抵命，然而实际每年入情实者每省不过数十人或仅十余人，多数仍拟缓决或予可矜，甚至有凶手本身理屈又以金刃伤人致死者仍能拟入缓决，就是因其本无心杀人，这才是体察皇上慎重人命之仁心的体现，何以现在一定要让因捕贼过失致死人命的平民为贼匪抵命呢？

此外，窦光鼐在签商中又援引贵州罗阿扛戳死李正芳之妻罗氏的旧案与陈布统案对比。该案案犯罗阿扛黑夜路过受害人李正芳家门口，听到李正芳在室内喊叫捉贼，罗阿扛以为李正芳是指自己为贼，感到被侮辱，加之其与李正芳本就有口角之嫌，此时触发旧忿，于是愤然推门入室，拔刀连戳李正芳夫妇，致李正芳之妻罗氏顶心偏左伤，五日后身死。该案地方督抚审结时，认为受害者李正芳出言侮辱挑衅在先，且罗阿扛入室以后李正芳举起板凳与其互殴，罗阿扛戳死李正芳之妻罗氏也是互殴过程中急于脱身而为，并非有心致死，因此将罗阿扛依斗杀律拟绞监候。当年秋审，刑部议复赞同地方所定罪刑，罗阿扛最终拟入缓决。窦光鼐对该案质疑：首先，李正芳夜闻犬吠，在室内声喊捉贼，并未指名，不存在侮辱罗阿扛的情形，罗阿扛出声詈骂是因为心中触动二人的口角旧忿，而李正芳听到后回骂也属人之常情，不能据此认定该案衅起李正芳，反而是罗阿扛随即于黑夜公然入室的行为实在是形同窃匪。其次，据李正芳所供，罗阿扛入室后，自己举起板凳是作顶门之用，并未用板凳与罗阿扛互殴，这一点在罗阿扛的同行伙伴陈通法的供述中也得到佐证，而退一步讲，即使听信罗阿扛的一面之词，李正芳用板凳殴打了他，也是因其黑夜入室致使李正芳自救所为，由此可知该案性质不是平民之间互相斗殴，而是罗阿扛黑夜公然入室杀人，与窃匪无异。窦光鼐对比陈布统案与罗阿扛案，一则是事主邻佑追捕中擅杀窃贼，一则是窃匪黑夜入人家内，恃强行凶杀人，结果是刑部定议，窃匪罗阿扛入缓决，捕贼之陈父悔却要改入情实，随众捕贼之平民罪刑反比黑夜入室杀人的窃匪更重，显然于情理不合。

以上所述，窦光鼐于乾隆二十六年八月二十六日在签商内就陈布统案提出量刑异议，质疑刑部所引律例不当，案犯陈布统与陈父悔均应依罪人拒捕条内的擅杀罪人其本罪不应死者各以斗杀论[1]，拟绞监候[2]，入缓决，而不应如刑部所议，分别依故杀与共殴律拟断，均入情实。

都察院与刑部对案件的重要分歧，在于死者黄父亦与邓亚美究竟是否为罪人身份。关于这一点，窦光鼐原签中提到刑部删去了秋审招册中陈父悔、罗阿扛两案的紧要情节："于同往窃牛下删去黄父防赴村探听，黄父亦、邓亚美在畲地坐候情事，遂疑当夜伙窃无据；陈布统追捕因不叙，陈布统等约同防守畲禾供情又删去一同种畲四字，遂疑陈布统等非应捕之人；删去邓亚美拾石乱掷一层，遂疑陈父六等凶殴无因；右后肋下删去骨断字样，遂疑陈父悔凶殴独甚；锄柄向殴下删去适字又疑陈父悔有心致死。"刑部则认为，这些均为地方衙署幕僚的文饰之词，与定罪量刑无关，承办员有权删除。一时之间，双方对案情的异议无法达成一致。[3]

（二）由"两议"到"大学士议"

按照秋审程序，都察院与大理寺官员有权向刑部发出签商，签商者与刑部需以达成一致、"画一具奏"为目的进行充分讨论；案情疑难复杂，双方实在难以形成同一意见的，再通过"两议"呈报皇帝定夺。由此，三法司内部的充分讨论是"两议"的必要前置程序。而充分讨论的前提是双方就事论事，结果是一方说服另一方。但从窦光鼐的签商可以看出，他并没能做到平实论述，而是心怀愤懑，驳斥刑部观点时语带讥讽，如"故无论以捕贼为械斗说本荒唐""议者又谓一命须一实抵其

---

[1] 凡犯罪（事发，而）逃走，（及犯罪虽不逃走，官司差人追捕有抗）拒（不服追）捕者，各于本罪上加二等，罪止杖一百，流三千里（本应死者，无所加）。殴（所捕）人至折伤以上者，绞（监候）。杀（所捕）人者，斩（监候）。为从者，各减一等。若罪人持仗拒捕，其捕者格杀之；及（在禁，或押解已问结之）囚逃走，捕者逐而杀之；若囚（因追逐）窘迫而自杀者（不分囚罪应死、不应死），皆勿论。若（囚虽逃走），已就拘执，及（罪人虽逃走），不拒捕，而（追捕之人恶其逃走，擅）杀之，或折伤者（此皆囚之不应死者），各以斗杀、伤论。（若）罪人本犯应死（之罪），而擅杀者，杖一百。（以捕亡一时忿激言。若有私谋，另议。）参见吴坤纂，郭成伟编：《大清律例根原》卷103，上海：上海辞书出版社，2012年，第1649页。

[2] 凡斗殴杀人者，不问手足、他物、金刃，并绞（监候）。故杀者，斩（监候）。若同谋共殴人因而致死者，以致命伤为重。下手（致命伤重）者，绞（监候）。原谋者（不问共殴与否），杖一百，流三千里。余人（不曾下手致命，又非原谋）各杖一百。（各，兼人数多寡及伤之轻重言。）参见吴坛纂，马建石、杨育棠主编：《大清律例通考校注》，北京：中国政法大学出版社，1992年，第794页。

[3] 《奏议副都御史窦光鼐办理命案事》，乾隆二十六年八月二十九日，录副奏折03-1202-012，中国第一历史档案馆藏。

说尤妄"等,除此以外更是对刑部发出诛心诘问:"罗阿扛之不改则曰好生,陈父悔之议改则又曰应死,不知何爱于恃强行凶之窃贼而必求其生,又不知何恶于随众捕贼之愚民而必求其死?"[1]刑部议复签商后,不等窦光鼐答复即于八月二十六日密奏乾隆帝,表达对窦光鼐的不满,在奏章中称:"若果有案情重大,疑似两歧,众议未谐,何妨各抒独见,若成心不化,遇事胶固,方秋审伊始,案件正多,必至日事抵牾,恐失大体,臣等实深惶惧,再四思维,不得不详叙案情及九卿公议,据实密陈,仰祈圣鉴。"[2]并于八月二十九日的奏章中附上窦光鼐原签,预先向皇帝说明窦光鼐不肯画题的无理之处,为随后应对窦光鼐"两议"后皇帝的质疑做了铺垫。[3]

窦光鼐不知刑部已将未定议之稿先行密奏,八月二十六日当天部臣议覆签商后,即从九卿在陈布统入于情实稿上画题;乾隆二十六年九月初六日提起"两议"时,也是以自己修改后的意见,即陈布统应入于情实这一结果直接上奏[4],并未详细解释中间经过,这样在提前接到刑部密奏的皇帝看来,窦光鼐是对自己的无理之处"取长略短,巧为掩饰"。于是,窦光鼐于九月初六日的上奏引来了乾隆的严厉指责,谕称:"会谳大典不肯平心商榷,徒用笔舌相攻,任气谩骂,不特有乖政体而分门树帜之弊,尤不可不防其渐,前降谕旨已明。此事在刑部集议时,或执成见以排众论,致窦光鼐不能心服,然其过未彰,而窦光鼐则签驳纷呶,断断不已,且自奏折内将愤骂尽行抹杀,而罗阿扛定入缓决,窦光鼐已经画题,何以复议改情实,其故杀之陈布统何以改缓决,而彼奏折中又未详悉声叙,是窦光鼐忿争失体,既不可为训,及陈奏时自知于理不胜,因取长略短,巧为掩饰,以上情节著窦光鼐按实明白回奏。"[5]随

---

[1]《奏议副都御史窦光鼐办理命案事》,乾隆二十六年八月二十九日,录副奏折03-1202-012,中国第一历史档案馆藏。
[2]《奏为广西陈布统等伤毙贼人案副都统御史窦光鼐与九卿各执己见请旨事》,乾隆二十六年八月二十六日,朱批奏折04-01-01-0250-030,中国第一历史档案馆藏。
[3]《奏议副都御史窦光鼐办理命案事》,乾隆二十六年八月二十九日,录副奏折03-1202-012,中国第一历史档案馆藏。
[4]《奏为广西陈布统等致死窃贼黄父亦及邓亚美案据实验议事》,乾隆二十六年九月初六日,朱批奏折04-01-26-0003-011,中国第一历史档案馆藏。窦光鼐奏。
[5]《窦光鼐为遵旨明白回奏事》,乾隆二十六年九月十八日,录副奏折03-1202-017,中国第一历史档案馆藏。

后，乾隆帝又在令大学士查明此案的旨意中评论窦光鼐："会谳大典理应虚公核定，果有拟议未协，不妨平心商榷，务归明允，即使意见不能强同，原可两议具请，候朕酌夺，今观窦光鼐议帖因已见参差，竟至以笔舌忿争哓哓不已，此等习气在前明弊政时视为固然，以致各立门户，大坏朝政，今当纲纪肃清之日，一切案牍朕无不折衷裁处，窦光鼐岂得逞意，侈腾口说，歧乖政体。"[1]

陈布统案的"两议"未能顺利按照程序得到皇帝的裁决，而是先引来了皇帝的训斥。正如上文所述，皇帝的最终目的还是维护会审制度的有效运转，因此不只窦光鼐"各立门户"的行为会引起皇帝的愤怒，刑部拒绝与窦光鼐充分沟通，将窦光鼐签商未定议之稿先行密奏，且抓住其口实"密行入告"的行为，无疑也扰乱了三法司机制的正常运转。因此乾隆帝在训斥窦光鼐的同时也并未偏袒刑部，令大学士来保等人详查此案情形时谕称："（窦光鼐）签内称刑部删去黄父防赴村探听一节，则系本案是否窃贼要据，招册内何以不入？又罗阿扛一案何以定议缓决，与前案轻重不符，以窃贼杀人而议缓，何以服守禾杀贼而改实者？朕观窦光鼐虽不无气质用事，口舌纷争之失，而刑部先后两奏，迹似预为张本，其中情节曲直亦或有不足服窦光鼐之心者，着将各折交与大学士来保、史贻直，协办大学士梁诗正，将两案审拟各原稿详悉确核，秉公定议具奏。"[2]

（三）大学士核拟定议

清朝有大学士管理部务的体制，大学士直接听命于皇帝，在六部与皇帝之间搭起了既不能专权又听命于皇帝的桥梁，反映了皇权的加强[3]，除三法司外，皇帝也经常将涉及官员的重大案件或有争议的刑案交大学士等议。陈布统案中，皇帝早在接到刑部先后两奏后就已经谕令大学士来保、史贻直、协办大学士梁诗正复核两案审拟原稿，在九月初

---

[1]《大学士来保等为遵旨议奏事》，乾隆二十六年九月十二日，录副奏折03-1202-016，中国第一历史档案馆藏。

[2]《大学士来保等为遵旨议奏事》，乾隆二十六年九月十二日，录副奏折03-1202-016，中国第一历史档案馆藏。

[3] 林乾：《传统中国的权与法》，北京：法律出版社，2013年，第281—291页。

六日接到窦光鼐奏折后又于九月初八日将此一并交与大学士来保等人，令其结合所有材料仔细审核案情，秉公定议。大学士来保等奉旨核查陈布统案，得出以下结论：

第一，死者黄父亦、邓亚美与逃脱的黄父防三人确为窃匪。黄父防亲口供述了邀约黄、邓二人一同窃牛，以及自己先去村口探听望风，等村民熟睡后引他们进村窃牛的事实；另外，黄父亦的妻子与母亲也都称其生前整日在外游荡，不务正业，家中十分贫穷，这些证据相互佐证，可推知死者等人于案发当天确实正准备实施窃牛行为，因此三人确为窃匪。得出这一结论的关键，在于采纳了黄父防等人的口供，虽然制度允许刑部在招册内删繁就简，但该案中黄父防供述自己邀同窃牛，赴村探听的情节显然是判断死者身份进而影响陈布统等人定罪量刑的关键证据，与闲言虚词不可等同视之，刑部不应将其删去。

第二，即便死者确为窃匪，黄父亦被陈布统追及后也已经受枪伤倒地，没有反抗能力，陈布统完全可以将其抓捕送官处理，却因惧怕他放火烧村的恐吓而起杀心，用枪连戳黄父亦致其身亡，实是逞凶用强，应照故杀拟情实。

第三，陈父悔追赶邓亚美，本是受陈布统的指使，邓亚美倒地前所受重伤也不是陈父悔所为，锄柄又不是凶器，综合来看，陈父悔的犯罪情节较轻，应拟缓决。

清朝重视犯罪的主观情形，唐朝斗杀只要犯罪者用金刃即可推定其"害心显著"，定为故杀，而清朝故杀与斗杀的区分标准只有犯罪者的主观意图，有意杀人为故杀，无意杀人为斗杀，由于主观上有意无意的认定大多只能以犯罪者口供为证，导致清朝出现故杀与斗杀相混淆的情形时多数认定为斗杀，且多入于缓决。陈布统案中，大学士等人也采用了"犯罪者是否有杀人意图"这一主观标准来定罪，死者的窃匪身份只作为情节标准参考量刑，认定陈布统属于有心故杀，应拟入情实，而陈父悔从众斗殴无心致死，应拟入缓决。

另外，对窦光鼐提出异议的罗阿扛案，大学士等人也采用了这种主观意图标准，无论该案前因后果如何，施害受害双方身份、关系如何，案犯罗阿扛属于斗殴时急于逃脱，一时失手，本无欲杀之心，因此认定原拟缓决恰当，没有采纳窦光鼐的意见。这个结果或许还有一层理由，罗阿扛案已经得到皇帝的最终批示，著"秋后缓决"，因此在核拟案情的大学士看来，窦光鼐的意见根本无须再议。最终，大学士来保等于乾隆二十六年九月十二日回奏：陈布统依刑部议，仍以故杀拟情实，陈父悔依窦光鼐所议，即该抚原议，拟缓决，并请饬刑部，嗣后招册只许略删虚字重句及无关紧要闲文，不得删去要据情节，以昭详慎。[1]乾隆帝予以肯定。窦光鼐也于九月十八日回奏时自陈："此皆臣愚昧激直，不能降心抑气，与刑臣婉商所致，臣实无所辞咎"，"所有臣愚昧之咎，仰祈皇上将臣交部严加议处"。[2]吏部议窦光鼐当左迁，乾隆帝命仍留任。

四、"部院之争"的司法监督效果与"正当防卫"

陈布统案只是清前期"部院之争"的一个缩影与载体，该案中都察院左副都御史窦光鼐虽然受到皇帝申饬，但他的"两议"之举最终纠正了刑部随意删减招册内影响量刑的重要情节的行为，使得案犯陈父悔未如刑部所议改入情实，实现了个案的司法监督。

陈布统案后，窦光鼐的上奏进而证明都察院的司法监督不止于此。乾隆二十六年九月三十日，窦光鼐上奏乾隆帝，就"盗贼与事主相杀伤案件"的法律适用陈述理由。上奏称"臣自今岁三月至八月，与刑臣陆续签商有关罪名出入者，计十二案，而盗贼事主之案居其八"。其中，湖广司唐成添戳死贼首张得卫一案、浙江司陈永桂等殴死吴郁元一案、直隶司贼犯刘老等拒捕扎死无名人一案，与安徽司贼犯杨德士拒捕刀伤事主妻女一案，这四案刑部采纳窦光鼐的意见，"已依签改驳"；山西司贼犯杜九思拒捕一案，窦光鼐签商一次后刑部回复，窦光鼐同意刑部意见，"即行画题"；山西司事主曹守仁一案，福建司事主蔡朝一案，以及江西司事主黄魁成一案，窦光鼐与刑部签商往复多次而"未有定论"。

---

[1]《大学士来保等为遵旨议奏事》，乾隆二十六年九月十二日，录副奏折03-1202-016，中国第一历史档案馆藏。

[2]《窦光鼐为遵旨明白回奏事》，乾隆二十六年九月十八日，录副奏折03-1202-017，中国第一历史档案馆藏。

签商原因是窦光鼐认为刑部近来办理这些"盗贼、事主相杀伤"案件时适用法律不当,导致量刑出现偏差,其理由分为两个部分:

其一,于法理而言,针对事主与窃盗相杀伤案件,刑部逐渐形成了援用"罪人拒捕、罪人不拒捕"条作为通用活例的惯性,事主杀死窃盗的,比照"罪人不拒捕而擅杀"律,以斗杀论,导致按其本律本例,即"夜无故入人家"条[1],罪止杖、徒的事主被拟绞刑。窃盗杀伤事主按律应斩决的,也一并按斗杀拟绞,往往导致事主量刑畸重,窃盗却被轻纵。窦光鼐指出,"罪人拒捕律"本为官差追捕犯人而订立,事主杀、伤盗贼者,自有其本律本例,即"夜无故入人家已就拘执而擅杀"律及条例,以及乾隆二十五年(1760)由河南按察使蒋嘉年条奏定例[2],"若贼人偷窃财物被事主殴打致死,则比照夜无故入人家已就拘执而擅杀致死律,杖一百,徒三年。惟在旷野白日摘取苜蓿蔬果等类,始依罪人拒捕律科罪",这是因蔬果等物细微,不同于财物,不得将偷盗蔬果者以

---

[1] "夜无故入人家"律文:凡夜无故入人家内者,杖八十。主家登时杀死者,勿论。其已就拘执而擅杀伤者,减斗杀、伤罪二等。致死者,杖一百,徒三年。
条例:凡黑夜偷窃,或白日入人家内偷窃财物,被事主殴打致死者,仍照夜无故入人家,已就拘执而擅杀致死律,杖一百,徒三年。若非黑夜,又未入人家内,只在旷野白日摘取蔬果等类,俱不得滥引此律。
乾隆二十六年窦光鼐疏中所指"夜无故入人家"条下仅包括以上律文以及一条康熙五十一年刑部议准定例,雍正三年续增入律并于乾隆五年修律时审定的例文。嘉庆六年修律时,将原载于捕亡律内的例文移至"夜无故入人家"条下,并修改内容,于嘉庆十年改定,现开列如下:
凡事主(奴仆、雇工皆是)因贼犯黑夜偷窃,或白日入人家内院内偷窃财物,并市野偷窃有人看守器物,登时追捕殴打致死者,不问是否已离盗所,捕者人数多寡,贼犯已未得财,俱杖一百、徒三年,余人杖八十。若贼犯已被辄跌倒地,及已就拘获,辄复叠殴致毙,或事后殴打致死者,均照擅杀律,拟绞监候。余人均杖一百。若贼犯持仗拒捕,被捕者登时格杀,仍依律例勿论。(凡刀械、石块皆是持仗。事在顷刻,势出仓促,谓之"登时",抵格而杀,谓之"格杀"。)
邻佑人等因贼犯黑夜偷窃,或白日入人家内院内偷窃,携赃逃遁,直前追捕,或贼势强横,不能力擒送官,登时仓促致毙者,杖一百,徒三年。余人杖八十。若贼已弃赃及未得财,辄复捕殴致毙,并已被辄跌倒地,及就拘获后,辄复叠殴,又捕人多于贼犯,倚众共殴致毙者,仍照擅杀律人律拟绞监候。余人杖一百。其贼犯持仗拒捕,登时格杀者,亦勿论。
贼犯旷野白日盗田园谷麦蔬果、柴草木石等类,被事主、邻佑殴打致死者,不问是否登时,有无看守,各照擅杀罪人律,拟绞监候。其贼犯持仗拒捕,登时格杀者,仍勿论。参见吴坤纂,郭成伟编:《大清律例根原》卷72,上海:上海辞书出版社,2012年,第1149—1152页。

[2] 贼犯持仗拒捕,为捕者格杀,不同事主,邻佑俱照例勿论。如有携贼逃遁,邻佑人等,直前追捕,仓促致毙,或贼势强横不能力擒送官,以致殴打成命者,照事主殴打致死减斗杀罪二等例,杖一百,徒三年。若业已拿获辄复叠殴,或捕人多于贼犯倚众共殴,及恃强逞凶致毙者,仍照罪人不拒捕而擅杀律,拟绞监候,共殴之余人仍照律,杖一百。参见吴坤纂,郭成伟编:《大清律例根原》卷103,上海:上海辞书出版社,2012年,第1650页。此条为乾隆二十六年刑部依据河南按察使蒋嘉年条奏定例,载于捕亡律内,嘉庆时经过修改移至贼盗律中"夜无故入人家"条下,具体内容参见上条引注。

窃盗论，这才将事主处以相对较重的刑罚，也就是说，不加区分地适用"罪人拒捕"条会额外加重事主邻佑等人的罪刑。窦光鼐认为，这类案件应按其本律本例，若窃盗持仗拒捕，则官差、事主、邻佑依律均得格杀勿论，即便窃盗不持仗但拒捕，因其拒捕而杀之的事主也应轻判。

其二，于情理而言，事主杀盗贼与平民相杀不可同日而语。平民之间的"谋杀、故杀、斗杀、共殴杀"，要治以斩绞之刑，体现了"人命为重"的原则，用重刑使人引以为戒，事主擅杀窃盗罪止杖、徒，也并不意味着不重人命，宽纵事主，而是因为"盗贼为害于人，生不得与平民齿，死亦不得与平民抵"，重盗贼之拒捕而轻事主邻佑之擅杀，才能达到明刑弼教的效果，使人不敢为盗，反之按刑部所拟，事主擅杀拒捕不持仗之窃盗以斗杀论，则将令捕盗者畏首畏尾，盗贼逐渐横行无忌。最后，窦光鼐请皇帝降旨，"通饬内外问刑衙门，凡遇盗贼事主杀、伤案件，一遵钦定本律本例及议准新例，画一办理"。[1]

窦光鼐的上奏超越了个案的司法判决，而在更深层次上进行了司法监督。清人钱维城也曾在《杀贼无抵命法论》中，论及事主与贼盗相杀伤案件，认为事主即良民杀贼，若事出突然，即便擅杀也应罪止徒刑，而司法实践中多误用"罪人拒捕"条的原因有二：一则依照清律规定，窃盗律中窃盗弃财逃走时若因事主追逐而持金刃戳伤事主的，照罪人拒捕绞罪，反之事主擅杀既无明确规定，司法官员顺水推舟地援引了"罪人拒捕"条处理；二则，"夜无故入人家"下原本的例文未区分登时还是已就拘执而杀[2]，因此需用捕亡律来补足漏洞。其实不论是稽考古代还是遍查清律，事主追捕过程中擅杀窃盗为其抵命并无任何明确依据，只因办案的幕客之流学识不足，牵强援用，才导致逐渐形成惯例。实际上，"罪人拒捕"条中严格区分"弃财"与否、"临时"与否、"持仗"与否等等条件，是为了体谅某些情形下窃盗伤人是死中求生才给予其一线宽宥，事主杀贼也援用此条就会导致这些条件变成束缚事主的枷锁，事主追捕贼人时需满足种种条件才能得到宽宥，这岂不成了长盗贼之

---

〔1〕《奏为秋谳两议未定尚待商确等案敬抒管见事》，乾隆二十六年九月三十日，朱批奏折 04-01-01-0250-016，中国第一历史档案馆藏。

〔2〕见上页注 1。

势,夺良民自救之权吗?[1]

实际上,窦光鼐关注的这类"盗贼、事主"案件的背后隐含着一项重要的法律制度——正当防卫,这是现代法律赋予公民的一项权利,即对正在进行不法侵害行为的人采取制止不法侵害的行为而对不法侵害人造成损害的,属于正当防卫,不负刑事责任。清代虽然没有建立完整的正当防卫制度,但早已有学者提出"夜无故入人家"条是正当防卫制度的精神在我国古代法律中的体现[2],窦光鼐引罗阿扛案与陈布统案作对比,将大学士口中"确属不同"的两案牵扯到一起,正是因为两案反映了同样的问题,那就是刑部对待正当防卫问题的失当。陈布统案是事主邻佑受到窃盗侵害在先,即便超过了一定限度,也是具有防卫性质的。而罗阿扛案,是罪犯因几句口角便深夜入室,受害人出于自卫揪住罗阿扛以后声喊救援,在这种情况下,罗阿扛杀死受害人,根本不能与正当防卫的案件采用一样的放宽标准。窦光鼐意识到了这类案件的判决结果将会对民众产生很大的引导作用,社会影响极为深远,这不仅仅是就陈布统一案的讨论,更是正当防卫的适用标准问题在清代司法实践中的争论。正当防卫制度的意义恰恰在于鼓励公民同正在进行的不法侵害做斗争以及震慑犯罪分子使之不敢轻举妄动,正当防卫的限度也一直是司法实践中的难题,即使现代刑法明确规定了正当防卫,正确地激活与依法行使防卫权依然是当前司法政策的一大痛点。[3]虽然正当防卫条款直至清末修律时才正式写入法律,窦光鼐从未接触过正当防卫理论,但他从类案中察觉到了刑部弃"夜无故入人家"条不用,使得平民不敢捕贼,窃盗更加猖獗,必须明确事主等人杀伤窃盗的法律适用,为后来的司法审判提供更加正确且统一的标准,这样才能更好地实现法律效果与社会效果的统一。

无论是"签商"提出异议还是最终提起"两议",都是窦光鼐作为都察院一员的职责所在,签商结果中修改刑部议定结论的情况也屡屡出

---

[1] 薛允升著,胡星桥、邓又天主编:《读例存疑点注》,北京:中国人民公安大学出版社,1994年,第528—529页。
[2] 闵冬芳:《唐律"夜无故入人家"条源流考》,《法学研究》2010年第6期。
[3] 高铭暄:《正当防卫与防卫过当的界限》,《华南师范大学学报(社会科学版)》2020年第1期。

现,更是证明刑部不能专擅,都察院成功实现了司法监督职能。不仅如此,窦光鼐于上奏中提到的"去岁刑部议准蒋嘉年条奏"所定之新例,于嘉庆六年(1801)移入贼盗律"夜无故入人家"律,即窦光鼐疏中所称"本律"下,虽然窦光鼐这次上奏没有被记载在该律条的修订过程中,但毫无疑问,这样的司法监督正是完善立法的一大推动力。通过陈布统案,我们进一步观察了解了清前期都察院对刑部的司法监督是如何进行的,在职权分配上,刑部确实占主导地位,但"部权过重"不等于"刑部专权",都察院积极履行了司法监督的职责。窥一斑而知全豹,陈布统案甚至其背后的正当防卫法律适用之争都是清代前期部院之争的一个缩影,表面上都察院与刑部争论不休甚至被皇帝斥为"歧乖政体",但其结果恰恰证明清代前期,都察院在司法监督中发挥了职能作用,维持了三法司会审机制的有效运转,从而最大程度上保证了司法活动的慎重与公正。研究考察清前期"部院之争"的实际状况,有助于我们了解清代中央司法机关的运转与制衡机制,对于推进国家治理体系和治理能力现代化,深化全面依法治国实践,不断完善我国司法监督体制同样具有现实的借鉴意义。

(原载《学术界》2021年第1期)

三

清代政治与权力运行

满族形成时期的二元文化特质与清的统一

满族共同体形成时期,具有鲜明的二元文化特质:既有崇尚骑射的游牧文化,又有筑室而居的农耕文化,这两种带有排斥性的异质文化,由于特殊的地理、人文等因素的影响,却有机地统一在满族共同体内,并在相当一段时间里相互吸纳、作用。满族文化的这种特殊性对清朝的统一,以及入关后对广袤疆域的长期有效治理,具有不可替代的作用。

一

英国文化学家马林诺斯基认为:文化既具有相对独立性,又具有流动变异性。前者使一种文化与他种文化相区别,后者又使文化之间有沟通性。[1]满族形成时期的二元文化特质及其演变,也说明了这一点。

在满族早期发展史上,游牧文化的特性表现得更为明显。游牧文化有两个主要特征,一是居无定所,逐水草而居;二是精骑善射,崇尚武勇。这两个特征在明代以前的满族先民身上,表现得都很充分。《元史·地理志》记载:合兰府水达达等路,"其居民皆水达达、女真之人,各仍旧俗,无市井城廓,逐水草为居,以射猎为业"。元朝政府曾对女真居住区严弓矢之禁,造成女真人失业,产生"怨望"情绪。[2]达达指蒙古族鞑靼部,这里将女真与鞑靼并称,可见元代时女真族仍无定居生活,而是"逐水草而居"的游牧民族。游牧文化的另一特征,《满洲源

---

[1] 马林诺斯基:《文化论》,费孝通译,上海:商务印书馆,1945年,第12—13页。
[2]《元史》卷59《地理志》,北京:中华书局,1976年标点本,第1400页。

流考》的作者在叙述满族"国俗"时讲得更为清楚，文中说道："自肃慎氏楛矢石砮，著于周初，征于孔子，厥后夫余、挹娄、靺鞨、女真诸部，国名虽殊，而弧矢之利以威天下者，莫能或先焉。良由禀质厚，而习俗醇，骑射之外，他无所慕，故阅数千百年，异史同辞。"[1]这就是说，满族的先民们历经两千余年的治乱沧桑，作为游牧文化基本特征之一的崇尚骑射的风俗依然不改。

然而，到了明代，由于生存环境的变化，满族的先民——女真族的游牧文化特征开始发生变化："逐水草而居"的特征逐渐消失，正走向定居时代；而另一特征——精骑善射的勇武精神由于军事上的需要却得到强化。因此，以后满族（及其先世）的游牧文化特征主要表现在骑射文化的发展上。换言之，骑射文化归属于游牧文化中，骑射文化的发展及存在使满族仍具有游牧文化的一个基本特征。同时，由于女真各部族的生存环境各不相同，文化特征也不尽一样，本文主要讨论的是满族及其直接先世的一般状况。

早在明朝初年，建州、海西女真已对狩猎（骑射）生活表现出厌倦心理。洪武二十八年（1395），辽东卫镇抚张能说："三万卫所部高丽女直归附者，常假出猎为患。"[2]以"出猎为患"，这说明女真人传统的"逐水草为居"的生活方式正在发生动摇。其中，建州女真、海西女真变化更多，只有野人女真"以捕猎为生"。[3]女真人在村落里营造了很多"庐室"。"自汤站（汤山城）抵开原，曰建州、毛怜、海西、野人、兀者（赫哲），皆有庐室，而建州为最。开原北松花江者曰山寨夷（哈达），亦海西种类。又北抵黑龙江，曰江夷，但有室庐，而江夷为最。"[4]定居生活在女真族发展史上具有划时代的意义，自此后女真族已与蒙古等草原游牧民族区别开来，具有农耕文化的一些特点了。

尽管如此，骑射以及狩猎仍在女真族生活中占有重要地位。正统十一年（1446），朝鲜平安道节制使朴以宁说：建州卫的婆猪江人每年

---

[1]《满洲源流考》卷16，沈阳：辽宁民族出版社，1988年影印本，第304页。
[2]《明太祖实录》卷239，洪武二十八年七月丁巳，台北：史语所，1961年，第3482页。
[3] 魏焕：《皇明九边考》卷2《辽东镇边夷志》，王有立主编：《中华文史丛书》第15、16卷，台北：华文书局，1968年，第135页。
[4] 卢琼：《东成见闻录》，《辽东志》卷7，北京：科学出版社，2016年，第340页。

于二月到五月,又从七月到十月"率以二十余人为群,皆于郁密处结幕,每一幕三四人共处,昼者游猎,夜则困睡"。[1]半个世纪后,当朝鲜国王问建州三卫达生等三人"计活何如?所事何事"时,他们答说:"多储匹段布物,一人所有貂鼠皮可至三百余张。"[2]建州定国政以后,狩猎进而组织在牛录的形式中进行。万历四十三年(1615)十一月,努尔哈赤鉴于过去围猎"每一牛录的人在同一个地方走,有的牛录的人直到回家也不能行到围底",实行"十牛录合在一起,给一令箭行走,这样一来,每次围猎各牛录的人都能进入到围底二三次"。努尔哈赤还对围猎"制立禁约",以此规范女真人的狩猎行为。[3]制定规章进行围猎,可见狩猎在女真人生活中的重要性。

骑射也是如此。入关前皇太极曾指出骑射之于满族的重要性。他说:"先时,儒臣巴克什达海、库尔缠屡劝朕改满洲衣冠,效汉人服饰制度,朕不从,辄以为朕不纳谏。朕试设为比喻,如我等于此聚集,宽衣大袖,左佩矢,右挟弓,忽遇硕翁科罗巴图鲁劳萨挺身突入,我等能御之乎?若废骑射,宽衣大袖,待他人割肉而后食,与尚左手之人何以异耶?朕发此言,实为子孙万世之计也,在朕身岂有变更之理?恐日后子孙忘旧制,废骑射,以效汉俗,故常切此虑耳。"[4]衣冠服饰是一个民族区别于其他民族的重要特征,皇太极强调骑射对满族的影响,也是基于这一认识。

清初,骑射成为八旗官兵考核的重要科目之一,有很多具体的规定:"命兵部尚书于春二月,角射而赏罚之。前期,都统、副都统率其属及部卒,习射于国郊,日一往。数日,兵部尚书临视,而第其上下:一卒步射十矢,马射五矢,步射中的七,马射中的三,为上等,赏以弓一矢十、白金、布帛各七;步射中五,马射中二,为中等,赏白金、布帛各五,无弓矢;步射中三,马射中一,为下等,无所赏;马步射或一不中,或两俱不中,则笞之。一佐领受笞之卒过十八,则佐领有不教练

---

[1]《李朝实录》卷113《世宗实录》,东京:东洋文化研究所,1953年,第526页。
[2] 吴晗编:《朝鲜李朝实录中的中国史料》上编第11卷,北京:中华书局,1980年,第730页。
[3]《满文老档·太祖》卷4,北京:中华书局,1990年,第11页。
[4]《清太宗实录》卷32,崇德元年十一月癸丑,北京:中华书局,1987年影印本,第2册,第404页。

之罚，至夺俸。一旗满六百人则都统、副都统之罚亦如之。护军、先锋营阅射亦如马军之制。"[1]清朝统治者对八旗成员的最起码要求是：自幼即开始学习"骑射"，直至六十岁以上方能免试。

由于骑射在满族生活中占有重要地位，以至于形成了独特的骑射文化，表现在方方面面。满族人若是生个男孩，便在门口挂一支箭，祝福孩子长大成为一名好射手。孩子长到六七岁，就开始习武练箭。用榆柳的枝条做成弯弓，以荆杆的茎秆为箭头，用鸡翎做成箭羽。如果生个女孩子，就挂一根小红布条，表示吉祥，也象征着古代满族妇女骑马射箭的需要。因为女孩子从生下后，在她的胳膊肘、膝盖、脚脖子三处，要用四五寸宽的布带捆绑起来，以使她在长大后拉弓射箭时能保持胳膊平直，骑在马上时腿的位置能保持端正。在婚丧嫁娶中也表现出浓重的射猎文化印迹。婚嫁的聘礼主要也是用于骑射的盔、甲、鞍革和弓箭。人死后，用弓箭陪葬。满族的一些舞蹈也再现了射猎生活，如早期的"庆隆舞"和后来进入宫廷的"杨烈舞"等都反映了这种情况。[2]

跃马弯弓，崇尚骑射是草原民族的一大特征，在满族共同体内完好地承继下来。天命五年（1620）十月十五日，朝鲜人李民寏在回朝鲜经婆猪江和万遮岭之间时，亲眼看到"六七十里之地，放牧马群，漫山遍野者，不知其几万匹"。[3]而男女老幼，个个精骑善射，更令李民寏大吃一惊，他记载道："女人之执鞭驰马，不异于男。十余岁儿童，亦能佩弓箭驰逐。少有暇日，则互率妻妾畋猎为事。"[4]再现了"马背上的民族"的奇异风采。

二

满族及其先民不仅有精骑善射的一面，还具有农耕文化的一些重要特征。

---

[1] 金毓黻：《旗军志》，《辽海丛书》，沈阳：辽沈书社，1936年，第2页。
[2] 韩耀旗、林乾：《清代满族风情》，长春：吉林文史出版社，1990年，第34—37页。
[3] 李民寏：《栅中日录》，沈阳：辽宁大学历史系，1978年，第25页。
[4] 李民寏：《建州闻见录》，沈阳：辽宁大学历史系，1978年，第44页。

如前所述，至迟到明代中叶，大部分女真族已走向定居生活。而农耕文化的特征之一就是定居生活。可以说，定居是从事农业生产的必要条件之一。

满族的先民很早就有了农业生产。北魏时的勿吉人"有粟及麦、穄，菜则有葵"，"佃则偶耕"，[1] 说明已从事种植。到了金代，女真人"皆自耕，岁用亦足"。[2] 明初，女真人已是"半耕半牧"。永乐三年（1405）女真人十四户男女，并一百余人，由辽东迁入朝鲜国的吉州"务农"，因"节晚失农，每户一二人欲往旧居处，捕鱼资生"。[3] 几十年后，女真人的农耕生活已相当发展。正统二年（1437）朝鲜金将等五人潜渡婆猪江，至兀剌山北隅吾弥府，"见水两岸大野，率皆耕垦，农人与牛布散于野，而马则不见"。另有宋世雨等五人至兀剌山麓婆猪之东，也看见两户人家，男女十六人，"或耕或耘，放养牛马"。[4] 一个世纪后，明朝监察御史卢琼在《东戍见闻录》中记载说："建州、毛怜⋯⋯乐住种，善缉纺，饮食服用，皆如华人"，他还记载海西女真"俗尚耕稼"的情况。万历二十三年（1595），申忠一前往弗阿拉，沿途所见土地皆已开垦。从今新开河支流，经新开河中下游，浑河支流，富尔江支流，富尔江上游，苏子河上游到苏子河支流索里科河，"无墅（野）不耕。至于山上，亦多开垦"。[5] "田地品膏，则粟一斗落种，可获八九石，瘠者仅得一石"，"秋收后不即输入，埋置于田头，至冰冻后以所乙外输入"。[6]

在长期的对外战争中，女真族首领逐渐认识到粮食生产的重要性。早在万历十二年（1584）四月，努尔哈赤就明确提出"粮石被掠，部属乏食"，必然导致部属"叛散"的危险后果。[7] 天聪六年（1632）后金因为分田不均，地薄民贫，粮用不足，认识到"积金不如积谷"的道

---

[1]《魏书》卷100《勿吉传》，北京：中华书局，1974年标点本，第2220页。
[2]《金史》卷47《食货志》，北京：中华书局，1975年标点本，第1046页。
[3]《李朝实录》卷10《太宗实录》，东京：东洋文化研究所，1953年，第597页。
[4]《李朝实录》卷77《世宗实录》，东京：东洋文化研究所，1953年，第563页。
[5] 申忠一：《建州纪程图记》（校注），沈阳：辽宁大学历史系印，1979年，第10页。
[6] 申忠一：《建州纪程图记》（校注），沈阳：辽宁大学历史系印，1979年，第25页。
[7]《满洲实录》卷1，甲申岁五月，北京：中华书局，1987年影印本，第1册，第45页。

理。[1]第二年,皇太极指出"五谷乃万民之命所关",要求所有闲散官员,各往本牛录庄屯"劝垦耕"。他还批评抢掠成风,不注重农业生产的旧习,指出"以有土有人为立国之本",民众"厚生之道,全在勤治农桑耳"。[2]同年,皇太极明确提出农业为"国之大经"的思想。他在阐述这一思想时说:"田畴庐舍,民生攸赖,劝农讲武,国之大经。"[3]把发展农业与骑射习武列为同等重要地位,并为贯彻这一思想采取种种措施。

早在太祖时期,为使田土有足够的肥力,努尔哈赤每年秋收后令各官"将千匹马牧于田谷"中,指令必须"耕月耕之","耕田勿迟",不可仿照蒙古"耕田之月"。他还要求耕田要因地制宜,不要完全效法汉族"耕田二次"的做法,要按女真"旧习","拔草培之"。努尔哈赤还设"田谷通制",以求遵守。[4]皇太极时期,为"专事南亩,以重本务",下令城郭边墙,"有颓坏者,止令修补,不复兴筑",并严禁滥役民夫。[5]他亲自观察民间耕种,还提出"地尽其力,人尽其才"的思想,在女真地区推广代耕、助耕的耕作方法,充分利用了土地和劳力。[6]

对于耕作役使的牲畜,后金禁止买卖、宰杀。天聪二年皇太极告谕臣下说:"马骡以备驰驱,牛驴以资负载,羊豕牲畜,以供食用,各有宜,非可任情宰杀也。嗣后自宫中暨诸贝勒,以至小民,凡祭祀、筵宴及殡葬、市卖,所用牛马骡驴,永行禁止。如有违法禁用者,被家人及属员举首,将首人离主,仍照所用之数,追给首人,牛录额真及章京失察者,罚锾入官","至于诸贝勒大臣有牧牛多者,亦须节用,毋得妄杀。自宫中诸贝勒,以至小民,凡祭祀、筵宴及殡葬、市卖,止许用羊豕及鸡鹅鸭等物。明国及朝鲜、蒙古之人,善于孳牧,以至繁盛。我国

---

[1]《天聪朝臣工奏议》卷上,辽宁大学历史系编:《史料丛刊初编》,1980年,第38页。
[2]《清太宗实录》卷65,崇德八年六月己卯,北京:中华书局,1987年影印本,第2册,第894页。
[3]《清太宗实录》卷13,天聪七年正月庚子,北京:中华书局,1987年影印本,第2册,第179页。
[4]《满文老档·太祖》卷5、61、52、18,沈阳:辽宁民族出版社。
[5]《清太宗实录》卷1,天命十一年九月丙子,北京:中华书局,1987年影印本,第2册,第116页。
[6]《皇清开国方略》卷24,北京:北京图书馆出版社,2006年,第556页。

人民，既不善于孳牧，复不知撙节，过于宰杀，牲畜何由得蕃。今后务须加意牧养，以期蕃息"。[1]

后金对推广农业生产技术也极为重视。天聪七年（1633）皇太极在阐明农业"为国之大经"的同时，着重指出加强农业技术的重要性。他说："至于树蓻之法，洼地当种梁稗，高地随地之所宜种之，地瘠须培壅，耕牛得善饲养"，"至所居有卑湿者，宜令迁移"。[2]崇德元年（1636），他又详细论述重视农业技术的重要性。他说："至树蓻所宜，各因地利，卑湿者可种稗稻、高粱，高阜者可种杂粮。勤力培壅，乘地滋润，及时耕种，则秋成刈获，户庆充盈；如失时不耕，粮从何得耶？"[3]这些农业技术是行之有效的经验之得，对发展满族的农业生产起了很大作用。

为积累粮食，努尔哈赤还创设"谷库之制"。后金于万历四十一年（1613）、四十二年（1614），命每牛录出十男四牛，于空旷之地耕田，生产谷物，储入公仓，一时"谷库充盈"。[4]都城赫图阿拉东门外，"则有仓廒一区，共计十八照，各七八间，乃是贮谷之所"。[5]这是公库。至于各家则"五谷满囷"，甚至有"日暖便有腐臭"的情况发生。[6]

经过多年的努力，入关前满族的农业生产达到了较高水平，基本上达到了自给。一入其境，"家家皆畜、鸡、猪、鹅、鸭、羔羊之属"，凡"禽兽、鱼、鳖之类；蔬菜、瓜、茄之属皆有"，[7]全然一派农家景象。

三

满族形成时期，兼具游牧文化和农耕文化两种特征，这种现象早已

---

[1]《清太宗实录》卷3，天聪元年九月甲子，北京：中华书局，1987年影印本，第2册，第53页。
[2]《清太宗实录》卷13，天聪七年正月庚子，北京：中华书局，1987年影印本，第2册，第179页。
[3]《清太宗实录》卷31，崇德元年十月庚子，北京：中华书局，1987年影印本，第2册，第399页。
[4]《满文老档·太祖》卷3。
[5]《东夷奴儿哈赤考》，《筹辽硕画》卷首，上海：商务印书馆，1937年，第2页。
[6] 李民寏：《建州闻见录》，沈阳：辽宁大学历史系，1978年，第43页。
[7]《李朝实录》卷71《宣祖实录》，东京：东洋文化研究所，1953年，第447页。

引起当时及后代学者的注意。明人瞿九思在所著《万历武功录》中,说女真人"颇有室屋耕田之业,绝不与匈奴逐水草相类"。[1]他的话是针对当时人将女真、蒙古混为一谈而发的。表面看来,女真人也以狩猎为业,驰骋草原,跃马弯弓,与"匈奴"(即当时的蒙古族)无大区别。但瞿九思察微思巨,揭示出两者并不相同,因为女真人有定居生活,并有耕田农作,而蒙古族却没有这些。所以他还加了一个"绝"字,以揭示满、蒙两个民族之不同。

到了清代,满族人福格进而论述满族的生活习俗说:"满洲之俗,同于蒙古者衣冠骑射,异于蒙古者语言文字。满洲有稼穑,有城堡世居之民;蒙古则逐水草为行国,专射猎而无耕种也。"[2]福格的这段话,进一步揭示了满族文化的二元特质:其骑射、服饰与蒙古相同,但蒙古逐水草为居,是个典型的游牧民族;满族则定居生活,且实行耕种田地,这又和中原汉族无异,属农耕文化范畴。

满族文化兼具游牧、农耕两种文化特质,这种表面看来奇特的历史现象,却有其深刻的内在原因。

从文化人类学的角度看,游牧文化与农耕文化既具有相排性,又具有亲缘性。前者是指两者在语言、社会结构、家庭关系、宗教信仰、生活方式和风俗习尚等方面存在较大差异,具有相互排斥的属性。但另一方面,两者又存在亲缘性:游牧民族的生存发展条件,或者说其财富的获得主要依靠两个方面——游动的牲畜群和固定的牧场与水源,他们必须把狩猎采集者和早期农业生产者的适应性潜力结合在一起。像狩猎采集者那样,他们必须了解自己领土的潜力,以确保牧草和水的不断供给。同时,他们又像早期农业生产者那样,牲畜群把一片草地啃光后,必须让土地休闲,直到牧草自己又长出来为止。换言之,游牧民族的"游动性"或"逐水草为居"是有规律、有目的、有限度的。从根本上讲,各种文化类型的民族,都是依靠人类对自然资源的控制和有效利用来维持自身的生存与发展的。这也是世界各不同种族、部族能和平相

---

[1] 瞿九思:《万历武功录》卷11《王台列传》,北京:中华书局,1962年,第11册,第1页。
[2] 福格:《听雨丛谈》卷1,北京:中华书局,1984年,第1页。

处、互相吸纳最终使人类走向大同的"自然"依据。游牧文化与农耕文化的主要差异之一，即"游动"与"定居"的区别只是相对的，不是绝对的。前者的"游动"是有范围、有目的的，这如同农业生产者在耕种时要考虑尽地力是一样的道理。游牧民族的"游动性"说到底是生产力水平低下的结果。

文化除具有亲缘性的特点外，还具有变异性，即一种文化向另一种文化变异、演化。在这一演化过程中，环境因素起了相当重要的作用。文化的变异和演化主要是人类生活对物质状况适应的结果。劳动力的分工、地域群的面积与稳定性及其空间分布、居处规则等生态适应问题会敏感地作用于文化；而气候的季节性、水源的便利性、土地的肥沃程度等这些生态压力因素的调适又可以决定群体（民族）的规模、群体（民族）的持久性、群体（民族）分布的情形以及群体（民族）人口如何组织生产活动等社会结构。这些社会结构上的影响由文化加以分化，促成那些与生态系统并无直接关系的领域的变异，如世界观、政治继承模式和宗教艺术等。西方著名的文化人类学家哈里斯曾说过这样的话："在类似的环境中使用类似的技术应产生类似的生产劳动力安排和分配形态……接着又产生类似的社会群体，并经由类似的价值和信仰体系来支持、协调其行为。"[1]这里，至少描述了生态系统和社会结构与文化变异之间的一种相互关系。

满族在其形成过程中，遇到了比他们更为成熟、发达的农耕文化，促使其文化迅速发生演化。自明朝初年开始，至嘉靖中叶止，历时一个半世纪，这是满族先民——女真人的迁徙阶段。这一阶段的迁徙方式有两种，一种是以大部落集团形式，较大规模地迁徙；另一种是诸女真部族零散南迁。这种迁徙固然有受到其他部落攻击等人为因素的影响，但主要是为了寻找更好的生存环境，也就是说，其"游动性"的游牧文化因素在起关键作用。同时，尽管迁徙时间、规模、方式各有差异，但有一点是相同的，即方向一致，尽皆南向，接近或进入农耕文化圈。

---

[1] 恩柏：《文化的变异——现代文化人类学通论》，杜杉杉译，沈阳：辽宁人民出版社，1988年，第9页。

嘉靖中叶以后，女真族大多数走向了定居生活，迁徙活动基本停止。他们沿着辽东东北边分散聚居，建州三卫分布在抚顺关以东，海西四部散居在开原以北。建州和海西南迁后，吸取了汉族先进的生产技术，农耕文化的特质在女真族中越来越浓重。由于广大汉族人进入女真地区传播农耕技术，以及互市贸易和明政府的民族政策等因素的影响，女真族的农业生产向前迈了一大步。

万历到崇祯时期，即16世纪中叶至17世纪中叶，是满族的形成时期。这一时期，女真族及后金政权在政治、军事上很明显是与明政权相对抗的，但在经济、文化上更向明朝靠近了。从地缘上看，后金、清已完全进入农耕文化的氛围，对汉族先进文化及生产方式的吸纳变得更为迫切及直接了。满族形成时期的文化演变使我们有理由相信，环境在一个民族的发展中是至关重要的因素。

四

一般而言，单一文化特质的民族从比较优势上看总是有缺陷的。游牧文化的勇武精神虽值得称道，但缺乏稳定性，内部组织结构不严密，对部落（民族）的约束力差等不能不说是缺陷。同样，农耕文化的田园诗般的稳定性，人们安居乐业，社会成员的控制性强等都是优势，但过于脆弱，缺乏活力，也是不完美的。

满族形成时期兼具游牧文化与农耕文化二者的长处，共同熔铸于满族共同体内，这就使它能够应对来自这两种文化的挑战。笔者不能对中国整体文化进行分类，但就满族而言，它在入关前后主要遇到的是这两种文化类型及其民族。

就客观条件而言，无论是与南明政权比，还是与李自成的农民军比，满族的力量欲统一中国是很困难的。其人口少，生存环境差，粮食很难自给，这些困难是南明政权及李自成的农民军所没有的。但以后的历史结局是：后金、清政权统一了中国。这一历史结局促使我们从多视角去分析其"隐藏在历史表象背后的原因"。笔者认为，满族能在较短的时间内由一个很小的部族发展起来并建立自己的政权，进而统一中国，文化的因素实在不容忽略。

清入关前的两位最高统治者,其浸透在强烈的民族意识中的文化意识是很浓重的。

女真人口很少,所谓"女真遗种,本自无多"[1],根本不适应大规模对外战争的需要。因此,努尔哈赤在起兵初期,就采取"树羽翼"政策。即"夫草昧之初,以一城一旅敌中原,必先树羽翼于同部,故得朝鲜人十,不若得蒙古人一,得蒙古人十,不若得满洲部落人一"。为什么?史称"族类同则语言同,水土同,衣冠居处同,城廓土著、射猎、习俗同"[2],根本上讲就是文化同根。

在努尔哈赤、皇太极统一东北的事业中,两人皆以种族相号召。在统一黑龙江流域时,皇太极多次劝谕那里的人民"此地人民语音与我国同……先世本皆我一国之人,载籍甚明"[3],使统一局面不刃而得。

在统一东北的战争中,蒙古是天平中最关键的砝码。为争取蒙古族的同情、支持,努尔哈赤和皇太极竭力在满蒙两族间寻找共同点。天命四年(1619)六月,努尔哈赤致书喀尔喀五部诸贝勒时,一再申明汉族与朝鲜族"语言虽异,而衣着相同";满族与蒙古族"语言虽异,而衣着皆同",试图说服喀尔喀五部站在后金一边。不久,在复察哈尔林丹汗书中,再次重申满蒙"服发亦相类"的意见。[4]天聪五年(1631),为招服大凌河蒙古归降,皇太极令属下射入城中的招牌书,竟称满族、蒙古"原系一国"。[5]

从历史上看,满蒙地域相近,族众相杂,长期通婚,确有"族种相近"之处。史称海西叶赫首领的"始祖蒙古人,姓土墨特",南迁时改称纳喇氏。[6]乌拉满泰、布占泰的族属亦来自蒙古,是蒙古苗裔。[7]哈

---

[1]《李朝实录》卷33《仁祖实录》,东京:东洋文化研究所,1953年,第183页。
[2]《圣武记》卷1,北京:中华书局,1984年,第12页。
[3]《清太宗实录》卷21,天聪八年十二月壬辰,北京:中华书局,1987年影印本,第2册,第280页。
[4]《满文老档·太祖》卷10,沈阳:辽宁民族出版社,第34页。
[5]《东华录》卷10《天聪六》,北京:中华书局,1980年,第30页。
[6]《满洲实录》卷1,"诸部世系",北京:中华书局,1987年影印本,第1册,第24页。
[7]《清太宗实录》卷15,天聪七年九月癸卯,北京:中华书局,1987年影印本,第2册,第208页。

达部王忠、王台的族属与乌拉部同系。建州女真亦不"纯"是女真,首领李满住有三妻,而蒙古女居其二。[1]万历三十五年(1607),努尔哈赤派"麾胡"三名至朝鲜,"说称我是蒙古遗种"的话,[2]当时并无讨蒙古欢喜之意,应该说比较真实地反映了满蒙两族间非同一般的关系。历朝政治家、军事家也认为,中原王朝得辽地,即可控制东北各族,而东北各族得辽地,即可与中原王朝相抗衡。结论是辽地"离合实关乎中国之盛衰"[3],同样,蒙古族之强弱,亦"系中国之盛衰"[4],因此,后金戎马兵锋四十载,直到天聪八年(1634)察哈尔林丹汗死后,统治者才大吁一口气,从此大书攻城略地的情况。

由此可见,满族统治者巧妙地利用满族与蒙古族在衣冠、服发、饮食、骑射等习俗文化上的同根性,顺利地完成了对东北地区的统一,从而为统一中国奠定了基础。

其次,满族文化中的骑射文化特质是加速完成统一的重要因素。骑射文化崇尚勇武精神,这是满族由弱小部落逐渐发展壮大的文化因素。努尔哈赤、皇太极皆身经百战,冲锋陷阵在前,对鼓舞士气有很大作用。而且,满族在其兴起史上,创造了许多以少胜多的战役,这也得成于其骑射文化的勇武精神。对此,《满洲源流考》曾有一段论述:"我国家肇造大东,敦庞之俗,弧矢之威,自古已然。恭考《实录》我太祖高皇帝以十三甲始申天讨,义问宏昭。乙酉年,哲陈之役,太祖率近侍三人,败诸部八百人。丙午年,裵优之役,我兵二百,败乌拉兵万人。至天命四年,萨尔浒之战,以我众数千,歼明兵四十万。明之宿将锐师,一举而尽。我太宗文皇帝服朝鲜,降蒙古,松山、杏山之捷,破明兵十三万,咸用少击众,一以当千。固由神武之姿出于天授,贤臣猛将,协力同心。亦我貙虎熊罴之士,有勇知方,骑射之精,自其夙习,而争先敌忾,气倍奋焉故也。"[5]如果抛开这段话的夸张成分,大体是可信的。

---

[1]《李朝实录》卷57《成宗实录》,东京:东洋文化研究所,1953年,第516页。
[2]《李朝实录》卷208《宣祖实录》,东京:东洋文化研究所,1953年,第696页。
[3]《全辽志》,沈阳:辽海书社,民国,第1页。
[4]《蒙古游牧记·序》,第1页。
[5]《满洲源流考》卷16,沈阳:辽宁民族出版社,1988年影印本,第304—305页。

再次，骑射文化对于统一多民族国家的巩固有积极作用。自唐代以来，中央政权在加强集权、贯彻"重内轻外"治国方策的同时，冗兵积弱的弊端越来越严重，有明一代在边防上一直处于守势。清朝建立后，中央对地方尤其是边远地区实行有效治理的同时，中央的辐射能力更强了，疆域更加巩固。清前期的几个皇帝，如康熙、雍正、乾隆，不仅个人武功高强，而且每遇边疆叛乱，皆"御驾亲征"，尤其是乾隆帝，以"十全老人"自许，平生陶醉在"十全武功"中。西方的船坚炮利东来前夕，近代思想家魏源在他所著的《圣武记》一书中，还十分赞赏清朝历代所取得的"武功"。

同时，由骑射文化衍生出来的"肄武绥藩"的木兰行围，更具有意义。据统计，从康熙二十年（1681）开设围场起，直到道光元年（1821）停止行围，一百四十余年间（雍正帝未举行木兰行围），很少间断。康熙年间行围48次，乾隆年间28次，嘉庆年间15次，总计91次，平均一年半举行一次。[1]行围制度对维系满蒙关系所起的作用，乾隆帝曾这样评价："蒙古向重武事，予昔年在木兰围中，驰射发，武艺精熟，众蒙古随围数十年，无不知之。但今年既不行围，蒙古王公等不几谓予怠于肄武，因乘暇于山庄内，即鹿以试精力，而近日所中之鹿，皆系一发即中。及颁赐蒙古王公等，无不欢喜钦服。"[2]很显然，木兰行围绝不是例行"公事"，摆摆样子，它是满蒙两个民族在"重武事"上寻找的共同点，也是两个民族的最高领袖在骑射文化上的交流，对巩固和加强统一的多民族国家是起了积极作用的。

纵观中国大势，周边少数民族林立，强大者也不乏其族，但只有北方少数民族屡次对中原王朝构成威胁。一道长城，绵延万里，揭示了两种文化的对抗和冲突，也证明了骑射文化的威力所在。

清朝是继元朝之后第二个由少数民族建立的封建王朝。毫无疑问，它的天下是在马背上打出来的。令人惊奇的是，蒙古族所建立的元朝存在不足百年（指对全国的统治），而且其存在的这些岁月里，外族反抗，

---

[1] 李秀春编：《木兰围场三百年大事年表》，河北省围场县博物馆油印本，1981年。
[2] 李秀春编：《木兰围场三百年大事年表》，河北省围场县博物馆油印本，1981年。

内部斗争从未间断。与此相比,和蒙古族在文化上有更多亲缘关系的满族所建立的清王朝却维持了二百六十七年之久,称得上是统治中国时间最长的封建王朝之一。而且,晚清统治者所面临的"国际大气候"是以往任何一个朝代所不曾遇到的,即"五千年未有之变局",然而,它的统治仍延续了八十年之久。这本身是值得研究的课题。

笔者认为,如果从满族文化的另一特质——农耕文化这方面进行探讨,会得到很多启示。

治清史者都为这样一种现象所困惑:明初承元末丧乱,仅用十余年时间即完成了社会经济的恢复;清承明末战乱,却用了四十余年时间恢复社会经济。笔者认为,这种差异用满族文化的二元特质来解释,似更恰当。自后金政权建立起,直到康熙初年止,后金、清的政策始终在摇摆、矛盾中实行。这种摇摆、矛盾的政策与其说是社会性质不同使然,不如说是两种文化的冲突、对抗造成的。有的时候,农耕文化的特点突出,后金、清政权的矛盾、危机就小一些;反之,当骑射文化的特点突出时,会造成更多汉族的反抗。清初实行圈地,剃发所遇到的情况是明显的例证。笔者认为,随着全国统一政权的确立和巩固,满族的骑射文化特质逐渐淡化,其农耕文化的色彩反而愈加明显,突出的标志是蠲免田赋。康熙自幼受汉族文化影响至深,懂得攻守异势、马上打天下不能马上守之的道理,亲政以后多次大规模蠲免田赋,除水旱灾害照例"全免"外,几乎"一年蠲及数省,一省连蠲数年"。康熙五十年(1711)开始,又实行"轮蠲",即将全国各省分为三批,每三年轮免一次。据户部统计,康熙元年(1662)起,至康熙四十九年(1710)止,不到五十年中,全部蠲免"已逾万万"。[1] 乾隆帝继承乃祖的做法,五次"普免天下钱粮",三次全免南方漕粮,累计免赋银二万万两。康乾时期,多次大规模蠲免田赋,其原因正如乾隆所说:"朕思海宇乂安,民气和乐,持盈保泰,莫先于足民。况天下之财,止有此数,不聚于上,即

---

[1]《清圣祖实录》卷244,康熙四十九年十月甲子,北京:中华书局,1987年影印本,第6册,第419页。

散于下。"[1]这就是"藏富于民"的道理。史书上说清朝对亿万百姓"深仁厚泽",并非溢美之词,一个显见的道理是:多次蠲免钱粮,尤其是"轮蠲",使全国没有同时处于一条贫困线上,总有许多地区实现温饱。这就是清朝前期没有出现全国性的大规模农民起义的根本原因。而这些,正是一个发达的农业社会才会出现的。

自康熙朝开始,最高统治者多次强调要振饬"国语骑射",强化其民族意识及文化特征。但是,满族的生存环境已全然改观,骑射文化已失去了存在和发展的土壤,所谓"振饬"正是衰落的象征。从发展的角度看,骑射文化的衰落无论是对满族自身,还是对中华民族大家庭而言,都是一种进步。因为在当时这个小农经济占支配地位的国度里,唯有农耕文化才具有更广泛、长期的适应性。

以上从大文化的角度,探讨了满族发展壮大、清朝统一及其对全国长期行之有效的统治等问题,有些认识不成熟,甚至可能是错误的。诚恳希望方家、读者指正。

(原刊《民族研究》1996年第3期)

---

[1]《清高宗实录》卷242,乾隆十年六月丁未,北京:中华书局,1987年影印本,第12册,第120页。

巡按制度罢废与清代地方监督的弱化

古代中国非常注重维系行政与监察的权力平衡，这是封建王朝得以长治久安的重要的制度性因素。顺治十八年（1661），清朝废除了沿自明代的巡按御史制度，地方权力制衡的架构被打破，总督、巡抚权力扩张的同时，监察制度严重缺失。康雍乾时期，屡有臣僚奏请恢复巡按制度。清廷通过扩大密折制在地方官中的使用范围，在浙江、福建等问题"多发"的省份派遣巡察官等措施，试图弥补巡按御史废除后地方大吏监察缺失的负面影响。随着乾纲独揽的"盛世"三帝的谢幕，监察缺失的制度性病灶在嘉道时期充分暴露，并成为"清朝中衰"的重要诱因。

一、巡按制度的职能与特点

为防止地方权力失范，自郡县制度在全国推行后，历代王朝高度重视对地方权力的约束及监督。秦朝派御史监郡，汉代相沿不改，武帝时又派刺史以六条巡察郡国。但唐代以前，中央监察官经常向地方官演化，使得权力的天平不断向地方倾斜，这也是中央集权屡遭破坏、地方尾大不掉的重要原因。

唐玄宗于天宝五年（746），命礼部尚书席豫等分道巡按天下风俗并黜陟官吏，此即巡按之名所由始。[1]明代于洪武十年（1377）派御史巡按地方，永乐元年（1403）成为定制。[2]终明一代，巡按成为察吏安民、监察地方的重要制度。当临时差遣性质的总督、巡抚自嘉靖时期逐渐演

---

[1] 顾炎武：《日知录集释》卷9，黄汝成集释，长沙：岳麓书社，1994年，第321页。
[2] 龙文彬：《明会要》卷34，北京：中华书局，1956年，第582—583页。

化成地方长官,使地方三司分权体制成为集权后[1],巡按制度对地方的纠劾、监督,就显得尤为重要。

概而言之,巡按制度有三大特点,而内外相维、以小制大是其首要特点。巡按官职七品,但权力极大,"代天子巡狩,所按藩服大臣、府州县官诸考察,举劾尤专,大事奏裁,小事立断"[2]。巡按具有举劾官吏、司法审断、整饬风俗等多重职能。[3]巡按御史品级虽低,但序列三司之上,地方长官全在其监察之列,这是汉代刺史以卑临尊、大小相维之制的重塑。清人赵翼肯定地说,明代设巡按御史,以七品官弹劾督抚以下,"盖取其官轻而权重。官轻则爱惜身家之念轻,而权重则整饬吏治之威重"。[4]

其次,巡按御史一年一代,以中央监察官监督久任的地方官。御史按临地方,性质属于"出差",得其选者须"识量端弘,才行老成"的进士出身。履行具体职责,由都察院发给"勘合"载明,一年差满受代,"备开接管已、未完勘合件数,具呈本(都察)院查考"。敦促地方三司事宜,也有明确规定。[5]清初思想家顾炎武高度肯定这种制度,称守令之官不可以不久任,而监临之官不可以久任,因为"久则情亲而弊生,望轻而法玩,故一年一代之制,又汉法之所不如,而察吏安民之效,已见于二三百年者也"。[6]

第三,巡按的职能既受明代监察大法——《宪纲》的约束,赴任时又有皇帝下发"敕书"列明职责所在,以及都察院详列"勘合"。此外,《抚按通例》还详细规定巡按与巡抚的各自职守,意在不得干预地方官正常履职,不得超越监察权而行事。如地方官有贪酷、虐民等事,巡按御史举劾必须明著实迹,开写年月,不得讦拾细故,更不得虚文从诋。[7]一年差满回任时,须逐项填报内容涵盖二十八项之多的《造报

---

[1] 参见林乾:《论明代的总督巡抚制度》,《社会科学辑刊》1988年第2期。
[2] 《明史》卷73《职官二》,北京:中华书局,1974年标点本,第1768页。
[3] 《明会典》卷210《都察院二》,北京:中华书局,1989年影印本,第1048—1053页。
[4] 赵翼:《陔余丛考》卷26,栾保群、吕宗力点校,石家庄:河北人民出版社,2003年,第517页。
[5] 《明会典》卷211《都察院三》,北京:中华书局,1989年影印本,第1054页。
[6] 顾炎武:《日知录集释》卷9,黄汝成集释,长沙:岳麓书社,1994年,第321页。
[7] 孙承泽:《春明梦余录》卷48,北京:北京古籍出版社,1992年,第1036、1043页。

册式》[1]，并向都察院具呈"行过事迹"，院按照"除革奸弊""伸冤理枉""扬清激浊"等六款，考核其称职与否，奏请分别升降。[2]

清朝在全国开始确立其统治的顺治元年，沿袭明制设立巡按制度，且权力颇大，敕内明确开载："在外总督、巡抚、提督、总兵等官，如有蒙蔽专权、擅作威福及纵兵害民、纵贼害良等事，许巡方御史不时纠劾。"[3]同时完善对巡按御史的考核制度。[4]

在清初统一全国、政权初建的特殊时期，巡按在察吏安民方面发挥了不可替代的作用。有人评价"半壁为之肃清"。[5]如苏松巡按李森先，有"海忠介之风"，他"诛锄豪右"，[6]劾罢淮安、苏州两贪吏，按律严惩，时人誉为"真御史"。[7]再如秦世祯巡按江南，首劾监司，继参总兵，再劾巡抚土国宝，土国宝受旨申饬后，投缳自尽。[8]

二、巡按制度罢废之争

清初巡按制度也暴露出一些问题。一是巡按违法时有发生。顺治帝在上谕中一再称，巡按御史"贪婪掊克者甚众"[9]。因巡按御史往往与朝中大臣多有牵连，故每有巡按婪索事发，即有满族官僚借端倾陷汉大臣者[10]，这使得清初政局在不稳定的同时，打上了满汉对立的印记。

其次，派遣御史巡按，国家要承受一定的经济负担。特别是顺治年间，为完成统一全国的战争，财力物力捉襟见肘，而不法巡按往往成为众矢之的。顺治十一年（1654）四月，郑亲王济尔哈郎就以奉差官员

---

[1]《明会典》卷211《都察院三》，北京：中华书局，1989年影印本，第1054—1055页。
[2] 龙文彬：《明会要》卷34，北京：中华书局，1956年，第585页。
[3] 叶梦珠：《阅世编》，上海：上海古籍出版社，1981年，第72页。
[4] 王庆云：《石渠余纪》，北京：北京古籍出版社，1985年，第53页。
[5] 叶梦珠：《阅世编》，上海：上海古籍出版社，1981年，第72页。
[6] 钱林、王藻辑：《文献征存录》卷2，台北：文海出版社，1986年，第383页。
[7] 道光《重修平度州志》卷18《人物》，《中国地方志集成》，南京：凤凰出版社，2004年，第232页。
[8] 叶梦珠：《阅世编》，上海：上海古籍出版社，1981年，第72页。
[9]《清世祖实录》卷92，顺治十二年七月辛卯，北京：中华书局，1987年影印本，第3册，第726页。
[10]《清世祖实录》卷97，顺治十三年正月戊申，北京：中华书局，1987年影印本，第3册，第758—759页。

随带员役、马骡、廪粮草料等项甚多，直省地方频年水旱，供亿艰难为由，提出暂停派遣巡按[1]。十七年（1660）六月，都察院又以云南用兵，粮饷不足，请停御史巡按。顺治帝令大臣具奏，从而引发一场巡按废遣之争。

这场争论的焦点集中在一旦废止巡按，如何对督抚等封疆大吏实行监督。经过几次王大臣会议讨论，仍不能决。都察院提出，直隶各省自派遣巡按以来，地方未能安宁，每年一遣，诚觉徒劳，请停止派遣。俟二三年后，选择重臣，差往巡察。议政王贝勒大臣议复时，赞成都察院的意见，顺治帝以停遣巡按关系甚大，令议政王贝勒大臣，会同九卿科道议奏。[2]讨论也在更广泛的层面持续发酵。

当年七月，廷议形成两种截然对立的意见。和硕安亲王岳乐等提出，连年轮差御史，贪官未见止息，民困未见全苏，盗贼未见消弭，地方未见安堵，往返迎送，靡费徒多，建议除在京各差应留外，在外各差，应行停止，其巡按事务，归并巡抚。二三年后差官巡视各省，督抚有贪赃不法者，所差官即指实纠参。吏部侍郎石申等持相反意见，理由是巡按停差后，督抚无人互纠，钦件无人互审，又一应访拿、清查等事，必待按察使亲身巡历；且盐茶之差，专管钱粮，督抚兼理，多有未便；又各省内或有抚无督者，更难责成一人。

前者的意见是把制度化的巡按改为临时性的监察。后者认为，在地方行政长官一头独大的权力架构中，如果没有中央的制度性监察，会带来很大问题。由于双方各持一端，顺治帝令满汉官员，不得胶执成见，公同详议具奏。这是第一次廷议的情况。

几天后召开第二次廷议。由于满官胁迫，取得一致性意见。废止巡按的理由又增加一项，即御史每年轮遣，该地作奸之辈，预知应差班次，方未出京时，即有嘱托行贿等弊；出京之后，颠倒贤否，草率塞责。废止巡按后，由于地方实行分权体制，钱粮有布政使；刑名有按察

---

[1]《清世祖实录》卷83，顺治十一年五月乙卯，北京：中华书局，1987年影印本，第3册，第656页。
[2]《清世祖实录》卷137，顺治十七年六月甲辰，北京：中华书局，1987年影印本，第3册，第1059页。

使；总理兵马各项事务有督抚。而且，对督抚的监督也有预案：督抚纠劾审拟之事，必经中央部院复核，方行结案；督抚之间亦可互纠；中央部院又有甄别督抚功过，以示劝惩之法。这个方案似乎"解决"了清廷最担心的督抚失去监督问题，顺治帝遂予以批准。但仅仅过了若干天的八月十二日，监察御史陆光旭呈上长疏，力言满洲王公大臣排斥异议，胁迫汉官在停止差遣巡按上签字画押，从而使得本有定论的废遣之争又出现重大变故。

他首先指出，主张恢复派遣者，受到压制，以致盈廷嗫嚅，不敢为异。其次，无论是中央机构还是地方衙署，只有监察权力得到加强，才能对行政权力形成有力制约："今大小诸臣，内之所不便者惟言官，外之所不便者惟巡方。有言官而大奸大恶得以上闻，有巡方而污吏贪官不时参处"，这正是言官御史受到排挤、压制进而必欲去之而后快的原因所在。巡按废止后，"督抚无人互纠，贪墨无人参劾，钦件无人审理，以及赃赎之无实贮，民隐之难上通，利弊之无兴革，豪蠹之肆昼行，皆可不论。只今伏莽未靖，饥荒载道，兵旅繁兴，军需孔亟，抚臣专驻省中，谁为佐其不逮？而分猷合算，亲咨利病，而密陈机宜，是实关天下之安危。杞人之虑，不得不念及此也。况朝廷之设官非一，而独巡方一职，设而屡停，停而屡复，停者无不由于下议，复者无不出于睿裁"。最后他提出，一项好的制度在运行中也会出现"不肖之人"，但不能因此而否定制度本身："若以其人未必皆贤而去之，则督抚亦有不肖，方面不乏贪污，有司时多败类，将尽天下之官而停之乎？"[1]

顺治帝为陆光旭的上疏所说服，当日降旨，令前议诸人明白回奏。四天后，又下达倾向性明显的谕旨，肯定巡按之差遣：巡方一官，本朝设立已久，屡行停止，旋即复差，盖因其职掌察吏安民，厘奸剔弊，关系甚巨。巡方既停，则贪官蠹役，无所忌惮，恣肆作奸，其为民害，岂不更甚！巡方中如有一人不肖，所关止于一方，自有严法处分，其余岂尽无益？概行停止，是否妥确？著议政王贝勒大臣、九卿科道，再加

---

[1]《清世祖实录》卷139，顺治十七年八月乙未，北京：中华书局，1987年影印本，第3册，第1075页。

议奏。

从议政王贝勒大臣上奏可知,汉官仅形式上参加讨论,前者将拟好的裁撤巡按"满文稿"翻译成汉文,令汉官在上面画题而已。对此,顺治帝斥责满大臣:"凡会议政事,原应满汉公同商确,斟酌事理,归于至当,不拘满汉,皆可具稿。"这就是说,巡按废遣之争,表面是因"省经费""贪渎"而起,实际牵涉满族官员的特殊利益。

清初的督抚多由入关前编入汉军旗的"辽左旧人"特别是文馆人员担任,总督几乎是清一色的汉军旗员。[1]巡抚的半数也来自旗员。《清史稿》总结说:"顺治初,诸督抚多自文馆出。盖国方新造,用满臣与民阂,用汉臣又与政地阂,惟文馆诸臣本为汉人,而侍直既久,情事相浃,政令皆习闻,为最宜也。"[2]对于立足未稳的新政权而言,不可能用怀有亡明情结的汉官担任督抚,而毫无治政理民经验的满族官员又显然难以胜任,因而选择入关前已经加入汉军旗的官员出任封疆大吏最为现实。因为督抚多系辽左旧人,汉军旗人,他们的出仕升降便与议政王贝勒大臣有密切关系。八旗制下,旗人生则入档,编入八旗各牛录,听从本牛录、甲喇的管辖,如是下五旗,他们则分别是该旗王、贝勒等的属人,与本主有主奴之义,他们出仕为官及升降任免,与本主有密切关系,他们须为本主贡纳金银财物,同时受本主的保护。巡按御史之遣,在事实上形成对督抚的监督、纠察,这就限制了督抚的权力,使后者不能为所欲为。因此,从利害、亲疏关系而言,八旗王公贵族反对巡按对督抚的钳制。

清初的著名史家谈迁在论及顺治九年罢巡按时,一针见血地指出:"盖满人意以巡使掣其肘也。"顺治十二年(1655),巡盐御史已恢复,都察院左都御史龚鼎孳力请恢复巡按,但"满人不以为然"。龚鼎孳一再坚持,满族王公遂提出用理事官和诸曹参用,目的是降低巡按的资望,使他们无法与督抚相拮抗。谈迁的著作中,还详细记载了顺天巡按顾仁如何受到满官的倾陷。[3]如此看来,满汉官员在对待巡按废遣问题

---

[1] 参见钱实甫编:《清代职官年表》,北京:中华书局,1980年,第1341页。
[2] 《清史稿》卷239《祝世昌传》,北京:中华书局,1977年标点本,第9528页。
[3] 谈迁:《北游录》,汪北平点校,北京:中华书局,1960年,第407—410页。

上迥然相反的态度,就不单纯是对国家体制的认识问题,而有着更深刻的利害关系。

十一月十一日,议政王会议结果,巡按御史"仍旧差遣",顺治帝准奏,并令制定巡按御史考核办法,以期完善相关制度。[1]至此,满汉官员连续辩论四个多月的巡按罢遣,以巡按复遣暂时告一段落。

顺治十八年正月,二十四岁的少年天子福临病逝,其子玄烨以八岁即位,索尼等内大臣四人辅政。清朝政策出现重大反复,主旨是一反"汉法",旗号是"率祖制、复旧章",即恢复入关前带有强烈满族特色的体制。两个月后,兵部尚书管左都御史事阿思哈请停遣巡按御史,各省巡按将事务交与抚臣,速行来京。[2]至此,旋设旋罢的巡按御史制度在清代废除。

三、地方监督缺失的补救与清中叶的社会危机

顾炎武在康熙时期的名著《日知录》中,对于清朝废罢巡按御史制度明确表达了反对意见,他说,如果巡按"倚势作威,受赇不法",这只是其人不称职,正如"不以守令之贪残而废郡县,岂以巡方之浊乱而停御史乎"?[3]他还指出,历经明代近三百年的实践证明,巡按制度是最为有效的监察制度。[4]

经过唐末五代藩镇割据的历史变局,宋朝开始在地方实行分权体制,明初承之。但明中叶以后,督抚凌驾三司之上,地方集权体制渐次形成,因而巡按对其监察尤为重要。同时也要看到,终明一代,督抚仍列入中央职官,三司乃是地方最高长官。清代则不然,督抚从一开始就以地方最高长官身份出现,而三司事实上成为督抚的下属。巡按废止

---

[1] 参见《清世祖实录》卷140,顺治十七年九月壬戌;卷141,顺治十七年十月己亥;卷142,顺治十七年十一月壬戌,北京:中华书局,1987年影印本,第3册,第1080、1087—1088、1094页。
[2]《清圣祖实录》卷2,顺治十八年五月壬子,北京:中华书局,1987年影印本,第4册,第64页。
[3] 顾炎武:《日知录集释》卷9,黄汝成集释,长沙:岳麓书社,1994年,第321页。
[4] 顾炎武:《日知录集释》卷9,黄汝成集释,长沙:岳麓书社,1994年,第321页。

后,其权力归并督抚,而清代督抚主掌二省或一省大政,其下不设属官,家人、长随、幕宾皆自行聘用,是典型的"寡头政治"。故巡按废止后,作为权力高度集中的封疆大吏,督抚实际处于无人监督的状态。这也是前述巡按制废遣之争的核心问题。换言之,在地方实行高度集权体制的情况下,监察制度的缺失,将会造成严重后果。

康熙十七年(1678),工部侍郎田六善疏称:"今日官至督抚,居莫敢谁何之势,自非大贤,鲜不纵恣",提出"非遣巡方,此弊终不能解"。[1]两年后,御史徐廷玺再请派遣巡按,康熙帝令大学士讨论。明珠等满大学士认为:此事行之未便。满官一定调子,汉官唯诺不敢提相反意见。康熙帝也只好搁置此议。[2]康熙一朝臣僚多次奏请恢复巡按制度,但都未果。

雍正元年(1723),翰林院检讨徐聚伦上奏指出:督抚之权太重,故威福易作,而侈肆亦易生。他提出"分权之法",方案有二:"或如旧例,仍设巡按,或如近日特命陈时夏进密折之例,每省各布一二人,倘此一二人者奏不实而借为祸福,则立置重法。"这两个方案的目的只有一个:"要在大惧督抚之心,使不敢贪渎,以实心为国为民而已。"[3]

在臣僚的一再建言下,雍正帝确有恢复巡按的想法。雍正元年正月,查嗣庭觐见,他曾谕每省各设一巡按御史,以便与督抚彼此相制,但虑及巡按每与督抚争权,反滋地方烦扰,故令查嗣庭妥议密奏。同年十月十四日,查嗣庭密奏提出,扩大推行密折制可代替巡按滋扰,且可监督督抚,他称:"臣以为欲令督抚少知顾忌,莫若令各省藩司亦得用密折启事。""今既得便宜上闻,则与督抚虽无相制之形,实有相制之势,官既不烦添设,权亦不患独操矣。"[4]

查嗣庭的建议为雍正帝所采纳。至雍正六年(1728),布、按两司

---

[1] 中研院史语所编:《明清史料》丙编第5本,上海:商务印书馆,1936年,第440页。
[2] 《康熙起居注》,康熙十九年庚申九月,北京:中华书局,1994年标点本,第615页。
[3] 《奏为遵旨条奏督抚之权太重应仍设巡按或每省各布一二人得进密折使其不敢贪黩事》,雍正朝,朱批奏折04-01-30-0005-021,中国第一历史档案馆藏。时间据徐聚伦任职推断。
[4] 《宫中档》第七十八箱,转引自庄吉发:《故宫档案述要》,台北:台北故宫博物院,1983年,第13页。

普遍获得密奏权。[1]有学者认为，清世宗扩大采行奏折制度，放宽臣工专折具奏权的主要原因之一，就是欲于直省督抚与司道上下之间以及于中央内外之间，维持一种制衡关系。"因藩、臬、道府等微员可以专折具奏，不经督抚直达御前，督抚等既知顾虑，则地方公私事件，无论巨细，俱不敢欺隐。"[2]密奏制的扩大使用，只能在一定程度上发挥对地方督抚的监督作用。说到底，雍正"出间道，混乱上下秩序，使互相监视，只对皇帝个人负责"。[3]"小报告"终究代替不了一项基本的监察制度。特别是当越来越多的官员普遍获得"密奏权"的时候，其"监督"的效果也会大打折扣。同在一省的督抚提镇，甚至将雍正帝批谕密折"有同在一省而彼此互相传看者，有隔越邻省而互相通知者，亦有经过其地而私相探问者"。[4]

雍正三年（1725），因地方官互相蒙蔽，盗案频发，雍正帝谕令吏部、都察院："巡按御史久经裁汰，自不可复。今或于满汉御史内拣选贤员，酌量于湖广、江南、浙江、福建、山东、河南等处，每省各差二员或一员。或两省差一员兼理。"[5]随即在山东、河南各派一人，两湖一人，江宁、安徽共派一人，要求巡察官在一年内遍历巡察省份各府，凡有纵容盗贼，隐讳不报者，许其据实题参。但巡察官是临时性质，仅对地方讳盗进行专项巡察，且巡察官是从小京堂、科道及各部郎中内拣选。其后，因浙江、湖南"风俗浇漓"，广东、福建"民俗犷悍"，相继派遣"观风整俗使"，但这都是"因事权授，往往不拘定制"。[6]且重点在督察士、民，又旋即罢归，根本谈不上对督抚实行监督。

巡按制度废止后，不但地方监督严重缺失，也使得自秦以来历代王朝"内外相维""行政与监察并重"的基本制度遭到破坏，由行政、监察两套系统合而为一，其利害关系，康熙时储方庆在《裁官论》一疏

---

[1] 杨启樵：《雍正帝及其密折制度研究》，上海：上海古籍出版社，2003年，第164页。
[2] 庄吉发：《故宫档案述要》，台北：台北故宫博物院，1983年，第13—14页。
[3] 杨启樵：《雍正帝及其密折制度研究》，上海：上海古籍出版社，2003年，第173页。
[4] 《清世宗实录》卷29，雍正三年二月丙子，北京：中华书局，1987年影印本，第7册，第431页。
[5] 《清朝文献通考》卷60《选举考十四》，上海：商务印书馆，1937年，第5414页。
[6] 吴振棫：《养吉斋丛录》，北京：北京古籍出版社，1983年，第31页。

中,讲得非常清楚。

他说:清朝屡议裁官。世祖皇帝罢巡方,康熙即位又减科道员,尽去天下理刑推官。今日所裁之官,皆不可裁之官。"今减科道员,是弱言官之势也。言官之势弱,六部之权重矣。罢巡方,是削宪臣之柄也。宪臣之柄削,督抚之令尊矣。"他提出行政、监察两个系统,并行不悖,才能保障国家制度的完整、有效:"盖天下之官以数万计,而其大势常出于两途:六部操政柄,行之于督抚,督抚之下府县,以集其事,此一途也;科道察部臣之奸,巡方制督抚之专,而推官实为之爪牙,此又一途也。"如果将两途并为一途,后果不堪设想:"愚谓天下之大,天下之人之众,并为一途,以乱一人之视听,恐非天下之福。今上自六曹,下及州县,苟有设施举措,可以内外联络,上下相蒙,必无一人敢发其奸。目前之弊,不过容隐奸邪,恣夺民力,然亦足以乱天下有余矣。"[1]

储方庆的上疏,指出行政与监察功能不同,不能混而为一。巡按等裁撤后,监察系统在地方不复存在,尽管总督兼右都御史衔,巡抚兼右副都御史衔,负有监督其下地方官的职责,但谁来监督督抚?

储方庆的"忧虑"很快得到验证。雍正元年二月,翰林院检讨李兰密奏说:"且近来督抚提镇之权,亦大盛矣,挟赫赫炎炎之势,令人敢怒而不敢言,即有过举,谁为参究,有白简从事之按臣,不惟小臣能廉,而大臣亦能法也。"[2]

督抚无人监督,且上下勾结,地方下情无法上达,使得中外一体的政治格局遭到破坏。乾隆元年,江西巡抚俞兆岳密奏:有巡按之设,则巡抚可以总其大成,纲举目张,最为周备。后不肖督抚唯恐为巡按操其短长,据实纠弹,而世家巨族又恐巡按访拿家人子弟,不欲上闻,遂群以为扰民多方,建议裁革,此实以私废公,使下情不得上达,而吏治亦易于废弛。臣愚以为巡按之设,有关于吏治民生,甚非浅鲜。但没有为

---

[1] 储方庆:《裁官论》,贺长龄等辑:《清经世文编》卷18《吏政·官制》,台北:文海出版社,1966年,第666—667页。
[2] 《奏请于各省复设巡按御史事》,雍正元年二月初四日,朱批奏折04-01-30-0001-005,中国第一历史档案馆藏。

乾隆帝所采纳。[1]

　　历代王朝注重发挥监察对行政的制衡作用。清朝打破了这一平衡。这也是乾隆中期以来社会危机加深的深层次原因。[2]道光十二年（1832），御史冯赞勋上奏提出，只有恢复御史巡按制度，才可缓解种种危机。[3]道光帝命大学士、军机大臣会同吏部、都察院等议。但讨论的结果是，"各省督抚，悉由皇上灼知慎简，较之巡察官，受恩既重，扬历亦久，皆当竭忠图报，不负委任"，且乾隆、嘉庆年间又有"责成籍隶本省之科道访闻明确，指名纠参"之谕旨。"是国家法制相维之意，已极周备。"所请应毋庸议。[4]道光帝"从之"。[5]巡按制度未能恢复。社会危机随即爆发。

（原载《国家行政学院学报》2015年第4期）

---

[1]《奏为请设立巡按察史安民敬陈管见事》，乾隆元年三月二十八日，朱批奏折04-01-01-0001-047，中国第一历史档案馆藏。
[2]《清高宗实录》卷1367，乾隆五十五年十一月乙未、丁酉、己亥等日，北京：中华书局，1987年影印本，第26册，第332、334、340页。
[3]《奏请酌复巡察官观风整俗事》，道光十二年六月二十二日，录副奏折03-2503-036，中国第一历史档案馆藏。
[4]《奏为遵旨会议御史冯赞勋请设复巡检官观风整俗折事》，道光十二年七月初六日，录副奏折03-2625-008，中国第一历史档案馆藏。
[5]《清宣宗实录》卷214，道光十二年六月戊戌，北京：中华书局，1987年影印本，第36册，第163—164页。

康熙统一台湾的战略决策

康熙二十二年(1683)七月,清政府以较少的代价一举收复台湾,完成了全国的统一。这一开启"康乾盛世"的统一大业的实现,固然有多方面的因素,而清政府适时调整对台战略,尤其是当一以贯之的和平方略受到威胁,台湾郑氏集团即将走上"版图之外,另辟乾坤"的危险道路时,采取积极主动措施,为武力攻台做充分而全面的准备,是保证台湾顺利回归的关键。

一、清政府致力于和平统一,并为此做出重大让步

康熙初年,清朝完成了中国大陆的统一,只有台湾孤悬海外,为郑氏集团所控制。由于长年战争,清政府经济十分凋敝,而渡海作战,对于惯习陆战、"战舰无多"的清政府而言,面临重重困难与考验;加之施琅二次渡海失利,致使统一台湾的大业暂时"未能得志"。[1]为了营造恢复和发展经济所必须的和平环境,康熙五年(1666)前后,清政府暂时放弃了武力攻台的方略,把战略重点转移到和平统一上来,这就是"循于招抚,不事轻剿"的对台战略。一直在闽海前线的福建总督李率泰在康熙五年弥留之际所上遗疏中,称赞"奉旨撤兵,与民休息,洵为至计"。[2]

六年(1667)五月,即康熙帝亲政前夕,清政府派福建总兵孔元章赴台,给郑经送去其舅父董班舍的信,向郑经表达如削发称臣,便可封

---

[1]《平定海寇方略》卷1,北京:北京图书馆出版社,2006年,第31页。
[2]《清圣祖实录》卷18,康熙五年正月丁未,北京:中华书局,1987年影印本,第4册,第260页。

他为"八闽王"之意。但郑经自恃"幅员数千里，粮食数十年，四夷效顺，百货流通，生聚教训，足以自强"，不但过高估计自己的实力，而且侈谈"版图之外，另辟乾坤"，"又何慕于藩封？何羡于中土哉"？[1]

郑经的态度引起了朝野有识之士的密切关注。福建水师提督施琅上疏康熙帝，要求尽早解决台湾问题，并指出："若恣其生聚教训，恐养痈为患"，"不如乘便进攻，以杜后患"。[2]但康熙帝仍寄希望于和平统一。为表示"息边"之意，清政府于康熙七年（1668）四月，将施琅召回京师，旋即使之入旗为内大臣，目的是"使之勿遽逸归"，影响和平统一的既定方策。[3]随施琅一同北上的还有郑鸣骏、郑缵绪、周全斌、何义等从郑氏归降的清军水师将领。随即，清政府又下令裁汰福建水师，檄催水师官兵，化整为零，开赴各省躬事屯田。甚至将战船全部焚毁，仅设总兵一员，镇守海澄。在做出以上部署后，八年（1669）六月，康熙帝派刑部尚书明珠、兵部侍郎蔡毓荣携诏书入闽，与郑氏谈判。明珠先派兴化知府慕天颜等入台。但郑经的立场没有丝毫改变，仍坚持"照朝鲜事例，不剃发，称臣纳贡，尊事大之意，则可矣"，并拒接康熙诏书。七月中旬，郑经派礼官叶亨、刑官柯平带着回复明珠的书信，随慕天颜等来到泉州。由于双方在是否坚持"按朝鲜例"上完全对立，谈判陷入僵局。明珠等商定：向康熙帝题请后，清政府再做让步，可准给郑经"藩封，世守台湾"。随即派慕天颜等再赴台湾。明珠在给郑经的信中说："阁下为中国之人，不宜引朝鲜之例；阁下以荒外自居，朝廷以一体相待"，劝其剃发归顺。而郑经以台湾与大陆远隔大洋，有波涛之险，不惧清廷来攻；台湾自有"爵禄"，利诱不足动心，断然拒绝清政府所谓的"游说之侈谈"。[4]此间康熙帝已得知郑氏立场，表示其若"留恋台湾"，"可任从其便"，但比照朝鲜之例不能"允从"，因为"朝鲜系从来所有之外国，郑经乃中国之人"，如果任其居住台湾，又不

---

[1]《康熙朝统一台湾档案史料选辑》，福州：福建人民出版社，1983年，第69—70页。
[2] 施琅：《靖海纪事》卷上《边患宜靖疏》，福州：福建人民出版社，1983年点校本，第49页。
[3] 王钟翰：《清政府对台湾郑氏关系之始末》，《清史新考》，沈阳：辽宁大学出版社，1990年，第134页。
[4] 江日昇：《台湾外记》卷6，福州：福建人民出版社，1983年整理本，第209页。

行剃发,"则归顺悃诚,以何为据"?[1]命明珠等即行回京。此后"数年间海上亦相安无事"[2]。

清政府于康熙六年、八年两次遣使议和,表现出极大的诚意并做出让步,但均无果而终,原因很清楚,即郑经自恃经济"足以自强",并有风涛之险,因此有恃无恐。

台湾不但以其独特的地理位置在中国东南海防中有着十分重要的战略意义,而且,其竭力发展的历史背后,有着颇为复杂的政治因素。郑成功病逝后,以郑经为首的台湾郑氏集团阳奉亡明正朔,阴行割据之实。尤其当国家多事之秋之时,往往啸聚一方,卷土重来,使中央政权有南顾之忧。更为严重的是,为了实现"版图之外,另辟乾坤"的图谋,郑氏集团甚至"收拾党类,结连外国",使本来属于华夏中国的内部事务,笼罩了复杂的国际背景。

康熙十二年(1673),吴三桂率先举起叛旗,随即"遣使台湾",次年三月,耿精忠随之而叛,亦派人"入台湾求济师"。[3]于是,在"三藩"并叛的情况下,"郑锦(经)复猖獗海上"[4],很快占领了泉州、漳州、潮州、惠州等滨海重镇。此时,清政府在前线战事颇为被动,康熙帝采取剿灭元凶,宽赦胁从的方针,以收分化瓦解、各个击破之效。因此,与郑氏的和谈并未因干戈扰攘而中辍。康熙十六年(1677),镇守福建的康亲王杰书派员前往厦门和谈,但此时的郑经得意忘形,在回复杰书的信中,竟宣称要率一旅之师,"向中原共逐鹿"。是年秋冬,杰书再派泉州知府张仲举等赴厦门和谈,并表示如郑经退出沿海各岛,可按"朝鲜例"向皇帝题请。但郑经变本加厉,反提出"边所海岛悉为我有,资给粮饷,则罢兵息民"[5]的要求。杰书本来怀疑自作主张的"让步"条件是否会被康熙帝接受,见郑经又节外生枝,遂以"郑经无降意"奏达清廷。[6]康熙帝仍令杰书"随宜招抚"。次年五月,罢兵心切的杰书

---

[1]《康熙朝统一台湾档案史料选辑》,福州:福建人民出版社,1983年,第85页。
[2] 阮旻锡:《海上见闻录》(定本)卷2,福州:福建人民出版社,1982年整理本,第54页。
[3] 倪在田:《续明纪事本末》卷7《闽海遗兵》,光绪二十九年刊本,第26页a。
[4] 王之春:《清朝柔远记》,北京:中华书局,1989年,第30页。
[5]《台湾外记》卷7,福州:福建人民出版社,1983年整理本,第268页。
[6]《清圣祖实录》卷71,康熙十七年正月庚辰,北京:中华书局,1987年影印本,第4册,第907页。

又自作主张，在与郑经和谈时，同意可照朝鲜例，不削发。而郑氏又提出新的要求：把海澄留为往来公所，每年给台湾提供饷银六万两。杰书以事体重大，不敢自专，遂征询福建总督姚启圣的意见。姚当即回绝，说寸土皆属中国，"谁敢将版图封疆，轻议作公所？"，并指出康熙帝"无此庙算"。[1]至此，康熙十八年（1679）以前的数次和谈均无果而终。

二、调整战略决策，为武力统一做全面准备

郑氏集团在三藩叛乱期间的表现，以及其负隅自固，坚持"按朝鲜例"的一贯立场，促使康熙帝将对台战略的重点转移到武力解决上。而重建水师自然是"第一要务"。正如康熙帝所说，以往攻台"未能得志"的重要原因就是没有强大的水师。熟谙海上情形的福建籍内阁学士李光地在条陈平海五策中，也明确指出：郑氏集团"经今三十余年未能扑灭者，缘彼恃海为险，我无惯练水军以捣其巢穴，故彼得以内无顾忌，而外肆鸱张"[2]。因此，早在平定"三藩"的战争出现重大转机的康熙十六年，清政府即着手这项工作。但最初统掌水师的几任提督均不得人，直到康熙十八年万正色出任时才有改观。万正色乃福建晋江人，自幼生长海上，原是郑氏部将，康熙二年（1663）降清。三藩之乱时，曾在洞庭湖率岳州水师大败吴三桂水军，后任湖广岳州总兵。万正色赴任伊始即为平台做积极准备。除亲自督修旧船外，同时加紧赶造新舰。由于檄调诸路兵将及炮手一时未能全部抵闽，他先以新船配官兵，赴定海训练，并疏报"俟舟师辏集，定期水陆夹攻"。康熙帝得报后即命江南总督阿席熙速选善用炮者二千人，驰送提督军前，同时命姚启圣等速遣士卒，修整舟舰。

对收复台湾的战略决策，当时朝野争议很大。不仅在收复的方式上有"剿""抚"之争，而且在武力统一中又有"急办""缓办"的重大分歧。按照康熙帝的最初设想，待"三藩"基本平定，趁王师尚未北返

---

[1]《台湾外记》卷8，福州：福建人民出版社，1983年整理本，第293页。
[2] 李光地、李日煜：《密陈平海机宜》，《安溪县志》卷11《艺文上》，乾隆刻本，第34页a。

时，倾力以下台湾。这对于人力、物力当然是最大的节省。而且，饱经多年战火的江南各省，不宜在和平初现后，再举戎事。[1]因此，康熙帝的复台战略是在做好武力统一的各项准备的前提下，争取及早解决。三藩平定后，作为清政府财赋重地的江南，亟待恢复与发展以壮大国力，但因郑氏的存在，清政府被迫实行"疲郑"之策，"折五省边海地方划为界外"，使得"东南膏腴田园，及所产渔盐，最为财赋之薮"，不资"中国之用"，造成"赋税缺减，民困日蹙"。[2]因此，不解决台湾问题，"疲郑"的同时也束缚了自己的发展；再者，作为一国之主的康熙帝，对国家的战略和安全还有一个全盘考虑：当时沙俄势力已渗透到我国东北的黑龙江，在"龙兴之地"拓土殖民；西北的准噶尔也蠢蠢欲动。他不能让南北两顾、首尾难周的局面出现。因此，不解决台湾问题，就有南顾之忧，就不能专力东北与西北。

按照康熙帝最初的时间表，应该在康熙二十年（1681）以前解决台湾问题。十八年十二月初九日，康熙帝在东宫召见刚从福建归来的户部侍郎达都，第一句话就问"海贼形势如何？今岁有荡平之机否"？当达都奏报全闽不久即可大定，台湾也可徐图解决时，康熙帝不以为然，说："如果相机徐图，则贼何时可尽灭乎？夫师行既劳，民力亦重困。若能一举而贼速灭，地方速平，则大兵自无野处之苦，而民困亦可苏矣。"[3]显然，他对水到渠成式的"缓办"是不满意的。翌年八月，他在御门听政时再次催问进兵台湾之事。明珠以郑经乃"逋逃残寇，姑徐俟其归命，再若梗化，进剿未晚"，主张缓办。由于当时内阁大学士索额图权力渐重，与明珠各自结党相争，康熙帝正倚重明珠，欲罢索额图，因此命姚启圣暂停攻取台湾[4]。

在进行武力攻台的各项准备的同时，康熙帝命姚启圣实施招抚归诚之策，以削弱郑氏力量，瓦解郑氏人心。康熙十八年，姚启圣在漳州设"修来馆"：由黄性震"董其事"。"凡言自郑氏来者，皆延致之，使

---

[1]《康熙起居注》第一册，北京：中华书局，1984年，第792页。
[2] 施琅：《靖海纪事》卷上《尽陈所见疏》，福州：福建人民出版社，1983年点校本，第54页。
[3]《康熙起居注》第一册，北京：中华书局，1984年，第473页。
[4]《平定海寇方略》卷2，北京：北京图书馆出版社，2006年，第38页。

以华穀鲜衣，炫于漳、泉之郊，供帐恣其所求"，凡台湾文武投诚，官用原职；兵民来者，每人赏银二十至五十两，入伍归农，悉听其便。结果，"投诚者络绎相继"[1]。仅半年左右就招降郑氏文武官员一千二百余名，士兵一万一千余人。尤其是康熙十九年（1680），郑经的总督朱天贵率文武官六百余人、兵二万余人、大小船三百余艘投诚清廷，壮大了清军水师的力量，其后在攻取澎湖时，该军发挥了重要作用。而郑氏内部却因此猜嫌日起，"有识者知其将亡也"。据姚启圣于康熙二十年上清政府的奏疏所言，自康熙十七年（1678）六月到十九年六月两年间，共十次题报，招抚台湾郑氏官兵数万人，除劝令解散归农者外，尚有食俸官五千一百五十三员，食粮兵三万五千六百七十七名。可知此项工作卓有成效，为武力攻台起到了很好的策应。

为了配合攻台的各项准备，鼓舞前方官将的斗志，康熙帝还打破议事成规，有请即准。十九年七月提督万正色疏请给其父母诰命，兵部议不准，康熙帝以"万正色效力海疆，勤劳懋著"，命"不必拘成例，着照所请给与"。[2] 姚启圣疏请福建增兵一万余人，兵部以各督标兵现议增三千人，加之又有满兵驰往，如再增兵必重縻粮饷，亦议不准行。康熙帝认为"该督身在地方，深悉情形"，命如其所请办理。[3] 二十年二月，万正色疏报收复海坛、梅州等处；福建巡抚吴兴祚疏报收复厦门、金门。兵部认为两人所报乃是郑氏遁去之空地，并非败敌收复，因此以妄报军功议复。康熙帝对兵部的做法予以纠正，廷议时明确指出："既已拓取疆域，若止令另议，恐立功者皆为灰心。"[4] 随即明降谕旨，凡福建总督姚启圣、提督施琅等所请，皆照准。

三、务求审慎、战则必胜的战略

在统一台湾问题上，能否有完全的把握打胜？选择什么时机打？付

---

[1] 江日昇：《台湾外记》卷7，福州：福建人民出版社，1983年整理本，第268页。
[2] 《康熙起居注》第一册，北京：中华书局，1984年，第569页。
[3] 《清圣祖实录》卷75，康熙十七年七月戊午，北京：中华书局，1987年影印本，第4册，第964页。
[4] 《康熙起居注》第一册，北京：中华书局，1984年，第660页。

出的代价有多大？无论是清政府的决策层还是前方具体执行的官将，认识上都是有分歧的。而康熙帝作为清政府的最高决策者，在平定三藩这场艰难的战争中已经成长为一个成熟的政治家，他说以前视天下事甚易，自经历此一番艰难，方觉事不易图，因此更加慎重，唯恐有失。因此，在台湾问题上，他坚持务求必胜和尽早的原则。同时，积极寻找、把握最佳时机。二十年正月，郑经病逝台湾，遗命郑克臧承位。但掌握实权的冯锡范、刘国轩杀死郑克臧，拥立年仅十二岁的郑克塽继延平王位，各官将"彼此猜疑，各不相下，众皆离心"。岛内的重大变故为攻取台湾提供了绝好的时机。姚启圣很快将岛内情形详报清廷，并请求"会合水陆官兵，审机乘便，直捣巢穴"。李光地也上奏说，若以大军征之必克，机不可失。康熙帝决然地说："尔言是，朕计决矣。"[1]六月初七日，廷议攻取台湾，康熙帝果断决定："进攻台湾，事情关系重大"，命驻防将军喇哈达、总督姚启圣、巡抚吴兴祚、陆路提督诺迈、水师提督万正色等同心合志，"速乘机会，灭此海寇"。[2]

但是，渡海作战一旦付诸实施，仍然阻力重重。当康熙帝以"进剿方略，咨询廷议"时，几乎都说"海洋险远，风涛莫测，长驱制胜，难计万全"。[3]而且，闽海前线的满汉将领，如宁海将军喇哈达认为台湾"断不可取"，福建水师提督万正色也说"台湾断不可取"。[4]万正色统领的水师是攻台的主力军，他的态度无疑会起关键作用，这使康熙帝大为失望，说："我仗他有本事，委之以重任，而他却畏服贼将，不成说话。"[5]为免贻误战机，康熙帝纳姚启圣、李光地等议，立即起用主张武力攻取台湾的内大臣施琅，代万正色为水师提督。万正色改为陆路提督，诺迈回京候选。至此，人事上的调整已全部完成。中秋节的前一天，康熙帝在瀛台门召见施琅，并为之赐宴饯行。十三年来，年过花甲的老将军虽然两耳不闻涛声，但平台之志一日未尝忘怀。康熙帝嘱其

---

[1] 沈粹芬等辑：《清文汇》甲集卷50，宣统石印本，第15页b。
[2] 《康熙起居注》第一册，北京：中华书局，1984年，第709页。
[3] 《圣祖仁皇帝御制文集》卷14，台北：学生书局，1966年，第237页。
[4] 《清圣祖实录》卷116，康熙二十三年七月丙戌，北京：中华书局，1987年影印本，第5册，第207页。
[5] 李光地：《榕村语录续集》卷11，北京：中华书局，1995年，第702页。

赴任后"与文武各官同心协力,以靖海疆。海氛一日不靖,则民生一日不宁。尔当相机进取,以副朕委任至意"[1]。他还语重心长地对施琅说:"平台之议,惟汝予同,愿努力,无替朕命!"将平台大任交付施琅是康熙帝在识人上的卓见。台湾得施琅南下之报后,"兵士莫不胆战心寒"。十月初六日,施琅行抵福州,立即与姚启圣修造战舰,训练士兵。

收复台湾不但需要适时调整战略,而且其本身还是一项政策性和技术性都很强的大工程。康熙帝尽管一再要求及早解决台湾问题,但他更深知时间要服从打赢这个结果。这也是复台的时间表一再向后推移的原因所在。二十一年(1682)三月二十六日,康熙帝在塞外行宫与内阁廷议姚启圣所上五月进兵攻取台湾之事。他开门见山地说:姚启圣此次所说五月进兵是为照应以前所奏,"前此用兵,凡督促进取之处,无不克获,今促其进取,岂有不进之理?如深入失利,其一身死不足论,但恐损兵,甚为可惜"。命将"此事批交议政王大臣会议,俟会议到日,再行斟酌"。[2] 很显然,如果征台失利,舰毁兵亡,势必一切从头开始,那样,收复台湾还要往后拖延。因此,他要打成功仗。到了五月,是姚启圣所言应该进兵的月份。施琅亦以此请。朝野再次把注意力集中于此。时户科给事中孙蕙条陈缓征,康熙帝对此颇为慎重,廷议时以"其言为当",并说"将军等似乎太急。朕向于陆地用兵之处,筹算可以周悉,今海上情形难于遥度"。他又征询李光地之意。李光地明确表示:"提督施琅谙于水师,料必无虞。"明珠也说:"前经有旨,令其相机进止,此文谅已到彼矣。"康熙帝命于金门、厦门等要害之处添兵防御,以壮声威,并命议政王大臣详议进取之事。

不久,施琅上《决计进剿疏》,称其"丁年六十有二,血气未衰,尚堪报称",若再迁延数年,将老无能为,请康熙帝降旨进兵。此时的康熙帝相当慎重,对大学士等曰:"海道进取难以遥度,今不难催令进兵,万一失事奈何?"命俟总督回奏后再行议决。但康熙帝旋即发现,姚启圣在进兵风向、时机、缓急等方面与施琅意见明显相左。为避免因

---

[1]《康熙起居注》第一册,北京:中华书局,1984年,第740页。
[2]《康熙起居注》第二册,北京:中华书局,1984年,第832页。

督、提之争而贻误时机，康熙帝又纳明珠等议，将进征台湾的大权授予施琅一人，命姚启圣"趱运粮饷"，而"前经姚启圣题定武弁功罪条例，著专交施琅遵行"。[1]随后，施琅又上《海逆形势疏》《海逆日蹙疏》，称郑军已呈瓦解之势，"我军如利箭上弦，训练精熟，士气高昂，可谓万事俱备，只欠南风"。康熙帝得悉施琅已完成攻台的各项准备后，乃决定进兵。即使此时，康熙帝仍然珍惜和平统一的机会，希望郑氏能识时务，顺民意。命姚启圣再与郑氏相谈。数日后，当他得到姚启圣关于郑氏仍要求按外国例时，知和平统一已不可能，乃促施琅从速进兵。

施琅是采取"出其不意"之策率兵进发澎湖的。康熙二十二年六月十四日，施琅率清军水师二万一千余人，大小战船二百三十余只，从铜山起锚，向澎湖进发。[2]次日晨，抵澎湖之花屿、猫屿海面，进泊澎湖南大门八罩屿。六月乃台风盛发期，十七至十九三日惯称"观音暴"，极不利行船。而八罩屿水流湍急，风起则波涛如山，泊舟下椗，无不立碎。施琅计出奇兵，选八罩屿为进澎湖门户。台湾守将刘国轩闻此，大笑曰："谁谓施琅能军？天时地利尚莫之识，诸军但饮酒以观其败耳！"十六日，施琅率军攻八罩屿，流矢中目，前锋蓝理拖肠死战，救施琅出围。清军失利。二十二日，施琅兵分四路，向澎湖发起总攻。刘国轩率台湾大小船舰二百余艘，官兵二万余人，列阵以待。自辰时开战，双方炮火矢石交攻，烟焰蔽天，咫尺莫辨。郑军共一万二千余人被击毙。刘国轩逃回台湾。清军阵亡三百余人，伤二千人，取得澎湖大捷。

澎湖大捷为清政府最终以和平方式收复台湾创造了条件。康熙帝得报后即派侍郎苏拜赶赴福建，为避免"以兵力攻取台湾，则将士劳瘁，人民伤残，特下诏旨招降"[3]。时台湾岛内"群情汹汹，魂魄俱夺"[4]，郑氏集团议战守时，或主张弃台奔吕宋，或主张听从招抚，回归祖国，多时不决。为减少双方伤亡，消除归服者的疑虑，康熙帝敕谕郑克塽

---

[1]《康熙起居注》第二册，北京：中华书局，1984年，第905页。
[2] 施琅：《靖海纪事》卷上《舟师北上疏》，福州：福建人民出版社，1983年点校本，第70页。
[3]《康熙起居注》第二册，北京：中华书局，1984年，第1030、1035页。
[4] 阮旻锡：《海上见闻录》（定本）卷2，福州：福建人民出版社，1982年整理本，第77页。

等，若率"军民人等，悉行登岸，将尔等从前抗违之罪，尽行赦免"。[1] 七月十五日，郑克塽捧表归降。施琅飞书报捷。八月十五日，捷书到阙，康熙帝"欣闻凯奏"，念六十年不从王化的"瀛壖赤子"回到祖国怀抱，情不能已，"解是日所御之衣"驰赐施琅，并赋诗二首，庆贺"耕凿从今九壤同"的这一天终于到来。

康熙帝确实有大国之主的博大襟怀，对郑氏及其官兵皆妥善安排。郑克塽被迎到北京后，授正黄旗汉军公，赐第宅居，其叔弟等均授官职。冯锡范为正白旗汉军伯。为彰刘国轩"能仰识天时，劝令郑克塽纳土来归"之功，授其为正白旗汉军伯，任天津总兵，当得知其"家口众多"后，又特赐第宅。康熙帝不但认为郑成功、郑经并非"乱臣贼子"，命将其父子两柩归葬南安；还亲撰一联，挽念郑成功复中华故土的业绩：四镇多二心，两岛屯师，敢向东南争半壁；诸王无寸土，一隅抗志，方知海外有孤忠。[2]

次年春，康熙帝纳施琅等议，以台湾关系东南"四省之要害"，"弃之必为外国所踞"，[3]乃在台湾设置郡县。设台湾府（今台南市）隶福建省，于府治设台湾、澎湖二县归台湾府直辖。于其南路设凤山县（今高雄），北路设诸罗县（今台南县）。自宋、元时期中央政府在台湾设治（当时设于澎湖）起，这是中国首次将台湾地方政权设于本岛。

康熙统一台湾，不仅使台湾的历史掀开了新的一页，实施数十年的迁海政策也即时废止。也是从这一年起，"康熙帝决定允许所有商业国家在其辽阔帝国的所有港口自由贸易"[4]。一个开放、富强的时代——"康乾盛世"从此开始。

（原刊《清史研究》2000年第3期）

---

[1]《清圣祖实录》卷111，康熙二十二年七月丙申，北京：中华书局，1987年影印本，第5册，第132—133页。
[2] 梁家林：《康熙挽郑成功》，1982年2月26日《北京晚报》。
[3] 施琅：《靖海纪事》卷下《恭陈台湾弃留疏》，福州：福建人民出版社，1983年点校本，第123页。
[4] 龙思泰：《早期澳门史》，吴义雄等译，北京：东方出版社，1997年，第46页。

论康熙时期的朋党及其对清初政治的影响

朋党是中国封建社会官僚政治的必然产物,作为统治阶级内部矛盾的主要表现之一的朋党之争,几乎历代皆有。清朝统治者鉴于党争亡明,故每代皇帝都严厉禁抑朋党势力。但考诸历史,朋党之争实与有清一代相始终。本文以康熙时期几个主要朋党集团为研究对象,试图分析清代前期党争的特征及其对清初政治的影响,并就教于师友。

一、康熙时期主要朋党势力概况

在统治中国的封建帝王中,康熙帝无疑是群中之杰。他吸取历代统治经验,对有妨专制统治的诸种弊端,都力图加以整除,朋党也在其列。他说:"明末朋党纷争,在廷诸臣置封疆社稷于度外,惟以门户胜负为念,不待智者知其必亡。"[1]他屡次警诫大臣,若"分立门户,私植党羽",其结果只能是"始而蠹国害政,终必祸及身家"。[2]尽管如此,康熙时期朋党势力仍屡仆屡起,大有欲盖弥彰之势。下面就这一时期的主要朋党势力做一介绍。

(一) 康熙初期鳌拜党

鳌拜是满洲镶黄旗人,顺治帝死后,他作为四大辅政之一在一段时期内掌握清政府的实权。他"遇事专横,屡兴大狱,虽同列亦侧目焉"[3],他

---

[1] 王先谦:《东华录》康熙朝卷49,上海:上海古籍出版社,2002年,第269页。
[2] 王先谦:《东华录》康熙朝卷20,上海:上海古籍出版社,2002年,第2页。
[3] 《清史稿》卷6《圣祖本纪》,北京:中华书局,1977年标点本,第174页。

垄断仕途，排斥打击汉族官僚，"文武各官欲尽出伊门下"[1]，"相合者则荐拔之，不合者则陷害之"[2]，与从弟穆里玛、大学士班布尔善结成死党，"凡事在家定议，然后施行"[3]。鳌拜觊觎皇位，竟然以太上皇自居。[4]康熙帝亲政后，他既不归政，也不上朝，阴谋陷害康熙帝。[5]为提高皇权，消除鳌拜党对皇帝人身安全的威胁，康熙八年（1669），康熙帝用计擒拿鳌拜并大索其党羽，鳌拜虽免于被戮，其党羽被诛者有九人之多。[6]

鳌拜党被清除，使康熙朝的政治有了转机。

（二）康熙中朝"南北党之争"

鳌拜党被清除后，尤其在平定"三藩"中，汉族官僚地主在清政权中的地位逐渐提高，形成了以徐乾学、王鸿绪、高士奇等为代表的汉族官僚集团，与以大学士明珠为首的满族官僚相抗衡，"时有南北党之目，互相抨击"[7]。

明珠是满洲正黄旗人，在除鳌拜党、平"三藩"中，他皆立有勋功，康熙十六年（1677）被授为武英殿大学士等要职。此后，他广招士人，满官多为其势所屈，汉官也大部寄其篱下，如徐乾学自称为相府的扫门人[8]。史载："明珠既擅政，篚篚不饬，货贿山积，佛伦、余国柱其党也，援引致高位。"[9]康熙帝将明珠与四辅政相比[10]，可见其势力之大。康熙二十七年（1688）二月，金都御史郭琇弹劾明珠结党营私，专权擅政。[11]明珠即被革职，其党余国柱、科尔坤、佛伦等，或革职，或

---

[1] 蒋良骐：《东华录》卷9，北京：中华书局，1980年，第150页。
[2] 蒋良骐：《东华录》卷9，北京：中华书局，1980年，第150页。
[3] 蒋良骐：《东华录》卷9，北京：中华书局，1980年，第150页。
[4] 参见戴逸编：《简明清史》第一册，北京：人民出版社，1980年，第253页。
[5] 昭梿：《啸亭杂录》卷1，北京：中华书局，1980年，第5页。
[6] 蒋良骐：《东华录》卷9，北京：中华书局，1980年，第150页。
[7] 《清史稿》卷271《徐乾学传》，北京：中华书局，1977年标点本，第10008页。
[8] 谢国桢：《清初东北流人考》，《明末清初的学风》，上海：上海书店出版社，2004年，第97—170页。
[9] 《清史稿》卷269《明珠传》，北京：中华书局，1977年标点本，第9993页。
[10] 《清史稿》卷69《余国柱佛伦传》，北京：中华书局，1977年标点本，第9995—9996页。
[11] 李光地：《榕村语录续集》卷14，陈祖武点校，北京：中华书局，1995年，第741页。

勒令休致。[1]

此后，汉官又形成名著一时的势力集团。徐乾学、徐元文不仅"兄弟相代为亚相，海内荣之"[2]，而且还"好士延揽，食客满门下"[3]。高士奇、王鸿绪亦聚其周围，形成所谓"南党"。不久，汉官内部在满官攻讦下自相水火。据载，明珠被罢"权归高（士奇）、徐（乾学），徐又见高更亲密，利皆归高，于是又谋高"[4]，康熙二十八年（1689）九月，徐即指使郭琇疏劾高、王结党营私，事发，高、王、何楷、陈元龙、王顼龄等皆被勒令休致回籍。明珠罢相后"权势未替"[5]，其党遍布中外，皆欲杀徐氏兄弟，以泄愤[6]，故在明珠党羽佛伦、许三礼等交章弹劾下，徐氏兄弟、郭琇等皆革职归籍。所谓"南党"被罢黜、排斥殆尽。"南北党之争"以满官获胜告一段落。

（三）康熙晚期索额图党和诸王党

索额图是满洲正黄旗人，曾任保和殿大学士、太子太傅、议政大臣等要职。康熙中期，他与"明珠同柄朝政，互植私党，贪侈倾朝右"[7]，康熙二十三年（1684），其所任要职多被夺。他是皇太子允礽之舅父和老师，康熙中期，他与皇太子结党，成为"皇太子党"的主要谋划者。为使皇太子早登大位，他屡次谋划，让康熙让位[8]，康熙四十二年（1703）被擒拿拘禁（后死于幽所），其党羽甚众，满官如阿米达、麻尔图、温代，"汉官亦多"[9]。

太子早登大位之志未遂，而索额图党羽在事发后又各自攀缘靠山，终于酿成康熙晚期诸王党争。索额图本人被康熙帝说成"诚为本朝第一罪人"[10]。

---

[1]　蒋良骐：《东华录》卷14，北京：中华书局，1980年，第232页。
[2]　李元度：《国朝先正事略》卷6《徐元文传》，长沙：岳麓书社，2012年，第190页。
[3]　李元度：《国朝先正事略》卷6《徐元文传》，长沙：岳麓书社，2012年，第190页。
[4]　李光地：《榕村语录续集》卷14，陈祖武点校，北京：中华书局，1995年，第741页。
[5]　《清史稿》卷269《明珠传》，北京：中华书局，1977年标点本，第9994页。
[6]　李光地：《榕村语录续集》卷14，陈祖武点校，北京：中华书局，1995年，第737页。
[7]　《清史稿》卷269《索额图传》，北京：中华书局，1977年标点本，第9990页。
[8]　王钟翰：《清世宗夺嫡考实》，《清史杂考》，北京：人民出版社，1957年，第148页。
[9]　王先谦：《东华录》康熙朝卷71，上海：上海古籍出版社，2002年，第431页。
[10]　《清史稿》卷269《索额图传》，北京：中华书局，1977年标点本，第9992页。

诸王之党主要有皇太子党、皇八子党、皇四子党等。

皇太子党形成于康熙中期,索额图被拘禁后,皇太子"鸠聚党舆,窥伺朕(康熙)躬起居动作"[1],使康熙帝"不卜今日被鸩,明日遇害,昼夜戒慎不宁"[2]。康熙四十七年(1708)九月,皇太子被废,康熙帝训谕诸王曰:"今允礽事完结,诸阿哥中尝有借此邀结人心,树党相倾者,朕断不姑容。"[3]但太子被废,皇储空悬,诸王斗争只能是愈演愈烈。

皇八子允禩,为人强悍,觊觎皇储由来已久,其党羽最众。允礽被废后,其党遍布朝野,并言允禩可立为太子。康熙四十八年(1709)三月,为压服允禩党势力,康熙帝复立允礽为皇太子[五十一年(1712)十月复废],但允禩党势力强大,其党羽至雍正朝仍聚而难散。

皇四子允禛党形成于康熙后期。允礽初废,允禛亦在拘禁之列,说明他也是皇储的争夺者。[4]他以鄂尔泰、田文镜、李卫三人为腹心,此外藩下人如年羹尧、傅鼐、博尔多等,皆在康熙时各为督抚、提督,遍布四方。[5]康熙帝死后,允禛于混乱之际入承大统,是为雍正帝。此后,清朝的党争遂进入了一个新时期。

二、康熙时期朋党迭兴原因和党争特征考察

(一)康熙时期朋党迭兴的原因

康熙时期朋党势力的迭兴不已,既有其历史的根源,又有其现实的依据。

在中国封建社会里,以专制皇权为轴心的官僚政治,是一般的组织结构。官员在宦海为官,各级官僚施展其纵横捭阖的政治权术,朋比为奸甚至是其安身立命、建功立业的保障,而一个孤立无援的官员,其宦

---

[1]《清史稿》卷220《理密亲王允礽传》,北京:中华书局,1977年标点本,第9063页。
[2]《清史稿》卷220《理密亲王允礽传》,北京:中华书局,1977年标点本,第9063页。
[3] 王先谦:《东华录》康熙朝卷82,上海:上海古籍出版社,2002年,第492页。
[4] 弘旺:《皇清通志纲要》卷5,康熙四十七年十一月:上违和,皇三子同世宗皇帝、五皇子、八皇子(先君)、皇太子开释,十八日起侍,用医药而安,抄本,第55页a。
[5] 王钟翰:《清世宗夺嫡考实》,《清史杂考》,北京:人民出版社,1957年,第152页。

海生涯往往是短暂的。这样，或门生，或故吏，或同年，或同乡，就必然地结成休戚与共的小集团，这就是朋党的社会基础。举一例以类其余：明代海瑞以刚正不阿而彪著史册。他又是孤身立业的官员的典型。他执法务求实际，敢于触及绅士、乡宦[1]，因此被说成是"莅官无一善状"，"矜己夸人，一言一论无不为士论所嗤笑"，[2]可见，正直守法，不附党援，在士大夫看来，未免不通"人情"。而"一言一论无不为士论所嗤笑"云云，却从反面证明了刚正不阿、不附党援等"嘉言懿行"，无异胶柱鼓瑟，不合"时代潮流"！而海瑞名彰古今，又从侧面告诉我们：封建时代这类官员又是多么罕见，因而封建官僚之一般，就不言自明了。

关于封建官僚政治与大臣朋党之关系，笔者拟专文探讨，此不详析。

康熙时期朋党迭兴固然离不开上述历史根源，但也有其现实的依据，即康熙帝执政尚宽，对朋党的处理不免有姑息养奸之嫌。康熙帝说："政贵宽平，不必一一搜访滋事"[3]，"凡事不可深究者极多"[4]，"定例所在，有犯必惩，其中细微，不必深究；诸事大抵如此"[5]，这可谓康熙帝执政的指导思想。

诚然，当较大的朋党势力威胁到皇权时，康熙帝甚至不惜以刃相加，但纵观他对朋党的处理，轻则以词戒之，以德怀之；重则拘禁、罢职而已，而置以重典者确是罕见。"南党"的首要者们，在庙堂上贪赃行贿、枉法欺君；在地方上武断乡曲，欺压众民，其奴仆也横行霸道。当时有"四方宝物归东海（徐乾学），万国金珠送澹人（高士奇）"之谣，京城三尺童子皆知。[6]对此康熙帝不但认为"不必深究"，而且当徐乾学回归故里时，还赐其御书"光焰万丈"匾额。[7]高士奇在其乡平湖夺民地，攘民产，康熙帝南巡其地，对此概不过问，都赐以"竹

---

[1] 海瑞：《海瑞集》，北京：中华书局，1981年，第117页。
[2] 海瑞：《海瑞集》，北京：中华书局，1981年，第630页。
[3] 蒋良骐：《东华录》卷14，北京：中华书局，1980年，第234页。
[4] 蒋良骐：《东华录》卷21，北京：中华书局，1980年，第342页。
[5] 蒋良骐：《东华录》卷21，北京：中华书局，1980年，第342页。
[6] 蒋良骐：《东华录》卷15，北京：中华书局，1980年，第246页。
[7] 蒋良骐：《东华录》卷15，北京：中华书局，1980年，第248页。

窗"榜额,以示宠爱。明珠罢相后,仍令其在内务府供职,故"权势未替",党争仍不已。结果不免"三五成群,互相交结,同年门生,相为援引……种种情状,确知已久"[1],听任其发展而已。康熙晚期,康熙帝自己也承认:不仅"汉人结为党类……习以为常",而且"满洲素朴诚忠,今观旗人亦各自结党",甚至发出"惟尚书索诺和并无党类……此外孰无党者"的哀叹[2]。因此可以说,康熙帝把国家的刑罚大典用得太少,使朋党迭兴不已。而康熙帝自己被朋党之争拖得"日夜忧惧""仅存皮骨"[3],也可谓咎由自取。

(二)康熙时期党争特征分析

康熙时期的党争,因其历史条件不同,故而具有如下几个特征。

其一,满族贵族是党争的核心力量。

由于满官在清政权中占据主导地位,汉官多"唯诺之辈",因而反映在朋党势力构成上,满族贵族、官僚成为党争的核心力量。前述的几个朋党势力除徐乾学等"南党"外,大多如此。汉官即使加入其斗争之中,也仍处于依附地位。如明珠党的主要人物汉官余国柱,亦不过"唯命是听,但知戴德私门矣"[4]。"南党"虽也曾权倾一时,但仍以全部失败告终,反映了清政权是以满族贵族为主体的特点。

其二,"满汉之争"是党争的重要内容之一。

扩大清政权的统治基础,广泛吸收汉族地主、文人,是统治众多汉民的需要。它随时间之推移越发显得重要。除鳌拜党后,尤其在平定"三藩"过程中,许多汉族地主、文人参加到清政权中,其地位亦不断提高。徐氏兄弟、高、王、张英等人,就是在此条件下入直南书房而被委以重任的。"南党"形成后,与"北党"相抗衡。这场带有"满汉之争"特征的党争,持续时间颇长,斗争很激烈,但最后仍以汉官失败而告终。它反映出清朝统治者力图扩大其统治基础,而又与满族贵族既得

---

[1] 蒋良骐:《东华录》卷14,北京:中华书局,1980年,第231页。
[2] 王先谦:《东华录》康熙朝卷53,上海:上海古籍出版社,2002年,第298页。
[3] 《康熙起居注》,康熙五十七年二月,北京:中华书局,1994年标点本,第2489页。
[4] 蒋良骐:《东华录》卷14,北京:中华书局,1980年,第229页。

的特权利益相矛盾这一客观事实。这也是"满汉之争"的实质所在。

其三，党争与皇位继承权的争夺紧密相连，更少以往朝代政治派别之间斗争的特色。

从前述的几个主要朋党势力结党的目的来看，大多与争夺皇位密切相连。鳌拜俨然以太上皇自居，康熙大诛其党羽，显然带有"真""假"皇帝较量的色彩；索额图结党，势力很大，他本人未必有僭位野心，但他唆使皇太子早登大位，无疑是对现存皇帝的否定。至于以后诸王党争，更纯粹带有争夺皇位的特色。这与以往朝代的党争，更多地带有不同政治派别间斗争的特点不同。

既然康熙时期的党争带有如上一些特征，而且持续时间长，次数频多，因而就不可能不对清初政治产生深刻影响。对此，我们必须加以论列。

三、康熙时期朋党之争对清初政治的影响

康熙时期的朋党之争，对清初政治的直接影响是使康熙晚期的政治统治日趋废弛，统治阶级不稍以更张，则很难照旧统治下去；其间接影响是，为雍正帝严厉惩治朋党，极力强化专制皇权，大力整饬吏治等政治改革提出了迫切的现实要求。

（一）朋党之争的直接影响

党争使康熙晚期的政治统治日趋废弛，主要表现有如下三个方面。

其一，在一定程度上削弱了皇权。

强化专制皇权，是贯穿中国封建社会始终的一个重要内容。清朝统治者也是如此。除鳌拜党后，皇权逐渐得到加强。康熙帝通过设置南书房，重用汉族地主知识分子，派诸皇子到各旗削弱旗主权力等措施，使皇权提高一步。但这些措施随着时间的推移很快走向其反面。如南书房历来被认为是皇帝的"枢密机关"[1]，但如赵翼所说，"康熙中虽有南书

---

[1] 邓之诚：《谈军机处》，郑天挺编：《明清史资料》下册，天津：天津人民出版社，1981年，第127—134页。

房拟旨之例，而机事仍属内阁"[1]。入直南书房诸臣也一再言明自己"从未干涉国政"[2]，说明他们的权力有限，而康熙帝利用南书房的程度也可知并非很大。再如派皇子督旗务，后来却为皇子各自结党生事创造了条件。康熙晚期，尽管康熙帝施展其智能权术，免蹈"玄武门之变"的故辙，得以保全帝位至升暇之时，但"萧墙之祸"实在将康熙帝过早地拖入了坟墓。康熙帝所谓"天无二日，民无二王，名不正则言不顺"[3]，一语道破了诸王皇储之争的实质。因此可以说，康熙晚期皇权受到了一定程度的削弱，笼统地说康熙时期皇权得到加强不符合历史事实。

其二，党争成为康熙晚期政治混乱的主要原因。

皇帝是驾驭官僚机构这部机器的总枢纽，在正常条件下，它不乏使机器的各个部件很好发挥其机能，奏出和谐的曲调来的表现；在失常条件下，它也会使各部件机能失调，变得吵嚷纷杂。康熙帝在他执政的后期，几乎完全被卷入了政治旋涡。康熙四十七年以后，康熙帝以前那种朝气蓬勃、孜孜求治的精神大多不见了，而"与其多一事，不如少一事"[4]倒成了他的座右铭。既然满朝文武都已卷入争夺皇位的党争之中，那么，大清帝国的政治混乱就会如影随形般不可避免。早在康熙四十二年，大索索额图党之时，已经是"举国俱不得安"[5]；至太子初废，更使清政府大小官吏"日夜危惧，靡有宁时"。混乱的政治局面使得康熙帝屡下安定众臣之谕，告诫他们要安于政事，"毋复疑惧"[6]。连年不断的党争，确实如雍正帝后来所总结的那样，"国家被其扰乱，人心受其蛊惑"[7]，国将不国了！

其三，党争加深了康熙晚期的吏治废弛。

朋党历来是藏污纳垢的渊薮，蠹国害民的劫者。徐氏兄弟不仅在地方上大肆兼并土地，放高利贷，且拖欠钱粮、以势欺压地方官吏，致使

---

[1] 赵翼：《檐曝杂记》卷1，北京：中华书局，1982年，第3页。
[2] 蒋良骐：《东华录》卷15，北京：中华书局，1980年，第240页。
[3] 《清圣祖实录》卷277，康熙五十七年正月庚午，北京：中华书局，1987年，第6册，第712页。
[4] 蒋良骐：《东华录》卷21，北京：中华书局，1980年，第349页。
[5] 王先谦：《东华录》康熙朝卷71，上海：上海古籍出版社，2002年，第430页。
[6] 王先谦：《东华录》康熙朝卷82，上海：上海古籍出版社，2002年，第491页。
[7] 蒋良骐：《东华录》卷28，北京：中华书局，1980年，第455页。

"昆山县知县总为钱粮革职降级,不得升任者多"[1]。这种吸民膏血以饱个人私欲的行为,无疑会加深阶级矛盾。康熙末年,农民抗租抢粮斗争不断发生。福建人民聚众数千,在泉州一带打劫地方仓库,尔后奔逃入山发动起义。此等"大事"而"督抚、提督俱未奏闻"[2],可见,地方大员根本未把朝廷放在眼里。

在康熙五十五年(1716)的"上谕"里,康熙帝对康熙晚期的吏治作了总结。他说:"……(武臣)多不谙事体,亦不得约束兵丁,兵丁全无畏惧,法度大为废弛。……至于总督、巡抚,但于地方不生事……即为称职。或有人自谓清官,纵妻子奴仆暗受贿赂……且九卿及督抚、提镇内,居官贪婪、行止不端者亦或有之;科道官员,即当从严参劾,乃或因系某大臣保举,或因系某大臣门生故旧,彼此瞻徇情面,并不奏参,间有条奏弹章,亦止受人请托,或欲使人畏惧,自立威名耳。"[3]

由此可见,康熙晚期的吏治,康熙帝自己也承认"法度大为废弛"。尽管导致"法度大为废弛"的原因还有其他,但我们有理由说,党争是其重要原因。

(二)朋党之争的间接影响

雍正帝君莅全国后,等待他的并不是美酒佳肴、丽色绝伎;相反,康熙晚期留下的朋党积习和吏治的极度紊乱并未因乃父之龙驭上宾而销声匿迹,斗争更复杂、更残酷了。他内苦于诸王之排挤,外困于臣僚之党习,且种种诽谤之言,足以使他应接不暇。大清帝国处在危急之中。时代发出了改革的呐喊,现实提出了变革的要求。因此,打击朋党就成为雍正帝改革的前提。

席不暇暖,雍正帝就向结党诸臣发出禁令:"妄生事端,干犯法纪,断不宽宥!"[4]"朋党恶习,起于明季,此风至今未息。尔大臣有则痛改,无则永以为戒!"[5]他是这样说的,也是这样做的:对结党生事的

---

[1] 蒋良骐:《东华录》卷15,北京:中华书局,1980年,第250—251页。
[2] 蒋良骐:《东华录》卷21,北京:中华书局,1980年,第350页。
[3] 王先谦:《东华录》康熙朝卷98,上海:上海古籍出版社,2002年,第592页。
[4] 蒋良骐:《东华录》卷25,北京:中华书局,1980年,,第405页。
[5] 黄鸿寿:《清史纪事本末》卷25,上海进步书局石印本,第1页a。

允禩、允禟、允禵,皆置以重典。如他自己所说:确是为国除害,大义灭亲。[1]对恃功自傲、结党营私的年羹尧、隆科多,他也不惜以刃相见。这样,朋党之习才得以收敛。萧一山说:"然诸王不杀,祸根难除,于是不得不采非常手段。"[2]可见,对大臣朋党的果决严厉处理是巩固统治的需要,改革得以实现的前提。因此,我们没有任何理由以"嗜杀寡情""萧墙惨祸"来责备乃至谴责雍正帝。原因很清楚:没有严厉的手段,雍正帝的统治一天也不能维持。雍正帝正是吸取皇考在对待朋党问题上的失败教训后而采取强硬办法的。为从理论上批判大臣朋党,雍正帝御作《朋党论》一篇,以驳斥欧阳修"君子有朋"之说,并将此文颁示满汉诸臣,以示严禁朋党。为避免皇子诸王党争重演,他还建立了"皇储"制度。这些都无疑是对朋党势力根基上的挖削。这一切,也是康熙时期党争对雍正朝政治的间接影响之一。

其间接影响之二,是有鉴于皇考晚期皇权削弱,雍正帝积极加强皇权:设置军机处,完善密折制,广开言路,等等。关于此点,叙述者颇多,故从略。

同时,我们还应看到,在打击朋党、强化皇权过程中,雍正帝还大张旗鼓地整饬吏治,从而改变了康熙晚期吏治废弛的局面。有的同志说雍正帝"造成了比较清明和稳定的政治",确实不为过誉;因此,是否可以说:是雍正帝把清政府重新纳入了正常的运行轨道,从而为弘历导演出"乾隆盛世"奠定了基础。

综上所述,笔者认为,作为封建社会官僚政治附产物的朋党之争,在清代仍然严重存在。从康熙时期几个主要朋党势力的迭兴及其斗争中可以看出,这一时期的党争并不逊于汉、唐。究其直接原因,是康熙帝执政尚宽,失之于疏,在对待朋党问题上不免有姑息养奸之嫌。由于历史条件不同,这一时期的党争又带有其独具的特色:满族贵族是党争的核心力量;"满汉之争"是党争的一个重要内容,党争与争夺皇位继承权紧密相连,更少以往朝代政治派别间斗争的特色。

---

[1] 蒋良骐:《东华录》卷28,北京:中华书局,1980年,第466页。
[2] 萧一山:《清代通史》上卷,上海:华东师范大学出版社,2005年,第694页。

长期的党争，尤其是康熙晚期的党争给清初政治带来深刻影响；它直接导致康熙晚期政治废弛，间接地为雍正改革提出了现实的要求。因此，我们既不能以"萧墙惨祸""杀戮大臣"来贬抑雍正帝的改革价值，也不能把雍正改革简单归结为满族处于上升的历史阶段所致。

[原载《松辽学刊（社会科学版）》1984年第1期。人大报刊复印资料《明清史》1984年第3期全文转载]

康熙第六次南巡前后的皇、储矛盾

废立太子是康熙后期牵动朝局的重大政治事件，清史界对此研讨颇多。本文从满文朱批奏折入手，围绕康熙第六次南巡前后的皇、储矛盾冲突，将几个看似不相关联的事件联系在一起进行考察，提出一些不甚成熟的看法，以就教于方家。

一、康熙西巡的真实目的

康熙四十二年（1703）五月，玄烨采取断然措施，将怂恿、支持允礽早登大位的索额图拘禁，并于九月底将其秘密处死。[1]十月十一日踏上西巡之路。诛索与西巡表面上并无必然联系，实则不然。

在处理索额图一案时，康熙采取严惩元凶、宽赦胁从的策略，以免事态扩大，牵连人众。但是，由于索额图助太子图谋大事，问题并非能简而化之，康熙意识到西北的地方大员与太子颇为亲近，或者受太子所左右，尤其是晋、甘等省官员更迭频繁，他怀疑有幕后操纵者。早在囚禁索额图不久后的七月初四日，康熙帝责备山西巡抚噶礼"与索额图甚好，看索额图指示行事"，命其将"为何向着索额图，此事著明白具奏，密之"。[2]噶礼接到密旨的次日，立即密奏《未照索额图指示行事折》，噶礼称自己从被初授主事，陆续拔至今职，皆为皇上特用。"无一人帮

---

[1] 据齐克塔哈称，索额图乃"饿禁冻死"。见中国第一历史档案馆编：《康熙朝满文朱批奏折全译》，北京：中国社会科学出版社，1996年，第309页。
[2] 中国第一历史档案馆编：《康熙朝满文朱批奏折全译》，北京：中国社会科学出版社，1996年，第285页。

助奴才",来山西受职后,多次疏参索额图在山西之亲信官员。[1]康熙对噶礼的辩解显然不满,朱批"知道了"。

除噶礼外,康熙还对甘肃巡抚齐世武很不放心。七月二十六日,玄烨令川陕总督华显密奏齐世武,并责备总督曰:"齐世武之事,奏折内为何不写?此人做官何如?心绪何如?甘肃官员尽被参劾离职,其故何在?"命其"逐一缮折奏来",并嘱其"此等密事,尔当亲手写来,字不好不妨,不可令人写"。[2]华显接到密旨后即密奏"齐世武意气用事,为其参劾之官员甚多,故众人怨声载道"。[3]玄烨决定西巡后,将消息透露给山西巡抚噶礼,噶礼接御批后"不胜腾欢",可是,康熙不谈"公事",朱批曰:"尔母最恨尔弟,想杀之,朕在此亦要劝阻。是何缘故?著尔密奏。此为家事,勿令人知。"[4]噶礼之母乃康熙乳母,噶礼一家与康熙及皇太子的关系都非同一般。然而如后面还要讲到的,噶礼确实禀太子旨意,背着康熙做了许多事。因此,康熙所言"家事",绝非一般的家事,很可能是与皇家有重要关系的"家事"。

十月十一日,康熙在皇太子允礽等扈从下,踏上了西巡之路。从严格意义上讲,这也是康熙一生中唯一的一次西巡。噶礼迎驾至庆都,山西境内每一站皆作行宫,玩童妓女班列其中。[5]由于康熙欲观察西北官员对处置索额图一事的态度,因此西巡路上一再训诫那些献媚索额图的官员。康熙先于初五日接见张鹏翮时,责其所保举者十之七八皆徇情面:"如索额图家人,尔曾保举,可云无此事乎?"张不能对,垂涕请罪。进入陕境后,川陕总督华显因"忽然生疮",未能效劳,因此请康熙多留几日。康熙透露此行颇为不易,因元旦已近,必须提早赶回。[6]

---

[1] 中国第一历史档案馆编:《康熙朝满文朱批奏折全译》,北京:中国社会科学出版社,1996年,第293页。
[2] 中国第一历史档案馆编:《康熙朝满文朱批奏折全译》,北京:中国社会科学出版社,1996年,第293页。
[3] 中国第一历史档案馆编:《康熙朝满文朱批奏折全译》,北京:中国社会科学出版社,1996年,第294页。
[4] 中国第一历史档案馆编:《康熙朝满文朱批奏折全译》,北京:中国社会科学出版社,1996年,第299页。
[5] 李光地:《榕村语录续集》卷18,北京:商务印书馆,2019年,第659页。
[6] 中国第一历史档案馆编:《康熙朝满文朱批奏折全译》,北京:中国社会科学出版社,1996年,第302页。

康熙行色匆匆，取道河南返回京师。

噶礼的处境也很微妙。是年底，他遭到御史刘若萧疏参，噶礼疏辨，康熙朱批：此事知与不知者无不议论，尔不必生气，自有公论也。只是官员保得很多，升得太快，因此不能不使人怀疑。此事尔心里亦明白罢。[1] 同日，噶礼上《奏谢颁旨完结家事折》透露了噶礼之母欲杀其弟之事，以及康熙代为处理的内情。康熙命噶礼弟塞尔齐及其妻子、家人等皆前往盛京，其房田俱交付族内大员看守。噶礼称其家事甚为年久，特颁谕旨，顿时完结，保全阖家人性命。康熙朱批：这虽为尔之家事，但众人听之不恰当。今已明白办理完毕，不必讳言，尔尽管放心，勉之，唯将尔母断不可带往住所。若带往住所，必出大事，可殃及尔身命。[2] 康熙的朱批闪烁其词，尤其不令其母至噶礼住所，否则"必出大事"。这里的"大事"，或许是噶礼之母掌握其子参与皇太子"潜谋大事"之事。

康熙为了保全太子，降旨完结参奏噶礼一案，似可说明此时父子关系尚不至完全破裂。但康熙西巡并未能使噶礼停止与太子的秘密交往，相反，噶礼与皇太子背着康熙做了不少事。这也表明允礽插手地方事务，在西北尤为突出。山西平阳知府马超赞贪酷不法一案就是一个例证。马曾在兵部任职，在承接捐纳之事时负债十万余两，他还擅将府库所存一万余两驮载而去。就是这样一个胆大妄为者，竟升任平阳知府。升任的理由是"以其勇锐，善操满语"，从康熙所说与马"从不相识"判断，这项任命似可肯定乃太子之意。或许是噶礼得到太子的指令，马到山西后，受到噶礼的激赏。但马超赞贪婪之性不改，遇有词讼之案，"死要银两"，又向州县官遍行勒取银两，甚至人命重案，只要给钱，即行改供，"置律例于不顾"。马还干涉地方州县官之任免，未到任前，他就请噶礼将大宁知县徐晋调往夏县，不果后又请调往并非属于平阳府管辖的介休。康熙西巡时，对马的种种恶行有所耳闻。回到京城后，皇长

---

[1] 中国第一历史档案馆编：《康熙朝满文朱批奏折全译》，北京：中国社会科学出版社，1996年，第306—307页。

[2] 中国第一历史档案馆编：《康熙朝满文朱批奏折全译》，北京：中国社会科学出版社，1996年，第307页。

子允禵及诸皇子也曾就此事奏闻康熙:"皇父为何用马超赞?此人甚乱,形迹强胜。既已用之,故忍其行为将如何?"康熙对诸皇子的责问有苦难言。或许是噶礼得知马超赞已经败露,遂于四十三年(1704)七月初四日密奏康熙将参劾马。康熙并没有责怪噶礼以前为何不参,朱批曰:"今览所奏,愈与阿哥等言相合,从来不正是实,参的甚当。"并命噶礼密奏"新布政使何如?绰奇何如?走时说了什么?"[1]

随后发生的兵部缚送张和等四人之事似乎与马超赞案有关,而噶礼禀太子旨意处置四人,可见二者关系非同一般。是月十六日,允礽的奶公召噶礼之弟、副都统噶尔弼,传宣皇太子批语:"铎霍一到,交付该部,锁以铁索,副都统噶尔弼家人使陪,送交太原巡抚噶礼,说予之批语。此人为尔山西平阳府人,很乱胆大。再饬噶礼,说与其家人,断不可伤害其命。予若寻之,仍完整送来。"兵部将铎霍、张和等四人乘驿送到太原后,噶礼派官二员妥慎看守的同时,于八月初八日向皇太子具启以闻。噶礼本想严惩张和等人,但因太子有"不可伤害其命"的批语,只好作罢。一个月后噶礼没有得到太子的进一步指令,遂于九月十一日又启奏太子对四人如何处置。皇太子批语称噶礼前所办之事甚当,故未批发,并告噶礼曰:"今皇上亦已闻此人,勿令此人与任何人见面,亦不可使其死。皇上若问于尔,则照予所寄之语具奏。具奏时只说交我弟噶尔弼寄之,不得写批语人之名。为此特批发。"[2]

此事按时间、地点、牵涉人物推断,当与马超赞案有关。而诸皇子奏问康熙为何用马超赞,其意在引火烧至太子身上。二废太子后,噶礼因其母告发不孝事被处死,其弟塞尔齐处斩监候。但康熙以后言及废太子之事时,将索额图与噶礼并称,言"朕皆诛之",可见指使下毒事很可能是噶母劝阻噶礼参与朝廷大事后所发。

康熙经过密查及西巡召见,对甘肃巡抚齐世武的看法有所改变。在翌年十一月齐的谢恩折中,玄烨朱批:"据前风闻,尔性暴躁,操守虽

---

[1] 中国第一历史档案馆编:《康熙朝满文朱批奏折全译》,北京:中国社会科学出版社,1996年,第330—331页。

[2] 中国第一历史档案馆编:《康熙朝满文朱批奏折全译》,北京:中国社会科学出版社,1996年,第343页。

好，但无怨心。朕巡幸西安观之，尔之忠心义志，犹如日被驱使之奴仆，即在目前，并无隐瞒，表里如一，由此愈加稔信。朕思齐世武诳朕，则再无一可信者。"命其将陕西总督、巡抚、布政使、按察使、提督、总兵等，居官谁甚优，谁平常，谁甚劣，据其所知，亲写奏来。并一再嘱咐："除朕与尔外，勿再令一人知道。再者，外人有怨艾京城官员者乎？密之！密之！"[1]

更能说明问题者是新任川陕总督博霁。华显于四十三年二月十一日病死，博霁以西安将军兼受川陕总督。九月初一日，博霁同上二折，一给太子，一给玄烨。在给太子的请安折中曰："奴才自辞慈颜已有半年，依恋主子厚恩，时刻弗忘。身虽在西疆，仍如跟随左右。"皇太子批语："知道了。身体安善，尔好？"[2]这是笔者所见地方大员给太子的请安折中，仅有的几份之一。在给玄烨的奏谢折中称其"上无兄下无弟，无朋友，孤独一人，故终生以皇父为赖"。[3]博霁与太子、康熙同时保持"单线"联系，并称太子、康熙都是自己的"主子"，明显透露出他足踏两条船的心态。

由上可见，康熙对亲太子的西北地方大员表示了极大的关注。在诛索额图后匆匆踏上西巡之路，主要目的似不是"观风省俗"，而是要把握西北大员的动向，对亲太子者起到某种威慑作用。在废太子前夕，康熙密召齐世武进京，以致引起甘肃布政使绰奇出现诸多反常之举，一时都下议论纷纷。这都说明西北在太子和康熙的心目中具有很重要的地位。

二、废储之议与惩治皇八子

康熙中叶以后，宗室因"结交匪类""行止乖乱"而被黜革的案件

---

[1] 中国第一历史档案馆编：《康熙朝满文朱批奏折全译》，北京：中国社会科学出版社，1996年，第356页。
[2] 中国第一历史档案馆编：《康熙朝满文朱批奏折全译》，北京：中国社会科学出版社，1996年，第341页。
[3] 中国第一历史档案馆编：《康熙朝满文朱批奏折全译》，北京：中国社会科学出版社，1996年，第342页。

越来越多,尽管惩处这些案件多语焉不详,但仍可以肯定与愈加复杂的政治斗争有关。[1]同时,诸皇子长大成人,各结势要,尤其是随着皇、储矛盾逐渐公开化,大概康熙四十年(1701)后,争储之势已成。其中废储之议及皇八子因争储受惩治是被人忽略而又影响颇大的事件。

允禩生于康熙二十年(1681)二月,其母良妃卫氏是内管领阿布鼐之女,出身贫苦,故不为康熙所重。允禩出生后由允禔之母惠妃抚养,这或许是后来允禔支持允禩的原因之一。允禩的嫡福晋郭络罗氏自幼生长在外公岳乐身边。[2]岳乐是顺康两朝清廷的核心人物之一,经常主持议政王大臣会议。康熙前期,他受玄烨之托,任职宗人府管教年幼诸王。平定三藩时,岳乐坚持先定江西、再取湖南之策,为清朝打赢这场战争立下汗马功劳。二十年,玄烨以"岳乐原膺斯任",命其重掌宗人府。[3]郭络罗氏被外公视若掌上明珠,颇加娇宠。岳乐因其在朝中有崇高而尊贵的威望,一时奔走门下者不乏其人,努尔哈赤长子褚英之孙、镇国公苏努即因此受到严旨申饬。[4]

作为努尔哈赤之孙、饶余郡王阿巴泰的第四子,岳乐于康熙二十八年(1689)病卒,因其外孙女嫁给皇八子允禩,在以后诸皇子党争中,岳乐一支受到牵连。三十九年(1700),因已革多罗贝勒诺尼控告,岳乐于死后十一年被迫革亲王,降为郡王。据雍正后来回忆,岳乐生前"居心甚属不善,诌附辅政大臣等,又恃伊辈长,种种触忤皇考之处,不可悉述"。雍正还说:由于康熙迟迟不令岳乐子孙袭爵,允禩从中"钻营谗害,离间宗室"。[5]不管此说是否可靠,但似乎岳乐一支的势力与允禩相固结,当属事实。而允禩"笼络人心,其术必有大过人者"。[6]允禩争储,与"废立之议"的时间颇相吻合。

---

[1] 参见《清圣祖实录》卷133,康熙二十七年二月辛酉;卷149,康熙二十九年十二月己巳;卷188,康熙三十七年六月丁卯,北京:中华书局,1985年影印本,第5册,第444、655、1000页。

[2] 中国第一历史档案馆编:《康熙朝满文朱批奏折全译》,北京:中国社会科学出版社,1996年,第1658页。

[3] 中国第一历史档案馆编:《康熙起居注》第一册,北京:中华书局,1984年,第800页。

[4] 《清圣祖实录》卷127,康熙二十五年十月壬申,北京:中华书局,1985年影印本,第5册,第364—365页。

[5] 《世宗宪皇帝上谕八旗》卷1,雍正元年十二月初一日条,四库全书本,第24页。

[6] 吴俊编校:《孟森学术论著》,杭州:浙江人民出版社,1998年,第196页。

综合诸多史料推断，处死索额图前后，清廷高层曾有废立太子之议。玄烨囚禁索额图后，在山西巡抚噶礼奏报粮价折上朱批："又据风闻，尔与索额图甚好，看索额图指示行事。等语。想尔为妃母胞弟所生之子，凡所思所行，应向着裕王我二人，而为何向着索额图。此事著明白回奏，密之！"[1]

索额图以"怨尤国事""潜谋大事"被处死，"怨尤"一种可能是康熙未兑现平准后将皇位传给允礽的许诺[2]，另一种可能是康熙已不属意允礽为皇太子，裕亲王等建议另立允禩，玄烨或者首肯，索额图遂铤而走险。从康熙后来承认他诛杀索额图和噶礼观之，噶礼无疑是站在太子一边且是太子党的核心人物之一。而朱批中将"裕王我二人"与索额图相对立，而后者为太子谋即位，那么裕亲王与康熙是否有一个"废立太子"的计划呢？二人在何种意见上一致且要噶礼"向着裕王我二人"呢？宫门深似海，康熙的某些不可宣说的计划只有他的亲信才能知道。噶礼身份特殊，其母是康熙乳母，其本人又是"妃母胞弟所生之子"，说明噶礼家族与皇家有着非同一般的关系。而且，噶礼之母似乎常在宫中，与裕王关系也很好，很可能噶母早年曾为康熙与裕王二人之乳母。裕亲王病逝时，噶母即在宫中，并寄信给儿子噶礼告知此情，噶礼随即上折请康熙节哀，康熙朱批言其"悲哀无处倾诉，尔母亦目睹之"。[3]说明噶礼之母会将宫中信息透露给其子。索额图拘执于四十二年五月十八日，裕亲王卒于六月二十六日，噶礼的奏折上于七月初四日，康熙朱批时裕亲王已卒。福全病逝前夕，曾向康熙揭发皇太子的劣迹，并举荐允禩，认为他"是可以代替允礽做皇太子的人选之一"。[4]康熙后来也曾谈及，"裕亲王存日亦曾奏言八阿哥心性好，不务矜夸"。[5]这也可

---

[1] 中国第一历史档案馆编:《康熙朝满文朱批奏折全译》，北京：中国社会科学出版社，1996年，第285页。
[2] 参见吴秀良:《康熙朝储位斗争记实》，北京：中国社会科学出版社，1988年，第55页。
[3] 中国第一历史档案馆编:《康熙朝满文朱批奏折全译》，北京：中国社会科学出版社，1996年，第285页。
[4] Silas H.L.Wu: *Passage to power*, p.127, Harvard University Press, 1979, 引自杨珍:《康熙皇帝一家》，北京：学苑出版社，1994年，第329页。
[5] 《清圣祖实录》卷235，康熙四十七年十一月戊子，北京：中华书局，1985年影印本，第6册，第25页。

证废立之议当属事实。另据秦道然后来供称：皇太子允礽被废前，对允禶、允禩、允禵"三个人不好，所以同心合谋，有倾陷东宫希图储位之意，因竭力趋奉老裕亲王，要他在圣祖前赞扬。所以裕亲王病时曾以广善库为因，力荐允禩有才有德。再允禶时常称赞阿灵阿有忠心，肯替朝廷出力，又称赞揆叙才学好，操守也好。又称赞七十苏努有文武全才。他们一气串连，谋为不轨"。[1]

如果将这些材料综合在一起，似乎可以说当时康熙与裕亲王已取得一致，要废皇太子。如此一来，也不难理解噶礼、索额图坚决站在皇太子一边，先后被康熙所诛了。因为有裕亲王等人的举荐，允禩乘太子之位难保之机，加紧谋夺储位。但福全不久病故，索额图亦于九十月间被秘密处死，康熙希望索额图死后太子能改过自新，因而将废立之议搁置，允禩随即受到惩处。

四十四年（1705）九月，皇八子允禩患病，十七日下午四肢抽搐，病情严重。康熙认为是疟疾，指示御医"用金吉那必效"[2]。但允禩神情恍惚，病情严重。允禩的别墅在畅春园边，为康熙常川必经之地。时康熙即将从塞外归来，认为路遇病重之人，是大不吉利，因此想将允禩迁往城中王府，但康熙又意识到这可能给病危之人带来更大的危险，于是降旨给允祉等："设借朕之名，诳其入内，断然不可，是悖逆大义。故星夜遣三阿哥往。所有阿哥等与朕所遣二臣商酌，再议具奏。"此时病势沉重的允禩很想见上皇父一面。但允祉等会议后奏称：虽八阿哥病笃，欲觐圣颜，但为臣子之人，绝不配君父来会见。八阿哥病，重大可危。今其住所，并非原居，且系太后祖母、皇父常川往返之路，距畅春园亦甚近。臣等即于二十七日迁移。迁移后诸项事宜，臣等愿承担。[3]

允祉是坚定支持皇太子的人，在一废太子中他亦受到追查，以他为首作出的"迁移"之举，似有落井下石之意。[4]

---

〔1〕故宫博物院文献馆编：《允禩允禶案》，《文献丛编》第一辑，北京：和济印刷局，1930年，第7页。
〔2〕中国第一历史档案馆编：《康熙朝满文朱批奏折全译》，北京：中国社会科学出版社，1996年，第392页。
〔3〕中国第一历史档案馆编：《康熙朝满文朱批奏折全译》，北京：中国社会科学出版社，1996年，第392页。
〔4〕中国第一历史档案馆编：《康熙朝满文朱批奏折全译》，北京：中国社会科学出版社，1996年，第392页。

此次允禩大病不死，但一年后旧病复发，且透露出他受到康熙冷落，几年不得见皇父等许多内情：四十五年（1706）八月二十六日，允禩身染寒热，似疟之症，二日后，允禩下人唤大夫李德聪去诊视，病势虽不重，但李大夫诊视后认为是疟病。因疟病会随时加重，大夫劝允禩服药。"彼时，阿哥拒不服药。"自九月初七日始，允禩病势加重，李大夫"与戴君选一同诊视，欲禀告办事诸阿哥，时八阿哥言，我是获重罪于皇父之人，多年尚未得见圣颜，今有何脸想活。我得遭病，勿得告诉诸阿哥。初十日，八阿哥病势又加重，以致病笃"。李德聪二人觉得人命关天，"我等乃末等奴才，实不能当"，故去禀告允祉等掌事皇子。允祉得报后，以为"将此情形，本不应奏闻于皇父，惟详问大夫等，八阿哥病势似甚严重，此三四日内若稍有好转，则无妨；万一甚险，臣等亦承担不起，故将大夫等之呈文，一并谨具奏闻"。[1]

考察康熙四十年后至废太子期间，玄烨重大出巡活动中，诸子轮番扈从。但自四十三年后却无皇八子允禩厕身其间。似可断言，允禩自康熙处死索额图，皇、储矛盾公开化后，加紧争储活动。所谓"多年"可能即指四十三年为始。允禩所谓"获重罪于皇父"，当指夺嫡，夺嫡使皇、储矛盾加剧，故康熙不原谅允禩。此次重病，康熙仅批"知道了，著勤加医治"八字，[2]似不是一向重亲情的康熙所为，此中允禩必有大过失，致使康熙在他病危之际仍回复得不痛不痒。数日后，御医李德聪、戴君选奏报允禩病情有所好转时，康熙不但无关爱之语，且有责备之意，朱批曰：本人（指允禩）有生以来好信医巫，被无赖小人哄骗，吃药太多，积毒太甚。此一举发，若幸得病痊，乃有造化。倘毒气不净，再用补济，似难调治。[3]果然，御医李德聪等承认"圣明洞见极是"，并奏称：八贝勒索日原好信医巫，多服药饵，不善调理。所以一病即十分险大。十七日后"神情恍惚，遗溺不知"，脉息时好时坏，并

---

[1] 中国第一历史档案馆编：《康熙朝满文朱批奏折全译》，北京：中国社会科学出版社，1996年，第464页。

[2] 中国第一历史档案馆编：《康熙朝满文朱批奏折全译》，北京：中国社会科学出版社，1996年，第465页。

[3] 中国第一历史档案馆编：《康熙朝满文朱批奏折全译》，北京：中国社会科学出版社，1996年，第466页。

于二十日奏报病情,康熙朱批:"用心调理。"[1]但允禵大难不死,不久痊愈。

允禵党羽何焯此时的遭际也可证明其主子"获重罪之事"。何焯是长洲人,康熙四十一年(1702)李光地将何荐给康熙,何随即至京师为藩邸伴读。何给李光地的信中一再谦称自己"学浅性疏,惧滋尤悔,有忝门墙"。[2]由于何以太学生值南书房,"兼侍直皇八子府中",因此招致忌者滋多。[3]何焯入直时尚无名分,康熙赐其举人,同时授南书房另外两名官员汪灏和蒋廷锡同样资格。三人不久后参加了亲近太子的熊赐履主持的考试,但均告落选,玄烨大为不满,又赐三人为进士。熊赐履在殿试揭晓的四天后"以原官解任"。这件事说明四十二年前后,皇八子与皇太子之争已是公开的秘密。何焯在南书房入直时,兼武英殿纂修,"颇揽权势",作为允禵的心腹,有"袖珍曹操"的绰号,[4]因此,"忌者滋多"也就很自然了。三年散馆后,"置之下等而斥之"[5],时间正是允禵"获重罪于皇父"、受玄烨冷落之时。

考察以上史实,似乎可以说:康熙处死索额图前,皇、储矛盾已公开化,皇室内已有废立之议。在这种情况下,皇八子加紧夺储。但随后主废立之议的裕亲王病故,支持太子早登大位的索额图也被处死,康熙因而搁置废立之事,他希望允礽能悬崖勒马。允禵正是在这样的形势变化下受到惩处的。但争储之势已成,太子一日不登大位,一日不安。在最后一次南巡中,康熙越发意识到允礽离他心目中的继承人形象越来越远。

三、溜淮套工程的出笼与康熙第六次南巡

康熙的后三次南巡时间均相隔一年,这在向以节省民力著称的康熙

---

[1] 中国第一历史档案馆编:《康熙朝满文朱批奏折全译》,北京:中国社会科学出版社,1996年,第467页。
[2] 何焯:《义门先生集》卷4,《与友人书》,道光刻本,第7页。
[3] 《何焯墓碑铭》,全祖望:《鲒琦亭文集选注》,济南:齐鲁书社,1982年,第163页。
[4] 邓之诚:《清诗纪事初编》卷3《何焯》,上海:上海古籍出版社,1965年,第331页。
[5] 《何焯墓碑铭》,全祖望:《鲒琦亭文集选注》,济南:齐鲁书社,1982年,第163页。

身上似乎是一个矛盾。但如果考虑到这三次南巡都有太子相随,其间隔之短也就不足为怪了。本文还认为,最后一次南巡,康熙是"被逼无奈",是太子及亲太子的南方派的策动。

在南方派中,出于豁免亏空及迎合太子的欲求而策动南巡当是主要原因。这些人中包括两江总督阿山及曹寅、李煦等内务府织造官。

阿山是满洲镶蓝旗人,伊拉哩氏,曾任翰林院侍讲、日讲起居注官等职。此人为官非常圆滑,是个"巧宦",因此康熙中叶以前仕途不畅。阿山的发迹是在康熙亲征噶尔丹后。他作为从征者虽无劳绩,但班师后擢盛京礼部侍郎。次年授翰林院掌院学士。三十九年五月任两江总督。

多年来,江南(包括内务府织造衙门)的巨额亏空是令清廷头痛的事。康熙四十年以后的连续三次南巡,尤其是皇太子、皇子的勒取,是造成亏空的重要原因。当然,这个谜底直到太子被废后才由康熙揭开。

康熙第五次南巡(四十四年)前,阿山欲借备办南巡名义,加征钱粮耗银三分,各郡皆惧服唯唯,江宁知府陈鹏年独持不可,阿山怒,借故罪之,近侍也造蜚语上闻。赖张英及曹寅等力谏,陈鹏年才得以免罪。[1]陈鹏年的持正对阿山加征耗银是一大障碍,阿山必去之而后快。四十五年二月,阿山劾陈鹏年不将圣训供设吉地,而以妓馆供奉,属大不敬。刑部等拟立斩。玄烨知阿山意,命陈鹏年革职免罪,来京修书。[2]按康熙的勤俭作风以及对清官政治的倡导,他不会动杀陈之念,极有可能是迫于太子的压力。

康熙很不满意这位两江总督,阿山也清楚自己在皇帝心目中的位置,因而连请安折也很少了。四十五年正月二十五日,由于阿山想行捐纳,便给康熙上请安折。康熙的朱批曰:"素日甚少奏折请安,或有捐纳事需条陈,故顺便请安耳。"康熙同时得知阿山在龙潭地方大修行宫以备南巡,表示:"朕无事南巡,即临幸,亦绝不驻跸龙潭地方。若违此言,再不能见人矣。尔只是徒劳而已。若拆毁所建房屋,朕甚喜悦。

---

[1]《陈恪勤公年谱》卷上;《清史稿》卷267、277;《国朝先正事略》卷12。
[2]中国第一历史档案馆编:《康熙起居注》第二册,北京:中华书局,1984年,第1947页。

毋疑，著即拆毁。"[1]

康熙确实看准了阿山的用意。同一日，阿山奏请开捐纳以兴溜淮套工程。康熙朱批："此事尔三总督（另二为漕督、河督）既知之，朕不必谕尔等具奏或停止。"[2]

溜淮套工程是阿山设置的一个陷阱。他要借此实行捐纳，并促请康熙南巡，蠲免钱粮，以弥补亏空。早在四十四年十一月，阿山即提出将泗州西溜淮套开河筑堤，泄淮水，至黄家堰入张福口，汇出清口。玄烨命漕运总督桑额、河道总督张鹏翮会同阅视。张、桑皆谓不可开，"因阿山主议，乃列名奏请"[3]。四十五年正月初十日，九卿以该工程属"创兴"，议照该督所题，请康熙亲临河工指授方略。康熙称其屡次南巡，河工利病知之甚明，即有未曾经历之地，亦可即行定夺，并且四十二年、四十四年两举南巡，"濒河官民不无劳忧"，拒绝亲往。十四日，九卿会议再请。玄烨颇为不解，称即欲往阅，亦须冬月乃可。他深知阿山借开河工之名，行捐纳之实，因此明确表示："至捐纳之事，大非善举，断不可行。"[4]九卿仍坚持圣驾南巡，并一反常态，"请将此本交与内阁"。康熙对这种违反议事规的做法颇为不满，责备曰："尔等会议未成之事，何必交与内阁？"命"议结具奏"。九卿再请时，他只好将心中忧虑告知："朕不往巡，亦因灼知地理之故。且近来策妄阿拉布坦处颇有所闻，朕今年亦不宜南行。"康熙将隐忧相告，这使九卿再无理由陈请。但康熙对九卿"毫不谙练河务"，又"再四请朕亲临河工"大惑不解。他谓大学士曰："朕昔欲往阅下河，因张鹏翮奏以为断不可往，是以中止。今即去，仍然不能亲莅其地，则亦何事复往？果欲阅此河，惟冬月冰冻时尚可。"他还说，开此河虽于淮安、扬州、凤阳等地生民有利，但此项钱粮断不可交地方官。至于捐纳之事，"阿山、张鹏翮奏请行捐纳者，特为彼处亏空银两，欲取足于此之意。今伊等劝开捐纳，

---

[1] 中国第一历史档案馆编：《康熙朝满文朱批奏折全译》，北京：中国社会科学出版社，1996年，405页。
[2] 中国第一历史档案馆编：《康熙朝满文朱批奏折全译》，北京：中国社会科学出版社，1996年，406页。
[3] 蒋良骐：《乐华录》卷20，第330页。
[4] 中国第一历史档案馆编：《康熙起居注》第二册，北京：中华书局，1984年，第1934页。

亦为阿山辈耳"。康熙进而认为新开工不如修治高家堰为紧要，如不修治高家堰，"倘有冲决，即开此河何用"？随后九卿在议白阿山捐纳河工之请时，议照山东养民例，康熙知其用意便于行私，严旨申饬，称按此之例，"名为捐助，及其结局全无实际，所欠银两皆朕免之"。如愿捐助河工，命将银交到户部。[1]五月十五日，九卿等再请南巡指授河工。康熙仍不许，并曰："阿山甚巧，既不得谓之善，亦不得谓之非。以此观之，非巧而何？"并称"噶礼亦与阿山相同"。[2]十一月，阿山内调刑部尚书。

四十五年虽因康熙坚持未能南巡，但朝中亲太子派并未就此罢休，大学士马齐即其主要人物。

马齐是米斯翰之子，因康熙二十六年（1687）往按湖广巡抚张汧贪黩案而受康熙赏识。翌年迁左都御史。马齐习边事，二年后列议政大臣，开"都御史与议政"之始。[3]三十五年（1696），康熙亲征噶尔丹，马齐以户部尚书兼理藩院尚书，是协助皇太子留京理政的三位重臣之一。三十八年（1699）授武英殿大学士。马齐权势日隆，交结文武大臣，引起康熙帝的高度警惕。在倍受皇子们关注的马超赞案审理过程中，又引出马齐属下人、山西按察使觉罗巴哈布诈取马案牵连人刘志银两一事。巴哈布有马齐作为靠山，"甚属狂妄，又引导保定府知府罗銮为马齐之徒弟"。巴哈布之兄、护军参领扎克丹亦于马齐处行走。四十三年底，噶礼密奏康熙，称其将参劾巴哈布；康熙的朱批虽承认"巴哈布为人甚庸懦且骄傲"，说巡视山西时，"见后甚厌恶之"。但考虑到"按察使乃大员且为满洲"，此事又与噶礼有"牵连"，令噶礼慎之。[4]四十五年春，康熙令亲信大臣密奏马齐等人情况。四月初十日，甘肃巡抚齐世武奏称：唯有大学士马齐，凡文官无不与之往来；副都统马武（马齐弟），凡外地武官无不与之往来。官员对彼兄弟合意之人，凡遇事互相照顾。若系不合意者，借故威胁，造谣传扬。因此，文武各

---

[1] 中国第一历史档案馆编：《康熙起居注》第二册，北京：中华书局，1984年，第1936—1937页。
[2] 中国第一历史档案馆编：《康熙起居注》第二册，北京：中华书局，1984年，第1978页。
[3] 《清史稿》卷287《马齐传》，北京：中华书局，1977年标点本，第10221页。
[4] 中国第一历史档案馆编：《康熙朝满文朱批奏折全译》，北京：中国社会科学出版社，1996年，第358页。

官,无不畏惧其兄弟。[1]康熙称"尔所奏事情,朕从别处亦打听到了。彼等虽暗中勾结,但弗能倒置是非"。嘱齐世武:"此等事宜甚密之。"[2]康熙经过明察暗访,认定马齐是皇太子的有力支持者。[3]

是年十二月十九日,九卿以明年南巡再请,大学士马齐也以之请。康熙以其年岁渐加,颇惮行路,命另议具奏。二十三日,大学士也违反成例,将九卿奏请圣驾亲临折子,票拟"上亲往"字样进呈。康熙大为不悦,即遣批本主事苏成格等传谕曰:"昨已有谕旨曰朕不去,尔等又何为票拟准往字样?"称"此行心实厌之"。命另票进呈。马齐又两次恳请,康熙均拒之。九卿、詹事、科、道又赴乾清门奏请,康熙只得勉从所奏。并说:"至溜淮套,相度往返约四十日,朕指示开河,随即回銮,断不渡江。倘彼处又有来请渡江者,九卿诸臣当保之。"九卿等以南民叩圣为理由,表示"臣等何能保之"?[4]

四十六年(1707)正月二十二日,康熙在皇太子允礽等陪同下,开始了他一生中的最后一次南巡。二月二十日,康熙由清口登陆,方知溜淮套工程完全是一个骗局。因溜淮套地势甚高,开挖新河工程艰巨,即使挖成也不能直达清口,无助于泄出高家堰堤下之涨水。康熙命扈从文武臣工及地方大小官员、河道总督及河工官员等列跪,严厉训责河督张鹏翮、安徽巡抚刘光美、苏抚于准等人,诸人"皆不能对,惟叩首认罪"。[5]康熙还发现,此地势地形与阿山"所进图样迥乎不同"[6],再次大怒,称"数年来两河平静,民生安乐,何必多此一事"?谕大学士等:"此河断不可开,即缮写谕旨传谕在京诸臣,前任总督阿山,何所见亦奏此河当开?著问阿山回奏?"康熙回京后命革阿山职。

---

[1] 中国第一历史档案馆编:《康熙朝满文朱批奏折全译》,北京:中国社会科学出版社,1996年,第414—415页。

[2] 中国第一历史档案馆编:《康熙朝满文朱批奏折全译》,北京:中国社会科学出版社,1996年,第414—415页。

[3] 中国第一历史档案馆编:《康熙朝满文朱批奏折全译》,北京:中国社会科学出版社,1996年,第1653页。据康熙称,太子被废后,马齐"已与皇太子反目","奢望转向大阿哥"。

[4] 中国第一历史档案馆编:《康熙起居注》第三册,北京:中华书局,1984年,第2060—2061页。

[5] 中国第一历史档案馆编:《康熙朝满文朱批奏折全译》,北京:中国社会科学出版社,1996年,第490页。

[6] 《满洲名臣传》卷23《阿山传》,清刻本,第64页。

揭穿溜淮套的骗局后，康熙对允礽多了一层防范，也增加了一层不信任。三月十六日，康熙一行抵达苏州。次日，密谕工部尚书王鸿绪："前岁南巡，有许多不肖之人骗苏州女子，朕到家里方知。今年又恐有如此行者，尔细细打听，凡有这等事，亲手秘密写来奏闻。此事再不可令人知道。有人知道，尔即不便矣。"王鸿绪遵旨多次密奏。[1]在六月二十日的密奏中称：现范溥已知有汉大臣说我不好，范溥曰，是御前第一等人与他的信。密折提醒康熙曰："皇上行事至慎至密，人莫能测，真千古帝王所不及。但恐近来时候不同，有从中窥探至尊动静者，伏祈皇上秘密提防，万勿轻露，随事体验，自然洞鉴。"[2]从王鸿绪的密折及康熙一废太子时所言，皇帝的所有活动确都处于太子党的严密监视下，王所说的"近来时候不同"大概是指皇、储关系高度紧张时。

允礽在江南确实做了许多丢尽皇家脸面的事，太子的恶劣形象无疑成为他很快被废的重要原因。查康熙六举南巡，前三次阅视河工，事务殷繁，但第一次往返仅六十日，在江南逗留不过旬日；第二次往返七十日，逗留江南三十五日；第三次一百零四日，在江南停留四十二日；第四次六十日，宣布河工告成。而第五次南巡往返一百一十日，在江南逗留六十一日；第六次一百二十日，在江南逗留七十六日。可见后二次南巡主要目的并非阅视河工，很可能是徇太子之请。又康熙前令阿山拆毁龙潭行宫，并称决不驻跸于此，"若违此言，再不能见人矣"，但事实上第六次南巡仍驻跸于此。[3]这也可能是为满足太子之要求。

太子在南方的另一项失政是勒取财物。尽管太子勒财遍布宫内外及不少省份，但江南无疑是其勒取的集中之地，而其奶公凌普充当了重要角色。康熙后来承认，让凌普出任内务府总管大臣是为了便于允礽"取财"，也即能够满足允礽对财物的贪求。一般认为，凌普任总管当于四十四年二月[4]，实际上似乎要早，可能在处死索额图之后。康熙承认，部、院的许多贪贿舞弊大案都因太子奶公凌普等人插手干预而不

---

[1]《康熙朝汉文朱批奏折汇编》第一册，第613页。
[2]《康熙朝汉文朱批奏折汇编》第一册，第664—665页。
[3] 中国第一历史档案馆编：《康熙朝满文朱批奏折全译》，北京：中国社会科学出版社，1996年，第494页。
[4]《八旗通志初集》卷114《八旗大臣年表》，长春：东北师范大学出版社，1985年，第2899页。

能公正审结。[1]

凌普虽直到太子被废的当月才被革内务府总管一职，实则康熙对凌普任总管早就不满，多次戒饬凌普"于事漫不经心"，对宫中所属欠银之事，"假充好人，日久天长，则日后必致尔等偿还"。[2]由于太子的关系，尽管凌普一再干涉部院事务，把手伸得很长，也未能履行总管之责，但康熙仍令其革职留任，这也有顾全太子的成分。

在凌普任内务府总管大臣的四五年间，皇太子"便于取用"，究竟取用了多少财物，很难确查，只能举其代表性事例。一废太子后，康熙以噶礼为两江总督，其用意之一是令其清查江南以及由内务府控制的两淮盐运使等处亏空。噶礼在陛辞入觐时，康熙告之明年将更换两淮盐差。[3]四十八年十月，康熙还召曹寅赴京议事。[4]同年十二月初六日，噶礼奏报清查盐运使库银亏空情况，令康熙大为惊讶，噶礼奏称：仅两淮盐运使李斯佺亏欠银即达三百万两，"其中曹寅、李煦侵用者多"。[5]

造成巨额亏空的原因何在，噶礼没有明言，但心中有数。康熙的朱批说得十分明白："尔这奏的是。皇太子、诸阿哥用曹寅、李煦等银甚多，朕知之甚悉，曹寅、李煦亦没办法，现曹寅尚未到京城，俟到来后，其运使库银亏欠与否之处，朕问毕再颁旨于尔。"[6]

允礽被废当月，允祺接替凌普署内务府总管，奉命清查允礽勒取银两之事。据曹寅家人交代，康熙四十四年、四十六年，凌普两次取银四万两。自四十四年至四十七年九月，凌普从李煦、曹寅处共取银八万余两。其中南巡时取用的二万两已"不知交付何处"。[7]"允礽所用，一

---

[1] 中国第一历史档案馆编：《康熙朝满文朱批奏折全译》，北京：中国社会科学出版社，1996年，第339页。

[2] 中国第一历史档案馆编：《康熙朝满文朱批奏折全译》，北京：中国社会科学出版社，1996年，第1543页。

[3] 中国第一历史档案馆编：《康熙朝满文朱批奏折全译》，北京：中国社会科学出版社，1996年，第656页。

[4] 故宫博物院明清档案馆部编：《关于江宁织造曹家档案史料》，北京：中华书局，1975年，第76页。

[5] 中国第一历史档案馆编：《康熙朝满文朱批奏折全译》，北京：中国社会科学出版社，1996年，第657页。

[6] 中国第一历史档案馆编：《康熙朝满文朱批奏折全译》，北京：中国社会科学出版社，1996年，第657页。

[7] 故宫博物院明清档案馆部编：《关于江宁织造曹家档案史料》，北京：中华书局，1975年，第60—61页。

切远过于朕,伊犹以为不足,恣取国帑,干预政事,必致败坏我国家,戕贼我万民而后已。"[1]康熙在废太子时所讲的这番话,可以作为太子被废的重要理由之一。

四、皇长子允禔铤而走险与康熙废太子

在皇、储矛盾急剧恶化的诸多链条中,皇长子允禔的铤而走险使萧墙之祸迫在眉睫,不废太子不但康熙自身难保,而且允礽也可能被加害,诸皇子裹甲相争的悲剧会很快出现。就此而言,康熙废太子既是皇、储矛盾无法调解的必然结局,也是康熙使皇室免于惨祸的正确决策。

皇长子允禔生于康熙十一年(1672)二月十四日,其母为庶妃纳喇氏(即惠妃)。康熙第二次南巡,允禔是唯一的随扈皇子。他作为副将军征噶尔丹时年仅十八岁,估计他可能较早即任议政大臣。[2]其嫡福晋伊尔根觉罗氏之父科尔坤,长期担任户部、吏部尚书及左都御史等要职。二十七年(1688)二月初九日,作为明珠党成员,科尔坤以原品解任。三十八年卒。允禔虽因二十九年与裕亲王福全出征不和罢去议政之职,但他作为康熙年龄最大的儿子,仍然在以后的重大活动中厕身其间。康熙三十五年,允禔从征噶尔丹。他先是奉命与领侍卫内大臣索额图一起,统领数千人的先锋部队,后又负责料理赏兵事务,散发军粮。其间西路大将军费扬古军后期,康熙命各营议中路军如何行动,"亦遣官咨允禔"。[3]大败噶尔丹后,康熙于三十七年(1698)第一次册封诸皇子,允禔封多罗直郡王。

康熙后期,随着元老重臣相继而去,朝中多为后起之辈。与朝中大臣相比,玄烨似乎更相信他的皇子,把特别重要及机密之事交由他们处理。特别是玄烨离开京城时,留守大臣有要事须与皇子协商。审讯索额图及审处托和齐结党会饮案,都有允祉等皇子参加。

---

[1]《清圣祖实录》卷234,康熙四十七年九月丁丑,北京:中华书局,1985年影印本,第6册,第336页。
[2]《军事统帅年表》,钱实甫编:《清代职官年表》,北京:中华书局,1980年,第2998页。
[3]《清史稿》卷220《贝子品级允禔传》,北京:中华书局,1977年标点本,第9061页。

康熙四十六年，是玄烨最后一次南巡。行前，康熙降旨给允祉、允祺："朕此番去处远，寄信送报，往返多日。若于尔等，有事难断，则可与内大臣明珠、大学士席哈纳、尚书温达等用心商议。"[1]是年夏，康熙率皇太子巡视塞外，七月二十日，允祉、允祺上奏曰："皇父此次出猎，凡有请旨事，除照常及时具奏外，今留京城大臣内，皇父钦指某员，遇有臣等难断事，欲与用心商议。"康熙朱批："照旧。"[2]约康熙四十年以后，玄烨离京时皇子值宿大内或畅春园处理朝政逐渐形成定制。[3]

最值得注意的是，康熙不在京城时，皇子可以代其处理奏折。四十六年四月初九日，甘肃巡抚齐世武将该省雨雪情形奏报；因康熙在南巡途中，奏折遂交内阁。其后康熙发现该奏折经内阁拆视，责备齐世武"糊涂"，并明确说："将尔奏折，应送与掌事阿哥等"，"朕若不在宫，务必交与阿哥等"。[4]密折制此时实行不久，而"掌事阿哥"能代皇父处理此种机密文书，可见对其信任之一斑。并且，康熙外出，发给皇子及大臣同阅的谕旨，一般将皇子排在前面。

其间，颇通武艺的允禔利用其保护父皇之机，也加紧谋夺储位，朝中一些人倒向允禔一边，连康熙都承认，"马齐父子、朕之包衣牛录、浑托豁下佛保等人，伊等皆系已与皇太子反目之人，奢望转向大阿哥者多"。[5]而负责京城保卫的步军统领托和齐更成为允禔争取的对象。康熙谆谆告诫托和齐"不可与任何阿哥、王等来往。将此，著至死敬之。企图陷害尔者多，尔若不得罪于朕，任何人不能陷害尔矣"。[6]允禔因争取托和齐不果，便恼羞成怒，几次声言要杀托和齐。

康熙四十七年，是最不平静的一年。废太子之前，大有山雨欲来之

---

[1] 中国第一历史档案馆编：《康熙朝满文朱批奏折全译》，北京：中国社会科学出版社，1996年，第532页。
[2] 中国第一历史档案馆编：《康熙朝满文朱批奏折全译》，北京：中国社会科学出版社，1996年，第532页。
[3] 杨珍：《康熙皇帝一家》，北京：学苑出版社，1994年，第229页。
[4] 中国第一历史档案馆编：《康熙朝满文朱批奏折全译》，北京：中国社会科学出版社，1996年，第500页。
[5] 中国第一历史档案馆编：《康熙朝满文朱批奏折全译》，北京：中国社会科学出版社，1996年，第1653页。
[6] 中国第一历史档案馆编：《康熙朝满文朱批奏折全译》，北京：中国社会科学出版社，1996年，第1640页。

势。由于太子贪淫、暴虐及恣取国帑等种种不法之事的败露,其皇储之位随时有被废弃之可能。因此,允禔搜罗武艺高强者谋划除掉允礽。现在仍无法断定此谋划是允禔出于保护其父皇不受伤害,还是要夺嫡以代之。但事实却是确凿不移的。此事之倡行者,包括公赖西、顺王、王府长史阿鲁为首。这几个人向允禔倡议,"方起行刺之恶念"。张明德又蛊惑人心,称其有朋友五人,武艺非凡,能抵杀数百人,"可翻越如城之高墙,可进入四五十人群行刺"。允禔等人很相信张明德,令张务于年前十月上旬上京。张遂前往邀约,并遣人至京师。可是,皇太子于九月被废。张明德到京后,前往允禔处告称:我诸友相约,十月十五日到来。"以事已告成,虽到来,现无用处。"[1]托和齐密奏的这份材料表明:允禔谋刺太子事在前,废太子在后。这也是允禔于废太子后被严加监禁并被康熙立即淘汰出未来皇储人选的重要原因。

在允禔密谋行刺的早些时候,康熙将甘肃巡抚齐世武召入京师并授川陕总督。这项看似寻常的任命引起满朝议论。齐世武是于当年四月初三日升任川陕总督的,五月初九日内阁学士舒图接替甘肃巡抚任。[2]而原川陕总督博霁至迟于五月初病卒。[3]也就是说,齐世武当在四月间到京。此间,"正值大事未定之际"。[4]四月初六日,康熙在齐世武所上请安折中,向他晓示提擢"两省要职",是"以尔作官声名好",嘱其当愈加廉洁,"若稍违朕简用之意,则不仅无脸见人,而且有负朕恩"。[5]齐世武入京前,原甘肃布政使绰奇得到这一消息,这位本与齐世武"甚为不和"的同僚,这次亲赴正定府相迎,见面后,相谈许久,并"彼此结亲"。绰奇先至京城,齐世武随即也赶到。齐世武在京期间康熙交代过什么,"国人不知"。但从康熙所说"外人多猜测,议论纷纷"来看,肯

---

[1] 中国第一历史档案馆编:《康熙朝满文朱批奏折全译》,北京:中国社会科学出版社,1996年,第1653页,雍正朝,当为四十八年再立允礽为皇太子时所奏。
[2] 《巡抚年表》,钱实甫:《清代职官年表》,北京:中华书局,1980年,第1566页。
[3] 中国第一历史档案馆编:《康熙朝满文朱批奏折全译》,北京:中国社会科学出版社,1996年,第579页,据礼部尚书富宁安于五月二十一日奏请博霁灵柩可否入京,康熙准入。《清代职官年表》之《总督年表》载博霁卒于九月初二日,误。
[4] 中国第一历史档案馆编:《康熙朝满文朱批奏折全译》,北京:中国社会科学出版社,1996年,第1654页。
[5] 中国第一历史档案馆编:《康熙朝满文朱批奏折全译》,北京:中国社会科学出版社,1996年,第574页。

定与皇太子有关，因为绰奇从此后"自称建立大功之人，于其故旧家中，侃侃晓谕，傲慢、无畏惧之状，朝臣无不知者"。康熙对托和齐所上的这份密折十分关注，对绰奇想拉齐世武"入其党类"仍持否定的判断，朱批曰："尔所奏甚是。绰奇之悖乱，举国莫不知者。朕可作保，齐世武断不为绰奇所欺。绰奇之悖逆，胆大不怕死等情，皇太子、大小诸阿哥皆知之。此事确凿，有证据。朕将保证，此人断不得好死。齐世武来京城时，朕未说一句话。今看来，外人多猜测，议论纷纷。此亦齐世武之不幸，人皆猜错。以此观之，恐系绰奇张扬，亦未可料。"[1]

九月初四日，康熙在行猎途中拘系允礽，废其太子之位，这是皇、储矛盾发展的一个必然结局，也是稳定局势、免皇室惨祸的正确决策。值得注意的是，废斥允礽之当日，康熙明确晓谕众臣："朕前命直郡王允禔善护朕躬，并无欲立允禔为皇太子之意。"并说允禔"秉性躁急愚顽"，不可立为太子。"躁急愚顽"，就是什么事都能做出，因此，允礽被废后，允禔成为最危险的人物，康熙将其囚禁后，恐其党徒"铤而走险"，"内心疑虑难止"，[2]令托和齐严加防范的同时，又命他"勤打听大阿哥之消息"。[3]由于允禔平素"好制造铁质器械等物"，他被锁禁时，铁器等物也全部被搜出，府中只留下一杆鸟枪，作为满族男儿的象征。但托和齐仍担心报恩寺集市贸易时，"邪恶之人聚集较多"，奏请康熙取缔集市。康熙朱批称："此人昏且暴，不可轻视。这龌龊怎么得了，对朕甚易，朕自有处置。唯尔处所，著尔固之，并不时打听奏闻。"[4]品性暴烈的允禔一直被严加监禁，至康熙五十六年（1717），玄烨还坚持认为："无论（允禔）如何改正，断不可释放"，倘若释放，"无益于全国，亦与朕无好"。[5]话说得够明白了，所谓"无益于全国"，又对康熙构成

---

[1] 中国第一历史档案馆编：《康熙朝满文朱批奏折全译》，北京：中国社会科学出版社，1996年，第1654页。
[2] 中国第一历史档案馆编：《康熙朝满文朱批奏折全译》，北京：中国社会科学出版社，1996年，第1653页。
[3] 中国第一历史档案馆编：《康熙朝满文朱批奏折全译》，北京：中国社会科学出版社，1996年，第1654页。
[4] 中国第一历史档案馆编：《康熙朝满文朱批奏折全译》，北京：中国社会科学出版社，1996年，第1654页。
[5] 中国第一历史档案馆编：《康熙朝满文朱批奏折全译》，北京：中国社会科学出版社，1996年，第1177页。

危害，这就不是简单的争储问题了，其性质已走向谋夺大位了。当然，这一切的一切，都极可能在史官的多次删改中，将历史真相隐藏在了冰山之下，欲让世人窥其全貌，不亦难乎！

（原载中华书局《文史》2001年第2辑）

雍正时期对西藏管理的制度化过程

学术界以往对雍正时期对西藏治理的研究，主要集中在这一时期的政策转变，特别是驻藏大臣的设立、职能等方面，但对清朝中央政府如何通过选任众噶伦办理藏务，从而实现对西藏地方管理的制度化过程缺乏深入研究。而对这一时期清朝法律如何在西藏地区施行的研究，更是付诸阙如。在宗教管理上，雍正帝因势利导，实现并坚持政教分治，从而为西藏的长治久安提供了重要的历史借鉴。本文利用满文档案，特别是学界不经见的军机处满文议复档，参阅相关汉文材料，就以上三个问题予以讨论，以就教于方家。

一、清朝直接管理西藏行政制度的确立

行政管理是国家行使治权的主要形式。以康熙末年驱准保藏为契机，清朝对西藏的行政管理实行第一次重大变革，放弃原来以册封为主体的"汗—第巴"的管理，而代之以清朝选任众噶伦直接管理藏务的制度。这项制度肇始于康熙末年，确立于雍正时期。

在清朝顺康时期，自顾实（固始）汗始到拉藏汗止，西藏长达七十余年是在和硕特蒙古汗廷的统治之下，汗几乎拥有在西藏地区除宗教外的所有世俗权力，其下由汗任命藏族贵族的代表——第巴，负责处理西藏重要事务。全藏行政命令，均经汗盖印后发布，第巴"副署盖印"[1]。除汗廷第巴外，汗廷给予西藏地方贵族的首脑人物以第巴头衔，他们是

---

[1] 中国社会科学院民族研究所历史室、西藏自治区历史档案馆编：《藏文史料译文集》，1985年，第192页。

所管地方的总管,其官职往往父子相传。[1]通过"汗—第巴"制度,清朝实行册封式管理:汗是作为清朝的"庶邦君长"接受册封,是"作朕屏辅,辑乃封圻"的汗王。[2]由汗委任第巴。但这种通过蒙藏贵族联合的册封式管理体制,有很大的局限和弊端,不但清朝的各项制度、政策、法律不能在西藏地区直接有效实施,也不利于西藏的长治久安。魏源称"西北扰攘数十年,皆第巴一人所致"。[3]为此,康熙帝在驱准后,选任在战争中立有功劳的地方第巴,组建众噶伦共治体制。康熙六十年(1721),经抚远大将军允禵奏准,将工布地方之第巴阿尔布巴、阿里地方之第巴康济鼐,授以贝子职衔;亲身归附的第巴隆布鼐授为辅国公。[4]三人组成噶伦,清朝授权"总理其地"[5]。需要特别指出的是,此三噶伦是康熙帝降旨任命,不同于以前由第巴或汗王委派的噶伦。康熙六十年二月十五日,康济鼐上给抚远大将军允禵的禀文称:"蒙大将军阿哥王交下上谕,令小人我管理噶伦之事,第巴阿尔布巴、鲁木布奈(隆布鼐)等共同办理土伯特之事;后若土伯特人等有不安、兵征之事,旨令我在军事上奋行,可免办噶伦之事,再行请旨。"[6]禀文是正式的上行文书,援引的是上谕原文。允禵同月十八日所上《康济鼐派员禀报藏情并献奏文折》中,也引用了康济鼐的禀文内容,语意更为明晰:"又蒙将军等宣布圣旨,令小人我管理噶伦之事,由第巴阿尔布巴、鲁木布奈(隆布鼐)二人共同办理土伯特之事。谨遵上谕,暂且承当。"[7]二月二十三日,允禵上《据延信禀藏地大功告成蒙加议叙谢恩折》中曰:"康济鼐、第巴阿尔布巴等人们,欢放噶伦,倡首办事。"[8]表明三

---

[1] 马大正、成崇德主编:《卫拉特蒙古史纲》,乌鲁木齐:新疆人民出版社,2006年,第188页。
[2] 中国藏学研究中心等编:《元以来西藏地方与中央政府关系档案史料汇编》第2册,北京:中国藏学出版社,1994年,第235页。
[3] 魏源:《圣武记》,长沙:岳麓书社,2011年,第205页。
[4] 《清圣祖实录》卷291,康熙六十年二月己未,北京:中华书局,1987年影印本,第6册,第829页。
[5] 乾隆《钦定大清会典则例》卷142,乾隆二十九年刊本,第24页b。
[6] 吴丰培编:《抚远大将军允禵奏稿》卷13,《中国文献珍本丛书》,北京:全国图书馆文献缩微复制中心,1991年,第229页。
[7] 吴丰培编:《抚远大将军允禵奏稿》卷13,《中国文献珍本丛书》,北京:全国图书馆文献缩微复制中心,1991年,第228页。
[8] 吴丰培编:《抚远大将军允禵奏稿》卷13,《中国文献珍本丛书》,北京:全国图书馆文献缩微复制中心,1991年,第228、231页。

噶伦是由康熙帝降旨任命。三噶伦上任后,"办事头目等空缺",经延信等商量,"交康济鼐荐举干员补放"。[1]康济鼐简授噶伦后,须到拉萨处理政务,而按照"唐古特例,噶伦等惟得五六口人口粮",康济鼐遂通过将军延信等向康熙帝呈请:"我身为噶伦,办理达赖喇嘛上一切之事,不可不将妻属迁来,我属人口极多,藏地无养家口之业,自己亦无住房,如蒙满洲君主施恩,俾我妻子属人请得一生业。"随即,平逆将军延信将康济鼐所禀向抚远大将军允禵呈上。允禵交由时在西藏署理定西将军印信的公策旺诺尔布处理。经商议,将查抄第巴产业一部分,共六百六十三户,田地一年得粮八千斗,赐给康济鼐。允禵将办理情形先后两次向康熙帝奏报。[2]该折明确,为新授噶伦康济鼐办理西藏事务之需,清朝将原查没第巴的部分产业赐给康济鼐。

以上表明,康熙六十年前后,清朝通过直接选任三噶伦,并赏赐人户以使后者能够更好履职,实现在西藏地区行使直接管理权。这项具有重大意义的制度性变革,因为时甚短,仅具雏形。至雍正时期,清廷适时应对各种挑战,方正式确立。

雍正之初,在前方统领西藏事务的延信和年羹尧分别提出恢复第巴制度和政教合一制度。雍正元年(1723)正月初二日,署理大将军事务延信向雍正密奏西藏事宜,明确提出由清朝选补第巴,总理西藏事务:令达赖喇嘛,各地堪布、番目等保举一名"忠厚可靠,平素遂唐古特人意者",作为西藏第巴,总理其事。此第巴并非封给,如果以后不能胜任,即行更换。雍正帝以"事属重大",寄信召年羹尧密议。[3]年羹尧并不认同延信的意见,他提出在西藏恢复政教合一制度:"达赖喇嘛倘能尽心办理事务,即令内阁学士鄂赖前去选补迪(第)巴,亦不及他。此事圣上降旨晓谕勉励达赖喇嘛,诚能照五世达赖喇嘛一样办事,则唐

---

[1] 吴丰培编:《抚远大将军允禵奏稿》卷15,《中国文献珍本丛书》,北京:全国图书馆文献缩微复制中心,1991年,第251页。
[2] 吴丰培编:《抚远大将军允禵奏稿》卷13、17,《中国文献珍本丛书》,北京:全国图书馆文献缩微复制中心,1991年,第238、279—280页。
[3] 中国第一历史档案馆编:《雍正朝满文朱批奏折全译》上册,合肥:黄山书社,1998年,第1页。

古特人倾心相随，亦于事大有裨益。"[1]

尽管延信提出的第巴制度已由清朝政府选补，与以往由汗选补本质上有别，但雍正帝经过慎重考虑，没有采纳延信、年羹尧的意见，决定沿用康熙末年的噶伦制度，并加强对西藏的直接管理。[2]这一决定为驻藏大臣制度的正式确立，提供了重要的先决条件。

雍正初年的噶伦体制，学术界已有研究[3]，兹不赘述。需要重视的是，由清朝任命的众噶伦直接管理西藏的体制，是在经受蒙藏高层多种力量抵制的考验下，最终得以确立的。换言之，雍正二年（1724）的青海罗卜藏丹津叛乱及雍正五年（1727）的阿尔布巴事件和前后藏战争，都是在这一背景下发生并且或直接或间接对这一体制变革的抵制。青海罗卜藏丹津叛乱与清廷在西藏废止"汗—第巴"体制的关系，学者已有研究。[4]而康济鼐谋求恢复"汗—第巴"体制，在满文档案中有详细记载，学界尚未论及。

雍正三年（1725）底，清朝派副都统宗室鄂齐前往西藏，颁布康济鼐为正、阿尔布巴为副的噶伦敕书。鄂齐抵达西安时，康济鼐以"土伯特之所有事情，皆由于至高皇帝陛下恩施，多派办事噶隆，因而无所难碍，极为顺当，小贝子康济鼐已无事可做，故请免去我噶隆一职"[5]。康济鼐奏请清廷免其噶伦，尽管是在他受到其他噶伦排挤的特殊情况下提出，但也表达了对"多派噶伦"的不满。清廷接奏后，于雍正四年（1726）正月初十日，经议政王大臣会议议决，将此前鄂齐携带的敕书中，"康济鼐为正、阿尔布巴为副，同心协力办事"的内容，增补一项，单独颁敕书于康济鼐，"以主管藏务"，主要内容是"特将西藏大小诸事托付与尔办理"，并要求他"竭诚办理任内诸事，无偏无私，果断勤奋，

---

[1] 年羹尧：《年羹尧满汉奏折译编》，季永海等点校，天津：天津古籍出版社，1995年，第7页。
[2] 谢铁群编著：《历代中央政府的治藏方略》，北京：中国藏学出版社，2005年，第114页。
[3] 参见邓锐龄、冯智主编：《西藏通史·清代卷》（上）第5章，北京：中国藏学出版社，2016年；谢铁群编著：《历代中央政府的治藏方略》，北京：中国藏学出版社，2005年，第110页；邓锐龄：《年羹尧在雍正朝初期治藏政策孕育过程中的作用》，《中国藏学》2002年第2期；等等。
[4] 马大正、成崇德主编：《卫拉特蒙古史纲》，乌鲁木齐：新疆人民出版社，2006年，第203—208页。
[5] 中国第一历史档案馆编：《雍正朝满文朱批奏折全译》下册，合肥：黄山书社，1993年，第1255页。满文档案翻译为汉文时，把噶伦或译为噶隆。本文引证该文献时随文未作统一。

绝不可推诿于人"。[1]雍正帝还要求鄂齐在西安等候新敕书,足见清廷对康济鼐奏辞噶伦之事的高度重视。

鄂齐等人于四年六月下旬抵达拉萨,向康济鼐等宣读皇帝敕书,同时告诫阿尔布巴等其他噶伦,同心协助康济鼐,"倘互相不睦,各存私心而行,则国有定律,断不可以"。[2]八月初三日,鄂齐等密奏《赴藏见达赖喇嘛噶伦等情形折》,将他所掌握的众噶伦之间的矛盾,噶伦如何各用自己之戳记发布命令,康济鼐何以奏请免去其噶伦,谕旨欲召噶伦进京的反馈等情况密报清廷。鄂齐用满文密奏清廷的文件,涉及多项内容,极为重要,不见其他记载,学界尚未利用。[3]关于噶伦间矛盾一节,鄂齐密奏称,"奴才等看得,伊等不和睦,互相提防而行。康济鼐极为孤独","顷奉旨以康济鼐为首,伊虽不敢表露,但似乎有厌恶之心。康济鼐此间去内地,亦恐三人合伙施计伤害伊"。由于理藩院转给鄂齐的咨文中,有"抵藏后观其形势,倘应给康济鼐以印信,则议奏可也",为此鄂齐以敕书虽以康济鼐为首,但其他噶伦仍会有掣肘之事,奏请雍正帝给康济鼐以印信,则办事有力,其他噶伦亦得服从。[4]清廷遂于当年十二月颁给康济鼐总理西藏事务贝子印信。[5]

康济鼐为加强其权力,约束其他噶伦,一再提出恢复第巴制度。雍正五年八月三十日,西藏办事大臣玛喇等《密奏噶伦等杀害康济鼐之详情折》中,据达赖喇嘛奏称:"去年康济鼐欲照旧第巴做第巴,说与阿尔布巴等,并屡次求告我。我言:先是,大皇帝有旨:'在土伯特已设汗、第巴,并未获益。钦此。'若不奏达圣主,则我不能擅授伊为第

---

[1] 中国第一历史档案馆编:《雍正朝满文朱批奏折全译》下册,合肥:黄山书社,1993年,第1256页。
[2] 中国第一历史档案馆编:《雍正朝满文朱批奏折全译》下册,合肥:黄山书社,1993年,第1392—1393页。
[3] 邓锐龄、冯智主编《西藏通史·清代卷》(上)第150页称鄂齐"奏折的原件今未见",实载中国第一历史档案馆编:《雍正朝满文朱批奏折全译》下册,合肥:黄山书社,1993年,第1393—1395页。
[4] 中国第一历史档案馆编:《雍正朝满文朱批奏折全译》下册,合肥:黄山书社,1993年,第1394—1395页。
[5] 《清世宗实录》卷51,雍正四年十二月甲申,北京:中华书局,1987年影印本,第7册,第777页。

巴。"[1]达赖喇嘛同日密奏雍正帝折中称,在上年皇帝派鄂齐等降旨以康济鼐为首席噶伦时,康济鼐使者假传圣旨,"告诉小僧(达赖喇嘛)曰:汗、第巴两者中,补授康济鼐一人,与小僧公同掌握众人,应颁给印信、大权。等语。时小僧言:康济鼐欲与小僧同列,则不可不具奏皇上。皇上曾有旨:'在土伯特已设汗、第巴,并未获益。钦此。'小僧不能设汗、第巴"。[2]

以上康济鼐试图恢复第巴体制,是达赖喇嘛在康济鼐被害后所奏,或有为阿尔布巴等人杀害康济鼐辩护之嫌,但康济鼐谋求第巴一事,并非出自达赖喇嘛一人之口,阿尔布巴供词也有"达赖喇嘛复加体恤,给名号,照旧第巴例"、康济鼐"为土伯特第巴"等语。[3]故此,达赖喇嘛多次专折奏请皇帝,派大臣主管西藏事务。这也是清朝决定派设驻藏大臣的直接原因之一。

早在清朝平定罗卜藏丹津叛乱,再次从西藏撤兵后,达赖喇嘛即向清廷专折奏请:"务必恩遣一员照看土伯特国生活,明断一切是非,并赏圣旨。"议政王大臣会同理藩院讨论后,皇帝发给达赖喇嘛的敕书称:"喇嘛尔奏请之前,朕念及尔藏务紧要,于噶隆内不可无有为首人,故以康济鼐为首,阿尔布巴为副,与其他噶隆等同心办事,并颁发敕书。……若令如康济鼐可信之人办理藏务,则与由朕处遣员无异。"[4]此次议政王大臣会议时间,与议决康济鼐奏辞噶伦均为雍正四年正月初十日。在雍正帝看来,尽管在西藏仍沿用了拉藏汗时期既有的噶伦体制,但实质已有不同:康济鼐等所有噶伦都是朝廷委派、任命,同时接受清朝封号,"与朕所派官员无异",因而没有必要再派官员长川驻藏。当年十二月,雍正帝在总督岳钟琪密奏上朱批强调:"若令人监驻西藏,非善

---

[1] 中国第一历史档案馆编:《雍正朝满文朱批奏折全译》下册,合肥:黄山书社,1993年,第1506页。

[2] 中国第一历史档案馆编:《雍正朝满文朱批奏折全译》下册,合肥:黄山书社,1993年,第1508页。

[3] 中国第一历史档案馆编:《雍正朝满文朱批奏折全译》下册,合肥:黄山书社,1993年,第1507、1509页。

[4] 中国第一历史档案馆编:《雍正朝满文朱批奏折全译》下册,合肥:黄山书社,1993年,第1253—1254页;中国藏学研究中心等编:《元以来西藏地方与中央政府关系档案史料汇编》第2册,北京:中国藏学出版社,1994年,第370页。

策,亦不能得其人,据情理亦当不得人,所以为西藏一事,朕甚忧之。"[1]

但众噶伦内部矛盾的升级促使雍正帝改变决定。他反复筹思西藏"久治长安之策",最终决定派遣驻藏大臣。雍正五年正月,议政王大臣会议,采纳鄂齐密奏,因"噶隆甚多,反增繁扰",将隆布鼐、札尔鼐"二人以噶隆原衔解任"。鄂齐还奏请派遣大臣一员,"赍旨前往晓谕,令伊等和好办事"。清廷遂决定派遣内阁学士僧格、副都统马喇前往达赖喇嘛处,并将此次派遣通知达赖喇嘛等人。[2]

此即驻藏大臣之直接缘起。雍正帝还与岳钟琪密议随驻藏大臣派兵等事宜。[3]马喇、僧格于当年闰三月二十七日到达成都府,从四川巡抚处,领受银两五千,"乘骑、驮载马匹、帐锅等物及驻藏一年行粮"后,于四月十八日启行赴藏。[4]"驻藏一年行粮"云云,以及雍正帝与岳钟琪往来批奏都表明,此次派遣官员是驻藏大臣,最初职责以监察藏务为主,故有"一年"之谓。[5]而阿尔布巴等三噶伦,得知携带皇帝敕书的驻藏大臣即将到达拉萨,选择在这一时间点杀害康济鼐,也是对清廷直接管理西藏事务的抵制。隆布鼐得知驻藏大臣即将到来,倡首为乱,称"趁大皇帝圣旨未到,大臣未来之前,再不进行此事,那么,以后就不可能了。所以,得迅速把康济鼐和颇罗鼐这一伙人全部干掉,我们就可以一统西藏了"。[6]阿尔布巴事件不应简单归结为"大农奴主之间争权夺利的武装冲突"。[7]

阿尔布巴事件和前后藏战争发生后,清朝对西藏地方管理体制重新检视和部署,鉴于"多设噶伦,反增烦扰",调整思路由分权走向集权。雍正帝最初提出,"将南北藏一切均分",即分别由二位噶伦主管前

---

[1] 中国藏学研究中心等编:《元以来西藏地方与中央政府关系档案史料汇编》第2册,北京:中国藏学出版社,1994年,第377—378页。
[2] 中国第一历史档案馆编:《雍正朝满文朱批奏折全译》下册,合肥:黄山书社,1993年,第1504页。
[3] 中国藏学研究中心等编:《元以来西藏地方与中央政府关系档案史料汇编》第2册,北京:中国藏学出版社,1994年,第374页。
[4] 中国第一历史档案馆编:《雍正朝满文朱批奏折全译》下册,合肥:黄山书社,1993年,第1464页。
[5] 学术界对驻藏大臣的研究,成果颇多,参见丁实存:《清代驻藏大臣考》,黄维忠主编:《中国边疆研究文库·西南边疆》卷14,哈尔滨:黑龙江教育出版社,2015年。
[6] 多卡夏仲·策仁旺杰:《颇罗鼐传》,拉萨:西藏人民出版社,1988年,第263页。
[7] 牙含章编著:《达赖喇嘛传》,北京:人民出版社,1984年,第45页。

后藏政务，并将此旨降于领兵前往西藏、时任左都御史的查郎阿，但他强调："倘若不合唐古特人情，须当缓图。"为慎重起见，命查郎阿到陕西后与总督岳钟琪"详细斟酌，到藏再看情形，合宜而为之，不可即遵朕旨勉强而行"。雍正六年（1728）三月初四日，岳钟琪与查郎阿、迈禄上《办理西藏事宜十项折》，第一项即西藏地方行政体制："仍遵前奉圣谕，令颇罗鼐总管后藏事务，并将后藏以外，冈底斯以内，以及阿里等处地方，俱令颇罗鼐管理。"前藏事务，俟"查郎阿等到藏后，访择老成干练，为土伯特素所信服者二人，任以噶伦之职，管理前藏事务，方属有益"。雍正帝对此极为肯定，称"甚是妥协"。[1]查郎阿等到西藏后，确定后藏由颇罗鼐管理，前藏由颇罗鼐保举二人，即色朱特色布腾和策凌旺扎尔，"俱系大员之子，素为人所敬重"。经查郎阿等召见、查验，即令二人"管理前藏，授为噶隆"。考虑到招地初定，新放二噶隆，办理恐不能妥协，查郎阿等奏请暂令颇罗鼐统管前后藏，俟达赖喇嘛迁移完毕，招地撤兵，再令颇罗鼐专管后藏。事经议政王大臣等，议如所请。[2]清廷随即封颇罗鼐为贝子，后晋封为贝勒。其子珠尔嘛特册登，封为辅国公。[3]九年（1731）十一月，颇罗鼐向办理西藏事务大臣马喇等禀称："土伯特大小人（官员），一应行文，俱看图书、印记。颇罗鼐我荷蒙大主子之恩，封为多罗贝勒，又办理前藏、后藏噶隆事务，今俱赏我贝勒品级，办理地方事务，打箭炉、理塘、巴塘等营官俱有印。今既赏颇罗鼐我贝勒品级，办理地方事务，因军机事务之调取，与布鲁克巴、喀齐、巴勒布等人之一切行文，倘有印，伊等相信，且谨慎畏服，不滋事，于事有益。颇罗鼐我效力时，亦更加得力。"马喇奏上，雍正帝交领侍卫内大臣、大学士、理藩院等议如所请，随令礼部铸造满汉唐古特三体字样，印文为（蒙古文书写）：办理卫藏噶隆事务多罗贝勒之

---

[1] 中国第一历史档案馆编：《雍正朝汉文朱批奏折汇编》第11册，南京：江苏古籍出版社，1989年，第835页。
[2] 《清世宗实录》卷76，雍正六年十二月丁亥，北京：中华书局，1987年影印本，第7册，第1127页。译自唐古特文的满文档案显示，雍正五年底，有"旨令封颇罗鼐为贝子，总理藏务"之记载。参见中国第一历史档案馆编：《雍正朝满文朱批奏折全译》下册，合肥：黄山书社，1993年，第1572页。
[3] 《清世宗实录》卷103，雍正九年二月庚子，北京：中华书局，1987年影印本，第8册，第360页。

印。雍正帝命择吉之日,速铸颁给颇罗鼐。[1]这是清朝授权对颇罗鼐管理西藏地方事务的确认。由此,西藏地方行政管理体制,由多人组成的噶伦分权,再次向一人集权回归。

特别需要提出的是,经颇罗鼐等奏请,众噶伦由清廷给发俸禄,一并纳入官员管理系统。雍正十年,颇罗鼐奏称,色朱特色布腾和策凌旺扎尔二噶伦,"人好,因不懂后藏人贡赋,我将住后藏之第巴布隆扎带到招地,告知大臣等后,授为噶伦,办理由后藏之人征收贡赋事务,此三噶伦既协助我总理藏务,诚心办理圣上之事,请赏给此等人职衔、俸禄等"。颇罗鼐的奏请经驻藏大臣马喇等转奏,军机大臣议复时,查照从前将颇罗鼐、扎拉尼补放噶伦时,给食扎萨克一等俸禄,今贝勒颇罗鼐奏请给伊等噶伦职衔、俸禄,应如所请,将色朱特色布腾、策凌旺扎尔、布隆扎"授为扎萨克一等噶伦食俸,将此等之人之俸禄,交付颇罗鼐之使臣,趁前来之便带去"。颇罗鼐又奏请给其他头人俸禄。雍正帝皆予以准奏。[2]

雍正帝坚持在西藏实行由朝廷任命的众噶伦制度,还可以从他拒绝再立西藏汗得到印证。九年八月,贝勒颇罗鼐等奏报:准噶尔欲送回拉藏之子苏尔杂,立为西藏汗。雍正对此极为警觉,降长篇谕旨给颇罗鼐,命其严加防备,晓谕众人,同时明令颇罗鼐:准噶尔若以兵随苏尔杂,即迎战击退。"至若立汗之事,当令达赖喇嘛、班禅额尔德尼奏闻于朕,方可建立,岂可令噶尔丹策零任意妄行?""苏尔杂若果率领数人来归,尔即行奏闻,候朕另颁敕旨。"[3]

值得重视的是,终雍正一朝,不论噶伦是多人还是一人,分权还是集权,实行的都是由朝廷任命的噶伦管理体制,这也是雍正帝颁给达赖喇嘛的敕书中一再强调的,康济鼐等众噶伦"办理藏务,与朕所派官员

---

〔1〕《领侍卫内大臣丰盛额等议奏铸给颇罗鼐印信事折》,雍正九年十一月十八日,军机处满文议复档778-0002,国家清史工程档案库藏;《清世宗实录》卷112,雍正九年十一月丁丑,北京:中华书局,1987年影印本,第8册,第499页。
〔2〕《大学士鄂尔泰等议奏颇罗鼐请给噶伦俸禄等事折》,雍正十年三月二十八日,军机处满文议复档779-0001,国家清史工程档案库藏。
〔3〕《清世宗实录》卷109,雍正九年八月戊申,北京:中华书局,1987年影印本,第8册,第452—453页。

无异",钦差大臣鄂齐向达赖喇嘛等所说,众噶伦"皆为奉皇上之命所设之噶伦"。这与"汗—第巴"世代相袭、仅接受清朝封号有本质不同。噶伦是代表清朝任命的国家官员来直接处理西藏地方事务的,从而实现了把西藏地方事务纳入国家行政管理系统的重大转变。同时,对噶伦封以爵号,赏罚一同内地,完全纳入清朝官员的考核系统。

在确立西藏地方行政管理体制的同时,驻藏大臣的正式设立及其职权的逐渐调整、完善与加强,是清朝加强对西藏管理的又一重要制度化建设,标志着西藏从此完全纳入国家直接管理系统,具有里程碑意义。相关研究颇多,本文不赘述。

二、实行政教分治的宗教管理政策

清朝的建立者具有游牧和农耕二元文化因子,这使得它在处理民族关系上,更具优势。[1]雍正一朝,值七世达赖喇嘛时期,雍正帝继位以来,"加意护持"佛教[2],除对西藏两大活佛系统进行册封,达赖、班禅的宗教等项权力,须经皇帝所颁册封书、敕书及谕旨载明外,最具建设性的是实行政教分治政策,从而使得清朝对西藏宗教事务的管理,提升到一个新的阶段。

在雍正朝最初处理西藏事务时,年羹尧建议按照五世达赖喇嘛的做法,由七世达赖喇嘛掌管世俗权力,但雍正帝没有采纳,而是实行并坚持政教分治政策。这一政策的实施,客观上取决于两个因素:一则达赖喇嘛坐床时年仅十三岁,未达亲政年龄;二则达赖喇嘛受到准噶尔及阿尔布巴等挟持的危险,后移到泰宁驻锡,远离拉萨。但必须看到,雍正帝因势利导,从主观上着意驱隔宗教向世俗权力渗透,从而使得政教分治政策能够实行,并为西藏带来长时间的稳定安宁。

作为达赖喇嘛早期的监护人,其父索诺木达尔扎因娶噶伦隆布鼐之女,二人有翁婿之亲,而另一噶伦阿尔布巴又依附二人。因此索诺木达

---

[1] 林乾:《满族形成时期的二元文化特质与清的统一》,《民族研究》1996年第3期。
[2] 胤禛:《惠远庙碑文》,故宫博物院编:《清世宗御制文集》卷16,海口:海南大学出版社,2000年,第192页。

尔扎对西藏政务多有干预，众噶伦遇事也多向"佛父"请示，增补新噶伦时，索诺木达尔扎坚持他提出的人选，还常以"谕令"发布指示。[1]索诺木达尔扎之子陈累，乃罗卜藏丹津之女婿，罗卜藏丹津叛乱时，陈累与其妻父也有来往。故此，清朝对索诺木达尔扎以"佛父"之名，干预西藏行政事务，高度警觉。早在雍正二年，年羹尧即向雍正帝密奏，建议雍正帝召其入京觐见并长期居京，以阻止他干政。雍正帝认为如此则使达赖喇嘛父子分离，未允其请。[2]后来众噶伦内部矛盾升级，索诺木达尔扎也插手其间。为此，清廷专门责成议政王大臣会议讨论。钦差鄂齐等人在前往西藏路途中，接准怡亲王允祥寄信称："索诺木（达尔扎）若有干预事之样子，则尔等即以利害开导之。"鄂齐等人于雍正四年六月到达拉萨后，劝谕索诺木达尔扎说："尔惟好生侍奉达赖喇嘛，勿得干预闲事。凡办诸事，有朝廷命官噶伦，按国家法典，不可看情面。尔若妄加干预事情，为皇上所闻，则必治罪。"索诺木达尔扎表示："惟感念圣恩，遵旨而行外，不敢有他念。前小的亦对所有来此之大臣等言，停止干预事情，闲居侍奉达赖喇嘛。今蒙大臣等如此教诲，于小的大有裨益。嗣后小的对凡事不干预，惟侍奉达赖喇嘛。"[3]经过不断晓谕，索诺木达尔扎不再干预政务。七年六月，雍正帝以其"乃达赖喇嘛之父，指教达赖喇嘛学习经典，保护达赖喇嘛，勤劳多年，西藏之事毫不干预"，封为辅国公。[4]十三年（1735），达赖喇嘛奉命回藏后，其父索诺木达尔扎退隐于拉萨东不远处的一个村庄，如去拉萨只允许停留一个月。于乾隆九年（1744）去世。[5]

经过对西藏事务较长时间的思考和实践，雍正帝最终形成了治理西藏的"久治长安之策"，即稳定西藏必须解决准噶尔的重要战略思想。

---

[1] 多卡夏仲·策仁旺杰：《颇罗鼐传》，拉萨：西藏人民出版社，1988年，第232、255页。
[2] 年羹尧：《年羹尧满汉奏折译编》，季永海等点校，天津：天津古籍出版社，1995年，第171页。原折无日期，据官衔、内容推断为雍正二年。
[3] 中国第一历史档案馆编：《雍正朝满文朱批奏折全译》下册，合肥：黄山书社，1993年，第1394页；多卡夏仲·策仁旺杰《颇罗鼐传》有类似记载。参见多卡夏仲·策仁旺杰：《颇罗鼐传》，拉萨：西藏人民出版社，1988年，第245页。
[4] 《清世宗实录》卷82，雍正七年六月丁丑，北京：中华书局，1987年影印本，第8册，第82页。
[5] 邓锐龄、冯智主编：《西藏通史·清代卷》（上），北京：中国藏学出版社，2016年，第195页。

他在雍正五年十一月鄂尔泰的密折上朱批,深刻论述二者关系:"西藏、谆噶儿(准噶尔)之事,比不得安南、鄂洛素(俄罗斯)海外诸国,四十八旗、西海、哈儿喀等众蒙古人心系焉,虽在数千里之外,而实为肘腋之患。谆噶儿一日不靖,西藏事一日不妥;西藏料理不能妥协,众蒙古心怀疑二。此二处实为国家隐忧,社稷生民,忧戚系焉。"[1]为此,清廷秘密准备收复准噶尔。同时,雍正帝为防备准噶尔南下袭扰,做出周密安排。次年春,定议将达赖喇嘛迁移到接近内地的安全地方。六年十一月[2],达赖喇嘛自拉萨启程,雍正帝命沿途派重兵保护,又派钦差大臣鼐格前途迎接。[3]达赖喇嘛在理塘居住一年后,迁到嘎达即泰宁驻锡,直到雍正十三年七月回到拉萨,雍正帝也旋即去世。这一时期,雍正帝就管理西藏宗教事务,发布数十道谕旨,这是分析解读雍正时期乃至清朝管理西藏宗教事务的重要资讯。就其产生重大影响者,有四个方面:

一是对达赖喇嘛的佛学修养等方面,倾注颇多。雍正帝自少年时起,即喜读释典,成年后与僧侣过从甚密,章嘉呼图克图喇嘛、迦陵禅师,都与他有很多交往。他本人编辑多部佛教典籍,佛学造诣很高。[4]雍正帝的这种"佛缘",使得他与达赖喇嘛的交往更加自然、亲切。档案记载,雍正帝多次与达赖喇嘛讨论佛学问题,驻藏大臣鼐格等人也多次向雍正帝奏报达赖喇嘛的学习情况。鼐格精通藏语、蒙语、满语[5],又精佛学。此间雍正帝通过所派宫廷御医救治达赖喇嘛病情痊愈,尤令达赖喇嘛父子感动非常。达赖喇嘛上奏保证谨遵圣旨,一心勤学历史、

---

[1] 中国藏学研究中心等编:《元以来西藏地方与中央政府关系档案史料汇编》第2册,北京:中国藏学出版社,1994年,第395页。
[2] 《清世宗实录》卷75,雍正六年十一月己巳,北京:中华书局,1987年影印本,第7册,第1119—1120页。藏历十一月二十三日自布达拉宫启程,参见章嘉·若贝多杰:《七世达赖喇嘛传》,北京:中国藏学出版社,2006年,第93页。
[3] 中国第一历史档案馆编:《雍正朝满文朱批奏折全译》下册,合肥:黄山书社,1993年,第1707页。
[4] 王松、宣立品:《雍正皇帝与迦陵禅师——从迦陵禅师和大觉寺看雍正皇帝与佛教》,北京:北京燕山出版社,2015年,第36页。
[5] 《题为遵旨察核四川奏销副都统鼐格等员在泰宁住候喇嘛需用口粮等项银两事》,乾隆元年三月二十七日,户科题本02-01-04-12898-005,中国第一历史档案馆藏。

陀罗尼教义。[1]雍正帝对达赖喇嘛，如家人父子般关爱、保护，达赖喇嘛也把他与雍正帝的关系，每以子父相比。[2]

二是对达赖喇嘛的经师进行甄别、表彰。在历辈达赖喇嘛中，七世达赖喇嘛的佛学造诣出色，这与他本人的进学不已固然有关，也与清朝对其经师的甄别、表彰密不可分。驻藏大臣鼐格在与达赖喇嘛的师傅噶尔丹锡勒图交谈时，经常勉励他认真给达赖喇嘛讲解经卷。噶尔丹锡勒图告称："大臣所言甚是，达赖喇嘛年虽二十二岁，但学得好。我今已有年纪，惟以所知，尽心为喇嘛讲解。"雍正帝令鼐格进一步了解噶尔丹锡勒图的佛学背景和造诣。[3]鼐格奏报：喇嘛噶尔丹锡勒图系河州地方人，十七岁赴藏学经，四十七岁获济玉克巴喇嘛，四十九岁获堪布喇嘛，五十七岁获噶尔丹锡勒图，自五十八岁始为达赖喇嘛讲授经书，现年六十八岁。"据众喇嘛、唐古特人等所言，噶尔丹锡勒图通经书，为人忠厚善良。"[4]

雍正十二年（1734）六月，驻藏大臣鼐格奏请，对达赖喇嘛的经师及内侍等人员予以表彰，雍正帝命军机大臣、大学士鄂尔泰等人议奏。八月初四日议复称："教习达赖喇嘛经文之道都温都逊（音）堪布，人品纯正，精通经史，彼处之大堪布、大喇嘛均推崇之，应施恩赏大缎十四匹；服侍达赖喇嘛之德柱克堪布等十七名喇嘛，经文俱佳，诚心服侍达赖喇嘛，应每人赏给蟒缎各一（匹）、官缎各四匹；又办理达赖喇嘛商上事务之鼎济鼐，料理商上事务尽心黾勉，管束属人有方，为人谨慎，众人心服，应赏给桩缎、蟒缎各一匹、官缎六匹。"雍正帝降旨："道都温都逊堪布，既系教习达赖喇嘛经文之师傅，著赐号诺们罕；鼎济鼐实心办理达赖喇嘛商上事务，管束属下之人，孜孜黾勉，著以达尔罕记

---

[1] 中国第一历史档案馆编：《雍正朝满文朱批奏折全译》下册，合肥：黄山书社，1993年，第2609页。

[2] 中国第一历史档案馆编：《雍正朝满文朱批奏折全译》下册，合肥：黄山书社，1993年，第1811页。

[3] 中国第一历史档案馆编：《雍正朝满文朱批奏折全译》下册，合肥：黄山书社，1993年，第1810页。

[4] 中国第一历史档案馆编：《雍正朝满文朱批奏折全译》下册，合肥：黄山书社，1993年，第1868—1869页。

名,以示嘉勉。余依议。"[1]

三是达赖喇嘛所有重要事项要奏请皇帝而行。达赖喇嘛写给雍正帝的藏文奏书,由精通藏文的驻藏大臣鼐格译成满文后,奏呈清廷。这些奏书说明,凡属达赖喇嘛重要事项,均须奏请皇帝批准而后行。

长期以来,俄国一直想控制在伏尔加河下游游牧的土尔扈特蒙古的汗位继承权。雍正九年,策凌敦多布遣使前往西藏,请求达赖喇嘛封其为汗。达赖喇嘛以事关重大,奏请皇帝赐予土尔扈特阿玉奇汗生前指定的继承人策凌敦多布以汗号。次年三月,雍正帝批准奏请,并将敕书送达。达赖喇嘛为此上书奏谢。[2]

雍正十年,达赖喇嘛之父索诺木达尔扎欲将其小女嫁给土官德尔格忒之子,但因未奏请皇帝,未敢擅定。驻藏大臣马喇将此上奏。雍正帝称:"索诺木达尔扎乃朕命封之公,为达赖喇嘛之父,德尔格忒也内地所属,效力颇多。伊等欲相结亲甚善。索诺木达尔扎若愿以其女嫁于德尔格特(忒)之子,则准其所请。"并命从四川总督黄廷桂处送银五百两以为贺礼。达赖喇嘛与他的父亲分别向雍正帝上书谢恩。[3]

以上种种,远远超出顺康时期册封、赏赐等礼仪笼络之类,雍正帝与达赖喇嘛,成为朝发旨夕奉行的君臣关系。故学者牙含章将雍正时期作为清朝治藏政策的第二阶段[4],颇有道理。

四是佛教多中心的推广。达赖喇嘛离开拉萨后,清廷即着手为其准备驻锡之地。理塘原有寺庙,总督岳钟琪等认为可供达赖喇嘛居住。但雍正帝另有考虑,下令拨库帑十余万两建造新庙,且亲自过问修建情况。雍正八年(1730)二月初三日,达赖喇嘛自理塘迁移,进住噶达地方新庙。雍正帝降敕书,命达赖喇嘛勤学经典,广兴黄教。达赖喇嘛上

---

[1]《大学士鄂尔泰等议奏赏给达赖喇嘛教习经文之堪布等缎匹折》,雍正十二年八月初四日,军机处满文议复档778-000,国家清史工程数字图书馆藏。
[2] 中国第一历史档案馆编:《雍正朝满文朱批奏折全译》下册,合肥:黄山书社,1993年,第2111页。
[3] 中国第一历史档案馆编:《雍正朝满文朱批奏折全译》下册,合肥:黄山书社,1993年,第2136页。
[4] 牙含章编著:《达赖喇嘛传》,北京:人民出版社,1984年,第46页。

奏表示，"务必遵照谕旨，为推演黄教，不时勤学经史"。[1]雍正九年，他在《御制惠远庙碑文》中，进一步阐述"黄教多中心"的政策："黄教之传，所以推广佛经旨也，演教之地愈多，则佛法之流布愈广，而番彝之向善者益众。西藏既有班禅额尔德尼，而近边之番彝，离藏遥远，皆有皈依佛法之心，惟兹川省打箭炉之处，有地曰噶达，昔年达赖喇嘛曾驻锡于此，爰相度川原，创建庙宇。发帑金数十万两。""于佐助王化，实有裨益。"[2]

在清廷的全面规划、保护下，理塘已然成为藏传佛教繁盛之地。由于众蒙古、唐古特人前来谒见达赖喇嘛，到噶达地方行礼者颇多，雍正七年规定，凡前往理塘之人，所经之地，须有理藩院及管理蒙古事务大臣等所颁执照，方准通过。[3]当初"地方甚小，非耕耘之地"[4]的理塘，几年间便成为商民聚集之大区。尤其是设泰宁镇以来，商贩百姓迭至。雍正帝还命及时修缮因地震损毁的庙宇。[5]泰宁寺庙，原刻碑文仅有满汉两种文字，为便于蒙藏等民前来礼敬，"稔知圣主施恩边陲番人之至意"，雍正帝降旨令加勒蒙古文字。[6]

为适应管理的需要，雍正十年（1732）七月，鼐格等驻藏大臣奏请在泰宁镇设巡检管理，以后若有强盗、人命等大案，除照常解送打箭炉同知完结外，寻常斗殴、偷窃等一般案件，由巡检等专门处理。雍正帝予以肯定[7]，交付军机大臣办理。经议准，在四川现任巡检内，"拣选德才超群、办事干练者补放一员"，新补放巡检，"应诚实理案，倘三年无

---

[1] 中国第一历史档案馆编：《雍正朝满文朱批奏折全译》下册，合肥：黄山书社，1993年，第1940—1941页。
[2] 张虎生：《御制惠远庙碑文校注》，《中国藏学》1994年第3期。
[3] 中国第一历史档案馆编：《雍正朝满文朱批奏折全译》下册，合肥：黄山书社，1993年，第1810—1811页。
[4] 中国第一历史档案馆编：《雍正朝满文朱批奏折全译》下册，合肥：黄山书社，1993年，第1704页。
[5] 《大学士鄂尔泰等议奏补修泰宁噶达寺庙等情折》，雍正十年十一月二十七日，军机处满文议复档778-0003，国家清史工程档案库藏。
[6] 《大学士鄂尔泰等议奏普惠寺内刻立满蒙汉三体碑碣折》，雍正十年十一月二十七日，军机处满文议复档778-0003，国家清史工程档案库藏。
[7] 中国第一历史档案馆编：《雍正朝满文朱批奏折全译》下册，合肥：黄山书社，1993年，第2135—2136页。

过，由该总督、巡抚具奏，照边缺奏用"。[1]

雍正帝还提出，既然众蒙古皆信奉藏传佛教，其传播之地不应限于西藏，应多建寺庙，特别是在蒙古各地。雍正五年十一月十八日，理藩院遵旨议复："泽卜尊丹巴胡土克图，请加封泽卜尊丹巴喇嘛，遣官赍捧敕印，送至喀尔喀库伦地方。"得旨："泽卜尊丹巴胡土克图，与班禅额尔德尼、达赖喇嘛等之后身，出处甚确，应封于库伦地方，以掌释教。"雍正帝随即向王大臣等详细阐释佛教多中心的政策思想："朕为普天维持宣扬教化之宗主，而释教又无分于内外东西，随处皆可以阐扬。……盖宣扬释教，得有名大喇嘛出世即可宣扬，岂仅在西域一方耶！泽卜尊丹巴胡土克图，其钟灵原有根源，乃与达赖喇嘛、班禅额尔德尼相等之大喇嘛也，故众喀尔喀俱尊敬供奉之，且伊所居库伦地方，弟子甚众。著动用帑银十万两，修建大刹封伊后身，俾令住持，齐集众喇嘛，亦如西域讲习经典，宣扬释教。"并同时决定在多伦脑儿修建寺庙。[2]雍正时期还用重金历时多年重新修缮了库伦额尔德尼昭。[3]

多伦本有汇宗寺，康熙多伦会盟后历时近二十年建成，是漠南蒙古地区最大的黄教寺庙，有常住喇嘛一千多人，章嘉呼图克图主持。雍正帝之所以另造寺宇，他在上谕中解释说："张家胡土克图者，西域有名之大喇嘛也。唐古特人众，敬悦诚服，在达赖喇嘛、班禅额尔德尼之上，各处蒙古，亦皆尊敬供奉，今其后身，禀性灵异，确实可据。著将多伦脑儿地方寺宇，亦动帑银十万两，修理宽广，使张家胡土克图之后身住持于此，齐集喇嘛，亦如西域讲习经典，以宣扬释教。……盖礼佛行善，无分远近，宣扬释教之处愈多，则佛法可以日广。"雍正九年建成，赐名善因寺。[4]据雍正十一年（1733）奏报，每日到多伦脑儿寺庙

---

[1]《领侍卫内大臣丰盛额等议奏于泰宁添设巡检一员折》，雍正十年八月十一日，军机处满文议复档779-0002，国家清史工程档案库藏。
[2]《清世宗实录》卷63，雍正五年十一月庚午，北京：中华书局，1987年影印本，第7册，第969页。
[3]《大学士鄂尔泰等奏查审托里布拉克寺庙工程情弊折》，雍正十二年十一月十二日，军机处满文议复档784-0001，国家清史工程档案库藏。
[4]《清世宗实录》卷63，雍正五年十一月庚午，北京：中华书局，1987年影印本，第7册，第969页；中国第一历史档案馆编：《雍正起居注》第2册，北京：中华书局，1993年，第1588—1590页。

拜谒的蒙古人多达三四千之众，乃至于不得不限制其停留时间。[1]

雍正帝在库伦、多伦等蒙古之地兴建藏传佛教寺庙，并将哲布尊丹巴呼图克图、章嘉呼图克图纳入与达赖喇嘛、班禅额尔德尼同等地位的传承系统中，是其佛教多中心政策的具体落实，目的是分散黄教势力过于集中在西藏的格局，通过多中心使其互相制衡，从而达到弱化达赖喇嘛尊崇地位的目的。[2]

三、法制管理初步成形

法制是国家行使治权的最高形态。清朝在依法治边方面，取得了超越以往朝代的重大成就。[3]而雍正时期，对西藏的法制管理已初步成形，并为乾隆时期依法治藏的推进奠定了重要基础。清朝的法律形式，既有《大清律》等综合性法典，也有包括章程、事宜等在内的单行法规。举凡雍正时期依法治藏的制度化成就，概言有三：

第一，《办理西藏事宜十项折》成为雍正时期治藏的重要法规性文献。

论及清朝对西藏管理的综合性法规文件，学者多以乾隆十六年（1751）《藏内善后章程》为第一份。[4]实则雍正六年三月初四日，陕西总督岳钟琪与左都御史查郎阿、副都统迈禄三人联衔所上《办理西藏事宜十项折》（下简称《事宜》）[5]，乃清朝治藏的第一份综合性法规文件。该折是根据驻藏大臣马喇所奏、雍正帝谕旨而拟，雍正帝又"逐条批谕"后颁布实施，因此值得高度重视。《事宜》包括西藏地方行政体制、宗教管理事务、赋税征收、达赖喇嘛与班禅进京次数、驻藏大臣初期职责等方面事宜。

---

[1]《大学士鄂尔泰等遵旨议奏拜谒哲布尊丹巴之蒙古人等事毕遣返事折》，雍正十一年七月二十五日，军机处满文议复档783-0001，国家清史工程档案库藏。
[2] 周齐：《清代佛教与政治文化》，北京：人民出版社，2015年，第44页。
[3] 参见林乾：《清朝以法治边的经验得失》，《中国边疆史地研究》2005年第3期。
[4] 参见娄云生：《雪域高原的法律变迁》，拉萨：西藏人民出版社，2000年，第177页；孙镇平：《清代西藏法制研究》，北京：知识产权出版社，2004年，第155页。
[5] 原件见中国第一历史档案馆编：《雍正朝汉文朱批奏折汇编》第11册，南京：江苏古籍出版社，1989年，第834—837页。《元以来西藏地方与中央政府关系档案史料汇编》收录时有多处脱落、错误。见中国藏学研究中心等编：《元以来西藏地方与中央政府关系档案史料汇编》第2册，北京：中国藏学出版社，1994年，第426—429页。

第一项是关于西藏地方行政体制，已如前述。第二项为管理西藏寺庙、喇嘛。因达赖喇嘛即将搬移，如何管理布达拉、卜勒奔等四大寺院及大小昭喇嘛，《事宜》提出：将班臣（禅）暂令在布达拉坐床，"管束各寺院喇嘛，方能弹压"。但因班禅年迈，每年不能常住前藏。"倘欲暂回后藏旧寺，则各寺院喇嘛无人管束，未免散漫无倚。"表示俟查郎阿到藏后，访查番人信重之呼图克图一人，奏请令其在卜勒奔庙内坐床焚修，并令协同班禅喇嘛管理宗教事务。雍正帝对前一节，即令班禅在布达拉管理前藏宗教事务，并不赞成。朱批称："此不可者。班臣住前藏可以不必言及。当年达赖喇嘛旷座十数年未行者，此番亦当暂如前安置，或徐徐另议尚可。"对于后节，即访查奏请，雍正帝表示赞成。朱批："是""有事往后藏与班臣相商领教，使得"。按照雍正帝对《事宜》此项的指示，查郎阿携达赖喇嘛离开拉萨前，由达赖喇嘛提名，经清廷批准，命杰赛活佛摄理拉萨宗教事务。[1]

《事宜》第四项内容是关于达赖喇嘛、班禅喇嘛等派人进京的次数。由于班禅年迈，达赖喇嘛尚未出痘，不能亲自进京觐见。为体现"尊上柔远之道"，岳钟琪等拟定，其应定期三年一次遣使。雍正帝认为"定期三年，亦属尚远"，"今或定一年一次，或隔年一次。其间若有请奏事件，则免其常例"。后确定两年一次为"常例"。雍正八年二月，达赖喇嘛迁到惠远庙后，给雍正帝上奏中有"笃念大皇帝之隆恩，欲派使臣以谢殊恩，但奉有二年遣使一次堪布、囊素之谕旨，故而未敢遣使，即速缮拟文书具奏"之文。[2] 达赖喇嘛多次提出到京觐见，雍正帝以喇嘛来京易染疾病为由，答应时机成熟时在近边相见。达赖喇嘛搬回拉萨前，雍正帝派他的弟弟和硕果亲王允礼，"恭代圣躬与达赖喇嘛相见，转降谕旨"。为此，大学士鄂尔泰等拟定果亲王允礼与达赖喇嘛相见礼仪。雍正十二年（1734）十二月二十三日，允礼一行到达泰宁，次年二月初三日离开。[3]

---

[1] 邓锐龄、冯智主编：《西藏通史·清代卷》（上），北京：中国藏学出版社，2016年，第164页。
[2] 中国第一历史档案馆编：《雍正朝满文朱批奏折全译》下册，合肥：黄山书社，1993年，第1940—1941页。
[3] 中国藏学研究中心等编：《元以来西藏地方与中央政府关系档案史料汇编》第2册，北京：中国藏学出版社，1994年，第449—450页。

《事宜》第八项是关于达赖喇嘛库内银钱及马匹牛羊等如何封存、保管、使用的内容。雍正帝逐句进行批示，特别指示："凡系银钱牲畜之事，总不可令内地官员人等经手，只可在他喇嘛唐古特人中可用者交付掌管可也。"[1]表达出对达赖喇嘛的极大尊重，也意在防范内地官员的不法行为。

《事宜》的其他内容，包括驻藏大臣的初期职责、遣返厄鲁特回青海、前后藏分派达赖喇嘛、班禅钱粮等事项。雍正帝一一予以批示。

第二，清朝国法在西藏的宣示与适用。无论是雍正帝先期所派大臣，还是驻藏大臣设立后，他们一再宣示清朝法律。雍正四年六月，副都统鄂齐抵达拉萨，在布达拉宣读皇帝敕书后，特别向阿尔布巴、隆布鼐等噶伦称："尔等同心协助康济鼐，倘互相不睦，各存私心而行，则国有定律，断不可以。"[2]

早在康熙六十年，清朝即在西藏行使刑罚权。将军延信等人将支持、参与准噶尔侵藏的第巴达克册等五人，按照严格的法律程序，依从逆作乱罪，处以死刑，查没家口财产，并将其罪行晓谕全藏人等。[3]雍正时又依据清朝法律惩处阿尔布巴等人，并成为"先例"。康济鼐被害事件发生后，达赖喇嘛派人携带其奏书及阿尔布巴等人奏文前往西宁，请散秩大臣、副都统达鼐代为转呈。达鼐质问称：京城派去大臣一事，招地众人皆知，而众噶隆等本应俟大臣等前去后，会同辨别康济鼐之是非，奏闻圣主，照例拟罪方是。然并未等待，遂将康济鼐杀死。雍正五年十月，达鼐向雍正帝上疏，称康济鼐倘若专权妄为，也应将其拿解，"以国法惩办"，而阿尔布巴"噶隆等并未请旨，遂即杀死康济鼐"，"应即时清理西招事务，以示国家之法度"。[4]六年八月，查郎阿等到达拉萨后，会同驻藏大臣马喇、僧格等清朝官员，认真详慎审理阿尔布巴、

---

[1] 中国藏学研究中心等编：《元以来西藏地方与中央政府关系档案史料汇编》第2册，北京：中国藏学出版社，1994年，第429页。
[2] 中国第一历史档案馆编：《雍正朝满文朱批奏折全译》下册，合肥：黄山书社，1993年，第1394页。
[3] 吴丰培编：《抚远大将军允禵奏稿》卷12，《中国文献珍本丛书》，北京：全国图书馆文献缩微复制中心，1991年，第216—219页。
[4] 中国第一历史档案馆编：《雍正朝满文朱批奏折全译》下册，合肥：黄山书社，1993年，第1504、1519页。

隆布鼐、扎尔鼐等案，阿尔布巴等供称，谋杀康济鼐是实。查郎阿上奏说：阿尔布巴等身受国恩，不思报效，乃心存叛逆，大干法纪，应分别情罪处斩。其妻、子及同胞兄弟等，俱离本处发遣。协助阿尔布巴等之喇嘛人众，也分别治罪。九月三十日，查郎阿等传集藏地第巴、喇嘛以及商贾人等，历数各凶罪状，分别重轻，悉正典刑。应发遣人犯，解送到江宁、杭州、荆州将军处，赏给兵丁为奴，使得"法振遐荒"，犯罪者"凛栗雷霆之国法"。[1] 查郎阿等清朝官员，随即在布达拉宫所在的红山东侧，勒碑立石，碑文称西藏"归顺天朝历有年矣"，追内乱后，皇帝特命大臣前来安抚，兹"元凶就缚，彰明其罪，用正典刑，拯恤良番，安生乐业"。碑文下列六十一名清朝官员姓名、职衔。[2] 雍正帝对查郎阿依清朝法律惩处阿尔布巴等犯罪行为，极为肯定，称赞他"满大臣内为第一人"[3]。

西藏原有五世达赖喇嘛时期制定的《十三法典》，属于综合性地方法规。[4] 此次清朝对阿尔布巴等人的判处，援引的是国法《大清律》。这也成为以法治藏的"先例"，为以后所援用。

早在雍正二年年羹尧所上《青海善后事宜十三条》中，对青海和西藏的行政区划就有新的变动。其中，关卓尔地方（清朝文献写作官卓尔，藏文衮卓，今昌都贡觉）在金沙江外，与察木多（今昌都）、乍丫（今察雅）接壤，原系达赖喇嘛所属。准噶尔袭扰西藏后，为罗卜藏丹津所有。青海平定后，经云南提督郝玉麟招抚。雍正四年奉旨，钦差鄂齐等前往划界，将关卓尔议定赏给达赖喇嘛管束。关卓尔有两个第巴，一名阿旺扎布，一名敦塔尔，违抗不与达赖喇嘛当差，心存悖逆。事经办理西藏事务吏部尚书查郎阿奏报。雍正帝命怡亲王允祥、大学士马齐

---

[1] 中国藏学研究中心等编：《元以来西藏地方与中央政府关系档案史料汇编》第2册，北京：中国藏学出版社，1994年，第423—425页。
[2] 邓锐龄：《拉萨现存雍正时摩崖考释》，《清前期治藏政策探赜》，北京：中国藏学出版社，2012年，第52页。
[3] 中国第一历史档案馆编：《雍正朝汉文朱批奏折汇编》第14册，南京：江苏古籍出版社，1989年，第225页。
[4] 周润年、喜饶尼玛等译著：《藏族古代法典译释考》，西宁：青海人民出版社，2017年，第210页。

等寄信岳钟琪,严加防备。[1]岳钟琪随即将怡亲王等寄信转咨查郎阿。七年正月,查郎阿等将阿旺扎布、敦塔尔及其亲属押解审讯,"一并派官兵由驿解往四川巡抚辖属县内,再由该县照前阿尔布巴等叛乱发配之例,分别发往江宁、杭州、荆州之地,交各该管将军赐予兵丁为奴"。两第巴革职发配后,新补两名第巴,其原属下大小头目十几人,也需全部革职,其员缺行文台吉颇罗鼐,挑选贤良人可任者补任,辅佐新任第巴办理事务。二月,查郎阿会同马喇将处理情况奏报。雍正帝称其办理甚善、得体。[2]

以上说明在西藏地区,官员犯罪已适用清朝法律。达赖喇嘛亲属犯罪,也援引清朝法律。达赖喇嘛之兄、索诺木达尔扎之子陈累,先娶罗卜藏丹津侄女为妻,并助青海叛军。雍正三年逃到西藏后,达赖喇嘛及其父闻知,派人协助清兵将陈累抓获并执送到营,案经年羹尧审理,罪犯不赦。但雍正帝考虑到达赖喇嘛父子态度端正,援情准理,宽宥其罪,并命年羹尧等就陈累"如何养育、居于何处",详议具奏。年羹尧将陈累安置到理塘,每月给官银二两,又令当地人每月向陈累及随行人员贡青稞三斗,由官价买,以便陈累"永有生活之路"。[3]

第三,清朝拥有对西藏的行政管辖、划界调整、分配处置等法定权力,无论是达赖喇嘛还是噶伦,都无权处置。雍正二年五月十一日,青海平定后,抚远大将军、川陕总督年羹尧条陈《青海善后事宜十三条》与《青海禁约十二条》。[4]经总理事务王大臣等逐条议覆,"均应如所请",雍正帝降旨依议。[5]这两个文件不仅是清朝处理青海善后事宜的法定文件,也从法理上确定并调整了西藏与四川、青海等地的行政区

---

[1] 中国第一历史档案馆编:《雍正朝汉文朱批奏折汇编》第14册,南京:江苏古籍出版社,1989年,第336—337页。
[2] 中国第一历史档案馆编:《雍正朝满文朱批奏折全译》下册,合肥:黄山书社,1993年,第1702—1704页。
[3] 汉文见年羹尧:《年羹尧满汉奏折译编》,季永海等点校,天津:天津古籍出版社,1995年,第280—294页,满文未见原折详译,仅见《恭呈青海禁约十二条折》,同上书,第125—126页,又见中国第一历史档案馆编:《雍正朝满文朱批奏折全译》上册,合肥:黄山书社,1993年,第825页。
[4] 年羹尧:《年羹尧满汉奏折译编》,季永海等点校,天津:天津古籍出版社,1995年,第7页。
[5]《清世宗实录》卷20,雍正二年五月戊辰,北京:中华书局,1987年影印本,第7册,第331页。

划,同时还为西藏地区的制度变革,提供了法律依据。其中,西番人等宜属内地管辖;达赖喇嘛宜予恩赐而定岁额;喇嘛庙宇宜定例稽查等多项条款,涉及西藏行政区划调整、达赖喇嘛收取香火、寺庙喇嘛规制等内容。三年十一月,经川陕总督岳钟琪奏请,议政王大臣等议准,又对部分地区予以调整。[1]雍正帝在给达赖喇嘛的敕谕中,宣示西藏"内附"的经过后特别强调:"今吾等乃一家之人,拉萨叛乱,既属朕域,朕绝无内外亲疏之意。唯念仅卫藏赋税,不敷尔喇嘛之费用,故应赐尔之地域,经详查后赏赐。"[2]四年六月,鄂齐等确定西藏行政区划后,抵达拉萨。十年六月,驻藏大臣又对西藏与四川、青海等省进行省际划界,并查明户口、边界,造册立碑。[3]

特别值得提出的是,鄂齐在西藏期间,纠正了达赖喇嘛把西藏土地、人口私自赏赐给噶伦的行为。经鄂齐查实,自康济鼐等各噶伦,以及达赖喇嘛父亲索诺木达尔扎,都以达赖喇嘛赏赐的名义,接受人口、土地,每人私占数百户,征收赋税。除扎尔鼐外,各用自己的图章(印信)。为此,鄂齐等质问众噶伦:"据闻达赖喇嘛赏给尔等土地,征收赋税等语。前准噶尔来时,霸占全藏地",大皇帝"平定地方,此地方虽给达赖喇嘛专主,但皆系大皇帝所属之地,即便达赖喇嘛,安可擅自赏给尔等耶"?"尔等皆为奉皇上之命所设之噶伦,诸事尔等亲自料理,反以达赖喇嘛赏赐为口实,肆意分占为供养佛法之地,可乎?况且在封尔等之诰命中,亦载有不可霸占达赖喇嘛之地方。此事与理不合,殊属非是。"五位噶伦等承认,接受达赖喇嘛赏赐数百户人,并允准征赋税是实,表示停止另用图章,并"将达赖喇嘛赏与我等之地方,亦还给商上"。[4]鄂齐等钦差大臣,对噶伦等私自接受达赖喇嘛赏赐土地、人口的做法的纠正,无疑也是一次重要的所有权宣示,而众噶伦归还土地、

---

[1]《清世宗实录》卷38,雍正三年十一月乙未,北京:中华书局,1987年影印本,第7册,第555页。
[2] 侯希文编:《西藏与历代中央政府来往政务公文选编》,北京:社会科学文献出版社,2015年,第62页。
[3]《大学士鄂尔泰等议奏派员分定番子等地方边界等折》,雍正十年六月初十日,军机处满文议复档779-0002,国家清史工程档案库藏。
[4] 中国第一历史档案馆编:《雍正朝满文朱批奏折全译》下册,合肥:黄山书社,1993年,第1393—1395页。

人口，也是对清朝拥有西藏所有处置权的再确认。

　　需要指出的是，雍正时期在西藏适用清朝法律，就现有材料看，主要对象是官员等群体。普通民众的法律适用，有待另文专门探讨。

　　清朝平定郡王珠尔墨特那布扎勒之乱后，依据"达赖喇嘛得以专主，钦差有所操纵，而噶隆不致擅权"[1]的原则，于乾隆十六年制定《藏内善后章程》十三条。其核心之一是"酌设格隆（噶伦）二三人，以分其势，庶不致事权太重，易生事端"[2]。故《章程》第一条即"查照旧例"，恢复"西藏办事噶伦原系四人"的体制。值得重视的是，《章程》多款内容都有"查照旧例"字样。而这个"旧例"，主要是指雍正时期众噶伦治理西藏行政事务的体制。此"旧例"与新增条款，共同确立驻藏大臣与达赖喇嘛管理藏政的管理体制，对加强中央对西藏的管理具有重要意义。而达赖喇嘛通过与驻藏大臣一同拣选、参革噶伦、代本等权力，使得其宗教权向世俗权延伸，并最终确立政教合一制度。这也带来一些消极影响，其历史得失值得认真总结。

（原载《民族研究》2019年第2期）

---

[1] 中国藏学研究中心等编：《元以来西藏地方与中央政府关系档案史料汇编》第2册，北京：中国藏学出版社，1994年，第533页。

[2] 中国藏学研究中心等编：《元以来西藏地方与中央政府关系档案史料汇编》第2册，北京：中国藏学出版社，1994年，第530页。

论雍正帝相度"万年吉地"的几个问题

清史学界围绕雍正帝何以打破"子随父葬"的陵寝制度避开东陵另选西陵,历来颇有争议。有一种观点认为,这是雍正帝有意回避他的父亲康熙帝(景陵),是雍正帝夺嫡的间接"证据"之一[1];还有研究者认为,这是雍正帝以己为中心,自我夸示,不甘落于祖、父之后的体现[2];也有学者专门从风水的视角进行考察[3],但显然难以解释为何乾隆帝的裕陵又选择在东陵建造?[4]本文主要依据清朝满汉文档案,对相关问题予以澄清。

一、雍正帝相度"万年吉地"的时间

关于雍正帝何时开始相度其"万年吉地",学界多认为:雍正四年以前,因处理年羹尧、隆科多等大案,无暇顾及"万年吉地"事宜,故最早为雍正四年(1726)[5]。但这与档案不符。

档案文献表明:最迟雍正三年(1725)初,雍正帝亲自下旨,安排陵寝选址事宜,并初步选定遵化九凤朝阳山为"万年吉地"。此事由怡亲王允祥牵头,参加者主要是钦天监官员及精通堪舆之人。

雍正三年二月二十六日,钦天监监正明图面奉谕旨,同兵部侍郎傅

---

[1] 戴逸:《雍正践祚之内情》,1999年3月24日《中华读书报》。
[2] 孙大章主编:《中国古代建筑史》第5卷《清代建筑》,北京:中国建筑工业出版社,2002年,第282页。
[3] 冯建逵:《清代陵寝的选址与风水》,王其亨主编:《风水理论研究》,天津:天津大学出版社,1992年。
[4] 杨珍:《顺治亲卜陵地与雍正另辟陵区》,《故宫博物院院刊》1992年第4期。
[5] 徐广源:《清西陵史话》,北京:新世界出版社,2004年,第10页;耿左车、邢宏伟、那凤英:《清西陵档案解密》,北京:中国工人出版社,2015年,第26页。

鼐、总兵官许国桂带领相关人员前往遵化州等处相度吉地。明图随即升任内阁侍读学士,仍兼钦天监监正。一个多月后,明图等一行从遵化州回京,由怡亲王带领,共同向雍正帝覆奏相度吉地之事。[1]

这是目前档案所见雍正帝相度万年吉地的最早记载,也是正式对陵址的实地勘察,并向雍正帝进行了奏报。

这次相度的陵址就是遵化州的"九凤朝阳"山,距遵化州城北侧二十里之间,"龙身长远,地势雄伟,能增万年寿数,能衍广运无穷"。其后,礼部尚书赖都等向雍正奏请:由钦天监勘测地形,分订禁令,择卜吉日,设立红桩;诸项工程事项,交付工部,查例具奏。奉旨:依议。九月二十日,礼部等开列应遣大臣等职名,奏请钦点,包括领侍卫内大臣公马尔赛、领侍卫内大臣马武,大学士马齐、嵩祝,以及八旗各都统,吏部、礼部、兵部、刑部、理藩院等尚书,都察院左都御史等。雍正帝朱批:著派嵩祝、李永绍、傅鼐等前去[2]。

嵩祝本在开列的大学士职名中,李永绍是工部尚书,原不在开列职名中。傅鼐为兵部满侍郎,也不在开列职名中。钦点李永绍是涉及工程等事项,而钦点傅鼐因为他前期参加相度事宜,熟悉情况。

这份满文朱批奏折说明,由钦天监主导的选址工作已基本确定,并划定保护范围,颁布禁入法令,因此礼部开列职名涉及数十衙署的主官,而雍正帝钦点工部尚书,说明已进入"择吉"开工阶段。以上档案也说明,雍正帝最初相度吉地,确实在遵化州,与顺治帝孝陵、康熙帝景陵相距颇近。

帝王陵寝有"三年选址,十年定穴"之说。按礼部所奏,接下去应该进行工程方面的各项准备,而"定穴"无疑是重中之重。问题恰好出现在"定穴"阶段,官员有较多意见分歧。

雍正四年正月初七日,怡亲王允祥传雍正谕旨:着许国桂、李楠等往遵化州看九凤朝阳吉地。许国桂时任正红旗汉军副都统,李楠原任总

---

[1]《明图奏为历奉谕旨日期开载呈览事》,雍正三年六月十八日,朱批奏折04-01-30-0393-019,中国第一历史档案馆藏。
[2]《礼部尚书赖都等奏请钦点勘测地形官员折》,雍正三年九月二十日,中国第一历史档案馆编:《雍正朝满文朱批奏折全译》上册,合肥:黄山书社,1998年,第1214—1215页。

督河道中军副将,两人接旨后即会同钦天监监正明图等人一同来到九凤朝阳山上,他们用罗盘"逐节对星",因为没有携带"简平仪","癸宫、庚子分金坐在何处,一时不得其的,容查明补奏"。

在堪舆学中,唐宋以来主要有两派,即形派和理派。而清代最重形派。"其为说主于形势,原其所起,即其所止,以定位象,专指龙、穴、砂(沙)、水之相配,而他拘泥在所不论,今大江以南无不遵之者。"因形派以江西人为主,活动也主要在江西,故又称江西派。[1]

由于理派"纯取八卦五星以定生克之理",颇为玄奥,故清代帝王陵寝选址中,形派发挥了至关重要的主导性作用。光绪《大清会典》载"择地之术"称,"以地势之起伏,视其气之行,以地势之回绕,视其气之止","其精微之旨,尤致详于龙、穴、沙、水"。[2] 叙述的也主要是形派的观点。龙、穴、沙、水加之定向,俗称地理五诀。龙者,地之生气,龙止则为穴,龙脉即山的走势;穴的本义是土室,即金井(棺椁)所在的位置,龙脉的来向和穴位间的关系,也就是将来陵寝建筑布局的中轴线,要通过罗盘上八干四维十二支的二十四山向,定为"某山某向";沙,也做砂,是指砂山,形成对穴区的环抱、拱卫之势。[3]

相度官员在实际勘察中,发现龙脉不错,从大势上看是吉壤。"龙身金星弘伟","案内明堂舒畅开阳,案外大堂规模弘阔,八面罗城环绕周密,堂局极大,诚为大势"。但也存在一些不足,主要的问题是,"气势似觉平缓",不但"龙沙低伏",且"案山树亦宜去,令其明净。大龙上之边墙,亦宜拆去,以全五行自然之体。以上种种不甚惬意之处,亦书中所云山川小节之疵也"。这就是说,此处吉地有不少缺陷,故"伏乞皇上广选贤能,再将此地细加考正,庶几尽善尽美"。此奏由许国桂、李楠联衔上奏,并强调明图等皆未署名。[4] 这说明相度官员对"吉地"

---

[1] 王祎:《青岩丛录》,乾隆五十七年四库全书本,第46页a。
[2] 《嘉庆会典》卷64《钦天监》,嘉庆二十三年刊本,第25页b。
[3] 冯建逵:《清代陵寝的选址与风水》,王其亨主编:《风水理论研究》,天津:天津大学出版社,1992年,第139页。
[4] 《正红旗汉军副都统许国桂、原任总督河道中军副将李楠奏为遵旨会同对照星体着勘遵化九凤朝阳山吉地情形奏闻事》,雍正四年正月三十日,朱批奏折04-01-30-0393-018,中国第一历史档案馆藏。

看法存在明显分歧。

果然,此时已升任内阁学士兼礼部侍郎,仍兼钦天监监正的明图,于同年二月初五日单衔上奏,密奏许国桂、李楠与相度官讨论情形,特别是对许、李提出的疑虑,堪舆官如何一一释疑、解答,也让我们了解到有更多人参与到"定穴"工作中:"本年怡亲王传旨:着臣同副都统许国桂、李楠、崔辅鼎、任泽善、马元锡、吴立、艾芳等于正月十八日起身,前往遵化州相度九凤朝阳吉地。至二十二日,公同详审,仔细斟酌。"尽管精通堪舆的相度官一一回答了许国桂、李楠等官员的疑虑和质疑,但在最关键的尝试"定穴"时出了大问题:"据许国桂欲立癸山丁向,兼子午三分,相度官即照彼所议下盘,立桩牵线,其向大偏东南,在青龙山脚之内,正水道出口之处,堂局全无。"

清代陵寝的方向也是"南向为尊""南为正向",但正向往往与龙脉不相吻合,因此通常采用南偏东或南偏西,从而与龙脉浑然一体,许国桂欲立"癸山丁向",就是为了弥补这种不足,但随之出现更严重的问题,即相度官据此定穴,正冲水口,所有建造物无法建造,即"堂局全无"。

帝王陵寝不但要讲"风水",还要满足建筑物所承载的礼制要求,这在明清陵寝中表现得最为突出。[1]"堂局全无"就意味着无法进行起码的建筑布局。这是陵寝建筑最根本的缺陷。

精通堪舆的吴立、艾芳等人的解释是,"据书定局立向,再四审详,果系大龙大局,体势尊严,规模宏大,实万世无疆之吉兆也"。但这并不能消除许、李等人的疑虑。明图上奏称:"该臣看得雍正三年二月臣奉命率领相度官等前往遵化州地方看得九凤朝阳吉地,咸以为龙飞凤舞,孕结天然,率土欢腾,官民共庆。但山川之变化无穷,地理之精微至奥,相度官不过据书立论,今许国桂、李楠等所论微有不同,不可不详求至当。伏乞皇上敕下九卿大小衙门,有精通地理者,遣往印证。务使斟酌万全,百不失一,永定万年之吉兆,祥开不朽之弘基。"[2]

---

[1] 杨宽:《中国古代陵寝制度史研究》,上海:上海人民出版社,2016年,第69页。
[2] 《明图奏为奉旨相度九凤朝阳吉地详叙各论敬呈事》,雍正四年二月初五日,朱批奏折04-01-30-0093-025,中国第一历史档案馆藏。

以上两份密折显示，尽管钦天监趋向于相度官的意见，但显然不能消除许国桂、李楠等人的疑虑。而无论是许、李两人的联衔密奏，还是明图的独自上奏，都明确奏请广选贤能，再加考证。说明雍正三年二月选址九凤朝阳山取得的共识，乃至"官民共庆"，是当时人尽皆知的"好消息"。但在四年二月具体定穴时，却出现较为严重的意见分歧。这正是高其倬、管志宁两位精通堪舆者其后多次前往相度的背景。

二、放弃"九凤朝阳"吉地的原因

从档案可见，高其倬最晚于雍正五年（1727）进京，由怡亲王带领相度九凤朝阳山（也写作五凤朝阳山），其相度情形除当面向雍正帝奏陈外，也曾具折上奏，但高其倬随即回任福建总督。在此前后，在江浙一带看风水的江西人管志宁被召到京，也被派往九凤朝阳山相度，清廷不久特授他为户部主事，这既为工作上的便利，也说明要长期借重其堪舆学的实践经验。雍正五年冬，管志宁告假回籍，六年（1728）二月再度来京，此次相度不限于遵化的九凤朝阳山，而是扩展到直隶一带，包括易州贤德庄等地。这说明没有受"子随父葬"观念的拘束。

最初，高其倬和管志宁是分别前往相度的。就二人而言，在堪舆学上各有千秋。由于高其倬的总督身份，雍正帝当然更相信他，但对民间的堪舆家也不排斥，说明雍正帝对"万年吉地"的高度重视，并采取开放态度。转眼到了雍正六年，"万年吉地"不能再拖下去。六月二十四日，雍正命管志宁于立秋后驰驿前赴福建。一个月后，即七月二十七日，高其倬接奉怡亲王谕："前者五凤朝阳山万年吉地，经总督看过，嗣有江西管志宁看后，有旨意问过总督，总督亦曾奏过，虽然奏过，尚有未明白处。"

由于高、管两人不是同场相度，怡亲王按照雍正帝的旨意，令管志宁到福建与高其倬当面讲论，特别传旨谕："总督还是明理之人，若人之言不是，绝不附和以为是，若人所言有理，亦绝不胶执己见而以为不是，彼此讲究明白，方于事有益。况此事甚大，令本府带信与总督"，"事完之后，总督即明白具奏，令管志宁驰驿回京"。雍正此次下旨就是让二人当面辨正，以便他最后定夺。

管志宁于是年九月初七日到达福建，高其倬不但与之"考论十余次"，为"验证"管志宁的堪舆理论，高其倬还令其指证十余处。两人还一同到福建一家出了五名尚书的坟地进行现场查验。

十一月初五日，高其倬连上两道密折，一折是他考校"管志宁学问、眼力所到"；另一折是两人反复推敲"五凤朝阳山"的基本结论。

关于管志宁的学问、眼力，高其倬奏报说，管志宁所学"遥宗唐杨益之书，而专遵宋吴仲祥《望龙经》及其女之《解议》二书，又参以宋廖禹之《四象》，其近派之专师明之雪庵和尚，于审龙消息捉穴形象，另有师授，加以阅历"。"臣又与管志宁登山数处以试其眼力"，结论是管志宁不仅学养深厚，"且看地年久，阅历颇多，乃系历练之人"。因管志宁到直隶后，所到之处不多，高其倬又将"直隶山水来去之大势，回环之情形，皆详细说知"，最后，并将他向来所见认为可以寻看之处，详细说知，以备管志宁酌采。由于高其倬职任福建总督，属于海疆要地，不能长川在京，故清廷让管志宁在更广范围相度。这就是最终选定易州的由来。

杨益乃唐代著名形派大师，寓居江西，所撰《疑龙经》《撼龙经》等书，很有影响。高其倬奏称："臣向来专宗杨益之《疑龙》《撼龙》二书，而于认星定穴之要，未得精微，是臣不能自信之处，在管志宁以为其于胎伏中讨消息之法，即是臣所疑之处。"廖禹乃宋代著名堪舆学大师，师承杨益。雪庵和尚是明代峦头派的代表人物。尽管高其倬与管志宁所学不尽相同，但都以杨益为宗，都属于形派则无疑。[1]

关于九凤朝阳山的讨论结果这一密折，雍正帝最为关注。高其倬坚持他此前在京已向雍正帝上奏的看法，认为"此地臣向来疑其结作不确者共有五处"：一、自少祖以下所起星辰不圆秀，处处带石，气不融和；二、远朝秀而近砂粗，且有纽头转项之态，回向之情不专；三、大案外山脚，条条飞出二十余里，势不归随；四、元辰之水流破地皮，仍带刚性；五、土质有类砂石刚硬，且近所开穴土以水和之，竟丸不成圆丸，

---

[1]《高其倬奏为五凤朝阳山吉地愚昧所见并管志宁学力所到之处事》，雍正六年十一月初五日，朱批奏折 04-01-30-0093-005。

乃系砂砾，未见如此穴土。

对于以上不确者"五处"，管志宁一一进行了解答，前二项疑虑，高其倬认可管志宁的意见，二人又一同到福州林姓一名地上，看其地出五尚书，也得到证验。"则臣所疑星辰不圆秀，处处带石之处，所见不到。管志宁所见者是"。第二项疑虑，"管志宁之说亦是，臣所见者未免过于求全"。

但以下三项"不确者"，两人有的意见相同，有的意见不同。管志宁说案外之山脚远飞，乃是曜气，高其倬认为是朝山之余气。"臣近检古人之书有云：余气不去数十里，此间不是王侯地。王侯之地且然，况垣局之地乎？则臣所疑案外余气远飞之处，管志宁与臣皆以为可不必疑。"关于元辰之水流破地皮，管志宁提出可以在小水出口处以人力培补，而高其倬认为"此元辰之水乃最近穴晕，细察结作性情之处，培补之说止可改易其形象，不能改易其性情。且已博辅星性已和平，仍不脱刚意，则其气太刚。此件臣之见不同，不敢谓然"。最后，土质太硬，管志宁"说穴中之土必应胎中之土，胎中如此，穴中必如此。土色既与胎伏相应，又有圆晕可据，其色明亮而体重，乃最好之土，所见者甚多，无可疑处"。高其倬对此不认同，认为"地有中和之气，必有中和之土，况所见一二家稍好之地土皆软嫩可爱。此种粗土臣所知所见未见有如此者。况郭璞之书为地学鼻祖，历代地师杨、曾、廖、赖俱宗之不敢或异，其言穴土以砂砾为戒，此件管志宁与臣所见各异"。

高其倬最后奏称："总之，臣以为地学千言万句，总不过令人察水土之性，审刚柔之和而已。且千里来龙到头止融八尺之穴。此等大地乃千里精粹之气钟于一穴之间，今穴水、穴土如此，臣以为刚气未脱，虽多谓之上地，臣愚昧，惟知直陈所见，以为未为大地。管志宁之地学可谓历练胜过诸人，臣不胜犬马之愿，愿令再加寻觅二三处佳地"，"至易州贤德庄之地，看所画之图，管志宁所定之穴，诸处俱好，惟生定之朝山太近太高，此处是一不足之处。谨一并奏明"。[1]

---

[1]《高其倬奏为五凤朝阳山吉地事》，雍正六年十一月初五日，朱批奏折04-01-30-0093-004，中国第一历史档案馆藏。

尽管九凤朝阳山"多谓之上地",但高其倬认为"未为大地",连王侯之地都不能选在此,何况是皇帝的"万年吉地"!他明确提出"再加寻觅二三处佳地",事实上否决了将九凤朝阳山作为万年吉地的选择。这对雍正帝最终放弃九凤朝阳山,起到了至关重要的作用。雍正帝当即在朱批中透露,他要再召高其倬进京,并要高做好准备:"今岁秋冬间,朕看刘世明若妥协,地方无事,意欲著你来,同管志宁商酌吉地风水之事,再面加训谕汝。但尚未定,临期候旨行。"[1]说明雍正帝没有就高其倬的"放弃说"立即表态,而是采取更加审慎的态度,命二人进京同时相度,以定取舍。

刘世明时任福建巡抚,雍正帝初步考虑让他署理福建总督事务,以便让高其倬进京。但适逢在福建会同督抚甄别知府以下官吏事宜的钦差吏部侍郎史贻直,事毕返京,已到杭州,雍正帝立即下旨史贻直不必回京,返回福州;所有应奏事件,著具折具本陈奏。并叮嘱史贻直:福建总督高其倬着于闰七月初十内外起身来京陛见。高其倬未起身之先,可将地方事务一一与史贻直详悉说明,暂令协同办理;高其倬起身之后,着史贻直署理福建总督事务,俟高其倬回任,史贻直来京。史贻直接到谕旨后折返福建。[2]于六月十八日抵达福州府城。[3]

高其倬此番进京,停留时间长达九个月,而最核心的任务仍是相度万年吉地。其间,他最重要的意见是,放弃"九凤朝阳"山,最终选定易县泰宁山太平峪作为万年吉地。

七年(1729)十二月二十四日,史贻直以到闽后水土不服、心悸日增奏请回京,雍正帝朱批称闻知其情,并以喜悦的心情告诉史贻直:高其倬吉地亦选得上上之风水矣。因盛京三陵,命往观看,便道随路寻觅

---

[1]《福建总督高其倬奏谢格外天恩不加严谴罪愆折》,雍正七年二月初八日,中国第一历史档案馆编:《雍正朝汉文朱批奏折汇编》第14册,南京:江苏古籍出版社,1989年,第560页。

[2]《钦差吏部左侍郎史贻直奏谢特命署福建总督并报自杭州起身回闽折》,雍正七年五月二十一日,中国第一历史档案馆编:《雍正朝汉文朱批奏折汇编》第15册,南京:江苏古籍出版社,1989年,第352—353页。

[3]《福建巡抚刘世明奏吏部左侍郎史贻直到福州等事折》,雍正七年七月二十六日,《雍正朝汉文朱批奏折汇编》第15册,南京:江苏古籍出版社,1989年,第900页。《清世宗实录》卷80,雍正七年四月己亥:福建总督高其倬来京陛见,以吏部左侍郎史贻直署福建总督。乃是谕旨发出时间,有误。见《清世宗实录》卷80,雍正七年四月己亥,北京:中华书局,1987年影印本,第8册,第56页。

关外风水，或有上地，所以迟回数时，大概四月中五月初可回至闽任也。（汝）可支撑此两月可也。[1] 次年三月，高其倬回任。

三、选定易州泰宁山的原因

顺治帝的孝陵、康熙帝的景陵都选在遵化州建造，因此形成"子随父葬"的清代陵寝制度。雍正帝陵最终选址在易州，就打破了这种制度，故有学者认为，从他的性格特点及当时的政治形势看，他另立陵区，以己为祖，重在表现他是新时代的开拓者。[2] 这也是推测之词，不符合客观实际。

雍正帝所言"选得上上之风水矣"，事在雍正七年十二月初二日。内阁奉上谕：朕之本意，原欲于孝陵、景陵之旁，卜择将来吉地，而堪舆之人，俱以为无可营建之处，后经选择九凤朝阳山吉壤具奏，朕意此地近依孝陵、景陵，与朕初意相合，及精通堪舆之臣工再加相度，以为规模虽大，而形局未全；穴中之土又带砂石，实不可用。今据怡亲王、总督高其倬等奏称，相度得易州境内泰宁山天平峪（后改太平峪）万年吉地，实乾坤聚秀之区，为阴阳和会之所，龙穴砂水无美不收，形势理气，诸吉咸备等语。朕览所奏，其言山脉水法，条理详明，洵为上吉之壤。但于孝陵、景陵相去数百里，朕心不忍。且与古帝王规制典礼有无未合之处，着大学士、九卿详悉会议具奏。[3]

就以上雍正帝所发上谕而论，与前述高其倬对九凤朝阳山"未为大地"的种种缺欠论述完全吻合，绝非另选陵寝地址的托词。而易州西陵之风水形胜，研究者多有论述[4]。此处不缀。

---

[1]《署福建总督史贻直奏陈不服水土心悸脾弱恐误海疆恳请恩准早得还京折》，雍正七年十二月二十四日，中国第一历史档案馆编：《雍正朝汉文朱批奏折汇编》第17册，南京：江苏古籍出版社，1989年，第581页。
[2] 孙大章主编：《中国古代建筑史》第5卷《清代建筑》，北京：中国建筑工业出版社，2002年，第282页。
[3] 中国第一历史档案馆编：《雍正起居注》第四册，北京：中华书局，1993年，第3320—3321页。《清世宗实录》卷89，所记略有不同，如天平峪为太平峪等。
[4] 王其亨：《清代陵寝风水：陵寝建筑设计原理及艺术成就钩沉》《清代陵寝地宫金井研究》，王其亨主编：《风水理论研究》，天津：天津大学出版社，1992年；刘敦桢：《易县清西陵》，《中国营造学社汇刊》1935年第5辑第3期。

十八日，内阁九卿等上奏，称易州天平峪万年吉地，诚为上吉之福壤，适符盛治之昌期，地界皆与京师密迩，同居畿辅，与孝陵、景陵实未遥远。请钦派大臣，遵照万年吉地定制，择吉兴工。雍正帝下旨：大学士九卿等引据史册典礼陈奏，朕心始安。一应所需工料等项，俱着动用内库银两办理，规模制度，务从俭朴。其石像等件，需用石工浩繁，亦劳人力，俱不必建设。着该部遵行。[1]

泰陵于雍正八年正式开工建设。对在选址过程中发挥关键作用的怡亲王、高其倬，雍正帝不吝褒奖。五月，雍正帝谕称：怡亲王为朕办理大小诸务，无不用心周到，而于营度将来吉地一事，甚为竭力殚心。从前在九凤朝阳山经画有年，后因其地未为全美，复于易州泰宁山太平峪周详相度，得一上吉之地。王往来审视，备极辛勤。其所择吉壤，实由王亲自相度而得，而臣工之精地理者，详加斟酌，询谋佥同，且以为此皆王忠赤之心，感格神明，是以具此慧眼卓识也。[2]

高其倬已于雍正八年（1730）二月，加太子太保。三月回任福建，五月调任两江总督。九月，雍正帝以其相度太平峪吉地事宜，筹度万全，着赏给一等阿达哈哈番。管志宁、明图、任择善、海望、保德等，地理明通，赞襄勤慎，一并议叙。[3]

四、乾隆初年对"九凤朝阳"的再相度

在初步选定九凤朝阳山为万年吉地后，雍正帝已经下旨，在两广、西南等地区采办楠木，江苏烧造金砖，铺户承办沙城砖等项。对此，档案也有较多记载。

雍正七年七月二十一日，广西巡抚金鉷奏，本年三月十九日，准广东督抚二臣咨移广东采办万年吉地楠木，议由广西一路运至湖广，臣即

---

[1] 中国第一历史档案馆编：《雍正起居注》第四册，北京：中华书局，1993年，第3371—3373页。
[2] 《清世宗实录》卷94，雍正八年五月丙戌，北京：中华书局，1987年影印本，第8册，第262—263页。
[3] 《清世宗实录》卷98，雍正八年九月乙酉，北京：中华书局，1987年影印本，第8册，第307—308页。

预橄经过各地方官敬谨小心协理接运。兹海防同知李达德运送圆方楠木共二百八十根,另铁梨木九件。于六月十七日入广西梧州府,七月出身日抵桂林府,初六日由八十只船运送至湖广。[1]由于广南韶道林兆惠承办楠木九百八十五根,合式堪用者仅有二百八十根,林兆惠被革职,采办之事由布政使王士俊并接任广南韶道李可淳负责。由于时间紧迫,只好在琼州府儋州黎岐地方,开山采办五百余根油楠,以济急。[2]因此,泰陵的主体建筑,除使用亚热带的一般楠木外,也使用了海南的油楠。

由于后来选定易州为雍正帝陵寝,因而原来运往遵化的石料、砖块等物用于东陵维修。乾隆六年修建景陵妃园寝的二十个地宫,所用石料、砖块即是九凤朝阳山存储的。[3]这也说明,雍正帝当初确曾打算在遵化建造其陵寝。

有学者认为,既然雍正放弃九凤朝阳山而另辟西陵,何以乾隆帝又在东陵建造裕陵?事实上,乾隆最终选定的也不是九凤朝阳山。乾隆三年,兵部尚书讷亲等援引汉唐以来帝王即位之初选择万年吉地旧典,特别查明雍正三年礼部奏请勘定万年吉地,"钦遵在案",乾隆陵寝选址才正式启动。[4]最初选址范围非常广泛,不仅直隶境内的重要形胜之地,都在选址之列,甚至扩展到奉天。[5]直隶包括易州太平峪西南十五里西管头村北。[6]这一地址距离泰陵相对较近。又据塞尔登密奏,易县东北瑞麟山也作为备选地址。[7]此外,密云、三河、丰润、迁安等地,也都在选址范围内,说明乾隆帝一开始也没有"子随父葬"的观念。

---

[1]《广西巡抚金鉷奏报广东运送楠木过境情形折》,雍正七年七月二十一日,中国第一历史档案馆编:《雍正朝汉文朱批奏折汇编》第15册,南京:江苏古籍出版社,1989年,第824页。

[2]《广东总督郝玉麟奏恭办楠木黎民急公情形折》,雍正八年正月二十四日,中国第一历史档案馆编:《雍正朝汉文朱批奏折汇编》第17册,南京:江苏古籍出版社,1989年,第763—765页。

[3] 徐广源:《清西陵史话》,北京:新世界出版社,2004年,第13页。

[4]《兵部尚书讷亲等奏为谨遵旧制恭择吉壤事》,乾隆三年二月二十八日,录副奏折03-0293-019,中国第一历史档案馆藏。

[5]《大学士鄂尔泰等遵旨酌议胜水峪万年吉地事》,乾隆七年三月初七日,录副奏折03-0294-031,中国第一历史档案馆藏。

[6]《讷亲、海望奏为新授杭州织造伊拉齐连晓风水请带令同往太平峪查看吉地事》,乾隆四年二月初四日,朱批奏折04-01-01-0038-051,中国第一历史档案馆藏。

[7]《总理工程钱粮事务国子监司塞尔登奏为看得易县东北瑞麟山万年吉地敬谨复加相度事》,乾隆四年十二月初二日,朱批奏折04-01-14-0005-050,中国第一历史档案馆藏。

九凤朝阳山是否适宜建造陵寝？乾隆四年，弘历命吏部尚书讷亲、工部侍郎王纮，前往九凤朝阳山相度。经详加查勘，讷亲密奏："奉旨相度吉地，会同王纮等相度从前看过之九凤朝阳山，佥称山形水势一无可取。即原经相度之管志宁，亦以为不可用。"[1]其后，讷亲等再次奏明，九凤朝阳山"看得山粗水急，并无结作"[2]。说明九凤朝阳山确实不适合陵寝建造。经过广泛选址，裕陵直到乾隆七年三月十九日，经乾隆帝钦定在东陵胜水峪[3]。这是乾隆帝经过很长时间思考，特别考虑到东西两个陵区而作出的决定。嘉庆元年（1796）十二月，时为太上皇的弘历发布长篇敕谕，确定后世帝陵，"各依昭穆次序，迭分东西"，并称此为"万世良法，我子孙惟当恪遵朕旨"。翌年春，他再次强调，"嗣后万年吉地，当各依昭穆次序，在东陵、西陵界内分建"，"我子孙务须恪遵前训，永垂法守"。[4]至此，似由昭穆之制取代了子随父葬的陵寝选址传统。后因道光帝陵宝华峪渗水而移建于西陵，又打破了乾隆帝所订立的昭穆之制。凡此种种，说明清帝陵寝选址，并没有固定规制。该问题颇为繁复，本文作者拟专文论述。兹不累赘。

以上就雍正帝陵寝选址过程、原因及时间等问题，依据清代现存满汉档案等文献进行初步探讨。可以肯定，所谓雍正帝为回避乃父而另选吉地，是其改诏即位的"间接证据"的说法，是没有事实基础的。

（原载《故宫博物院院刊》2017年第4期）

---

[1]《吏部尚书讷亲奏为奉旨相度三河等处吉地情形事》，乾隆四年三月初七日，朱批奏折04-01-14-0005-017，中国第一历史档案馆藏。

[2]《吏部尚书讷亲等奏为相度密云遵化吉地情形事》，乾隆四年四月初一日，朱批奏折04-01-05-0007-003，中国第一历史档案馆藏。

[3]《清高宗实录》卷163，乾隆七年三月丙子，北京：中华书局，1987年影印本，第11册，第47页。

[4]《清高宗实录》卷1495，嘉庆元年十二月癸巳；《清高宗实录》卷1496，嘉庆二年三月乙卯，北京：中华书局，1987年影印本，第27册，第1023—1024、1034页。

清代前期的抑绅政策及其社会意义

清代前期,鉴于明后期缙绅地主的恶性发展所导致的社会矛盾的激化,封建国家利用其调节职能,在政治、经济、司法等方面对缙绅地主实行严厉的抑制政策,这是清前期社会矛盾相对缓和、政治比较安定的重要原因之一,也是缙绅地主在一定时间内相对衰落、庶民地主得以发展的重要契机,具有不容忽视的社会意义。

一、明末清初缙绅地主的恶性发展

缙绅地主是从政治身份上与庶民地主相对应的享有特权的统治阶级内部的上层集团,其基本实体由现任官、致仕官及具有功名地位和政治身份但未出仕的进士、举人、贡生、生员等阶层所构成;其特点是享有政治、法律及赋役优免等特权,在地主阶级的构成上属较少部分。本文侧重讨论其经济特权的伸缩问题。

缙绅地主享有极优厚的赋役优免等经济特权,这在明代得到了恶性的发展。以万历三十八年(1610)《缙绅优免新例》为证,一品京官可免田一万亩,八品京官可免田二千七百亩,外官减半;致仕及未仕乡绅优免田额:进士在三千亩左右,举人恩生一千二百亩,生员监生免额最低亦达八十亩。[1] 徭役优免很复杂,但亦相当优厚,这实际上是明中叶以来土地兼并恶性发展、大土地所有制膨胀的根源。顾炎武曾说,全国有五十万生员,按此一个阶层计之,全国则有四千万亩免税土地,按一县计,"今之大县至有生员千人以上者,比比也。且如一县之地有十万

---

[1] 万历《常熟县私志》卷3《赋役优免新例》,刻本,第16—19页。

顷，而生员之地五万，则民以五万而当十万之差矣；一县之地有十万顷，而生员之地九万，则民以一万而当十万之差矣。民地愈少，则诡寄愈多，诡寄愈多，则民地愈少，而生员愈重"[1]大土地（或缙绅土地）所有制的发展直接带来两个社会问题：一是削弱了国家的经济实力。因为民户及民地是一个相对的量，这也是封建国家赋役征收的主要对象，这个量的稳定与否事关王朝的兴衰荣枯，正德时核天下田亩，已减洪武之半，嘉靖以还日趋严重，当时的土人惊呼"今若此，再十年后之造册，皆乡官之户也"[2]，明朝无力解决这一问题，赋入的减少只好苛取诸民，"三饷加派"便是这样。二是激化了社会矛盾，官与民的对立发展到了白热化。顾炎武说："天下之病民者有三：曰乡宦，曰生员，曰吏胥"，"是三者，法皆得以复其户，而无杂泛之差，于是杂泛之差，乃尽归于小民"，"富者行关节以求为生员，而贫者相率而逃且死"[3]这些都客观地反映了这种矛盾。故有见识的政治家吕坤等都提出限制缙绅发展的改革主张，认为只有这样"庶（民）久累之肩可息，而不平之恨可消矣"[4]。但危机四起，国家无暇承担调节职能，明朝的统治亦终因"上下交征利"而走向"国危"且亡的覆辙。

清初，虽然因农民战争的洗礼及改朝换代的大变局，缙绅地主受到很大打击，但其势力仍然很强，这在国家财赋主要基地东南地区表现得仍较突出。康熙初叶，江南苏州府昆山县贡生沈悫说："就一省而论，缙绅莫盛于苏松，就两郡而论，缙绅又莫盛于昆邑，且莫恶于昆邑"，"乡党出一缙绅，不啻有数十百缙绅以为之助，而欲温饱之家，安其食息，宁可得乎？以人命言之，若主投缙绅，则假命成真，凶身之身家立尽矣；乃以凶身投缙绅，籍其家产，收之宇下，则真正人命，竟沉海底，是缙绅而杀人无忌者也"。乡绅地主横行一方，"地方有司则平日奉缙绅如父母，事缙绅若天帝，方依之以保官爵、求荐剡者也，安敢料

---

[1] 《顾亭林文集》卷1《生员论》，刻本，第20页。
[2] 王文禄：《百陵学山》卷2《上侯太府书》，刻本，第4页。
[3] 《顾亭林文集》卷1《生员论》，刻本，第20页。
[4] 吕坤：《去伪斋集》卷1《摘陈边计民艰疏》，清刻本，第38页。

虎须哉？故宁得罪于百姓，不敢得罪于缙绅"。[1]缙绅与豪强土棍亦相互勾结，为害百姓。钱泳说："国初，苏州大猾有施商余、袁槐客、沈继贤；吴县光福镇则有徐掌明，俱揽居要津，与巡抚、两司、一府、二县，声息相通，鱼肉乡里。人人侧目。"[2]缙绅有力者夺占民产，如广东势豪"影占他人已熟之田为己物者，往往而有"[3]。这都反映了缙绅地主在清初仍势力很强。尤其是江南缙绅地主拖欠钱粮，包揽词讼直接威胁清政府的统治利益。时载，"一青衿寄籍期间，即终身无半镪入县官者，至甲科孝廉之属，其所饱更不可胜计，以故数郡之内，闻风猬至，大僚以及诸生，纷纷寄冒"[4]；江南无锡等县"乡绅举贡之豪强者包揽钱粮，隐混抗官，多占地亩，不纳租税，反行挟制有司"[5]。缙绅地主拒不纳粮，不但严重影响了正在进行的征服战争所必需的财力与物力，而且各地效尤，大有席卷成风之势。朱国治报告说："吴县钱粮历年逋欠，沿成旧例，稍加严比，便肆毒螫，若不显大法，窃恐诸邑效尤，有司丧气，催征无心，甘受参罚，苟全身家而已，断不敢再行追比，撄此恶锋，以性命为尝试也。"[6]凡此种种，都要求"新生的"清朝政府发挥国家的调节职能，严厉打击缙绅地主，抑制其经济等特权，从这种意义上说，清前期的抑绅政策是解决或缓和明末以来由于缙绅地主的恶性发展所带来的社会问题的一种尝试，是利用国家的调节职能缓和社会矛盾的重要措施之一，而清朝统治者在建立政权之初亦有能力与可能进行这种尝试。

二、清代前期抑绅政策的厉行

清代前期（主要是顺、康、雍三朝）的抑绅政策包括很多内容，涉及很多方面，这里主要阐述其经济方面的抑绅政策。

---

[1] 故宫博物院明清档案部编：《清代档案史料丛编》第五辑，北京：中华书局，1980年，第38—39页。
[2] 钱泳：《履园丛话》卷17《孽报》，北京：中华书局，1979年，第453页。
[3] 屈大均：《广东新语》卷2《地语·沙田》，清刻本，第25页a。
[4] 王家桢：《研堂见闻杂记》，清宣统刻本，第34页a。
[5] 《清世祖实录》卷117，顺治十五年五月戊申，北京：中华书局，1985年影印本，第3册，第911—912页。
[6] 乐天居士：《痛史》，《哭庙纪略》，上海：商务印书馆，1911年，第3页。

一是严惩拖欠钱粮。拖欠钱粮，在清代为厉禁，顺治十八年（1661）江南巡抚朱国治以江南士绅不完钱粮，"造欠册达部，悉列江南绅衿一万三千余人，号曰抗粮。既而尽行褫革，发本处枷责，鞭扑纷纷，衣冠扫地"[1]，"不问大僚，不分多寡，在籍绅衿按名黜革，现在缙绅概行降调"，"降革乡绅二千七十一名，生员一万一千三百四十六名"，[2]这就是震惊一时的"奏销案"。当时江南缙绅所欠钱粮，不过五百余万两，对当时战争之需而言，无异杯水车薪，清政府兴"奏销案"的目的在于一扫"明季以来，每年止完六七分，积习相沿，未知儆畏"的士民积习[3]，以此打击缙绅地主，使财赋之区的经济命脉紧紧地控制在国家手中。据载，此案兴后"人当风鹤之余，输将恐后"[4]；"故明三百年从不能完之地，而年来俱报全完"[5]，目睹这种纪实文字，我们可以想见当时对缙绅的打击是多么沉重，其影响又是多么深远。

随之，清政府订立"催征条例"，以此考核官吏，决定其升降。顺治十六年（1659）正月谕吏、户二部曰："今后经管钱粮各官，不论大小，凡有拖欠参罚，俱一体停其升转，必待钱粮完解无欠，方许题请开复升转。尔等即会同各部寺酌立年限，勒令完解。如限内拖欠钱粮不完，或应革职，或应降级处分，确议具奏。如将经管钱粮未完之官升转者，拖欠官并该部俱治以作弊之罪。"三月订各省巡抚以下州县以上征催钱粮未完分数处分例。[6]自后各级官吏征催不已，"窃见两年来，新法如秋荼凝脂，县令如乳虎；隶卒如猰犬，书生以逋赋笞辱，都成常事"。[7]缙绅拖欠钱粮为法律所禁。雍正六年（1728）规定："生员有抗欠钱粮者，学政于按考所至，令地方官详查，开报欠粮之生，必候完粮后方准投考。"次年进而议准，生员五人互结，每年十月"结得并无抗粮包讼等情，一生犯事，互结之生同罪"。投递学官，准其投考，否则

---

[1] 徐珂：《清稗类钞》，北京：中华书局，1984年，第996页。
[2] 叶梦珠：《阅世编》卷6《赋役》，上海：上海古籍出版社，1981年，第136页。
[3] 叶梦珠：《阅世编》卷6《赋役》，上海：上海古籍出版社，1981年，第136页。
[4] 叶梦珠：《阅世编》卷6《赋役》，上海：上海古籍出版社，1981年，第137页。
[5] 龚鼎孳：《龚端毅公奏疏》卷4，光绪刻本，第27页。
[6] 《清圣祖实录》卷2，顺治十八年三月庚戌，北京：中华书局，1985年影印本，第4册，第52页。
[7] 邵长蘅：《青门簏稿尺牍·与杨静山表兄第二书》，清刻本，第4页。

降革有差。[1]同年，为对苏松缙绅包揽钱粮状况进行了解，"特命大臣总理清查之事，又遴选大员专司分查之任，再拣选州县分派协理，令其将官侵、吏蚀、民欠三项，明晰清厘，不得丝毫蒙混"[2]。

雍正五年（1727），直隶保定府举人苏庭请州县缓征钱粮，世宗怒加训斥：直隶绅衿包揽钱粮积弊种种，众所共知，著将苏庭向日居乡为人一并查明具奏。[3]可见封建国家严厉推行了禁止缙绅地主拖欠、包揽钱粮的法令。

二是限制赋役优免特权。清代前期，曾多次改订缙绅优免则例，从总趋势上看，缙绅优免特权逐渐缩小。顺治初年，保定巡抚王文奎疏称："各府州县，明季旧习，优免太滥，致亏正额，取盈摊派最为厉民，宜严加禁革。"二年（1645），巡抚郝晋又疏请定优免划一之规，户、礼二部议定结果是"品官及举贡生员杂职吏与应免丁粮，其废官黜弁粟监赀郎俱与民间一例当差，有冒滥优免者，令抚按劾治"[4]，缩小了优免丁粮的范围。顺治五年又详订缙绅优免条例，京官一品免粮三十石，丁额三十名；二品粮（石）、丁各二十四；三品各二十；四品各十六；至九品各六；外任官各减其半；教职、举贡监生员各免粮二石，丁二人；杂职、吏承各免粮一石、丁一人；以礼致仕者免十分之七，闲住者免半，犯赃革职不准优免，"如本户丁、粮不及数者，止免实在之数，丁多粮少者，不许以丁准粮；丁少粮多者，不许以粮准丁，疏远族属不得滥免"。[5]顺治五年（1648）例具有不容忽视的地位，一是优免额大大减少；二是"本户丁粮不及数者，止免实在之数"，限制了以优免为名，行兼并、诡寄之实。顺治十四年（1657）再次缩减优免额数，"自一品官至生员吏承止免本身丁徭，其余丁粮仍征充饷"[6]，极大地限制了优免徭役的特权。雍正以还，缙绅优免已限制到最低范围。雍正四年（1726）四川巡抚罗殷泰请将四省"绅衿贡监优免之名永行禁革，与

---

[1]《光绪会典事例》卷383，《礼部·学校》，北京：中华书局，1991年，第227—228页。
[2] 席裕福等撰：《皇朝政典类纂》卷26《田赋》，台北：文海出版社，1966年，第180页。
[3] 席裕福等撰：《皇朝政典类纂》卷26《田赋》，台北：文海出版社，1966年，第179页。
[4]《清朝文献通考》卷25《职役考》五，上海：商务印书馆，1937年，第5072页。
[5]《清朝文献通考》卷25《职役考》五，上海：商务印书馆，1937年，第5072页。
[6]《清朝文献通考》卷25《职役考》五，上海：商务印书馆，1937年，第5072页。

民一例当差",雍正以所请"太刻",与国家优恤士人之意不符,定议的结果"绅衿只许优免本身一丁。其子孙族户冒滥及私立儒户宦户包揽诡寄者,查出治罪"[1]。摊丁入亩实行后,国家"按粮户田数之多寡,定人丁之等则,光丁豁除"[2]。赋役优免权已没有实际意义,如河南"就一邑之丁,均摊于本邑地粮之内,无论绅衿富户,不分等则,一例输将"[3],"生员与百姓一体当差"[4]。乾隆元年(1736)规定:"任土作贡,国有常经,无论士民,均应输纳。至于杂色差徭,绅衿例应优免"[5],缙绅所享有的特权仅是杂差了。

三是临时加征钱粮及派充徭役。为打击有实力的江南缙绅地主,清前期不时对缙绅富户加征钱粮,派充徭役。如康熙十五年(1676)根据御史张惟赤的建议:"凡缙绅本户钱粮原额之外,加征十分之三以助军需","于是在任、在籍及贡监诸生不论已未出仕者,无不遍及,白银每两加额三钱,漕粮每石加征三斗,白粮白折亦如之",故士人惊呼"官不如民"[6],缙绅地主且时受徭役派累之苦。董含说:"近来征徭之害,遍及横泾,群邑下僚皆得而辱之,鞭挞缧绁,与奴隶无异,诗书礼乐之风荡然矣。"[7]雍乾以还,屡有上谕言及缙绅充派杂差的事实。乾隆元年谕:"各省竟有令生员充当总甲图差之类者"[8];乾隆十六年(1751)姚文田奏请严禁河南文武生员充膺领催甲长,上谕说,此种情形"不独豫省为然"[9],说明缙绅地主特别是绅衿阶层经济地位下降,固有特权丧失。

四是禁止缙绅使佃为奴,压良为贱。缙绅地主赋役优免特权的限制,使明末以来的"诡寄""投献"之风得以遏制,同时明清之际社会动荡过程中"奴变"斗争屡起,这是农奴阶层纷纷挣脱对地主的隶属关系。清代国家以法律的形式肯定了农奴斗争的既成事实,不但实行开

---

[1]《清朝文献通考》卷25《职役考》五,第5073页。
[2] 赵申乔:《查议余杭县编审事宜详》,《赵恭毅公剩稿》卷5,刻本,第22页。
[3] 朱云锦:《户口说》,贺长龄等:《皇朝经世文编》卷30,北京:中华书局,1992年,第739页。
[4]《光绪会典事例》卷392《礼部》,第368页。
[5]《光绪会典事例》卷392《礼部》,第368页。
[6] 叶梦珠:《阅世编》卷6《赋役》,第138页。
[7] 董含:《三冈识略》卷6,刻本,第21页。
[8]《光绪会典事例》卷392《礼部》,第368页。
[9]《光绪会典事例》卷392《礼部》,第369页。

贱为良，废除贱籍，而且制订了严禁缙绅地主压良为贱，使佃为奴的法令。雍正初年，河南巡抚田文镜向世宗报告了绅衿武断乡曲，压良为贱，行使法外治权的情况，几经讨论，于十二年制订了保护佃户地位、禁止地主压良为贱的法令。其全部内容是：

> 凡不法绅衿，私置板棍，擅责佃户，勘实，乡绅照违制律议处，衿监，吏员革去衣顶职衔，照律治罪。地方官容隐不行查究，经上司题参，照徇庇例处分，失于觉察，照不行查出例罚俸一年。如将佃户妇女占为婢妾，皆革去衣顶职衔，按律治罪，地方官徇纵肆虐者，照溺职例革职，不能详查者，照不行查出例罚俸一年，该管上司徇纵不行揭参，照不揭报劣员例议处，至有奸顽佃户，拖欠租课，欺慢田主者，照例责治，所欠之租，照数追给田主。[1]

这无疑对广大佃农的人身法律地位有一定保障，同时也是对缙绅地主法外治权的限制及剥夺。

三、抑绅政策的社会意义

任何政权（包括剥削阶级政权）都具有一定的社会调节职能。封建国家政权也是如此，尤其在王朝新建之始，统治者更有行使国家调节职能的条件和能力。

封建国家代表整个地主阶级的利益，但地主阶级内部又划分为诸多阶层与集团，而这些不同阶层和集团间又有很大矛盾，这就要求封建国家政权在总体上协调各统治阶层、集团间的利益和关系，保证其统治基础的巩固性和稳定性。从理论上讲，缙绅地主是整个地主阶级中一个数额比较少的统治阶层，它们直接掌握着国家政权，拥有的特权也最多，同时也最能利用手中的权力进行非法的活动。这就使这个阶层具有两个鲜明的特点：一是它的滋生性，二是它的腐蚀性。前者说明它历劫不衰

---

[1]《光绪会典事例》卷100《吏部》，第281页。

或者既衰复兴,因为只要封建统治存在,它们就会被创造出来。后者或说明它具有强烈的自我腐蚀(政权)和腐蚀社会(国家)的"能量"。这是历代封建统治者经常整顿吏治,抑制强权的根源。作为地主阶级实权派的缙绅阶层的恶性发展同样会与封建国家产生矛盾,故明中叶以来,政府多次试图限制它的发展,也同它进行过斗争。[1]但积重难返,因此这一矛盾摆到了刚刚入关的清统治者的面前。清朝前期的几个统治者厉行抑绅政策,相对时间内缓和了这一矛盾,这一时期缙绅地主的相对萎缩说明了这一点。清代方志、笔记中关于这类记载不乏其书。叶梦珠《阅世编》卷五《门祚》篇中历叙了数十家缙绅地主的衰微过程,董含的《三冈识略》、王应奎的《柳南续笔》、王家桢的《研堂见闻杂记》等书也颇多类似记载。[2]当然,我们并不否认这些缙绅地主衰落的记载中有因明清之际战乱所使然者,但确有相当一部分是直接衰落于清政府抑绅政策的冲击之下。同时,还应看到,缙绅地主是大土地所有制的政治载体,它在自己的土地扩充的手段及经营方式上都是比较落后甚至反动的。厉行抑绅政策,在很大程度上限制了土地兼并的发展速度和规模,从而也就限制了大土地所有制的恶性膨胀。这就使封建国家在最大程度上真正掌握了土地的赋税征收权力,这是清代前期国力充足,能够进行多次大规模战争的经济根源之一。因此可以说,抑绅政策的第一个社会意义,在于在一定程度上遏制了明中叶以来缙绅地主恶性发展的势头,使缙绅地主在一定时间内处于衰萎状态,从而使土地兼并和大地主土地所有制的发展规模和速度受到了很大限制。

抑绅政策的第二个社会意义是为庶民地主的发展在客观上创造了条件。以往的研究多认为,清代前期土地兼并已较严重,土地已高度集中。在清人史料中确也有几例这样的记载,如"怀柔郝氏,膏腴万顷"[3],徐乾学"买慕天颜无锡县田一万顷"[4],实际上这种记载是靠不住

---

[1] 参见张显清:《明代缙绅地主浅论》,《中国史研究》1984年第2期。
[2] 参见董含:《三冈识略》卷7;王应奎:《柳南续笔》卷2;等等。
[3] 昭梿:《啸亭续录》卷2《本朝富民之多》,北京:中华书局,1980年,第434页。
[4] 王先谦:《东华录》卷102《康熙四十四》,第235页。

的[1],更何况也仅有这几个例子。因此不能认为清代前期大地主土地所有制得到高度发展,而应该说庶民地主发展很快。如武进张大南夫妇"内操作,外经营","由是家道日隆,田增数十,房置数间"。[2]有人说乾隆时"闾阎无扰,又米价涨涌,益见田之为利,故今置田之家多而弃田之家少"[3],也说明了庶民地主的发展。

庶民地主的发展有诸多因素起作用,如清初大量无主荒地的存在及政府起科年限的延长等。但最重要的是清政府厉行抑绅政策。因为缙绅地主经济特权的削弱乃至被剥夺,使他们很难凭借手中的政治权力进行如从事土地兼并等非法活动。这就使缙绅有"官不如民"[4]之嗟叹。另外,对缙绅地主的打击,就使土地兼并为土地买卖所取代。也就是说,土地的转换由过去的缙绅地主凭借其特权转变为一般地主通过正当的买卖而进行。这说明了土地商品化程度的提高,同时它又是庶民地主得以发展的重要原因之一。由此可以认为,缙绅地主的相对萎缩与庶民地主的发展是一个连续的历史运动过程,而这一运动过程的重要前提之一,是清代前期封建国家对缙绅地主实行严厉的打击、抑制政策。

抑绅政策的第三个社会意义是相对时间内缓和了官民对立这一矛盾。就总体而言,封建国家不会也不可能从根本上解决官民即地主阶级和农民阶级对立的矛盾,但它可以缓和或激化这种矛盾,而矛盾的缓和与否又直接关系到每一封建王朝的"长治久安"能否实现。中国古代民本主义思想家在这方面有很多精辟的论述,本文不予累述。这里仅举清初某官员上疏政府请调节绅、民、国家三者关系的例子,其文曰:"缙绅之强大者,平素指挥其族人,皆如奴隶,而性畏官,见官有事则深匿不出,或阴使其族为诸不法,愚民不知畏官,惟畏若辈,莫不听其驱使。苟失驭之,则上下之情不通,官虽其惠爱而民不知,民或甚冤抑而官不察,此前人之所以多败也。诚然折节降礼,待以诚信,使众绅士咸

---

[1] 参见冯尔康等著:《中国古代地主阶级研究论集》,天津:南开大学出版社,1984年,第257页。
[2] 《毗陵城南张氏宗谱》卷4,转引自冯尔康等著:《中国古代地主阶级研究论集》,天津:南开大学出版社,1984年,第257页。
[3] 黄卬:《锡金识小录》卷1《风俗变迁》,光绪刻本,第19页。
[4] 董含:《三冈识略》卷6,第21页。

知感服,则所至敢于出见,绅士信官,民信绅士,如此则上下通而政令可行矣。"[1]

封建时代不可能真正实现官民互赖互信、政通人达的理想,但利用国家权力的调节职能,对缙绅地主的特权加以限制,不让他们竭泽而渔,百姓就可免逃山林转为"盗贼",社会就会相对安定,这也是显见的道理。清统治者总结明亡的教训,厉行抑绅政策,这是清代前期社会比较安定的一个重要因素。我们不可因清初统治者实行某些民族压迫及征服政策,而否认其总体政策的成功性,否定抑绅政策所具有的积极的社会意义。

[原载《松辽学刊(社会科学版)》1988年第2期]

---

[1] 姚莹:《覆方本府求言札子》,贺长龄等:《皇朝经世文编》,卷23,第577页。

咸丰后督抚职权的膨胀与晚清政治

道咸以来，清朝的统治危机不断加深，在挽救这种危机的过程中，统治阶级内部进行了权力的重新分配，这就使权力结构发生了新的变化，即以皇权为核心的中央集权体制逐渐为以督抚为核心的地方分权体制所取代。这一新的权力结构不仅直接影响着发生在近代中国的一系列社会政治运动，还在客观上削弱了中国对外国资本主义入侵的抵御力量，是民族危机步步加深的一个重要因素。本文围绕权力结构变化的条件、督抚职权膨胀的表现及诸般特征以及与晚清政治的关系等，试图从权力结构角度，探讨中国近代史的一些问题。

一、权力结构变化的条件

西方政治学家在论及政治权力的变化时曾深刻地指出："政治权力在绝对意义上的稳定，在现实生活中是不存在的。稳定与均衡始终是相对的，经常存在着要打破稳定与均衡的动力的变革因素。当这些因素在政治过程的均衡条件变得不能控制时，就会发生政治权力的变革。"[1]这一论断无疑是正确的。咸丰以后发生在统治阶级内部（这里指中央与地方）的权力变换说明了这一点。

在中国封建时代，专制主义中央集权是建立在自然经济基础之上的。而自然经济以其具有的封闭和分散特征，在一般情况下又极易成为分裂割据的一般经济条件。这就是中国封建时代"分久必合、合久必分"的根源所在。历代统治者为强化专制主义中央集权"宵衣旰食"，

---

[1] 佐藤功：《比较政治制度》，张光博译，北京：法律出版社，1984年，第11页。

度过漫漫长夜,所谓"文武相制""重文轻武",所谓"重内轻外""中外相维系"等治策也确曾在一定时间里给统治者带来过成功,但多者百年,少者十数年,皇冠易人,王朝易姓,无情的历史又每每给统治者以嘲弄。道理很简单:建立在自然经济基础之上的专制主义中央集权,因其根基不牢,只有在一定条件下才能维持下去。纵观中国历史,这种一定条件主要有三:一是没有大的社会震荡,二是军队牢牢掌握在中央(主要是皇帝)手中,三是有供大规模战争开销的巨大财力。道咸以来,尤其是太平天国农民战争的迅猛发展,使清中央集权体制面临困境,维系中央集权的诸条件正在消失。

军队,是维持统治秩序的主要工具。作为清朝的经制额兵,作为清入关统一天下立下头功的八旗劲旅以及在尔后的历次战争中屡显"兵威"的绿营兵,早在乾隆末年就均已度过它的黄金时代而步入垂暮之年。白莲教起义波及八省,持续七年之久,除了它占着有利的山区地势之外,更能证明的是清朝军队的腐朽和无战斗力。素以武功自诩的"十全老人"乾隆倾全力仍不能平,他在弥留之际,拉着儿子嘉庆的手:"频望西南,似有遗憾",其子虽不辱父命,但直到嘉庆五年才把起义镇压下去,这实际上已预示清朝面临的最大危机即将来临。清军在数量上占绝对优势,但仍在中英鸦片战争中以失败告终,这样的结局再次向统治者敲响了警钟。

财政,是清政府的生命源泉。假如说半死不活的军队还有偌大兵额做虚架子以掩人耳目,那么,在财政上清朝统治者是骗不了自己的。道光三十年(1850)户部卓秉恬密陈:"入款有减无增,出款有增无减,是以各省封存正杂等项,渐至通融抵垫,而解部之款,日少一日。"咸丰初年情况更惨:咸丰三年(1853)六月止,户部银库正项待支银仅存二十二万七千余两,七月应发兵饷,"尚多不敷"。[1]

激烈的社会震荡及兵溃、饷竭的困境在威胁着清朝的统治,不改弦更张,不实行权力的再分配,就无法挽救即将崩溃的统治。

---

[1] 中国人民银行总行参事室金融史料组编:《中国近代货币史资料》第一辑,北京:中华书局,1964年,第170、176页。

同时，还必须看到，道咸以来的统治危机与历史上以往任何时期的统治危机都不同，此时外国资本主义的入侵使这种危机不断加深，带有连续性的特征和朝着纵深方向发展的趋势。一方面，世界资本主义力量在增长，它的扩张本能和侵略属性使全世界的前资本主义国家都不能幸免其被劫掠之难；另一方面，清朝的封建统治一天比一天腐烂，它的抵御功能日甚一日地丧失，这就使外国资本主义入侵所引起的社会矛盾不断被激化。清朝统治者遇到了以往历代统治者都未曾遇到的社会震荡——资本主义冲击下的震荡。这说明什么？说明权力结构一旦出现新的变化就难以恢复到原来的状况，换言之，中央集权体制一旦被打破，就难以恢复；地方督抚的权力一旦膨胀起来，就会继续发展乃至取中央而代之。

二、督抚职权膨胀的表现及诸特征

咸丰以前，清朝的权力高度集中于中央。地方督抚的权力表面上看既多且繁，但实际权力不大。而且，总督主军政，巡抚掌民事，互不统属又多牵制，而以布、按二司分割巡抚权力，以提镇武职牵制总督权力。因此地方督抚的权力不仅分散，还被极大弱化。道光时梅曾亮曾形象地说："窃念国家炽昌熙洽，无鸡鸣狗吠之警，一百七十年于今。东西南北方制十余万里，手足动静，视中国头目，大小省督抚开府持节之吏，畏惧凛凛，殿陛若咫尺。其符檄下所属吏，递相役使，书吏一纸，揉制若子孙，非从中复者，虽小吏毫发事，无所奉行。事权之一，纲纪之肃，推校往古，无有伦比。"[1] 他的话把中央集权的高度强化与地方督抚等无实权的状况描绘得够生动了。但是，咸丰以后，以皇权为核心的中央集权体制发生了逆转，督抚的权力不但得到强化，而且得到集中乃至恶性膨胀，形成了以督抚为核心的地方分权体制。限于篇幅，我们不可能对督抚的每一权力的膨胀及过程都加以论述，这里就督抚的军、政、财权的集中及膨胀加以讨论。

---

[1] 梅曾亮：《柏枧山房诗文集》卷3《上方尚书书》，上海：上海古籍出版社，2012年，第19页。

首先，督抚军权的膨胀。主要表现为三个方面：一是督抚拥有半属地方半属私人的军队。湘军无疑是私人武装。其盛时曾国藩说："长江三千里几无一船不张鄙人之旗帜"[1]，湘军后被裁撤，代之而起的淮军仍属私人武装。同治七年（1868），曾国藩由两江调督直隶，清廷令其改革军制，改革后的练军虽纳入国家经制额兵之中，但兵将相结，调遣指挥权操于将帅，是以湘军军制为典型的带有半独立性质的地方武装。其他各省如山东、山西、河南等也仿此制编练军队。[2]甲午战后，改革军制的呼声日烈。光绪二十一年（1895），袁世凯编成陆军，选拔将帅权操于袁一人之手，时称"淮军余孽"，是半私人性质的军队。[3]袁以后出任直督，编练北洋军。北洋军在名义上属中央所有，但实权操于袁之手。这一时期，署两江总督张之洞在南京编练自强军，广东等省督抚也编练新军。这些地方新军都是督抚自行筹饷督练，性质属地方所有，控制权操于督抚之手。[4]

二是督抚不再向中央汇报本省兵额。清制规定：每年年终，督抚例将本省兵额实缺等情报中央兵部。咸丰后督抚将帅多不遵此制，一方面是因为中央财政拮据，兵额多少与拨饷无关，而督抚可自行筹饷，故不必如以往那样多报兵额以饱私欲；另一方面是督抚有意隐瞒自己的武装，以作为扩充一己势力的后盾。同治元年（1862）起，朝廷多次责饬督抚申报本省兵额，但督抚视此为具文。这种情况一直沿续到清亡。[5]

三是中央调遣军队权失灵。咸丰以前，中央调遣军队，各省督抚朝奉廷旨，夕拔军营，从不敢怠慢。咸丰以后情况发生变化。督抚视军队为私有，即使严旨严追，督抚也无动于衷。其调兵遣将，多以私人关系为之，原因如康有为所论"以督抚专政之故"。[6]至清末，"一兵、一卒、

---

[1]《曾文正公书札》卷23，上海：上海古籍出版社，2002年。
[2]《清续文献通考》卷217，上海：商务印书馆，1937年，第9637页。
[3] 李宗一：《袁世凯传》，北京：中华书局，1980年，第57页。
[4] 袁练之陆军名义属中央军，实为袁所控制。
[5] 参见《清续文献通考》卷202《兵考》一，《康南海文集》卷4。
[6]《康南海文集》卷4，民国刻本，第40页。

一饷、一糈，朝廷皆拱手而待之督抚"。[1]督抚的军事权出现了恶性膨胀。其影响深远，下文论及。

其次，督抚行政人事权的膨胀。最初，由于军务紧要，督抚用人不拘常例，渐也成为痼习。其主要表现有二：一是保举奏调，为所欲为。曾国藩督四省军务，辖内督抚多为其保奏（或劾罢）。曾国藩也深知"四方多故，疆臣既有征伐之权，不可更分黜陟之柄，风气一开，流弊甚长"[2]的道理。但行政人事权的下移仍不可遏制。王闿运说："湘军日强，巡抚亦日益发舒，体日益尊，至庭见提镇，易置两司，兵饷皆自专。"[3]同治七年闽抚王凯泰疏言："军兴后保案层叠，名器极滥，捷径良多。"这种状况光绪时依然如故。光绪八年（1882）太仆少卿言："军兴之时，用人不拘常格，自可从权。现在军务肃清已久，而外省请调京员，习为固然。"[4]督抚奏调保举，为所欲为，形成了外重内轻的局面。

二是督抚侵夺布、按、提镇之权。布、按、提镇在旧制上是分割督抚权力的文武大员，虽属督抚统率，但事权独立，督抚不可侵夺。咸丰以后，督抚将布、按、提镇之权侵为己有已视为固然。湖南巡抚骆秉章委置湘乡知县，不经布政使文格，文格无可奈何。[5]湖南按察使仓景恬以不堪巡抚恽世临之侵权，引病归里。[6]山西按察使陈湜以无权愤而辞职，曾国藩以书相劝说："司道位高而无权，处《易》三四之地，纵不多凶，亦颇多惧，本难时措咸宜。"让他"似宜姑忍以待时，反求以自责"，[7]更说明这种状况带有相当的普遍性。

最后，督抚财政权的膨胀。这主要表现在三个方面：一是督抚私征饷项，并不报销，实现了兵饷合一制。咸丰以前，国家有大兵役，户部拨饷、兵部拨兵，兵、饷权相分离。咸丰初年，钦差大臣及领兵大臣虽可就地筹饷，但无疆寄之权而不得施展，只有既为将帅又为督抚者

---

[1]《康南海文集》卷4，第33页。
[2]《清史列传》卷45《曾国藩传》，北京：中华书局，1987年，第3551页。
[3] 王闿运：《湘军志·湖南防守篇》，长沙：岳麓书社，1983年，第1页。
[4] 朱寿朋：《东华续录》光绪朝卷46，北京：中华书局，1958年，第1291页。
[5] 王闿运：《湘军志·湖南防守篇》，第8页。
[6] 参见罗尔纲：《湘军兵志》，北京：中华书局，1984年，第226页。
[7]《曾文正公书札》卷25，第488页。

才能有所作为。薛福成《叙疆臣建树之基》言之颇详,指出:"督抚建树之基,在得一行省为之用,而其绩效所就之大小,尤视所凭之地以为准焉。"[1]督抚私征饷项多不报销,即有报销也多走形式。清军破天京不久,户部尚书倭仁提出"制变因时",建议将同治三年(1864)以前所有军务未报销之案,"免其造册报销",只需"开具简明清单"。他的建议为清廷采纳,这无疑使侵冒中饱、任意支销取得了合法地位。[2]这种现象光绪时仍然存在。

二是督抚专擅财政,不将收支题奏。清制,地方收支,督抚须照定例题奏,户部通过审核,或准或驳。咸丰后督抚专擅财政,或少奏少题,或不奏不题。曾国藩督两江时,写信给江西巡抚毓科,言"银项应奏应题者,须倍加慎重,以少奏为是。或挈列衔先行寄稿函商定妥,再行拜发,或称江浙向以全力供给向帅、和帅大营,今江西以全力供曾某大营云云,或可少免于大农之驳诘"。[3]可见包括曾国藩在内,督抚间互相包庇、弄虚作假。

三是建立以督抚为首领的地方财政体系。咸丰初,各省丁漕等款,督抚常以充本省军需而奏留不解,为保证京饷来源不断,咸丰三年对京饷拨解制实行变通,其内容有两个:一是由税收入库后各省报部候拨,改为税收入库前户部向各省指拨;二是由户部指拨各省留支留储后之剩余部分,改为不管各省留支留储后有无剩余,户部均硬性定额指拨。这实际上意味着中央与地方进行了财政收入的划分,同时改变了中央集权财政体制下的"条条专政"。为保证以后包括各项税收在内的京饷、协饷等能按户部定额起解,清政府以省为单位,实行一概责成各督抚筹款上解的办法,这实际上等于承认各省督抚对布政使、盐运使等官员财权的干预,使这些官员完全降为自己的下属,其所辖各库也就降为地方库。这就形成了以各省督抚为首领、以省为单位,各省包括藩、运、粮、关等机构和其他财政部门的"块块专政"的地方财政系统。[4]这都

---

[1]《皇朝经世文统编》卷29《内政》三,台北:文海出版社,1980年,第1261页。
[2]《清续文献通考》卷69,第8261—8262页。
[3]《曾文正公全集》,台北:文海出版社,1974年,第1407页。
[4] 参见魏光奇:《清代后期中央集权财政体制的瓦解》,《近代史研究》1986年第1期。

说明咸丰后督抚专擅地方财权甚至侵夺中央财权的现象是相当严重的。尤其是对厘金的垄断，如彭泽益先生所言："成为当时'督抚权重'的财政经济的基础。"[1]

综上所述，咸丰以后的督抚已成为集地方军、政、财等大权于一身的实权者。

督抚在权力集中及膨胀的过程中，由于情况复杂，表现出如下五个特征。

第一，从总体上看，督抚的权力随时间的推移呈现出递长的趋势。自咸丰朝开始至清亡的六十年间，这种趋势是比较明显的。此间最高统治者虽曾几次对督抚权力予以收夺（如同治中期及光、宣之交），但都无法从根本上遏制督抚权力不断增长的态势。[2]

第二，权力的集中导致了总督与巡抚之间职权的趋同化。咸丰以前，国家定制："以兵事归总督，以民事归巡抚。"[3] 总督与巡抚职权各有主掌。咸丰以后，各地农民斗争燃遍全国，为强化封建国家的镇压职能，巡抚也治军政。湖北巡抚胡林翼"军政、吏治"皆其主稿，总督官文"画诺而已"，是比较突出的例子。[4] 同治初对巡抚治军政的既成事实给予了合法地位。[5] 此后，总督与巡抚的职权已无区别。其同城督抚，一个掌权，另一个实际是累赘。同治五年（1866），广东巡抚郭嵩焘痛言"自顷数年则督抚之名实两乖而巡抚乃尤为失职"[6]，反映了这一事实。督抚职权趋同化但仍督抚并置，目的在于使之互相水火，便于控制。

第三，督抚作为统治阶级中一个官僚层次，其权力的发展带有很大的不平衡性。在所有督抚缺中，直隶总督具有"首席总督"地位，权力最大。因其地处京畿，朝命所关，故近代中国的诸多大政方案之实施，多以此为"试点"。它既是清廷加强权力砝码的一个托盘，又是中央严格控制（理论上讲）的对象。且直督自同治九年（1870）例兼北洋大臣，

---

[1] 彭泽益：《十九世纪五十至七十年代清朝财政危机和财政搜刮的加剧》，《历史学》1979年第2期。
[2] 关于中央与地方的权力斗争及晚清督抚集团的形成与分化问题，拟专文论述。
[3] 《皇朝经世文统编》卷29《内政》三，第1264页。
[4] 《清史稿》卷388《官文传》，北京：中华书局，1977年标点本，第11714页。
[5] 《清续文献通考》卷212，第9596页。
[6] 《皇朝经世文统编》卷29《内政》三，第1264页。

统北洋水师，更非重臣而不能任。两江总督是仅逊于直督的又一重缺，其军事、经济地位都相当重要。自同治十二年（1873）起，两江总督例兼南洋大臣，其权力更非其他督抚所能望其项背。而云贵总督地位就差多了，较有才能者多不屑于此职。[1]巡抚权力的不平衡性也大略如此。

第四，掌握军事实力者终会取得督抚中的要缺且多久任。曾国藩先以在籍侍郎督办团练，后其湘军成为当时最有实力的武装，不得已清廷任曾为两江总督。袁世凯的发迹经历与曾国藩相去不远。这反映了清统治者既不愿打破地方军、政二权分离的旧制，又唯恐握有军事实力者不入其樊篱而成为离心力量的矛盾心理。同时，咸丰以前督抚三年一迁转，状况也大为改观。如曾国藩督两江凡十二年，死后刘坤一代之，前后为督十八年。其他如左宗棠督陕甘十五年，丁宝桢督四川十一年等，不一而足。而最明显的如李鸿章督直隶凡二十八年。

第五，督抚满汉比例发生了重大变化。以满制汉是清统治者在国家机构员缺设置上实行的统治策略之一，身为封疆大吏的督抚更是如此。道咸以前，从总体上看，总督满远多于汉，巡抚满汉大体相当。[2]咸丰以后情况发生了很大变化：汉人督抚的比例远远超过满人督抚。同治三年至九年间，满汉总督的比例一直是二比十左右，巡抚则是一比十五左右。同治三年，满巡抚天下无一人。[3]太平天国被镇压以后，清廷虽意在"抑汉"，但直到清亡，汉人督抚仍占绝对多数。[4]

由于督抚的权力日甚一日地集中、膨胀，而中央政府又不能从根本上对其控制，这就必然使各个督抚自成一统，政权的结构呈现松散的分权状态。

三、督抚职权膨胀与晚清政治

既然咸丰后的督抚握有上述诸多的大权，它就不能不对晚清的一系

---

[1]《清史稿》卷427《福济传》，北京：中华书局，1977年标点本，第12262页。
[2] 参见楢木野宣：《清代重要職官の研究》，东京：风间书房，1975年。
[3] 参见钱实甫主编：《清代职官年表》第二册，北京：中华书局，1980年。
[4] 楢木野宣：《清代重要職官の研究》，东京：风间书房，1975年。

列改革大政的制定及实施产生影响;既然督抚作为一个群体官僚阶层而其内部又复杂异常,它就不能不与晚清政治蒂带相结;既然地方政权的结构是松散的分权状态,它就不能不在对外抵御资本主义入侵中国方面发挥或积极或消极的作用。要之,督抚与晚清政治的关系主要表现在下述四个方面。

第一,参与重大决策。

晚清政治的一个突出特点是:凡属重大政策及改革方案的制定,都必须有督抚要员参加或征得督抚的认可。曾国藩督师四省后,"朝有大政,咨而后行"。[1]袁世凯督直隶也是"有奏必行"。[2]甚至朝廷有大政,必"由军机处问诸北洋,才能作出决定",梁启超更称天津督署为"中国第二政府"。[3]光绪时张观准奏称:"廷臣条奏,饬部核定之件,部臣每以情形难于遥度,仍请交督抚酌议。"[4]这说明督抚实际上有决策权。最明显的事例如"立宪""新政"。《辛丑条约》签订后,改革政治的呼声日高,督抚如端方、锡良、瑞澂、张之洞、孙宝琦、袁世凯等尤主实行宪政;而顽固派孙家鼐等疯狂攻击宪政,甚至"设为疑似之词,故作异同之论,或以立宪有妨君主大权为说,或以立宪利汉不利满为言"[5]。双方争持不下。慈禧征求袁世凯的意见,袁态度坚决,言"官可不做,宪法不能不立","当以死力争"。[6]光绪三十二年九月,"预备立宪"的诏旨终于发布,这不能不说地方督抚起了相当作用。

第二,改变重大决策。

在晚清政治中,我们还看到督抚能够影响或改变已经确定了的重大决策。光绪二十六年(1900)五月,义和团运动迅猛发展,八国联军进逼京畿。二十五日,清廷发布对外宣战诏书,同时谕令各省督抚率兵北上抗敌。但两江总督刘坤一、湖广总督张之洞、两广总督李鸿章等不仅

---

[1]《清史稿》卷405《曾国藩传》,北京:中华书局,1977年标点本,第11910页。
[2]参见李宗一:《袁世凯传》,北京:中华书局,1980年,第150页。
[3]参见李宗一:《袁世凯传》,北京:中华书局,1980年,第150页。
[4]《东华续录》光绪朝卷39,第1048页。
[5]《考政大臣之陈奏及廷臣会议立宪情形》,《东方杂志》1906年3卷第13期。
[6]陈旭麓主编:《辛亥革命前后——盛宣怀档案选辑之一》,上海:上海人民出版社,1979年,第26—27页。

按兵不动，还互相串通与英国侵略者签订《东南保护约款》，公开对抗清朝中央政府。他们宣称：凡五月二十五日以后的"宣战"和"招抚"上谕都是"矫旨"，概不奉行。清廷令他们暂停偿还洋债；他们联合要求、迫使清廷收回成命。清廷令其速派军队助战，刘坤一借口"苦无大支劲旅可抽"，按兵不动，袁世凯虽派了少量部队，但一出山东就观望不前。李鸿章、张之洞还俨然以超越于清政府之外的独立立场，径自向列强政府发出与清廷相反的函电。这无异于宣告自己脱离清政府而独立。六月初，刘坤一、张之洞等会衔上奏，请慈禧"亟思变计"，声称如继续对外作战，将"全局瓦解，不可收拾"。[1] 很快，清廷收回成命，把枪口对准了义和团。清廷政策的这一转变固然离不开统治者对外妥协投降这一整体路线，但督抚拒抗朝命，迫其变易，也是这一政策转变的重要因素。

第三，影响晚清政局。

晚清的历史表明：年轮每增加一次，督抚对中央的离心力就增强一分，这是对中央集权旧制的破坏，当然为最高统治者所不容。故每当重大的危机暂时缓解，中央就与督抚进行权力较量。而中央和地方之间的每一次斗争无疑都加剧了政局的动荡和不安。同治二年前后，湘军攻下苏杭，复江宁已指日可待，最高统治者对曾国藩督抚集团实行削夺权力政策。[2] 曾的幕僚赵烈文记曰："同治改元至今（同治三年四月），东南大局日有起色，泄沓之流以为已安已治，故态复萌，以私乱公，爱憎是非，风起泉涌。修往日之文法，以济其予夺之权。数月之间，朝政一变。于是天下识时俊杰之士，皆结故旧、弛竿牍，揣摩迎合以固权势而便兴作，外之风气亦一变。"[3] 由于御史煽构、亲贵用事，使湘军将帅为督抚者不安于位。光绪末年改革官制之初，中央欲削夺地方督抚之权。直督袁世凯坚决阻拦。双方"舌剑唇枪，互不相下"，气氛十分紧张，时人认为"恐酿大变"。[4] 慈禧死后，载沣等坚决削夺督抚权力，使政

---

[1] 故宫博物院明清档案馆：《义和团档案史料》上册，北京：中华书局，1959年，第194—195页。
[2] 关于中央与地方的权力斗争及晚清督抚集团的形成与分化问题，拟专文论述。
[3] 赵烈文：《能静居日记》，同治三年四月八日，长沙：岳麓书社，2013年，第771页。
[4] 张一麐：《心太平室集》卷8，台北：文海出版社，1966年，第472页。

局更加不安，也促使清朝速亡。

第四，削弱御外能力。

地方督抚权力的膨胀，无疑加强了封建国家对手无寸铁的小股农民起义的镇压。但是它力量分散，而督抚们又自成一统，中央又不能使其力量协调、统一，这无异于在船坚炮利的侵略者面前削弱了封建国家抵御外侮的能力。19世纪八九十年代，列强在中国掀起了划分势力范围妄图瓜分中国的狂潮，其中一个重要因素是地方督抚各自为政，纷纷寻找新主人，列强也争先恐后地寻找其侵略中国的代理人。甲午战争之初，朝廷征师各省，经年累月，旨檄频下，各督抚虽勉强应之，但募乞丐以充兵数。李鸿章坚按北洋军队而不出，以其与李氏集团有"命脉关系，诚不敢轻以付托"，[1]其他各省则坐观其败而不救，故当时外国人讥之曰：中日之战，实日本与李鸿章一人战也。[2]无怪康有为把十八行省说成为十八小国。与此相反，左宗棠收复新疆之所以成功，正是因为清廷动用了它所能动用的力量，有一个中央做其经济后盾。以往我们在研究近代中国受外国欺侮的历史时，过多地把"投降""卖国"的字眼加在李鸿章、慈禧等人身上，而忽略了晚清督抚权力膨胀、各自为政及中央集权衰微这样一个基本点，很难说这是实事求是的方法。

中央与地方的职权分配，是最令封建统治者头痛的事。地方权大则易尾大不掉，权小则易运转不灵，发挥不了地方的积极性，很难两全其美。实际上，在政治安定的和平时期，地方的权力应该大些，因为只有有足够的权力，才能因地制宜、搞好各项建设；在外敌入侵等非和平时期，应该加强中央的统一权力，这样才能发挥整体作用。清朝的政权结构正与此相反，所以付出了沉重的代价，教训也是惨痛的。

[《社会科学战线》1989年第1期（总第四十五期）]

---

[1]《李文忠公全集·奏稿》卷9，光绪刻本，第57页。
[2] 李剑农：《戊戌以后三十年中国政治史》，北京：中华书局，1965年，第5页。

四

清代社会与结构转型

法律视域下的清代疫灾奏报与防治

学术界对清代疫灾的研究,已有多项成果问世。[1]这些成果或从医疗社会史视域展开,或从某一时期某一区域入手,具有开创意义。本文试图从法律的视角,探讨清朝宫廷档案所呈现的疫灾奏报与防治机制,特别是官员的主体责任。因清末防疫已向近代演进,对此相关成果,本文不予赘述。

一、疫灾奏报机制

研究者提出,1500—1900年间的四个世纪属于小冰期气候。根据我国气象史等文献研究,学者认为小冰期中的18世纪处于一个相对温暖时期。气候变暖带来生态环境的恶化,表现为灾害频发,特别是极端天气多发。[2]在近五百年间,清朝的温暖冬季集中在1770—1830年间;寒冷冬季则分布在1620—1720年和1840—1890年间。[3]前述观点得到《清史稿·灾异志》的印证:从顺治到同治二百三十一年间,有九十四年发生疫灾,按照被疫月份和季节统计有一百五十九次之多,其中有多次属于多地同发;被疫范围小到一省府县,中到跨省区域,大到接近全国,达三百二十五处(次)之多。[4]如果将该书未载的光宣三十七年间所发

---

[1] 余新忠:《清代江南的瘟疫与社会——一项医疗社会史的研究》,北京:中国人民大学出版社,2003年;余新忠:《清代卫生防疫机制及其近代演变》,北京:北京师范大学出版社,2016年;焦润明:《清末东北三省鼠疫灾难及防疫措施研究》,北京:北京师范大学出版社,2011年。
[2] 龚高法、张丕远、张瑾瑢:《十八世纪我国长江下游等地区的气候》,《地理研究》1983年第2期。
[3] 竺可桢:《中国近五千年来气候变迁的初步研究》,《考古学报》1972年第1期。
[4] 《清史稿》卷40《灾异志》,北京:中华书局,1977年标点本,第1527—1531页。

生的疫灾包含在内，清朝发生疫灾的年份超过百年，平均不足两年半就发生一次疫灾。

清代档案提供了更为详尽的资讯。仅据对朱批奏折和录副奏折的不完整统计，有一百多位臣工共奏报疫灾二百四十三次之多。这构成了笔者研究的基础。

清代的"雨雪粮价"奏报制度自康熙中期形成，至乾隆初年成为定制，终清世未改。这是迄今为止人类在气象、灾害和物价史上持续时间最长的奏报记录。与水旱等自然灾害的奏报、勘查、救助、蠲缓等制度化运行不同，由于疫灾的偶发性、旋起旋消、病患者死亡难用"分数"定损等原因，清朝并没有一套规范性疫灾文本奏报制度。但臣僚奏折，仍能反映疫灾奏报具有规制性的特征。

首先，奏报主体和时限。清代疫灾以省内流行为多，因而负有察吏安民职责的封疆大吏——总督与巡抚，构成奏报的主体。而学政等差官，以及将军、提督等地方武职大员，构成辅助系统。自乾隆十三年（1748）停止奏本使用后，臣僚上达皇帝的政务文书，仅有题本和奏折两种。臣僚对疫灾的奏报几乎都是通过奏折形式，鲜有的题本形式多是记述疫情结束后奏请奖叙之事。奏折具有在最短时间内直达天听，保密性强，并能够得到皇帝及时批示等便捷特点。但或因不吉之字直达皇帝有所忌讳，约半数疫灾奏报采用"附片"或"折片"形式。

除前述行使治权的官员的奏报之外，负有监察权和言责的科道官员，构成对前者的有效监督，一旦督抚瞒报或救灾不力，后者即行举劾。事实上也正因监察官的督察、参奏，才使得地方官的不法情弊被揭露而受到惩处。

疫灾要求即时奏报。在大型瘟疫流行时，如嘉庆十九年（1814），嘉庆帝要求半月或旬日奏报一次。未及时奏报的，要严格处罚。

其次，奏报事项。通常包括发生原因、流布范围及时间、致灾程度、救治措施等方面。因救治措施下文详论，此处仅就前列事项讨论。值得重视的是，官员在使用概念时，除对确定的疫灾使用如霍乱、鼠疫等专有名称外，经常用时疫或疫气指称所有疫灾，有时也用"瘟疫""瘴疫""疫疠"之类笼统概念。"时疫"有流行的意涵，"疫气"表明致灾原因，以与其他水旱等自然灾害相区别。

奏报发生原因，包含对病源的追溯及其规律性探索。官员多把致灾原因归结为寒暑异时、久浸潮湿卑污等。由地方大吏贺长龄主持编纂的《皇朝经世文编》一书，刊刻于道光元年（1821）全国性大疫之后不久。其"户政"门收录江苏华亭人金诚所著《时疫》一文。该文提出旱涝之后每以时疫，原因在于"阴阳受伤，必滞而成毒。毒气溃发，人物相感，缠而为患，疫症乃时行也"。[1]这也代表了多数官员对瘟疫成因的认识。署理福建巡抚王士任把发生在乾隆四年的疫气归结为福建地洼，向来春夏之间湿气熏蒸，每生疾病。"今年交夏以来，天气寒暖不齐，福州省城疫气流行，兵民传染颇多，下游兴、泉、漳三郡卑污之处，也间有沾染。至于上游各郡及高燥之区，则皆无恙。"[2]乾隆十三年，钦差大臣刘统勋等奏报，山东地方自四五月间，时疾杂症沾染颇多，先因雨泽未施，暵气中人，麦熟以后食新者众，动成外感内伤。从来歉收之后，必有时疾，气运迁流，难免传染。[3]乾隆十二年（1747），古州镇城因天气亢旸，时疾流行。[4]乾隆十四年（1749），贵州巡抚爱必达奏报，古州每到夏季，疫气流行，民苗多被传染，本年夏秋之交，疫气复发。[5]嘉庆十九年，云南学政顾莼对流行于滇南十余年的疫气进行调查，描述患者症状"或吐红痰，或身生一块俗名蚱子，死者率在两三日内，去今两年盛于临安一带"，他处患此病者亦多，"随处访问，俱不识其所由来。授药者或凉或暖，皆无定效。督臣伯麟曾合药散给，亦有验有不验"。[6]道光元年，署安徽巡抚张师诚奏报，因气候异常，寒燠不齐，

---

[1]贺长龄、魏源等编：《清经世文编》，北京：中华书局，1992年，第1067页。
[2]《奏为交夏以来福州省城及兴泉漳三郡疫气流行兵民传染颇多现在疫气已觉消减事》，乾隆四年五月初八日，朱批奏折04-01-24-0009-067，中国第一历史档案馆藏。
[3]《奏为兖州等地方时疾杂症较重请旨恩颁丹药并引方一并赏发来东省转知各地方官散予病人事》，乾隆十三年七月十三日，朱批奏折04-01-01-0159-060，中国第一历史档案馆藏。
[4]《奏为古州镇城流行传染病症广购药料多方医疗事》，乾隆十二年十月，朱批奏折04-01-38-0207-008，中国第一历史档案馆藏。
[5]《奏报雨水苗情及赈恤古州等背水州县并普行救济疫病患者事》，乾隆十四年七月十六日，朱批奏折04-01-24-0053-029，中国第一历史档案馆藏。
[6]《奏为滇省十余年来疫气流行前后死者甚重并通省雨水调匀米价俱平事》，嘉庆十九年九月初六日，朱批奏折04-01-38-0207-023，中国第一历史档案馆藏。

致使凤阳、颍州、庐州、泗州等地"间有疫气"。[1]署湖广总督新柱也把湖南七八月间的疫气归结为阴湿凝滞。[2]

除寒暑异时、久浸潮湿卑污造成瘟疫流行外，大灾大兵之后，必有大疫，是官员奏报中所总结的又一基本结论。这说明大的自然灾害和战争，与瘟疫的发生具有伴生和衍生关系。特别是跨省的区域性瘟疫，几乎都与大的自然灾害和战争，构成明显的伴生关系。邓庆麟以肯定的口吻奏称，久旱之后，必有瘟疫。[3]嘉庆十九年、道光元年、咸同年间等大疫，皆与久历兵燹有关。[4]故有"灾异不言祥瑞""兵者，凶也"之古训。[5]

就疫灾的流布范围而言，以省域内的府县为最多，嘉道以降，跨省的大流行明显增多。如乾隆四年（1739）扬州府之江都、甘泉、泰州、高邮等属，通州、如皋等处，及江苏省城上元、江宁二县，安徽所属之六安、泗州二州，四月以来疫气流行，人民牛畜俱多疾病。[6]也有两省或多省同时流行的情况，如嘉庆十九年直隶保定及省南一带时疫颇多，春间河南地方染患瘟疫甚多。[7]而道光元年流行于至少八个省域的大疫，更是清朝步入近代前夜的全国性瘟疫。

官员奏报的大疫流行的时间，最长者为云南，即滇南流行过十余年；短则数月，且短者占多数。

致灾程度既是奏报的重点，也是皇帝主要关注之所在。《清史稿·灾异志》所记大疫，用七次"死者无算"，二次"死者不可计数"等概括性记述。[8]地方官的奏报，也使用概括性表述，但多数奏报的数

---

[1]《奏为凤阳等间有疫气流行现饬各属一体捐廉施药等事》，道光元年九月十六日，录副奏折 03-9799-050，中国第一历史档案馆藏。
[2]《奏为湖南兵民染患疫症并多方救济事》，乾隆十三年十月初九日，朱批奏折 04-01-38-0207-009，中国第一历史档案馆藏。
[3]《奏请谕会久旱各省广觅良方制备药饮防预瘟疫事》，光绪三十四年十一月初六日，录副奏折 03-7225-059，中国第一历史档案馆藏。
[4]《奏为陈明现在疫气盛行弁勇染患甚多俟秋凉始可督饬各军力图进取事》，同治二年，朱批奏折 04-01-17-0098-013，中国第一历史档案馆藏。
[5] 贺长龄、魏源等编：《清经世文编》，北京：中华书局，1992年，第1067页。
[6]《奏报江苏省各属本年五月份得雨及栽插情形并扑捕蝗蝻及消除疫病事》，乾隆四年五月十五日，朱批奏折 04-01-24-0009-083，中国第一历史档案馆藏。
[7]《奏为直隶保定一带时疫颇多请恩赐颁发辟瘟丹方事》，嘉庆十九年五月二十六日，朱批奏折 04-01-38-0207-046，中国第一历史档案馆藏。
[8]《清史稿》卷40《灾异志》，北京：中华书局，1977年标点本，第1527—1531页。

字较为确切。

疫疾致死最多的是嘉庆年间，滇南多年死亡十余万人。道光元年仅河南南阳等地有数万人病毙；同治元年仅天津府通州一带，病殁者达两万多人；光绪十四年（1888）云南蒙自县城乡共疫毙一万多人；光绪十九年（1893），安仁县疫灾，农民或病或亡，致使庄稼成熟无人收割。[1]尽管以万计数的奏报不是很多，但并不代表实际的死亡数字不及万。瘟疫流行后棺葬的数字动辄数万、十几万，说明清代瘟疫给百姓生命造成了极大损害。如乾隆三十六年（1771），泗州水灾后大疫，官府设局施药施瘗，"埋暴露十余万棺"。[2]

清朝并非如西方学者所称的缺乏精细的"数目字"管理。皇帝几乎每一次都要求奏报病亡者的具体数字。乾隆四十八年（1783），明亮奏报乌鲁木齐阜康县上年冬天发生瘟疫。皇帝得报后垂询究竟灾伤多少人，并命地方核查花名册汇报。图思义随即据地方汇总奏报共一百一十六口死亡。[3]次年福康安奏报，甘肃静宁、隆德一带瘟疫盛行，犯属七百多人病毙。[4]乾隆五十三年（1788），福建巡抚徐嗣曾奏报，福建府城及各路戍兵病故七百多人。[5]

二、以医药为主的救治机制

康熙初年曾任浙江布政使的袁一相，主持了死亡殆半的绍兴大疫救治事宜，他在禀呈巡抚的《救恤疫四条》中，把"振兴医学，慎选医士，使掌学印，庶知医者众，剂不妄投"作为重中之重。特别值得注意的是，他在条陈四条以后，提出"若夫延名僧以诵经祈福，选羽士以建

---

[1]《奏为安仁县疫疠盛行民情困苦酌筹抚恤请拨赈银事》，光绪十九年十一月十八日，朱批奏折04-01-02-0092-023，中国第一历史档案馆藏。
[2]《清史稿》卷336《沈善富传》，北京：中华书局，1977年标点本，第11041页。
[3]《奏报乌鲁木齐所属阜康县时疫病故民人数目事》，乾隆四十八年八月二十五日，朱批奏折04-01-28-0008-023，中国第一历史档案馆藏。
[4]《奏明静宁隆德一带瘟疫现已止息情形事》，乾隆四十九年十一月十七日，录副奏折03-1191-002，中国第一历史档案馆藏。
[5]《奏明暑热疫气至戍兵七百余名病故并地方治安城工等事》，乾隆五十三年七月二十六日，录副奏折03-1461-003，中国第一历史档案馆藏。

醮禳灾，理或有之，第于吏治不载，本司不敢议也"。[1]这表明清代在瘟疫防治体系上，已从传统的"祈禳"走出，逐步完成以医药为主，以挽救病患生命为首要目标的原则性转变。最晚在乾隆时期，地方瘟疫按"年例"使用医药救治已成常态。这是历史的重大进步。

清朝在中央和地方府县设置专门管理医疗事务的机构。宫廷设太医院，有院使、左右院判、御医、医士、吏目、医生等。[2]清初即在地方府县设"医学"，建有官署，医官选自吏部，医印铸自礼部，府正科，州典科，县训科，各一人，"由所辖有司遴谙医理者，咨部给札"。职能是救民疾病，有寿民生之意。[3]而在疫情流行期间，制备发放药品，刊布医治方案，选配精良药方，直接参与指导救助等，是其重要职能。那些谙熟医理药理的民间医人，也积极参与到救治中。清代医学在治疗疫病方面取得了长足进步，《御纂医宗金鉴》《温热暑疫全书》和《伤寒瘟疫条辨》等成为指导防治疫病的官颁医书。

康熙十九年（1680）六月，遣太医官三十员分治饥民疾疫，是太医院被派出救治大疫的较早事例。[4]乾隆十三年，山东大疫，钦差大臣刘统勋等接到乾隆帝用药救治，"彼处不得，可速奏请"的谕旨后，当即奏称，现在地方官及绅士人等亦有各出方剂，散药医治者，但所及只在一隅，未能普遍疗救，请颁辟瘟清热丹药并引方一并发来，以便各府属官员，依方配合，散予病人；贫困之家艰于得药者，悉可借以全活，即有力之家闻恩赐出自尚方，虔心服食，痊愈亦速。乾隆帝朱批"著照所请速行，该部知道"。[5]钦差是七月十三日上奏，按照山东省城距京折报，当三日到达。因此，朱批当在十七日后。而据刘统勋等续奏，当月二十三日，乾隆帝特颁各种丹药并引方已到山东，钦差等随将领到玉枢丹二千锭，防风通圣丸、藿香正气丸、犀角上清丸各十斤分发各属，俾

---

[1] 贺长龄、魏源等编：《清经世文编》，北京：中华书局，1992年，第1067—1068页。
[2] 《清史稿》卷115《职官志》，北京：中华书局，1977年标点本，第3325—3326页。
[3] 贺长龄、魏源等编：《清经世文编》，北京：中华书局，1992年，第1067—1068页；《清史稿》卷116《职官志》，北京：中华书局，1977年标点本，第3360页。
[4] 《清史稿》卷6《圣祖本纪》，北京：中华书局，1977年标点本，第203页。
[5] 《奏为奉到钦颁丹药到东省日期分给散发事》，乾隆十三年闰七月初三日，朱批奏折04-01-01-0160-003，中国第一历史档案馆藏。

就本地情形，照方修合，分别济疗。[1]乾隆二十二年（1757）四月，河南巡抚图尔炳阿[2]接到乾隆帝为救治夏邑等地瘟疫患者经山东曹县转送的紫金锭一千锭后，当即颁发沾染时疫地方，"钦遵连方分发各该县，即转发被疫各村庄，并令查赈各委员带赴，就近查明给发，遍行晓谕，宣布皇仁。兹据各该县等禀称，凡有疾病之人，一经磨服，无不立见痊效。搽服少许，所至亦不传染，现今疾病渐就平复"。[3]乾隆二十七年（1762）十月，伊犁办事大臣明瑞奏请朝廷赏给药物以防止伊犁发生瘟疫。[4]乾隆四十年（1775），四川楸坻一带，官民感染患病，总督刘秉恬将川省所制之藿香正气丸等项药味散给冲服，因四川制造不甚合式，未能多见效验。他奏请将内府配制的最能治时疫诸症的平安丸，由驿饬发一二千丸来川，散给患病之人。乾隆帝告知已发去矣。[5]

宫廷太医院储存不少防治疫疾的良方，辟瘟丹、辟瘟散、紫金锭、寸金丹等都是载诸史籍的治疫丹药。嘉庆七年（1802）三月，宗人府府丞徐绩奉命放赈，见黄村已有瘟疫，当即将备带除瘟药饵，即行散给，医活颇多。他得知京城也有瘟疫，奏请嘉庆帝饬下太医院检查除瘟良方，配合丸药，交九门提督分发所属，遇有病人即行给与，以免传染。[6]嘉庆十九年，直隶保定及省南一带时疫颇多，总督那彦成立即展开疗救，但地方所用之方，鲜有效验，因思内府辟瘟丹最为神效，当年春天，河南染患瘟疫甚多，蒙颁良方调治，悉就痊愈。为此他奏请将辟瘟丹方颁发，以便赶紧配合施舍。嘉庆帝得奏后饬令抄录发去，并命那彦成照方配制，广为散给。[7]同治六年（1867）京城疫疾流行，御史李

---

[1]《奏为奉到钦颁丹药到东省日期分给散发事》，乾隆十三年闰七月初三日，朱批奏折04-01-01-0160-003，中国第一历史档案馆藏。
[2]《清实录》为图勒炳阿，此据档案，统一为图尔炳阿。
[3]《奏为商丘等县被疫各村庄奉发紫金锭医治冗效情形事》，乾隆二十二年五月二十八日，朱批奏折04-01-01-0214-017，中国第一历史档案馆藏。
[4]《奏请赏给药物以防伊犁地方瘟疫片》，乾隆二十七年十月初七日，录副奏折03-0180-1978-019，中国第一历史档案馆藏。
[5]《奏为川省楸坻一带官民人等多感染患病恳请皇上饬内务府制配平安丸发川事》，乾隆四十年正月十九日，朱批奏折04-01-38-0207-013，中国第一历史档案馆藏。
[6]《奏请敕太医院检配除瘟丸药分发病人事》，嘉庆七年五月三十日，录副奏折03-1619-054，中国第一历史档案馆藏。
[7]《清仁宗实录》卷291，嘉庆十九年五月丙辰，北京：中华书局，1986年影印本，第31册，第983页。

德源奏请太医院拟方散药，[1]同治帝命太医院"即行拟方刊刻，并将药饵发给五城，随时散放"[2]。

值得特别提出的是，至迟乾隆早期，许多省份已经按"成规""年例"发放药品救治患者。乾隆四年两江总督那苏图奏报疫气流行后称："臣饬行上下两江布政司，照年例多制作丹药施济，并发银令地方官制配，并设局延医施药救济，如有病故贫民，舍给棺木，毋令暴露。"[3]同年，署理福建巡抚王士任奏报福州省城有瘟疫流行，在救治一节称，他和官员们"捐制辟瘟药丸，每日于公所委员散给兵民，督臣巡查在浙，闻报亦即谕令中军副将代制寸金丹，广为布散"[4]。乾隆十四年，江西省城内外微有疾疫，巡抚彭家屏与驿盐道李根云商动盐规，制配药丸，为民间解瘟。乾隆帝予以肯定。[5]乾隆四十九年（1784），福康安奏报甘肃静宁等地因瘟疫病死监犯七百余口后，乾隆帝通过内阁明发上谕，"该督曾否设法施药疗治，并如何量予拊循之处，朕心深为轸念"，并命将"此旨速由六百里驰谕福康安，该部知道"。[6]嘉庆二十三年（1818），云南临安府大疫，总督伯麟、巡抚李尧栋奏报救治措施时，有"向规多制丸药，发交各该地方官分施疗治，如遇极贫之户，饬令捐棺给殓"[7]等语。道光元年安徽大疫，巡抚张师诚当即飞饬各州县，捐施药饵，旋即觅得治疫成方，刊刷多张，颁发各属，一体捐廉施药，疫气渐已消除。偶有染患者，病势亦轻，照方治之即愈。[8]

以上"年例""成规"等表明，清朝从中央到地方已经形成一套救

---

[1]《奏为时疫流行请饬太医院拟方散药事》，同治六年二月初八日，录副奏折03-5005-043，中国第一历史档案馆藏。
[2]《清穆宗实录》卷196，同治六年二月壬辰，北京：中华书局，1987年影印本，第49册，第515页。
[3]《奏报江苏省各属本年五月份得雨及栽插情形并扑捕蝗蝻及消除疫病事》，乾隆四年五月十五日，朱批奏折04-01-24-0009-083，中国第一历史档案馆藏。
[4]《奏为交夏以来福州省城及兴泉漳三郡疫气流行兵民传染颇多现在疫气已觉消减事》，乾隆四年五月初八日，朱批奏折04-01-24-0009-067，中国第一历史档案馆藏。
[5]《奏报通省五月以来雨水田禾粮价情形并商动盐规制配药丸为民解疫事》，乾隆十四年六月初一日，朱批奏折04-01-24-0053-089，中国第一历史档案馆藏。
[6] 中国第一历史档案馆编：《乾隆朝上谕档》，北京：档案出版社，1991年，第12册，第342页。
[7]《奏为临安府属疫疾流行监犯多有病毙事》，嘉庆二十三年九月初三日，朱批奏折04-01-28-0012-072，中国第一历史档案馆藏。
[8]《奏为凤阳等属间有疫气流行现饬各属一体捐廉施药等事》，道光元年九月十六日，录副奏折03-9799-050，中国第一历史档案馆藏。

治大疫的应急机制，而通过医药对病患者施救，成为首要措施。

清代将医疗药品的支出，列入国家正项钱粮。乃至宫廷医药费用的较快增长，引起乾隆帝的格外注意。乾隆五十七年，他指示大学士阿桂查明太医院支出何以增长颇多。阿桂随即奏报，御药房历年所用药材价值，自雍正元年（1723）起至乾隆十五年（1750）止，户部药价案卷因衙署失火均已烧毁无存，太医院因乾隆三十六年雨水过多房屋倒塌，以致案卷霉烂无存。且从前御药房只传药味，系太医院经营，自乾隆十七年（1752）起，始有价值数目。为此他将乾隆十六年（1751）至五十六年（1791）间所有用过价值数目缮单呈览。他还奏报，药房药材除各省两进外，其余系交药商采办，照依官定价值发给。每年患病人数不一，所用药材贵贱不等，皆有原方可查，是以每年银数多少难以比较。[1]乾隆帝得奏，以太医院任意开方用药，以致逐岁加增，将堂官及御医、药房首领等，处以罚俸数月。

地方救治疫疾的医药费用等支出同样可观。道光元年西安一带瘟疫盛行，清廷指令巡抚朱勋在省存公项内动支，制备棺、药。[2]道光七年（1827）闰五月，调任山东署的巡抚程含章奏报，他在浙江巡抚任内，因道光五年（1825）浙江疫疠，制备丸药，两年内用银五千余两；刊刷救急方五万余份，用银四千余两。[3]

乾隆时期制定法规，限制解毒药品的主要原料——大黄出口，也间接说明依靠药物救治成为主要抗疫措施。清人顾祖庚提出治疫之法以解毒为主，并提及吴又可专用大黄解毒。[4]清代瘟疫频发，解毒药物有广阔市场，成为富裕家庭所必备，甚至远销海外。乾隆五十四年（1789）四月，乾隆帝以大黄为内地药饵所必需，且在台湾为民间治疗瘴疫必不

---

[1]《奏核太医院用过药味价值事》，乾隆五十七年九月二十九日，录副奏折03-0253-088，中国第一历史档案馆藏。
[2]《清宣宗实录》卷22，道光元年八月甲辰，北京：中华书局，1986年影印本，第33册，第409页。
[3]《奏陈在浙抚任内并调任山东提用津贴实情事》，道光七年闰五月十五日，朱批奏折04-01-35-0505-014，中国第一历史档案馆藏。
[4] 唐笠山辑：《吴医汇讲》，丁光迪校，北京：中国中医药出版社，2013年，第87页。

可少之药材，要求控制大黄出口。[1]当年九月，作为管理唯一对外通商口岸（广州）的地方大吏，总督福康安、巡抚郭世勋拟定《查禁大黄出洋酌定章程》，以地方法规的形式，对大黄的贩卖数量和售卖对象进行限制。[2]

还需提出的是，由于官设医学不足以应对瘟疫，社会力量包括大量民间医人纷纷加入救治中。康熙初年，绍兴大疫，百药无效，布政使袁一相痛切提出：岂药不灵哉？无明理用药之人也。因"近来有司漫不经心，不选明理知书之士，使掌医学，以致（民间）医生千百为群，但知糊口，全不知书，病者至死，不知其故"。[3]雍正十一年（1733）夏，江南时疫偶作，绅衿捐施方药米粮者众，雍正帝命将捐助多者照例具题议叙，少者给与匾额，登记档册，免其差徭，并造册报部。乾隆十七年春，浙江因去冬天寒，时疫流行，贫民药饵无资。山阴县监生樊国荣家藏散方，遵照《御纂医宗金鉴》，在宁波府甬东地方、绍兴府中正桥地方，遍贴知单。并捐献己资，设局延医诊治，给药散发，花费多达二千多金，得救者已难数计。次年，巡抚雅尔哈善查照赈例，向清廷奏请议叙。[4]乾隆二十年苏州奇荒，次年春复遭大疫，知府招名医二十五人更番视病，过夏至病乃渐减，死者不可胜计。[5]

三、《救疫章程》的制定及其援引

嘉道时期，由人口持续增长所带来的自然资源紧张，加剧了社会转型的步伐，也对国家处置各类社会问题和突发事项提出了挑战。清朝跳出律例法的固有框架，通过制定大量章程，以灵活因时的法律回应社会的变动不安。道光元年，清廷第一次从国家法层面，通过制定《救治时

---

[1]《清高宗实录》卷1327，乾隆五十四年四月壬子，北京：中华书局，1986年影印本，第25册，第967—968页。
[2]《奏为遵旨查禁大黄出洋酌定章程事》，乾隆五十四年九月初三日，朱批奏折04-01-01-0426-003，中国第一历史档案馆藏。
[3] 贺长龄、魏源等编：《清经世文编》，北京：中华书局，1992年，第1067页。
[4]《题为山阴县监生樊国荣捐资施药救济灾民请奖事》，乾隆十八年十二月十二日，户科题本02-01-04-14762-001，中国第一历史档案馆藏。
[5]《苏州府志》卷149《杂记六》，光绪九年刻本，第7页a。

疫章程》(简称《救疫章程》),对疫灾进行依法依规的系统防治。此后该章程被一再援引,表明清代在防治传染性疾病方面,步入了一个新的法规化阶段。

首先,章程出台的背景是全国多省特别是京师发生的特大疫灾。《清史稿·灾异志》记载,道光元年疫灾在山东、河南、直隶等地大范围流行,该志仅此一年多次使用"死者无算""死者不可胜计""病毙无数"等记述,并用了多达二十一次"大疫"描述,足见这次疫灾规模之大、损失之惨重。[1] 御史许乃济七月奏报,风闻本年江浙一带民间多患时疫,传染至山东、河南、直隶等省,本月望间京城内外亦渐至传染。[2] 陕西、安徽也在这一年发生大疫,说明至少有八个省份暴发大疫。更可怕的是,大疫持续时间颇长,伤害惨烈。山东比户传染;西安有壮丁病故致鳏寡孤独无以为生,凤翔、同州、乾州及南山之汉中、兴安、商州,疫情过后,实在赤贫无依者,每州县自数十名至百余名不等,由官府抚恤,工作持续到次年。[3]

其次,御史许乃济的上奏成为章程的预案。他首先肯定疫病可以通过药物治疗,"仓猝得疾毙于道左者,经好善乐义之人施舍方药,得生者亦复不少",而贫民"不能储备药剂,以致措手不及"。随后他提出把原来分散的管理京城的官方力量,步军统领、五城、顺天府各衙门,统合起来,或仿照普济堂之例[4],酌量赏给款项,于五城地方分设药局、棺局,随时散给,俟疫气一消,即行停止。这种语境下,许乃济所言的"普济堂之例",是建言清廷收容因疫贫民,直至疫情结束。

道光帝当即采纳了许乃济的建议,明确步军统领、五城、顺天府作为救治主体,慎选良方,修和药饵,分局施散,广为救治。同时要求组

---

[1] 《清史稿》卷40《灾异志》,北京:中华书局,1977年标点本,第1530页。
[2] 《奏为时疫传染请饬步军统领等衙门广为经理设法拯救事》,道光元年七月二十六日,录副奏折03-9799-040,中国第一历史档案馆藏。
[3] 《奏为升任甘肃安肃道西安府知府刘斯嵋办理劝捐周恤灾民事宜未完请暂缓前赴新任事》,道光二年三月二十四日,朱批奏折04-01-01-0625-040,中国第一历史档案馆藏。
[4] 普济堂是京城(地方也多有)设置的济贫扶困组织,每年向贫民散发粥米以度艰日,官府例拨米三百石不等。至春融(大体二月十五日)截止施放,嘉庆十九年因节候较迟,麦收之期尚远,嘉庆帝着其展限一月,所用米石由官府供给。参见《奏为京师煮赈奉旨展限请赏拨普济堂煮赈小米事》,嘉庆十九年闰二月二十八日,录副奏折03-1623-012,中国第一历史档案馆藏。

建临时应急机构——"设局",对病患者施放药物,对死者散给棺椁,予以掩埋。以上所有支出纳入正项,俟疫气全消之日分别报销。[1]次日,道光帝又明确以都察院及下属机构为主,承担监督实施责任。

最后,都察院拟定《救疫章程》。八月初二日,都察院拟定《奏为遵旨酌议分城设局救治时疫章程事》[2],内容主要包括五项:由都察院负总责,巡视五城御史各按地面设一总局,贮药、备棺,间段分设小局二三处及三四处不等,分派员役前往巡视;救治原则"先以赍药救生为重",即通过医药挽救病患者生命,其药慎选卓有成效良方,赶紧多制,遇病即施,同时对病亡者遗体收棺殓埋;请求清廷紧急拨付经费二千五百两,主要用于购置棺椁;每城拣派满汉科道各一员,分城稽查药局、棺局处所,都察院堂官也不时前往稽查,遇有奉行不力者,据实参奏;在五城誊黄晓示,张贴谕旨,晓谕百姓。

清廷反应极为迅速,道光帝当日批准章程,同一天降旨命发广储司银二千五百两,分给五城。医药的准备自道光帝七月二十六日发布谕旨,内务府御药房即开始行动,次日配合随方药四千丸,即交每城各分领八百丸散放,二十八日早百姓闻风而至,五城顷刻散竣。换言之,以挽救病患者生命为核心的救治工作,在道光帝发布谕旨后即行展开。但病患者甚多,都察院于二十九日赴内务府支领,因赶制不及,仅领到药一千丸,每城只得二百丸之数,实不敷用。各城没有怠慢,即以自制有效之药相间搭放。八月初一日续领到药四千丸。章程奏准,自后逐日赴内务府支领,仍将自制之药备办,以资接济,直至疫气全消。而自染疫以来,民间需棺较多,板片人工骤然增价,贫民艰于购买,一闻散给,纷纷赴局请领,各城御史及司坊各官俱经赶办无误。章程规定,自后酌量情形,随时安备,总期实惠及民。

章程按照分工负责的原则实施,内城八旗地面由步军统领衙门负责。顺天府所辖大兴、宛平二京县也同步多设厂座,修合药饵,购买棺

---

[1] 中国第一历史档案馆编:《嘉庆道光两朝上谕档》,桂林:广西师范大学出版社,2000年,第26册,第348页。
[2]《奏为遵旨酌议分城设局救治时疫章程事》,道光元年八月初二日,录副奏折03-9799-043,中国第一历史档案馆藏。

槽，并委员稽查。[1] 八月初三日，户部向大兴、宛平拨付银一千两。[2] 同日，道光帝虑及贡院号舍湫隘，士子等萃处郁蒸，恐致传染疾疠，命将顺天乡试展期一月举行。[3]

《救疫章程》是经道光帝批准，以章程形式呈现的第一个法规性文献。对随即发生在山东、陕西、安徽等省的疫病防治，具有直接的指导和规范意义。更重要的是，章程还为以后所援用。同治元年，天津府通州因疫气流行，病殁者两万多人，潘祖荫奏请"查照旧章"救治，其援引的"旧章"即道光元年《救疫章程》。[4] 清廷交部议奏后，巡视五城御史承继等人奏拟《京师内外时疫传染遵查旧章酌拟施药事宜》，文起"稽考旧章，谨查道光元年奉上谕"，并全文引用"道光元年成案"。《事宜》内容也一仍《救疫章程》之旧。[5] 同治六年，京城疫疾流行，仍沿用《救疫章程》办法，组织救治。[6]

四、对瞒报及救灾不力官员的惩处

清廷对匿灾不报、违限报灾以及救灾不力，特别是借灾科敛等不法行为予以严厉惩处。

水旱等自然灾害，民命所关，钱粮所系，有固定的奏报时限，并于顺治十一年（1654）纳入法律，逾限者交部议处。逾限一月以内者，罚俸一年；逾限一月以外者，降一级调用；逾限两月以外者，降二级调用；逾限三月以外、怠缓已甚者，革职。[7] 瘟疫归属灾异。清律规定，

---

[1]《奏为遵旨救治时疫请就近先拨库帑事》，道光元年八月初三日，录副奏折03-9799-044，中国第一历史档案馆藏。
[2]《清宣宗实录》卷22，道光元年八月庚辰，北京：中华书局，1986年影印本，第33册，第394页。
[3]《清宣宗实录》卷22，道光元年八月庚辰，北京：中华书局，1986年影印本，第33册，第393页。
[4]《奏为天津府通州一带暑疫病流行请饬直隶总督顺天府等查照旧章分别办理事》，同治元年，录副奏折03-9617-028，中国第一历史档案馆藏。
[5]《奏为京师内外时疫传染遵查旧章酌拟施药事宜事》，同治元年七月初九日，录副奏折03-4680-071，中国第一历史档案馆藏。
[6]《清穆宗实录》卷196，同治六年二月壬辰，北京：中华书局，1987年影印本，第49册，第515页。
[7] 光绪《大清会典事例》卷110，北京：中华书局，1990年，第415页；详见赵晓华：《救灾法律与清代社会》，北京：社会科学文献出版社，2011年，第26—31页。

灾异等"事应奏而不奏者，杖八十。应申上而不申上者，笞四十"。其下首条例文为"凡州县官将小民疾苦之情，不行详报上司，使民无所控诉者，革职，永不叙用。若已经详报，而上司不接准题达者，革职"。该例文载入所有律例类释本。《处分则例》"失报异灾"明确规定："地方官遇有异灾不报者，罚俸一年（公罪）。"夹注有"水旱等灾不在此内"[1]八字，以示区别于水旱等自然灾害。前引浙江布政使袁一相奉巡抚之令所作《救恤疫四条》，首条"入告之章"，"言灾异不言祥瑞，止于地震、旱涝等类，而不及瘟疫，但查会典开载，凡遇灾异，具实奏闻；又闻灾异即奏，无论大小，凡水旱灾荒，皆以有关民瘼而入告也。今据绍兴府申称，村落之中，死亡殆半。事关民命衰耗，异灾非常，合应具题，候部议恤"。[2]可见包括瘟疫等奏报，仍有规范。其瞒报或确查不力，定有处分。

康熙四十四年，偏沅巡抚赵申乔因不确查奏闻当年瘟疫被降级留用之案，收于《古今图书集成》"历象汇编门"庶徵典。[3]赵申乔是康熙称许的清官，康熙四十一年（1702）由浙抚调任偏沅。康熙四十四年（1705）湖南发生瘟疫，他因奏报不实被交部议处。按《处分则例》，应降二级调用。但任内有记录六次，按照销去记录四次抵降一级的规定，所余记录二次不足抵降一级，因此被议定为"抵降一级，仍降一级调用"。康熙帝采纳吏部的决定，命将赵申乔六次记录全部销去，实降一级，从宽免调用。

乾隆前期，吏治清明，对地方官瞒报疫灾，视情节轻重，分别予以申饬、惩处。乾隆帝继位之初，访闻陕甘一带有牛疫之厄，他质问陕西巡抚硕色等官员何无一言奏及，即命速议赈恤之法，一面办理，一面奏闻。[4]乾隆十三年七八月，湖南城步县、道州、江华县、通道、绥宁县，疫气流行，居民颇有伤损，甚至晚禾乏人收割。疫灾发生两三月后，署湖广总督新柱向清廷奏报。乾隆帝夹批质问：何未早奏？他听闻

---

[1] 文孚等：《钦定六部处分则例》卷24，台北：文海出版社，出版年份不详，第535页。
[2] 贺长龄、魏源等编：《清经世文编》，北京：中华书局，1992年，第1067页。
[3] 蒋廷锡等辑：《古今图书集成》，上海：中华书局，1934年影印本，第45册，第36页下。
[4] 《清高宗实录》卷12，乾隆元年二月己巳，北京：中华书局，1986年影印本，第9册，第358、364页。

山东疫灾，要求钦差大臣刘统勋等竭力补救。[1]时间最迟的奏报是嘉庆二年（1797），奇丰额奏报两年前即乾隆六十年（1795）十二军台发生瘟疫[2]，清廷敕谕，嗣后如再遇有偏灾，即行奏闻，断不可仍复隐匿不奏。[3]

乾隆二十二年四月，河南巡抚图尔炳阿因瞒报夏邑等地严重疫灾，被革职发往军台效力，堪称最严厉的惩罚。乾隆二十一年（1756）夏邑、商丘、虞城、永城四县发生严重水灾，继而瘟疫暴发。乾隆帝多次降旨，令图尔炳阿据实勘察奏报。图尔炳阿每次都以并不成灾具奏。乾隆帝南巡途中，河南籍官员彭家屏向其密陈受灾情弊，乾隆帝特旨令图尔炳阿带同彭家屏前往查勘，图尔炳阿仍极力回护前非。南巡徐州，乾隆帝见贫黎鸠形鹄面，因忆夏邑等县与江南、山东接壤，被灾村庄，不知确情，即派步军统领衙门员外观音保微服前往，密行访查。真实情况是四县连岁未登，积歉已久，穷黎景况，不堪入目。观音保在当地收买童男二人，仅用钱四五百文，持券回奏。乾隆帝得报不胜悯骇，当即将图尔炳阿革职。谕称：水旱灾伤为地方第一要务，图尔炳阿初既不据实奏报，及命往查勘，又复有意讳饰，以致四邑灾民，流离失所，深负封疆之任，玩视民瘼，始终怙过，竟至于此。将其革职，发往乌里雅苏台军营，自备资斧效力赎罪，以为地方讳灾者戒。夏邑等四县知县，或革职拿问或参处。主管道府及布政使等降罚有差。河南巡抚由蒋炳调补。[4]

图尔炳阿后因查办逆椷一事，被赦罪复职。他奏报四县地势低洼，潮湿侵沾，自春徂夏，时疫传染，皇上特赏紫金锭一千锭，令颁发染疫地方。[5]

---

[1]《奏为遵旨查明据实复奏陕省接递发遣犯属部分染疫病故东西两路百姓并无传染时疫事》，乾隆四十九年十一月十三日，朱批奏折 04-01-01-0409-046，中国第一历史档案馆藏。
[2]《奏为挑挖河水深通暨挽送布棉完竣并在事出力废员托克托呢杂尔请赏七品顶子事》，嘉庆二年六月初六日，朱批奏折 04-01-05-0085-004，中国第一历史档案馆藏。
[3]《清仁宗实录》卷1486，嘉庆二年闰六月丁巳，北京：中华书局，1986年影印本，第27册，第1041—1042页。
[4]《清高宗实录》卷537，乾隆二十二年四月己卯，北京：中华书局，1986年影印本，第15册，第776—777页。
[5]《奏为商丘等县被疫各村庄奉发紫金锭医治冗效情形事》，乾隆二十二年五月二十八日，朱批奏折 04-01-01-0214-017，中国第一历史档案馆藏。

嘉庆十九年，河南巡抚方受畴因治疫不力被革职，则来自御史卓秉恬等人的多次参奏。当年二月起，各地举人络绎进京，参加三月的会试。举子途经河南南阳等州县时，见倒毙饥民自樊城以下至黄河口以上，不下数万人，沿途暴露，多未掩埋。卓秉恬奏请各州县速为掩埋，并请将该省饥民设法赈济。嘉庆帝得奏大为震骇，遂通过军机处字寄上谕，严旨申饬方受畴，职任封圻，粉饰弥缝，致生者辗转流徙，亡者骸骨暴露。命其速为掩埋。[1]方受畴回奏仍为自己辩解，称豫省上年水旱成灾，既广且重，节经施赈，全活不下亿万万。上冬时届严寒，虑及必有冻饿路毙之人，十一月先于省城捐买空地二十八亩收埋。至本年正月二月，屡次大雪，天气恒寒，兼以贫民于秋间刨食草根树皮，并经霜损坏荞梗，肠胃受毒，春深瘟疫盛行，各处多有倒毙；又经饬属捐资，修合解瘟丸剂，广为施散，并委派二十余员，分途查看掩埋，已无路毙骸骨，统计实无数万人之多。[2]嘉庆帝得奏，特命太医院开写清瘟解毒丸、藿香正气丸二方，发交方受畴精选药材，按方修合，广为施散，同时命其将该省灾民情形，或半月或旬日具奏一次。谕旨有"中州人民遭此厄困，该抚务竭力拯救，能多尽一分心，即可多活无数躯命"[3]之语。可见嘉庆帝廑注异常。

在此前后，有御史等多位监察官员对河南治疫不力，上有弹章。通政使司副使蒋祥墀奏参，河南办理灾赈，地方官委之胥役，胥役纠合乡保，彼此侵吞，索钱刁难。嘉庆帝通过内阁明发上谕，将方受畴传旨严行申饬，并交部议处。吏部随即援引定例，将方受畴降二级调用。"系钦奉特旨交议之件，毋庸查级议抵，任内有革职留任之案，无级可降，应行革任"。[4]方受畴复奏称，河南灾地广袤千里，一人耳目难周，历次所陈，不敢一字涉虚，致蹈欺饰。嘉庆帝朱批：稍涉欺饰，天鉴在

---

[1]《为河南巡抚方受畴严加督饬速为掩埋南阳等州县倒毙饥民等事字寄谕旨》，嘉庆十九年闰二月十二日，朱批奏折 04-01-02-0078-010，中国第一历史档案馆藏。
[2]《奏为遵旨饬办豫省赈抚灾民并掩埋倒毙饥民等事》，嘉庆十九年闰二月十八日，朱批奏折 04-01-02-0078-011，中国第一历史档案馆藏。
[3]中国第一历史档案馆编：《嘉庆道光两朝上谕档》，桂林：广西师范大学出版社，2000年，第19册，第168页。
[4]《奏请将河南巡抚方受畴降级调用等情事》，嘉庆二十年二月二十六日，录副奏折 03-1555-069，中国第一历史档案馆藏。

上,朕亦不能保全汝身家。[1]随后,嘉庆帝以方受畴尚非有心玩视,加恩改为革职留任,仍注册。

五、通过法律手段稳定社会秩序

清代大疫往往因自然灾害而衍生或伴生,民众在承受灾害的同时,又极易为不法者所利用,从而因灾致变,拉高社会失序的风险。不法者或趁灾图诈,蛊惑煽动;或倡言灾异,预先告灾;尤有甚者,教门会党等蠢蠢欲动,乘机起事。清朝特别注重通过法律手段,严惩不法,维护社会稳定。

雍正七年(1729)岁末,广东肇庆府恩平县李梅等人,借瘟疫之机,卖旗札诈骗,因其声称,凡领其札付,不怕瘟疫兵鬼,一时信从者众,旗札编号空排到数千人,也有官兵卷入其中。次年初,布政使王士俊密奏,认为李梅等人不过借札骗钱,并非结党为匪的逆贼,各县也没有匪类潜藏。雍正帝命其防患未然,不可失之轻忽。[2]无独有偶,乾隆三十二年(1767),福建因瘟疫流行,有人供奉号称专司瘟疫之神——五帝,并乘机科敛,先向富家巨室勒令出银数两至数十两不等,贫民编户每人派钱三十文,名曰丁口钱。图诈者诳言,若漏一丁,殃必及之,以致民众信从,唯恐或后。图诈者敛钱到手,设坛建醮,扮鬼装神,抬像出巡,冠服僭妄,旗幡金鼓,焜耀街衢,其费千百金。闽浙总督苏昌、福建巡抚庄有恭严切晓谕,并饬地方官将土木之偶,投畀水火,倡言奸棍,严拿治罪。[3]乾隆帝肯定其所为,并予以嘉奖。[4]

所谓预先告灾,即灾害甫经发生或尚未成灾时,有人蛊惑煽动,向富户勒借,向官府勒赈。尤以江南为多。乾隆四年,江苏、安徽等地出

---

[1]《奏报遵旨查办赈恤尚无遗滥侵欺情弊事》,嘉庆十九年闰二月二十九日,录副奏折03-1623-014,中国第一历史档案馆藏。
[2] 中国第一历史档案馆编:《雍正朝汉文朱批奏折汇编》,南京:江苏古籍出版社,1989年,第17册,第637—640页。
[3]《奏为办理闽省地方迎赛闰神五帝情形事》,乾隆三十二年三月二十八日,朱批奏折04-01-01-0269-041,中国第一历史档案馆藏。
[4]《清高宗实录》卷781,乾隆三十二年三月癸巳,北京:中华书局,1986年影印本,第18册,第607页。

现瘟疫，官府正在全力救治病患者时，安庆所属怀宁、潜山等处刁民，预先告灾，纠众滋扰。两江总督那苏图得报后，饬行江北地方官，遍行晓谕，制止刁徒借端惑众，如有呈刁滋扰，即行拿究。乾隆帝对此高度警觉，逐字夹批：是所谓惩一警众，且此即人心风俗。[1]

乾隆十二年七月，因此前山东兰山被灾民众垒塞县署仪门，强借仓谷；河南偃师灾民因出借仓谷，拥至县署，掷伤典史；江苏宿迁因赈济罢市，相继发生数十起因灾滋事案。御史李文驹奏请差员按部宣谕。乾隆帝称水旱偏灾，各省向所时有，近岁虽不成灾，亦必入告。以通省之大，间有一二县，一县中间有一二人，此一二人既伏辜正法，则其余皆善良辈矣。[2]次年五月，他以地方有司匿灾不报者，必重其处分，刁民挟制官长，聚众抗官，目无国宪，乃王法之所必诛，修改激变良民例，严惩聚众抗法者。[3]

嘉庆十八年（1813），直隶、山东、河南，出现少有的灾荒，仅河南被水旱州县即达九十余处。[4]八卦教徒李文成在其家乡河南滑县旋即起事。此间瘟疫流行，又河决睢州。而修筑睢州工地，发生多起纵火案，经巡抚方受畴审讯，乃听从教匪指使来工，乘闲放火，当即审明正法。清廷以睢州大工，教匪或混迹夫役中，命严加防范。[5]国子监祭酒姚文田则直言，小民偏灾，必至十室九空之日，议及灾荒，即便蠲赈叠施，其已不及。[6]御史陈钟麟上奏，地方歉收之处，凡市井无赖之民，最易滋生事端，嘉庆九年苏州偏灾，有俞长春抢米一案，同日被抢者数十家，经巡抚查拿将其正法后，地方方才安宁。镇江、扬州今年歉收，

---

[1]《奏报江苏省各属本年五月份得雨及栽插情形并扑捕蝗蝻及消除疫病事》，乾隆四年五月十五日，朱批奏折04-01-24-0009-083，中国第一历史档案馆藏。
[2]《清高宗实录》卷294，乾隆十二年七月庚子，北京：中华书局，1986年影印本，第12册，第855页。
[3]《清高宗实录》卷314，乾隆十三年五月己丑，北京：中华书局，1986年影印本，第13册，第152—153页。
[4] 吕小鲜：《嘉庆十八年冀鲁豫三省灾荒史料》，《历史档案》1990年第4期。
[5]《清仁宗实录》卷296，嘉庆十九年九月戊午，北京：中华书局，1987年影印本，第31册，第1054—1055页。
[6]《奏为敬陈近日吏治情形事》，嘉庆十八年九月二十八日，录副奏折03-1552-042，中国第一历史档案馆藏。

兼以盐枭充斥，游手无业之人不少，请饬令督抚实力严禁。[1]

道光元年直隶、山东等多省瘟疫流行，社会秩序受到严重冲击。据御史李肆颂奏称，天津河间等处有无知莠民，或以念经疗病为由，不分男女，不论昼夜，群居杂处，有看香学好等名目；或谬托鬼神之名，谓之活觭角；或以药水令人洗目，使见幻境，谓之洗慧眼。此等莠民，其始不过惑众敛钱，日久人多，难保不借端滋事。[2]道光帝对此极为重视，多处夹批。在"念经疗病为由"一句，朱批"白莲、白阳等教皆基于此，可恶之至"；在"请饬下直隶总督"严拿一句，朱批"所论明白正确"。随即谕令总督方受畴认真访缉，有犯必惩，不得装点了事，亦不得任听末吏奸胥波累无辜。[3]方受畴覆奏缉拿后，道光帝还一再严令其"斟酌事理重轻，分别妥办，不可姑息养奸，亦不可张皇滋扰也"。[4]

每有大疫，由于官办医学力量不足，对民间医人需求颇大，也难免良莠不齐。康熙初年绍兴大疫，民间"医生千百为群，但知糊口，全不知（医）书，病者至死，不知其故。一岁之中，夭札无数"[5]。道光元年山东大疫，民众陷入恐慌。御史李德立密奏说，今岁瘟疫，山东比户传染，正在惊惶莫措之际，乃闻德州等处有匪徒乘间倡言，七月初一、二日有鬼打门，应者必死，遂致居民互相传感，终夜仓皇，喧彻通衢。东昌一带又传有邪匪偷剪辫发，采割幼童幼女，及途遇菜挑面担，乘间抛撒药包之事。又有居住济宁州东关之光棍黄二，平素画符治病，绰号黄半仙，捏造连毛僧、妖鬼名目，伙结无赖，令其假扮妖鬼附身，受病危重，延伊袪除针治，应手立愈，以便炫人听闻，使患疫之家，争先延请，并扬言妖鬼到处游行，致兵民人等昼则望空追逐，夜则枪炮环卫。

---

[1]《奏为良民因宜抚恤莠民亦须弹压事》，嘉庆十九年九月十六日，录副奏折03-2500-032，中国第一历史档案馆藏。
[2]《奏请饬直隶省慎密查禁莠民事》，道光元年八月二十六日，录副奏折03-2799-021，中国第一历史档案馆藏。
[3]《清宣宗实录》卷22，道光元年八月癸卯，北京：中华书局，1986年影印本，第33册，第408页。
[4]《清宣宗实录》卷23，道光元年九月乙卯，北京：中华书局，1986年影印本，第33册，第416—417页。
[5] 贺长龄、魏源等编：《清经世文编》，北京：中华书局，1992年，第1067页。

山东民风顽悍，素多邪教，请尽法惩治。[1]道光帝即谕巡抚琦善，访拿散布邪言为首之犯，若审有奸盗实情，按律治罪。[2]琦善经过多时查讯，原因本年山东疫病甚盛，居民求医建醮，比比皆然，放炮祈神，延医针治，所在多有。济宁州前往黄二家搜查，并无符箓书本。黄二自幼曾随故父习疗针痧，本年六七月间，瘟疫流行，多起痧症，他为人针治多愈，乡民无力酬谢，群相推赞，遂有黄半仙之称，并无假托鬼神，亦未画符治病。至于德州、济宁等处，相传本年多病，夜间拍门之谣，乃百姓病急求生图解，致妄传说。请将黄二释回安业。[3]道光帝览奏后，命将黄二即行释放。[4]

六、结语

清朝在康、雍、乾百余年的治平之世后，在诸多政策的助力下，人口持续性增长，广大农民等劳动者从国家的束缚中逐渐解脱出来，边远地区得到较充分的开发，全国的经济联系日益紧密，统一市场逐步形成。这或许是包括大疫在内的各种灾害频发高发的经济社会诱因。《明史》沿用旧志体例，"疾疫"载入《五行志》，共记述二十三个年份里二十六次疫灾，其数量不足清朝的五分之一或六分之一，但其病亡人数却居高不下，有五次记述死亡共十四万人，一次记述户绝一万两千户。虽不能据此得出清朝疫灾远甚于明朝的简单结论，但恐怕与事实相去不远。清朝统治者承继"视民如伤"的儒家思想，将大疫纳入灾害进行治理，并从以往的"祈禳"中走出，形成以医药为主、以救治病患者生命为主要目标的救治体系，这是历史的进步。同时，也对瘟疫的发生进行类似流行病学的有益探讨，其规律性的总结和认识，即便在今天，依旧

---

[1]《奏为山东省德州等处奸民乘灾滋事谣言惑众请敕地方官严行查拿审办事》，道光元年八月二十五日，朱批奏折04-01-01-0623-018，中国第一历史档案馆藏。
[2]《清宣宗实录》卷22，道光元年八月壬寅，北京：中华书局，1986年影印本，第33册，第407页。
[3]《奏为遵旨查明并无匪徒散布那言并获到奸盗济宁州民人黄二事》，道光元年十一月初九日，录副奏折03-2843-051，中国第一历史档案馆藏。
[4]《清宣宗实录》卷26，道光元年十一月庚申，北京：中华书局，1986年影印本，第33册，第462页。

具有重要的价值,值得认真挖掘和提炼。其他如行政、经济等机制的综合运用,限于篇幅,本文不再论述。

[原载《西南大学学报(社会科学版)》2020年第3期,《新华文摘》2020年第16期全文转载]

论清代太医院的防疫职能

有关清代太医院的研究,以往学者多聚焦于职官设置、考选规制及医案等方面[1],对太医院对瘟疫等传染性疾病的防治职能鲜有论及。有学者甚至认为传统中国直至清末,并不存在"防疫清洁等公共卫生事业"[2]。但从清宫档案等传世文献看,这一结论很难成立。姑且不论晚清,就前中期而论,清朝已把疫病的防治纳入疫灾防治体系之中。[3]本文拟就清代太医院在防治瘟疫中"医事""药事"与"军前奉差"等方面的职能予以探讨,以期就教于方家。

一、太医院在防疫中的"医事"职能

太医院之名始自金,元朝独为一署。清代职官设置,多沿明旧,太医院除选拔人员通过礼部外,乃独立行使职权之衙署。[4]其职能嬗变,又与前代有所不同。《大明会典》载太医院"职专诊视疾病,修合药饵之事"。[5]清《康熙会典》及续修的《雍正会典》,总括太医院职责,皆

---

[1] 参见陈邦贤编纂:《中国医学史》,上海:上海医学书局,1920年;单士魁:《清代太医院》,《故宫博物院院刊》1985年第3期;陈可冀主编:《清宫医案研究》,北京:中医古籍出版社,1990年;陈可冀、李春生主编:《中国宫廷医学》,北京:中国青年出版社,2003年;陈可冀主编:《清宫医案集成》,北京:科学出版社,2009年;关雪玲:《清代宫廷医学与医学文物》,北京:紫禁城出版社,2008年。

[2] 马允清等认为,直到清季,"防疫清洁等公共卫生事业,则未或一有",载马允清编:《中国卫生制度变迁史》,天津:天津益世报馆,1934年,第15页;余新忠赞成此观点,见余新忠:《晚清的卫生行政与近代身体的形成——以卫生防疫为中心》,载刘凤云等编:《清代政治与国家认同》上册,北京:社会科学文献出版社,2012年,第410页。

[3] 林乾、陈丽:《法律视域下的清代疫灾奏报与防治》,《西南大学学报(社会科学版)》2020年第3期。

[4] 陈可冀主编:《清宫医案集成》,北京:科学出版社,2009年,"序言",第7页。

[5]《大明会典》卷224,见《续修四库全书》,上海:上海古籍出版社,1996年,第792册,第641页。

一仍明旧，但分述各项，与《大明会典》显有不同。《乾隆会典》以太医院堂官论职守，概括为"掌医之政令，率其属以供医事"[1]，已有别于前。乾隆四十五年（1780），皇子永瑢等奉敕修纂《历代职官表》，叙清朝太医院职掌，完全沿用《乾隆会典》的表述；而"内务府"所属御药房，"掌详慎供用药料、和合丸散之事"。[2]至晚清，《光绪会典》称太医院堂官"掌考九科之术，率其属以供医事"[3]，表述又有变化。据此或可认为，清前期太医院"医""药"兼掌，康熙三十年（1691）以后，"药事"职能与内务府御药房有部分交叉。

在此，仅就太医院与防疫职能相关之"医事"而论，可概括为以下三项。

一是编纂医书指导防疫。

清代太医院各科用人、医士、医生考选及民间征补，皆以精通医理为要。雍正元年（1723）行文直省巡抚，于所属医生，详加考试，"果有精通《类经注释》《本草纲目》《伤寒论》三书者，题请为医学官教习，每省设立一人，准其食俸三年。如果勤慎端方，贡入医院，授为御医"[4]。清代多次征召民间医师以"布衣"进入太医院，大大推动了民间医学与宫廷医学的交融。在瘟疫防治书籍编纂上，尤为显著。

明末医学家吴有性，亲身经历崇祯十四年（1641）波及南北直隶、山东、浙江的大疫，面对伤寒法救治病患者无效，他推究病源，就所历验，著《瘟疫论》，这是中国第一部系统阐释瘟疫的专书。该书在清代广为流布，使得"吴门医学"也在防治瘟疫方面脱颖而出，此后有戴天章、余霖、刘奎等人，皆以治瘟疫闻名。戴天章所著《广瘟疫论》等书，提出瘟疫不同于伤寒，尤慎辨于见证之始。余霖不仅参与了乾隆中叶桐城治疫，还在几年后的京师瘟疫中用大剂石膏治疫，"踵其法者，

---

[1]《钦定大清会典》卷86，见《景印文渊阁四库全书》，台北：台湾商务印书馆，1986年，第619册，第830页。
[2] 永瑢等纂：《历代职官表》卷36、37，见王云五主编：《丛书集成初编·历代职官年表》，上海：商务印书馆，1936年，第964、1008页。
[3]《钦定大清会典》卷81，见《续修四库全书》，上海：上海古籍出版社，1996年，第794册，第757页。
[4]《钦定大清会典事例》卷1105，见《续修四库全书》，上海：上海古籍出版社，1996年，第813册，第330页。

活人无算"。雍正朝以降,温病学向北方传布。山东诸城人刘奎将江南和北方疫疠的名称和类型加以辨别,又发现名贵药材的替代物,使得防治瘟疫走向普通民众。乾隆朝御医黄元御,以浮萍代麻黄治疫,即本刘奎之说。咸丰时吴越经年战乱,瘟疫大作,病人经出身医学世家的王士雄疗治"多全活",他重订刊行的《霍乱论》,被医者奉为圭臬。[1]

民间温病学的发展,特别是在防治瘟疫实践中所发挥的独特作用,受到宫廷的特别关注,也推动了民间医学与以太医院为主体的官方医学的交融。如吴江名医徐大椿,自编医案,辨析虚实寒温。乾隆二十四年(1759),他被荐入京,奏大学士蒋溥病不可治,乾隆帝命入太医院供奉,虽不久乞归,但二十年后复召入太医院。

清代官方医学机构很重视医书编纂,并广纳民间医家著作。早在康熙二十四年(1685),通晓中西医的康熙帝即谕太医院官"取医林载籍,酌古准今,博采群言,折衷定论,勒成一书,以垂永久,副朕轸恤元元至意"。[2]康熙后期由诚亲王允祉领衔编纂、雍正初刊布的《古今图书集成》,对温病之书多有收录。乾隆四年(1739),清廷在太医院专设医书馆,"其总修、纂修、收掌各官,令该院拣派",纂修等官公费,照修书各馆例减半支给。[3]太医院使钱斗保奏请发内府藏书,并征集天下家藏秘籍及世传经验良方。[4]乾隆七年,由吴谦、刘裕铎为总修官的《医宗金鉴》纂修完成。[5]随后命发各直省布政司,听其翻刻刷印颁行。[6]《四库全书总目》称其"于以拯济生民,同登寿域,涵濡培养之泽,真无微之不至矣"。[7]该书不仅是宫廷医学教科书,还是官方的抗疫指导书。乾隆十七年春,浙江山阴、会稽二县时疫流行,山阴县监生樊国

---

[1]《清史稿》卷502,北京:中华书局,1977年,第46册,第13866—13868、13876—13877页。
[2]《清圣祖实录》卷120,康熙二十四年四月辛丑,北京:中华书局,1985年影印本,第2册,第267页。
[3]《清高宗实录》卷106,乾隆四年十二月甲申,北京:中华书局,1985年影印本,第2册,第595页。
[4]《清史稿》卷502,北京:中华书局,1977年,第46册,第13879页。
[5]《为纂修医书告竣议叙各员并将誊录福海咨回事致内务府》,乾隆七年十二月二十一日,内务府来文05-13-002-000384-0082,中国第一历史档案馆藏。
[6]《清高宗实录》卷228,乾隆九年十一月辛巳,北京:中华书局,1985年影印本,第3册,第948页。
[7]刘时觉编注:《四库及续修四库医书总目》,北京:中国中医药出版社,2005年,第587页。

荣利用家藏散方，遵循《御纂医宗金鉴》，捐资设局，延医施药，救济百姓[1]，后经地方官题请议叙。道光三十年（1850），光禄寺卿许乃普上奏，称《医宗金鉴》"至今奉为圭臬"。[2]

二是将瘟疫防治纳入太医院考课内容。

清宫太医院定期组织对医士、医生进行考核，通常由堂官就《素问》《难经》《本草》《脉诀》暨本科紧要方书内出题考试。因其服务对象特殊，考核极为严格。"择其学术精通者顶补。如习业荒疏，经年虽久，不准顶补，仍发教习厅肄业。""仍发教习厅肄业"，说明在教习厅学习是其必经过程，而只有精通医理、品学兼优者才能充当教习。但太医院所设内、外教习先后于乾隆二年（1737）、道光四年（1824）裁撤。同治六年（1867），"复设医学馆，派教习厅三人，按春秋二季考试医士、恩粮肄业各生，列定等第，按名顶补，每届六年"。[3]

伴随瘟疫在清中期的频发及为适应派遣医生赴各地救治的需要，太医院将瘟疫防治纳入考核内容。现存《清太医院墨课卷稿》，提供了详尽资料。该"卷稿"保存同光年间太医院考卷111篇。对考试日期、内容、等第名次、应试者职衔和教习批语等一一备载。值得重视的是，同治八年正月的考课，要求受试者列举瘟疫和伤寒的辨别。"卷稿"保存了此次第一等第一名冯国治的考卷。正题：温病、风温何辨？副题：假令其人喘满，心下痞硬，面色黧黑，脉象沉紧，系属何症？当以何药治之？冯国治一一阐述，答案后附有"王批"——"引经为的，可见功纯。再将温病、河间两解风温之葳蕤、桂枝、人参、白虎等方，按症二赘及后说，点明前法，减石膏之寒结，加芒硝之峻利，兼茯苓以输水逆。续写不遗，斯文乃确"[4]。批语中所谓的"温病"和"河间"，乃吴门医学中治疗伤寒和瘟疫等疾病的两大流派。这份答卷博采众长、极具特色。

---

[1]《题为山阴县监生樊国荣捐资施药救济灾民请奖事》，乾隆十八年十二月十二日，户科题本 02-01-04-14762-001，中国第一历史档案馆藏。
[2]《奏为遵旨议复御史许乃普奏办医学举荐真学事》，道光三十年四月初九日，录副奏折 03-2855-031，中国第一历史档案馆藏。
[3]《钦定大清会典事例》卷1105，见《续修四库全书》，上海：上海古籍出版社，1996年，第813册，第331页。
[4] 张鸿声：《清太医院医学馆墨课卷稿》，《中医杂志》1993年第8期。

核查《缙绅全书》，同治八年（1869）春太医院名录和《光绪会典事例》相关记载，"王批"主人应是御医王允之[1]，其乃同治朝名医，具有高超的专业技能。冯国治也曾在光绪朝受重用。"卷稿"说明，最迟同治六年太医院复设医学馆后，在医务人员的考核内容中，已经把瘟疫防治纳入考课中，而区分瘟疫和伤寒之别，是清代民间医学的重要成果，太医院将其吸纳，反映了官方医学与民间医学的交融。

三是清中后期太医院改革及救治机构的创设。

清代中后期，太医院职能发生明显变化。从人才考选、设立医学实验馆、创设惠民药局等，都说明太医院从一个主要服务于内廷的机构，逐渐拓展出疗治民间疾病等职能。其转变又以道咸之交为重要分野。

道光三十年，光禄寺卿许乃普奏请扩大太医院的服务范围，"仿宋时太平惠民和剂局，于京师设立医学，凡旗民人等准令就诊"，他还就各省举荐医学人才、太医院兼衔等事奏请。皇帝命太医院议复。管事大臣阿灵阿大加赞成，上奏"请旨饬下各督抚谨照遵行，所有应立考课条规，一切俟保荐有人，即查照（道光）十七年成案办理"[2]。同治四年（1865），御史胡庆源奏请整顿医官以正医学。他"拟请嗣后太医院衙门，仿照翰林院大考例，随时候旨，令太医院堂司各官，一律考试"，由主考命题，试以策论两条，"主考秉公阅卷，不取楷法工整，专就通明脉理治法者，擢为前列"。他还特别提出，太医院招募人员，应向社会开放，不必尽由太医院堂官援引，请照康熙时考博学鸿词例，"无论何衙门，候补、现任，凡五品以下官员及举贡生监，有知医愿考者，俱准其呈报，一律赴考。考取者准其兼太医院行走，以广招来"，如此真才得效内廷，"即疗治民间，亦少贻害"[3]。上奏得到清廷重视，同治六年恢复了太医院一年两次考核，吏目食俸六年，升用按察司经历、州判

---

[1] 清华大学图书馆、科技史暨古文献研究所编：《清代缙绅录集成》，郑州：大象出版社，2008年，第28册，第255页。
[2] 《奏为遵旨议复御史许乃普奏办医学举荐真学事》，道光三十年四月初九日，录副奏折03-2855-031，中国第一历史档案馆藏。
[3] 《奏请整顿医官以正医学事》，同治四年十一月十九日，录副奏折03-4999-091，中国第一历史档案馆藏。

等机制。[1]

晚清新政时期,太医院进行多方面改革。其中对瘟疫病患者的救治,是促进近代医学产生的重要因素。光绪二十八年(1902)五月,流民汇集京师,刑科给事中吴鸿甲奏称,天气亢热,途人多为疫疠,奏请将流民分册登记,"其羸弱多疾病者,分别男女,设厂调养,又时而医药之,愈则责其自谋生计,死则为之备棺瘗殡"。他还特别请求设立医局,指出"近来疫气,南北甚行,洋人恒设医院及验疫所,以防沾染";经费不足,可通过拨款和募捐,设局救治。[2]清廷随即发银一万两,并责成吏部尚书张百熙、左都御史陆润庠等,会同顺天府、五城御史,"妥议章程,认真兴办,以卫民生"。张百熙等立即"履勘房屋,延订医士,修合丸散,刊刻图记,会议章程",他们提出在京城设立四局,并指出此次救治后"未便遽议停办",请"照粥厂常年恩赏之例,每年赏给银一万两,以为定制"。[3]翌年,经张百熙等奏准,清廷在京城开办医学实业馆。该馆经过近两年开办,中西教习认真教课,学生数十人亦将肄业,按照"临证治病以资实验"的要求,该馆学生肄业两年,须加一二年实验之功,方能毕业,为此,学务大臣孙家鼐和张百熙等人,于光绪三十一年(1905)奏请,在两年前于前门外"孙公园"设立的京师施医总局的偏东空地处建造医学馆,将医学馆与施医总局合并一处,"俾医学教习可兼襄诊治,学生得兼资实验。且可添招学生数十人,以广造就"。因陆润庠"家学渊源,邃于医理",医学馆教课章程、督察等事,经其一手董理。[4]

医学馆与施医总局的设立,是中国医学开始步入近代的标志。此后,各地陆续设立相关机构。如浙江创办省城高等医学堂,参以西法,

---

[1]《清史稿》卷115,北京:中华书局,1977年,第12册,第3326页。
[2]《奏请顺天五城设法保全老幼垂毙流民免遭瘟疫并开设医院防治事》,光绪二十八年五月十九日,录副奏折03-7225-039,中国第一历史档案馆藏。
[3]《奏为遵旨兴办医局开办情形并会议章程具陈事》,光绪二十八年六月初六日,录副奏折03-5741-045,中国第一历史档案馆藏。
[4]《奏为京师医学实业馆请与施医总局合办事》,光绪三十一年二月三十日,录副奏折03-7225-045,中国第一历史档案馆藏。

拟定科目章程。[1]

太医院还直接参与京城等地瘟疫病患者的救治，相关问题俟后详论。

二、太医院在防疫中的"药事"职能

清代太医院所掌"药事"职能，因御药房于康熙三十年（1691）改隶内务府而有所分割。概言之，医疗职事为太医院所专掌[2]，"药事"职能与内务府御药房有具体分工：研制、制定引方、单方等，乃太医院专责；合和丸散，以御药房为主，太医院"会内监就内局合药"，太医院职责"会同监视"；采购药材，"令药局采办，由本院（太医院）官验视，择其佳者，以生药交进，令内药房医生切造、炮制"[3]，二者共同承担完全法律责任。[4]

检核档案，参阅其他文献，清代太医院在防治瘟疫中所司之"药事"职能，主要有三项。

一是研制、生产防疫药物药品，制定引方、单方，支持各地抗疫。

清代太医院处方集——《太医院秘藏膏丹丸散方剂》，其中有寸金丹、蛤蟆瘟方、太乙紫金锭、三黄宝蜡丸、平安如意丹、辟瘟丹、治暴

---

[1]《奏为筹议创办省城高等医学堂参以西法拟定科目章程事》，宣统二年十一月二十六日，录副奏折03-7578-003，中国第一历史档案馆藏。

[2] 乾隆时官修《清朝文献通考》卷83称："太医院掌医疗之事，率其属给事内廷，供使令"，凡侍直，"给事宫中者曰宫直，给事外廷者曰六直，宫直于各宫外班房侍直，六直于东药房侍直，各以其次更代"（见《景印文渊阁四库全书》，台北：台湾商务印书馆，1986年，第633册，第937—938页）。又太医院设有圆明园药房、西苑寿药房，因而东药房应是太医院设在皇宫之药房。嘉庆四年，王国瑞上奏时职衔为"太医院东药房六值行走"（参见《奏请停止兵弁催趱事》，录副奏折03-1743-016，中国第一历史档案馆藏）。《光绪会典》称"宫直于内药房及各宫外班房侍直，六直于外直房侍直"，侍直地有误（见《钦定大清会典》卷81，《续修四库全书》，上海：上海古籍出版社，1996年，第794册，第757页）。

[3]《钦定大清会典》卷81、98，见《续修四库全书》，上海：上海古籍出版社，1996年，第794册，第758、909页。

[4]《大清律例》名例律之"十恶"载有"合和御药，误不依本方及封题错误"，以"大不敬"论；礼律有"合和御药"一目，沿自明律，所附条例据明律旧例删定，于雍正三年改定，文起"医官就内局修制饵饼，本院官诊视"，后接"调服御药"之法，该条例多载"近臣""内局"字样，此处"近臣"即太监，"内局"乃合医院之生药库与内务府之御药房而称之（按：明朝于太医院内设生药库、惠民药局，通称为内局，清朝沿袭旧制，将生药库和御药房称为内局。参见吴坛著，马建石、杨育棠主编：《大清律例通考校注》，北京：中国政法大学出版社，1992年，第548页）。又《光绪会典》卷98载，内务府御药房除设主事等官外，又设苏拉医生44名，召募"民医生"17名，承应差务。见《钦定大清会典》卷81，《续修四库全书》，上海：上海古籍出版社，1996年，第794册，第909页。

急霍乱吐泻方、治大头瘟颈脸皆肿方、清瘟解毒丸、平安丹、紫金锭和御制平安丹等[1]，均是防治瘟疫等传染性疾病的丹药丸锭。

据《清太医院秘录：医方配本》载，"寸金丹"药效独特，"或出外不服水土，心腹疼痛，呕吐痰水；或受山岚瘴气，疟疾泄痢"。[2]乾隆四年，福建军民染上疫疠，总督谕令中军副将代制寸金丹，广为布散，之后疫气消减，民情安帖如常。[3]辟瘟丸也是常用的救疫药物。乾隆十三年，地方官制备辟瘟丸等药物，用来救治湖南江华县等地被疫军民；乾隆年间，安徽凤、颍、庐等地渐有时疫，地方官配合分发的辟瘟丹、寸金丹等药品，对抗疫发挥了很好作用；嘉庆十九年（1814），直隶总督那彦成奏称，"内府辟瘟丹最为神效"，请求颁发医治保定及省南一带时疫。[4]

平安丸也是宫廷常见的救疫药物。乾隆十三年（1748），傅尔丹等奏请赏给平安丸、三黄宝蜡丸二种各一千锭，疗治官兵疾病。乾隆帝即命赏给。[5]四十年（1775），四川楸坻一带官民等感染时症。总督刘秉恬奏称，"内府配制之平安丸，最能治时疫诸症"，请求由驿饬发一二千丸，乾隆帝批示"已发去矣"。[6]

在太医院诸多防治瘟疫的药物中，效果最好的当数紫金锭，它"专治瘟疫痧瘴，痰壅气闭，咽痛喉痹，霍乱转筋。一切四时不正之气，并皆治之"。[7]地方每有突发疫疾，官员时常奏请赏治。乾隆十三年夏，

---

〔1〕 伊广谦、张慧芳点校：《太医院秘藏膏丹丸散方剂》，北京：中国中医药出版社，1992年，"目录"。

〔2〕 陶冶、文铸点校：《清太医院秘录：医方配本》，天津：天津科学技术出版社，1994年，第11—12页。

〔3〕 《奏为交夏以来福州省城及兴泉漳三郡疫气流行现已消减事》，乾隆四年五月初八日，朱批奏折04-01-24-0009-067，中国第一历史档案馆藏。

〔4〕 《奏为湖南兵民染患疫症并多方救济事》，乾隆十三年十月初九日，朱批奏折04-01-38-0207-009；《奏报安徽省近幸雷雨疫气全消情形事》，乾隆朝，朱批奏折附片04-01-25-0259-033；《奏请恩赐内府避瘟丹方事》，嘉庆十九年五月二十六日，录副奏片03-1636-027，中国第一历史档案馆藏。

〔5〕 《奏为劳营士卒伤病颇多请赏药料事》，乾隆十三年十一月初七日，朱批奏折04-01-12-0062-027，中国第一历史档案馆藏。

〔6〕 《奏为川省楸坻一带官民人等多感染患病恳请皇上饬内务府制平安丸发川事》，乾隆四十年正月十九日，朱批奏折04-01-38-0207-013，中国第一历史档案馆藏。

〔7〕 伊广谦、张慧芳点校：《太医院秘藏膏丹丸散方剂》，北京：中国中医药出版社，1992年，第127—128页。

山东时疫传染，高斌和刘统勋等会衔奏请，颁给疏通解散、辟瘟、清热的丹药和引方。乾隆帝得奏，即颁玉枢丹二千锭，防风通圣丸、藿香正气丸、犀角上清丸各十斤[1]。此"玉枢丹"即"紫金锭"之别称。[2]二十二年，河南夏邑、商丘、虞城、永城等处"自春徂夏，时疫传染"，清廷赏给紫金锭一千锭。随据巡抚奏称，此药"一经磨服，无不立见痊效。搽服少许，所至亦不传染"。[3]据考证，中药古方"紫金锭"，又称"太乙紫金丹"。[4]与紫金锭相近的还有"太乙紫金锭"，"此药内可服，外可上，随症调引，起死回生，真为卫生至宝。治一切饮食、药毒、虫毒、瘴气、恶菌、河豚、吃死牛马驰羸等症"，"瘟疫喉闭缠风，凉水薄荷磨服"，[5]也是宫廷常见的救疫药物。

通常情况，清代各地在防治瘟疫时，都会遵照太医院所拟定的成方制备丸药，但有时因药材匮乏，或品质不佳，抑或制造不合成式，便会奏请清廷颁赐丹药、引方或药材。前述刘秉恬请赐平安丸，即因"川省制造藿香正气丸不甚合式，以至于冲服未能多见效验"。[6]

二是制作锭子药，备办"恩赏成例"，支援地方抗疫。

清制，"凡直省岁解药材，由户部收贮附库，以时支用；其内药房所需药材，均按例给价，令药商赴部领银采办，以生药交进，（太医院）院官详验，择其佳者送药房备贮"。[7]太医院设有生药库，以收贮药材。

如前所述，清代太医院与内务府御药房在"药事"制作等环节，有职能分工，制作锭子药成例，也是如此，太医院负责研制、出具丹药引方，监督内务府和造办处制办过程。

---

[1]《奏为兖州等地方时疾杂症较重请旨恩颁丹药并引方》，乾隆十三年七月十三日，朱批奏折04-01-01-0159-060；《奏为奉到钦颁丹药到东省日期分发给散事》，乾隆十三年闰七月初三日，朱批奏折04-01-01-0160-003，中国第一历史档案馆藏。
[2] 王云凯：《救急良药紫金锭》，《中成药研究》1982年第3期。
[3]《奏为商丘等县被疫各村庄奉发紫金锭医治冗效情形事》，乾隆二十二年五月二十八日，朱批奏折04-01-01-0214-017，中国第一历史档案馆藏。
[4] 王云凯：《救急良药紫金锭》，《中成药研究》1982年第3期。
[5] 伊广谦、张慧芳点校：《太医院秘藏膏丹丸散方剂》，北京：中国中医药出版社，1992年，第69—70页。
[6]《奏为川省楸坪一带官民人等多感染患病恳请皇上伤内务府制配平安丸发川事》，乾隆四十年正月十九日，朱批奏折04-01-38-0207-013，中国第一历史档案馆藏。
[7] 永瑢等纂：《历代职官表》卷36，王云五主编：《丛书集成初编·历代职官年表》，上海：商务印书馆，1936年，第979页。

"锭子药"是以防暑辟疫为主治功能的多种药品的统称。[1]最迟雍正时期，为保障国家重要职位正常履职，应对传染病等突发疾病，已渐次形成对地方大吏，特别是边远重镇大臣恩赏锭子药的成例，并有"造办处年例"规制。档案显示，前方带兵统帅（将军），河工、漕运大臣，边疆等地镇臣，以及特殊地区如西南烟瘴地区的封疆大吏，是第一批获得颁赐锭子药的官员；之后，总督、巡抚也获颁锭子药；再后，地方遇有瘟疫等灾害，督抚等官员会照例奏请颁赏药品、引方等，以救治普通病患者。锭子药等药品药物，也从最初的国家重要职位的应对保障，向民众性救治转变。这反映了清朝在应对传染性疾病方面，与以往分途，而初步具有群防群治的趋向。清宫档案保存了为数甚多的臣工，因恩赏锭子药所上的谢恩折。至乾隆时期，这类谢恩折，数量更为庞大。说明颁赏范围、频次、数量，均有大幅提高。如广东高雷廉总兵陈伦炯，广西提督霍升，贵州总督张广泗，南河总督兰第锡，漕运总督顾琮、毓奇，云南巡抚刘秉恬，广西巡抚宫兆麟、陈辉祖，广东巡抚李湖，四川总督富勒浑，湖广总督吴达善等多达百人以上，在雍正、乾隆时曾获赏锭子药。

乾隆后期，因大规模制作、"备赏"，以致太医院支出明显增长。五十七年（1792）九月，乾隆帝命阿桂等查明原因。经阿桂查奏，乾隆十七年（1752）以前，御药房只传药味，系太医院经营价值；自乾隆十七年起，御药房始有价值数目。阿桂将四十年间所有御药房用过药味价值、数目，缮写清单，奏呈乾隆帝。[2]乾隆帝以太医院院使、院判、御医等及药房首领任意开方用药，以致支出逐岁加增，根据其各自责任，处罚有差。次年，为加强对太医院的管理，提升其职能，特简大臣管理太医院院务。[3]

因恩赏锭子药范围扩大，内务府造办处形成药料采办、储备、制作和报销定制。道光六年（1826），道光帝命内务府总管太监传旨：做成

---

〔1〕 关雪玲：《关于清宫锭子药的几个问题》，《故宫博物院院刊》2008年第6期。
〔2〕 《奏核太医院用过药味价值事》，乾隆五十七年九月二十九日，录副奏折03-0253-088，中国第一历史档案馆藏。
〔3〕 刘锦藻：《清朝续文献通考》卷128，见《续修四库全书》，上海：上海古籍出版社，1996年，第817册，第420页。

中分锭子药六匣，紫金锭二百包，离宫锭二百包，盐水锭五百包，以备端阳节应用。总管大臣阿尔邦阿等"除照传单赶办配合外"，特别上奏称"至造办处年例，配造备赏督抚、西北两路将军、大臣，应用大匣锭子药二十五匣，中匣锭子药四十匣。查道光六年，经军机大臣拟准具奏，赏西北两路将军、大臣等，大匣锭子药十二匣，中匣锭子药三匣。再由内传赏直隶等省总督、巡抚、将军，大匣锭子药十一匣，中匣锭子药二十匣"。阿尔邦阿等在盘点库存后指明，剩余的大匣、中匣锭子药不敷当年赏用，"今请添配大匣锭子药二十三匣，中匣锭子药二十三匣"，并将余剩"照例贮库以备下年赏用"。上奏还详列申领雄黄、麝香等各项药料的数目，"统俟造完后汇入月折，据实奏销"。[1]

太医院还通过参与制作锭子药，经发生瘟疫的地方大臣奏请，由皇帝赐拨，支援抗疫。雍正五年，安西镇初设，因该地土性干燥，身染热毒者甚多，总兵潘之善将皇帝所赐宫锭四十锭，用来救治患者，不到半年已全部用完。为此他奏请再赐宫锭二三百锭，并蟾酥锭、离宫锭各一百锭，梅花点舌丹一瓶，平安丸一千丸，救治兵民，"仍请赏给各方，以便照引调服"。雍正帝朱批："照数赐来，以备不需。"[2]乾隆十二年（1747），古州军苗人等传染时疾甚多，云贵总督张允随即行司委员，广购药料，配合丸散，拨医分路诊视。乾隆帝令其速行奏闻，以慰悬切。[3]乾隆二十二年，上江和下江暴发瘟疫，"赏给上下江各灾属紫金锭各一千锭，由兵部火票递到"，但时隔旬日，安徽巡抚高晋等只见锭子药送达咨文，却不见药品。他不知运途有误，为不误救治，又急奏"再赏二千锭分发"。上折次日，前项遗失锭药原封递到，"除各分领一千锭，钦遵颁发各灾属，并各酌留二百锭，于臣等勘工之时，沿途遇有病人，颁赏以广皇仁"。后据高晋折奏，他将所存紫金锭颁给患病民众，"无不

---

[1]《奏为配造各药锭照例添买各色药料墨料请向懋勤殿领用事》，道光朝，朱批奏折 04-01-15-0095-054，中国第一历史档案馆藏。
[2]《奏请再赐药锭疗济安西兵民热毒事》，雍正五年四月十八日，朱批奏折 04-01-30-0378-005，中国第一历史档案馆藏。
[3]《奏为古州镇城流行传染病症广购药料多方医疗事》，乾隆十二年十月，朱批奏折附片 04-01-38-0207-008，中国第一历史档案馆藏；《清高宗实录》卷301，乾隆十二年十月月折，北京：中华书局，1985年影印本，第4册，第945页。

立时见效"。他还"督饬各灾属州县卫酌量村庄、镇市大小,择其诚实绅士、乡保,均匀给领,遇各本村病人照方疗治,药下病除,医好者甚多"。灾民欢欣感戴。[1]乾隆三十二年(1767)六月,以将军管理云贵总督事务的明瑞等上奏称,云南边外不只瘴疠伤人,其水土恶劣,寒暖不时,是以军前官兵多染杂症,又鲜良医调治,故致不起。他将皇帝所赐蟾酥锭给发数人,皆获痊愈,随即他将所存蟾酥锭备札,发交提督杨宁,分给军前患病兵丁,依法调治。他又奏请赏给数十包,"以便分给各路,军前一体调治"。乾隆帝朱批:即赏去矣。[2]

类似这种各地因寒暖不时而传染杂症、瘴疠、瘟疫,由大吏奏请颁药救治的事例颇多,说明清朝已把疫灾防治逐步纳入救灾机制,所需经费也作为国家正项支出。

三是直接参与京城等近畿之地瘟疫病患者的救治。

太医院因其工作的便利性,认识到瘟疫等传染病的危害性,经常直接参与京城抗疫,施药救治。康熙十九年(1680),京师瘟疫流行,四月议定,"其饥民内有患病者,应令太医院及五城医生诊视,遣员管理";六月,"复遣太医院医生三十员,分治五城抱病饥民,以全活之"。[3]二十年(1681),太医院施药作为定例,规定"凡奉旨施药,惠济满汉军民人等,于本院官员内选择差遣"。同年,在顺治十一年(1654)于景山东门外盖造药房三间的基础上,又在五城地方设厂十五处,差金都御史督同五城御史,发帑金,差医官施药;次年,设东西南北四厂,发帑金,差医官施药,"嗣后每年照例遵行"[4],直到"康熙四十年停止"[5],但施药之事并未断绝。康熙末年,在省直地方仍设厂救

---

[1]《奏为锭药遗失请再赏二千锭散给治病事》,乾隆二十二年四月二十五日,朱批奏折04-01-02-0137-004;《奏为前项遗失锭药续经递到事》,乾隆二十二年四月二十七日,朱批奏折04-01-02-0137-005;《奏为赏赐锭药散完十分灵效并民情感戴事》,乾隆二十二年六月初六日,朱批奏折04-01-02-0137-003,中国第一历史档案馆藏。

[2]《奏请再赏蟾酥药锭调治患病兵丁事》,乾隆三十二年六月二十五日,朱批奏折04-01-01-0270-026,中国第一历史档案馆藏。

[3]《清圣祖实录》卷89,康熙十九年四月庚申,北京:中华书局,1985年影印本,第1册,第1128页;《清圣祖实录》卷90,康熙十九年六月丁丑,北京:中华书局,1985年影印本,第1册,第1141页。

[4]《康熙会典》卷161,台北:文海出版社,1993年,第7768页。

[5]《雍正会典》卷248,台北:文海出版社,1994年,第15723页。

治疫病患者。六十年（1721），奉差赈济山西饥民的朱轼奏请，"饥民群聚，易生疠疫。请交所在地方官设厂医治"，户部议覆，应如所请。[1]嘉庆七年（1802），瘟疫蔓延到京城，徐绩奏请"饬下太医院检查除瘟良方，配合丸药，交九门提督分发所属，遇有病人即行给与，以免传染"。[2]道光元年（1821），瘟疫迁延多个省份，太医院积极施救，并为地方提供救治方案。河南夏末秋初，染患时疫地方较广，布政使等通过购办药料，分发施放以救疫；安徽凤、颍、庐、泗等地渐有时疫，张师诚与地方各官"觅得治疫成方"，捐廉施药，成效显著。[3]同治三年（1864）秋，荆州一带时疫流行，景纶"广采古方，虔制药饵，遍为施济，至赤贫无力营葬者，除例给恤赏外，酌量资助，俾免暴露"，并饬令道员，督率所属，一体照办。一时全活者颇众，疫气渐轻。[4]同治六年，京城时疫流行，李德源请依照元年例，由太医院拟方，五城散药，以救济众生。[5]

三、太医院"军前奉差"对国家军事行动的保障职能

清朝以"武功定天下"，太医院在配合重大军事行动、保障国家重要机构安全运行方面，发挥了独特作用。中国较早就有大兵之后有大疫的总结。此制肇始于顺治时期。顺治五年，授医生刘谟、刘有幸、徐崇道、杨世裙等牛录章京品级，"以其随征效力故也"。[6]康熙时期，"军

---

[1]《清圣祖实录》卷293，康熙六十年六月甲寅，北京：中华书局，1985年影印本，第3册，第847页。
[2]《奏请敕太医院检配除瘟丸药分发病人事》，嘉庆七年五月三十日，录副奏折03-1619-054，中国第一历史档案馆藏。
[3]《奏为豫省夏末秋初民间染患时疫地方较广购办药料等分发各属施故事》，道光元年九月二十五日，朱批奏折附片04-01-38-0207-027；《奏为凤阳等属间有疫气流行现饬各属一体捐廉施药事》，道光元年九月十六日，录副奏折03-9799-050，中国第一历史档案馆藏。
[4]《奏为荆州时疫流行官兵沾染及防疫各情形事》，同治三年，朱批奏折附片04-01-01-0881-073，中国第一历史档案馆藏。
[5]《奏为时疫流行请饬太医院拟方散药事》，同治六年二月初八日，录副奏折03-5005-043，中国第一历史档案馆藏。
[6]《清世祖实录》卷38，顺治五年闰四月己亥，北京：中华书局，1985年影印本，第1册，第307页。

前奉差"作为太医院的重要职守,形成定制。[1]考察这一时期国家重大军事行动,皆有太医院遣官随军,如二十年(1681),平定三藩之乱已近尾声,康熙帝得知云南官兵,疾疫者甚多,即谕礼部,"彼地苦无良医,其令太医院医官胡养龙、王元佐,驰驿前往调治"。[2]二十六年(1687),清朝为收复被俄国侵占的黑龙江领土做准备,康熙帝特遣太医院医官二人,赍药前往雅克萨城。[3]三十四年特谕:"黑龙江墨尔根地方紧要,着从京城遣良医二人前往,一年一更换。四十五年(1706)停止。"[4]

雍正十一年(1733),前往军营效力的太医院吏目方菲,由于"原有残疾,上年旧病复发,腰腿疼痛不能行走等因",后经咨报,准其回京。[5]参与编纂《医宗金鉴》的名医刘裕铎也曾前往军营效力。乾隆元年,查郎阿奏称,雍正十三年(1735)派来换班之太医院吏目崔生伟、甘仁、姚韶等三员,因大兵全撤,也一并令其回京。[6]

乾隆时期,太医院"军前奉差"制度更加完备。《光绪会典事例》"谨案"称:"乾隆朝以后医官奉差,每奉钦派侍卫等员,带同本日直班医官前往",若随征医人,私以庸医充代,将获罪。[7]这说明,乾隆朝"军前奉差"非常普遍。自乾隆二十年起至二十四年结束的平定西陲之役,后来奏销时每名医生给整装、安家银一百六十二两。随后拟定的《钦定户部军需则例》规定:派调军营医生,每名赏给安家银五十两,整装银三十两,月给公食银三两,跟役一名,月给盐菜银五钱。[8]这说

---

[1]"凡军前需医,奉旨差官医治,由礼部选派二员具题,驰驿前往。并遣兵部官一人,送至军前。"《康熙会典》卷161,台北:文海出版社,1993年,第7766页。

[2]《清圣祖实录》卷97,康熙二十年八月己亥,北京:中华书局,1985年影印本,第1册,第1224页。

[3]《清圣祖实录》卷129,康熙二十六年正月戊子,北京:中华书局,1985年影印本,第2册,第379页。

[4]《雍正会典》卷248,台北:文海出版社,1994年,第15722页。

[5]《为知照随军太医院吏目方菲患病回京事》,雍正十一年十一月十四日,录副咨文03-0010-022,中国第一历史档案馆藏。

[6]《奏请宽免御医刘裕铎及令太医院吏目崔生伟等回京事》,乾隆元年五月,录副奏折03-1349-003,中国第一历史档案馆藏。

[7]《钦定大清会典事例》卷1105,见《续修四库全书》,上海:上海古籍出版社,1996年,第813册,第332页。

[8]阿桂、和珅等纂修:《钦定户部军需则例》,见《续修四库全书》,上海:上海古籍出版社,1996年,第857册,第115页。

明，随军医生已纳入军事体系，为不可或缺人员。其间，有为数不少的太医院官员，因获罪被发往军营效力。前述已革职御医刘裕铎系雍正九年奉旨前往巴尔库尔军营效力赎罪的，乾隆朝以前，"各处效力赎罪人员向无定例"，乾隆元年始颁三年已满释回恩诏，查郎阿奏明"在营在卡满汉官兵内凡遇病症，刘裕铎医治痊愈者独多，甚为出力"，且效力长达五载，请准其回京。[1]

乾隆朝有"十全武功"，为保障军事行动的顺利开展，随军调度药材药品，成为"军需"的一部分，并逐步形成"定制"。雍正十三年，镇守贵州古州镇总兵韩勋奏明官兵多患寒热病症，"此地又难有药料可以购觅"，请求赏赐药料。[2]乾隆元年，查郎阿鉴于哈密"一应药料价值昂贵数十倍"，专门制定药材收贮备用制度，他还奏请"将驻防官兵嗣后所需药材仍照前，在内地动支公用银两置买，递送驻防处所应用"。[3]二十五年，安泰请求对乌鲁木齐军营进行医药支援，乾隆帝谕令"自内库颁赏丸药、锭子药一分外，仍交吴达善在甘省挑选良医二人，将彼处应用药材一并带往，前赴乌鲁木齐"。按照军台制度，吴达善本应在肃州接应，但鉴于名医多在省城，遂从兰州遴选明练医生二人，"援照从前挑取军营医生分例，将岁需劳金及安家路费等项一并给发，并将应用药材即令该医生等开明买备，随带来肃，伴送出关，前赴乌鲁木齐屯所"。[4]

最迟乾隆中期，清朝已将防疫等类药物纳入军需中，五十年（1785）颁行的《钦定户部军需则例》，专设"办解军营药材"一目，明确规定，"凡军营需用药料，军营大臣查明应用药物名色，一面开单行文内地办解，一面咨部。该督抚等即行饬属采办解往，将采办药料名目、价值，据实造报户部。由户部札行太医院，查明价值是否相符报部，以备报销

---

[1]《奏请宽免御医刘裕铎及令太医院吏目崔生伟等回京事》，乾隆元年五月，录副奏折03-1349-003，中国第一历史档案馆藏。
[2]《奏请赏给药料事》，雍正十三年九月初十日，朱批奏折04-01-30-0204-018，中国第一历史档案馆藏。
[3]《奏请宽免御医刘裕铎及令太医院吏目崔生伟等回京事》，乾隆元年五月，录副奏折03-1349-003，中国第一历史档案馆藏。
[4]《奏为乌鲁木齐地方官兵就医请甘肃派医并需用药材随带发往事》，乾隆二十五年三月二十二日，朱批奏折04-01-01-0241-008，中国第一历史档案馆藏。

时核对办理"。[1] 该款则例后附解释性文字"仍照旧例",说明该则例其来有自,应定于乾隆前期。据该"则例"卷首谕旨及臣僚上奏,此"旧例"系为平定西陲而定例。[2] 乾隆五年,议政大臣协理户部事务讷亲等员,查核驻防哈密等官兵乾隆元年到三年"军需公用银"中"在兰州和西安地方买药"之用,予以核销。三十八年六月和十一月,户部分别就乾隆三十六年、三十七年皋兰县办解新疆口外各处岁需药材,并包裹药材用过木箱等工料银两进行题销,其中六月的题本表明,对于报价浮多的桃红木钉,要求"该督于承办之员名下著追还项报部";十一月的题本中,将乾隆三十七年岁需咀片、丸、散、膏、锭等"各药计入正项钱粮",予以报销。[3] 乾隆五十五年,金简等报销福康安进兵安南前派调广东、广西官兵制备丸散药材支用价值银两,列为军需第十四案,造册题销。按照《钦定户部军需则例》的规定,由户部札行太医院查明价值是否相符,太医院覆称,"该省采买药味,既具声明,系按本省时价采买,并调查药行价值底簿,核对无异,是与臣院访价之例相符,自应准其报销"。户部于是准销所有用过药价银六百三十两九钱六分八厘。[4]

清朝还拟定专项章程,禁止防疫药物药材出口。乾隆五十四年(1789),由两广总督会同拟定的《查禁大黄出洋酌定章程》,以地方法规的形式,对解毒药材大黄的贩卖数量和售卖对象进行严格限制。[5] 据军机处寄信档,当年清朝在西北查禁了多起商人私卖药材大黄以获取厚利的案件,乾隆帝为此特谕喀什噶尔参赞大臣明亮等,凡与俄罗斯交易大黄,著俱严加查禁。伊犁将军保宁、定边左副将军复兴等,也由军机处寄谕,严禁出售大黄。鸦片战争前,大黄一直被列为禁止出口的药

---

[1] 阿桂、和珅等纂修:《钦定户部军需则例》,见《续修四库全书》,上海:上海古籍出版社,1996年,第857册,第120页。

[2] 阿桂、和珅等纂修:《钦定户部军需则例》,见《续修四库全书》,上海:上海古籍出版社,1996年,第857册,第86—88页。

[3] 《题为查核甘省奏销乾隆三十六年皋兰县办解口外新疆各处岁需药材用过银两事》,乾隆三十八年六月二十日,户科题本02-01-04-16487-001;《题为遵核甘肃省题销皋兰县乾隆三十七年办解新疆各处岁需药材用价值银两分别准驳事》,乾隆三十八年十一月二十九日,户科题本02-01-04-16475-011,中国第一历史档案馆藏。

[4] 《题为遵察广东广西进兵安南官兵制备丸散药材支用价值银两事》,乾隆五十五年六月二十五日,户科题本02-01-04-17613-007,中国第一历史档案馆藏。

[5] 《奏为遵旨查禁大黄出洋酌定章程事》,乾隆五十四年九月初三日,朱批奏折04-01-01-0426-003,中国第一历史档案馆藏。

材。但因可获暴利，走私者甚多。道光十九年（1839），钦差大臣林则徐奏请将大黄纳入贸易章程中，自此疏禁。

清朝在云南及广西等未经开发地区，设有"烟瘴缺"，并别为"水土最恶""烟瘴稍轻"及"最要次要之分"。这些地区相对偏远，少数部族多，风俗习惯各异，为保障官员正常履职，购置供给防治烟瘴等特有药品药物，在乾隆时期成为定制。档案还显示，乾隆帝传谕两广总督李侍尧，在广东番舶购觅"善能避瘴"的外国特效药物阿魏，并嘱咐"悉心备办真正阿魏，务在多多益善。就近委员送往云南，交与该督明德收贮备用"。[1]二月初七日，李侍尧奏明广州贮售阿魏的情况，以及阿魏的药效和用法。他奏称，阿魏产自英吉利国亚南眠地方，由亚沙定底喇树的脂水凝结而成，"性能解毒，辟瘴疫，每用一块，装入绛囊，佩于胸前，甚为效验"，"只有好歹之分，并无真假之别"。他还称，此并非贵重药料，每百斤不过价值十数两。李侍尧还亲自考诸《本草》，试验真假后，"饬令挑取上好者三千斤，委韶州府通判张怡泽，解赴云南，交与督臣明德查收，并将佩带阿魏可以辟瘴缘由，一并札知"。[2]五月，暂署云贵总督明德，将运自广东的阿魏"逐一查点，数目相符"，并委员解赴腾越前线。[3]

此外，为王公贵族和内外大臣视疾，也是太医院的重要职责。特别值得提出的是，康熙时期"请医视疾"并不包含在外大臣，太医院奉差对象为"文武内大臣"，而《乾隆会典则例》删除"内"字，改为"文武大臣"[4]，说明雍正后期太医院"请医视疾"的服务主体已经扩展到总督、巡抚、将军等封疆大吏，以及河道、漕运总督等。档案显示，乾隆时期，派御医为地方大臣视疾相当普遍。这为应对因突发疾病等对官员

---

[1]《清高宗实录》卷826，乾隆三十四年正月丁酉，北京：中华书局，1986年影印本，第19册，第14页。
[2]《奏为遵旨采办避瘴药材阿魏委员送往云南事》，乾隆三十四年二月初七日，朱批奏折04-01-38-0207-010，中国第一历史档案馆藏。
[3]《奏为粤东采办避瘴药材阿魏解到云南事》，乾隆三十四年五月二十三日，朱批奏折04-01-38-0207-011，中国第一历史档案馆藏。
[4]《康熙会典》，台北：文海出版社，1993年，第7766页；《雍正会典》，台北：文海出版社，1994年，第15720页；《钦定大清会典则例》卷158，见《景印文渊阁四库全书》，台北：台湾商务印书馆，1986年，第625册，第152页。

身体健康的损害，保障国家重要机构的正常运行，同样具有重要意义。

四、结语

《清史稿·艺术传》称："清代医学，多重考古。当道光中，始译泰西医书。"此概括虽不尽妥帖，但足以说明西方医学是较早传入中土的西方科学之一。就清代太医院参与疫病防治的职能转变及其实践而言，已脱离传统内廷司职的藩篱，向更为广泛地医治民众转化。当然，学界对这一问题的研究还远远不够。鸦片战争后，西方医学逐渐进入中国，各地外设机构或由外国人所控制的机构，多有西医派驻，并在一些通商口岸对进出口船舶、人员实施检疫。清朝对传染病的防治，也开始吸收西法。尽管这一过程与西方列强的入侵相伴生，但直至清末，中国似乎仍没有准备好接纳西方医学。光绪二十八年，刑科给事中吴鸿甲痛感于国人当年防治瘟疫毫无成效，奏请仿西法设立医局。而太医院作为附着在皇权背景下的宫廷机构，其本身也面临着诸多挑战。

（原载《故宫博物院院刊》2020 年第 10 期）

从叶墉包讼案看讼师的活动方式及特点

学术界以往有关讼师的研究,已取得丰硕成果[1],或许由于资料的限制,这些研究多属宏观,或对这一群体的整体研究,个案研究尚不多见。叶墉案可能是迄今我们看到的讼师活动较为详尽的案例之一。研讨官方主导的定案材料,在惊叹讼师给官府及传统法律秩序带来挑战的同时,该案所透露出的诸多信息,不得不让我们产生某种疑虑:难道讼师

---

[1] 最先研究讼师的当为日本学者宫崎市定。他在1954年2月出版的《东方学报》上发表的《宋元时代の法制と裁判機構》一文之第四部分,即为"宋元の法学、吏学、讼学",在中华书局1992年出版的《日本学者研究中国史论著选译》第八卷中仅选译该文前三部分,第四部分未译,原文见《宫崎市定全集》,第11册,日本:岩波书店,1992年,第194—212页。其后,川胜守将这一研究拓展至明末清初,参见川胜守:《論説明末清初の訟師について——旧中国社会における無頼知識人の一形態》,《东洋史论集》第9号,昭和五十六年,九州大学东洋史研究会1981年印行。1989年,陈智超撰写《宋代的书铺与讼师》一文,载《刘子健博士颂寿纪念宋史研究论集》,日本:京都同朋舍,1989年,第113—119页;2001年,陈景良撰写《讼学与讼师:宋代司法传统的诠释》一文,载于中南财经政法大学法律史研究所编:《中西法律传统》第一卷,北京:中国政法大学出版社,2001年,第201—232页;此二文是继宫崎先生之后有关宋代讼师研究的重要文章。清代讼师的系统研究则有 Melissa Macauley 的专书 *Social Power and Legal Culture: Litigation Masters in Late Imperial China*(California: Stanford University Press, 1998);近年来做出重要研究的学者主要有夫马进:《訟師秘本の世界》,载于小野和子编:《明末清初の社会と文化》,日本:京都大学人文科学研究所,1996年;《讼师秘本〈萧曹遗笔〉的出现》,载于寺田浩明主编、郑民钦译:《中国法制史考证·丙编第四卷·日本学者考证中国法制史重要成果选译·明清卷》,北京:中国社会科学出版社,2003年;《讼师秘本与恶讼师的形象——珥笔肯綮的分析》,"明清司法运作中的权力与文化"学术研讨会论文,台北"中央研究院"历史语言研究所,2005年10月13—15日;《明清时代的讼师与诉讼制度》,载于滋贺秀三等著,王亚新、梁治平编:《明清时期的民事审判与民间契约》,北京:法律出版社,1998年;邱澎生:《有资用世或福祸子孙:晚明有关法律知识的两种价值观》,台北《清华学报》第33卷第1期;《以法为名——讼师与幕友对明清法律秩序的冲击》,《新史学》第15卷第4期,2004年12月台北出版。林乾对清代讼师立法及个案有所研究,例如《讼师对法秩序的冲击与清朝严治讼师立法》,《清史研究》2005年第3期;《清代聚众行为的法律控制——以讼师庄午可聚众抗法案为核心》,《法制史研究》第12期,台北中国制史学会、"中央研究院"历史语言研究所合办,2007年。龚汝富《明清讼学研究》,博士学位论文,华东政法大学,2005年;《明清讼师秘本制作的经验与素材》,《江西师范大学学报(哲学社会科学版)》2007年第1期;邓建鹏:《讼师秘本与清代诉状的风格——以"黄岩诉讼档案"为考察中心》,《浙江社会科学》2005年第4期;尤陈俊:《明清日常生活中的讼学传播——以讼师秘本与日用类书为中心的考察》,《法学》2007年第3期等,对明清讼师秘本也有深入研究。

就是一个以教唆词讼为职业，以逐利为目的，而罔顾事实的群体吗？他们是否被强制贴上"讼师"的标签，以便官府对这些事实上在基层社会拥有较多"话语权"的特殊人群施以打压？

本案同嘉道时期的上诉案件特别是京控案一样，有着复杂而深刻的社会历史背景，并隐含各种不同社会群体的利益诉求。[1]解读本案的意义在于，由于道光时期更多的京控案特别是控告官吏勒折浮收等事关民众根本利益的案件，已作为"咨案"处理，即完全由地方裁决，因而要告倒一个哪怕是劣迹斑斑的书吏，都十分困难，地方官隐然成为不法吏役的保护伞，这也迫使下层绅衿联合起来的同时，裹挟更多的普通民众，前赴后继，甚至以生命为代价予以抗争，但在只问"讼师"，不问"是非"的扭曲的法律预设下，法律的天平早已失衡，社会危机在问题累积的江南总爆发的时日已不远。

一、从奏交到咨交：南汇京控何以络绎于途

关于本案的主角叶塘，更详细的情况不详。据江苏巡抚陶澍等审案人员讲，他是镇海卫军籍，住居南汇县，是个监生，素不安分，曾于道光六年（1826），因用低潮银色完纳津银不收，与该县漕书朱超宗发生争执，他由此怀疑朱超宗、沈念增（又作曾）等匿蠲浮勒，而行京控。正是这次京控的意外收获，使他萌生了以开设寓店为名，实则招揽告状者，从中渔利的想法。[2]

但查证叶塘京控的原始档案，却与陶澍等定案时的奏报存在诸多差异。从步军统领英和等人的上奏看，叶塘显然不是陶澍所说的"怀疑妄控"，而是因为累积冤屈无处申诉而京控。这也使我们认识到，叶塘后来开店"包讼"，目的并非仅仅图利那么简单。叶塘的家境比较好，京控这一年他二十九岁，承种军田三十余亩、民田十五亩。由于军田与民

---

〔1〕 参见欧中坦（Jonathan K. Coko）:《千方百计上京城：清朝的京控》，高道蕴、高鸿钧、贺卫方编：《美国学者论中国法律传统》（修订版），北京：清华大学出版社，2004年，第512页。
〔2〕 陶澍：《陶云汀先生奏疏》卷20《审拟讼棍勾结图诈折子》，见《续修四库全书》，上海：上海古籍出版社，第499册，第88—96页。

田的性质不同,故每亩所缴纳的粮额也有区别:军田既纳津银,又纳粮银;民田既纳粮银,又纳漕米,但全部在本县缴纳。道光三年(1823),南汇县大水成灾,经过勘定,全县成灾六分六厘。按照定例,凡灾后应刊给蠲免单,但总书朱超宗、沈念增等人,揹匿蠲单,向各粮户每漕米一石,折收制钱六千三百八十文,新、陈同价征收;民田粮银每两折收制钱一千九百八十文。也就是说,经过核定的蠲免部分不但纳粮户没有豁出,且以高于市价征收。因此,生员鲍锡碹等人联名前往苏松道公禀,批复到府彻查,但松江府并未查究。道光五年(1825),叶墉轮充图保,十二月,他赴仓缴纳漕米,在朱超宗等人指使下,被锁押监狱,勒令他代垫十二户粮银四两八钱有余,次年正月,沈念增以漕米每石定价向其勒折制钱六千五百九十文。更早的不平事发生在嘉庆二十五年(1820)间,保正吴永思等捏禀叶墉霸抗嘉庆十三年(1808)等津银,经知县审明,并不抗欠,但原差仍将其看押,为此,叶墉的母亲赴藩司衙门控诉,批府提讯,而南汇县并未将其解府对质,含冤至今。故此来京申诉。[1]

叶墉的控告包含三项:一是因灾蠲免的部分仍被征收,二是他被勒令替欠户垫支漕米,三是被无端收押。第一项不仅仅涉及他个人,第二项涉及当地不成文却又通行的做法,仅第三项完全与他个人有关。

我们重点考察第一项。道光三年的水灾,史称"癸未大水",受灾遍及江浙十余郡,从国家正史到地方志等文献均有记载。《光绪南汇县志》载,这一年自二月至五月,连降大雨,到了七月,又雨水不断,禾稼全部被淹,九月仍如此。平地积水高达三四尺,舟行街巷,大水退后,遍地生毛,全县大饥,米石钱六千文,疫疠并作,民有成群横索者。当年七月,江浙被水成灾、米价骤长的讯息通过御史杨希铨的上奏,被拿到最高决策层讨论。古有"赈无善政"的说法,杨希铨所关注的是,接下来朝廷按照惯行做法所实行的蠲缓赈济等措施,民众能否真正受益。他将得到的情报如实陈说,也算未雨绸缪。据他说:向来报荒

---

[1] 《奏为讯问江苏南汇县监生叶墉控案》,道光六年四月初二日,录副奏折03-3735-002,中国第一历史档案馆藏。

册籍，由州县漕书、区书承办，实在荒田报明注册时，每漕粮一石，需费制钱四百余文，如果是豪富之户，与漕书等勾串，多给钱文，将有收成的土地作荒地登记，为的是将来得到蠲免、缓征，漕书拿到了钱，即以荒注册，而实际受灾的穷民百姓，因无钱注荒，反而以荒作熟，不能得到蠲缓，等到开征粮赋时，这些百姓无力缴纳，地方官便以实际所欠在民开报。至于赈济之事，有以次贫为极贫，以极贫为次贫者，而无业贫民，更多遗漏，甚至虚报户口，以图侵蚀。为此他请求清廷下令查禁。[1]

清代中国仍是农业占主要经济成分的国家，在加大对水利设施的投入、修缮的同时，自康熙时期就基本形成了雨雪等灾害、粮价波动等奏报制度，以期及时纾解民困。经两江总督孙玉庭奏请，清政府向江苏被水地区下拨赈款一百万两白银，对南汇等四十二州县实行赈济，又于十一月缓征南汇等被水军民新旧额赋。翌年二月，再次实行缓征额赋。[2]关于具体蠲缓征情况，县志称：道光三年及二十九年俱大水，除应蠲免份数外，全行缓征。[3]这就是说，清廷对受灾的南汇等地确实予以缓征和蠲免。

然而，由于书吏舞弊，这些措施在执行中却大打折扣，也使得本已严重对立的官、民矛盾在自然灾害面前更为激化。因此在叶埔京控前后，不断有南汇人到京城控告，而在络绎于途的告状队伍中，又以有身份的监生、生员等为主体。

道光四年，南汇县监生凌培贤到京城呈控漕书姜星槎及朱超宗，声称自嘉庆十九年（1814）起至今，总书潘葆初、朱超宗每年征收粮米，每石要勒折制钱六串二三百文不等，只交本县钱五串二百文，每银一两，勒折一串九百八十文，只交本县钱一串八百文，其余钱文全都中饱私囊。从嘉庆二十四年（1819）起，凌培贤多次赴督抚衙门控告，封疆大吏也是官样文章，批交松江府提讯，但府官任意稽延，总不讯究。据

---

[1]《清宣宗实录》卷54，道光三年七月甲戌，北京：中华书局，1986年影印本，第33册，第967页。

[2]《清宣宗实录》卷65，道光四年二月己酉，北京：中华书局，1986年影印本，第34册，第27页等。

[3] 光绪《南汇县志》卷4《田赋志》，见《中国方志丛书》，台北：成文出版社，1970年，第364页。

凌培贤讲，他守候十年，未见本省审讯一次。因此带家人（雇工）张幅到步军统领衙门控告。[1]本案经江苏审理，尽管审案人员承认"人卷、讯供互异"，尤其是在关键被告、姜星槎帮伙陆士林未获的情况下，仍以凌培贤"怀疑妄控"判拟；姜星槎、朱超宗没有侵吞、浮折情弊，同凌培贤等均毋庸议。[2]不过，有关朱超宗的情况，我们了解的更多些。据陶澍奏报，姜星槎、朱超宗向充该县粮房清书，均在昔存今故之漕书潘葆初名下帮办漕务。据凌培贤控告，朱超宗帮办县书的时间起于嘉庆十九年，直到上控的道光四年（1824），一直为该县总书，而陶澍审理的情况是朱超宗"向充该县粮房清书"，也即主管该县粮户有缴纳粮交赋等登记、记录、查核等事宜。因而可以肯定，朱超宗帮办县书的时间早已超过法律规定的五年之限。

在凌培贤京控的同一年，还有一起南汇监生京控案。不过，原告的命运没有凌培贤"毋庸议"那样幸运。道光四年十一月，南汇县监生诸麟瑞赴步军统领衙门，呈控的内容几乎与叶墉完全相同。诸麟瑞时年四十六岁，家里有地一百六十余亩，每年应缴漕米十四石零，钱粮银十四两零，并不拖欠。他控告总办书吏朱超宗等私征被灾已免钱粮，差役勒索钱文，并令其垫交村民所欠粮银，遭到拒绝后将其锁押，历控巡抚，批府不为传审。[3]案交江苏巡抚审理。但就在被解往备质途中，诸麟瑞在泰安县地方因病身死。虽据泰安县验讯，押解役人并无凌虐情弊，但正如我们在档案中经常看到的，京控案的原告有不少死于解往途中，因而不能不令人怀疑，那些正处壮年的告状者是否真的死于疾病。最终的审理结果是，诸麟瑞所告虚诬，朱超宗并无私征情弊。[4]

江苏南汇等地络绎于途的京控，引起了朝野的极大关注，也引发了决策层的一场激辩。

---

[1]《南汇县监生凌培贤京控漕书呈状》，道光四年九月二十九日，录副奏折03-3724-045，中国第一历史档案馆藏。

[2]《陶澍奏审拟南汇县监生凌培贤京控案》，道光五年十月初一日，录副奏折03-3732-012，中国第一历史档案馆藏。

[3]《步军统领奏江苏监生诸麟瑞控案》，道光四年十一月二十九日，录副奏折03-3725-040，中国第一历史档案馆藏。

[4]《陶澍奏审拟诸麟瑞京控案》，道光五年七月初六日，录副奏折03-3730-045，中国第一历史档案馆藏。

清朝每年从江南运漕粮四百万石（正额）到京师，由于层层盘剥、勒索，致使纳一石额粮，要实际承担三四倍即实纳三四石的负担，这是引发一切问题的根源所在。由于粮价上涨迅猛，纳粮户除承担比原额高出三四倍之多的负担外，还要承受粮价上涨的巨大风险。如以康熙前中期粮价指数为100计，五十年以后的乾隆初期则为132.90，而到嘉庆初年，达到264.82，嘉道时期又翻一番，达到532.08。[1] 在此窘境下，如果遭遇水旱等严重灾害，倘若国家的救助措施不及时或者不到位，纳粮户就有沦为沟壑的危险。由于经济、文化、身份等巨大差别，普通的纳粮户无力抗争，而经济条件相对好一些，多少了解、掌握国家政策，又有身份的群体，就扮演了抗争、呐喊的主角。从策略上，他们大多不便与州县官正面冲突，而采取迂回办法，以控告吏员为主。故此我们看到，嘉道时期的京控案中，以控告县书、漕书及州县勒折、浮收为多。李典蓉据台北故宫博物院所藏《外纪档》《军机处录副奏折》等整理"江苏京控表"共122案，其中嘉庆朝25案，道光朝85案，咸丰朝7案，光绪朝5案。在嘉庆朝25案中，有6案控告粮书、库书、漕书、县书、银匠勒折浮收，其中5案告实，漕书等受制裁。1案结果不详。[2] 而在道光朝的85案中，有14案控告漕书等勒折浮收，该14案又集中在几个年份，以道光六年、七年为最多，六年共有4案，七年有7案，十一年至十三年各1案。咸光年间12案中，只有咸丰一年1案控告漕书加征。[3] 嘉道时期总计有20案控告勒折浮收，约占六分之一。值得注意的是，道光六年、七年共11案中，9案无判决结果，其余案件皆以所控不实或将（告状主体）监生革除，或将原告轻责了案。

事实上，更多的京控者被官府用种种手段，挡在京师的门外。道光五年十月，御史刘尹衡奏称，近来京控各案，由州县书差揑案者，十居八九，皆因书差婪赃包庇，抗不查拿要证，蒙蔽州县，往往经年累月，案悬莫结，遇有翻控，该上司仍发回原审官办理，为消弭抵部，以致京控案件愈多。道光帝为此通谕各省，如有控告州县书差之案，即亲提严

---

[1] 彭信威：《中国货币史》，上海：上海人民出版社，2007年，第344页。
[2] 详见李典蓉：《清朝京控制度研究》，博士学位论文，中国人民大学，2008年，第384—387页。
[3] 李典蓉：《清朝京控制度研究》，博士学位论文，中国人民大学，2008年，第388—402页。

讯,不得仍交州县承审。[1]但这只是官样文章,毫无实效可言。有御史说得更明白:江苏京控案件,问官私设非刑,便其锻炼。甚至凡京控后发交原省者,必将原告惩治,使负曲小民,钳口结舌。[2]

江苏京控案的骤然增加,引起了专门办理京控案件的京畿道御史、江苏籍官员李逢辰的特别注意。他自道光五年五月至六年四月,任职京畿道的一年间,接到数百件京控案,除案情重大,奏奉谕旨特交各省审办者共64件外,其咨交之案计265件,其中涉及控告吏胥舞弊、侵吞科敛者有53件之多。这53件各省均有涉及,但又以江苏为最,包括控告匿灾逼垫的南汇县民人陈鸣六等5案。他在上奏中特别指出,因自己籍隶江苏,稔知江苏赋额本重,加以道光三年水灾过甚,民间元气未复,粮户竭蹶输将,被吏胥多方勒索,稍与理论,动辄以闹漕为名,耸禀本官,生监则详请斥革,平民则辄先拘禁,待其如数补交,然后以悔悟释放,粮户受冤不甘,纷纷赴各上司衙门禀控,无奈大吏与民相隔甚远,而属员时以刁民闹漕、漕务难办等语,日浸月润,遂不免受其愚蒙,遇有漕案上控,或发本省审办,或另委员弹压,卒致彼此瞻徇情面,委曲弥缝,甚有将业户百般磨折,使之俯首唯命者。而奸猾吏胥,从未严办,偶尔斥革一二以掩上司耳目,又复旋革旋充,以致吏胥等挟粮户上控之嫌,每届下次征收时,更加肆行浮剥以泄其忿,粮户冤上加冤,故不得已而京控,因此说,京控非尽健讼之刁民。[3]

这里所谓的奏案、咨案,有很大区别。奏,即案情重大,奏请皇帝指示、裁决之意,咨即"咨交之案",即直接交由所在省的督抚等查办,或转咨刑部等衙门先行初步审理后,再转咨给所在省督抚审理。如在规定时限审结,不必具奏。[4]董康云:"凡京控事件经由步军统领衙门、都察院奏交者,刑部仅录取京控人供词,奏交原省,更为审判。即原问官

---

[1]《清宣宗实录》卷90,道光五年十月丙辰,北京:中华书局,1986年影印本,第34册,第440页。
[2]《清宣宗实录》卷99,道光六年六月癸酉,北京:中华书局,1986年影印本,第34册,第620—621页。
[3]《奏请饬各督抚严究蠹吏重征苛敛各控案事》,道光六年六月二十二日,录副奏折03-2849-031,中国第一历史档案馆藏。
[4]《张师诚奏京控咨交案件提解逾限各员请议由》,道光五年正月十六日,朱批奏折04-01-12-0384-021,中国第一历史档案馆藏。

有徇私枉断故为出入等情，由该省督抚另委别官审理，而刑部只秉有甲项（复核）之权限。"[1]这就是说，尽管控告者千里迢迢，甚至为此付出身家性命，但当京控案更多作为"咨交之案"处理时，能否公正审理，就完全由地方督抚说了算。这也是道光时期控告官吏加征等重大案件如此之多，但绝大多数得不到公正审理的制度性原因，也就难怪地方官吏为所欲为了。反观嘉庆时期，尚非如此。[2]

更多的京控案，原告还粘贴印串等原始证据，以供查验。印串是官府开具给纳粮户的征粮（赋）凭据，一式三份，加盖官印，作为完粮凭据，说明该项钱粮已登记入簿。对于这些有充分证据证明吏役加征的上控案，封疆大吏在审理时也偏袒一方，致使书役仍然逍遥法外。据李逢辰奏报，查核的53件中，已据咨结者18件，其中原告坐诬、书役免议及将书役一并斥革者只有5件，其余大半以所控各款，或系怀疑误控，或系事出有因，从宽免议；至于吏胥，均免置议，依样葫芦，竟成习套。由于督抚概行调停徇庇了案，致使舞弊者无所畏惧而弊益锢，健讼者有所借口而讼日滋。[3]

二、从省城到京城：讼师活动的链条

道光六年、七年江苏京控书吏加征案，远不止11案，至少有17案，因为李逢辰所列举的南汇、新阳、吴江等江苏5案，以及叶墉京控案均不在李典蓉博士的统计中。

正如李逢辰所说，地方大吏"调停徇庇"的结案原则，助长了吏胥舞弊的气焰，也给了叶墉等原告以要挟、滋讼的口实和空间。而叶墉赴京城控告的过程以及撮合调解的结局，充分展示了讼师活动的各

---

[1] 董康：《前清司法制度》，何勤华、魏琼编：《董康法学文集》，北京：中国政法大学出版社，2005年，第354页。
[2] 嘉庆帝谕称："外省州县书吏，舞弊重征，最为闾阎之害，遇有来京控案，都察院亟应专折奏闻，以便交该抚作速审办，或交钦差就近审讯，严加惩创，庶除莠安良，奸蠹日渐敛迹。"详见《清仁宗实录》卷178，嘉庆十二年四月癸巳，北京：中华书局，1986年影印本，第30册，第336页。
[3] 《奏请饬各督抚严究蠹吏重征苛敛各控案事》，道光六年六月二十二日，录副奏折03-2849-031，中国第一历史档案馆藏。

个链条。

(一) 源起

叶墉的呈状是由叶逢春（后故）作完词后，交给文生赵征添改的。接下去叶墉所要考虑的就是如何到京城告状。他想到监生张绣前曾京控，定有熟人可托，于是偕堂兄叶朝奎前往咨询。张绣告诉他，他前次告状是金老四指引，此人常在北通州（即北直隶近处的通州）。由于有人介绍，叶墉等人随即起程赴通州找到金老四，与他一同商办讼事，并许以酬谢。而金老四与部吏李清照关系一向很好，李清照的公开身份是在部充当贴写，并无卯名，属于帮办书吏。由于有部吏的关系，金老四常领各省京控的人至李清照家居住，当然要分给后者银钱。这一次，金老四也将叶墉带到居住在城里的李清照处。显然，李清照更熟悉清廷对京控案的处理程序和办法，因此，当金老四托李清照带领时，李当即向叶墉说知告状路数，并称：如果到都察院具控，恐怕沿途递解辛苦，不如到提督衙门告准，交兵部发递，一路有车，可以安坐而归。条件是必须多送谢礼，他方肯领去。叶墉听罢，立即给银八两。随后，李清照又提出，外间状式未必合用，也就是未必能告准，于是又令雇工王二赴惯作呈词的东城根俞锦生家誊改，叶墉送给俞锦生白银六两，又给王二银二两，金老四银十二两。一切安排妥当后，李清照指引叶墉赴步军统领衙门递呈。状子递了上去，人也平安回来，叶墉又给金老四银二两，王二银一两，余银花用。至此，除去沿途花销及京城食宿外，叶墉花费银三十一两。

按照京控案件发回地方大吏鞫审、告状人回省对质的相关程序，叶墉递回苏州后，送洋银一元，由金炳裕作保，随即被保释出来。从该案推断，金炳裕可能是比叶墉更早包揽词讼的"先辈"，叶墉开店包讼后，二者间有竞争，但金似乎更有力量。尽管皇帝对京控案的要求是地方总督或巡抚亲自审理，但地方大吏通行的做法是将案件交由主管司法的按察使司，而按察使司又按惯例交首府审理，首府又通常督同首县审理。换言之，即使由皇帝明发谕旨交督抚亲自审理的"奏交之案"，事实上也由首府、首县审理，然后，再按照审转程序，连同卷宗、人证等逐级向上呈送,最后由督抚象征性鞫审后向皇帝奏报。该案不久在苏州府审理,知府陈銮督同吴县知县李国瑞审讯,尽管审案人员声称叶墉所控不实,但因叶墉并不输服,同时又有赵征与积惯作呈的王雪堂在省扛帮,因此形成了对原告有利的形势。被告感到局势不妙,故朱超宗找书役沈念增调解。沈作为被告之一,曾因讼受累,忆及叶墉平素最信任赵征,便托武生周向荣向赵征过话,许诺给赵征洋钱,希望他劝解叶墉撤诉。周向荣也不会放弃从中得到好处的机会,暗中与赵征说允,从沈念增手中拿到洋钱一百七十元,除给予赵征一百二十五元外,其余四十五元全部装入自己腰包。当时赵征的母亲在上海患病,经人告知也不回去探视,因为他还要周向荣将余下的四十五元洋钱交给他。当得知周向荣已经侵用后,他以钱未收足故,不肯向叶墉说劝。而此时委审各员已将叶墉牵砌情节审明,叶墉亦自知怀疑妄控,正在具结定案时,听闻赵征背地得钱,心想拖累朱超宗等,亦可诈钱,遂坚不具结,一面写信托平素与他交好的计益谦说和。计益谦许诺为他出谋划策。劝被告的人也悉数出场:沈丹发邀沈秀严、张策书一同向朱超宗劝令出钱消灾,免受拖累,朱超宗于是同沈念增共同出洋钱三百零四元,又令同被牵控的周凤翼、徐安、潘文贵等多人,共凑合洋钱二百六十六元,一并交沈丹发等人,与叶墉讲明,三次付给,叶墉当即具结完案。

该案源起于叶墉被县书朱超宗指使收押、垫欠,因而京控,结果却出乎叶墉所料,他获得了不菲的收入。该案的审结同许多案件一样,走的是官、私两途,即被告出钱在先,原告具结(签保证状)在后。而陶澍的奏报仍是模棱:原告叶墉虽以怀疑妄控,但事出有因,因而免于处罚;被告县书朱超宗、沈念增匿蠲浮勒各情,查无实据,毋庸议。这与御史李逢辰上奏所说的"调停徇庇了案"完全相符。

(二)开店包讼

京控的意外收获使叶墉颇受启发:京控既可获利,京城内有金老四、李清照可托,江苏省城又有讼师赵征、王雪堂相商,并且有过"合作"基础,将来做起来肯定顺手,于是打定主意,包讼渔利。道光七年二月,他在省城苏州开了一家寓店,招集南汇、上海一带打官司的人,包揽需索。自家人最可靠,叶墉找来他的堂兄叶朝奎,令他在寓管账,又邀请浙江石门县监生、著名讼师张金照加盟,让张住近自己的卧房,不令外出,并许给束脩,遇有呈词,令其阅看、删改。曾在京控案中帮助他的王雪堂也时相往还,上海县文生赵征也不时为叶墉出主意。

有资料显示,钟振声、杜观成、孙帼珍及张寿昌之子张成康,可能是叶墉的第一批"客户"。据案发前的资料,钟、孙、张等曾充地保,他们都是控告漕书朱超宗等捆垫、浮勒等事。正当这些人被安排在店内居住,商量如何赴京控告之际,不知是巧合,还是早有约定,或许是专门为接应告状者进京,金老四到了苏州,他到叶墉处探问是否有人京控,叶墉即将四人托其照应,金满口应允。叶墉采取的是包讼方式,即全程服务,包括写词状;(金老四)带同进京、递呈;京控回苏后保释;等等,一切都事先讲好。二月间,钟振声等四人同时进京。金老四的业务是"包揽递呈",为此,他将钟振声等带到李玉山(即李清照)家居住,决定分作四起具控,以壮声势。其间,李清照容留杜观成住宿一夜,得钱二千。但杜观成、孙帼珍在递回途中,突然病故(缘由不详)。钟振声等被解往江苏质审,叶墉代为料理,钟振声许诺出洋银八十元,先付三元。与张寿昌讲定的是,包费洋钱五十元,谢仪二十元,先付五元。在一桩诉讼中,将与自己素有嫌隙的人牵入案中以行拖累、报复之计,讼师早已司空见惯。孙帼珍于京控前同叶墉商及,他本人与漕书姜星槎有嫌,央请张金照于词内添入,送给洋钱各四元。

官府对告状不受理的诸多规定,即限制诉权给半公开的非法承揽诉讼活动留下了巨大的空间。抛却对待诉讼的观念不讲,即使从体制层面而言,案件能够受理(立案)的门槛实在太高[1],而因某种自然的或人为的事件突发,社会关系骤然紧张,由此引发的诉讼随之大幅增加,官府却一如既往,司法资源并未作重新配置或改变,致使上诉无门者走讼师之门。随即又有梅象三京控之抱告王姚大主动找到叶墉,央恳包办,讲定洋钱六十元,谢仪十二元,因案未定,尚未付给。另有洪叙山京控

---

[1] 官箴书有关案件不受理的规定(即实质要件)堪称五花八门,而在形式要件上,对状式的种种规定,也将普通的民众拒之门外。司法资源的严重匮乏,致使官员们通过减少诉讼来纾解行政压力,对讼师不遗余力的打压,也隐含同样的目标诉求。

一案,叶墉得知此案牵及的周颂尧是个财主,可以得到更多钱,立即向洪叙山之子讲明包揽。又有朱攀桂上控学院衙门一案,也向叶墉商办,讲定谢仪洋钱三十元,送过十八元。

由于案件的来源不同,讼师各人在分工中扮演的角色也就不同。钟振声、张寿昌、洪叙山、杜观成、孙帼珍京控词底,全部由叶墉包揽,王雪堂仅代为改作;朱攀桂一案属于"商办",因此朱自带词底,叶墉与张金照仅对来稿予以有限的商改。张是著名讼师,也是叶墉开张客寓承揽讼案的主要作词人,他拿的是束脩,即讲定按月支付酬金,因此,叶墉一并将杜观成、梅象三各词状,重新交给张金照阅看定局。

叶墉在苏州包揽词讼的消息,很快传遍南汇城乡,有关控词也在当地互相传阅,慕名而来者络绎于途。随即有凌培贤、马瑞堂、王慕祥、闵茂林结伴至苏州,拜望叶墉商办。后来,凌培贤、马瑞堂、王慕祥等京控后递解至苏州,叶墉本打算具保牟利,因被金炳裕包去,这桩生意遂打了水漂。又有周裕声与其女婿涉讼,寓歇叶墉店内,托其料理,叶墉索要洋钱二十元,因周裕声仅许诺给八元,遂将其撵逐。

一般说来,具保人应在当地有身份、有影响。叶墉被解回苏州时,金炳裕曾将叶墉保释出来。叶墉也保释钟振声等。后来审出,金炳裕专门"经营"省控:凡遇省控之人,全部由他招揽作保,同时录批送信,前后共有十余案,得钱多寡不等。

代书也参与到案中,并分享诉讼费用。按照规定,代书可以收为数甚少的费用,然后加盖戳记,而没有加盖戳记的诉讼状往往不在官府受理之列;确实贫困者,可以免收代书费。代书与讼师的"业务"虽然相近,法律地位却有根本不同。为谋取更多收益,代书利用工作上的便利,也会帮人起草诉状,故清代中叶,一直有取消代书的动议,更有人称代书为"官社之讼师"。[1] 监生顾治一向为南汇县代书,眷写呈状,每张得钱一百文,他有时也为人作词,每张得洋钱一元,或钱四五百文。曾有沈词三被控奸拐一案,顾治为其改作诉、呈两纸,而沈词三本人,也曾代他人具控,收取洋钱。

---

[1]《苏州布政使苏尔德奏请除官名无益之代书》,乾隆三十一年九月十五日,录副奏折03-0346-039,中国第一历史档案馆藏。

(三) 案发及审结

道光帝采纳了李逢辰关于京控案件涉及蠹吏重征、苛敛等事由督抚亲提严究的建议，通谕各省督抚，凡特交、咨交案件，务须一秉大公，确切究办，如系刁衿恶棍，借端妄告，即从严究坐，以惩刁诬；倘所控属实，亦当将奸胥墨吏，严行惩治，断不可存将就完案之见，使其无所畏忌。[1]

御史的奏疏和皇帝的上谕都特别以江苏京控为主旨，自然引起了江苏大吏的格外警觉，因为这牵涉江苏省上上下下各级官吏的仕途前程。

巡抚陶澍并没有彻查本省蠹吏加征舞弊的情况，而是雷厉风行，立即责成按察使司庆善选派精干人员密访，对包揽词讼者实施抓捕，希冀从源头上遏制或者堵塞道路相望的江苏京控者。苏州知府陈銮随即禀报，南汇县监生叶墉在省城开张客寓，招集讼师包揽词讼。很快，常州府通判征良、昆山县丞常恩等将叶墉及叶朝奎、张金照、周裕声、张秀、王二、赵征、王雪堂等先后拿获到案，并搜出词底稿簿及构讼书信各件。经初步审讯，叶朝奎、张秀、王二等人，供认叶墉包讼的事实，王雪堂也供认改作词稿属实，但本案关键人物叶墉、张金照、赵征等人不肯吐实。道光七年闰五月十九日，陶澍据此上奏，并指出，这是"一伙讼棍，内外勾通，串唆图诈，以致控案络绎，拖累无辜，大为地方之害，若不严拿重办，无以息刁风而安良善"。

对于案中的关键犯证金老四、李玉山二人，陶澍在同日附奏中依据叶朝奎所供，提供了大概住址。[2]京城据此立即展开抓捕行动，但金老四闻风而遁，直到本案审结时尚未拿获。只抓到李泳泰、李清照二人，似与李玉山相符。二人被解送苏州后，经叶墉等人指认，南城御史访获的李清照就是李玉山。随即，京控的钟振声等也被解往苏州对质，故

---

[1]《清宣宗实录》卷99，道光六年六月癸酉，北京：中华书局，1986年影印本，第34册，第620—621页。
[2] 陶澍：《陶云汀先生奏疏》卷19《访获讼棍请旨饬拿在京揽讼各犯折子》，见《续修四库全书》上海：上海古籍出版社，1995年，第499册，第50—55页。

此，叶墉不得不承认包讼的事实。

案件经苏州府、江苏按察使审拟后，陶澍又亲自审理，叶墉、赵征、王雪堂照积惯讼棍例，发云贵两广极边烟瘴充军，到配各杖一百，叶墉因情节较重，在省先行枷号三个月，以示惩儆；张金照、叶朝奎、计益谦与李清照等四人，照为从律，于叶墉军罪上减一等，杖一百、徒三年，李清照系属贴写，并无卯名，与书吏不同，毋庸加等。县书朱超宗令沈念增等共给叶墉洋钱五百七十元，折半计银已在一百二十两以上，朱超宗、沈丹发依以财行赇及说事过钱等例，于流罪上各减一等，杖一百、徒三年；沈念增、沈秀严照为从例，于朱超宗等满徒罪上减一等，各杖九十、徒二年半，朱超宗、沈念增俱革役。周向荣杖六十、徒一年，革监；代书顾治、金炳裕于积惯讼棍例上量减一等，杖一百、徒三年。叶墉供系孀妇独子，王雪堂称系亲老丁单，均照例不准查办，沈秀严、金炳裕俱供母老并无次丁，是否属实，饬查另办，顾治年已七十，照律收赎。张金照名下查出信件，讯系其父张陆椿在籍兴讼，写给信函，内有牵涉浙江讼师之语，应将张金照解浙讯明，再行充徒。卫书周凤翼、县役徐安、潘文贵，应各照不应重律杖八十，折责革役。张绣应照不应轻律，笞四十，系监生照律纳赎。叶墉名下查出词底、稿簿讯系已故叶逢春之物，案结销毁。各教官失察文武生员包揽词讼，及南汇县失察书吏以财行赇，均应议处，饬取各职名另参。

陶澍于道光七年（1827）十月初七日上奏。刑部一如陶澍所拟，于十二月二十日具奏，同日经道光帝批准。

三、从州县到督抚：不法书吏的保护伞

本文我们所重点关注的是两类群体，一是叶墉所代表的监生等身份阶层，一是以朱超宗为代表的州县书吏群体。令人不解的是，何以一个被处满徒（三年）的人，在不满时限内，再次回到南汇县，继续充任县书？按照核准的判决，朱超宗满徒应服刑至道光十年底，且不许充役。而实际情况并非如此。我们没有查阅到朱超宗究竟是否充徒的记载，但可以肯定的是，至迟道光九年或更早时间，朱超宗又重新充任南汇县

漕书。九年五月，南汇县民人王如璧赴都察院京控，其父王星岩充当地保，漕书朱超宗等勒拘赔垫业户钱粮，因其父不允，即怂知县将其父掌责一百多下，并提耳跪链，因伤而死；其祖母因痛失子，惨毙尸场，委员诣验，捏做供词，称其父包揽漕粮，致县主掌责。尽管他屡次上控，俱被漕书朱超宗贿串，不为究办。朱超宗的伙党庄秉义等人还将该县所立永禁地保赔垫民欠四乡碑石，尽行曳倒。[1] 案经护理巡抚、布政使梁章钜审理，认为王父王星岩因包漕被掌责，死于病而非死于伤，王妻王赵氏多次上控，又遣子京控，并装点责毙情节，但考虑到妇女无知，且由痛夫情切所致，应与听从母命具控之王如璧，均从宽免议，朱超宗等讯无勒垫等情事，毋庸议。[2]

如此算来，依据有案可稽的资料，自嘉庆十九年至道光九年，在长达十五年间，除短暂充徒的一年多时间外，朱超宗把持南汇县漕书达十几年之久。这一事实是对有关书吏充役法律规定的极大嘲讽。须加说明的是，这绝非个案，因为，自乾隆中叶盛行的"缺底""缺主"之风，以及所谓"官转吏不转"等谚语，是对个别人（家族）垄断基层社会重要职位的最好诠释，在这种情况下，要扳倒一个哪怕是皇帝下旨、劣迹斑斑的书吏也几乎是不可能的。他们甚至父子相承，使得支配基层社会的力量长久在一个或几个家族孳生、蔓延。道光十七年，南汇文童樊鸿禧赴都察院控告，其父生员樊文豹被害身死，漕书朱滋茂，挟嫌勾串件作，抽卷换供，以失足落水蒙混勒结。[3] 另据樊鸿禧呈状，迭次蒙充漕书的朱滋茂，即徒犯、漕书朱超宗之子，因挟被害人前控侵蠹浮折之嫌，勾通县件，匿不报伤。[4] 案经江苏巡抚陈銮审拟时，朱滋茂成为朱超宗之侄，樊文豹以失足落水身亡，樊鸿禧依申诉不实律，杖一百。朱

---

[1]《都察院奏江苏民王如璧控案》，道光九年五月初四日，录副奏折 03-3743-036，中国第一历史档案馆藏。

[2]《梁章钜奏审拟王如璧京控案》，道光九年十二月十五日，录副奏折 03-3748-032，中国第一历史档案馆藏。

[3]《都察院奏樊鸿禧控案》，道光十七年六月二十一日，录副奏折 03-3783-045，中国第一历史档案馆藏。

[4]《樊鸿禧呈状》，道光十七年，录副奏折 03-3783-046，中国第一历史档案馆藏。

滋茂应毋庸议。[1]

总括朱超宗被充徒前的几年间，赴京控告他的至少有十几起，控告人有称之总漕、漕总、总书者，也有称为漕书者，但名异实同，本质没有变化，说明朱超宗垄断该职役时间很长。据乾隆五十五年江苏巡抚福崧奏报，江苏省各州县，一向有漕总名目，惯于舞弊，每年点充之际，各州县并不遵例佥换。据查，仅长洲等二十八州县，每县有漕总二三名不等，共有七十一名之多。福崧将其按名斥革，拿解来省，枷号通衢，并发回该州县，枷示漕仓门口。[2] 但这种整顿只能收到短期效果，道光初年复又泛滥成灾。据道光二年御史程邦宪奏报，有漕州县，于各厫点派漕书外，复设总书一人，名为漕总，粮户应加若干，皆由漕总派定，本官查核，则以多报少。州县每厫派漕书一人，其收兑有斛面、口袋、飞米、掺杂、米色诸弊。州县开仓时，派头役在仓外巡逻，该役等恣意婪索。粮户交米，先向仓差讲费，方准验米。各州县设有粮差，将乡僻小户易知单，捏不发交，勒令折价入己，每米一石，索制钱七八千文，追比稍宽，一概捏称民欠。[3]

在一个腐败的体制下，地方书吏能够武断乡曲几十年，本不足为奇，但令人不解的是，何以一个劣迹累累、名号屡烦圣聪的州县书吏，却能一次次逢凶化吉、了然无事？答案只能从江苏的官场架构中去寻找。

南汇县接连不断的京控漕书之举，都察院也及时向道光帝做了奏报。道光帝于七年四月二十三日发谕旨明令陶澍严厉查办，漕书朱超宗的名字也赫然出现在煌煌上谕中。谕称江苏省屡有控告钱漕之案，上年四月至本年三月该县民人华凤歧等，呈控浮收勒折者共有六案之多，均经咨交该抚审讯，此次监生凌培贤等复

---

[1]《陈銮奏审拟樊鸿禧京控案》，道光十八年二月初一日，录副奏折 03-3787-036，中国第一历史档案馆藏。
[2]《清高宗实录》卷1366，乾隆五十五年十一月丁丑，北京：中华书局，1986年影印本，第26册，第324页。
[3]《清宣宗实录》卷43，道光二年十月己巳，北京：中华书局，1986年影印本，第33册，第774—775页。

以漕书沈念增等克减成灾分数、浮折钱漕，并违禁勒令地保捆垫钱粮漕米，以致家产荡然。是该县漕书种种舞弊病民，藐法已极，着该抚亲提人证卷宗，秉公查讯，按律定拟具奏，无得预存成见，致令积蠹殃民，将此谕令知之。[1] 但陶澍查办的结果，称咨交的京控三案均属为虚。对于屡闻圣听的捆垫浮勒之事，他依据松江知府李景峄的调查，做了说明：南汇县花户共计一百五十六图，图以束计，又称为捆，捆之名目由来已久，本系里下分图、聚户之谓，并非威力制缚之意，该县旧章，每届启征钱漕，颁发易知由单，归于地保散给，按田之多寡，分为数捆，以田多之户领田少之户，挨年轮当，互相检查，勿使侵蚀，名曰捆业，若轮值生监，则倩人代办，已复从中查察，嗣因粮户或离城窎远，或出外谋生，往往将应纳银米托保代完，遂有奸保劣衿，串收侵抗，及该县提比严追，书差据实查出，该保等无计掩饰，即巧借名色，指为捆垫浮勒，砌词控告。

南汇县实行的轮捆充保之法，涉及赋税征收的繁杂措施，要言之，即轮充地保图保之人，要为所在图保出现亏欠承担垫交责任。本文开始所记叶墉京控的第二项即指此。

但并非所有人都认同陶澍的做法，包括江苏大吏也有严重的意见分歧。对陶澍明确表示反对并将问题反映到皇帝那里的是江苏学政辛从益。道光七年初，他上书道光帝，指出漕书蓄养打手，专门殴打控漕生监，且凡属告漕之人，一例发回押追，地方官恨其上控，倍加抑勒，仍科以抗粮之罪；与此相反，官吏婪索是其常态，近年来生监因控漕被革者甚多，但从未闻有漕书获咎者。他还为士子辩解称：官吏征收，法定之外多取，不但小民受害，生监也受累，"吏役倚官府为城社，倘违例浮收，无人控诉，将何术以治之？夫劣衿律所不宥，苛政亦法所必裁"。[2] 如果说，辛从益给皇帝的上书多少还含蓄些，但给总督蒋攸铦

---

[1] 陶澍：《陶云汀先生奏疏》卷19《查复南汇已结京控及未结各案折子》，见《续修四库全书》，上海：上海古籍出版社，1995年，第499册，第53—55页。
[2]《清史稿》卷376《辛从益传》，北京：中华书局，1977年标点本，第11573页。

的书信就直截了当得多:"今日浮收之风益炽,当事者不揣其本,猥因一二滋事生监,遂欲偏重官吏苛索之权,在大僚原期杜绝漕规,清浮收之源,而在官吏,即以禁制胶庠,恣浮收之性。生监既无上控之路,小民益复何赖?使奸吏得志,善良受祸,欲求无事,不可得已。"[1]在他看来,生监上控多少代表了民众的呼声,对官吏浮收有牵制作用,如果将这条路堵死,后果难以预料。

对辛从益的指控,陶澍隐忍不发,甚至一度向道光帝告病撂挑子,因为他还没有找到反击的时机。道光七年闰五月十九日,机会终于来了。这一天,陶澍一连上了两个折子,一个折子奏报抓获了叶墉包讼一干犯证,另一个折子是对南汇县接连不断的京控案予以的个人"解读";次日,又上一折,对辛从益的指控一一反驳,因为他已将叶墉等人抓获,并进行了初步审讯,形势对他有利。两天内所上这三折,大有深意。[2]在反驳辛从益的奏折中,陶澍除了用徇众沽名攻击辛从益使刁生劣监恃以无恐,恐其整顿漕务大事受到掣肘外,专门讲到辛从益于"费用一节,一字不提",[3]这最让皇帝动心,因为保证帝国的财政收入以及各种苛繁的支出,远远比惩治告状者是否合适重要得多。换言之,即使用严刑苛法,甚至种种非法手段,倘能遏制如大川奔流般的告状潮,也远比几个书生的头颅要划算得多。在这样的氛围下,一如我们前面叙述的,尽管该案较为详尽,但最终结局是,原告成了被告,而这一主体与客体的角色转换,与所告是否属实已无太多关系,因为,他们——这些死在解审途中的监生,告状本身就冲撞了帝国的秩序和稳定。从这种意义上说,他们,或他们中的一部分,是被贴上"标签"的惩治对象。

如果我们对这一案例稍作引申,恰好能印证包世臣所讲的道光时期的"两条阵线"之说,即控告吏胥之案,在督抚大吏的庇护下,都得不到处理,所蕴含的社会危机,有总爆发的危险。包世臣表达的"两条阵线"现象是这样的:州县官与吏役勾结,苛虐民众与士人,士人联合起

---

[1] 钱仪吉:《碑传集》卷39,北京:中华书局,1993年,第3册,第1104页。
[2] 陶澍:《陶云汀先生奏疏》卷19《查复漕案折子》,见《续修四库全书》,上海:上海古籍出版社,1995年,第499册,第55—61页。由此引发的一场大争ован及其意义,另文详论,此处不赘。
[3] 陶澍:《陶云汀先生奏疏》卷19《查复漕案折子》,见《续修四库全书》,上海:上海古籍出版社,1995年,第499册,第55—61页。

来，裹挟民众以治州县，而州县官以省级大吏为护符，加士民以"闹漕""抗粮"等"棍徒"之名，重法打压，致使吏役更无所顾忌，肆意妄为。他还说，他在江苏三十多年所见，除觉罗长麟、陈大文、汪志伊外，大都为胥役仇庠序。[1]也就是说，封疆大吏以州县官为中转，最终保护的是贪赃枉法的吏胥，为此，他们仇视有身份的知识阶层。包世臣此文写于道光八年正月，文中所称三十多年，自乾隆末年起，迄于作者著文之时止。值得注意的是，陶澍自道光五年五月任苏抚起，直至包世臣写作此文，仍在苏抚任上。因此似可认为，在包世臣眼中，陶澍也是"为胥役仇庠序"的封圻之一。

稍晚于陶澍任职苏抚的林则徐，称其亲眼所见，"近年以来，吏之与民愈不能以恩义相结，人心日以不靖"。江、浙漕运已成不治之症，而江苏案件之多，书吏舞弊，无处不在。道光时期的江苏情况，与嘉庆时期的山东差不多。[2]

如果说，州县官是吏胥的保护伞，督抚是州县官的保护伞，那么，也可以说，道光帝是不法督抚的保护伞。常熟人柯悟迟指出，国家越来越难以治理，原因是道光皇帝仁慈大度，封疆大臣敢于舞弊，州县官有恃无恐，即使有非分之事，总能通过贿赂解决。[3]由此，通过漕粮征收这一环节所暴露的种种弊政，不但没有革除，反而日形严重。浙江嘉善人金安清概括称，"漕务之浮收勒折，始于乾隆中，甚于嘉庆，极于道光"。[4]在这样一种局势下，正如漕运总督蒋攸铦所称，"良民亦渐趋于莠"[5]，"视守分而不惯词讼之人，置不肖子弟论"。[6]

我们再考察南汇知县的情况。雍正二年（1724），由两江总督查弼纳奏请，经户部等衙门议覆，因苏、松、常三府之州县，额征赋税，款

---

[1] 包世臣：《书宝应训导张君遗像后》，见《包世臣全集》，合肥：黄山书社，1997年，第326页。
[2] 林则徐：《林则徐全集》，福州：海峡文艺出版社，2002年，第7册，第29—30、77页。
[3] 柯悟迟：《漏网喁鱼集》，北京：中华书局，1997年，第26页。
[4] 欧阳兆熊、金安清：《水窗春呓》，北京：中华书局，1984年，第75页。
[5] 蒋攸铦：《拟更定漕政章程疏》，见魏源撰：《魏源全集》第15册，《皇朝经世文编》卷46，长沙：岳麓书社，2004年，第488页。
[6] 柯悟迟：《漏网喁鱼集》，北京：中华书局，1997年，第4页。

项繁多，狱讼刑名，案牍纷积，将上海一部分划出，设立南汇县。[1]乾隆三年（1738），将南汇等三县改为繁疲难沿海最要缺。[2]由于南汇北接上海，习于浮华，士大夫好读书，尚气节，而訾窳之徒，结党聚讼，持官府短长者，间亦有之。[3]

再看南汇知县杨承湛的情况。杨是顺天固安县人，嘉庆辛未科进士，曾任靖江知县，道光二年十月，调补南汇县。江苏大吏对他的评价是，淳明笃实，历练安详，道光八年六月，调任元和知县。[4]南汇知县由华亭知县贺崇禧接任。县志对他"正面"的评价有两项，一是首减白银价，二是留意水利，在任期间，疏浚港塘，按程课工，身自董治，民赖其利者三十年。[5]但为官秉持严刑峻法，因此，不为士人所接受。在查抄叶墉客寓时，搜出稿底等件，书信内就有"与杨姓不合，亦欲相帮"之类字样，陶澍奏报时，将其解读为"词意显与该县作对，找帮讦告"，也即想办法将他排挤出去。当时的典史李述三，也不赞同杨的做法，李是江西人，道光四年任典史，"时俗尚强悍，县令欲以峻法严刑救其弊，述三恻然，遇事必切谏，县令为之霁威"。[6]

据此，我们可以大致勾勒出江苏官场这样一个"生态"系统：漕书朱超宗—知县杨承湛—巡抚陶澍。

四、从法律到政策：个案所见的讼师活动特点

叶墉包讼案从案发到结案，历时半年之久，当时备受关注，其特点更引人注目。

---

[1]《清世宗实录》卷24，雍正二年九月甲辰，北京：中华书局，1985年影印本，第7册，第379页。

[2]《清高宗实录》卷78，乾隆三年十月甲申，北京：中华书局，1985年影印本，第10册，第230页。

[3] 光绪《南汇县志》卷20《风俗志》，见《中国方志丛书》，台北：成文出版社，1970年，第1431页。

[4]《奏为要缺知县需员调补事》，道光八年六月二十日，朱批奏折04-01-12-0402-094，中国第一历史档案馆藏。

[5] 光绪《南汇县志》卷10《官司志》，见《中国方志丛书》，台北：成文出版社，1970年，第774—775页。

[6] 光绪《南汇县志》卷10《官司志》，见《中国方志丛书》，台北：成文出版社，1970年，第775页。

第一，它有一套较为严密的组织系统。叶塘作为总策划人，最初是无数京控中的一名原告，官方文献称他因这次诉讼受到启示，遂以开客店为幌子，延请多名讼师，采取的是"包薪"办法，即给讼师的报酬类似"底薪"，同时根据作词多少又有随案酬谢；而根据个人在案中作用不同，所获酬劳也不同。讼师乃至包讼组织者的收入或报酬，一般以"谢仪"形式体现。由于当事人要支付较高的费用给包讼人，而一时又拿不出这么多，或者为减少风险，这些"谢仪"往往先讲好总数，然后预付一部分，大体相当于总数的六分之一，诉讼结束即案件审结，再付清余下部分。但由于我们所看到的文献多属于被查办案件，因此，讼师很少拿到其余部分。

为了逃避官府的追查，隐蔽性成为讼师活动的重要特点。加盟叶塘的讼师，行动受到限制，即住近叶塘的卧房，从灶边出入，不轻出外。承接的案源也有保证。从该案看，承接的都是南汇、上海地方的上控（主要是京控）案，显然叶塘利用了他在当地的影响力，这使我们看到基层社会口耳相传对事件的影响。由于他在省城苏州包揽多案，南汇城乡无不周知，并将叶塘所作控词互相传阅、观览，因此，主动找到苏州叶塘处的告状人一时络绎于途。接手案件后，呈词一般由一个讼师主笔，但最后"定局"往往是多位讼师互相商量，最后敲定，因此可以说是集体合作的结果。讼词写好后，叶塘还会陪同告状人到京师。最值得注意的是，京师也有一个接应的网络。很显然，京师的讼师网络与官府有直接关系。此案的李玉山、金老四就是这样的人。金老四可以称为京城词讼的介绍人，或中介。他的有利条件是衙门中有人。李清照就在部里当贴写，金与他关系很好，呈状多由李清照找路子呈上去。

京城网络并非简单的"传手"，一般说来，对地方送上来的呈状或控状，必须经过京城讼师的"加工"。这一则是因为京师讼师肯定比前者更熟悉京控路数，所谓告到兵部更有利，还是告到都察院更好，等等，就是如此。同时，他们会以"外间状式不合"的理由要求对地方讼师集体商定的讼词做些改造。其目的不外乎是从当事人身上再剥一层皮，即从案中获取好处。

第二，讼师对法律的熟悉程度以及对清廷政策的掌握情况超乎想象。换言之，他们不仅熟悉律例，还掌握国家政策，尤其是清廷信息。由叶墉包讼的多起案件都是告官吏加征，以及因灾蠲缓而大打折扣的违法行为，因而叶墉处备有抄录的道光六年七月十七日御史李逢辰条奏，京控蠹吏重征苛敛钦奉上谕一道、《户部则例·灾蠲》等。李逢辰条奏时间、内容已如前述。

  这就是说，讼师从舆论（御史）、最高层态度（上谕）、法律规定（《户部则例》）等各方面为京控者提供相当有力的支持。尽管我们未能查阅到叶墉等代理的钟振声的四份词状，但从陶澍在案发前的奏报可以得知，起草呈状时肯定以此为重要参考。从另一方面理解，起草呈状的"定局"，以及随后的京控，借助了十分有利的政治及社会氛围。这也是讼师所预设的原告要占尽有利的"势"字诀。当然，判决的"势"又以权力为转移，当吏治腐败蔓延开来时，即判决无法保证公正而更多向己方倾斜时，即便原告占尽了"势"与理，结局仍然是原告成为被惩治的对象，成为被告。朱超宗最后回到了南汇，并重新走向漕书之路，而叶墉等人被充发极边烟瘴之地。对于这种结局，我们无法想象在基层社会有着怎样的评价，但累积的矛盾不但没有纾解，反而被激化了，这恐怕是不争的事实。

  第三，讼师借助隐语及技巧从事诉讼活动。为了规避法律，也作为一旦被查拿，官府找不到唆讼确据，讼师间的书信往还，多属暧昧之语，这些特殊的语言交流，可能只有他们自己能够确切知晓其中的意涵。作为"首席"讼师，在张金照行箧中，所藏信稿都是一些暧昧之语，就其文理可识者，多系钩串讼事，有云：以前涉手，仇怨沸腾，莫如暗中别事报他，高楼看战马，不伤脾胃，使渠自顾不暇，其结放松：此古今评讼第一上着也。又云：商通办理，一则擒得缴钱，二则借刀杀人，不伤情面。又云：暗使请一场官司与他吃，不妨起起花头，伊必令张二老寻你，你格外殷勤，可延宕日期与他办明，如在神威矣。又云：赵大叔来云，迩来精力不济，恍惚异常，今岁仅动笔你处两纸，余不涉手，意欲退避坐馆，阅初八日批，论起来该落诉，呈再上控，敲足恐押，抱人不敢涉手。又云：一办必访，一访必审。又云：险连我带在其内，幸用硬工撤掉。又云：日后远扬别处，有何亲情面目。诸如此类。

办案人员据此认为，这些信件，表明"其阴谋播弄、暗地唆讼，及上控作词之法，均已直言不讳"。[1]

第四，主要参与人多是身份阶层中的下层，开张客寓的叶墉、讼师张金照、代书顾治都是监生，另一讼师赵征则是文生。而张绣也是监生。监生有在监（国子监等）之监与捐纳之监，二者在基层社会的实际地位、影响有不少差别，但同属有身份阶层，且是身份阶层的下层。他们取得身份，更多的并不是站在出仕做官的起点上，准备继续在科场上打拼，而更具有利用这种身份保护家庭或家族利益免受侵害的意义。[2]由于他们属于下层身者，因而与基层民众有更多的牵连，对官府的不法行为有着与普通民众一样的切肤之痛，他们在基层社会也有更为便利的影响力和号召力。由于出仕的可能性极小，因而当其利益受到损害时，不像上层缙绅那样存有顾忌，而可以放手一搏。我无法也无意在本篇论文里详细分析官、吏、绅、民等复杂的关系及其演变，但有一点似应注意，即在本案中的这些告状的主体，和包讼案的主体，都是有身份的人，他们利用特有的身份对自己所参与的诉讼活动加以保护，如不得刑讯的规定就使得官府不能轻易让他们输服，官方经常用"恃符狡执"来形容他们，这里的"符"，就是指他们的衣顶，也即身份。

五、小结

嘉道时期，社会失范的趋势呈现加速之态。叶墉包讼案可以放到这样一个大背景来体察。无论是作为组织者的叶墉，还是参与包讼的讼师们，都被以积惯讼棍例处以充军烟瘴，但他们中的一部分，或者主要人

---

[1] 陶澍：《陶云汀先生奏疏》卷19《访获讼棍请旨饬拿在京揽讼各犯折子》，见《续修四库全书》，上海：上海古籍出版社，1995年，第499册，第50—53页。
[2] Melissa Macauley 在 *Social Power and Legal Culture : Litigation Masters in Late Imperial China*（Calif. : Stanford University Press, 1998）一书中，参考了 James Polachek 的博士论文，指出这些讼师的网络组织之形成，主要与长江下游的下层士绅抵制苛捐杂税有关（第137页），但她同时也指出，"官员们可能夸大了这类组织网络的复杂性和广泛性"，"很多案件并没有涉及如此复杂的讼师网络"（第138页）。她曾将讼师分为两大类，其一为半职业化的写状人（plaint-writing semiprofessionals），即所谓的"写状纸讼棍"，其二为"偶尔为之的讼师"（incidental litigation masters）。在她看来，那些所谓的"偶尔为之的讼师"，更多是依赖于家庭的网络作为帮助。

物,本来是原告;而朱超宗这个不知多少次成为被告的南汇县书吏,尽管短时间受到惩罚,但旋即回到原来的位置,甚至子孙相承,仍是基层社会的主宰者。不错,他们之间的诉讼可能还会发生许多次,延续许多年,但答案早已明确,因为法律的天平早已失衡。林则徐接任苏抚时,友人陈寿祺对他期许甚高,而林在复信中袒露心迹,说吴中凋敝之余,谈者鲜不以为畏途,江苏之病,以"局面太大,积重难返"二语尽之。智勇俱困,为之奈何![1] 林还向道光帝说过一段很有深意的话:刑名、钱谷本相为表里,"而江苏刑钱事件,其势每至于相妨","是刑名之难,实因钱谷之繁而滋甚也"。[2]

叶墉包讼案本身及其结局,具有诸多解读的意涵。要言之,它是传统法律秩序行将坍毁的预告,是江南社会撕裂的一种表征,更是风雨欲来的前奏。

(原载《北大法律评论》第10卷第1辑,北京大学出版社,2009年。又载[日]《东亚研究》2011年第55号)

---

[1] 林则徐:《林则徐全集》,福州:海峡文艺出版社,2002年,第7册,第77—78页。
[2] 林则徐:《林则徐全集》,福州:海峡文艺出版社,2002年,第1册,第81页。

一个讼师家庭的两代上诉史

唐代为人作词状,如果得实,可受到官府奖励。从立法的目的而言,不限制民间对诉讼的介入。宋明时期的相关立法从整体上沿用唐律。将讼师完全排除在诉讼之外,并作为严厉惩治的客体,是清代乾隆中叶对"教唆词讼"例的全面修订,这也是"以例破律"的典型。[1]

本文讨论的一个案例,是发生在嘉庆年间的一桩非常有名的大案。此案在地方最高层级历时四载,三审三判,结果却全是颠覆性的。而正是讼师刘儒恒的介入,才使得该案向事实归依,真相也逐渐浮出,最后得到公正判决。然而,讼师并没有因为所告为实而受到任何正面的鼓励,相反,刘儒恒被判边远充军。自此,刘儒恒本人以及他的家人,进行了长达十几年,父死子继般的上诉。当然,结局更加悲惨。

本案存留数十件档案,其中透视出清代法律运行的诸多"面向"。在官府看来,只要挑战公权力,不管事实本身如何,就意味着对现有社会秩序特别是法律秩序的冲击。因而,法律一再进行扩张解释,把讼师作为惩治的客体,即某个特定时期被严打的群体,贴上"标签",以为他的同行或相关行为做"警示"。

一、介入三命大案

刘儒恒介入的案件,在嘉庆年间是一桩大案,被包世臣称为"近世以郁民而成巨狱"之首。[2]这就是寿州大案。

---

[1] 林乾:《清代严治讼师立法——"以例破律"解析之一》,《法史学刊》第1卷,北京:社会科学文献出版社,2007年。
[2] 包世臣:《齐民四术》,《包世臣全集》,合肥:黄山书社,1997年,第400—401页。

嘉庆八年（1803）闰二月十九日，安徽省凤阳府所属寿州，远近闻名的大富户张体文家出了件大事，在张家打工同住西厢房的李赓堂以及李的儿子李小八孜，还有在张家做杂务的族侄张伦，三人同日暴亡。

家中出了三命之事，作为家长，张体文立即报知尸亲张伦之兄张怀、李赓堂之弟李东阳，以及主管治安的地保陶忠等。由于尸亲李东阳坚持报官，张家遂以误中食毒报官勘验。

寿州知州郑泰接报后，率仵作等勘验现场，死者有明显中毒症状，讯问人证时却或称中邪，或称误食毒蘑，或称中煤毒。郑泰因案件复杂，欲速结了事。

主人张体文育有三子，长子情况不详，三子张大勋是个武举人，向以承揽漕粮运输为生，在运丁中是个小头目。这种工作有很强的季节性，一年多半在外，因而家里的事情主要交由次子张大有打理。既然报了官，就要做些准备，张大有找到好揽词讼的贡生孙克伟商量对策，孙出主意说，张家无外乎多出些钱，最好的办法是让尸亲撤诉。此时，在外的张大勋也已赶回家中。经与李东阳多次讨价，张家答应出钱二千四百两白银，换取作为尸亲的李东阳的撤诉。

寿州知州郑泰此前屡传尸亲不到，因为当事双方正在背后商讨和息之事。辗转到了七月再传时，李东阳到庭并称其兄是误食毒蘑菇而死，且出具甘结。郑泰照准将此案结案，不久调任泗州。

不料，这一正常的调任使案情大为反复。原来，郑泰在寿州任上曾将衙役李复春开除，李记恨在心，伺机报复。当他得知郑泰没有将三命之案按规定上报，今又调离寿州时，遂教唆李东阳赴省控告，可以讹诈郑泰。几经辗转，郑泰管门家人苏三同意出钱五百两，李东阳遂未出呈。

此时，没有得到任何好处，也没有报复到郑泰的李复春并不甘心。他因在衙门充过衙役，熟悉讼师，于是找到本地有名的讼师帮忙，此人就是刘儒恒。刘写就呈词交给李复春，李直接向两江总督陈大文告发郑泰，其中言张大勋之妻胡氏与在张家打工的族侄张伦通奸，被张家的雇工李赓堂父子撞遇，告知张大勋，张大勋素本惧内，怕家丑外扬，遂将李赓堂父子并张伦毒死,知州郑泰朦胧混验,嗣经尸亲李东阳控告,郑泰令监生张位同、管门苏三,以及怀宁县管门陶四串说,付给李东阳银子五千两,且为李东阳捐了监生,肩舆送回,等等。李复春的原呈上还附有切结,称如诬告甘愿坐罪。

陈大文对官吏徇私舞弊一向严厉惩办。他接报后非常重视,又以李东阳素无寸产,今暴冒捐监,赃私昭著,且三命重案,又牵涉属员枉法,遂于嘉庆九年(1804)委派徐州道员鳌图等,带同原告李复春驰往查办。鳌图等于当年十二月十二日到了寿州,提卷查核,得悉张家是上年闰二月二十二日报的案,二十五日勘验,尸格填报的是"三命中毒身死"。讯问所中何毒,供词闪烁,忽吐忽翻。张大勋及其子监生张保安、已捐监生李东阳等极为刁滑,说和之人承认过付李东阳银子一千两。又查阅寿州案卷,三命之案并未详报。为此,陈大文于十二月二十七日奏请将郑泰革职,武生张大勋、监生张保安、李东阳等斥革,以便进一步审理。〔1〕

就在陈大文草拟奏折时,鳌图又禀报,张大勋供称,案发时他并不在家,其子张保安坚供其母胡氏并无与张伦通奸毒毙之事。陈大文认为贿匿重案,情弊显然,飞饬安徽臬司鄂云布驰往寿州彻查。

对陈大文的上奏,嘉庆帝非常重视,上奏有多处朱批。十年(1805)正月十一日,嘉庆帝命将郑泰革职拿问,张大勋等举人、监生斥革。〔2〕此时距案发逾时已近两年。

陈大文上奏的是参案,即参劾知州郑泰,而不是对三命之案的初审报告。由于对具有身份的诉讼当事人不能使用刑具刑讯,故一并奏请将张大勋武举等革除。从清朝审办大案的程序而言,按察使职掌一省刑名总汇,即便皇帝奏交督抚亲办之案,也主要由按察使督饬首府县来审,封疆大吏"受成"而已。

就在陈大文上奏的半个月前,即十二月十二日,安徽按察使鄂云布

---

〔1〕《陈大文奏寿州民人李复春具控毒毙三命案》,嘉庆九年十二月二十七日,录副奏折03-2280-005,中国第一历史档案馆藏。
〔2〕《清仁宗实录》卷139,嘉庆十年正月丙申,北京:中华书局,1986年影印本,第29册,第899—900页。

调任江苏按察使，皖臬由平庆道员杨护升任，但尚未到任。故陈大文上参案的同日，又上一奏片[1]：等杨护到任后，鄂云布再行交卸赶赴新任，也即将此案交鄂云布审理。[2] 嘉庆帝准奏。而就在陈大文上奏的当月，安徽巡抚王汝璧也内调兵部侍郎，皖抚一缺由直隶提督长龄调任。随即，陈大文也于嘉庆帝首次就寿州案下发谕旨的半个月后，即十年（1805）正月二十六日内调左都御史，两江总督由山东巡抚铁保接任。

一个月之内，审办三命之案的安徽巡抚、按察使特别是江督的大换班，是否清廷的有意安排？换言之，这种人员调动，是否暗示清廷不想把寿州三命之案真正查下去？在此前后发生的一件事似乎可以帮助我们厘清一二。嘉庆九年十二月二十四日，即奏报寿州案的前三日，陈大文审结丰县民人穆奎文的控案，被刑部驳回，兼刑部尚书的大学士董诰等明确称，丰县一案应由尚未到任的铁保审理。[3] 而此时距陈大文离任内调尚有两个月之久。[4] 这种安排很不正常。

两江及安徽主要官员的变动，确实对案件的审理产生了颠覆性的影响，而左右审理的正是新任江督铁保。铁保出身于世代武将之家，但颇有文名，折节读书，中举人、成进士，时龄皆早。他还优于文学，擅长书法，词翰并美。他主编经嘉庆帝赐名的《熙朝雅颂集》，颇有影响。《清史稿·铁保传》评价他为人慷慨论事，及居外任，自欲有所表现，倨傲，意为爱憎。

铁保"意为爱憎"的性格，也同样反映在任江督后对寿州案的审理上。与绝大多数督抚"受成"不同，铁保刚上任，就亲自过问此案。他收到张家的诉状，状称张家历世清白，忠孝传家，哪里会有通奸之事，这完全是出自讼师的捏造。铁保本来认为案情有异，加之张家控告，遂责成刚接任的寿州知州玉福前往查案，很快究出李复春上控呈词乃讼师

---

〔1〕清朝实行严格的一事一奏制度，即便事属牵混，也必须另行以附奏形式奏请，此即附片，又称奏片。
〔2〕《陈大文奏新任江苏按察使鄂云布交卸事》，嘉庆九年十二月二十七日，朱批奏折04-01-13-0146-034，中国第一历史档案馆藏。
〔3〕《奏为议驳两江总督陈大文审拟丰县民人穆奎文控案事》，嘉庆十年二月十三日，录副奏折03-1494-023，中国第一历史档案馆藏。
〔4〕陈大文于三月十六日与铁保交卸。

刘儒恒所写，遂将刘儒恒拘押。

而即将调任江苏臬司的鄂云布于嘉庆十年三月初九日与杨護进行交卸，并将应办事项逐一交代清楚，当天即启程赶赴江苏。[1] 鄂云布在交卸前审出三命案之大概，这个"大概"仍然肯定张家因通奸事败露而下毒谋毙人命的事实，但与徐州道鳌图所审有很大区别，起意谋毒的是已经故去的张家大家长张体文。案发时张大勋正押运粮船北上，本不在家，而李赓堂父子将胡氏通奸之事告知张大勋之父张体文，张体文起意谋毒，用七文钱买了鼠药，将药拌糖和面做成甜饼，三人傍晚劳作归来，食饼后而亡。而张体文于当年七月即三人暴亡的四个月后病故。如此一来，张家虽然出了丑事，但张大勋兄弟等不需要为此承担刑责。这也是嘉庆时期审案官员"救生不救死"的惯常做法。

二、讼师进京控告

在人治国家里，主要官员换任，案件往往存在很大的变数，也被讼师视为绝佳的介入机会。一直关注此案的另一个讼师任儒同选择此时正式介入，正是看到新任江督铁保要翻陈大文的案，遂决意为富有的张家作词打官司。[2]

任儒同籍隶安庆府附郭怀宁县，自幼业儒，于乾隆五十年（1785）科试，取入安庆府生员，一向以教读糊口。嘉庆五年（1800）失馆后，无以为生，曾为怀宁、桐城多人作词，控告坟山、田租等事，案均审结。嘉庆十年七月，寿州武生周丹凤至省城安庆，寓于任儒同同族任廷桂家，因此相识。而寿州三命大案无疑是重要谈资。任儒同向周丹凤言及张大勋之案，现在尚可翻控。此时张大勋在安徽省城候审，正想找人作词，周丹凤即以任儒同之言相告，张大勋前往晤谈，甚为投合，即将案情就商，任儒同提出张家必须坚执烘板受毒之词。

---

[1]《鄂云布奏报接署藩篆日期事》，嘉庆十年四月初十日，朱批奏折 04-01-13-0174-022，中国第一历史档案馆藏。
[2]《初彭龄奏拿获寿州案内任儒同审拟由》，嘉庆十二年四月十八日，录副奏折 03-2202-003，中国第一历史档案馆藏。

与陈大文的做法不同，铁保接审此案，开始责令安徽来审，后来亲自审理，并将案件移到江苏，委派苏州知府周锷、长洲县知县赵堂等隔省复审。按照许多讼师介入案件的做法，张家聘请的讼师任儒同一直跟踪案情的进展。嘉庆十一年（1806）正月，案件解到江宁，张大勋邀任儒同一起赴江宁；案解苏州，又同赴苏州，而张大勋在江宁、苏州等地向总督及臬司衙门先后所递之词，全部出自任儒同代作。除呈词中力辩张家无奸无毒，三人之死系因烘板中毒外，任儒同还是被告的法律辅导者，负责代为教供。当然，任儒同已收受张大勋银六十两，张大勋还承诺案结后另行酬谢。

张家的诉状确实起了作用，特别是原告即尸亲已不再上告，张家接下来的重点是疏通"关节"，而"关节"必须靠银子打通。好在张家是富户，其财力能够支撑这场诉讼，或者说正是张家的富有，才有更多的人愿意"效力"。随着案件移到江苏，双方当事人的角逐也转到这里。

在张大勋的恳求下，一开始就为张家出谋划策的孙克伟来到苏州。孙又邀请其兄、刑部郎中孙克俊火速至苏。孙家兄弟的来头显然不小，他们去拜会主审此案的苏州知府周锷和长洲县知县赵堂。由于刑部官员出场，更为重要的是，新任总督大人的意见似乎很明确，加之周、赵两人收了张家的八千两银子，[1]案件很快以"烘板中毒"上报。而通奸之说完全是讼师刘儒恒的教唆，子虚乌有。故此，新任总督铁保令严审刘儒恒。自此，讼师刘儒恒从幕后被迫走向前台，成为推动此案的主角。

与普通的讼师不同，刘儒恒颇有职业讼师的"担当"，在为当事人写状的同时，也准备了一环紧扣一环包括如何自保的后续方案。当他被新任寿州知州玉福关押后，他的儿子刘荣先已经踏上进京控告的路途。

嘉庆十年十月，刘荣先前往步军统领衙门控告：其父无辜被禁、州役抄抢其家什物，并将其弟媳殴辱等情。[2]据刘荣先称，他今年二十五岁，跟其父住在寿州姬刘集地方。"本年正月，寿州玉知州究出李复春的呈词曾给我父亲看过，就诬赖我父亲是讼师，传去掌责跪链，我母亲

---

〔1〕后审出此银是张家所出，为孙捐衔所用。详见下文。
〔2〕《禄康等奏寿州民刘荣先控案》，嘉庆十年十月二十一日，录副奏折03-2192-011，中国第一历史档案馆藏。

赴陈大人前呈告，批委凤阳府查办后，玉知州将我父亲解至臬司衙门监禁，又将我家人李华、堂叔刘述宗传去看押。五月十八日，我母亲到了省中，因我父亲无故被禁，又赴新任总督铁大人前呈控，批委臬司发交安庆府审讯。"步军统领衙门在关注刘儒恒被关押的同时，对刘荣先呈控因奸毒毙三命一案更加在意。"三命之案何以三载之久尚未办结？""曾否奏报到刑部？"遂奏请先将刘荣先交刑部审明。

刑部的审理不但使得刘儒恒的家庭状况更为详细，而且也使得三命之案在最高司法审判机构备下了又一个颇为详尽的"版本"，还交代了审案发生重大变化的过程。刘儒恒时年五十一岁，妻子姓汪；刘荣先的妻子姓王，他的兄弟叫刘兴惠，家住寿州姬刘集。关于三命之案部分，据刘荣先供称，张大勋之妻胡氏与张纯修通奸，被雇工李小八孩撞见，张家药死灭口，连同李的父亲以及在张家做杂务的族侄张伦一并误食而死，后通过亲属孙克伟买通仵弟李东阳及知州郑泰，朦胧验讯，说是误食毒蘑菇而死。李东阳的族弟李复春曾帮李东阳办事，未分得银两，遂赴总督陈大人前呈控，陈大人委派徐州道鳌图审出实情，检出三命乃中毒而死，将郑泰等奏革，张纯修、胡氏及说和、过付人等关押，阖州民人俱为允服。不料嘉庆十年正月鳌图调回河工，臬司鄂云布亲临寿州，怕承审各官处分太重，将案情改轻，李东阳先得张大勋二千四百两说是他已故父亲张体文付给，郑泰管门家人苏三等过付的五千两不令李东阳承认，又吓挟原告李复春改供五百两是张大勋托张位同口许，并未过付，希图减轻郑知州之罪。又以张体文疑媳有奸，欲行毒死，致误毙多命，既可罪归已死之人，且可掩饰奸情。以下言新任寿州知州玉福究出李复春呈词经其父刘儒恒看过，遂诬为讼师，酷刑收禁，其母向新总督铁大人控告。

刑部奏称，三命之案自前总督陈大文于九年底奏报后，迄今将近一年，尚未审拟到刑部，殊属迟延，应彻底根究。此案前奉谕旨交鄂云布提讯，现在刘儒恒以其偏断不公京控，奏请是否将此案改交现任总督铁保提到江宁审办，请皇帝定夺。[1]

---

[1]《刑部奏寿州刘儒恒遣抱刘荣先控案》，嘉庆十年十一月十四日，录副奏折03-2282-033，中国第一历史档案馆藏。

尽管寿州大案留存数十件档案，但不少真相仍扑朔迷离。按照刑部的核查，自陈大文嘉庆九年底一奏，铁保于三月初接任江督后，到刘儒恒此次遣子京控，近一年的时间里，该案似乎被"冻结"。正如后来刘儒恒为自己辩护的那样，如果没有他这一控，三命之案似已沉寂。在这近一年的时间里，到底发生了什么？原被告都做了什么？何以杳无声息？

三、定性"积惯讼棍"

刘儒恒遣子京控是被迫，因为一旦按讼棍例定罪，他将受到发配烟瘴之地充军的严厉惩罚。但京控确为他本人，也为他全家带来了毁灭性的灾难，尽管他所控为实，并为寿州三命之案真相的揭露起到了至关重要的作用。

乾隆中期始，京控案明显增加，清廷为此完善相关立法，凡京控之案如果审虚，要随案声叙是否究出讼师。嘉庆以还，社会问题凸显，京控者络绎于途，而地方官通过严打讼师以图遏制控案的做法堪称极为普遍。

嘉庆十一年八月十四日，江督铁保奏结此案已变成"遵旨审明讼棍诬奸毙命重案核拟具奏事"这样的题由。[1] 据此，由通奸而引发的三命之案完全是讼师刘儒恒的一手"策划"，刘儒恒被发遣极边烟瘴之地也就再自然不过了。这堪称寿州大案的又一个"罗生门"。

铁保在上奏中将他如何平反、审出确情，写得十分清楚：李复春与死者李赓堂父子同姓不宗。[2] 他唆使尸亲李东阳告发郑泰，是为图索诈，迨索银不遂，起意控告。

有积年讼棍刘儒恒，籍隶寿州，先曾犯案拟徒，废疾收赎，复又叠犯枷杖，怙恶不悛。李复春闻其惯于教讼，遂央素识之杨保吉领往，商将苏三许银五百两改为五千两具控。刘儒恒声言李赓堂等三命重案，必得有致死之由，方能耸听。张大勋家道素丰，必无图财害命之事。雇工

---

［1］《铁保奏审明讼棍刘儒恒诬奸毙命重案》，嘉庆十一年八月十四日，朱批奏折04-01-01-0495-062，中国第一历史档案馆藏。
［2］清代限制诉讼，原、被告必须系直接当事人及其亲属。

人既有口角嫌隙，何妨辞退，断难指为仇杀，唯有提出张伦与张大勋之妻胡氏有奸，被李赓堂撞见告知，张大勋恐张扬露丑，将三命毒死灭口，方可图准。李复春以奸情无据向诘，刘儒恒答称：正唯暧昧无据，可以混指，只需填写"街谈巷议，道路口碑"八字，可免追究。即代作呈词。

此即李复春冒认尸兄图诈，刘儒恒教唆诬告之缘由。"据刘儒恒、李复春亲笔供招，自认图诈教唆诬控"，"刘儒恒以犯案释回讼棍，胆敢捏砌奸款，坏人名节，陷人死罪。李复春、刘儒恒二犯均应照凶恶棍徒拟军例，情罪重者改发黑龙江给披甲人为奴"。

那么，李赓堂等三人是如何死的？何以与鳌图、鄂云布所审大相径庭？铁保奏称：据署江苏藩司遇昌、署臬司赵宜喜督率苏州知府周锷、长洲知县赵堂、元和知县万承纪等讯明，李赓堂等三命实系因中毒而死，并非张大勋因奸毙命，实系讼师刘儒恒教唆诬告。铁保又亲督遇昌、安徽臬司杨馥等审明：嘉庆七年冬，张大勋押运漕船北上，其父张体文在隙地盖屋，将年久的大槐树砍伐，树根窟内有数条大蛇，当即打死，将树锯为板材，放置李赓堂等雇工所住西厢房。八年闰二月十九日，在李赓堂三人同住屋内叫木匠王秃孜做桌子，用煤屑木屑烘板，次日晨发现三人被熏蒸而死。报州勘验，李东阳借尸索要，张体文畏累，应允付给一千两，李东阳不允，张大勋回家后付二千四百两，李东阳息结。其后李复春图诈、刘儒恒教唆诬告。铁保还奏请为平反此案的遇昌、周锷等官员议叙，"寿州知州玉福能将讼师拿获，致全案得以昭雪"，亦请议叙。张大勋已革举人应予开复。

铁保这份长达二十余纸的"定拟具奏"，是寿州大案案发后地方最高层级的第一次正式审结奏报。嘉庆帝朱批"该部议奏"。通常说来，这是命盗以上重案的最后核准程序。

几家欢喜几家愁。寿州大案的"平反"在两江三省绝对是大新闻。

早在周锷等审办三命之案时，从苏州城到清江浦，就在上演一部大戏，取名《寿椿园传奇》，共有十六出，演的就是"平反"寿州大案的"新事"。"传奇"由苏州著名的戏班子结芳班倾力打造，由专职为结芳班编戏的毛文隆等二人编自苏州正在审理的三命之案，戏中把周锷描绘成明代苏州知府、人称"况青天"况钟一样的人物,"如水襟怀对大江","不带江南一寸棉",这是后来昆曲《十五贯》的两句经典唱词。周锷成了"青天",戏中的铁保形象自然要更高大,他成了度众生脱离苦海的弥勒佛。而"毒陷""唆控"等出最为吸引人。该戏自七月开始上演,一时观者如潮,道路传为美谈。很显然,寿州大案正在审理尚未定案时,就在崇尚新奇的江南苏州等地上演,很难说这完全是结芳班的"市场"行为,幕后更多的是苏州知府周锷等官方的身影。[1] 这也是经常出现在江南等地审案过程中的舆论战的惯常做法。

四、二次遣妻京控

铁保在奏结三命大案的同日,又上了一个颇长的"奏片",专门向皇帝奏报刘儒恒一家都是讼师,向以诬累人为职业。这实际是给京城大员特别是皇帝打"预防针",其潜台词是刘儒恒家人可能会进京告状,但完全不可信。

铁保"奏片"称:再查刘儒恒积惯唆讼,犯案累累。此案李赓堂等中毒毙命,该犯教唆播弄,几至酿成冤狱,若非访拿到案,断难水落石出。该犯被俘获后,又遣妻、子分头呈控,即其妻、其媳,亦能作词评讼,实为讼棍之尤。苏省委审各官知其刁恶,不敢稍示以威,设法推问,始据逐一供吐。今臣又连日悉心讯问,该犯唯俯首供认,无可置辩。刘儒恒又捕风捉影,添砌鄂云布借居孙克伟家作寓,减轻情节等情赴京具控,复因知州玉福将该犯访拿,是以挟嫌诬控,一并牵入。经臣逐条研讯,该犯俱供认不讳,历历如绘,案无疑窦。对铁保的"奏片",嘉庆帝于九月初一日朱批了一个"览"字。[2]

铁保的预料没有错,在我们看不到刑部对江督的审拟如何"议奏",同时也不可能看到作为被告的张家在已经"洗脱"通奸、谋毒等罪名,

---

[1]《舒明阿遵旨查明据实奏闻事》,嘉庆十二年三月初一日,朱批奏折 04-01-26-0020-083,中国第一历史档案馆藏。

[2]《铁保片奏刘儒恒积惯讼棍折》,嘉庆十一年八月十四日,朱批奏折 04-01-01-0498-037,中国第一历史档案馆藏。

张大勋等的举人身份也将开复，而死者的亲属即原告一方也已停歇了脚步时，是讼师刘儒恒又一次推动了案件的审理。

刘儒恒是个出色的讼师，不但熟悉大清律法，谙悉《洗冤录》等官方批准的检验尸伤的法定文本，更为主要的是，他在更高衙署控告的时间点把握得十分恰当。从应对官府的诉讼策略而言，他不是"死扛"型，而是"留得青山在"型。因而，当铁保试图"平反"寿州案时，他很"配合"地承认自己"诬控"。但当铁保的定案即将上奏时，他派出了至少第二次进京控告的家人。一如我们在许多大案中看到的一幕，只有"前赴后继"，并有足够的财力和人力，才能把官司打下去。

刘儒恒因自己被判重刑，儿子刘荣先被押，遂派妻子汪氏进京，于嘉庆十一年九月初九日到都察院控告："氏夫刘儒恒因与民人李复春修改呈词，被本州酷刑拷打，逼认唆讼，上年九月曾遣子刘荣先赴提督衙门呈告，交总督审办。本年三月，由臬司转发苏州府，又转委元和、长洲两县勘讯，始终回护原详，将张胡氏因奸毒毙三命作为误中蘑菇及轰（烘）蛇孔板毒身死，置尸亲李东阳等贿和重情于不问，原告李复春亦畏刑受嘱，改供朦胧定案。""氏夫本系残疾，李复春原状系出杨保吉之手，且本州原访有讼师孙泰、许文科，俱置不问，止将氏夫苦逼。""本年六月，府县复检尸骨色黑，指为中毒，并非服毒，氏夫以自食为服，被毒为中申辩，未蒙详察。氏夫有摘查《洗冤录》十二条，并手写此呈付氏来京呈告。"都察院以此案交铁保审办，迄今尚未奏结，因案情重大，疑窦甚多，查阅呈词、讯问氏供，俱不明晰，奏请分别确讯，按验实在凭据，庶无枉纵。次日朱批。[1]

刑部在三法司中居主导地位，故向来有"大部"之称。本来，铁保八月十四日的结案上奏，嘉庆帝于九月初一日已朱批"该部议奏"，[2] 但刑部未奏，故都察院至九月初九日汪氏呈控时，仍以铁保未奏结案。

---

[1]《都察院奏寿州民妇刘汪氏控案》，嘉庆十一年九月初九日，录副奏折03-2285-021，中国第一历史档案馆藏。

[2] 朱批奏折有"该部议奏"四字，录副奏折标注朱批时间为嘉庆十一年九月初一日，但朱批内容为"览"。

查嘉庆帝于当年七月二十二日启程前往塞外木兰秋狝，九月十九日回到京城，此间铁保有多项上奏，多属河工事宜，而于寿州大案，《清实录》此间并无记载。[1] 这或许说明，嘉庆帝并没有就铁保的上奏发布直接指示或谕旨。

答案还要从人事变动上寻找。刘儒恒之妻汪氏到都察院控告的当天，即九月初九日，嘉庆帝有一项重要任命：内阁学士初彭龄外放皖抚，原任安徽巡抚成宁改调山西。正是这项任命，为此案最后判决起到了关键作用。

初彭龄原籍山东莱阳，乾隆时迁居即墨。他出生在世代簪缨、官位显赫的家庭，初氏家族是即墨境内继郭琇之后的又一闻名遐迩的清代大族。祖父初元方，乾隆进士，官至兵部侍郎、工部尚书。乾隆三十六年（1771），弘历巡山东到泰安，初彭龄被诏试，以其文章出众，被赐一等一名举人。乾隆四十五年（1780）会试，中第五名进士，改翰林院庶吉士，授江西道监察御史，先后参劾协办大学士彭元瑞、江西巡抚陈淮，两人受到惩办，初彭龄声震天下，人送外号"初老虎"。因其不徇私情，深得嘉庆帝赏识，多次派往地方查案。嘉庆帝也常将机密大事与他商议，密交办理。此次外放，即嘉庆帝将案悬三年、命关多人的寿州大案交给他审理。

如前所述，嘉庆帝于九月十九日从塞外回到京城，初彭龄于二十六日自京启程赴任，"陛辞之先，日蒙召见，训诲谆详，教以摒除苛细，调剂宽严，凡所以安民察吏之方，备承指示"。一个月后即十月二十七日，初彭龄到达安徽省城，正式就任巡抚。当日奏报到任日期，而嘉庆帝在这份再普通不过的奏报上，朱批了长长的一段话：永守素忠，为国宣力，诸事宜加精细，切勿草草看过，人情诈伪难测，须防言行不符之辈，勉之，等等。[2]

---

[1] 参见《清仁宗实录》卷165—167，嘉庆十一年八月、九月，北京：中华书局，1986年影印本，第30册，第141—185页。
[2] 《初彭龄奏报到任日期折》，嘉庆十一年十月二十七日，朱批奏折04-01-12-0275-044，中国第一历史档案馆藏。

五、"初老虎"再定案

初彭龄果真不负嘉庆帝所望，经过一个多月的亲自审理，至是年年底终于审出原来是张体文的次子张大有与弟媳即张大勋之妻胡氏通奸，及谋害三命的真相，上奏既推翻了最初鄂云布审出张体文主使谋毒的结论，也颠覆了铁保复审"烘板中毒"的结论，因为"该处土俗向不烧煤"，且"以捕获小蛇数条为两年前毒命之证，尤为附会"。经传讯安徽、江宁两次审案但均未传讯的木匠王秃孜，供出张大有给他银五十两及盘缠费，让他为做桌子作伪证等事实。而尸检报告，对照《洗冤录》，极为详尽，证实确是中毒，并指出在江苏审案的苏州知府周锷等明显"故出"，奏请解任。[1]

嘉庆十二年（1807）正月，初彭龄将审拟寿州谋毒三命一案[2]正式奏报，审出张大有用砒霜做饼下毒。经审，张大有属长淮卫，住居寿州，兄弟三人同居。乾隆五十四年，大有妻故，遗下周岁幼子，托大勋之妻胡氏抚养，两人遂成奸。嘉庆五年分居，张大勋之族侄张伦、族弟张纯修也与胡氏成奸。张大勋充当运丁，常年在外，其子张保安年轻在外。遂将胡氏发怀宁县收禁。

就在初彭龄审理期间，讼师任儒同不断为被告出主意，称张家出了这样的事，胡氏难以苟活，唯有一死，用验羞秘骨不仅可以洗脱自己的冤屈，还可以保全张家所有人。嘉庆十一年（1806）十二月二十八日夜，胡氏在监乘伴妇睡熟时自缢。正在检验时，张大有逃到霍山县地方，拿获归案后供吐实情。张大有被革去举人身份，照杀三人而非一家例，拟斩立决，家产一半给被害二命之家，刺字留禁省监。其他人惩处有差。李东阳受赃二千四百两，复得郑泰管门家人苏三银五百两，杖一百，流三千里，加徒役三年。张大勋同。李复春"未便因所控因奸谋

---

[1]《初彭龄复审寿州谋毒三命一案大概情形》，嘉庆十一年十二月十一日，朱批奏折04-01-26-0019-095，中国第一历史档案馆藏。

[2]《初彭龄审拟寿州谋毒三命一案具奏事》，嘉庆十二年正月十六日，朱批奏折04-01-26-0020-002，中国第一历史档案馆藏。

毒尚无不实，适从宽贷，李复春应照无赖棍徒冒认尸亲行诈，杖一百，枷号两个月。刘儒恒代作词状，所控因奸谋毒，系李复春告知，并非该犯捏情唆控，律得勿论。其遣子刘荣先赴京呈控，称升任臬司鄂云布以各官处分太重，只将李东阳先得张大勋银二千四百两坐实，其苏三所付之五千两不令承认，吓央原告李复春令其改供五百两"，查"苏三实只凭陶四给李东阳银五百两，并无五千两，所控系属全虚，刘儒恒合依蓦越赴京告重事不实发边远充军例，发边远充军，该犯腿虽残废，前已问徒收赎，且素日实系讼师，应实发充军，不准收赎。其子刘荣先、其妻刘汪氏俱系听从赴京投递，业已罪坐刘儒恒，应免置议"。正月二十九日朱批：刑部速议具奏。

二月初七日，初彭龄又上《审出实在请托情形》一折[1]，认定原任刑部郎中孙克俊受张大勋之托，向苏州审案者包括知府周锷等托以烘板中毒之说。孙克伟的供词非常详尽，确实如历如绘。

初彭龄的上奏似乎预示案件已经审结，但张家没有放弃，张家的讼师任儒同也没有放弃，而胡氏之死，仿佛使之找到了新的突破点。档案中详细记录了胡氏交代如何与二伯伯（张大有）通奸，也记录了张大勋通过进出监的女伴婆钱氏探知情况，并通过她传话给胡氏，说承认与二伯伯的事，要处绞刑，早晚都是死，早死救他及儿子，遂给看守的差丁四百文，让钱氏通过进出监送饭等机会，全部得悉情况。因钱氏也做过官媒，胡氏先押在钱氏家中。而此次胡氏自缢是寿州官媒蔡氏帮助，蔡氏因此可得到张家六千四百文。钱氏还每日为胡氏送饭到监，每次报酬九十文。在监内还有二位伴婆，也得到好处。胡氏遂用白绫于嘉庆十一年十二月二十七日自缢身亡。张大勋答应官司完结后，给官媒蔡氏"买口棺材，再给小妇几件衣服裙子"。据蔡氏供称，"他告的呈词听说是向与胡兆信、张大勋相好的任先生作的，任先生是本处人，他进城总在杨家塘曹家庵作寓，约年将近五十岁，身矮，脸团，大麻子，

---

[1]《初彭龄奏审出实在请托情形折》，嘉庆十二年二月初七日，朱批奏折04-01-26-0020-103，中国第一历史档案馆藏。

黄鬓子"。[1]

张家用胡氏之死与死神赛跑。胡氏自缢的次日，她的娘家哥哥胡兆信即进京告状，试图赶在初彭龄定拟上奏前翻控。果然，在嘉庆帝"著刑部速议具奏"的第二天，即十二年正月三十日，胡兆信以棍诬官逼、迫叩申冤等事，赴都察院控告。现存《胡氏禀状》是研究讼师讼词很好的资料。据禀状，胡氏年四十三岁。开篇首先讲"妇人首重名节"，"名节二字所以立天纲而维人纪也"，一经有犯，自笞杖至死刑皆有，而官长主持风化，尤在激清扬浊，而事涉疑难，要在平心讯问，不得将无影之词，作有据之奸。胡氏数代书香，年十六岁嫁到张家，生育二子，长子即监生张保安，年二十四岁，次子张保忠，年九岁。以下叙述案情是烘板中毒，并以审讯二百余堂皆是中毒反驳因奸谋毒，并愿以死检羞秘骨以白冤；还驳七文红鼠药致命之说：砒霜二包，七文何能二包？虚捏已显。砒霜交付地点双坝集，而寿州没有双坝集，是棍徒刘儒恒指使李复春诬捏，而铁保大人已经审出刘、李等虚捏之情，刘、李并有切结，显然是"尸亲讹诈，讼棍朋诬"。最后请检羞秘骨。

都察院没有像往常一样于京控当天上奏，而是在胡兆信上控的隔日上奏。都察院认为初彭龄原拟并无不实不尽之处，此次定是砌词牵控，希图挟制翻案，因此上奏皇帝时用"翻控"字样。考虑到是控人命之案，仍将原词封呈御览。都察院特别声明：查此案军机处于（正月）二十九日交出，刑部于三十日照拟复奏，钦遵谕旨，飞咨安徽巡抚在案，胡兆信即于是日呈控，臣等以事关人命重案，不敢拘泥成例，致有迟延，是以赶紧缮折具奏，谨附片声明。[2]而在都察院上奏的前一日，刑部已经议复并奉旨：张大有着即处斩，并由部马上飞递，行文巡抚初彭龄执行。

嘉庆帝还是非常慎重，接到都察院奏报的当日，立即谕军机大臣飞饬传旨曰：本日复据都察院奏，张胡氏之兄胡兆信现又来京具呈翻控，

---

[1]《寿州谋毒三命一案供招》，嘉庆十二年二月（无确切日），录副奏折03-2200-031，中国第一历史档案馆藏。

[2]《都察院奏寿州民胡兆信翻控》，嘉庆十二年二月初二日，录副奏折03-2200-016，中国第一历史档案馆藏。

以该氏并无通奸情事,其李小八孜等三命实系烘板中毒身死。此案初彭龄所审各情,案据颇为确凿,但胡兆信既来翻控,若不再加研究,令胡兆信与张大有面行质对,尚不足以服其心,现已钦派大员前来安省覆讯此案,所有张大有一犯著暂缓正法,以便钦差到时提同质讯,俾案无疑窦。初彭龄接奉此旨,唯当将该犯牢固监禁,听候提质,若钦差未到之前,任禁卒人等稍有疏虞,致令自戕身死,转似有意致死灭口,难成信谳,则唯初彭龄是问。将此谕令知之。[1]

案情至此似又有转机,张家又生希望。而此次,张家除把希望寄托在两江总督铁保坚持"平反"上外,更对钦差抱有希望。

初彭龄审拟的意见出来后,等于全部颠覆了铁保的复审意见,为此,初彭龄必须回答此次审理何以与铁保复审大相径庭。十二年二月十二日,他上《奏明铁保审办寿州案实在情形》一折,不但参了铁保一本,而且将江苏、安徽官员有关本案的不同意见以及铁保如何压制反对"平反"官员、撤换主审官等重重内幕揭露出来。初巡抚的上奏特别指出,总督铁保奏称,此案经江苏臬司遇昌督率苏州知府周锷等严审,审出烘板中毒,非因奸谋毒,他又率安徽臬司杨護亲审无疑,方最后定案。但杨護最初由安徽巡抚长龄派审时,审出因奸谋毒,何以一俟与总督铁保亲审,即审出烘板中毒,并自认此前所审错误,一人出现两歧?据杨護称:十一年七月三十日,因陛见皇帝回到清江浦,"总督因安(徽)省原审六安州知州宋思楷、候补知府张世浣哓哓禀辩,恐苏州府所审不无贿嘱诱串等情,恳请另委大员复审","维时总督业已亲审定案,我系定案后始委会审的,并非委审后始行定案的"。初彭龄查阅案卷,原审官为六安州知州宋思楷、候补知府张世浣,宋思楷原禀并未附卷,而张世浣原禀尚有"据称此案所以犯供屡翻者,皆由张大勋身充运丁,熟识衙门,家殷富而人能事,既欲为其妻保全名节,又欲为其子留全性命,且恃见证皆其至戚家人,供词不难诱串,是以屡次翻异,不能定案"等语。而督臣对此批饬道:"此案现审并非因奸谋毒,确凿无疑,

---

[1]《清仁宗实录》卷174,嘉庆十二年二月甲戌,北京:中华书局,1986年影印本,第30册,第275—276页。

该员尚晓晓禀辩，可见前此入人死罪，诬人名节，实系有心故勘"，饬令杨橐司会同遇昌立即揭参。杨護等代为禀恳免参，并取具二人认错亲供附卷。据此初彭龄认为，二人是从前承审官，如果没有真知灼见，何敢于总督亲审定案后，尚晓晓禀辩？也就是说，当时有不同意见，但在总督的强势主导下，不同意见受到压制甚至惩罚。初彭龄最后请旨，饬令督臣铁保先行明白回奏。二月十九日，朱批：另有旨。[1]

总督与巡抚同属封疆大吏，体制上并无从属关系。但义属同体，清代巡抚大多唯总督之令是从。如果总督是旗员，巡抚是汉人，更难以相拮抗。江督辖两江三省，江苏乃其直辖，平日驻治江宁，因兼管河漕，常驻清江浦。此次，初彭龄再次展现他"初老虎"的本色。他咄咄逼人，不仅将铁保的徇私枉法和盘托出，还请旨令铁保明白回奏。

嘉庆帝随即下发谕旨，将初彭龄所奏交铁保阅看，令铁保明白回奏的同时，并令其自议应得何罪上奏。二十七日，铁保回奏中承认自己昏聩糊涂，为下属所愚，但也反驳杨護所称定案在先，会审在后的说法，表示即便革职也应承领。此回奏实际绵里藏针，处处为自己辩护。[2] 铁保的同日奏片更见其为自己委婉辩解。他称，安徽原审存有疑点：谋毒之张体文、证奸之李赓堂父子，及奸夫张伦均已身死一年后审出，无从质证，李东阳借命图诈并无一字涉奸，直到一年后突出同姓不宗之李复春呈控奸情，检验尸伤并无明显中毒痕迹，而苏州所审烘板中毒适能释安徽所审之疑，加之李复春、刘儒恒自认诬告，"不料因奸谋毒系案内无名之张大有，更不想有此等不肖府县徇情听嘱，蒙混上司，奴才昏聩糊涂，坠其术中，误认案情，实由于此"。[3]

由于本案屡审屡翻，张家又一再京控，嘉庆帝为慎重起见，决定暂时撇开"明路"，走暗访渠道，以图得到真实情况。随即，通过军机大

---

[1]《初彭龄奏明铁保审办寿州案实在情形》，嘉庆十二年二月十二日，朱批奏折 04-01-26-0020-102，中国第一历史档案馆藏。
[2]《铁保奏为遵旨明白回奏事》，嘉庆十二年二月二十七日，朱批奏折 04-01-26-0020-100，中国第一历史档案馆藏。
[3]《铁保片奏事》，嘉庆十二年二月二十七日，朱批奏折 04-01-260020-101，中国第一历史档案馆藏。

臣密寄，向正在清江浦督修海防工程的南河总督[1]戴均元密查，除了让戴密报该案外，总督铁保利用节日请戏班子演唱他平反此案之事，也一并密奏。

二月二十七日，戴均元密奏，他自上年春间来到清江浦以来，就听闻寿州之案屡翻屡控。到了七月，遇昌押犯到清江浦，他又经常听闻总督与遇昌议论致命之由是烘板中毒，而安徽审出因奸毙命"乃讼师刘儒恒唆使诬控，督臣遂据以定案"。臬司遇昌、知府周锷"两衙门幕友，风闻有请托串通情事，督臣轻信属员"。关于总督铁保节日铺张事，密奏称是偶逢节日演剧，并没有从苏州送戏班到此演唱《寿椿园传奇》之事，但他听说苏州城有以此编造曲本，演为越戏，来往传说。嘉庆帝对此密奏极为认真，多处关键地方，如验尸银簪至今黑色不褪、幕友请托、越班传奇等，皆有朱批。三月初一日，朱批对密奏加以肯定：所论甚公，另有旨。[2]

六、钦差寿州驰审

一件大案发生全过程的客观事实，远比我们看到的或者呈现出来的法律事实复杂得多。法律事实可能只是客观事实的冰山一角。此案在铁保的历次上奏中，还隐去了江宁藩司康基田历审多次仍是因奸谋毒而被铁保调离、改由苏州审理的过程。换言之，最后颠覆安徽因奸谋毒的结论，背后无疑是两江总督铁保在主导。案情既明，江苏何以颠倒狱案，官员要如何处理，成为接下去的重点。

嘉庆十二年二月十一日上谕内阁：初彭龄奏寿州三命重案审有请托情弊据实参奏一折，寿州武举张大勋家毒毙三命一案，先于嘉庆九年经总督陈大文委淮徐道鳌图等驰往查办，即讯出因奸谋毒情形，当交与安徽省臬司鄂云布、杨頀研究，彼时各犯证到案之后，悉如前供，并无异词。迨后因讼师刘儒恒具呈控告，复有旨特交铁保审办，铁保委江宁藩

---

[1] 嘉庆十一年六月吏部左侍郎授。
[2] 《戴均元据实密奏事》，嘉庆十二年二月二十七日，朱批奏折04-01-26-0020-097，中国第一历史档案馆藏。

司康基田等覆审数次，亦如安省所审，并未改供。因康基田有河工要务，经铁保调往清江浦，改发新任臬司遇昌，率同苏州府周锷等审办。此案一到苏州，经周锷等讯问，遂即全行翻供，捏为蛇毒烘板情节，支离谬妄，全案子虚。现经初彭龄审明，此案实系张大勋胞兄张大有因奸起意，谋毒致毙，证据确凿。本日复据奏道，提讯苏州原验仵作王凤等四人，均称原验实系中毒，其原卷内口供辨别中毒服毒一段，伊等并无此语，亦未画供，系属周锷向其教供。随又根究出案内有名之贡生孙克伟、其胞兄孙克俊，素与周锷在京相好，又孙克伟亦与长洲县知县赵堂认识，上年到苏托情等语。知府周锷、知县赵堂、万承纪，均先著革职锁拿，并交玉麟、韩崶会同初彭龄严加审讯，究竟有无得贿入己情节，即加之刑讯，亦无足惜。此次来京翻告之胡兆信，并著玉麟等究明系何人教唆来京，是否亦系周锷等所为，臬司遇昌、总督铁保于定案时一并参奏。初彭龄秉公查办，俾冤狱平反，著加恩交部议叙。[1]

张家在做最后的努力。本来嘉庆帝已下旨将张大有就地正法，迨胡氏之兄京控，清廷加派吏部满侍郎玉麟、刑部汉侍郎韩崶（后中途改派赴荆州）为钦差，驰赴安徽审案。此时张大有已拿获到案，其子张保国得知钦差将来审案，认为是唯一翻案机会，遂立即赶至江宁，出了四两银子，又请任儒同代为作词，遂将胡氏之兄京控的内容，在钦差到达安徽境内时投递。于是，当钦差抵达阜城时，张大有之子张保国遮道呈诉，钦差讯取供词并查核呈内情节，与胡兆信如出一口，立将张保国发交地方官递解安徽归案审办，并认定这是张家分头翻控。

钦差玉麟一路上明察暗访，并据随带员外郎将张家房屋图绘画备查，十二年二月二十七日抵达安徽省城，初彭龄将全案卷宗贮箱移送，经其查审，仍以初彭龄所拟判决为是。三月初六日，玉麟与初彭龄会衔上《奏审讯寿州谋毒三命并府县官听情受嘱大概情形》一折。[2]因胡氏之兄京控携带胡氏死前的禀状，提出验"羞秘骨"以证清白，因此钦差

---

[1]《清仁宗实录》卷174，嘉庆十二年二月癸未，北京：中华书局，1986年影印本，第30册，第285—287页。

[2]《玉麟等奏审讯寿州谋毒三命并府县官听情受嘱大概情形》，嘉庆十二年三月初六日，录副奏折03-2201-010，中国第一历史档案馆藏。

玉麟等上奏"大概情形",不得不对此有所交代:经他密访,尽管对中毒之说议论纷纷,但都否定烘板之说。安徽审案始终是因奸谋毒,而江苏审出烘板后,始有中毒、服毒之辩。张大有之子张保国递呈等坚执烘板说,说胡氏是诬奸,请验羞秘骨以白其冤。

以羞秘骨辨奸,一时难住了钦差。"查《洗冤录》验妇女尸本门内,并无此说,唯于踢伤致死条后附注数语;又刑部所颁检骨骼,并无检羞秘骨正条,只称'妇人此骨伤者致命'一语,并查刑部亦无检验羞秘骨之案,是此说虽非无稽,究无确据。该犯等不过听信讼师之言,妄生侥幸,且张胡氏业经张大勋串通伴妇主使自缢,并难保无贿串仵作舞弊之事",决定"不必舍有据之供词而检无凭之秽骨也"。经讯胡兆信、张保国,二人所控呈词,均系安庆府学生员任致和即任儒同代为写作,实非苏州承审各员主使赴控。

至此,案情已明。嘉庆帝下谕旨,令将张大有即予斩决,并加枭示。但玉麟等奏请遵照前奉谕旨,即予斩决,免其枭示。随即将其绑赴市曹处斩。

接下去是对案中相关官员的处分。四月初四日,玉麟等就承审寿州命案各员罪名上奏[1],使此案何以到苏州发生变故,以及周锷向原验仵作王凤等教供,贡生孙克伟、胞兄孙克俊上年到苏州托情等事真相大白。嘉庆帝据奏几次指示玉麟等,可对周锷等使用刑吓、刑讯,令其吐实,谕旨甚至有"如获确赃,将其家产查抄,如果玉麟等以为正案已审定,就对官员舞弊将就了事,朕不难将全案人证解京加以廷讯"之语。据孙克伟家人陈魁等供,孙克俊等到苏州,先见周锷、赵堂之后,著家人尤三送苏州府礼物八色,又送长洲县礼物八色,内有八千银子,系用大茶篓装送,此银是张大勋所出。经对张大勋提耳、跪链等刑,因周锷与候选道员孙克俊是在京旧交,赵堂是在其师周竑处认识孙克俊,因而相好。元和县万承纪与孙不认识。孙家道殷实,在苏州开苏货店,孙称所送都是苏州、安徽土物,而八千两银子是用来捐衔。据张大勋供,上

---

[1]《玉麟等奏审拟承审寿州命案各员罪名》,嘉庆十二年四月初四日,录副奏折03-2288-004,中国第一历史档案馆藏。

年三月解苏,并未收禁,他与各犯证散居客店,因得串嘱。周锷将《洗冤录》翻出,说有中毒、服毒之辩。周当面禀报臬司,得到肯定后才办稿具详,臬司照详申转。关于《寿椿园传奇》,据周锷供:苏州戏班向来喜借新闻编造传奇演唱,希图耸听获利,是常有的。上年闻有《寿椿园传奇》,不知何人编造,后访系暗指寿州之案,即行饬禁,不许扮演,若我们令人编唱,岂不是丧心病狂。钦差认为,是此项传奇,非伊等编造,亦属可信。最后判拟认为:"审办错误之由,系因全案犯证到苏时只将孙亮等六人寄禁交监,其余各犯均系散收歇店,以致张大勋与各犯来往串通、预商改捏供情,狡翻全案。"最后定拟:周锷、赵堂发伊犁效力赎罪,孙克俊一并发伊犁。张大勋发黑龙江给披甲人为奴。郑泰发伊犁。遇昌革职。李东阳杖一百,流三千里。刑部议奏,一如钦差等所奏。嘉庆帝命将遇昌也发往乌鲁木齐效力赎罪,总督铁保降为二品顶戴,革职留任。[1]

对照此案前后情节,无疑铁保一手主导。但他仅被革职留任。嘉庆帝在铁保自承错谬折上朱批道:汝妄自尊大,动辄委员审办,及详解后又不虚衷听断,要汝此等无能之辈何用,姑留此任以观后效。再不加改省,恐为颜检之续矣!慎之![2]

颜检在嘉庆十一年直隶总督任上因失察下属与书吏侵贪,被革职发往新疆乌鲁木齐效力赎罪。嘉庆帝写给铁保的朱笔箴言于十四年"应验":山阳知县王伸汉冒赈,鸩杀委员李毓昌,成为嘉庆朝震动朝野的大案,铁保被革职,发配新疆。

七、讼师的"法律适用"

寿州大案原被告双方都请了讼师,而且不止一人。

任儒同为张家写了多份状词,先后四次从张家得到至少七十六两原

---

[1]《清仁宗实录》卷177,嘉庆十二年四月壬午,北京:中华书局,1986年影印本,第30册,第329页。
[2]《铁保奏为敬陈感悚下忱事》,嘉庆十二年四月二十四日,朱批奏折04-01-13-0184-002,中国第一历史档案馆藏。

银。在钦差与初彭龄初拟定案时，任儒同"依教唆词讼为人代作词状增减情罪与犯人同罪律，应与张大勋同罪，发黑龙江给披甲人为奴"，照例刺字。随后在抓获该犯时予以采纳，即任儒同"身列胶庠，乃不安本分，先已代人作词，今于三命重案，胆敢主令张大勋翻控，先后代作词状，并帮同教供，迨案已审实，复代胡兆信、张保国作词图翻，得受多赃，实属愍不畏法"，[1]因此加重处罚。

刘儒恒是本案我们特别关注的讼师。如果说任儒同完全没有是非，理应受到惩罚；与任儒同不同，正是因为讼师刘儒恒的介入，才使得三命之案得以转圜。梳理寿州案，有几个关键环节，都是刘儒恒起到无可替代的作用，才使得案件向事实归依，最后得到较公正的判决。第一个关节点是寿州案发后一年有余，原被告双方已经"私下和息"。作为尸亲，张伦之兄张怀因为与张体文家本是同族，而张伦在张家做杂务，即得到张家的照顾，遂对张伦之死没有异议。李赓堂父子的尸亲李东阳已经拿到张家二千四百两银子，知州郑泰因没有按规定上报，恐留把柄，遂也通过管门家人苏三给李东阳五百两银子。至此，当事双方已经取得"平衡"。其后重新提起诉讼的是与尸亲没有关系、同姓不同宗的李复春，而李复春的状子是刘儒恒所写（刘儒恒称他看过，这是讼师规避惩罚的通常做法），随即江督陈大文受理，并审出通奸谋毒。这是寿州案的第一个关节点。而陈大文之所以受理，是因为主要涉及知州郑泰匿案、书吏衙役通同舞弊。李复春的控状能够控准，这是需要借助讼师刘儒恒的"刀笔功夫"。铁保在奏报中称三命之案本是中蛇毒而死，无所谓通奸，是李复春"突出"，才有后来的"通奸"与"谋毒"。

寿州案的第二个关节点是鄂云布减轻情节，即没有改变因通奸谋毒的事实，但犯罪主体变为家长且已故的张体文，而包括郑泰在内的官员责任被"化小"，这是官府惯常的"化大案为小"的做法。此时，正是刘儒恒遣子刘荣先京控，并先在刑部审理，使得寿州案的更多情况在最高司法审判机构"备案"，同时也敦促此案的审理。其后最终判决的基

---

[1]《初彭龄奏拿获寿州案内任儒同审拟事》，嘉庆十二年四月十八日，录副奏折03-2202-003，中国第一历史档案馆藏。

本事实整体没有超出这份"备案"。此时如果没有刘儒恒一控,案件会以"温和"的方式结案,不过真凶不会出现,张家名声虽有损失,但用的理由是张体文怀疑胡氏与张伦通奸而谋毒,至于是否真的有通奸之事,没有确定。如此,张家人会受到一些惩罚,包括张体文的孙子,而他未成年,可以通过纳赎解决。由于刘儒恒一控,刑部有了初审,请旨派新任总督复审。

寿州案的第三个关节点——也是惊天逆转的一次——是铁保的复审定案。这是本案至关重要的一个关节点,因为他颠覆了通奸谋毒的陈大文之奏、鄂云布之初审。逆转的关键是抓到了讼师刘儒恒"诬告"。因此如前所述,铁保把案件偷题转换为"遵旨审明讼棍诬奸毙命重案核拟具奏事",此次案件完全"平反",而讼师刘儒恒成为主角,因为讼棍例不足以惩治,按凶恶棍徒例发黑龙江给披甲人为奴。而张大勋等前经陈大文奏准革除的举人身份要开复。"平反"昭雪的官员遇昌、周锷等要议叙。这也是寿州案案发以来地方高官第一次正式的结案报告。此次刘儒恒成为被告,也成为最大的"输家"。刘儒恒当然不会接受,遂有遣妻第二次京控,也才有初彭龄之抚皖,才有寿州案回归真实,才有张家一死(张大有斩立决)、一遣(张大勋),才有被害人分得张家家产的经济补偿,才有多位大员遣发新疆。在初彭龄第一次奏报"大概情形"一折中,从叙事的逻辑关系中,已经非常清楚地表明刘儒恒起到的正面作用。奏折在叙述铁保"平反"前后与初彭龄抚皖的关联时称:"刘儒恒遣子刘荣先以减轻情节赴京呈告,奉旨饬交督臣铁保,审系烘板中毒身死,并非因奸谋命缘由核拟具奏","适刘儒恒之妻刘汪氏复赴都察院翻控,奏奉谕旨,交臣(初彭龄)审办"。[1]从嘉庆帝关于寿州案的第一次见诸实录的谕旨看,也证明刘儒恒对寿州案的推动:谕军机大臣等——安徽寿州民人张伦、李赓堂、李小八孜三命中毒身死一案,前因屡控屡翻,交初彭龄审讯。[2]这里的"屡控屡翻",确切地说,就是刘

---

[1]《初彭龄复审寿州谋毒三命一案大概情形》,嘉庆十一年十二月十一日,朱批奏折04-01-26-0019-095,中国第一历史档案馆藏。
[2]《清仁宗实录》卷174,嘉庆十二年二月甲戌,北京:中华书局,1986年影印本,第30册,第275—276页。

儒恒分别遣子、遣妻在步军统领和都察院的呈控。而作为被告的张家，以及原告李复春在此前都没有京控。

但讼师刘儒恒并没有受到"公正"判处，他被判边远充军。

嘉庆十二年二月，初彭龄在《审明寿州谋毒三命实情分别定拟具奏事》一折中，对刘儒恒的判决主要是"其遣子刘荣先赴京呈控"一节，郑泰管门家人苏三因怕匿案事败露，给李东阳五千两，臬司鄂云布以各官处分太重，只将李东阳先得张大勋银二千四百两坐实，其苏三所付之五千两不令承认，吓央原告李复春令其改供五百两，经查"苏三实只凭陶四给李东阳银五百两，并无五千两，所控系属全虚，刘儒恒合依蓦越赴京告重事不实发边远充军例，发边远充军，该犯腿虽残废，前已问徒收赎，且素日实系讼师，应实发充军，不准收赎。其子刘荣先、其妻刘汪氏俱系听从赴京投递，业已罪坐刘儒恒，应免置议"。清代诉讼，重点惩治诬告与越诉，前者强调所告为实，后者重在自下而上之程序。刘儒恒适用的是"越诉"律，原义"重事"，主要指告"叛逆"类而言，故科罪独严，[1]后由于京控甚多，进行扩张解释，所控不实，多判边远充军。在适用上又区别于是否"全虚"以及"重事轻事""一事多事"等具体情况。回到刘儒恒，适用的是"越诉"例，但刘儒恒所告"重事"无疑是鄂云布"减轻情节"一节，这既包括谋毒主体的变化使得正凶得以逍遥法外，而罪坐已故之人；也包括知州郑泰因匿案而通过管门家人苏三出钱给李东阳以销案。初彭龄所拟"全虚"从"与受方"而言不成立，因为李东阳得受郑泰管门家人苏三的五百两属实，只是"查实"的数目不是"五千"，而是"五百"，且苏三"用财行贿"，"依准枉法赃律杖一百、流三千里"。倘若"全虚"，苏三无罪坐刑名。

正如包世臣所言，寿州大案等"皆仰烦圣虑，星使交驰，问官道府以下联袂赴戍，而剖别本案曲直，诚未能得十分之三"。"有一案，参一官，则一省之可居官者寡矣。结正其本案，而通融其因缘牵掣者，七分不公道，不亦可乎？"[2]就寿州的三位被害者而言，加害人张家已经

---

[1] 薛允升著，胡星桥、邓又天主编：《读例存疑点注》，北京：中国人民公安大学出版社，1994年，第677页。
[2] 包世臣：《齐民四术》，《包世臣全集》，合肥：黄山书社，1997年，第401页。

受到足够的惩罚,可以说是家破人亡。这就是"结正其本案",因而就双方而言,堪称"公道",但牵连到本案中的人,包括官员、吏役、讼师、证佐等,诉讼的参与人,未必一一做到"公道",此即包世臣所说的"七分不公道",而讼师刘儒恒也是其中之一。

八、讼师的自辩状

别了!熟悉的家乡寿州已渐行渐远。刘儒恒在衙役的押解下,向着充军的地方艰难行进。我们不清楚也很难想象一个双腿残疾的人——准确地说是军犯刘儒恒如何从家乡走向福建福安的。

刘儒恒全家十一口从此踏上了不归之路。

清代重刑,仅充军之款即多达四百七十六条。[1]边远充军即三千里。但自康熙以降逐渐取消卫所,也没有明代那样的军籍,故充军与流刑并无本质区别。刘儒恒从此开始了其长达十几年的服刑之旅,一直终老于斯。这也是我们看到的甚少在服刑期间的讼师的资料。刘儒恒不服判决,发动全家为他申冤,但在权力主导一切的社会,他每一次申冤的后果都是遭受更大的冤屈。他和他的家人,为此付出了生命的代价。

嘉庆二十三年(1818)三月初九日,刘儒恒之子刘则存以遵父遗命、申冤叩呈、缮写原折等情到都察院控告:身父刘儒恒发配福建福安县,到配十年,安分守法,唯靠小押糊口。二十二年(1817)三月,张满仔等因强押殴抢,身父控县,该县以小押违例禁止,身父复以鸦片通行、钱粮重耗、教匪不办三款赴府禀控,该府不批不究,将身父枷杖关押班房木笼,欲致毙灭口。身母汪氏复控总督,批福宁府究办,尚未审讯,该县于十月间将身父重责四十,枷示刑房之内,忽于二十日夜身死。身母尚在府被押,闻身父身死,即赴府鸣冤,委员押身母子回县候验,经宁德姚知县相验,云身父系贿差疏(放松)枷乘夜缢死,身母子见父口鼻出血,颈有勒伤,泣思先枷示刑房屋内,七日不死,复移枷仓房内,一日当夜毙命,果是差役受贿疏枷,差役同屋连床,岂有见死不

---

[1] 光绪《大清会典》卷54,北京:中华书局,1991年影印本。

救之理？身父刘儒恒于未死前十日将自书折子交存家中，嘱云：如到府刑逼而死，务将此折赴京鸣冤，不意尚未解府，先被县逼害身死，为此遵父遗命，抱呈原折来京呈控。[1]

都察院以案关官吏刑逼毙命，虚实均应究办，必须检验尸伤，齐集人证，彻底根究；至刘儒恒牵控该县，该府不为究办，听情回护，勒令出具悔罪甘结，是否属实，均应彻查。抄录刘则存呈词及已故军犯刘儒恒缮写原折，恭呈御览。

现存《刘儒恒为其子蒙冤发配事呈状》，时间为嘉庆二十三年，据刘则存称，呈状是其父死前十日自书遗命折子。这份折子反映小押、官带肚子、衙门用度开销、官民兵役吸食鸦片等，皆为实录，是当时社会问题的真实写照。故摘要录下：

> 具状人军犯刘儒恒，年六十三岁，原籍安徽凤阳府寿州人，嘉庆十二年九月发配福建福安县，抱告子刘则存词系自书。告为讳庇埋冤，叩恩奏闻，进呈原词，仰乞圣鉴事。案缘嘉庆十年九月，犯遣子赴部控武举张大勋家因奸谋毒三命，奏交江督铁（保）审，乃以烘板蛇毒奏复，拟犯发黑龙江为奴。十一年八月，犯又著妻赴控都宪（都察院），奏交巡抚初（彭龄）、侍郎玉（麟）审明，奸毒贿和俱实，督臬府县降革发台，仍以二次复行贿和之银是五百非五千，拟犯以遣子赴部告苏三贿和银两不符，审依蓦越赴京告重事不实例，发边远充军。夫重莫重于三命，莫重于官箴，如犯无此一控，不惟正凶漏网，发台者且得邀议叙矣；且五百业已逾贯，即五千罪无可加，犯既以此科罪，且十年来屡逢恩赦，仍以情节重大，不准援减。然犯本愿离乡避仇，发配仍在内地，享太平熙皞之福，已沐皇恩于无暨，领罪悦服，不敢复行辩诉，又渎宸聪。携眷十一口，到配十年，安分守法，从无被人告发案件。身系残废，妇女幼孩，人地生疏，别无艺业，唯靠小

---

[1]《都察院奏刘则存控案》，嘉庆二十三年三月初九日，录副奏折03-2247-002，中国第一历史档案馆藏。

押糊口。所押鞋袜帽带木器什物，皆税当所不收者，民愿押钱零用，官因民便听从。省城及各县皆有。本县军流，五家小押，十年以来，官未示禁。犯实不知违例，故敢以此为业也。二十年十月，知县刘忠皓由教官截取，自京到任，带来债主十余人，各寓在外守候还债，其管门印仓杂长随，皆系放债与官，名曰带肚者，以派管为利，福安小邑不得不百计搜罗，遇事寻钱，同配军犯王振邦亦开小押，与犯素隙，其妻冯氏钻营入署，迎合蛊惑，谗说犯富，早设成心。本年三月，张满仔、丁发、余枝仔等强押殴抢，犯控县案，吓诈不遂，即以小押违例批驳不究，群凶愈横，日不聊生，迫犯著妻汪氏奔控抚辕，批府提讯。彼时犯因数百金家资关尽，十二口幼孩妇女既不能越山乞讨，又无兑费回乡，语音不懂，即卖为奴，亦无售主，阖家待毙，情惨忿深，因思军犯王振邦、王恺、王平、廖世顺等各与少爷、长随合伙，不究违例，且私押罪小，因此倾家致绝十二口之命，官有殃民病国之件，关系较重，岂官不宜遵例耶？故于六月十三，提府未讯时，犯以鸦片通行、钱粮重耗、教匪不办三款禀府，不批不究，将词匿搁，亦不入卷，止将所控抚案审结，长随吓诈、书差勒索，凡碍县处分概不深究，以私开小押，照违制例拟犯枷杖，囚押班房木笼，欲毙灭口……[1]犯所控如虚，愿加死罪，所控得实，亦甘认千古犯义之罪，为告官者戒。但恳皇上天恩，俯准怜犯之妻媳子孙十一口，皆无辜赤子，回无归费，住难活生，救民水火之中，实皇上如天之德，不忍一夫失所之恩也。战栗悚惶，哀哀上叩。[2]

刘儒恒的呈状，为自己把家小带到绝境而锥心似刀且又呼天不应、入地无门；他的呈状又为国家而忧，为鸦片猖獗损耗国民之元气而痛心不已。我们无意美化一个军犯，更无须为已经故去二百年的刘儒恒粉饰什么。

---

[1] 省略部分详述福安县官兵民吸食鸦片所耗及传习天主教之害。
[2]《刘儒恒为其子蒙冤发配事呈状》，嘉庆二十三年，录副奏折03-2483-012，中国第一历史档案馆藏。

此案经福建巡抚史致光审理，刘儒恒实系自缢身死，取具甘结。而钱粮重耗、教匪不办、鸦片通行等三款所控为虚，将刘则存照蓦越赴京告重事不实例发边远充军结案。[1]

这是刘家第二代也是第二个被判边远充军的人。

其后，刘儒恒之妻汪氏于嘉庆二十四年（1819）五月初八日以审验不实、串逆埋冤等情，再赴都察院控告。此次都察院一改"客观"立场，奏称：

> 查刘汪氏之夫刘儒恒初以军犯私开小押，本干例禁，复挟该县批驳呈词之嫌，以不干己之事列款上控，其为生时不安本分，已可概见。今刘汪氏既云为夫鸣冤，乃自称夫死埋冤已不深辨，仅以前案三款砌词续控，显系规避蒸检不实罪名，借端挟制。必须将案内各确情再为严切查办。[2]

差役在押解刘汪氏前往福建备质的途中，刘汪氏在山东新泰地方病故。当年年底，即嘉庆二十四年十二月十七日，闽浙总督董教增审理刘汪氏控案，所控三款仍不能指出实据，刘汪氏应依蓦越赴京告重事不实例发边远充军。该氏在途病故，毋庸议。[3]

在官官相护、吏治日下的清代中叶，哪怕要求得到少得可怜的真相都如此艰难，更不要奢望所谓的"公正"了。事实上，当时鸦片已在东南盛行进而蔓入广袤的内地。而同样是刘儒恒控告的福安县知县刘忠皓，道光二年（1822）被勒休，旋即病故，次年查出侵亏挪移钱粮六千三百六十一两，亏折谷二千三百八十九石。其家产被查抄。道光四年（1824），经福建巡抚孙尔准审理，刘忠皓照挪移库项五千两以下

---

[1]《史致光奏为遵旨审明具奏事》，嘉庆二十三年十一月二十四日，朱批奏折04-01-01-0583-019，中国第一历史档案馆藏。

[2]《都察院奏刘汪氏控案》，嘉庆二十四年五月初八日，录副奏折03-2377-008，中国第一历史档案馆藏。

[3]《董教增奏为遵旨审明具奏事》，嘉庆二十四年十二月十七日，录副奏折03-1590-002，中国第一历史档案馆藏。

例,判充徒四年。因已病故,毋庸议。[1]

一纸入公门,九牛拉不回。此案诉讼时间颇长,自嘉庆八年案发到十二年结案,历时四年之久。其后,作为被判充军的讼师刘儒恒在福建福安再起诉讼,到嘉庆二十四年,以刘儒恒夫妻之死、子被发遣而告结束。如此算来,长达十七年。寿州大案的参与人,据初彭龄和钦差的判拟书,共有一百余人,其中,张家几乎全部"动员",见诸档案的有二十余人。而涉案官吏多达三十余人。作为讼师的刘儒恒,对寿州大案的平反起到关键作用,但控告鄂云布减轻情节,将郑泰管门家人苏三贿赇李东阳的五百说成五千,被充发边远,到达配所后的遭际更是非人的。他的妻子、儿子都因为上诉,一死、一遣。

寿州这个水城又恢复了往常的平静,而当年那个大案留给人们的是不尽的思考。

(原载《中国古代法律文献研究》第八辑,社会科学文献出版社,2014年)

---

[1] 《孙尔准奏为遵旨严审定拟具奏事》,道光四年十月二十四日,录副奏折 03-3292-028,中国第一历史档案馆藏。

刑部郎中成"讼棍"
——嘉道严惩"讼师"的扩张解释

案发于道光十四年（1834）的卢应翔唆讼案堪称扩大打压"讼师"的典型案例。此案不但被告身份特殊——官至刑部郎中，且历时三年，三派钦差，星使络绎，而钦差所审又大相径庭。道光帝专门为此发布的上谕达几十道，案件虽最后审结，但卢应翔显然是被贴标签的"唆讼者"，在他没有"输服"的情况下，按照"众证定罪"被以"积惯唆讼"判处充军边远。该案也留下重重疑点，说明三派钦差审结的案件，也可能与事实相去甚远，表明道光时期的司法防线正在或已经偏离"公正"轨道。这也是嘉道时期社会危机的主要表现之一。

一、钦差审劾案，究出"唆讼人"

广东是伙盗多的省份之一，而东莞地处滨海，因海盗易于出没，故东莞一缺属繁疲难要缺。

道光十一年（1831），广东巡抚朱桂桢以缉捕不力，将东莞县令倪沣降补，而将吴毓钧调署。尽管吴毓钧任职东莞期间盗案累累，但他凭借强大的社会关系，于二年后升任南雄直隶州知州。

吴是江苏元和人，监生，道光十一年十月署任东莞县令。[1]道光十四年九月，云南道监察御史帅方蔚列款参奏吴在署东莞县令期间废弛不职，升任南雄州后纵役殃民更甚，又前任南澳同知张钧丁忧后逗留省城，关说公事，该省有"二钧同恶"之谚。由于御史是"列款参奏"，清廷遂派当时正在广东查办广州知府金兰原办灾虚捏案的礼部尚书昇

---

[1] 宣统《东莞县志》卷42，民国十年铅印本。

寅、工部侍郎赛尚阿为钦差大臣，就便前往东莞，查办吴毓钧被参一案。这是清廷为吴毓钧被参案第一次派出钦差。

昇寅等人是于当年八月到达广东省城查办广州知府金兰原一案的，但此次查办案件未能审出实情。[1]九月初十日，其将广州知州案件奏结后启程，于十三日接到军机处的廷寄谕旨，令其查办吴毓钧被参案。

按照一般做法，钦差审案以及督抚审理钦部案件都在省府。东莞属于广州府，故此次廷寄谕旨明确要求昇寅等将吴毓钧"传提到省，面加讯鞫，毋任稍有隐匿讳饰，如果属实，及据实严参"。但昇寅等称，因距离省城较远，遂在肇庆府公所，提集人证，进行审理。

据后来卢应翔之母控告及经审理认定的事实：钦差一入广东，吴毓钧就在其前"当差"。而钦差之所以避开朝廷耳目众多的省城广州而选择在肇庆府审案，是便于吴毓钧"活动"。果然，在审理期间，钦差接到东莞县绅士十余人联名呈词，称吴在东莞办案认真，毫无劣迹。审案人员究问何以有"二钧同恶"之谚，答称是因吴毓钧从前审理在籍户部主事叶荫芝讹诈毙命一案时，南澳同知张钧是省局委员，承办此案，将叶荫芝拟绞，此种语言必是叶的伙党从中播弄。

昇寅、赛尚阿与随带的刑部司员阳金城、主事白让卿等人经过二十余日的审理，于十月初九日上《奏查复吴毓钧等被参案》一折。[2]此次审理，被参的吴毓钧等毫无劣迹，却"意外"发现刑部郎中卢应翔参与唆讼。原来，高要县在参与审案时拿获革生卢应耀，随即究出卢的胞弟、现任刑部郎中卢应翔，因挟伙党叶荫芝被官问罪之嫌，主令叶利氏以伊夫叶省之在押拷打致死，捏情诬告，图泄私愤。

按照嘉庆二十二年（1817）、二十五年（1820）关于京控案的两次立法原则，如果一个案件审理时与呈控原词出现大的不同（即增减情罪），审案者要追究是否有讼师教唆，如有则以教唆者为主，被教者为从，在诬告罪上加三等处罚。

---

[1]《清史列传》卷52《赛尚阿传》载：寻以查办广东案内于粮差诈赃未能审实，下部议夺俸。《清史稿》卷375《昇寅传》载：道光十四年，命赴广东、湖南按事，授礼部尚书，未至，卒于途。《清代职官年表》记载昇寅逝于十一月壬申，不确，实际于十月二十八日病故。
[2]《奏为审明前署东莞县知县今升南雄州知州吴毓钧等被参案事》，道光十四年十月初九日，录副奏折03-4049-010，中国第一历史档案馆藏。

钦差在审理东莞案时发现，此案与御史原奏情节不是"增减情罪"之别，而是"大相悬绝"，故昇寅等督率刑部司员逐款审理。而审理原参各款，大多涉及卢应翔背后教唆。

关于御史帅方蔚所参王奋镛等家被劫，屡控不究，巨盗邓亚明等行劫侮辱妇女、蒙混消弭一款，经查：邓亚明是良民。

关于黎沛霖、李兆泰交结说合，致将韩肇泰等捐职斥革一款，经查，黎沛霖又名黎兆霖，是文生员，李兆泰又名李叶嘉，是捐纳按察使照磨。据黎沛霖供：伊因儿女姻亲黄成通被处决，原任户部主事叶荫芝讹诈毙命，有在籍刑部郎中卢应翔央求私和不允，卢应翔即唆令叶荫芝告伊为讼棍，经县讯明，将叶荫芝拟抵，卢应翔遂指使同族卢镇江及胞弟卢应运等将伊伙开五云亭酒铺内什物打砸，控县枷责，今复捏为讼棍，显系卢应翔怂恿所致。据李兆泰供：卢应翔胞兄卢应耀被衙役赶殴，请伊到明伦堂议事，因伊未到，遂挟有嫌，卢应翔于八年正月写揭李兆泰等十八人姓名为会匪头目，由京城寄到粤，怂准经两广总督李鸿宾访获九人解讯，俱系卢应翔素有仇隙之人，当即释放，今又捏为土棍，其中情弊可知。而斥革韩肇泰，是因其擅开涌河，经县会营勘验，辄鸣锣聚众，持械抗拒，遂将其斥革。

关于御史所参吴毓钧将并未欠粮之叶省之拷打致死一节，经查，东莞县历来于巡检所属分设粮站，使粮户便于完纳。该县幕友黄廷桢于上年五月带同书差前往催缴，有叶大发户内叶省之欠新粮一石七斗，旧粮一石四斗。六月二十二日，排年叶泽章指称叶省之系属欠粮未完，将其押催，次日叶省之将新粮缴齐，旧欠自限本月二十七日缴齐，书役以其谎言，仍将其看押，次日叶省之患发痧病症，救治无效，于二十六日早身死，该县吴毓钧因有事未能亲验，委巡检查验，是发痧身死，取具尸亲供结领埋，卢应翔将尸妻叶利氏唤到船上，劝令其上控，并称有罗姓作呈，无须叶利氏出钱，叶利氏即找罗姓作就呈词，控经巡抚、臬司，委员审办系发病身死，叶利氏及子叶胜仍听教唆，坚执前词。卢应翔进京后，叶利氏据实供吐该役等委无拷诈情弊。据彭锡爵供：卢应翔将叶省之案内批语告知相商。

因卢应翔是在职刑部官员，钦差遂奏请将其革职，解往广东，交巡抚祁𡒊提案质讯明确，从重问拟。十四年十一月初一日，朱批：另有旨。

道光帝接到钦差所上奏折后，谕令将卢应翔革职，发往广东质询。而钦差所审与御史所参，何以情节大相径庭，是清廷关注的焦点所在。因为御史是列款参劾，不同于"风闻言事"，道光帝于是令御史帅方蔚"明白回奏"其所参各款的消息来源。

帅方蔚回奏称：臣籍隶江右，广东吏治情形无由得知。原参吴毓钧各情，是因本年正月间，有在原任广州府知府胡方朔署内做幕友之胡伯礽寄来一信，信内皆言广东吏治废弛，其中姓名案据确有可指，似非无因，臣是言官，既有所闻，不敢不据实陈奏，因为原信字迹潦草，未敢随折递呈。胡伯礽系安徽桐城人，今将原信一并呈览。[1]

现存档案中，胡伯礽的原信有两页，第一页字迹完全无法辨识。第二页中将吴毓钧的"背景"详细点出，这对我们理解本案有很大帮助：吴毓钧是前任刑部尚书韩崶（嘉庆二十四年—道光四年）的女婿、前任臬司吴廷琛（道光二年—六年任云南臬司）的胞侄。信稿内容主要关于吴毓钧在东莞令期间纵盗殃民之事，稿尾落款是"癸秋伯礽又启"。[2]

道光帝随即著广东巡抚祁𡒊，即速查拿胡伯礽到案，倘胡伯礽已回原籍，即飞咨安徽巡抚，迅速访拿解往广东，归案审办，将昇寅等奏折暨胡伯礽原信一并发给阅看。[3]

一如我们在清代官方文献中看到的那样，当某个地方的吏治废弛"上闻"时，小则是对该地方官的治理及能力的质疑，大则影响其仕途前程。尽管祁𡒊到任广东（道光十三年八月）不久，但御史所参是广东"现状"，因而祁𡒊的上奏不免带有倾向性。经过二十天的快马飞递，祁𡒊于十四年十一月二十二日接到当月初二日廷寄谕旨。经查，广州知府

---

[1]《遵旨明白回奏原参署东莞知县吴毓钧缘由事》，道光十四年十一月初二日，录副奏折03-2632-006，中国第一历史档案馆藏。
[2]《呈原任广州府知府幕友胡伯礽信稿抄单》，道光十四年十一月初二日，录副奏折03-2632-007，中国第一历史档案馆藏。
[3]《清宣宗实录》卷260，道光十四年十一月癸亥，北京：中华书局，1986年影印本，第36册，第957页。

胡方朔于道光十三年八月十二日因病出缺；胡伯礽于十四年正月启程回原籍，四月初十日在寄居的江宁府城火神庙内病故。祁𡎴上奏称：吴毓钧系十三年十二月到南雄州任，而胡伯礽信尾，注明癸秋月发，尚在吴毓钧未到任前，而信内已有"闻到南雄更甚"之语，其中显有虚捏，但其业已病故，无从根究。[1]

二、卢家京控与二派钦差

因为钦差所审的吴毓钧被参案，却"意外"究出卢应翔教唆之事，根据案件属地管辖的原则，钦差上奏请将卢应翔教唆一案交广东巡抚祁𡎴审理。清廷于收到昇寅等上奏的次日即十四年十一月初二日，即将卢应翔革职解往广东，交祁𡎴审理。令人大为不解的是，在接近一年的时间里，广东并没有将卢应翔唆讼案审结。这既远远超过一般案件四个月审结的规定，而且祁𡎴此间也没有按惯例奏报审理案件的"大概情形"向清廷请求"展限"。显然，这并非因为唆讼案本身有多么复杂，而是因为权力在操纵案件的走向。

此时，作为被告的卢应翔一方由于身在其中，显然更了解案情的进展。

十五年十一月初五日，卢应翔的母亲卢尹氏遣抱告卢光到都察院具控。卢光一向在卢家佣工，卢应翔被收禁后，卢尹氏写就呈词，遣其来京控告。都察院查阅原呈，控告主题是：供奏两歧、始终串陷、叠求督抚各宪未蒙作主，以致问官瞻徇回护，易结不结，久禁沉冤。

呈状称：钦差审办吴毓钧被参一案时，吴毓钧借接送钦差为名，在肇庆府行辕充当巡捕，贿嘱叶利氏及与卢应翔仇恨有据之革生彭锡爵设局，诱令卢应耀雇船同到肇庆钦差行辕，呈请一并开复生员，行到高要县时被串通县差查拿，装点毁冒职官情形，赴钦差行辕投审后，捏称卢应翔系叶荫芝亲戚，挟吴知县将叶荫芝办罪之嫌，指使另案之叶利氏诬

---

[1]《奏为查明南雄州知州吴毓钧并无废弛不职各款等事》，道光十五年十二月初九日朱批，录副奏折 03-2646-026，中国第一历史档案馆藏。

控。且黎沛霖等各供并未涉及卢应翔与叶荫芝戚好，钦差折内不知凭何添入？至于叶利氏混供卢应翔为罗姓代作呈词一节，卢应翔与叶利氏素不相识，叶利氏之案是十三年六月底事，而卢应翔于同年四月入京，罗姓为本案要证，并未获案质讯，钦差折内又称卢应翔在船亲交呈词，明显供、折两歧。又李兆泰供称卢应翔于八年正月在京致书李总督（李鸿宾）将其拿办，此时卢应翔尚未到京，与李总督素不相识，唐突致书岂能听其惩办？又折内称卢应翔主使胞弟卢应运纠殴酒馆，而卢应运于十年六月身故，有缴照日期可凭，黎沛霖等各供均未涉及卢应运之名，折内不知如何凭空叙入？卢应运曾在京考试，与钦差随带白主事世谊，挟有借贷不遂之嫌，想系乘机扰害。[1]

都察院当日将卢尹氏京控案上奏，道光帝当日将此案交两广总督邓廷桢审理。谕旨还称：此案已革刑部郎中卢应翔，前经钦差尚书昇寅等讯出教唆诬告各情，奏请革职，解交广东巡抚审办，未据该抚覆奏。兹据革员之母，复遣抱告来京控告，翻异前案，虚实均应彻底根究，著该督即将所控各情节逐加体访，秉公审讯，务得确情，以成信谳。[2]

作为被牵进参劾案的卢家，何以在钦差上奏后近一年的时间才到京城控告？答案很简单，因为刑部郎中卢应翔被革职后，在广东审理的情形不明。或者说，广东巡抚将卢应翔关押八月之久而迟迟不结案，也是当事各方在背后激烈的博弈。道光十五年十月二十八日，当广东巡抚祁𡎴将卢应翔主唆诬告案审结上奏之时，卢家的人已经在赶往京城的路上。当祁𡎴的上奏在途递送尚未到达京城时，卢家已经先声夺人，在都察院控告了。

广东为距京较远省份。巡抚祁𡎴于十月二十八日上奏的结案报告，应该在二十日间到达，但蹊跷的是直到十二月初十日才有朱批，这距离封印日已经很近，所有的当事方都清楚，此案要到明年才能见分晓。

祁𡎴上奏的主调是要坐实卢应翔唆讼并判拟他边远充军，因证据

---

[1]《都察院奏广东命妇卢尹氏遣抱卢光控案》，道光十五年十一月初五日，录副奏折03-3777-001，中国第一历史档案馆藏。
[2]《清宣宗实录》卷274，道光十五年十一月庚寅，北京：中华书局，1986年影印本，第37册，第221页。

不足且卢应翔坚不承招，故援引"众证"以定罪。这自然难以服卢家之心。

坐实卢应翔教唆诬告的主要事实是他诬指黎沛霖为讼棍、李兆泰为土棍二款，因黎、李不能指出实据，卢应翔坚不承认，无以定罪。查道光八年李鸿宾查办土棍，案内有李兆泰，但原案并无卢应翔之名；卢应运打毁酒铺之事也不能指实。最为关键的是主使叶利氏上控一节，卢应翔坚不承认，但有如下情节被巡抚采信为证据：卢应翔母亲卢尹氏到叶家跪求叶利氏，并叶利氏母子在省食用花销由卢尹氏出钱；又叶利氏之子叶胜以患病为由，具保后藏匿不到案。在审讯过程中，又发生叶利氏在监自缢，经医治活命的情况。经审讯，叶利氏供出因卢尹氏跪求，又给食用钱两，如果供吐实情，无颜以见，加之不知己子叶胜死活，一时情急自缢。关于卢应翔提出钦差"供、奏不符"一节，叶利氏原供卢应翔推荐罗姓代写呈词，但罗姓何人现在何处不明，钦差奏称卢应翔亲交呈词给叶利氏，又主使其弟卢应运打毁酒铺，而卢应运已于道光十年去世。卢应翔还提出，钦差所带刑部主事白让卿与之有仇隙，遂借案诬陷。巡抚审结，仍请照钦差所拟，将卢应翔依代人捏写本状唆告人命重罪不实例发近边充军，仍照众证情状例，请旨定夺。[1]

本来，卢应翔被牵进参劾案中就有许多疑点，而巡抚历时一年之久的结案报告却援引"众证"定罪，这自然引起更多人的质疑。因而，当卢应翔的母亲卢尹氏遣抱告到都察院具控后，清廷令将案件交由总督审理而避开巡抚。

在此前后，御史等官也一再上疏，其中御史许球、太仆寺少卿冯赞然的上奏对推动案件的公正审理大有裨益，也直接促成第二次钦差的派出。

许球的身份是掌京畿道监察御史，主管京控案件，因而不同一般言官，他是查本月（十一月）京控案时查阅到卢尹氏控案的。据他风闻，吴毓钧在广东多年，专以逢迎上司为事，上年钦差行抵广东，吴即跟随

---

[1]《祁墡奏审办卢应翔主唆诬告案》，道光十五年十月二十八日，录副奏折03-4051-045，中国第一历史档案馆藏。

进省，充当巡捕，又跟送出省，行到肇庆府地方，接奉谕旨查审吴被参案，并未将其看守，而吴与钦差所带司员熟识，因而预先得知被参款项，星夜潜到省城，并赴前任东莞县，嘱县令李绳先抽换卷宗，到案人证大半是其雇人顶替，多非本人，因卢应翔在籍起文（赴京投到文书），吴曾留难，怀疑被参各款是卢在京怂人具奏，遂串通彭锡爵、李兆泰设局，诱拿卢应耀并贿买顶冒叶利氏到案，供指卢应翔教唆上控。迨奉旨查明，参奏吴毓钧之奏并非卢应翔怂人所上，彭锡爵等惧怕卢应翔解回质对，纷纷各具首呈，其真叶利氏亦以卢尹氏诬控伊得贿妄供伊子教唆等情首告，案情愈出愈歧，而承审官潘尚楫、周寿龄均与吴换帖，且回护钦差原奏，是以迄今未能奏结。查阅原呈，有"七可疑"：一是卢尚未到案，即以众供确凿定罪，向来无此办理；二是吴充任巡捕，探听消息；三是昇寅原奏卢应翔唆使卢应运打砸酒铺，而应运已死三年之久，是随带主事白让卿原来借贷不遂而为；四是叶利氏前后判若两人；五是关键要证罗姓未获而定案；六是叶利氏案与卢应翔入京时间不符；七是李鸿宾岂能凭私人书信捕人？最后提出，吴毓钧之父吴廷瓒是现任两广总督邓廷桢乡榜同年，且系同乡世好，而此案审讯具奏、供折不符之钦差侍郎赛尚阿，现在军机大臣上学习行走，随带主事白让卿又是大理寺卿白镕之子，承审官未免瞻顾不前，卢尹氏原呈有"钦差委屈在先"等语，而外省积习每多瞻循迁就，甚至有难办事件，即将人犯拖毙者，如十三年十月湖南巡抚参奏黔阳县隐匿抢案拖毙十四命更是其明证。[1]

前有卢尹氏京控，随即有御史据此的上奏，且许球上奏明确提出，何以供、奏不符？现在军机大臣上学习行走的赛尚阿就是上年审案的钦差之一。

许球上奏的次日即十一月二十五日，道光帝谕军机大臣等，概括许球上疏的几大疑点：卢应翔尚未奏提到案，并未讯供，何以遽照众供确凿问拟？吴毓钧系现任直隶州，何以充当巡捕？有无跟进至省，复跟送出省？如何窥探串嘱？是否该上司差委？不难据实确查。而卢应翔

---

[1]《御史许球奏卢尹氏京控案件疑窦多端》，道光十五年十一月二十五日，录副奏折03-3777-024，中国第一历史档案馆藏。

之弟卢应运于道光十年六月内身故,呈缴贡照,自有案据可查,昇寅等原奏内称卢应运等纠殴酒馆,系十三年事,各供内并无其名,奏折凭何叙入?卢应翔以教唆被革职,系凭叶利氏口供,而本年叶利氏首呈,又称卢尹氏诬控她受贿,遂妄供其子卢应翔教唆,与上年具供之叶利氏前后判若两人。叶利氏供内,既称卢应翔推荐罗姓作呈词,则罗姓为此案要证,何以并不提质?而奏折内指称卢应翔教唆上控,荐罗姓作呈,叶利氏即找在逃之罗姓,代作呈词,是罗姓并未查拿到案。叶利氏之夫于十三年六月在押身故。据卢尹氏呈称,其子于是年四月领咨赴京,无从教唆,何不将卢应翔起程到部日期,确查定案。李兆泰供卢应翔于八年正月致书李鸿宾,将伊等拿办,李鸿宾身任总督,岂能凭一私函拿办多人,既已讯诬,何故容隐?李兆泰等又何以甘心迟至数年,并不告发?种种疑窦,供奏不免歧异,情节亦属支离,若非彻底根究,不足以成信谳。著邓廷桢、祁𡎴提集案证,悉心研鞫,秉公审办。如系卢尹氏饰词强辩,则应将卢应翔加等治罪,倘系吴毓钧希图消弭参款,捏构疑狱,即应据实平反,总须破除情面,确切讯究,并严饬承审官员,毋许将要证任意拖毙,致无质对,其前经派审各官,不准复派,不得以案关钦差大员,意存瞻顾,尤不得以案内牵涉之员,或系同年同乡世好,有意瞻徇。倘沿外省积习,因系甫经查办之案,翻异前奏,实属难办,遂致颟顸迁就,草率了结,含混入奏,不实不尽,将来别经发觉,唯该督抚是问,懔之慎之。[1]

十二月初十日,巡抚祁𡎴的上奏到京。因有卢尹氏京控,特别是御史许球上奏,道光帝对祁𡎴的审结上奏非常不满,并改原谕督抚会审为总督单独审理。当日召见军机大臣,谕称:前据都察院奏,广东东莞县命妇卢尹氏遣抱告具控伊子已革刑部郎中卢应翔被参革职解审一案,当降旨交邓廷桢审讯。嗣有人奏,查核案内疑窦多端,请密饬确讯,复经降旨令邓廷桢会同祁𡎴提案研鞫。本日据祁𡎴奏,审办此案,将卢应翔发近边充军,因其肆意狡展,坚不承招,仍照例取具众证情状,请旨定

---

[1]《清宣宗实录》卷274,道光十五年十一月庚戌,北京:中华书局,1986年影印本,第37册,第231—232页。

夺等语。此案情节支离，本多疑窦，祁埥所奏，恐尚有不实不尽之处，著邓廷桢仍遵前旨，提集案证，秉公确核，务得实情，毋庸会同祁埥审办。该督甫经到任，自无所用其回护也。[1]

三、大臣上疏，原审钦差回奏

由于卢尹氏京控"供、奏两歧"，而御史许球点出审理此案的钦差赛尚阿，清廷命将案交十五年九月到任的两广总督邓廷桢审理。

二十二日，太仆寺少卿冯赞勋上奏"钦差审案不实，情节显然，请彻底根究以雪重冤"：钦差昇寅审办吴案，情弊多端，显有不实不尽。最凶残者是邓亚明劫财劫色一节，绅士将东莞巨盗邓亚明呈送，但吴毓钧竟将其释放，而将被劫事主羁押班馆，勒结完案。吴毓钧纵令丁书将并未欠粮的监生叶省之关押，令为族人代纳欠项，以致拷打致死，尸妻叶利氏具控，并控到臬司衙门，吴嘱托委员，并不开棺检验。吴毓钧与讼棍黎沛霖、土棍李兆泰，交结营私，出入衙署，彰彰在人耳目。钦差昇寅等甫抵粤时，吴不惮于七百余里之遥，由南雄州送至省城，在行辕照料月余，又送至肇庆府，探知查办自己事件，即潜回省城，各处嘱托，抽卷换供，无所不至。又令黎沛霖、李兆泰买嘱人证，供称各案皆系卢应翔教唆。又传到之老陈邓氏、少陈邓氏，是吴雇人顶替。闻外间传说，广东金价平时不过十七八换，钦差上年由广东启程时，忽涨到二十换，人言不尽无因。吴毓钧纵盗殃民各重案无处可申，天下事又何所不可为耶？是屈抑卢应翔一人事小，而官吏大小相蒙、前后相护，以致命盗巨案任听不肖州县巧为消灭，所关于吏治官箴事甚大。请饬都察院调卢尹氏原呈，将其中所指供、奏不符之处，令原审在钦差赛尚阿一一明白回奏，并请饬传随带主事白让卿立即到军机处，将当时何以不据供入奏，此折系何人主意、何人主稿，当堂逐一登复，不准彼此互商，一面敕下江苏巡抚，迅饬苏松太道阳金城将何以供、奏不符等登复。如此三

---

[1]《清宣宗实录》卷275，道光十五年十二月甲子，北京：中华书局，1986年影印本，第37册，第242页。

处核对,则此案情形已可得其大概,并请旨密饬两广总督邓廷桢审理此案。[1]

冯赞勋不是言官而是朝廷大臣,他的上奏最有分量,在指出吴毓钧种种不法的同时更把钦差审案的所有弊端揭示无遗。而官官相护,即便是派钦差也无法审出实情,这又何尝不是大清王朝的危机?难能可贵的是,冯赞勋提出了突破此案的具体办法。

冯赞勋的上奏立即为道光帝所采纳,以致在后来一段时间内该案的走向基本按照冯赞勋上奏提出的路径来展开。当日得旨:著恩铭、赵盛奎秉公确查,据实具奏。[2]这是清廷为此案第二次派出钦差大臣。恩铭此时为礼部尚书,赵盛奎为户部侍郎。而据赵盛奎于十六年正月奏报,他与白让卿之父白镕系儿女姻亲。[3]

"三处并查"的关键是如何出现"供、奏两歧"的。因钦差昇寅于十四年十月病逝于广西,故赛尚阿成为唯一一个当年审案的钦差。清廷遂命其就卢尹氏所控供奏不符之处,逐款明白回奏。当时赛尚阿因眼疾在家休息,十二月二十二日,即冯赞勋上奏当日接到谕旨,二十四日逐款回奏。

关于何以将案中无名之卢应耀收审一节,赛尚阿回奏:卢应耀、彭锡爵是被肇庆府知府珠尔杭阿率同高要县知县拿获,禀送前来,据卢应耀供,因钦差来东莞审案,恐与其弟卢应翔有干连,遂假作官船,窥探案情,系有确据,并非无故牵扯;据彭锡爵供,叶省之一案是卢应翔差家人将总督的批语交其照看,并顺代作呈词,又亲到寓所商量此事如何办。是供内有卢应翔名字及唆讼种种情节,经审出确情,据实入奏。

关于卢应翔与叶荫芝戚好一节系黎兆霖原供,非凭空叙入。关于叶利氏之案是十三年六月至十四年九月事,而卢应翔已于十三年四月进京,何以能够唆讼一节,赛尚阿回奏:十四年九月在肇庆审案时,叶利

---

[1]《太仆寺少卿冯赞勋奏请饬查卢尹氏控案审办不实》,道光十五年十二月二十二日,录副奏折 03-3777-041,中国第一历史档案馆藏。
[2]《清宣宗实录》卷276,道光十五年十二月丙子,北京:中华书局,1986年影印本,第37册,第253—254页。
[3]《奏为臣与刑部主事白让卿之父白镕系儿女姻亲奏闻事》,道光十六年正月初四日,朱批奏折 04-01-01-0779-007,中国第一历史档案馆藏。

氏具控,卢应翔远在京师,无人把持唆使,至于卢应翔接叶利氏到船,究竟船泊何处、何人见证、何人往邀,叶利氏系妇女无知,实不能确记其人,其地亦不能确知。罗姓之人,因审案时已经远走,不能株守,是以奏交巡抚审理。

关于卢应翔指使卢应运打毁酒馆而卢应运已死一节,赛尚阿回奏:惟各供内无卢应运之名,折内据黎兆霖供叙入,而原供内未经补录,实属疏漏,请交部议处。[1]

道光帝命将赛尚阿回奏原折并叶利氏、卢应耀、黎沛霖、彭锡爵原供四件,交恩铭等仍遵前旨,秉公确查,据实具奏。[2]

道光十六年正月,署两江总督林则徐将苏松太道阳金城登覆各条照录清单呈览。清廷著恩铭等即将单开各条,逐一秉公研讯,务得确情。[3]

据林则徐奏报,他是十五年十二月三十日接到上谕的,而苏松太道驻扎上海县,距离林则徐所驻的江苏省城有九站之远,其间全靠水路,接到谕旨后,林则徐限定正月初三递到上海,随后给阳金城三日登复时间,限初六发出,务必于初十返回江宁。果真在初十这一天,他收到了阳金城的申详:阳金城随同工部侍郎赛尚阿、礼部尚书昇寅,在广东肇庆府地方审办吴毓钧一案,究出卢应翔挟嫌唆告生员黎兆霖,并诬揭职员李兆泰等情,正在提同人证悉心研讯间,适高要县拿获假冒职官之革生卢应耀、彭锡爵二名,具文解送前来。随即究出卢应翔是卢应耀的胞弟,卢应翔因挟其友叶荫芝被官问罪之嫌,主令叶利氏以其夫叶省之在押拷打致死,捏情诬告泄愤。因卢应耀假冒职官,情节较重,因此先行请旨将卢应翔革职,解交广东对质,与卢应耀一并拟办。办过此案后,只存折稿,不存口供,所有案内供词,虽复讯叠行更正,一经叙入折内,均即逐加核对,其大概情节,当无不符之理。卢尹氏欲为其子脱卸

---

[1]《赛尚阿遵旨据实明白回奏折》,道光十五年十二月二十四日,录副奏折03-3777-043,中国第一历史档案馆藏。
[2]《清宣宗实录》卷276,道光十五年十二月丙子,北京:中华书局,1986年影印本,第37册,第253页。
[3]《清宣宗实录》卷277,道光十六年正月癸卯,北京:中华书局,1986年影印本,第37册,第270页。

罪名，或因供稿讹传，借词搪塞，或系以无为有，故作一面之词。

林则徐据此认为，阳金城随同赛尚阿、昇寅与刑部主事白让卿承审此案，供词屡审屡录，其全供咨送刑部，并录存一份在广东备案，皆有案据可稽，委系虚衷定谳。当与赛尚阿、昇寅互相参论，因而据供办折，实无舔叙供词情事。且现有叶利氏及黎兆霖、李兆泰等俱在广东，活口可凭，其有无照折内所供，是否凭空舔叙之处，不难立见。正月初十日，林则徐发出此折。[1]

林则徐在接到申详当日即向道光帝上奏，并称"据详入告"。

清代档案一再展示出，越是重案，越难以按照事实来审。其中，背后的权力因素成为影响公正审理的主要原因。这也是包世臣所说的一桩案件一旦进入两司，"则承审官已为被告"，在"大头已向下"的情况下，在官"难以言公道矣"。[2] 此案被参劾者吴毓钧有非常广泛的社会背景，而钦差随审司员与吴毓钧又是世谊，吴又跟随钦差前后。这些都是事实，也是影响案件公正审理的主要因素。道光十六年二月，邓廷桢上奏：东莞县命妇卢尹氏，遣抱告具控其子、已革刑部郎中卢应翔被参革职解审一案，查案内牵涉之员，不仅吴毓钧系乡榜同年吴廷瓒之子，即主事白让卿之父白镕，与伊子系属师生，亦有世谊。表示"一面催提人卷，先行研讯，固不敢引嫌回避。唯道路之词，最多歧异，请旨添派大臣一员，赴粤会审"。清廷已派恩铭等前赴该省会同审办，至年家故旧，本无事引嫌回避，只须破除情面，毋稍瞻徇，如案情果堪自信，正不必以传闻歧异为虑。著邓廷桢仍遵旨提集案证，俟恩铭等到粤后，会同秉公研讯。[3]

四、二派钦差，平反唆讼案

正当恩铭等钦差前往广东审案时，有御史不断弹劾赛尚阿随带刑部

---

[1] 林则徐：《林则徐全集》，福州：海峡文艺出版社，2002年，第2册，第168—169页。
[2] 包世臣：《齐民四术》，《包世臣全集》，合肥：黄山书社，1997年，第399—400页。
[3] 《清宣宗实录》卷278，道光十六年二月丁卯，北京：中华书局，1986年影印本，第37册，第292—293页。

司员阳金城、白让卿两人，审案后携回大量金银财物进京。十六年二月，清廷将刑部主事白让卿暂行解任，交顺天府派委妥员迅速伴送广东省城备质，并令两江总督陶澍、江苏巡抚林则徐派员伴送阳金城赴粤候质。同时通过军机处廷寄谕旨，著钦差尚书恩铭等行抵广东时，务将卢尹氏一案详细研鞫，倘该二员有应行质讯之处，著即提同质讯。[1]

四月又有人奏，上年二月初二日，随带司员白让卿、阳金城回京，携带行李，例应由崇文门查验，除白让卿行李未经到门外，阳金城行李大车四辆、箱十七只、夹板一副、匣二件，包卷二十七件，输纳税银三十余两，有崇文门稽查行李簿可据。查向来审案司员回京，从无携带货物报税之事，即遇有土宜输税，亦属无多，乃阳金城连车重载，竟至输纳税银三十余两之多，如谓亲友附带，审案司员行踪莫定，众所习知，不至附其携带，且驰驿遄行，断无为人携带多箱之理，其为苞苴馈赂，似无可疑。至白让卿闻有大箱二只，由广东省城同和银号司事之石纶亭代为寄京，是其箱箧之多，不能尽带，已可概见。且石纶亭而外，尚难保无另有寄顿等语。为此，道光帝通过军机处，廷寄钦差恩铭、赵盛奎：石纶亭现在广东，著恩铭等亲提研审，所有白让卿托寄大箱二只，是否实有其事，并寄至何处交代，及此外有无托寄之处？阳金城回京因何携带箱箧如许之多，即将该司员等前在广东如何得受苞苴之处详细审明，一面密加访查，据实参办，务期水落石出，毋稍颟顸。如稍有瞻顾，是汝二人甘作丧天良之事也。

清廷的反应极为迅速，次日即查明阳金城从广东回京携带重物属实，为此，道光帝谕军机大臣等：昨因有人参奏上年阳金城由广东回京携带行李，连车重载，白让卿有大箱二只，托广东省城银号司事之石纶亭代为寄京，其箱箧之多不能尽带，已可概见，其为苞苴馈赂，似属无疑，当降旨著恩铭等查访审讯，即密查崇文门收税号簿，上年二月初二日阳金城行李进城，果系大车四辆，箱十七只，夹板一副，匣二件，包卷二十七件，输纳税银三十一两三钱七分，与原奏数目相符，毫无疑

---

[1]《清宣宗实录》卷279，道光十六年二月癸未，北京：中华书局，1986年影印本，第37册，第307页。

窦。阳金城系随带司员回京,何以箱箧如此之多,显有贪婪踪迹,著恩铭等切实研究,毋任狡赖,如该员再敢强词支饰,则是罪上加罪。阳金城已显有贪婪踪迹,则所参白让卿之事,断非无因,且其托银号寄箱,尤为巧诈,著恩铭等于石纶亭到案时严加审讯,并此外有无寄顿及该员等前在广东如何得受苞苴之处,仍遵昨降谕旨密加访查,如得有实据,即传旨将该员等革职,一面据实具奏,毋许稍有瞻顾。[1]

此时,吴毓钧案又似乎演化成了钦差司员婪索案。而如此一来,从利害关系上看,司员与钦差,司员、钦差与吴毓钧又成为荣辱与共的一体。这也增加了"唆讼人"卢应翔翻案的难度。道光时期对言官等上疏常规避其真实姓名,用"有人奏"形式。我们没有在档案中查阅到此疏为何人所上。

邓廷桢是十五年十月二十四日向道光帝"请训"后离开京城前赴两广总督新任的。次月五日,他在山东滕县途次连续接到皇帝的两道谕旨,第一道谕旨是令其审理卢尹氏控案,第二道谕旨是令其将卢尹氏所控情节审讯。进入广东清远县境时,又接到因许球上奏道光帝于十一月二十五日发布的上谕,此次上谕是令邓廷桢与祁𡎴共同审理,并明令"前经派审此案各官不准复行派审"。邓廷桢于十二月二十六日抵达广东省城,正式接任。当日就将吴毓钧撤任,令其来省备质。十六年正月初一,又接到第四道谕旨,即道光帝因祁𡎴照众证定卢应翔之罪的结案奏报,而令此案毋庸会同祁𡎴审理的上谕。[2]

邓廷桢片奏他与案中人的关系:吴毓钧是邓乡榜同年吴廷瓒之子,主事白让卿之父白镕亦系取中邓廷桢之子考官,而邓廷桢与白让卿亦有世谊。尽管如此,邓廷桢表示,此案是"特旨交审之案,臣止知为皇上执法持平,不敢瞻徇钦差大臣,更何暇顾及年家故旧",但如果别生异议,使案件辗转宕延,故请旨添派大臣会审。[3]

---

[1]《清宣宗实录》卷282,道光十六年四月壬午,北京:中华书局,1986年影印本,第37册,第355页。

[2]《奏为先后叠奉谕旨饬审卢尹氏控案事》,道光十六年正月初八日,朱批奏折04-01-01-0779-011,中国第一历史档案馆藏。

[3]《奏为审拟卢尹氏控案牵涉年家故旧请派大员来粤会审事》,道光十六年正月初八日,朱批奏折04-01-01-0779-004,中国第一历史档案馆藏。又据赵盛奎奏,赵与白让卿之父白镕又是儿女姻亲。

此次审案最初由邓廷桢主审，邓到任后，卢尹氏具呈代其子剖辩。四月初三日，钦差恩铭、赵盛奎到达广东省城，卢尹氏拦舆申控。随即又有叶利氏、彭锡爵先后投递悔呈。此后本案由钦差恩铭主审，赵盛奎、邓廷桢会审。

与第一次钦差审案旁生枝节不同，此次钦差审案的重点主要围绕冯赞勋所参吴毓钧不法各条款展开。其中，纵盗殃民乃吴毓钧罪名所在，而叶省之被押身死涉及卢应翔唆讼罪名。澄清这两款事实也是案件向事实归依的关键所在。

关于冯赞勋参奏吴毓钧纵放盗首邓亚明，邓强奸民女亚端不究一事，经查邓亚明盗犯属实，但于道光十三年十一月病死，被奸污者亚端也于十三年八月出嫁后死亡，余犯无一在获，而吴毓钧供称邓亚明并未抓获，因而无从纵放。钦差的结论是，吴"尚非有心庇纵，似属可信"。

关于吴毓钧充当钦差巡捕一节，没有否认伴送钦差的事实，只是吴的身份不是"巡捕"。经查前次钦差到广东时，经广绍南连道蒋明远札委吴毓钧护送进省，并非派充巡捕；卷宗并无抽换形迹。

关于贿嘱人证，诬指卢应翔唆讼一节，吴毓钧坚不承认。关于吴与黎沛霖等交结，查黎沛霖等确有与人涉讼之案，并无被人告发包揽词讼之事。

关于纵令丁书设立粮站，将并未欠粮之叶省之锁押拷毙一节，查叶省之原有欠粮未完，十三年六月二十二日，粮差将其锁押，叶当即将所欠钱粮全数完清，粮差因勒索银两未到手遂不放行，叶省之之妾陈氏看视时，交手字一纸，陈氏回家，见内写"粮差等索银一百元，已应许二十元"等语；二十六日，叶省之母谢氏、妻利氏同妾陈氏携银前往粮站，粮差告知，当日辰刻叶省之发痧身死。谢氏随令叶省之堂弟叶瀛作呈，并粘连手字，于二十八日赴县呈告。吴毓钧未亲往检验，委派巡检验看发痧身死，叶母等见尸身有紫黑斑点，牙齿、指甲脱落，恐系拷打致死，不肯画供，巡检饬令按印指模存卷，谢氏不肯领尸，叶瀛找罗姓代作呈词，于七月初三、初十、十八、二十三等日，先后赴府、臬司及督抚控告，委知县章鸿复验，章以尸身日久腐烂，并未复验，含混通禀。时卢应翔胞兄卢应耀因道光六年未地亩为人控告，以吴毓钧听断不公，心怀疑愤。十三年九月中，在东莞接到其弟卢应翔信云，于二十四日由省起身赴京。卢应耀于二十三日由东莞进省，二十七日送其弟到三水县，于十月初二日回省，船泊河干，正值叶利氏在省控告，起意怂恿。因其亲戚佘二与叶利氏之子叶胜熟识，由佘二请叶利氏上船，又因其是被革生员，恐叶利氏不信，遂假称卢应翔相邀，叶利氏上船，卢应耀劝令上控并许帮给盘费。十四年二月，卢应耀向素识之彭锡爵告知。九月，卢应耀闻知钦差在肇庆，邀同案被革生员彭锡爵一同前往呈请开复，二十二日由东莞起身，二十九日抵肇庆被高要知县叶承基盘获搜出呈词，疑系讼棍，随向追问，彭锡爵挟嫌捏称卢应翔请亲戚找其为叶省之之死作呈。钦差将卢应翔拟军，请旨将卢应翔革职解往广东备质，奏交巡抚。卢尹氏京控后，叶利氏、彭锡爵相继递悔呈。

钦差审理认为，叶省之命案实系粮差锁押索诈因病身故，卢应耀挟嫌怂恿上控，叶利氏误认为卢应翔之实在情形。关于叶省之尸身右脚踝有链伤痕，牙齿指甲脱落之实，恐系拷打致死，吴毓钧既不亲验，钦差查办时又称眼同尸亲相验，取具输服供状，当给领埋。据称牙齿、指甲脱落是相沿旧习，令件作存留，以防尸亲日后诬告服毒。粮差承认索诈是实，并承认各粮站催征时向花户勒索夫马及幕友折席规礼。

关于叶利氏何以前后判若两人一节，经此次审理，叶利氏称邀其上船者系卢大老爷（卢应耀），诘以船内所见眷口几人、若何装束、年岁几何、有须无须时，与卢应耀均相吻合。又经当面指认，邀其上船者确系卢应耀。

关于叶利氏前供卢应耀接她上船并嘱其找罗姓作呈上控一节，则罗姓为案内要证，彭锡爵前供卢应翔遣佘姓持总督批词给看，则佘姓亦为案内要证，钦差认为：要证二人俱未到案，卢应翔亦尚未解粤讯供，何以仅凭叶利氏、彭锡爵一面之词遽照众供确凿之例定拟？再查叶利氏已屡次在各上司衙门呈告，并非因卢应翔教唆后始行上控，且实系伊堂弟叶瀛倩人作呈，并非卢应翔代作呈词，即使卢应翔果有接叶利氏到船劝令上控情事，按照从前审拟叶利氏控系虚诬，卢应翔亦只照从旁怂恿之人，与犯人同罪例，罪止拟杖，不得律以捏写本状之条，前此拟军，实未允当。

十六年五月初八日，钦差恩铭、赵盛奎，会同两广总督邓廷桢将卢应翔唆讼案审结。粮差发近边充军。卢应耀因叶省之命案劝令尸亲上控系属从旁怂恿，现讯明叶利氏所控得实，该犯亦无罪可科，唯前往肇庆探听讼情，因恐人盘查，携带水晶顶帽，伪称官船，判发近边充军。彭锡爵尚有另案教唆词讼情事，交巡抚归于另案审明，从重拟办。廪生黎沛霖、按察使经历职衔李兆泰照不应重律杖八十，已经斥革，应毋庸议。已革刑部郎中卢应翔现已讯明，接叶利氏下船商及讼事是其兄卢应耀，所为与该革员无涉，唆讼为不实，应请开复原官，交部议处。吴毓钧失察属役婪索，并不亲往验讯，捏称亲验，请交部严加议处。随带司员阳金城、白让卿未能审出粮差诈赃情弊，请旨交部议处。赛尚阿、祁㟙等交部议处。[1]

五、查办员司，三派钦差

在清代许多大案重案中，总督、巡抚所审完全不同的情形已属少见，而三派钦差更属罕见。尤其让人大惑不解的是，三派钦差每次都颠覆前次所审，这不仅使当事人无法信服，也降低了法律的权威性。而在案件审理的全过程中，道光帝怀疑钦差是否公正以及反复无常的个性显露无遗。

第二次派钦差是会同地方最高长官总督会审，堪称最强阵容。道光帝理应相信审判结果。但也许是因为恩铭没有将两个司员是否有婪索行为审出，或许是恩铭等故意做和事佬通过放司员一马换得对卢应翔无罪的支持，或许道光帝对此次审理另有成见，或许是道光帝背后有更多双手在操纵案件的走向。总之，案件远没有结束。

恩铭等上奏以后，没有等候分别自京城、江苏解往广东的白让卿、阳金城，对道光帝谕旨中明确表达的对白、阳两人何以携带重物回京，前次赴广东审案时是否有婪索之事，采取模棱两可的态度，这一带有明

---

[1]《奏为遵旨会审东莞县命妇卢尹氏遣抱具控尚书升寅等供奏两歧挟嫌插害等情定拟事》，道光十六年五月初八日，朱批奏折 04-01-01-0781-001，中国第一历史档案馆藏。

显为两人开脱的做法为道光帝震惊，致使案情再度出现重大变数。

五月三十日，道光帝收到恩铭等关于卢应翔唆讼案的上奏。他谕军机大臣曰：据恩铭等奏，广东东莞县命妇卢尹氏具控伊子已革刑部郎中卢应翔被参革职一案，现已审讯完竣，白让卿、阳金城尚未到粤，无须质讯，已行文沿途截留，饬令该员等回京回省，其暂行解任之案，应请查销，听候部议，等语。道光帝以恩铭等自系未经接奉续降谕旨，故有此奏，此时白让卿等想已陆续抵粤，命恩铭等务须破除情面，秉公查办，如白、阳二人奉文截回，恩铭等即迅速行文，沿途催令该员等无论行抵何处，仍著前赴粤东听候质讯。考虑到二司员可能已经抵达广东，道光帝命"此次折件著暂留，俟讯明白让卿、阳金城奏到时，再降谕旨"[1]。这就是说，道光帝采取了不同于以往的处理方式，没有在钦差会同总督邓廷桢审理的奏折上指示"著该部议奏"之类，而是朱批"另有旨"，即要等待查清二司员是否婪索之后再做指示。这也为此案留下了很大变数。

此时，道光帝又采取"暗路"，于六月初二日亲写殊笔密谕，令广东学政李星沅密报恩铭等审理吴毓钧、卢应翔案是否公正，密谕内容也表明道光帝对此案异常疑虑：恩铭等审拟吴毓钧、卢应翔一案，业经奏到。但此案为日已久，牵涉人多，目今京城人言不一，究竟审拟确当与否，现在钦差二人及邓廷桢，有无瞻徇不公之处，原审钦差赛尚阿、司官白让卿、阳金城是否别有贿托？汝近在同省，所有问断之公私，情理之当否，省城内外必有议论，汝断无一语不闻之理。兹亲书密旨，特将恩铭等奏结原折抄寄阅看，务要逐一密访明确，一无所顾，据实复奏。

道光帝还特别提醒李星沅：汝本系局外之人，朕以此等密事，倾心咨访，汝若代人隐饰，罔顾情理，身家重君义轻，甘心欺朕，朕可欺天不可欺，日后朕若得实，自问能当此欺罔之罪耶？慎之密之！

李星沅接到密谕后回奏：钦差昇寅等审案时，将卢应翔判拟充军，当时臣在京供职，颇闻人言：卢应翔尚未到案，钦差即据一面之词，定

---

[1]《清宣宗实录》卷283，道光十六年五月壬子，北京：中华书局，1986年影印本，第37册，第378页。

为唆讼拟军，办理未免过激。上年十月巡抚祁墳仍照原拟请旨，臣甫到广东，于案情实无所闻。此次钦差恩铭等奏结，如何问拟，臣不得其详，唯接见各官，时有借此为谈助者，或云卢应翔原未到案，或云卢应翔兄弟素行不满人意，或云卢应翔之父曾官县令，妻父刘姓又为捐纳郎中，颇有纨绔习气。悠悠众论，与案无涉。兹奉饬发原折，阅看再四，叶利氏前供卢应翔唆讼，此次何以忽认为卢应耀；又卢尹氏呈称，卢应翔十三年四月入都，而卢应耀供词忽称九月，属自相矛盾。就此两疑点密访，闻有叶利氏供词未必可靠之说。而卢应翔九月尚未入都，十月初四日始由省城启程，初九日甫抵清远县境之说，随查清远踪迹，又无可指证。其余论此案者，多言原办太刻，现办太轻，均非持平之道。吴毓钧貌似有才，不甚诚实，前任东莞县时，闻自详办叶荫芝以后，意存高兴，视该县士民如仇，而该县士民亦遂以仇相待，寻瑕伺隙，报复为心。人之多言，未必不由于此。原审钦差赛尚阿，司员阳金城、白让卿等，臣所闻实无贿托之事。阳金城是广西人，其乡人多在广东贸易，白让卿之父白镕曾任广东学政，俗尚每论世交，恐临行持赠土物，在所难免。钦差、督抚审拟各殊，京师、粤省传闻互异，若复采诸道听，诚恐转涉游移，似应请旨饬下刑部衙门，提齐案内人证、卷宗，详加研鞫，务得确情，按律定拟，以昭信谳。[1]

李星沅的密奏尽管被"留中"，他提出的把案件提交刑部的建议也没有为道光帝所采纳，但密奏内容仍然透露出一些无法公开的信息：一桩大案特别是当事双方都是在职官员，又都有不一般的官场背景，如此情况使得审案者难以完全从事实出发，而更多地权衡其背后的权力因素。嘉道时期盛行的"四救"在这里或许体现为"救大不救小"[2]，而基层社会官民之间的撕裂乃至对立，同样成为左右案件审理的重要因素。

从案件的重要转圜来看，促使道光帝第三次派出钦差的因由是六月二十五日接到恩铭的两个奏报。官方《实录》在这一天连续记述了互有

---

[1] 《覆奏奉谕访查钦差恩铭等审拟吴毓钧卢应翔一案确当与否及钦差总督有无瞻徇与原审之钦差司官白让卿有无贿托等情折子》，李星沅：《李星沅集（一）》卷1，长沙：岳麓书社，2013年，第15—17页。
[2] 嘉道时期包括官方《实录》在内，很多文献一再称官府审判中有约定俗成的四救：救生不救死、救官不救民、救大不救小、救旧不救新。

关联的人事变动等六个重要事项：

谕内阁：本日据恩铭等奏，审拟广东香山县知县叶承基被参各款一案，拜折后即带同司员起程等语。恩铭等审讯此案，显有不实不尽之处，且此次交办事件甚多，尚有应行质讯之件，该尚书等径行起程，辄云迎至前途提讯，实属错谬。恩铭、赵盛奎俱著即行回京。

谕军机大臣等：本日已有旨令朱士彦署理吏部尚书，并派同耆英驰赴广东查办事件。该尚书已经服阕，启程北上，现在无论行抵何处，接奉此旨，即行迅速来京，请训后再行前往。将此谕令知之。

又谕：本日据恩铭等奏，审明署香山县知县叶承基被参各款一折，此案叶承基于该县城外，既经设有停云馆，以备差员居住，是原参该县官亲家人借住林昌绪房屋一节，难保必无其事，且于伊子叶祖勋挟妓饮酒，门丁张贵、吕德得受规费，奸宿娼寮，岂得诿为不知？所讯各供，显有不实不尽之处。又另片奏：刑部主事白让卿由粤差旋时，曾将木箱二只托监生石纶亭即石腾芳代为寄京，既已讯明属实，其有无寄顿及如何得受苞苴，正可从此根究，以期水落石出，乃不守候白让卿、阳金城伴送到粤，秉公质讯，径于拜折后即行起程，并称迎去前途，就近提讯，不知此案一切人证卷宗，均在广东省城，若在中途查办，并无质证，是欲仅就该员等一面之词，遽行定案，所见实属错谬。已有旨派朱士彦、耆英前往广东查办事件，该尚书等接奉此旨，无论行抵何处，即行回京，所有叠次所交各案，均著面交朱士彦等接收办理。将此谕令知之。

又谕：现已有旨派朱士彦、耆英驰赴广东查办事件矣。该尚书等行抵广东，务将叶承基被参一案，再行确切查究，无稍徇隐。至阳金城、白让卿到粤后，总须将此案虚衷研鞠，提到该员等认真质对，务得确情，按律惩办，据实具奏。在此二案外，叠次所交恩铭等查办事件，业经寄谕恩铭等于途次会晤时，一并查明，均交该尚书等接收审办。该尚书等唯当破除情面，一秉至公，将各案情节逐一体访，悉心研讯，虚则虚、实则实，不可受人欺蒙，颟顸了事，致负委任。将此谕令知之。

以服阕尚书朱士彦署吏部尚书，未到任前仍以工部尚书何凌汉署理。

命署吏部尚书朱士彦、户部尚书耆英，驰往广东查办事件。[1]

以上六项记载，因谕旨所发途径、收发人不同而互有详略，但总体上反映出道光帝对恩铭等钦差对广东多起钦交案件的审理非常不满，因此改派朱士彦等全部接手。在谕旨中还有一处值得注意，即要求朱士彦进京"请训"后再赴广东。而朱以署吏部尚书为钦差，规格高于前两任钦差。

七月十七日，道光帝收到恩铭等于七月初一日关于二司员是否婪索的上奏[2]，致使情况急转直下，恩铭等随即受到严厉惩处。值得注意的是，恩铭上奏援引二司员称，"在肇庆查办吴毓钧被参一案，实因昇寅患病性急，催促速借办理，未免疏率"。这是对第一次钦差审案的少见披露。

而恩铭等人对道光帝非常关注的二司员婪索之事采取草率了事的做法使得道光帝极为愤怒。现存朱批可见当日其不可遏制之情，以下为朱批原文：

另有旨。据一面之供即云尚属可信，如此问案谁不能之？彼二人有无赃私，朕原无成见，无非欲得一实字耳！然如此有意欺饰，朕非和事老人，亦断不能受此愚也，总缘朕无知人之明，方敢如此尝试也！[3]

道光帝认定恩铭等人是在愚弄他，显然这已超出皇帝能够容忍的界限。当日他谕内阁称：本日恩铭等奏查审情形，辄据白让卿、阳金城一面之词，遂谓所供并无收受苞苴馈赂情事尚属可信。审理案件，于案情无可依据之处，尚须逐细研求，究出端倪，方成信谳。此案既有寄托箱只之石纶亭，代寄通州之知县赵桐，无难三面质对。至阳金城所带衣箱

---

[1] 参见《清宣宗实录》卷284，道光十六年六月丁丑，北京：中华书局，1986年影印本，第37册，第393—394页。
[2] 《奏为遵旨查审白让卿、阳金城回京重载携带行李据实具奏事》，道光十六年七月初一日，朱批奏折 04-01-01-0781-013；《奏为饬令刑部主事白让卿、江苏松太道阳金城回京回省事》，道光十六年七月初一日，朱批奏折 04-01-01-0781-015，中国第一历史档案馆藏。
[3] 《奏为遵旨查审白让卿、阳金城回京重载携带行李据实具奏事》，道光十六年七月初一日，朱批奏折 04-01-01-0781-013，中国第一历史档案馆藏。

如许之多，已出情理之外，又有家丁可究，即使现在未尽随至广东，查传提讯，不过稍淹时日，何得颟顸将就，豫存和事之见，据其所具亲供，信以为实乎！朕非谓白让卿、阳金城必有得受苞苴情事，然查办事件，总须得一实字，似此查奏，岂非有意草率支吾，迹近欺罔，殊失朕以诚委任之义。恩铭、赵盛奎俱著交部议处。

在清廷对外宣达皇帝谕旨的程序中，内阁通常是明发上谕，走的是"明路"，意味着尽官皆知，也意味着转圜余地甚小。尤其是谕旨用了"迹近欺罔"四个字，这通常是兴大案的前兆。

如果将阳金城等事放在乾隆朝，清廷的第一反应或首先采取的措施就是查抄两司员的家产。道光帝没有采取这样的方式，因为他的威望不足以这样做，他的执政理念也不需要这样做。

次日，道光帝又谕军机大臣：昨据恩铭等奏查审情形，据称白让卿所带箱只，实系自买物件；阳金城所带箱只，实只家用什物及烟茶之类。就全案而论，案内实无可行贿之人。是该员等供无得受苞苴馈赂情事，尚属可信，等语。此案白让卿、阳金城有无赃私，朕原无成见，然必须提集应质人证，逐细研求，水落石出，方成信谳，若仅据一面之词，草率了事，如此问案，谁不能之。已将恩铭等交部议处矣。著朱士彦、耆英，即提集此案，细心研讯，白让卿等实有赃私，即从重严办，如无赃私，亦须质讯明确，毋得颟顸了事。再原折所称调查崇文门底单一节，明系故为开脱，且现查崇文门税簿止记总数，其浮记纸单，汇集烧毁，无凭检查，应毋庸议。原折著抄给阅看。将此谕令知之。

二十一日，清廷对恩铭、赵盛奎的议处有了结果：吏部将恩铭、赵盛奎议以革职。道光帝肯定吏部"系属照例办理"并向内阁等解释称："朕非谓白让卿等必有赃私，亦非谓恩铭等未能审出赃款予以处分。唯始则奏称自粤起程，中途提讯，已有不肯认真查办之意。继则仅据白让卿、阳金城一面之词，遂谓所供并无收受苞苴馈赂情事尚属可信，草率支吾，迹近欺罔，殊失朕以诚委任之义"。恩铭著革去尚书、都统，降为三品顶戴，仍带革职留任，赵盛奎著革去侍郎并军机大臣上学习行走，降为四品顶戴，以三品京堂候补，仍带革职留任。同日，以刑部左侍郎贵庆为礼部尚书，三品顶戴已革礼部尚书恩铭为刑部左侍郎。

二十二日，道光帝谕军机大臣等：寄谕钦差吏部尚书耆英等：前据恩铭等奏，查明广东东莞县命妇卢尹氏具控伊子卢应翔被参革职一案，当将原折暂留，俟讯明白让卿、阳金城有无收受苞苴，奏到时再降谕旨。该尚书等行抵粤东，著仍遵前旨，提到白让卿、阳金城确切质讯。其卢应翔案内各情，并著覆查具奏。原折著抄给阅看。将此谕令知之。[1]

六、卢家再京控，钦差重定案

道光帝在十六年六七月对钦差的调整及相关人事安排也预示着案件当事双方各自不同的命运将由此改变。

清廷第三次所派钦差，似乎鼓舞了前此被查的二司员，他们准备反戈一击，变被动为主动。七月十三日，恩铭、赵盛奎已经离开广东，而阳金城向邓廷桢禀称，伊等前次讯问卢应翔唆讼案，案情毫无错误，今闻叶利氏投递悔呈，将前供卢二老爷改作卢大老爷，又闻卢应翔设法使书吏，将钦差面交肇庆府珠尔杭阿附卷备查之字，另行更换，附在卷内，以致随带司员，援以为证。

邓廷桢随即令知府珠尔杭阿回报。据其禀称，道光十四年九月内，钦差审案完竣，随将文卷包封坚固，发交该府点明，委员解省投收，并无钦差面交书函、附卷备查之事等语。八月初六日，邓廷桢将阳金城所禀上奏，称"阳金城前于案结之后，即经起程回京，现亦未到粤省，何由查知信经抽换？既据禀称此案之平反，由于换信所致，自应彻底查办，以期水落石出"。九月初八日，道光帝收到邓廷桢上奏后，著耆英等到粤后，即将该道所禀各情，及该督行查互异之处，秉公查办，逐一讯问明确，据实具奏。[2]

朱士彦是江苏宝应人，长期在湖北、浙江等地做学政，以凌厉著称，备受道光帝赏识而在士人中颇具争议。道光十六年七月二十九日，

---

[1] 参见《清宣宗实录》卷286，道光十六年七月癸卯，北京：中华书局，1986年影印本，第37册，第418页。

[2]《邓廷桢奏阳金城禀评换信翻案由》，道光十六年八月初六日，录副奏折03-4052-010，中国第一历史档案馆藏。

朱士彦在安徽合肥途次接到将恩铭审办卢尹氏控案虚实各情交其审理上谕。至于其如何进京请训，未见他本人奏报。八月十二日，他与耆英一同抵达江西省城审案[1]，九月十九日，他在江西省城接到上谕，即邓廷桢所奏阳金城所禀换信之事。十月初八，在江西办理案件完竣后启程前往广东，十一月初十到达广东，因前两次钦差所审大相悬绝，故讯人证查卷宗。二十九日，朱士彦奏报审理大概情形。[2]而焦点集中到卢应翔是否嘱令其兄卢应耀探听案情，据阳金城禀称当时有卢氏兄弟来往信函。朱士彦还在片奏中报告，本案关键人证，即为叶省之写呈词，后卢应翔嘱令叶利氏找寻罗姓，据叶利氏之子叶胜供，罗姓在省城文明门外东横街居住，随即拿获罗姓生员罗应魁，即罗星垣。

十二月二十一日，道光帝接到朱士彦等奏，查讯卢尹氏控案大概情形一折。通过内阁发布上谕：此案卢应翔是否有嘱令卢应耀探听案情信函，赛尚阿曾否面交珠尔杭阿附卷，著赛尚阿明白回奏。[3]次日，赛尚阿回奏称：前在肇庆府审案，高要知县叶承基拿获卢应耀、彭锡爵二人，并起获信函呈底一包，经阳金城送交阅看，其与昇寅检查包内各件，皆是卢氏兄弟来往书札，并有呈底数纸，由阳金城转交广州知府珠尔杭阿领回备案，至于包内信件，因时隔两年，语言词句不能记忆，大约皆系牵涉控案，卢应翔唆令其兄探听叶利氏案情一函，似当日阅看时曾有此件。[4]

赛尚阿回奏当天，道光帝据此通过军机大臣向朱士彦等钦差发布上谕：此案阳金城禀评换信翻案，据称赛尚阿当日曾将此字面交珠尔杭阿附卷备案，今闻卢应翔设法向书吏另换一字，附在卷内，以致随带司员援以为证。不可不彻底根究。著该尚书等提同阳金城、白让卿及珠尔杭阿等悉心研鞫，务得确据，倘讯明实有抽换卷宗等弊，即行据实参办。

---

[1]《奏为钦差尚书耆英朱士彦已抵江西省城连日会同研审被参贪劣各员事》，道光十六年八月二十日，朱批奏折04-12-0443-012，中国第一历史档案馆藏。
[2]《朱士彦等奏查讯卢尹氏控案大概情形》，道光十六年十一月二十九日，录副奏折03-3779-038，中国第一历史档案馆藏。
[3]《清宣宗实录》卷292，道光十六年十二月庚午，北京：中华书局，1986年影印本，第37册，第526页。
[4]《赛尚阿回奏》，道光十六年十二月二十二日，录副奏折03-3779-039，中国第一历史档案馆藏。

罗应魁即罗星垣为叶利氏案内重要人证,现既拿获到案,并经叶胜当堂认明,正可从此追究,以期水落石出。阳金城、白让卿家丁,现经随赴粤省,并咨解到案。著该尚书等亲提严讯,并檄调该员等前次审案时文武巡捕各官,及案内应讯人证,仍遵前旨秉公严究,有无得受苞苴情事,据实具奏。至此案如有应行革职研讯人员,著该尚书等一面具奏,一面即将该员等革职严究。[1]

道光十七年的年初对卢家而言,确是难过的年关。卢家没有放弃,仍在做最后努力。此次卢家兵分两路,并发动卢应翔的岳母家,分别在都察院、步军统领这两大京控受理衙门上控。

卢家出面的还是卢应翔的母亲卢尹氏,她第二次遣抱仍是在卢家佣工的卢光。据都察院奏报,卢尹氏呈内称:上年四月,经钦差会同邓总督审案,卢应翔与叶利氏对质,叶利氏并不认识卢应翔,而所谓接叶利氏上船一节,时间不符。另一要证彭锡爵与卢应翔对质后,承认挟嫌,经讯数十堂无疑。而阳金城、白让卿到案后,捏出换卷之事,而二司员并不在广东,何由知悉?如果真有此事,当时何不叙入奏中,作为唆讼确据?现在承审司员将叶瀛用刑熬审十余日,提卢应翔到案喝称此次是要翻异四月奏结之案,并将佘衡然严审,硬令捏诬换字,府书也被熬审多日。司员还称:供亦如此办,不供亦如此办,人证为保命,遂诬证。而卢应翔不肯输服,审案者禁止家人入视,连医生也不许进监。都察院奏报同时,抄录原呈并封送军机处。[2]

卢应翔岳母刘邓氏也作为卢尹氏的抱告,赴步军统领具控。时间是三月初三,比在都察院晚了六天。据此得知:刘邓氏是天津县人,她女儿嫁给卢应翔为次妻,卢应翔道光十年丁忧回籍,十四年起服到京。其母叫家人段某交她一纸,叫二月二十五日赴都察院控告,称如仍交朱大人审办,即赴提督衙门控告。段姓在都察院控告,已于二月二十九日由兵部解往广东。原呈有朱大人一定要按照昇寅办,朱士彦是吴牧之叔吴

---

[1]《清宣宗实录》292,道光十六年十二月辛未,北京:中华书局,1986年影印本,第37册,第528—529页。
[2]《都察院奏卢尹氏遣抱卢光控案》,道光十七年二月二十七日,录副奏折03-3780-040,中国第一历史档案馆藏。另有《卢尹氏呈状》。

廷琛壬戌科鼎甲同年,从中袒护之语。[1]

可见卢家此次上控是经过周密安排的。但正是在这几日,朱士彦的结案上奏到达清廷。

卢尹氏在都察院京控当天,道光帝谕军机大臣等:本日都察院奏,广东东莞县命妇卢尹氏遣抱告卢光以已结图翻,故勘故禁等词一折,已明降谕旨交朱士彦、苏勒芳阿审办矣。此案前经交朱士彦等审办,尚未据奏结,何以该氏复遣抱告来京具控?著朱士彦等将案内情节逐细研究,毋得稍有不实不尽,以成信谳。原呈著发给阅看。将此谕令知之。[2]

但卢尹氏遣抱告卢光到都察院京控仅隔一天即二月二十九日之时,清廷收到钦差朱士彦等二月初八日发出的关于卢应翔唆讼案、阳金城禀评案、司员阳金城和白让卿何以随带重物等三份上奏。

在查明随带司员并无赃私一折中,朱士彦等奏称,提同该员家丁等反复研究,俱系置买物件,委无婪索情弊,复檄调巡捕殷辅等质讯,佥称实无私谒馈送等情。至南雄州知州吴毓钧奉委进省,与白让卿等素不相识,无从进谒。查白让卿等尚无得受苞苴馈赂实迹,唯以随带审案司员,不知远嫌,致滋物议,均有应得之咎,白让卿、阳金城俱著交部议处。对此,道光帝予以采信。[3]

关于解任道员阳金城禀评广东卢尹氏控案,该省书吏有换信之事,据朱士彦等查明,委系该书吏等粘卷舛漏,复因移交卷宗,漏粘呈批,该地方官失于觉察,实属疏忽。广州府知府珠尔杭阿、佛冈同知潘尚楫,均著交部议处。阳金城记忆不真,率行具禀,亦属冒昧,著一并交部议处。道光帝也予以采信。[4]

而何以推翻恩铭等审拟卢应翔并未唆讼,朱士彦等并无新的重大突

---

[1]《步军统领衙门奏卢尹氏遣抱刘邓氏控案》,道光十七年三月初三日,录副奏折03-3781-002,中国第一历史档案馆藏。

[2]《清宣宗实录》卷294,道光十七年二月乙亥,北京:中华书局,1986年影印本,第37册,第565—566页。

[3]《奏为遵旨审明白让卿、阳金城等并无赃私事》,道光十七年二月初八日,录副奏折03-4054-031,中国第一历史档案馆藏。

[4]《审拟阳金城禀评换信案》,道光十七年二月初八日,录副奏折03-4054-032,中国第一历史档案馆藏。

破，[1]几乎完全按照第一次所派钦差赛尚阿等情节叙招。不过，在卢应翔坚不承招的情况下，该案仍照众供确凿判处。在上奏该案的起始部分专讲卢应翔的家世及与吴毓钧结怨之因：卢应翔系广东东莞县人，卢姓豪富善讼，控案累累，阖县畏惧，卢应翔捐任京职，知交既广，声势更大。[2]道光十三年四月，卢应翔丁忧服阕，由籍请咨赴京，因伊兄弟卢应耀等控争牧牛洲沙田一案，倚恃卢应翔抗传不到，经该前县吴毓钧禀请上司暂缓给咨，饬令将伊兄弟交案，卢应翔因此与吴毓钧挟有嫌隙。

本案最为关键的是卢应翔如何唆讼。朱士彦等奏称：东莞地广，多设粮站是为便于缴纳，叶省之是患痧症而死，叶省之母亲见尸体有伤，由尸弟叶瀛找罗应魁作呈，叶利氏随在各衙门控告，时卢应翔在籍，令其戚佘衡然于七月初八日邀叶瀛到船，嘱令出力告状，又邀叶利氏上船，告以务要上控。因叶利氏有贫乏之言，卢应翔即以"伊处有人晓作呈词，不用钱"之言回答。叶省之子叶胜言，其父死时牙齿、手足指甲脱落，没有叙入呈中，卢应翔称此系紧要情节，必须提出，叶瀛听从，将原呈添改，向巡抚、总督控告，总督批饬委员验报，委员因尸身腐烂未验，卢应翔令佘衡然持案内总督批语，送交素好之彭锡爵阅看，嘱作续控呈词，彭锡爵未允。卢应翔旋即请咨赴京。以下叙述第一次派钦差赛尚阿审出卢应翔唆讼情由。又言第二次派钦差恩铭等驰审前后，卢应耀为其弟脱罪，并卢尹氏央令叶利氏出具悔呈，叶利氏畏卢姓强梁应允，又称邀其上船者乃卢大老爷（卢应耀），卢应耀惧叶胜吐实，将其隐藏，避不到案。彭锡爵也具悔呈。恩铭等据此为卢应翔平反，奏请开复官职。

朱士彦等上奏以卢应翔坚不承招，又会赴京控告，请旨以后有告立案不行。

---

[1]《朱士彦等审拟卢应翔挟嫌唆讼案》，道光十七年二月初八日，录副奏折03-4054-030，中国第一历史档案馆藏。

[2] 笔者试图查阅卢应翔家世等资讯，据《卢氏家谱》载：卢氏乃东莞城望族，卢应翔字觉民，号叔蓬，道光乙酉（五年）科举人，历任浙江、陕西刑部督捕司正郎，后在江南军营效力；卢应耀，字长民，号星垣，附贡生，其禀性慧敏，能默念五经。转引自陈超平于2014年4月24日发表在《中国粤剧网》上之"卢有容"，http://www.yuejuopera.org.cn/mjmj/mjjj/ddyjbj/2014/0424/754.html。

道光帝收到朱士彦上奏当日,谕军机大臣等:本日据朱士彦等奏,审明已革刑部郎中卢应翔实有挟嫌唆讼情事,据众证定拟一折,已明降谕旨著大学士、军机大臣会同刑部核议具奏。此案昨据都察院奏,卢尹氏遣抱告卢光具控,因朱士彦等尚未奏结,是以降旨饬令审办。兹据奏卢应翔实有挟嫌唆讼情事,据证定拟,案已完结,所有卢尹氏遣抱告所控,著毋庸覆审。[1]

清朝只有重案、大案才由大学士、军机大臣领审,但通常也是走过场,因为都是纸上供招,且如何审理早已有皇帝谕旨定调,而提高层级更多是让被告无法再行上控,这也使我们对所谓的九卿甚至更高级审判的实质有了更清楚的认识。三月二十七日[2],大学士等上奏,一如朱士彦所奏,并称卢应翔等狡诈健讼,难保其不复故智,串嘱人证,捏词控翻,应请旨敕下都察院、步军统领衙门,如卢应翔等再行翻控,将原呈立案不行。

道光帝当天谕称:大学士长龄等覆奏,讯明刑部郎中卢应翔挟嫌唆讼,捏控广东东莞县民叶省之身死不明一案。得旨:此案卢应翔以在籍刑部司员,挟嫌屡次找寻尸亲,商添情节,教令上控,核其情罪,即与积惯教唆无异,迨案经发觉,辄敢迭次狡执,现在众证确凿,尚复抗不招承,并于钦差审讯时,当堂呵斥左证,种种刁健,实属藐法。卢应翔著即发往新疆效力赎罪。赛尚阿、祁𡎴,于粮差卢万欢等诈赃一节,未能审出实情,俱著交部议处。恩铭、赵盛奎、邓廷桢,于卢应翔干预讼事,未能审出实情,遽请开复原官,俱著交部严加议处。至卢应翔等狡诈健讼,现据众证完结,如再翻控,即将原呈立案不行,以杜刁健而息讼端。[3]

十七年四月,赛尚阿、祁𡎴于审办卢应翔本案,于粮差诈赃一节未经审出,罚俸一年,不准抵销。恩铭、赵盛奎、邓廷桢于卢应翔干预讼

---

[1]《清宣宗实录》卷294,道光十七年二月丁丑,北京:中华书局,1986年影印本,第36册,第568页。

[2]《大学士等奏核议朱士彦审拟卢应翔控案》,道光十七年三月二十七日,录副奏折03-3781-034,中国第一历史档案馆藏。

[3]《清宣宗实录》卷295,道光十七年三月甲辰,北京:中华书局,1986年影印本,第37册,第584页。

事,未能审出实情,遽请开复原官,以致该革员渎控不休,实属错误,该部加等议以降三级留任,尚觉过轻。恩铭、赵盛奎、邓廷桢,俱著改为革职留任,六年无过,方准开复。吴毓钧照溺职例革职。[1]

七、教唆词讼罪的法律适用

本案最令卢应翔不服的不是其是否唆讼,而是如恩铭等所称的引用法律不当。既然叶利氏不是诬告,朱士彦等上奏中也肯定"恩铭等究出东莞县粮差卢万欢等于叶省之完粮之后实有锁押索诈情事,叶利氏并非诬告",卢应翔何以"即与积惯教唆无异"?朱士彦等在结案时奏称:卢应翔前以在籍职官,因与本县吴毓钧有嫌,辄于叶利氏等在省控告,极力教唆,并于叶瀛呈内商添情节,虽叶利氏等上控不尽由卢应翔教唆而起,但卢应翔以无干之人,屡次找寻尸属,商改呈词,实属教唆诬告;迨案已发觉,犹不认罪,迭次狡扳,甘令伊兄卢应耀顶认,现在众证俱在,抗不招承,并肆口妄扳,刁健已极,且于臣等提讯时,当堂向案证佘衡然呵斥,尤为藐玩,未便仍照初审拟充军,致滋轻纵,应加重发往新疆效力赎罪。[2]

以上是判处卢应翔有罪的定案依据,但细阅全文发现其并没有援引法律条文。根据"教唆词讼"本律,其定罪依据是实质要件,即增减情罪,原文为:凡教唆词讼及为人作词状,增减情罪、诬告人者,与犯人同罪。其见人愚而不能申冤,教令得实,及为人书写词状而罪无增减者,勿论。

回到全案中,叶省之被押身死,其妻叶利氏等屡次上控在先,卢应翔没有为叶家作词状,而定其罪的依据是"商添情节",这是指尸子叶胜所言其父死时"牙齿、手足指甲脱落"没有叙入呈中,卢应翔认为此情节重要,因而叙入。这完全不适用增减情罪。因此最后判拟有罪的依

---

[1]《吏部奏遵旨议奏赛尚阿等审案处分》,道光十七年四月初四日,录副奏折03-3782-003,中国第一历史档案馆藏。
[2]《朱士彦等审拟卢应翔挟嫌唆讼案》,道光十七年二月初八日,录副奏折03-4054-030,中国第一历史档案馆藏。

据是其教唆上控这一行为本身，而不是"增减情罪"，这是对教唆词讼罪的完全背离。

再从全案审理过程看，除最终没有直接援引定罪条款外，几次审判都援引"据众证定罪"条款。这是依据"犯罪事发在逃"律而于嘉道时期修定的例文，指"其有实在刁健，坚不承招者，如犯该徒罪以上，仍具众证情状，奏请定夺，不得率行咨结"。[1]第一次钦差判拟时称："叶省之一案已据尸妻利氏、尸子叶胜供明，系该员（卢应翔）主唆诬告，并据现获之彭锡爵供明相商批词，即属众证确凿，按例应发近边充军。所有该犯对质人证，俱在本省，未便提往京师，致滋拖累，臣等亦未便株守以待，应将卢应翔请旨革职，交广东巡抚严讯明确，从重问拟。"[2]卢应翔尚未到粤，钦差却亟亟乎进行"缺席审判"，自然引起物议沸腾。

其后，广东巡抚祁𡎴在奏审时称：其主唆叶利氏诬告差役拷诈毙命，现有商改讼情之彭锡爵迭次指证，复有听唆具控之叶利氏尽吐实情可据，业已众证明白，乃卢应翔肆意狡展，坚不承招，自应仍照钦差大臣昇寅等原拟办理，卢应翔合依代人捏写本状、唆告人命重罪不实者发近边充军例，发近边充军。[3]适用的是"教唆词讼律"第一条例文[4]对此判拟，第二次所派钦差恩铭等明确奏称："即使卢应翔果有接叶利氏到船劝令上控情事，按照从前审拟叶利氏控系虚诬，卢应翔亦只照从旁怂恿之人，与犯人同罪例，罪止拟杖，不得律以捏写本状之条，前此拟军，实未允当。"恩铭等援引的是"教唆词讼律"第九条例文，乃乾隆六十年定例，嘉庆六年改定。其原文为：教唆词讼诬告人之案，如原告之人并未起意诬告，系教唆之人起意主令者，以主唆之人为首，听从诬告之人为从。如本人起意诬告，而教唆之人从旁怂恿者，依律与犯人同

---

[1] 薛允升著，胡星桥、邓又天主编：《读例存疑点注》，北京：中国人民公安大学出版社，1994年，第84页。
[2] 《奏为审明前署东莞县知县今升南雄州知州吴毓钧等被参案事》，道光十四年十月初九日，录副奏折03-4049-010，中国第一历史档案馆藏。
[3] 《祁𡎴奏审办卢应翔主唆诬告案》，道光十五年十月二十八日，录副奏折03-4051-045，中国第一历史档案馆藏。
[4] 薛允升著，胡星桥、邓又天主编：《读例存疑点注》，北京：中国人民公安大学出版社，1994年，第702页。

罪。[1]本案叶利氏最终"照证佐不言实情致罪有出入减罪人二等律,于卢应翔所得罪上减二等,杖九十,徒二年半",因是妇女照例收赎。[2]

这就是说,卢应翔作为教唆词讼律主犯而被定罪,而作为被教唆者,叶利氏没有作为教唆词讼罪从犯,而是援引"狱囚诬指平人"律正文判拟。[3]如此一来,卢应翔作为主唆者被判拟,但全案没有被教唆者。换言之,卢应翔被定罪是因教唆叶利氏而起,叶利氏不作为被教唆者判拟,卢应翔则罪无所坐。

法律适用的矛盾是法律本身出了问题。正如晚清律学家薛允升所言,教唆词讼例文虽意在打压讼师,但已颠倒主次,大失律文原意。他在本文前引第九条例文后,发表长篇"谨按":唐律,为人作辞牒加增其状,罪重者减诬告一等;教令人告,事虚应反坐,得实应赏者,皆以告者为首,教令为从。受雇诬告人者,与自诬告同,雇者从教令法:此不易之法也。明律受雇诬告人与唐律同,其教唆词讼及增减情罪诬告,与犯人同罪,已与唐律不符。后定有将本状用财雇寄与人赴京奏诉,俱发近边充军之例,较律及各例均形加重。此例又以起意、非起意分别首、从,不特首从倒置,与各条亦属互异,均非唐律之意。若以为告人者,多系乡愚无知,均由此辈播弄而起,非严办无以清讼端,唯既定有讼棍拟军之条,援照问拟亦可示惩,又何必首从倒置为耶?盖诬告有诬告之律,讼棍有讼棍之例,各科各罪,本自厘然。若如此例所云,凡起意者即应以为首论,设如起意教令人诬告有服尊长,亦可以起意之人为首乎?[4]

传统中国法的基础是伦理法,即强调尊卑秩序,这也是古代中国社会的基石。[5]薛允升提出的清代教唆词讼定例不仅违背唐律的基本精神,而且,如果有"起意教令人诬告有服尊长"的话,按例文严格实施,将

---

[1] 薛允升著,胡星桥、邓又天主编:《读例存疑点注》,北京:中国人民公安大学出版社,1994年,第704页。
[2] 《大学士等奏核议朱士彦审拟卢应翔控案》,道光十七年三月二十七日,录副奏折03-3781-034,中国第一历史档案馆藏。
[3] 薛允升著,胡星桥、邓又天主编:《读例存疑点注》,北京:中国人民公安大学出版社,1994年,第836页。
[4] 薛允升著,胡星桥、邓又天主编:《读例存疑点注》,北京:中国人民公安大学出版社,1994年,第836页。
[5] 瞿同祖:《中国法律与中国社会》,北京:中华书局,1981年,第1页,"导论"。

颠覆儒家法所着力维护的尊卑秩序这一基本原则。事实上,清代法律出现过很多这样的例文。[1]

该案审结后,道光帝谕内阁:朕思为政之道,首戒欺蒙。欺则情理不能实,蒙则弊端所由作。如广东卢应翔一案,以寻常之案,屡控不休,钦差三命,成何事体。始而赛尚阿、祁𡎚讯结,虽无大错,而所办甚不切实;继以恩铭、赵盛奎、邓廷桢,率意判断,致长刁风。在赛尚阿等谅不敢有别情,而承审之员,未必皆能清白乃心,是赛尚阿等亦难免有被欺蒙之处。奉使者不肯实心,苟且从事,莫怪乎人之欺蒙也。[2]

实际上,此案最终的法律判决与客观事实之间存在甚多疑点。即以叶省之之死而论,不仅死者身死时没有填写"尸格",第一次钦差审讯时,吴毓钧捏称"眼同尸亲相验,取具输服供状,当给领埋",第二次钦差审讯时,"查卷内既无尸格、详文,其尸棺现贮该县圆通庵内",原验巡检也承认填单时"草率遗漏"。而尸身所缺"牙齿二个、手足、指甲各一个,实系相沿旧习"。此种验尸旧习也不见任何记载。如此种种,难怪连钦差审案时都表示叶省之"恐实系拷打致毙"。粮差诈赃已经审实,如果审出叶省之押打毙命,大小数十员将会受到法律的严厉惩罚,而这是道光时期官场所不能承受之重。

对于卢应翔后来的情况能够查实的信息是,咸丰二年,清廷在江南备办水师以对抗太平军,经徐广缙奏请,卢应翔以炮船战于长沙,"长沙人未之闻,及诏问乃知云"[3]。咸丰七年,江南大营正与太平军争持不下,向荣奏派余万清赴镇江办理军务,余万清用卢应翔为营务处,随即被裁。[4]

[原载《南京大学法律评论》(2015年秋季卷)]

---

[1] 参见林乾:《清代严治讼师立法——"以例破律"解析之一》,中国法律史学会主办:《法史学刊》(第1卷,2006),北京:社会科学文献出版社,2007年。
[2] 《清宣宗实录》卷296,道光十七年四月戊午,北京:中华书局,1986年影印本,第37册,第292—293页。
[3] 王闿运:《湘军志》,长沙:岳麓书社,1983年,第71页。
[4] 《遵旨确查据实密奏事》,咸丰七年三月十八日,录副奏折03-4333-045,中国第一历史档案馆藏。

清代聚众行为的法律控制
——以讼师庄午可聚众抗法案为核心

清代乾嘉时期（1736—1820），随着严治讼师立法的完成，讼师犯罪适用于死刑以下的最高刑罚。[1]讼师群体成为高危的职业人群之一，因而，在其执业的过程中，一方面有意识地规避法律；另一方面，一旦事发，为逃避重法惩罚，往往聚众抗法。本文通过对道光八年（1828）发生在江苏武进县的讼师庄午可聚众抗法案的剖析，比照"激变良民"律的演变及适用，以图对清代聚众行为的法律控制做一些新的解读。值得特别提出的是，地方大吏对所谓"唆讼案"的认识明显存在分歧，其应对办法也有较大差异。在道光帝的多道谕旨下，庄午可作为"要犯"被查拿的三年多时间里，乡民或为其通风报信，或毁家相救，甚至甘置性命于不顾，这绝非查办大臣一句"好以小惠要结众心"所能解释得了的。它或许说明，一个有身份的讼师，在宗法社会的背景下，具有动员基层社会的巨大潜能，从而成为群体性越轨行为的组织者，而讼师在民间的真实形象也与官府一再宣扬的大异其趣。

一、"激变良民"律的立法宗旨及其在清代的背离

在诸多越轨行为中，聚众行为具有突发性、失控性等特点，因而对社会秩序具有直接的威胁性和破坏性。概括说来，传统法律惩治越轨行为的重点有两个方面，一是对严重危害统治秩序的群体性越轨行为实行严厉打击，如"重罪十条"中的谋反、谋大逆、谋叛等法律规定，主要针对群体性犯罪，因而不分首从，并进而扩大其惩治范围；二是对严重

---

[1] 参见林乾：《讼师对法秩序的冲击与清朝严治讼师立法》，《清史研究》2005年第3期。

危害社会秩序的个体性越轨行为实行惩罚，包括侵犯公私财物、人身安全等。整体而言，传统法律缺乏因应突发的群体性事件即聚众行为的机制，这或许是"星星之火"往往能演变成"燎原之势"的原因之一。以往法律如汉律有"擅兴徭赋"罪，后魏律有"擅兴事役"罪，唐律设"非法兴造"律，主要是指"为公事役使"，加重百姓徭役负担，激化社会矛盾，因而惩罚的客体是官吏。[1]以上法律立法的宗旨主要是针对秦朝以来民众因不堪劳役而导致的突发事变，故律设专条，对官吏予以惩罚。宋朝以后，民众的劳役负担逐步减轻，尤其是明清时期，官府对劳动者的人身束缚逐渐松解，加之明英宗以来，"出钱代役"制的推行，致使以往因大事兴造而导致的劳役负担过重，从而社会矛盾骤然激化，向以民众因不堪赋税征收过重而致其激变的矛盾转化。应该说，这是传统法律调控社会的一个重要变化，值得深入研究。明朝的开国皇帝朱元璋从民间走来，因此对"官逼民反"有切身的体会，明律首次订立"激变良民"律，尽管惩罚的客体仍是官吏，但律目所表达的律意十分清晰，律文也更加明了：凡牧民之官，失于抚字，非法行事，激变良民，因而聚众反叛、失陷城池者，斩。该条律文以"兵律"的条款出现，彰显其事关社稷安危的重要性。附例的解释更为具体，它主要指两类违法行为：一是"军民官于荒年追征钱粮，以致聚众旗夺官粮"；二是"或将官军非理凌辱，以致逃入虏夷者，俱依此律"。[2]换言之，尽管明律惩罚的客体仍是官吏，但立法的宗旨是对为非作歹、横征暴敛等容易激起民愤的公职行为实行严厉制裁。清代律学家沈之奇在阐释律目时指出："古来横征暴敛、贪残酷虐之吏，使民侧目重足，朝夕不保，有一二发愤者起，奋臂一呼，莫不响应，揭竿弄兵，岂良民之好乱哉？律有激变之条，所望于循良者，意深远矣。"[3]到了清代，尽管律文一仍其旧，但例文已失原意，成为惩治聚众行为的专设法律条款，其变化过程发人深思。

〔1〕 参见刘俊文:《唐律疏议笺解》卷16，北京：中华书局，1996年，第1213页。
〔2〕《大明律附例》卷14《兵律》，首尔：汉城大学校奎章阁，2001年，第32页。
〔3〕 沈之奇著，怀效锋、李俊校:《大清律辑注（上）》卷14，北京：法律出版社，2000年，第464页。

清代的聚众行为，主要有聚众罢市、罢考；抗粮；冲击衙署，殴打官府人员；通过匿名揭帖等形式纠约众人；等等，官方多用"聚众抗官"来表述。薛允升也称：约会、抗粮及罢市、罢考，并抗官塞署，系无法之尤者。[1]这类行为，一般事起突然，常以公众利益为媒介，以突发事件为导火索，由一二人倡率，参加者受到特定场合和情绪渲染的影响，在聚众者处于匿名的状态下，容易出现群体无意识，进而导致群体性过激行为，甚至行为失控，发展为群体性越轨事件。群体性即聚众是其首要特征，而并非通过有组织的动员是其附属特征。它直接构成对统治秩序和社会秩序的威胁与冲击，如果不能及时有效地加以遏制，甚至会动摇王朝的统治根基。[2]从康熙朝开始，清朝加大了对聚众行为的惩处力度，刑罚也日趋严密与严厉。康熙五十三年（1714）定例："直省刁恶玩梗之辈，假地方出事，强行出头，逼勒平民约会抗粮、聚众联谋、敛钱构讼、抗官塞署，或有冤抑不于上司控告，擅自聚众四五十人者，地方官与同城武职，无论是非曲直，拿解审究，为首者照光棍例斩立决；为从，拟绞监候。"此后雍正时又订立聚众罢市、罢考、打官等事，照光棍例治罪的条文。而发生重要变化的是乾隆朝定例。自乾隆十一年（1746）始，各地不断出现聚众抗官案，且有愈演愈烈、不可遏制之势，先有江南宿迁、山东兰山因求赈，福建上杭因抗租，山西安邑、万泉因丁粮豁免，聚众数千人或数百人不等，聚众者或抗官塞署，或放火罢市，致使乾隆帝多次发布上谕，认定这些案件最初都是由于地方官处理不当所致，指出"星星之火，可以燎原，事机之由，积小成大"，明令地方大吏必须"化大事为小事，化有事为无事"。乾隆十三年（1748），苏州发生数千人聚众抗官案，乾隆帝甚为震惊，发布长篇上谕，认为屡屡出现愚民聚众抗法，是因为"未专设科条，是以无所畏惮"，指出"聚众抗官，目无国宪，乃王法之所诛"。他着重强调，对

---

[1] 薛允升著，胡星桥、邓又天主编：《读例存疑点注》，北京：中国人民公安大学出版社，1994年，第338页。
[2] 参见巫仁恕的多项成果：《明清城市民变研究——传统中国城市群众集体行动之分析》，博士学位论文，台湾大学历史学研究所，1996年；《明末清初城市手工业工人的集体抗议行动——以苏州城为探讨中心》，《"中央研究院"近代史研究所集刊》第25期，台北："中央研究院"近代史研究所，1998年12月，第47—88页。

此类案件如果按照一般案件通过正常的司法程序审理，虽然也能事后惩治犯罪，但参加者已经归去，时过境迁，转为得计，不如将首犯立置重典，使人触目警心，凛然知不可犯。法律全在因时制宜，而辟以止辟，乃帝王经世之大用，"抗官要犯，作何令其警戒不敢干犯法纪之处，著该部另行严切定例具奏"[1]。刑部等随即定例："凡直省刁民，因事哄堂塞署，逞凶殴官，聚众至四五十人者，为首照例拟斩立决，仍照强盗杀人例，枭示。其同谋聚众，转相纠约，下手殴官者，系同恶相济，亦应照光棍例，拟斩立决。其余为从之犯，照例拟绞监候。其被胁同行、审无别情者，照例各杖一百。该督抚遇此等案件，即据实先行奏闻，严饬所属立拿正犯，速讯明确，分别定拟，如系实在首恶，即一面具奏，一面正法枭示，并将犯由及该犯姓名，遍贴城乡，使愚民咸知儆惕。如承审官不将实在首犯审出，混行指人为首因而斩决，及差役诬拿平人、株连无干，滥行问拟者，即将承审官分别革职，依律治罪。该督抚一并严加议处。"[2]

"激变良民"律由此演变为"聚众抗法"律，惩罚的客体由官吏演变为民众。乾隆十三年定例的重点有四：一是从重从快，对首犯不经过正常的司法程序，就地处决。二是扩大了主犯的范围，使适用就地处决的犯罪客体被延伸。其着眼点在于试图以此及时遏制事态进一步发展和恶化。三是警示性强。不但赋予有司当场处决权，而且要将犯众枭首以示，将犯事缘由及正法人犯姓名刻示，遍贴城乡晓谕。四是对相关官员的失职行为予以处罚。

乾隆五年《大清律例》颁行后，很快就出现了重刑化问题，为此朝野有过一次讨论，乾隆帝在钦命订立这些法律时，也声称"此朕刑期无刑，不得已之苦衷，将来革薄从忠，刁风丕变，再行酌定，另降谕旨"。但重刑化并没有在此后有所改变。问题是乾隆朝国家处于强盛时期，对社会的控制力很强，行政和执法力量整体说来也处于强势。嘉道以后却不是这样。一方面，国家的行政权力越来越弱化，突出表现在对社会的

---

[1]《清高宗实录》卷314，乾隆十三年五月己丑，北京：中华书局，1986年影印本，第13册，第152—153页。
[2] 光绪《大清会典事例》卷771《刑部》，北京：中华书局，1991年影印本，第474—475页。

控制能力越来越弱,二是有法不依,执法能力软弱无力。庄午可案给我们提供了具体解剖的典型。

二、地方大吏对唆讼案的不同认识

对嘉道时期法律社会的失衡,著名的封疆大吏程祖洛曾有过这样的概括:官曰民刁,民曰吏虐,互相传播,渐失其真。而根源在于官(员)不执法,幕(友)不守法,因而愚民犯法,书役弄法,讼棍玩法。他痛心疾首地对道光皇帝说:"必须将不肯执法之官严惩一二,各知治其犯法、弄法、玩法之人,则法立令行,否则,百姓难有安枕之日"。[1]清朝自乾隆中叶始,由于司法体制的弊端愈加凸显,无法疏解社会和法律纠纷,统治者遂将民间大量讼案的上升主要归结为讼师从中蛊惑、教唆,[2]因此不断订立法律,将讼师作为最严重的犯罪群体,重法打压,其量刑为死刑以下的最高等级——极边烟瘴充军;同时,将查拿讼师是否有力作为地方官考绩的重要指标,由此,各级官员特别是封疆大吏大多对讼师严厉制裁。然而,清代的讼师群体多数由文武生员、监生、贡生等身份性阶层构成,在基层社会有很好的基础,在地方尚不具备哪怕是最基本的司法援助的背景下,尤其是各级衙门在法律上的"不作为",讼师往往是孤立无助的法律援助者,有时代表了弱势的一方。[3]而刑名司法又是州县官的最重要职责,这种制度上的矛盾预设使得基层官员处于两难境地:一方面,他们应该不遗余力地执行朝廷的查拿讼师政策及法律;另一方面,他们要想在所在地方站住脚,获得社会精英阶层的支持和赞誉,又不能不与有着广泛社会基础的讼师们左右周旋,虚与委蛇。这也是州县官员与封疆大吏在处理讼师案时的不同取向。同样,作

---

[1] 王钟翰点校:《清史列传》卷37《程祖洛传》,北京:中华书局,1987年标点本,第2933页。
[2] 邱澎生提出,由于明清两代审转、审限制度的严格与严密,为并非官府有意设计的讼师和幕友提供了发展的契机,参见邱澎生:《以法为名——讼师与幕友对明清法律秩序的冲击》,台北:《新史学》十五卷四期,2004年12月,第144页。
[3] 参见 Melissa Macauley: *Social Power and Legal Culture:Litigation Masters in Late Imperial China,* Calif: Stanford University Press, 1998, pp.119-121;邱澎生提出,自晚明以降,讼师和幕友都以成为法律专家而受到官府或民众的依赖,参见邱澎生:《有资用世或福祚子孙:晚明有关法律知识的两种价值观》,新竹:《清华学报》新三十三卷第一期,第38页。

为主管一省学校教育与人才甄选的学政官员,由于所处位置不同,与封疆大吏的认识也有不同。

庄午可聚众抗法案得到清廷最高层的关注并由皇帝下谕旨彻查,是道光八年七月的事。根据不具名人的报告:"江苏武进县东安镇地方的讼棍庄午可,把持公事,上年该地方有争地伤毙人命案件,县令下乡验尸,庄午可挑唆事主,将县令扣押在祠堂里,逼迫填写尸格伤单,因县令未携带印信,被逼勒写手摹后才得以脱身。县令回到衙署派人捉拿,庄午可拒不到案,遂延访教师,人手不足又招来窃贼,随同差役一同前往,又误拿庄午可的弟弟,致使庄午可乘机鸣锣聚众,反将差役缚禁凌辱,还将窃贼扣住要挟,差役再三央求,并许诺将其弟放回才得脱身。至今庄午可仍未抓获,争地毙命一案也未审出端倪。"[1]道光帝得报后立即传谕两江督抚蒋攸铦、陶澍彻查此案。[2]至此,江苏一件寻常的唆讼案上升为钦部要案。[3]按照该类案件的查办规定,当年十月二十一日,蒋攸铦等根据县令未能将久逃在外的讼棍抓获,报请皇帝暂时将县令周锜撤任,责令协缉。道光帝据此再发谕旨,对该案予以定性,称庄午可非寻常凶恶棍徒可比,必须缉拿务获。[4]

但令人不解的是,如果说在封疆大吏的一再督办下,庄午可能够逃脱多年不足为奇,因为地方官官官相护,官样文章做得太多,何况此类唆讼案比比皆是,地方官特别是州县官大多采取大事化小、小事化无的冷处理。或可认为,如果没有御史的一纸奏本,庄午可唆讼案极可能湮没在地方官的故纸堆里,不再发酵升温。因为自道光六年庄午可唆讼案案发起,到皇帝钦降谕旨的两年多时间里,该案一直停留在基层,庄午可也没有作为犯罪的首要客体受到惩罚。而自道光帝此次下旨后,此案上升为钦部要案,但仍历时三年有余,在投入地方武装力量,并出重金

---

[1] 道光以后,臣僚上奏待查及参劾事项通常以不具名形式出现,与以前有很大不同,据台北故宫博物院档案 060637 号,该报告为掌贵州道监察御史盛恩本所奏。

[2] 中国第一历史档案馆编:《嘉庆道光两朝上谕档》,桂林:广西师范大学出版社,2000年,第33册,第177页。

[3] 清朝经皇帝谕旨及刑部等发回、驳审之案,责成督抚率同司道亲鞫,不准复发原问官,名为钦部事件,见《清史稿》卷144《刑法三》,北京:中华书局,1977年标点本,第4212页。

[4] 中国第一历史档案馆编:《嘉庆道光两朝上谕档》,桂林:广西师范大学出版社,2000年,第33册,第321页。

在民间大量收买线人的情况下，才将庄午可拿获。换言之，在案发后长达五六年的时间里，庄午可究竟受到了哪些人的保护，才使他屡屡逃脱法网？一件普普通通的唆讼案何以上升为震惊全国的聚众抗法案？庄午可究竟有何能量动员群体力量与查拿他的官府抗衡？一个讼师的形象在官府与民间又有何不同？当笔者带着种种疑惑审视案件的全过程，阅读官方主导下的资料时，其透露出的诸多信息既耐人寻味又发人深思。

庄午可是江苏省阳湖县学文生，居住在武进县大儒慕村，这一地方与宜兴、金坛等县交界，经济发达，人文荟萃。他的妻族也是衣冠士类。就现有材料看，他并非一个以帮人打官司为职业的人，也即不是法律意义上的讼师，平时靠做经营积累了不少家资，田产颇多，又乐善好施，这与官府所一再宣扬的讼师形象大异其趣。[1] 庄午可的基本情况可以归纳为：有身份，家财富有，人脉关系好。道光五年（1825），他的坐船被周益大的船只撞破，因未得到赔偿，于是到宜兴县捏称被盗报案，后来还与平日好友、有亲戚关系的宜兴县监生储光一同到县衙喧闹，宜兴县将案情禀报知府，但一直没有结案。这是笔者所见的庄午可第一次涉案的记录，很显然，此时的庄午可尽管采取了捏报的形式，但他无疑是一名原告，是一名对官府的不作为颇为不满的原告。

可以明确认定他唆讼的案件是在道光六年，由一桩自缢案引起的：武进县曹家村村民曹咬大的养婿尹致法因为曹咬大不给他完婚，欲诱妻私逃，被责后自缢身死。死者的兄长尹致令赶到曹家后，提出要曹咬大多出钱文，从厚殓葬他的亡弟，在遭到地保周陇大的斥责后，赴县衙呈报。因尸体已经腐烂，县令以无凭相验为由，拒绝受理此案，但尹致令心有不甘，想要控告之际，他的族人尹心悦与庄午可谈及此案，庄午可声称必须上控，尹致令闻知后立即邀文生尹复（即尹元开）、尹小开，在家祠内与庄午可商议如何写状词，状文中添加了周陇大因强奸死者之妻被发觉遂将死者殴打致死的情节，呈请县太爷开棺验尸。曹咬大怕被

---

[1] 夫马进在其多篇文章中指出，讼师的真实形象与官府所宣扬的有巨大差距，参见夫马进:《訟師秘本の世界》，小野和子编:《明末清初の社会と文化》，京都：京都大学人文科学研究所，1996年，第189—238页；夫马进:《讼师秘本与恶讼师的形象——珥笔肯綮的分析》，"明清司法运作中的权力与文化"学术研讨会论文，台北，2005年10月13日至15日。

拖累，也做了应诉的准备，请来余季大作词申诉。经县衙提讯，周陇大供指庄午可为主唆，随即将庄午可拿获，并两次呈报学政衙门将庄的文生衔详革，但均遭学政辛从益拒绝。案件很快经武进等县审明，尹致令因诬告罪被拟徒咨结，庄午可捏报自家船只被盗之案也在省城讯明，其文生衔被署苏州知府李景峄详革，本人被羁押。不久，庄午可因患病交保在逃。

以上依据的是官方抓捕到庄午可后的奏文。据此，庄午可并没有被处以教唆词讼之罪，否则，他不可能被羁押，而应发烟瘴极边。因为，学政大人将武进县两次详革文生的呈文驳回了，这就意味着对庄午可的惩处无法进入司法程序。[1]至于庄午可何以患病交保在逃，史无明文，不可揣度，但至少州县官有失纵之责。

庄午可另一件唆讼的案件与前案有关。道光七年九月，有一艘贩米的客船来到胡金受米行买米，蒋洪祖的姐夫周幅书，想招揽其至自家米行交易，并邀庄午可、蒋洪祖及庄午可的弟弟庄兰普等一同前往，因招揽不到，将客船赶走。但胡金受之子胡东大因生意被搅，不依不饶，在与对方争斗中，同路庚幅等人将周幅书殴伤身死。命案报来后，武进县令周锜立即前往验尸。尸妻周蒋氏因余季大曾向她的亡夫索要欠款结有嫌隙，怀疑丈夫之死是余季大父子主使殴打，欲行牵告，庄午可亦因余季大曾帮曹咬大写诉词，致发其唆讼之罪，怂恿周蒋氏另具报呈，当场投递，县令周锜批饬附卷连所填伤供各单，一并交给县书李洪勤等人带回。庄午可、蒋洪祖主使尸父周上沉向李洪勤索取呈单观看，不肯交还，换给一个盖用手摹（印）的禀帖。因为禀帖不是告状文书，不能作为判案依据，即使查实与所禀不符，也不能作为惩罚具禀人的证据。对这种抽换原始证单、呈词的行为，县令立即派差役冯玉等人，邀余富年领路，将庄兰普拿获。庄午可得知后，将余富年诓至家内，逼令书写余季大主使引路，明火执仗，打门入房，将庄兰普赤身揪下笔据，并令加

---

[1] 自乾隆元年起，停止了雍正时期只要士子包揽词讼先革后审的做法，见光绪《大清会典事例》卷383《礼部·学校》，北京：中华书局，1991年影印本，第230页。

用手摹，即以周蒋氏之名，赴臬司衙门具控。[1]以上情节大概就是监察御史盛思本上奏中讼师庄午可勒写手摹等事的初始情况。

清代讼师中的绝大部分是由士子构成[2]，这种特殊的身份是破解讼师群体的关键。清代法律对士子有保护性规定，康熙九年礼部题准："生员如果犯事情重，地方官先报学政，俟黜革后治以应得之罪。若词讼小事，发学责惩，不得视同齐民，一律扑责。"[3]这种既限制士子干讼，同时又给予其特权的法律矛盾，在地方大吏对待士子干讼问题上也有充分体现。士子具有很强的社会动员力，清人王应奎说："古称秀才曰'措大'，谓其能措大事也。而天下能措大事者唯相，故又呼秀才为'相公'。"[4]明代士人特权的膨胀，顾炎武在其《生员论》中有详尽阐述。[5]经过清初特别是雍正时期的打压，其力量受到抑制，清中叶又重获发展。就庄午可案而言，江苏学政辛从益与巡抚陶澍的看法是有区别的。就在辛从益任江苏学政的道光三年（1823），陶澍上奏道光帝，称士子包漕，需索漕规，道光帝著学政惩治，而辛从益另有看法。他上书为士子辩解称：官吏征收，法定之外多取，不但小民受害，生监也受累，"书役倚官为庇，倘违例浮收，无人敢控，独何法以治之？夫劣衿律所不宥，苛政亦法所必裁"，如果说，他给皇帝的上书多少还含蓄些，给总督蒋攸铦的书信就直接多了："今日浮收之风益炽，当事者不揣其本，狃因一二滋事生监，遂欲偏重官吏苛索之权，在大僚原期杜绝漕规，清浮收之源，而在官吏，即以禁制胶序，恣浮收之性。生监既无上控之路，小民益复何赖？使奸吏得志，善良受祸，欲求无事，不可得已。"[6]在他看来，生监上控多少代表了民众的呼声，对官吏浮收有一定的遏制作用，如果将这条路堵死，后果难以预料。辛从益任学政时，李兆洛正主持暨阳书院，他曾以后进礼拜访过辛从益，在为辛从益所撰写

---

[1] 陶澍：《审明纠众拒捕杀伤兵役各犯定拟折子》，《陶云汀先生奏疏》卷39，见《续修四库全书》，上海：上海古籍出版社，1995年，第499册，第574—581页。以下未注明者均据此。
[2] 官方文献对此多有记载，本人收集到的420名讼师中，生、监等出身的约占六成五。
[3] 光绪《大清会典事例》卷392《礼部·学校》，北京：中华书局，1991年影印本，第367页。
[4] 王应奎：《柳南随笔》卷2，北京：中华书局，1983年，第24页。
[5] 顾炎武：《顾亭林诗文集》，华忱之点校，北京：中华书局，1983年，第21—23页。
[6] 钱仪吉：《碑传集》卷39，北京：中华书局，1993年，第3册，第1104页。

的行状中，评论辛对士子的态度在一般人看来是违俗的，辛"以为士气不扬，则风俗难返"，因此才有人认为"公一意孤行也"。[1]《清史稿·陶澍传》说得更清楚，说陶澍主张惩治包漕士子，"学政辛从益意不合，争之"。[2] 庄午可唆讼，知县两次上请学政详革，但均被拒绝，说明辛从益对庄午可唆讼有不同看法。文生衔不革，就意味着不能给庄午可以刑事处罚，因此后来才有署苏州知府将庄的文生详革之事。辛从益死于皇帝下旨捉拿庄午可的前后。[3] 学政之死是否与此有关，已不得而知。但至少说明在对庄午可唆讼案的认识及处理上，地方官甚至大吏之间是不一致的。有关辛从益与陶澍两人的论争及其意义，笔者拟专文讨论，此处不缀。

三、案件升级后的双方角力

自道光帝下谕旨缉捕后，案件的性质已发生变化，庄午可已不是一名普通的唆讼案犯，而是皇帝要缉拿的要犯。但令陶澍等办案大臣疑惑不解的是，何以更多的乡人在知情的前提下，仍"义无反顾"甚至置身家性命于不顾，纷纷加入保护庄午可的行列中来？

可以肯定的是，庄午可耳目极多，由于家有资财，又能散财与众，因而每当遇有危难，都能得到众人的帮助，即使他成为清廷捉拿的要犯，民众仍为他通风报信。当得知皇帝下旨缉拿后，他改名夏清和，在湖广、安徽一带乡僻小村，行医度日。在道光八年至十一年的三年间，他曾得到旌德县人王大顺的帮助，后者在明知庄午可乃朝廷要犯的情况下，仍将他藏匿起来，或许为了更安全，王大顺又将庄午可介绍到安徽省宣城县隐秀庵寓居，在这里，庄午可与僧名相结识。僧名相即驼背和尚，又名骆驼和尚，籍隶江都，一直在隐秀庵披剃出家。在以后逃避官军的追捕中，庄午可得到他的死力相助。在庄午可的家乡，他也同样得

---

[1] 钱仪吉:《碑传集》卷39，北京：中华书局，1993年，第3册，第1104页。
[2] 《清史稿》卷379《陶澍传》，北京：中华书局，1976年标点本，第11606页。
[3] 《清史稿》卷376《辛从益传》等皆记载辛死于道光八年学政任，见《清史稿》卷376《辛从益传》，北京：中华书局，1976年标点本，第11573页。

到了众人的帮助。当金坛县役武轸去缉拿庄午可时,被庄的好友储光捆缚在家中,邻近的宜兴县得报后前去协助抓捕时,储光又让家人放火拒捕。据后来报告,储光因为畏罪投河溺毙。其间,陶澍多次严令府、县及地方武职人员,甚至不惜出重金购买线人,设法侦缉,但仍一无所获。

到了道光十一年(1831),庄午可感到风声已过,秘密回到家乡,但行踪诡秘,伏处无定,官府仍抓不到他,反而被唆讼时的仇家盯上了:余季大之子武进县文生余瑛为报私仇,托与蒋洪祖交好的蒋茂高勾串蒋洪祖,想把庄午可捉拿送官,并许诺给洋钱三百元。蒋洪祖假意应允,拿到洋钱一百六十元后,告知庄午可,使之纵逃。此时,曹咬大也想抓住庄午可,庄担心被抓,干脆一不做二不休,动员多人报复曹咬大。六月二十五日,他在附近的竹舍庵,向僧人静成借了一间房子,置酒设宴,邀来史席大、蒋洪祖、路大潮、尹小开等十几人叙饮,称自己遇有危难,请各位帮护,史席大等人应允。八月二十八日,尹致令伙同尹南山、尹小开等人将曹咬大的妻子曹周氏架至尹致令家内殴打凌辱,后来放回。九月八日,庄午可又主使史席大、蒋洪祖、路大潮等人到余瑛家内,砸毁物品。因观看的人拥挤不堪,混乱中余瑛家中有衣物遗失,余瑛即以打抢为词,到县衙报了罪名非常重的盗抢案,并虚开赃数,呈县令勘详。十一月十五日,余瑛的叔父余佩衍往庄午可家附近收租,庄午可又主使史席大、蒋洪祖等人将余佩衍捉至家中,关闭勒赎。经人说劝,余佩衍出洋钱二百元始行放回。庄午可的这些做法,具有川胜守所称的"无赖知识人"的特点。[1] 曹咬大等人也先后赴巡抚等衙门具控,陶澍认为这是抓捕庄午可的难得时机,密札严拿,但庄午可早已在衙门里设下耳目,平素与他交好的武进县役殷荣及退卯散役张顺和,立即送信给他,庄午可又一次逃脱。

成功逃脱的庄午可终于铤而走险。据陶澍事后报称:十二月十二日,当常州知府及武进知县侦查到庄午可的落脚地点,会合兵力前往捉

---

[1] 川胜守:《明末清初の訟師について——旧中国社会における無頼知識人の一形態》,《九州大学东洋史论集》第九号,福冈:九州大学文学部东洋史研究会,1981年,第123页。

拿时，蒋洪祖最先得到消息并立即告知庄午可。恰巧僧名相来此化缘。庄午可惧怕被获，起意聚众拒捕，他本人前往邻村躲避，同时令史席大、僧名相、蒋洪祖、庄兰普、路大潮等共纠集五十三人，迎拒官兵。十三日午刻，知府等督率兵役船只抵达，史席大鸣锣聚众，与僧名相先行迎拒，并用锄头等打伤官兵朱顺发、兵役冯胜德等十四人，官兵也将钟正方等二人拿获，史席大等顺风扬灰，兵役眼迷无法前进，回船途中，行至东安桥地方，蒋洪祖率众夺犯，官兵朱顺发等先后因伤殒命。庄午可事后赶回，自知犯有重罪，官兵定会搜捕，当即嘱咐聚众家属，倘若官兵再来，就将房屋烧毁脱逃。一切安排妥当后，他与庄兰普、僧名相先行逃避。

陶澍接到禀报，得知事态严重，立即奏请道光帝，以查拿要犯不力，酿成聚众拒捕重案为由，将常州府知府恒泰、武进县知县程士伟、常州营游击珠尔恭阿撤职，限期一个月内缉拿。[1]恒泰是由理藩院笔帖式升任员外，随即简放苏州知府，后经奏补今职；程士伟由大挑举人分发江苏，补授金山县知县，调任武进后，办事虽形拘谨，而治民无扰；珠尔恭阿由三等侍卫简发贵州，补授都司，推升江阴营游击，调补常州营游击，他不谙营务，此次带兵缉拿，更是畏葸无能。在此前后，陶澍得报庄午可藏身之处，遂密饬按察使额腾伊亲往，督同府、县、营带领兵役搜捕，庄午可等家属放火脱逃，虽抓获史席大等四十余人，而庄午可又一次脱身。

庄午可在逃往溧阳县境时，途中与平时交好的许富余、薛义春相遇，问知二人正前往宣城县，遂与同行至隐秀庵暂时安歇，其后许、薛各自打理生意。王大顺逃后得知庄午可在此，前往探望，庄午可知有兵役侦缉，想转移到其他地方，王大顺让庄午可先到他家藏匿，王本人与庄兰普在后尾随，僧名相在庵暂住。许、薛二人随即又回到隐秀庵探听庄午可消息。就在此时，官府派的线人通过秘密跟踪许、薛等人，最终将庄午可抓获。

---

[1] 陶澍：《参撤知府、县营不胜繁要折子》，《陶云汀先生奏疏》卷39，见《续修四库全书》，上海：上海古籍出版社，1995年，第499册，第563页。

以上是陶澍呈报清廷的抓捕经过。事实上,陶澍没有亲自参加抓捕行动,他的呈报主要根据下属的报告和犯证供词,但不管来源为何,他无疑都做了"处理"。根据亲自在一线参加抓捕行动的武进知县姚莹的年谱所记,其过程又颇有不同。道光十一年,姚莹问发江苏知县,在该年十一月条下,所记如下:

> 武进讼棍庄午可,数致大狱,历年拒捕不能获,程抚军谕府君往密查。府君以庄午可姻族皆衣冠士类,声气广远,治之必遭非谤,请免给文札,盖欲以计擒之也。及自苏回常,而营县已先二日以八百人轻进偾事。臬司额腾伊公委随营询商事宜,辞不获已,适中丞有密谕,乃回苏。及府君莅武进任,知用兵非计,以午可阻水自固,乃掘涸之,又设计离散其羽党。午可穷蹙,逃入皖南境。府君禀请江苏、安徽委员会缉,旋获于宣城之某村。抵暮,无所系,暂寄宣城狱中。知县龚某,遂攘其功,即夜具报,及安抚察知,已入告矣。某竟以是超迁,不数年至大官。[1]

这里的"程抚军"即巡抚程祖洛,道光十年任苏抚,"府君"即姚莹,"龚某"即龚裕添,因抓获庄午可有功,后经陶澍奏请,以知州即用。据陶澍所报:"庄午可系常州府委员阳湖县主簿章恩荣,带同线目,跟踪追缉至安徽宣城县地方,知会宣城县知县龚裕添,先将僧名相等拿获,究出庄午可逃往处所,章恩荣又带同宣城县差役暨参员恒泰等家丁追至旌德县地方,知会旌德县知县曾元炳派役协拿,经章恩荣所带线目首先指认,将其拿获。"陶澍更于十一年冬,派令候补未入流朱守让改装易服,侦探庄午可下落,通知营县往捕,缉获伙犯多名,并派出家丁随同委员协获首犯。

陶澍于道光十年(1830)升任两江总督,他的奏报与姚莹所记有很大不同。按姚莹所记,官军为抓获庄午可,动员了八百人的兵力,但庄

---

[1] 姚莹:《中复堂选集·附录二·年谱》第八十三种,《台湾文献丛刊》,台北:台湾银行经济研究室,1960年,第246页。

午可凭借水上优势，使官军无法靠近并被打退。

姚莹不认同武力抓捕庄午可这种方式，因为他深知"庄午可姻族皆衣冠士类，声气广远，治之必遭非谤，请免给文札，盖欲以计擒之也"。后来姚在臬司额腾伊身边"随营询商事宜"，但"辞不获已"，这大概是指他的智取方案未被采纳。这说明庄午可有广泛而深厚的社会基础，尤其是他的妻族，都是有功名的人，这使他更容易受到基层社会的保护。再凭借他本人经济上的富有，因而能够动员更多的人，为其所用。这也是令陶澍等人疑惑不解之所在，他在奏报中称："查庄午可仅一犯革文生，非有势力者可比，何以各犯甘心听从拒捕？殷荣、张顺和若无受贿别情，焉肯代为送信？经程祖洛反复诘讯，并提案证质对，犯证人等供称：'庄午可狡黠性成，薄有田产，好以小惠要结众心，以致乡民受其愚弄，畏其刁恶，不敢不为出力。'殷荣、张顺和实因与庄午可相好，是以送信，亦无受贿情事。"但这样的说辞颇为牵强，由于查找不到有关此案特别是民间更详细的记载，因而谜底无法完全揭开。

四、聚众案的法律适用及案后余波

根据陶澍等人的奏报，官府于道光十二年正月十六日在安徽旌德县境将庄午可拿获，随即将其同驼背和尚等几十人一并由旌德等县押解到苏州。二月初七日督抚会奏抓获庄午可，一个月后即三月初七日奉到朱批："严行审讯，不可令其狡展。"[1]该案由苏州府知府李国瑞，督同候补知县景昌、金咸、沈炳垣等审明定拟，由按察使司额腾伊复审，随后将犯证、复审招解到巡抚衙门，程祖洛督同藩臬两司又亲提各犯，逐一研审。最后将审拟结果通过督抚会衔的形式奏报。从适用法律看，本案并没有采用"激变良民"律，因为案件已经上升为聚众抗法案。清代律学家沈之奇在解释该条律文时也指出："激变良民，须重看'非法''良民''激变'等字。必行非法之事，虐害无罪之民，因致激变者，方合

---

[1] 陶澍：《拿获拒捕讼棍折片》，《陶云汀先生奏疏》卷38，见《续修四库全书》，上海：上海古籍出版社，1995年，第499册，第557页。

此律。若不逞奸宄，乘机作乱，则不得曰激变良民也。"[1]本案适用的是"罪人拒捕"律，即乾隆五十三年拒杀差役问拟斩决之例，但惩罚的客体是指贼犯，其余罪犯拒杀差役，并不在立决之列。后来扩大到凡属拒杀差役，一律斩决。晚清律学家薛允升认为该条例几经增订，但罪名相去悬绝，"条例逾增而逾烦，逾烦而逾不画一者，此类是也"[2]。法司在拟定主犯罪刑时又进行扩大解释。巡抚程祖洛以"该犯本系奉旨饬拿要犯，逃窜多年，复敢起意纠众拒杀官兵，情节较重"为由，审明后即饬委按察使额腾伊、中军参将吉祥保将庄午可绑赴市曹先行处斩。道光帝在"先行处斩"四个字上朱批了四个字："是，快人心。"为起到震慑作用，还将庄午可枭首，传解犯事地方示众。这也超越了例文的规定。史席大、僧名相按照拒捕为从、殴杀下手伤重致死例，拟绞立决；蒋洪祖与庄午可往来送信，泄露官兵追捕之事，又听从纠众拒捕伤人，复因伙犯被获，起意夺犯，拟绞监候，入于本年秋审情实办理。庄兰普等七犯依在场助势，未经帮殴成伤例，改发极边，足四千里充军。尹行喜等五犯拟杖一百，徒三年。

王大顺、已革县役殷荣、张顺和等人按"知情藏匿罪人"律，判流三千里。文生余瑛之父余季大，本与庄午可同为讼师，余瑛因浮开多赃，捏报抢夺，革去文生；尹复即尹元开，因在庄午可唆使尹致令诬告人命案中，在场商同作词，革去文生。

此案暴露了基层官府力量的薄弱，不能适应突发聚众行为的处理。由于力量不足，只好动员非官府力量，包括贼犯等，故激起事端，因此可以说事出有因。在抓捕庄午可的过程中，官府雇用很多线人，拿获庄午可后，各线目虽然散去归农，但借端妄指，擅自诬拿，甚至互相报复的事时有发生，成为影响社会稳定的隐患。当时就有万泮大等假充线役，擅将周济海查拿，致相争殴受伤之案。为此，督抚饬令常州府、武进县等撤销差票，晓谕居民，暂行免缉，以免扰累。这也得到了道光帝

---

[1] 沈之奇著、怀效锋、李俊校：《大清律辑注（上）》卷14，北京：法律出版社，2000年，第464页。
[2] 薛允升著，胡星桥、邓又天主编：《读例存疑点注》，北京：中国人民公安大学出版社，1994年，第771页。

的肯定,朱批称"是"。

尽管案发所在地的方志上已查不到有关该案的更多记载,但这样一件大案,当时肯定众口喧腾,影响广泛。庄午可被处死后,其余党仍在不断报复。曹咬大和他的妻子周氏被人活捉烧毙,经查是庄午可余党所为。据陶澍奏报,金坛县尹姓族众,挟仇报复,纠殴焚烧,已将尹菊茂、尹瑞庚、尹广新、胡开文等人抓获,道光帝以案情重大为由,谕陶澍等"务须亲提各犯,严审定拟",未获之犯,勿使一名漏网。[1]

事后清廷对案发地的人事调动,更可见该案的影响。陶澍与程祖洛于道光十二年(1832)二月十四日所上《参撤知府、县、营不胜繁要折子》中指出:"常州府地方事本殷繁,又有庄午可拒捕重案,士习民风,尤应及时整顿,府县营缺,均关紧要,该员等才难治剧,未便仍留本任,致有贻误。"请旨将恒泰归部以中简知府选用;请将程士伟留于江苏,遇有中简缺出,酌量补用;常州营游击珠尔恭阿畏葸无能,请勒令休致。督抚会奏中特别强调:"常州府知府员缺紧要,应请旨即赐简放,以重职守,武进县系冲繁疲难兼四要缺,例应在外拣调,容臣等另行遴员请补,常州营游击员缺,由臣陶澍另行查明请补。"[2]这一建议悉数为道光帝所采纳。而对该案的处理不当,事后清廷高层也有一定认识,如道光十二年三月,江苏学政廖鸿荃奏中提出,"如武进劣生庄午可,若早革究示惩,何致酿成巨案,可见宽纵之过,所损实多"。道光帝颇为认同,朱批称"水懦民玩,正谓此也"[3]。

直到若干年后,地方官吏仍以庄案为证,恫劝抗法者。武进县的邻县阳湖县毛家桥地方,有毛荣大、毛晋墀京控二案,前任县令久提人证,但毛氏人等抗传殴差,委员守提五十余日,无一所获,令差役下乡提人,皆畏缩不敢前往。桂超万任阳湖县令后,适逢庄案审结不久,桂即以此案发朱谕晓之:"毛氏兄弟讦讼,至控于京,前县奉札提解,委员守久抗不投案,本县自省起程,面奉大宪钧谕,尔等抗官藐法,必须

---

[1]《清宣宗实录》卷219,道光十二年九月丙辰,台北:华文书局,1969年影印本,第3921页。
[2] 陶澍:《陶云汀先生奏疏》卷39,见《续修四库全书》,上海:上海古籍出版社,1995年,第499册,第582—583页。
[3]《清宣宗实录》卷208,道光十二年三月癸酉,台北:华文书局,1969年影印本,第3715—3719页。

会营严拿，本县下车察知尔等素有体面，一时昏迷，不忍遽用重惩，因先剀切晓谕。查此案为兄弟阋墙起衅，援情定案，无重罪名。倘能转争为让，大府必更从宽，其余或被牵，或被诬，到案一质，即可释回，各安本业，魂梦贴然不惊，身家依然可保，若抗违如故，亦思委员岂能空回？京案岂能不复？势不得不会营严拿尔等，拒之则有拒捕重罪，自入网罗，必诛无赦，逃之则成逃犯恶名，动生荆棘，何处可行，尔不见邻村庄午可之故事乎？使午可及早到案，不拒捕、不抗官，罪且不死，何致枭示？前车之覆，后车之鉴，明者见于事先，愚者悔于事后，至于后悔，事无及矣。本县即欲曲为矜全，无能为力矣。今宽限尔等，月内投案解审，勿再抗延，致干重咎。"五日后，两案十八人全部到来。[1]

清朝乾嘉时期，无论是惩治讼师的严酷定例，还是朝野查办讼师投入的资源，均超过以往任何时期，但道光朝始，讼师大有愈演愈烈、不可遏制之势，甚至类似行会性质的讼师组织也堂而皇之地成立了。[2]这种变化值得思考，愚见以为，其原因主要有二：一是由于法律过于严苛，与情理严重背离，即罪与罚的严格不对称，加大了法律的执行难度，从而降低了法律应有的效力，有时成为具文。这是法律本身的问题。二是在"有治人无治法"的环境下，法律效力的强弱除个人的因素外，更以国家机器的运行状况为转移，清中叶以还，国家对社会的控制能力明显降低，吏治不振，法律效力也日渐弱化。在这样的背景下，以规避法律为能事的讼师获得了相对"宽松"的执业环境，其原本具有的组群性职业特点得以张扬。[3]而他们一旦东窗事发，行将接受重法的惩罚，就会铤而走险，因为足边烟瘴充军与死刑仅一步之遥，这也是清中叶以后常有讼师与盗匪合流的原因之一。此案或许能够说明这一点。

（原载台北《法制史研究》2007年第12期）

---

[1]《宦游纪略》，《官箴书集成》纂委员会编：《官箴书集成》第8册，合肥：黄山书社，1997年，第327页。
[2] 参见夫马进：《明清时代的讼师与诉讼制度》，王亚新、梁治平主编：《明清时期的民事审判与民间契约》，北京：法律出版社，1998年，第417页。
[3] 川胜守使用"讼师具ル一部"一词，意义是伙伴或集团，及组、群、帮、派，非常准确。

包世臣游幕经世初论

嘉道时期上承雍乾以来社会转型加剧的压力,在言路逐渐开放的背景下,诸多社会问题以危机的形式逐步呈现,同时也孕育时代变革的强大动能。包世臣游幕的近五十年,基本涵盖这一时期,而其介于体制外的幕友身份,特别是基于对国计民生等问题的深入调查、敏锐思考所提出的"包世臣方案",具有特殊的"第三方"价值,在当时受到封疆大吏的极高重视,有的还已付诸改革实践。与同时代的"思想者"龚自珍、魏源不同,包世臣的"经世"偏重于解决"危机"的实际操作方面。正因如此,探讨其游幕经世生涯及其个人遭际,无疑是观察近代前夜中国诸多问题的一个独特视角。

一、包世臣游幕经世的个人遭际

嘉庆元年(1796),二十二岁的包世臣为徽宁道宋镕作幕,至道光二十六年(1846)、二十七年(1847),他七次写长信,就苏州知府桂超万主持的常熟、昭文均户收漕改革,提出详尽意见与建议。其间,除署江西新喻县令一年外,包世臣的游幕生涯几乎贯穿一生,涵盖嘉、道两朝近半个世纪之久。他还多次婉拒受邀入京,其所有游幕均在地方一线,自述"转侧江、淮、燕、齐数十年,时时与当路论说民间疾苦,为补救之方"。[1]与其他作幕者有别,他一生致力于解决重大社会、民生问题,"十二三岁时,则慨然有志于用世"[2],是游幕经世的代表人物。

---

[1] 包世臣:《中衢一勺》,李星等点校:《包世臣全集》,合肥:黄山书社,1993年,第9页。
[2] 包世臣:《中衢一勺》,李星等点校:《包世臣全集》,合肥:黄山书社,1993年,第92页。

他至少向三十多位幕主与当路者推广"包世臣方案"[1]，甚至不惜强力介入幕主所在的地方治理；而他不曲从幕主，经常刊刻"包世臣方案"的做法，无疑让他所服务的幕主有相形见绌的压力。他还多次拒绝幕主的保荐，以为进身之阶。以上种种，使包世臣与每一幕主的关系维系时间都不长，有的幕主甚至成为他的"落井下石人"。[2]在清中叶中央集权有所式微，封疆大吏主导的"疆政"体制下，他尴尬的幕僚身份，结局大多是"阴用其言，阳弃其身，虽有功而不究"。[3]为幕主出谋划策且多被采纳，而作为幕友的他却屡受打压、中伤、排挤，这在无幕不成衙的清朝主幕关系中，实属罕见，也确实值得深入探讨。

包世臣对清朝各种体制运行的弊端进行过最深入的剖析，他一再援引古人"穷则变，变则通"立论，认为"天下事必灼见弊之所极与致弊之源，而后能为救弊之策"。他特别冀望"有非常之人，以成非常之功"，通过"拔本塞源，一劳永逸之计"破解国家和社会的诸多危机。[4]面对国家财政日蹙与民生日困，包世臣提出很多"言利"主张，意在纾解民困，顺应民情，节省不必要的支出，尤其要取消河、漕、盐等各种大政的"中饱"，以其利三分归国，七分归民。"其要尤在节啬"，但据他讲，"世臣生平为中外所中伤，在此二字"。包世臣所参与的嘉庆十九年（1814）江宁赈灾，是凸显他"为民请命"的抱负，透视他与幕主关系的典型事件。

包世臣最早参与的是嘉庆十一年（1806）的夏季扬州赈灾。当时他寓居扬州，面对万余灾民进城，城市戒严，城外灾民蜂拥城下。他先拜谒盐运使，随即致信知府伊秉绶，力促后者主动向两江总督铁保请命，施行赈灾。此次赈灾，留养灾民三万二千多人，无一人骚扰市肆。其间患暑湿者上千人，死者仅五六人。扬州赈灾让包世臣得出"人定胜天"

---

[1] 详见本文附表《包世臣作幕表》。
[2] 包世臣在嘉庆十年前后自述"不合于世"，"于入世之术诚疏"有三，其中之一是"好匡纳友朋"。参见包世臣：《小倦游阁集》，李星等点校：《包世臣全集》，合肥：黄山书社，1991年，第22页。
[3] 包世臣：《中衢一勺》，李星等点校：《包世臣全集》，合肥：黄山书社，1993年，第6页。
[4] 包世臣：《中衢一勺》，李星等点校：《包世臣全集》，合肥：黄山书社，1993年，第127、189页。

的乐观结论。[1]嘉庆十六年（1811）六月，包世臣为新任两江总督百龄作幕，但仅维持两个月。[2]主宾二人从相知到有隙，隐蔽的原因是江苏专以河、盐谋私利的官员，得知新督招其为幕友，以为一切上欺下虐之事，必将破露，遂百计阻挠，荧惑视听。后百龄采纳包世臣安淮之策而成功，欲行举荐，包世臣却以不受牢笼婉拒，这为总督身边之人横肆构陷提供了口实。为阻止包世臣再得信用，他们竟捏写包世臣家书，谓其作札致京城权贵，菲薄百龄。百龄不明底里，震怒之余，给内外三品以上官员遍致书信，以包世臣为负主之幕友。这对包世臣的幕友生涯乃至以后的进身之路，有极大负面影响。

包世臣随后又为淮海道黎世序作幕，但因治河方案分歧而生嫌隙。嘉庆十七年（1812）八月，百龄弹劾江南河道总督陈凤翔擅开礼坝，致河运受阻，陈凤翔被革职枷号后，遣家人进京鸣冤，并揭报百龄委派盐巡道朱尔赓额总办南河苇荡，有舞弊误工等情。嘉庆帝即派松筠、初彭龄为钦差大臣前往审案。据包世臣讲，当时百龄除河事之外，两江三省巨案及兴革事宜，全部交给朱尔赓额办理，而朱尔赓额"专倚世臣"，包世臣"感其相知之深，治文书常至分夜"。因钦差松筠与朱尔赓额有旧嫌，遂故入其罪。查办案件期间，包世臣两次代狱中的朱尔赓额上书百龄。[3]熟知内情的秦承业也认为朱巡道"功在南河而被倾陷"。朱尔赓额后被革职，发遣新疆伊犁。陈凤翔也在革职发遣不久即死亡。

由于朱尔赓额"专倚世臣"，这件大案牵连幕友包世臣，两淮盐政阿克当阿等劝他"及早寄顿箱笼，悉检各官幕书札焚毁之"。时包世臣母亲在寓，称其子所入，簿记明晰，往返书札皆斟酌公事，若钦差验出入账目，知无贿入；验来往书札，公事得明，何畏惧而为寄顿焚毁？

该案颇为复杂。据百龄向方维甸（字葆岩，桐城人，方观承之子）称：包世臣骜傲不下人，为宾主数月，甚令人不快。其佐朱巡道司南河

---

[1] 参见包世臣：《齐民四术》，李星等点校：《包世臣全集》，合肥：黄山书社，1997年，第220—221页。

[2] 《言利》称包世臣自百龄出任江督后一直是他的幕僚，不确，参见罗威廉：《言利：包世臣与19世纪的改革》，许存健译，北京：社会科学文献出版社，2019年，第84页。

[3] 包世臣：《小倦游阁集》，李星等点校：《包世臣全集》，合肥：黄山书社，1991年，第29—32页。

苇荡事，有啖以白金两万求收旧物而被坚拒，终使苇荡事成；包家甚贫，而临重贿不染指，吾自问不能，故畏之如虎，敬之如神。[1]查案期间，嘉庆帝命百龄、陈凤翔奏报河工外委幕友，或许是听闻包世臣包揽该事而来。

案结后包世臣未受牵连，他携眷到江宁，随后参与嘉庆十九年江宁赈灾。江宁赈灾以义赈收功，包世臣是主要倡行者。需加指出的是，义赈本有成效，而百龄发现，"因事系旧友主持，不欲其布衣在局外成此大功"，遂有意阻挠。待灾民死者近八千人，包世臣冒渎上书百龄，有"迟延一日，此间必有非命者，谁执其咎"，如全十万灾黎性命，即便将世臣投于遐裔，心亦为愿之语。百龄不得已，纳包世臣之言，义赈得以赓续。

包世臣为民请命，不惜强力介入地方事务，加之"骜傲不下人"的性格，使得他与百龄等的幕主关系难以维系，也为自己的入仕前程付出了代价。他十几次进京考进士，"讫无一遇"，并非文卷不及，而是有人故意阻之。嘉庆二十二年（1817），他参加举人大挑，松筠阻之于成亲王邸；道光六年（1826）大挑，汪廷珍阻之于惇亲王邸。道光帝为皇子时，习闻师傅朱珪盛赞包世臣乃栋梁之才，即位后欲破格大用，又为蒋攸铦所阻。朝中高官与地方大吏，何以专意摧折一介举人，是为"遇之于登进之前，使不得有所建白，则即便己所欲为，又可不得罪后世"[2]。如此说来，包世臣不能出仕，非其个人不幸，实乃王朝国家之不幸。

嘉庆十五年（1810），浙江巡抚蒋攸铦出任南河河道总督，包世臣与其素昧平生，但他给这位未到任的新河督写信，推荐自己，信的开篇称赞此项任命"为圣主贺得人"，并称自己"以文游清江者五载"，自己的治河方案"卒无不验"，不经他人介绍，甘心放下尊严写信，是"诚欲以上纾宸廑，下拯时艰，而忖阁下之可与大有为也"。按惯常做法，包世臣又把他的治河策缮册以呈。[3]但蒋攸铦以河工重大，他没有经验

---

[1] 姚莹之：《书〈安吴四种〉后》，见包世臣：《齐民四术》，李星等点校：《包世臣全集》，合肥：黄山书社，1997年，第555页。
[2] 姚莹之：《书〈安吴四种〉后》，见包世臣：《齐民四术》，李星等点校：《包世臣全集》，合肥：黄山书社，1997年，第554页。
[3] 包世臣：《启蒋河督》，李星等点校：《包世臣全集》，合肥：黄山书社，1991年，第19—20页。

为由,再三向嘉庆帝恳辞,嘉庆帝命其回任浙江。包世臣与之"大有为"的设想,反而成为蒋攸铦忌恨的根由。

道光帝即位伊始,召其师傅秦承业进京,"冀其有所匡助",包世臣视此为"千载一时",寄望通过帝师之尊,一改嘉庆朝积弊。秦承业号易堂,出身江宁望族,是状元秦大士之子,名臣秦承恩之弟,他本人乃乾隆四十六年(1781)榜眼,道光帝的启蒙师傅。包世臣定居江宁时,与之交往密切,为其条画江宁荒政,并一同董理赈济事宜。道光帝即位当天,通过军机大臣,字寄两江总督孙玉庭:"传旨令其(秦承业)即行来京,其行装等件,该督妥为照料,俾得迅速起程。"道光帝亟亟乎此举,是"冀其有所匡助"。包世臣知悉后与秦承业多次交流,称"阁下以师傅之尊,当圣主之笃念旧学,虚怀垂听,斡旋机枢,千载一时",包世臣的诸多建议,在秦承业匡助道光帝的半年多时间里,前后所与"论说及代属辞事,如公私异指以防滑吏,题奏一辙以抑权臣,刑兵之公费宜设,西北之水利当兴,盐法宜饬以防患,摊捐宜禁以教廉,节见邸抄,多见施用"。

秦承业还向包世臣下访人才。包世臣向他推荐朱尔赓额,称其"能任艰巨",也不避讳朱尔赓额是其子"旧居停"的关系。秦承业可能向道光帝举荐了朱尔赓额,因此他向当时在京的包世臣透露,"朱君殆必大用",嘱咐包世臣"毋轻言出都",包世臣回信称,"朱君若果起用,势不听世臣他去"。为离京找合适理由,以便将来为朱尔赓额作幕,包世臣应邀为江苏按察使诚端作幕。[1]

但秦承业在京匡助新君半载有余,受到很多排挤,道光帝谕责"其所敷陈,非迂阔难行,即执谬不通,率皆市井之谈"。而汪廷珍又奏,秦承业在上书房言语不谨。道光帝召询惇亲王、瑞亲王,二王称秦承业曾责备顾皋,督责大阿哥。道光帝为此将秦承业革职,即令回籍。[2] 从包世臣与秦承业的往来通信中可知,包世臣一再向秦承业推广他的改革方案,冀望道光帝即位之始,整饬朝纲,剔除嘉庆朝积弊。道光帝谕责

---

[1] 包世臣:《与秦学士书》,李星等点校:《包世臣全集》,合肥:黄山书社,1993年,第91—93页。
[2] 参见《清宣宗实录》卷23,道光元年九月己酉,北京:中华书局,1986年影印本,第33册,第411页。

秦承业"率皆市井之谈",或许与包世臣的方案有关。道光六年包世臣大挑,为汪廷珍阻之于惇亲王邸,似是道光即位之初秦承业革职事件的后续发酵。

乾嘉时期由人口激增所牵引的社会转型,使得各阶层的社会分化呈现加剧的态势。在包世臣的笔下,官民对立所结成的"两条战线"催化了"士"的分化。作为"士"的下层,出仕为官的机会甚少,因而,作为"四民之首"的士,与"民"更为接近。包世臣经常告诫友生:"印到为官,印去即仍民也。故计一身,则为官之日少而为民之日多,计一家则为官之人少而为民之人多。"他认为吏治所以日下,是下层士人丧失基本"廉耻",而官员们"居官而不知为民"。如果视民如己身,所做之事就会顺乎民情。[1]包世臣弟子范麟称其师造诣"得于学者半,得于问者亦半",其于问也,"虽舟子、舆人、樵夫、渔师、罪隶、退卒、行脚僧道,邂逅之间,必导之使言"。[2]只有下层之士,只有对生计的切肤之痛,只有存心救世的伟抱,才会如此结交"三教九流"人物。当有人责备他"交接品类不齐,下及屠贩"时,他辩解说,"仆所交,其不着诸生籍者"为数极少。有人谓其心薄科第,不以举业为事,他极力辩解,称"先君子专精此艺,赍志以没。切心腐齿,欲博一第以慰泉壤"。[3]说明他非常在意"士"的身份。在他的文集中,确有对科举制度不能选拔真才之论[4],但他不鄙薄科举,相反,六试秋官(乡试),才于嘉庆十三年中恩科举人,十三次春官(进士)之试,仍不得售。[5]包世臣的尴尬在于,他生活的年代,一介出身贫寒的汉举人而能登高位者凤毛麟角,这让"平生以陆忠宣(贽)、司马文正(光)自期"的包世臣,只能把伟抱寄望于当道。他自称"以法家佐幕自给"[6],但显然他不

---

[1] 参见包世臣:《答姚伯山书》,李星等点校:《包世臣全集》,合肥:黄山书社,1997年,第251—252页。
[2] 参见包世臣:《齐民四术》,李星等点校:《包世臣全集》,合肥:黄山书社,1997年,第558页。
[3] 参见包世臣:《答刘芙初书》,李星等点校:《包世臣全集》,合肥:黄山书社,1993年,第22、24—25页。
[4] 参见包世臣:《却寄戴大司寇书》,李星等点校:《包世臣全集》,合肥:黄山书社,1997年,第323—325页。
[5] 《言利》称包世臣从未中过科举,不确。参见罗威廉:《言利:包世臣与19世纪的改革》,许存健译,北京:社会科学文献出版社,2019年,第15页。
[6] 参见包世臣:《小倦游阁集》,李星等点校:《包世臣全集》,合肥:黄山书社,1991年,第32页。

认同自己的"幕友"身份,而有意强化其"士"的身份,他经常以"总理""襄理"等称谓指代他的幕友职业。他对幕友的评价,整体也偏于负面。在早期作品《说储》中,他甚至提出"尽裁幕友",因"幕友大抵刻薄奢侈、贪污无耻之辈,长恶图私,当事者莫不知也",他曾与人讨论"去幕之说",则哑言莫应,因为官不知事十常五六,去幕友则无所适从。他建议复两汉之制,慎选士人而授之幕僚,精考课绩,优者累考而迁,劣者因事而黜,命以级,赋以禄,使天下无弃才,与地方贤士大夫共同治理。[1]

值得注意的是,与一般的私人著述不同,包世臣的著作大多标记明确的时间,即便有修改,也会特别说明。而他在类似专业性咨询报告集《中衢一勺》的"序言""附录序言"以及《安吴四种总目序》等中,对其"方案"为当道所采纳的情况,均有详尽记述。如果对照《包世臣全集》,会发现这些记述均有"来历"和依据。尽管在当道者的个人文集中,难以与"包世臣方案"进行对应或查证[2],但丝毫不影响包世臣作品的独特价值。

康、雍、乾时期,皇帝乾纲独揽,国家制度完备,大吏奉行唯谨,构成王朝运行的三个有机整体。但嘉道时期积弊已深,原有的运行体制难以为继,经世学派在推动王朝变革中,逐渐集聚起一股力量。而包世臣作品在呈现嘉道时期诸多重大政治、经济、社会问题方面,所具有的广度和深度,是其他任何人的著述所不具有的。它既与皇帝发纵指示、陶澍等地方大吏施行的官方材料不同,也与纯学理的书斋派研究相区别,包世臣作品具有"第三方"价值。他深刻认识到嘉道时期王朝的危机,也愈加验证"包世臣方案"是挽救危机的"国医"良方。[3]他"时时为有力者颂说闾阎疾苦,积触隐怒,被排摈数十年,不厌不悔,不改

---

[1] 参见包世臣:《说储》,李星等点校:《包世臣全集》,合肥:黄山书社,1991年,第178—179页。
[2] 有学者力图求证包世臣对陶澍等当道决策的影响,但都没有在二者之间直接建立确证。参看张岩:《包世臣经世思想研究》,北京:中国社会科学出版社,2016年;段超:《陶澍与嘉道经世思想研究》,北京:中国社会科学出版社,2001年。
[3] 姚鼐族孙姚椒之读《安吴四种》后,称包世臣"乃国医也"。姚椒之《书〈安吴四种〉后》,李星等点校:《包世臣全集》,合肥:黄山书社,1993年,第3册,第553页。

初度"[1]，他除直接通过幕主推动改革除弊外，不惜抓住一切机会，向内外高官主动推介他的方案。道光二十四年（1844），包世臣就旌德谭氏讲席，开始整理自己的著作，集为《管情三义》《齐民四术》，与旧刻《中衢一勺》《艺舟双楫》重加增益，名《安吴四种》。三年后他计划重新刊刻，估算"此事非四百金不办"。这一年，他通过旧交、军机大臣陈孚恩，向吏部尚书、内阁协办大学士陈官俊送呈《安吴四种》，他说："生平受虚名之累不薄，不欲自通于显贵，如果相国有所取阅，"以为惠间阁"[2]，实有意义。

二、包世臣对"大政"的改革尝试

包世臣在官制、司法、农业、漕运、盐政、货币等方面，均提出改革主张，为我们呈现了嘉道时期清王朝的体制壁垒所造成的诸多困境，和以包世臣为代表的经世思想家对解决弊政的改革尝试。而他所提出的包括河、漕、盐等大政的改革方案，因是"名利之丛"[3]，"然以是被声闻矣，然以是遭唇齿矣"。[4]说明即便是局部的某项改革，也会遇到极大阻力。在包世臣对王朝经济问题的关注中，他有一个梯度性判断和解决方案，即"漕难于盐，河难于漕"。他进而提出，河、漕、盐事虽分三，实为一。晚年他提出，方今要务至急至大者，莫如银价。

包世臣对漕运弊政的认识来源于他任新喻县令的改革实践。包世臣称他"少小见官民相争必于漕，而无以已之"[5]。道光十九年（1839）三月，即漕运达于极弊之时，包世臣出任江西新喻县令，他经过详尽调查，采取"量出为入"的办法，"集新喻县之民力，了新喻县之公事"。他请全县绅耆与户书、粮书公同商酌，开出一年必需用账，经公算三日，漕费须库纹一万九千三百余两。由于比往届征漕减少近万两，故全县纳粮户，不分大小，皆踊跃输将。"米既干洁，而费用毕集。兑军时

---

[1] 包世臣：《齐民四术》，李星等点校：《包世臣全集》，合肥：黄山书社，1997年，第337页。
[2] 包世臣：《齐民四术》，李星等点校：《包世臣全集》，合肥：黄山书社，1997年，第243—244页。
[3] 包世臣：《齐民四术》，李星等点校：《包世臣全集》，合肥：黄山书社，1997年，第235页。
[4] 包世臣：《中衢一勺》，李星等点校：《包世臣全集》，合肥：黄山书社，1993年，第3页。
[5] 包世臣：《中衢一勺》，李星等点校：《包世臣全集》，合肥：黄山书社，1993年，第3页。

丁验米色，谓为生平所未见，一切规费皆如向例，而兑付加早。"现存的这份新喻漕运"改革书"通过南昌知府，先以"密禀清折"的形式送呈江西巡抚。该"改革书"透视了一个县域的漕额，所以逐渐增加并给地方秩序带来极不稳定的制度性病灶。由于包世臣不认同新喻有包漕闹漕者，对前任县令禀请省府捉拿的"漕棍"胡尚友等人采取宽容之法，而他的"密禀清折"又成为新喻百姓京控的主要依据，刊刻在京城街巷中，包世臣也因此被罢官。[1]包世臣解职后，并没有对改革漕运体制失去信心，他将新刻《安吴四种》送给漕运总督程矞采一部，寄望"此贤漕帅痛抉漕弊"。同年，苏州知府桂超万治下的常熟因均赋改革成功而引发邻邑昭文民变，包世臣与桂知府往返七次通信，除详尽提出他的方案以指导苏州漕运改革外[2]，他不认同桂超万提出的昭文、镇洋民变在于滨海民风刁悍，复书称："镇洋、昭文前后毁抢官吏、绅富之房屋数百千楹，使阁下募勇带兵，出省至再，其病皆由于漕。故漕政平，则刁悍皆从化；漕政不平，则良懦皆为敌。"[3]他甚至大胆预言，"东南大患，终必在此"。[4]稍晚的冯桂芬于咸丰初年引用当时谚语云："江南必反于漕。浮收勒折，天怒人怨，将来患生不测。"[5]就此而言，包世臣是最早认识到漕运关系国家秩序的重要学者。

道光六年（1826）的漕粮海运，是漕运体制的重大改革。综核史籍，海运改革之议，发之于包世臣，迨英和上奏，终为道光帝所纳，实行者为新任江苏巡抚陶澍，具体办法与包世臣的方案又不尽相同。

道光二年（1822）十月，包世臣为新任直隶布政使陆言作幕。是年冬，直隶总督颜检在大井行营，阅读了包世臣的《郭君传》，并向僚属推荐。翌年底，陆言调任四川布政使，包世臣转佐大名兵备道富祥。后因富祥移调陇右，包世臣以母老不能远游，辞幕回到扬州。他断定高堰

---

[1] 参见林乾：《新喻漕案与包世臣罢官——探究文献背后的真相》，《中国古代法律文献研究》第9辑，北京：社会科学文献出版社，2015年，第366—409页。
[2] 参见郭艳红：《从常熟均赋到昭文民变——清道光晚年江南社会危机透视》，《西南大学学报》2016年第3期。
[3] 包世臣：《中衢一勺》，李星等点校：《包世臣全集》，合肥：黄山书社，1993年，第202页。
[4] 《清史稿》卷486《包世臣传》，北京：中华书局，1977年标点本，第13418页。
[5] 冯桂芬：《均赋说劝绅》，《显志堂稿》卷9，北京：朝华出版社，2018年，第929页。

必决,以其寓所居扬州下游,当即移家高阜。待水势稍定,他前往吴门,访布政使诚端(道光四年二月至五年三月在任),极力建议预筹海运,诚端虽表赞成而力有不及。道光四年(1824)十一月,包世臣自扬州寓所前往夹濠而居的原兵备道熊方受之处,时高堰下注,包世臣倡议,"善谋国者,莫如暂举海运。依余前议而行之,不使人扰漕,不以漕扰河"。他还提出借黄以蓄清,专力治河,并作《漆室答问》以呈。[1]当年十二月,颜检以仓场侍郎出任漕运总督,包世臣本想前往徐兖之郊迎接颜检,面陈试行海运,因岁末事冗,于二十四日写信给颜检,详细介绍他的海运主张,提出"为今日计,能举海运以专力治河者,上也;控制黄流以待清长,而不误全漕者,次也",并将其旧作《海运南漕议》、近作《漆室答问》抄录一通,以备采择。信末明言漕督虽职专漕运,"但大臣忧国,无分畛域,漕事若有差池,河臣岂容坐视?况阻运虽由河道,而滞漕自有责成。为人分过,非所愿闻。凡此全局大计,阁下自有成算"。[2]但颜检没有采纳包世臣的海运建议,对道光帝交议英和的海运方案,迟疑不复,道光帝遂于五月二十二日将其调京。六月初一日,颜检接到回京谕旨,此前三天即二十八日上奏,对英和所奏海运、折色方案全盘否定。颜检随即以三品衔休致。

英和先后于道光五年(1825)四月初十日、二十二日,两次奏请实行海运。[3]庙谟既定,遂于五月十八日,调安徽巡抚陶澍为江苏巡抚,并命该抚等俱各带印起程,于途次交代,即赴新任,毋庸来京请训。陶澍接旨奏称:苏省为江河要区,政务殷繁,财赋甲他省。目下议筹海运及漕米事宜,尤关紧要,责任甚重,报称尤难。[4]陶澍于六月十五日在镇江府丹徒县地方,接巡抚印信,即顺路赴清江浦察看漕运情形,与两江总督、漕运总督、河道总督面商一切,然后赴苏。[5]同日,陶澍上《筹

---

[1] 参见包世臣:《中衢一勺》,李星等点校:《包世臣全集》,合肥:黄山书社,1993年,第73—78页。
[2] 包世臣:《中衢一勺》,李星等点校:《包世臣全集》,合肥:黄山书社,1993年,第79—80页。
[3] 英和病逝前自订年谱,全文载入两次奏文,参见英和:《恩福堂笔记、诗钞、年谱》,北京:北京古籍出版社,1991年,第392—406页。
[4] 参见陶澍:《陶澍全集》(修订版),长沙:岳麓书社,2017年,第1册,第239页。
[5] 魏秀梅著作叙陶澍行海运颇详,言学者赞成海运者魏源、钱泳、施彦士,而一言不及包世臣。参见魏秀梅:《陶澍在江南》,台北:台湾"中央研究院"近代史研究所,1985年,第109—110页。

议海运及暂收折色、停运治河各情形折子》。该折可见，军机大臣字寄道光帝五月二十二日因英和上奏海运所发上谕及英和折。陶澍肯定英和条议为"识时之要着，目前筹运之策，无逾于此，自属可行"。但他反对在江苏折漕、停运治河。提出海、河并运，广招商船，分两次装载，运米一百五六十万石，其余由运河而行。他还提出：海运是暂时试行，将来河道全通，自应仍由河运，并仿唐代转运之法，于沿淮、沿河一带建置仓廒。道光帝采纳了陶澍海、河并运的意见，但于建仓廒一节，谕令暂缓筹办。又因山东巡抚琦善赞成海运，五月二十二日，道光帝命大学士前任两江总督孙玉庭、漕运总督颜检来京，调两江总督魏元煜为漕运总督，以山东巡抚琦善为两江总督。完成了试行海运的人事部署。

包世臣于五月十四日从友人处得到英和四月初十日上奏通筹漕河一折稿本，四天后即十八日给英和写《上英相国书》，备述他极力主张海运颠末，其中言及他曾为江苏巡抚具海运奏章，"不知因何得彻左右，竟蒙采摘入奏"，又言海运有二难，他皆筹之有素，策出万全，并详告海运具体操作方案；又录《漆室答问》旧稿，请进京赴试的乡人沈廷桂就便转呈。[1]据此，包世臣所具《海运南漕议》为英和部分采纳入奏，似无疑义。[2]陶澍与英和先后于道光十九年、二十年病逝。道光二十八年（1848），包世臣在重校《海运十宜》一文后附记称："是时新抚（陶澍）至吴，茫无津涯，得此稿，依仿定章，海运事乃举。既举之后，船商大利，更邀优叙，米石全无漂失。新造大船五百余号，而督部以漕吏不便奏停。"[3]

道光二十六年（1846），包世臣在给族子孟开书中，不但明确"海运、海淤、票盐三事，发之收之，皆由鄙人"，且专门谈及他所"言利"与其他人之不同："三事名利之丛也，而鄙人一无所与，杜门倚虹

---

［1］包世臣：《中衢一勺》，李星等点校：《包世臣全集》，合肥：黄山书社，1993年，第101—103页。

［2］齐彦槐录包世臣稿，后收入《皇朝经世文编》，参见张岩：《包世臣经世思想研究》，北京：中国社会科学出版社，2016年，第95页。张岩并论证魏源海之议受包世臣影响，见同书，第100页。段超也认为，包世臣的《海运十宜》大多为陶澍所采纳，参见段超：《陶澍与嘉道经世思想研究》，北京：中国社会科学出版社，2001年，第176页。

［3］包世臣：《中衢一勺》，李星等点校：《包世臣全集》，合肥：黄山书社，1997年，第84页。

园中，但望其上益国而下益民耳。若票盐取利尤速，中外与陶安化（陶澍）有一面者，莫不骈集，安化与鄙人虽非心知，然所言多听从。又其中委员，多系鄙人指引者，而鄙人困守虹园，不涉其途，此足下所目击而深知者，是其言利也，绝无为己之意介其间，似与历来言利者有差别矣。"[1]道光十一年（1831），总理票盐总局事务的谢元淮写信给包世臣，嘱其召集亲友，行票盐以解决家食久困。包世臣回信表明，"前此召买海淤、倡行海运二案，皆仆始发其事而卒定其章，然二案仆皆置身局外，名利一无所染，足下知之最稔。今票盐之政，乃当事采仆议一节，以筹办淮北者，是其事亦发于仆。发其事自深知其利，况重以足下雅爱耶？然仆非乐贫疾富，与人异性也。凡以生平所学，在揅论得失，宣达疾苦，所望当时君子，或加采择，惠我穷黎。其见弃目前者，仍望举于后世。而猜忌排挤，实繁有徒，若复随众行票，必讥仆托名为国为民，实以自私自便，则其说不为无状"[2]。在《上陶宫保书》[3]等信中，包世臣详细阐述他的盐政改革主张，以及与陶澍等当道者的异同。这些都足以说明，包世臣参与并深刻影响了陶澍主政两江时期的盐政改革。需加补充的是，淮北票盐改革，具有一定示范意义。但由于各地情况不同，票盐改革的效果也有很大差别。且因盐课此涨彼消，难以概论。浙江温州知府刘煜仿行淮北办法，自道光十四年（1834）十一月起，至十六年（1836）三月止，共行票盐七万四千九百余引，是改革前岁销额的数十倍，但因对处州等地引盐形成滞销，遂为巡抚参劾而革职。刘煜为此京控，直到道光二十年（1840）才结案，是为票盐改革中的一件大案。[4]

三、包世臣对嘉道危机根源的解读

包世臣晚年在对白银外流引发的社会问题的思考，特别是给国家造

---

[1] 包世臣：《齐民四术》，李星等点校：《包世臣全集》，合肥：黄山书社，1997年，第235页。
[2] 包世臣：《中衢一勺》，李星等点校：《包世臣全集》，合肥：黄山书社，1993年，第180页。
[3] 包世臣：《中衢一勺》，李星等点校：《包世臣全集》，合肥：黄山书社，1993年，第174—179页。
[4] 参见《奏为遵旨究出已革温州府知府刘煜试行票盐各弊据实奏明请旨饬审事》，道光十七年七月二十九日，朱批奏折04-01-08-0129-009，中国第一历史档案馆藏。

成的财政困难,以及官民的普遍贫穷,包括改革何以无法推进等一系列论述中,已经深刻触及嘉道社会危机的根源,即权贵阶层为维护其既得利益而阻碍任何改革。他说道光二十五年(1845)政府欲行钞法而被阻,原因是触动其利益,包世臣概括为二,一是权要之家多藏镪,行钞法后,会恢复铜钱一千银一两,是自减其所藏之半;二是白银更便于贿赂,因所入皆银,一旦变法,恐成故纸,大不便于子孙。[1]次年,他致书前工部尚书许乃普,称方今要务,至急至大者,莫如银价。他算了一笔账,南方银一两皆以两千铜钱为准,北方闻更增于此,较定例增加一倍。又连年丰收,上米一石,价银七八钱,而民户折漕,重者至银六两,就折条银重者而论,米二石方能完条银一两,米七八石完漕额一石,田内所收,不敷两税,乐岁终身苦。包世臣还明确认识到,西方工业品的倾销,给中国农业特别是江浙农业所带来的破坏性,已动摇了清朝原有的赋税征收体制。他说,木棉梭布,东南杼轴之利甲天下,松江、太仓钱漕不误,全仗棉布,而今洋布盛行,价当梭布,而宽则三倍,是以布市销减。蚕棉丰岁而皆不偿本,商贾不行,生计路绌。推原其由,皆由银贵。[2]

在鸦片战争前的道光十二年,户部掌印给事中孙兰枝在《奏为条陈江浙两省钱贱银昂商民受弊各情及去除积弊办法事》一折中,详尽计算了嘉庆以来银贵钱贱给各行业特别是国家财政造成的损失。仅江浙两省地丁银征收,与嘉庆十年(1805)相比,不包括明贴、火耗、解费、浮收等各项,民间多出钱二百一十一万余两。以一年四月之粮,完一年之赋。孙兰枝籍贯浙江,他以杭、嘉、湖三府征漕而论,完米一石,折钱五千三四百文。每届征漕开仓,典售衣物,甚至卖儿鬻女,闾阎饥寒交迫,贫累日深。江浙额征盐课银二百一十六万余两,现须制钱二百九十二万余两,商人每年多出钱七十五万余串,加上盐规、匦费、节省、耗羡等项,每年不下六百数十万两,多出钱二百数十万串。以数

---

[1] 参见包世臣:《齐民四术》,李星等点校:《包世臣全集》,合肥:黄山书社,1997年,第235页。
[2] 参见包世臣:《齐民四术》,李星等点校:《包世臣全集》,合肥:黄山书社,1997年,第237—238页。另外《言利》在第三章讨论了该问题,参见罗威廉:《言利:包世臣与19世纪的改革》,北京:社会科学文献出版社,2019年,第72—104页。

十百家之商人，每年暗耗三百多万串，因此商力日疲。江浙关税加征，致使南北商贩歇业者日多。他还计算，江浙两省每年所来洋钱不下一百数十万两，但洋银低色，作价却比内地足色纹银高出许多。由于孙兰枝所奏有翔实数字，道光帝以其所奏五款，皆弊之应除，遂通过军机处，着两江总督陶澍等悉心筹议，务当力除积弊，平价便民，不得视为具文，致有名无实。[1]但正如包世臣所言，凡不便权贵而便于民者，必不能行。陶澍会同江苏巡抚林则徐上奏，几乎全盘否定孙兰枝的上奏。[2]而道光二十五年的币制改革，包世臣听闻军机大臣、大学士穆彰阿持议甚坚，但他料定，"外吏亲近阻之者尤力"，以便其私。他痛心地说，"银价之于钱漕，如米之于饭，现在势如厝薪火上，故其毒必发，而发必烈"[3]。晚年他对清朝的改革已不像中年时那样乐观，而是充满悲凉之感。

罗威廉教授在其《中国最后的帝国：大清王朝》一书中，把包世臣作为19世纪初改革派思想家中最杰出且极具远见的三人之一，与魏源、龚自珍并列。[4]刘广京先生则把包世臣归为传统知识分子之一个类型：希望借由建设性批评与方策，而求对人民生活有所补助者。[5]邓之诚先生更认为，"世每以包、龚、魏并称"，而无论学术、人品，"魏、龚非其匹也"。[6]

与许多改革者以重振中央集权为依归迥然有别，包世臣改革的主旨是放松国家对经济活动的过分干预，"大要总在损上以益下"，"损上益多，则下行愈速"，"民若受损，亦未见其必能益上也"。[7]他提出废止或减轻不合理的各种陋规，通过类似市场化改革，最大限度发挥商人

---

[1] 参见《清宣宗实录》卷221，道光十二年闰九月乙酉，北京：中华书局，1986年影印本，第36册，第301页。
[2] 参见《林则徐全集》编辑委员会编：《林则徐全集》，福州：海峡文艺出版社，2002年，第1册，第267—270页。
[3] 参见包世臣：《齐民四术》，李星等点校：《包世臣全集》，合肥：黄山书社，1997年，第239页。
[4] 参见［美］罗威廉：《中国最后的帝国：大清王朝》，李仁渊、张远译，台北：台湾大学出版中心，2013年，第156页。
[5] 参见刘广京：《十九世纪初叶中国知识份子——包世臣与魏源》，《"中央研究院"国际汉学会议论文集（中）》，台北："中央研究院"，1981年，第995页。（注：此处"份"字依原文，不做改动）
[6] 参见邓之诚：《桑园读书记》，北京：生活·读书·新知三联书店，1955年，第58页。
[7] 包世臣：《齐民四术》，李星等点校：《包世臣全集》，合肥：黄山书社，1997年，第219—220页。

群体的作用，他把"本末皆富"上升到"千古治法之宗，而子孙万世之计"的高度。他驳斥人口增长致使民食为艰的论调，认为"人多则生（产）者愈众，庶为富基"[1]，他是当时及19世纪中叶以后更加广泛的重商思想的前哨，是19世纪上半期许多重要思想家的先行者。[2] 与包世臣多有交往，曾任兵部、工部尚书的许乃普，对包世臣评价极高，称"二百年来，唯亭林（顾炎武）、穆堂（李绂）可与鼎立"，激赏包世臣的著作是"宇宙不可无之书"，宜速付刊刻，即便不能刊刻，也宜"多录副本，以广流传"。[3] 嘉道五十年，承古代中国之余续，启近代历史之先河，历来研究不足。而包世臣著作所呈现的诸多系统又有可操作性的主张，确是研究这一时期不可多得的材料，而其个人作幕的种种遭际，也可以作为对嘉道时期改革何以无法推进、官民冲突何以加剧，中国进而无法向近代演变等诸多问题研究的一个独特样本。

附表：包世臣作幕表

年代	作幕事略
嘉庆元年	为安徽徽宁道宋镕作幕
嘉庆二年	为安徽巡抚朱珪（嘉庆元年八月—四年正月在任）作幕
	应安徽布政使熊枚（嘉庆二年二月—八月在任）召，为其孙课读
嘉庆三年	应陈祭酒召，赴湖北
	应湖北布政使祖之望请，为其条具屯田等六事上湖广总督景安（嘉庆三年三月—四年三月在任），景安未纳其议
嘉庆四年	明亮授副都统出川楚，任参赞大臣，聘包世臣入蜀治戎事。包世臣后因谋不见用而辞幕
嘉庆五年	在江宁
嘉庆六年	为太平府同知姚逢年之子姚承谦教读，与论治道，作《说储》篇，又作保甲、学政、戎政、课绩、农政五事，是为《说储》下篇
	冬，游历江浙，见官擅漕利，民冒死与官争，颇以为忧

---

[1] 包世臣：《齐民四术》，李星等点校：《包世臣全集》，合肥：黄山书社，1997年，第209—210页。
[2] 参见胡寄窗：《中国经济思想史》下，上海：上海财经大学出版社，1998年，第585、589页。
[3] 包世臣：《齐民四术》，李星等点校：《包世臣全集》，合肥：黄山书社，1997年，第237页。

续表

年代	作幕事略
嘉庆七年	避暑浮玉山（天目山），海盗蔡牵犯上海，镇道请包世臣阅诸岛，包世臣见北洋沙船数千艘停泊黄浦，因发海运可救漕弊之议
	住常州李申耆家七月，尽读顾亭林先生《日知录》三十卷
	在镇江结识著名画家邓石如
嘉庆八年	在苏州得知河南封丘衡家楼决口，黄水由山东张秋穿运河径行，运道梗塞，粮船不行。嘉庆帝以给事中萧芝言，命江浙各督抚议海运。包世臣见邸抄，告所知海运便，其说达江苏，巡抚（汪志伊？）嘱为论列，遂删润旧稿，折将上，适浙江巡抚阮元论罢其事，议遂寝。包世臣以所著《海运南漕议》为私议
	在苏州结识钱大昕族子钱献之（钱坫）
嘉庆十年	遇郭大昌，从其处悉知河事成败
嘉庆十一年	寓扬州观巷天顺园。以"小倦游阁"自署所居
	参与扬州赈灾，促知府伊秉绶赈灾，活命三万余人
嘉庆十三年	两江总督铁保请帑六百万议改河道，并援东河成案，以十分之六归滨河之凤、徐等六府州，分十年摊征归款。包世臣以凤、徐等府州民瘠而危，南河例无摊征。四月抵浦，作《筹河刍言》二篇。清廷命协办大学士长麟、戴均元视河。钦差未至前，郭大昌知漕标副将郑敏与长麟有连，删润包世臣治河书，通过郑敏呈达长麟。长麟读书造访，包世臣为言海口并无高昂等。长麟复奏罢摊征之议，多采包世臣之议，并欲专折保荐，包世臣婉拒
	是年，中恩科举人
嘉庆十四年	包世臣入都应试。谒戴均元于海院，具言国家大患在漕，救弊之法在屯田
	游历京畿，作《畿辅形势论》《密云税口说》
嘉庆十五年	寓扬州倚虹园。以河事愈急，作《策河四略》
	因家口增多，以刑钱两席为幕
嘉庆十六年	入都应试。受刑部尚书金光悌召，为其襄办秋审册
	六月返扬州，过清江晤淮海道黎世序，为其预言河事
	百龄出任两江总督，在京得《筹河刍言》《策河四略》，聘包世臣分司江西案牍，兼办河工
嘉庆十七年	淮海道杨頀（迈功），以河事多咨商于包世臣
嘉庆十八年	户部侍郎苏楞额得《筹河刍言》，知淤事未举，于筹议经费案内入告，案交长麟，其亲承风指，减淤数薄其功
	游历下河，作《下河水利说》

续表

年代	作幕事略
嘉庆十九年	与秦承业在江宁倡行义赈，救民无数
	上书两江总督百龄，续行义赈
嘉庆二十年	答尚书方维甸（葆岩），建议将义赈所余经费二万七千多两，以工代赈，引淮水入城
	游海州，作《青口税议》
	五月，通过主讲梅花书院的歙县洪桐生，向江苏按察使李尧栋荐馆
	答江苏布政使杨護书，言各省大吏"作亏空"，江苏甚有"卖亏空"，称此乃民生日蹙、帑藏日虚之由
	代工科给事中胡承珙条陈积案弊源折子、清理积案章程折子
嘉庆二十二年	入都应试
	参加举人大挑，因有人阻之于成亲王邸而不得选
嘉庆二十三年	家居，读《亭林遗书》十种
	为直隶按察使岳龄安作幕
嘉庆二十四年	客寓济南，为山东布政使岳龄安作幕
嘉庆二十五年	春入都。刑部尚书韩对命司员将现行刑律有不妥者，各献其疑，以凭奏改。刑部总办主稿来问者十余人，包世臣为之作《议刑条答》
	九月，为侍讲学士秦承业条列积案等害闾阎八事
道光元年	为江苏按察使诚端作幕
道光二年	为直隶布政使陆言作幕
	作《直隶水道记》
道光三年	先后为直隶布政使陆言、大名兵备道富祥作幕
道光四年	十一月自济南回扬州
	高家堰大堤决塌，洪泽湖水外注，山阴等下游被淹，运道冲毁。包世臣向熊介兹兵备提出海运救漕，作《漆室答问》
	十二月，齐彦槐录包世臣稿以致汪宗伯。包世臣以颜检任漕督（道光四年十二月—五年五月在任），向其上书举海运以治河
	至江苏，劝布政使诚端筹办海运
道光五年	在扬州作《海运十宜》，陶澍到江苏巡抚任，得包世臣稿，举办海运
	刻所著言河、盐、漕之书三卷，题为《中衢一勺》
道光六年	客寓粤海关署作幕
	入都应试。谒内阁学士朱方增，朱告之张井由东河河道总督改南河，奏改河道不改海口
	参加举人大挑，为汪廷珍所阻而不得选

续表

年代	作幕事略
道光七年	魏源代新任山东布政使贺长龄,向包世臣询问东省治要
	佐助陶澍办吴淞江工程
道光八年	在江宁为贺长龄划策。朱方增、贺长龄以包世臣治河意,致信河督
	致书广东按察使姚祖同,极言广东大弊有四、大患有一
道光九年	入都
	作《闸河日记》
	两淮盐政有变,盐运使驰书问,包世臣作《小倦游阁杂说》以答
道光十年	户部奏请改两淮盐务为民运民销,道光帝命原奏户部尚书王鼎、侍郎宝兴驰驿江南,与两江总督定议。钦差与江督所派委员见包世臣论盐务书,至其地过访,包世臣为作《改淮盐条略》二十五条付之
	编《小倦游阁集》三十卷
道光十二年	上书两江总督陶澍,言救于家湾决口之法
	致书刑部尚书戴敦元,极言科举取士之害
道光十四年	移居江宁
道光十五年	入都会试
	参加举人大挑,签发江西
	应江西按察使陈继昌札委,在南昌清理积案数百件
	母亲卒,丁忧
道光十六年	致江西新任巡抚陈銮书,为其条划江西风俗、政情六款
	代江苏按察使裕谦(丁忧)具稿,奏请旗员应与汉官一律服丧三年
道光十八年	起服江西,年底署新喻县事,对收漕之制实行改革
道光十九年	三月到任,以量入为出在新喻实行征漕改革
	年中,因"擅变漕章",解新喻知县任
道光二十年	因新喻漕案未结,牵连滞留江西
	致书福建提督陈阶平,言筹海及禁鸦片事宜
道光二十一年	果毅侯杨芳赴广东查办鸦片事,过访包世臣,询机宜,包世臣称英国之长技有二
	上署两江总督裕谦书,言防御英国船舰事
	致书福建提督陈阶平,言筹海、御夷等事

续表

年代	作幕事略
道光二十二年	新喻漕案结,回江宁
	书《歼夷议》交与赴战之河南陈平川游击,言江宁城下逼和,英夷之福,中华之祸,俱极于此
	致军机大臣祁寯藻书,赞其不议和与三元里抗英事,并荐可练军之人
	致前署四川总督苏廷玉书,言和议后唯在收摄人心、物色人才,为国家留千里净土
道光二十三年	致书安徽布政使徐宝森,言安徽防守
道光二十四年	就旌德谭氏讲席。集著述为《安吴四种》
道光二十六年	嘱族子孟开,将新刻《安吴四种》送漕督程矞采一部,寄望"此贤漕帅痛抉漕弊"
	致书前工部尚书许乃普,称银价上涨为当今至急至大之事
道光二十七年	复军机大臣陈孚恩书,辨明新喻漕案;嘱其将《安吴四种》转呈协办大学士陈官俊

(原载《李洵先生百年诞辰纪念文集》,人民出版社,2022年。原文刊发将表删去,今补)

新喻漕案与包世臣罢官
——探究文献背后的真相

包世臣是 19 世纪中国著名的思想家,他积极倡导的改革思想对嘉道时期治政的影响,近年愈加受到学界的重视。[1]他"以布衣遨游公卿间,东南大吏,每遇兵、荒、河、漕、盐诸巨政,无不屈节咨询,世臣亦慷慨言之"。[2]道光十九年(1839),时年六十五岁的包世臣结束了"久为诸侯客"的幕僚生涯,第一次也是唯一一次出仕做官,署理江西新喻县令。本来对"民间及衙前情伪已悉"[3]的他,却到任一年,即被罢官解职。

包世臣何以被罢官?相关记载多一笔带过,[4]他本人虽有记述,但也不得其详。现存清代数十件档案为我们完整揭开了这一谜底。要言之,包世臣罢官的表面原因是道光时期已至极弊的漕务,而背后深层次的原因则是官民冲突已到了不可调解的地步。换言之,它是 19 世纪社会危机的体现。

---

[1] 童慧:《包世臣的官治思想》,《重庆科技学院学报(社会科学版)》2010 年第 6 期;周邦君:《包世臣笔下的林业技术与社会文化》,《北京林业大学学报(社会科学版)》2010 年第 2 期;张岩:《包世臣与近代前夜的"海运南漕"改革》,《近代史研究》2000 年第 1 期;郑大华:《包世臣与嘉道年间的学风转变》,《安徽史学》2006 年第 4 期;郑大华:《论包世臣的吏治思想》,《安徽史学》2009 年第 3 期;郑大华:《论包世臣在嘉道年间经世思潮中的历史地位——兼与龚自珍、魏源之比较》,《近代中国研究》,http://jds.cass.cn/Item/1592.aspx,2005 年 10 月 29 日;罗威廉:《包世臣与 19 世纪早期中国的农业改革》,2013 年 12 月 23 日《文汇报》;李国祁:《由〈安吴四种〉论包世臣的经世思想》,台北"中研院"近代史所编:《近代中国初期历史研讨会论文集》下册,1989 年。
[2] 《清史稿》卷 486《包世臣传》,北京:中华书局,1977 年标点本,第 13417 页。
[3] 胡韫玉:《清包慎伯先生世臣年谱》,台北:台湾商务印书馆,1986 年,第 48 页。(以下简称《包世臣年谱》)
[4] 《清史稿》卷 486《包世臣传》载:"一权新喻,被劾去。"《清史列传》卷 73《包世臣传》载:"因劾去官。"光绪《续修江宁县志》:"中丞忮之,甫到省,即使署某县,即借公文字句劾罢之。"

一、加征由来及"闹漕"案发

清代在江苏、浙江、江西等八省征收漕粮四百万石以输京师,久之而成漕务之弊,其弊"始于乾隆中,甚于嘉庆,极于道光"[1]。

包世臣称他"少小见官民相争必于漕,而无以已之"[2]。因新喻漕案罢官后,他更是大胆预言:"东南大患,终必在此。"[3]稍晚的冯桂芬进而于咸丰二年引用当时谚语云:"江南必反于漕。浮收勒折,天怒人怨,将来患生不测。"[4]太平军起,江南人认为这缘于道光朝养痈遗患:"道光朝似宽厚,养成积习,小人竞进,贤人退隐,州县官不以民瘼为心,皆以苛敛为事,有司失德于民,封疆吏苟且于国,其德渐薄,民心渐离,天下如是,遂酿成大祸也。"[5]

新喻漕案就发生在道光十八年(1838)。

此案起于"漕规",即征收漕粮时各种名目繁多的"陋规",其中以勒折、浮收为主。因各地转储漕粮的仓廒有限,官府开仓收漕往往在旬日之间,遂通过提前关闭仓廒而逼迫纳粮户将实物兑换成银两缴纳,否则即诬以抗粮名目严加惩治。而上漕皆在收粮旺季,易银价本已低,加之时限局迫,故往往易银只是平时之半,甚者每石折色五六千文,此即勒折。浮收是在原有法定缴纳数额外,议定加征数目,各地多少颇有差别。通常说来,加征多在30%以上,而淋尖、踢斛尚不包括在内。[6]这两项都无疑加重了纳粮户的负担。乾隆时期,虽有浮收、勒折,但承平日久,力田者家有盖藏,又浮勒不多,故纳粮户不甚以为苦。嘉道时期特别是道光一朝,江南连年灾害,即便无浮勒,纳粮户也所剩无几,而

---

[1] 金安清:《水窗春呓》卷下,北京:中华书局,1984年,第75页。
[2] 包世臣:《中衢一勺》"附录序言",李星等点校:《包世臣全集》,合肥:黄山书社,1993年,第3页。
[3] 《清史列传》卷73,北京:中华书局,1987年,第6014页。
[4] 冯桂芬:《均赋说劝绅》,《显志堂稿》卷9,光绪二年刻本,第23页a。
[5] 柯悟迟:《漏网喁鱼集》,北京:中华书局,1959年,第71页。
[6] 《奏明遵旨查办情形并陈管见事》,道光七年正月初六日,朱批奏折04-01-35-0252-046,中国第一历史档案馆藏。

浮勒日甚一日，在银价日昂的背景下，故因漕而兴大案者接踵而至。[1]

勒折、浮收之由来，颇为繁杂，已成不解之结。要言之，可以归结为三：一是州县。清代州县无财政可言，更无办公经费，而摊赔、礼请幕友等项均出自州县官个人私囊。在公私皆形拮据的窘况下，只好通过征收漕粮上下其手。二是管漕衙门。总理有漕运总督，分辖有粮储道，监兑押运有同知、通判，趱运有沿河镇道将领等官，大小衙署十数计，又皆有陋规。三是旗丁水手。清代为保证漕运，本有屯田以补旗丁，但由于屯田民田化，旗丁不堪，遂借米色为由，要求州县官找补运费，否则即不受兑。旗丁雇水手，水手又以地域分为各帮，专事重运谋生，大帮水手往往挟制旗丁。道光时期发生多起水手集体罢运事件。以上三者互相纠葛，"积重难返，而漕政日坏"。"东南办漕之民"，"肌髓已尽，控告无门"。[2]

那么，征漕规费是如何分配的？据冯桂芬说："漕务之利，丁胥差役百之，官十之，绅二三之，衿特一之耳，甚有不及一者。"[3]

在这种新的利益格局中，衿"获利最微也，撄祸最易也，贻误又最大也"。衿因为人数众多，是个非常大的群体，因此在基层有很强的动员能力。在衿的背后，是普通的纳粮小户。在捐纳盛行的清代，只要稍有资财，无不以捐身份为务。衿在乡里属于知识群体的最下层，主要包括生员、捐纳监生，他们熟悉国家法律，对于州县官的非法加征，他们也是受害者，也有少数人从中分得一杯羹，或者借此挟制官府，这就是陶澍所说的"包漕抗粮，勒索白规"者。在许多"抗粮（漕）"案中，他们往往是带头者。道光七年，在漕额最重从而也是漕弊最严重的江苏，巡抚陶澍与学政辛从益在关于"闹漕"的认识和做法上发生激烈争辩。陶澍认为"控漕之人即包漕之人"，上疏清廷对控漕者严加打压，道光帝谕允，而辛从益上疏明确表示不同意见，并极言地方官浮勒之甚，不但淳谨小民受害，即淳良生监也受其累。辛从益于当年底病

---

[1] 魏源：《魏源集》上册，北京：中华书局，1976年，第340页。
[2] 《清史稿》卷122《食货志》，北京：中华书局，1977年标点本，第3581页。
[3] 冯桂芬：《均赋说劝衿》，《显志堂稿》卷9，光绪二年刻本，第25页a。

逝。[1]陶澍也于道光十年升授两江总督。此种人事更迭对道光朝漕政影响甚大。"府道藩臬督抚,无不护州县",生监"所恃者学政,然近年学政有如万载辛公从益者乎?无有也。襫一生斥一监,朝上牍夕报可矣","折辱摧伤之,唯力是视"。[2]换言之,自辛从益后,生监合理的抗争因得不到学政的保护而普遍受到惩治,致使府县官员的浮勒更加肆无忌惮。

发生在新喻的漕案也与之相仿。不同的是,新喻漕案因各种文献的记述差异,出现多个"罗生门"。案件的最后判决以及在此过程中形成的数十件档案无疑代表官方的"表达",似乎也最具"权威",因而传播得也最广泛。道光二十七年(1847)六月,刚升任军机大臣不久的江西新城人陈孚恩,写信给包世臣谈及新喻漕案,但内容与包世臣的亲身经历有很大不同。包世臣为此专门回信,称"来书述新喻已事,奖掖鄙人,既多逾分,且有传闻未实之处,故略陈其始末"。[3]此时新喻漕案已结案六年。作为主要当事人,包世臣的个人记述构成新喻漕案的第二个"版本"。[4]与官方文献截然不同,包世臣否认新喻有"闹漕"者,并向巡抚密陈新喻"漕规"及所谓"闹漕"的由来,为我们留下了最珍贵的一份"密禀清折"。而至少五次赴京控告的"闹漕""主犯"之一胡尚友留下的"呈词"可以说是第三个"版本"。"呈词"所控与包世臣个人文集所叙述的新喻案存在高度吻合。此外,钦差麟魁虽然也代表官方,但他的审结报告又与江西巡抚、学政多次上奏的奏报存在较大差异。

正是这些文献的差异,为我们还原新喻漕案的真相提供了可能,对揭示隐藏在"漕案"背后的官民冲突,具有重要的标志意义。

道光十九年三月,包世臣以举人大挑后正式署理新喻县令。[5]此时

---

[1] 辛从益:《寄思斋藏稿》附《辛筠谷年谱》,《清代诗文集汇编》,上海:上海古籍出版社,2010年,第455册,第755页。
[2] 冯桂芬:《均赋说劝衿》,《显志堂稿》卷9,光绪二年刻本,第25页a。
[3] 包世臣:《齐民四术》之《复陈枢密书》,李星等点校:《包世臣全集》,合肥:黄山书社,1993年,第239—240页。
[4] 包世臣除在前引书中叙述新喻漕案外,另在其《中衢一勺》"附录序言"等篇章中亦有论列。
[5] 《包世臣年谱》误为十八年,见第50页。据包世臣《齐民四术》《密禀清折》(详后)以及吴增逵等纂《新喻县志》卷7,同治十二年刊本。

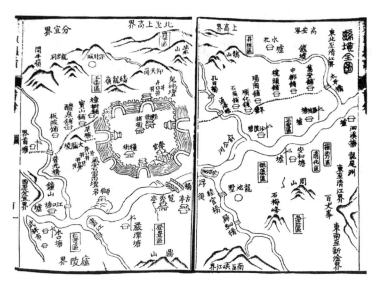

图 1　新喻县五坊十区二十都五十五图
资料来源：陆尧春修辑《新喻县志》卷首《图说》。

新喻漕案尚未结案，因为"闹漕""主犯"万帼彩尚未抓获。

新喻属临江府管辖，道光初年，已成大邑，有男丁十七万五千有余，妇丁十三万一千多，熟田山塘八千六百余顷，实征银三万七千三百余两，丁银四千余两。承担实征漕粮两万五千九百余石。[1]县境有五坊十区二十都五十五图（见图1）。

时任县令陆尧春称其履任以来（道光四年任），见新喻讼少风淳，输将踊跃。[2]

新喻漕案也是因为无限制的浮勒而发，其数目几达正额的一倍，而论其由来，又经嘉、道两朝数十年层垒而上。上纳钱粮乃升斗小民第一要事，又成为各级官员虎狼视之的所在。俗称州县官开门两件事：钱谷与刑名。与刑名涉及人户很少不同，缴纳钱粮自雍正时期基本废止士绅的优免权后，几乎涉及所在地所有人户，因而多征民间一粒米，官府多收几万石。这也不难理解钱粮征收与缴纳，何以成为各方利益博弈的关

---

[1] 陆尧春修辑：《新喻县志》卷6，道光五年刊本，第11—12页。
[2] 陆尧春修辑：《新喻县志》卷首《序》，道光五年刊本，第10页b。

键所在。本来，征发赋役，有《赋役全书》《漕运则例》之类法定规制，但无奈实践总是与法律有冲突，并使得二者渐相背离，久之法律也成具文。包世臣罢官后一再为自己辩护，称他按律法办事，却以"擅变旧章"而被罢官。这个"旧章"就是背离法定征收的浮勒。

包世臣的"密禀清折"透露了浮勒"漕规"是如何一步步加给新喻县纳粮户的。

新喻县额征漕米两万四千余石（与前引县志所记略有差别），上纳粮米原来只有一仓，颇为不便，后来另外增建两仓，而新喻四境士民纳粮，采取就近办法，这也成为后来承担"漕规"苦乐不均的原因。其演变过程如下：嘉庆时，县里大姓胡萼将自家东门内的宅地低价售出，遂将漕仓迁到此处，以供上粮，这就是东仓。[1]新喻漕米皆经罗霄江，自县雇船行走五十里到罗坊，水流甚浅，自罗坊再行九十里进入临江治，水畅变深，再下三十里水更深，可行方舟大船，抵达南昌兑军（交旗丁）。因此新喻运漕以罗坊最为便利，而该县西、南、北部接近袁州，纳米多顺流。县东附临江，溯流至县，远者数百里，挽运甚以为苦，故县东纳米也以罗坊为便利。嘉庆八年（1803），士民公请在罗坊建仓。时任县令恽敬，江苏阳湖人，乃著名学者、古文大家、阳湖派开山鼻祖，上请临江府、布政使得允。大概全县三分之一漕米减运五十里，故当年十月罗坊仓建成，十一月征漕即告完毕。[2]此后，东乡额征漕米六千八百余石，即在罗坊仓完纳。平斛米一石加四斗外，每石收水脚银九分零八毫。

当时，省仓安置旗丁及各管漕衙门规费仅有五千两，这个负担粮户尚能承受，故"官民相安"。以后省仓费用逐渐增加，而东仓收米减除罗坊仓近七千石后，仍有一万七千余石，故每当上粮，日形拥挤。北乡士民因援引罗坊之例，另于北门内建仓，名曰北仓（见图2）。北仓收米只有四千余石，公议交平斛米一石，将外加之四斗，无论米价高下，

---

[1] 恽敬：《新喻东门漕仓记》，万陆、谢珊珊、林振岳标校：《恽敬集》，上海：上海古籍出版社，2013年，上册，第156页。
[2] 恽敬：《新喻东门漕仓记》，万陆、谢珊珊、林振岳标校：《恽敬集》，上海：上海古籍出版社，2013年，上册，第157页。包世臣记为嘉庆六年。

改折水脚制钱一千二百六十四文。这时，省仓费用已增加至七千，加县仓规费三千，办漕一届，大体不超过白银一万两。而当时银价虽涨，不过30%，故办漕之外，仍有盈余，以资县署办公。

设立罗坊仓、北仓后，两仓征漕几占新喻全数之半，但因加征的部分已经固定，故州县官无法在此两仓打主意。相反，东仓收米扣减前述两仓后，仍多达一万二千余石，是新喻县上纳漕粮的最大部分，且没有官民"公议"加征数额，故后来的勒折、浮收等各项加征，全部要摊派到东仓。东仓纳粮户亦试图照罗坊之例，将加征的部分固定下来，但如此一来，浮勒就无所出，因此收米谷时只开仓数日，随即封仓开折，每年收折色多则五千余石，少则三四千石不等。其时钱粮每两征钱一千七百文。这就是说，仅东仓一仓所收折色，已使得纳粮户多缴数千两银子，加之其他两仓的固定加征，扣除近万两的漕费，仍有剩余，由于"平余丰厚"，新喻县一缺列于简优。

但这种平衡在道光年间被打破，且有不可遏制之势。道光七年（1827），县令陆尧春以米色发变，加银二千两，以后相沿成例。十年，福裕任新喻县令期间，又增加到四千，遂使省仓费用达到一万三千两，

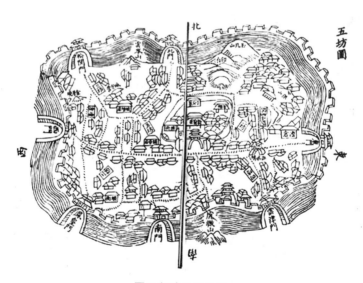

图2 新喻县五坊图
资料来源：陆尧春修辑《新喻县志》卷首《图说》

以后有增无减，至十八年、十九年，省仓费用达到惊人的两万四千两。在不到二十年间，费用增加两倍半。再加上县仓连船价四千，办漕一次共需银两万八千两。此外，还有临江府衙署应酬费用两千，新喻县衙修脯供给三千，摊捐银两千，办案递送及往来差使两千，即便不带征因灾缓征的钱粮，仅办漕而言，共需银两万八千五百两。

这些费用从哪里出？除钱粮平余约千两、税契典规约三百两，及北仓水脚银三千五百两，其余两万三千七百两全部出自东仓。花户完本色（粮）与上折色（银）价值悬殊，因此每当开仓之日，争前恐后，拥挤更甚。道光十七年（1837），县令姚振启收漕，开仓之后，阴雨连日，花户蜂拥上米，米皆着雨，不得不挑挈改换，以致践踏立毙者有五人之多，花户悚惧保命，故当年折色独多，折价尤重。

以上可知，历经多年，新喻征漕的近三万两费用，80%落到东仓的纳粮户。在东仓上米者是西南两乡，故此两乡积年苦累，实有不甘。[1]

尽管新喻西南两乡的花户承担了比额定漕粮高出一倍有余的负担，且有花户因纳粮而被挤踏毙命之事，但查阅地方文献和官府档案，没有发现这里有抗粮聚众滋事等事。显然，民众的不满正等待爆发的时机。

道光十四年（1834），江西大旱，按照救灾机制，清廷于次年正月为新喻等二十六县遭受严重灾害的百姓借贷籽种。[2] 八月又将新喻等四十厅县被旱灾区新旧额赋及借欠银谷，展缓征收。[3]

大灾之年缓征钱漕，本是恤灾之举，但如此一来，不但知县无所取给，书役们更一无所事。新喻曾受鱼肉的纳粮户，借机报复，有的进入衙署抓捕头人，在大堂之上殴辱，且每日数次，各役四处逃散。而官吏通过征漕大发一笔的意愿更为强烈。

道光十八年秋，史致祥署理新喻县令。他是顺天府大兴人，祖籍浙

---

〔1〕 以上未注明者，均据包世臣：《呈为新喻县漕案真实原委事》，道光二十年三月十四日，录副奏折03-3133-070，中国第一历史档案馆藏。
〔2〕《清宣宗实录》卷262，道光十五年正月丁卯，北京：中华书局，1986年影印本，第37册，第5页。
〔3〕《清宣宗实录》卷270，道光十五年八月癸未，北京：中华书局，1986年影印本，第37册，第163页。

江山阴，捐纳监生。时年三十六岁。[1]一个没有功名的捐纳监生且年仅三十六岁，何以能到简优之缺的新喻任县令？问题就出在这里。据包世臣讲，新喻县属于"简优缺"，藩臬"因颠倒班次，以厚妾戚"，史某人"倚上游有连，摧折庠序，以预为加漕地，致兴大狱"。[2]

或者说，史致祥署任新喻县，目的就是在即将开始的收漕上大捞一笔。而前提是先把新喻县监生这些"衿"震慑住，百姓方不敢闹事，官吏才能放胆浮勒。收漕八月开始，而九月、十月为最忙，史县令到任伊始，在没有公示征漕日期的情况下，先禀临江府，开列新喻县知名生监，请知府访拿。临江府随即贴出告示，首列万帼彩、胡尚友、严帮誉三人为"漕"的"漕棍"。其实，据包世臣向巡抚密禀，"新喻向无吃漕规事，而列示三人，于（闹）漕皆无案据，实为凭空取闹，迫成京控"。

胡尚友等何以被列为闹漕的"漕棍"？

按照惯例，新喻县各区皆以轮充之地保主办钱漕。这一惯例至迟在嘉庆时期即如此。据县令恽敬称：新喻附城为五坊，坊有坊长；乡有五十七图，图有地保。坊长、地保如保正。坊、图皆有十甲，甲有管首，管首如户长。其轮差之年，则管首迭为坊长、地保，狱讼、盗贼、赋税皆督之。征收赋税时，坊长、地保以酒食召管首，管首召户丁，为期皆纳之坊长、地保，坊长、地保纳之官，故赋税无后时者。[3]这种办法类似基层自治，虽与国家定例不相符合，但官民两便，也就相沿成俗。这也表明，基层社会组织的权力在嘉道时期已出现扩张。

道光十八年八月，西南两乡花户公议，援照罗坊、北仓之例，挨图上米，又知平斛一石加四斗不敷兑军，因此仿照北仓之例，将外加四斗折为水脚银，每石完水脚钱一千两百六十四文。当时有"公局"，并无倡议主谋之人，而史县令莅任才及旬日，办漕胥役虑及水清无鱼，遂以

---

[1]《奏请以史致祥调补乐平县知县事》，咸丰元年八月初二日，录副奏折03-4087-073，中国第一历史档案馆藏。
[2] 包世臣：《中衢一勺》"附录序言"，李星等点校：《包世臣全集》，合肥：黄山书社，1993年，第9页。
[3] 恽敬：《新喻东门漕仓记》，万陆、谢珊珊、林振岳标校：《恽敬集》，上海：上海古籍出版社，2013年，上册，第155页。

挨图上米则无折色可征之说相恫吓,史县令于是向临江府上"风闻敛钱设局把持漕务"之禀,临江府接到县禀,即发告示严禁饬拿。

凑巧的是,九月十八日,发生皂隶严安在集市揪扭义学首士、生员张亨发辫赴县之事,激起在城绅士公愤,当即有六十余人齐赴学宫请教官为他们做主。教谕王运恒年老积学,每天论说诗文,学中公事多委训导刘筠,训导诘取诸生禀词,始偕王运恒赴县衙请史县令责革县役,以平众怒,史县令虽表面含混答应,但训导等一出衙署,即掌讯此案。

新喻县义学经费本来不敷,每年轮派绅士充当首士,不敷之项皆须赔垫,故一般不愿承充。胡氏在新喻是大姓,胡尚友是十七年首士,次年换届他力劝张亨接办。张亨受此侮辱,胡尚友义不容辞,是以上堂做证,史县令却偏听书役之言,呵斥胡、张两生不留余地,并有收禁详办之谕,新喻绅衿越发愤怒。

数日后,临江府以迎藩司按临为由,令新喻县传齐县役,谕以定例逾限不完钱粮者,无论举贡生监,即行拘拿。书役们得此宪谕,如获至宝,更加肆无忌惮。胡尚友遂与万帼彩等商谋,只有上控。严帮誉其人本不在学宫,始终也没有参与此事,书役们欲乘机报复,口禀县令,县令遂上"访闻胡尚友、万帼彩、严帮誉聚众把持"之禀,临江府没有核实真伪,立即下发严拿三人告示。城乡士民更加不服,在城诸生以义学向来年清年款,此次终究系上忙未完,公凑钱文完纳,而柜书以钱粮既完,则无以制服生监,遂不肯收钱掣串。诸生无奈,又至学宫禀明刘训导,训导带同诸生至县署交柜书,取具收条。[1]

但事情并没有平息。

县令史致祥通过书役凌辱士林,并借助临江府打压绅衿的做法遭到强力反弹。其在任七月有余,新喻"士民竟无一纸入衙署,而粮、捕两厅,至不能容讼者"。清代沿袭明制,在有漕省份设置督粮道,职掌监察兑粮、督押运艘,而治其政令。捕厅特指有缉捕之责的典史衙署,此指包括县丞、典史、吏目在内的州县官的辅助官。换言之,由于临江府

---

[1]《呈为新喻县漕案真实原委事》,道光二十年三月十四日,录副奏折03-3133-070,中国第一历史档案馆藏。

与新喻县沆瀣一气，民众的冤枉之情无法在府、县申诉，只能到另外衙署去告状。由于事态继续发展，藩、臬只好将史致祥撤任，而以包世臣接署。此时是道光十九年三月。

二、新喻"换班"，包世臣解任

新喻漕案正在发酵之时，包世臣走马上任是需要勇气的，也蕴含极大风险。因为新喻县、临江府已将刚刚发生的事件定性为绅衿把持闹漕案，且得到江西省署的支持，一时间，"省垣悉谓其民为比户可诛。需次无肯往者，不得已而及仆"。

包世臣受命于艰危之际，他星驰而往，距新喻境十五里时，居民夹道相迎，私下劝告他"新喻城必不能入。仆从闻之，皆欲少留"。[1]

包世臣是于三月初五日从临江府起程的，初八日在上高县交界处，与卸任知县史致祥进行交接盘验。尔后他一路上明察暗访，当地父老告诉他当地的收成情况：上田一熟不过三挑，每挑重八十斤，下田有至一挑者；上田价值七八千，下田二三千不等。他的结论是"政繁赋重，民力难堪，公赔私累，官力难继"。

包世臣上任之始，有两件相互关联而又非常棘手的事情亟待处理：一是缉拿"闹漕"主犯归案，二是征漕。而这两件事情的处理，包世臣都没有按照既往"旧章"行事，从而引发更大的波澜，包世臣也因"擅变旧章"被罢官解职。

自雍正时期开始，钱粮一年分上下两期征收，称为上忙、下忙。上忙自二月开始，五月结束。下忙自八月开始，十一月完成。一般而言，即便是署任，也要经过一个忙。[2] 包世臣上任伊始，正好是上忙。他于三月十三日夜里到达新喻县衙，但等待这位新县令的却是书吏的"下马威"。次日早晨升堂任事，他发现"吏役逃散略尽"，而让他感到欣慰的是，"父老督子弟催科，勤于粮差"。于是他发告示，定于当月二十一日

---

[1] 包世臣：《中衢一勺》"附录序言"，李星等点校：《包世臣全集》，合肥：黄山书社，1993年，第9页。
[2] 齐如山：《中国的科名》，沈阳：辽宁教育出版社，2006年，第173页。

征漕粮（漕折银）。而如何征收，包世臣似乎早已成竹在胸。多少年来，征漕既是官吏们攫取民财的最好机会，也是民怨沸腾、激变良民的主要所在。魏源称其"弱肉强食，如阛无端"。[1]

法久弊生，征漕同样如此。本来，《漕运则例》等征漕的法定依据，早已无从遵守，而勒折浮收却习以为常。嘉庆时期乃至道光之初，清廷曾试图整顿弊端重重的漕政，但都不了了之。

包世臣采取了"量出为入"的办法，概言之，就是"集新喻县之民力，了新喻县之公事"。他找来全县绅耆，与户书、粮书公同商酌，开出一年必需之用账。经绅耆与户书公算三日，漕费需库纹一万九千三百余两。由于比往届征漕减少近万两，故全县纳粮户，不分大小，皆踊跃输将。"米既干洁，而费用毕集。兑军时丁验米色，谓为生平所未见，一切规费皆如向例，而兑付加早。"

三月十四日，即绅耆与户粮书吏共同议定必不可少之数额，包世臣公布征漕日期办法后，他通过南昌府向江西巡抚上了一道密禀。这份几千言的密禀是我们了解新喻加征漕费的珍贵材料，对解剖全国浮勒之由来，特别是嘉道时期漕粮问题何以至"极弊"，有典型的标本意义。包世臣颇为自得，密禀称"借各宪德威，喻民翻然从化，则奏销尚可敷衍"，即省中六千三百之借款，也可筹足。密禀还称，新喻虽有"公局"，但无主持谋议之人，暗含为闹漕者"开脱"。

包世臣的这份密禀是承巡抚面谕，令他到任后细访新喻漕案真实原委，及该处真实情形所上，却成为包世臣日后被罢官的"口实"。

在清代中叶几乎所有因浮勒而激起的所谓"闹漕"或抗漕案中，基本有"规律"可循，即对立的双方结成"两条战线"：书役加征背后有州县官做后盾，此时地方绅衿联合普通民众与之"抗争"，州县官及书役力所难敌；但州县官背后有督抚大吏撑腰，此时绅衿会向他们的上级学政寻求支持，但大多以失败告终。特别是自道光七年江苏学政辛从益故后，学政大多依顺巡抚，因此才有冯桂芬所说的"褫一生斥一监，朝上牍夕报可矣"。但与一般县令的做法不同，抱有强烈救世情怀的包世

---

[1] 魏源：《魏源集》上册，北京：中华书局，1976年，第340页。

臣，站在了民众一边。这也注定了他被罢官的结局。

包世臣到任时，前任县令史致祥上禀临江府出示的三名"闹漕"主犯中，胡尚友因京控被押，万帼彩因知臬司袒护史致祥，避不投审。包世臣经过明察暗访，得知新喻并无包漕之事，在呈给巡抚的密禀中，进而将新喻历年加征及胡尚友等三人如何被构害之事娓娓道来。但此案既经临江府发文，包世臣不拿"主犯"的做法显然"不识时务"。由于"臬司护戚益挚"，包世臣"奉文之日，即委心腹驻新喻县严提"。因包世臣礼待绅衿，久之，万帼彩亦来拜访，包世臣告诉他，你是原告，毋庸避匿，请随其进省，万帼彩应诺。恰在此时，在省城管押一年有余的胡尚友逃归，万帼彩遂不赴案。包世臣因缉拿"重犯"不获，先被摘去顶戴，旋被罢官解职。而"包漕案"也演变为"抗漕案"，最后调重兵平息，成为道光年间影响最大的重案之一。而新喻案逐渐发酵、升级的过程，又因江西大吏的更替乃至对案件的认识、做法之不同，呈现一波三折之势。

据包世臣讲，史致祥署理新喻县，是其戚属臬司通过布政使"颠倒班次"得来。而此时江西按察使为管遹群，江苏人，道光三年进士，十七年正月由长芦盐运使迁任，五月到任，与饶州知府方传穆是儿女姻亲，多次署理江西布政使，十九年十二月迁安徽布政使。接任者刘体重，由彰卫怀道迁，二十年（1840）十二月迁湖北布政使。同时期的布政使赵炳言，道光十八年六月由广西按察使迁，到二十一年（1841）八月，升授湖北巡抚。此间两江总督正是主张强力弹压绅衿的陶澍（道光十年起到十九年三月病免）。江西巡抚钱宝琛，道光十八年九月由湖南巡抚调任。

从包世臣所称"兼藩臬使颠倒班次"一语，可以推判管遹群是史致祥的亲戚。而在包世臣到任前，胡尚友已遣抱告京控新喻县征漕勒折。

早在道光十八年十一月，临江府知府熊莪向江西巡抚禀报，新喻县监生胡尚友、万帼彩与已革生员严帮誉等设局敛钱，把持漕务，率众滋闹，经拿获胡尚友、严帮誉二名，尚有万帼彩等未获，当即饬令勒拘，一并解省严审。胡尚友当即遣抱告以保全赋命等词赴京控告。清廷对京控案的处理，在道光时期发生重大变化，即便事涉官吏徇私舞弊之案，也多不派钦差驰审，且由乾嘉时期的"奏交"改为"咨交"，因此胡尚友第一次京控，于十九年二月二十六日，由都察院咨交江西省审办。经巡抚钱宝琛行司委提人卷解讯。

此为胡尚友第一次京控。因胡尚友京控内，有万帼彩之名，需要对质，而万帼彩知臬司袒护新喻知县史致祥，遂拒不投审。史致祥旋即解任。巡抚饬令署县令包世臣勒提全案人证解省，随后将胡尚友、严帮誉以及户书黄舜高等解到，发往南昌府审办。

胡尚友复又遭抱，以新喻收漕勒折第二次京控，四月初十日仍由都察院咨解回江西。后经南昌府提讯，胡尚友与黄舜高各执一词，必须提到列名京控之万鹏程即万帼彩、生员张亨、李恒春并被告李春等到案质究，方能水落石出。而包世臣也因不能解到万帼彩而于次年三月被解任。

包世臣不认为新喻有闹漕之事，不仅他持此种认识，新喻教官也持同样看法。因此，必须将县令与教官全部撤换，才能将"闹漕"案"坐实"，并把"主犯"绳之以法。而包世臣的"密禀清折"成为新喻民众京控的重要"依据"，自然也使得包世臣异常被动。而从临江府到巡抚、学政，之所以极力查办"闹漕"案，背后隐藏利益之争，唯有如此，才能一如往常，遂其浮勒之征。

发动新喻"换班"的是巡抚钱宝琛、学政吴其濬。钱宝琛是江苏太仓人，吴越王钱镠的第二十九世孙，嘉庆二十四年（1819）进士，道光十七年擢湖南巡抚，次年八月交卸。入觐蒙道光帝七次召见，调补江西巡抚，十一月抵任。[1]

由于包世臣在半年多的时间里，未能将万帼彩等解到，巡抚钱宝琛于道光十九年十一月二十四日奏请将包世臣摘顶：查万帼彩、张亨、李恒春，俱与胡尚友初次列名京控，其万帼彩一名，与胡尚友、严帮誉图谋设局敛钱，把持漕务，尤为案内紧要之人，其余被告李春等均系在官人役，更不难迅速获解，乃该署县包世臣并不上紧拘提，一任避匿不

---

[1] 钱宝琛:《存素堂诗集续编》,《清代诗文集汇编》,上海：上海古籍出版社，2010年，第550册，第823页。

到，以致案悬日久，无凭质审。臣查胡尚友等两次京控之后，现在又有新喻县民人胡凤仪、彭好古等赴刑部、都察院先后具控，咨回审办，难保非万帼彩等主唆帮讼，急应从严惩办。请将署新喻县知县包世臣先行摘去顶戴，勒限一个月严拘万帼彩等，按名务获解省，以便归案质讯。如限满仍不获解，再行严参。十二月十五日奉朱批：钦此。[1]

其后事态的发展又有出人意料者。不但包世臣没有在一个月期限内将万帼彩等解到，且新喻京控者将包世臣的"密禀清折"张贴在京城各处，以作为新喻县浮勒的"证据"。

本来，包世臣的"密禀清折"是通过南昌府知府倪良耀转呈给巡抚的，时间是道光十九年三月十四日。倪良耀是安徽望江县人，时年四十六岁，嘉庆拔贡，由南安府升转。据后来包世臣向钦差交代，这份"清折"是由在县署的胡姓传出。新喻京控者将"清折"抄写数百份，粘连呈状在京城各处张贴。在包世臣的"清折"之前，还有"合邑士民请出印稿，永为案据"字样。全文刊刻包世臣的"清折"后，文字洗练，堪称字字珠玑。以下是百姓的呈状：

> 告状人江西省临江府新喻县东仓花户。为乞奏救民事。喻邑漕仓有三，而剥削尽在于东仓，现今东仓之田，每亩一二千文，尚无人买，是东仓民力堪与不堪，大概可悲矣。署县包爷本救民之心，为直道之事，呈抚宪清折一纸，言喻邑地瘠民贫情形，历历如绘。县之浮收勒折，有加无已者，实由兑军及各衙规费有增无减故也。所增若干，自嘉庆六年于兹，军丁五千两增至一万九千五百两。官出于民者有增，民出于土者岂有增耶？官不减于民，已疲之民何以生？军不减于官，清操之官何以处？官民两劫，官不得不言，民不得不告，迭次京控，壅于上闻，爰刊清折千张，遍贴京城，恳祈皋陶圣主，剔清漕弊以救万民，哀哀上告。

---

[1]《奏为江西署新喻县知县包世臣提解案件迟延请旨摘顶勒限严究事》，道光十九年十一月二十四日，录副奏折 03-3801-029，中国第一历史档案馆藏。

我们无法确切判断胡尚友第二次京控是否也以"清折"为据,但可以肯定的是,此后新喻京控以及省控者均张贴"清折"作为新喻县浮勒之据。

值得注意的是,在"密禀清折"中,包世臣肯定了新喻县教谕、训导公正对待绅衿的做法并无不妥,而教谕在回复学政时也一再否认新喻有生监闹漕之事,当然他们随即受到学政的参奏。

包世臣被摘顶一个月后,学政吴其濬上奏生员闹漕滋事,请将教官王运恒等勒休,并同时参奏包世臣。学政"掌一省学校、士习、文风之政令"。[1] 吴其濬是河南固始人,嘉庆二十二年（1817）状元,道光十八年擢兵部侍郎,督江西学政。[2]

据吴上奏,他于道光十八年冬路过临江,访闻新喻县有生监闹漕之事,即札饬该学教官确细查核,随据该学详称:生员胡思泮、欧阳濂不守学规,请以劣行注册。吴其濬复饬令再行确查。又据该学详称:"生员张亨与隶役争殴,生员李恒春不遵约束,此外实无闹漕确据。"可以肯定,学政在临江的"访闻"无疑是受到临江府的影响,他宁愿相信"访闻",也不肯相信新喻教谕的两次正式回复,为此奏请将新喻两学官罢任:

> 查该县闹漕本系监生万帼彩倡首,讵该生等以该县未将万帼彩拿获,无从质对,益无忌惮。嗣据民人曹家等以欧阳濂纠众杀毙二命,该县不行严讯,赴臣（学政）衙门具控,而张亨、李恒春又以皂隶严升堂匾有"茀禄尔康"字样赴臣衙门首控,已属事不干己,复敢执署县包世臣致南昌府密函,粘禀求奏。臣检阅所粘禀稿,尽系密呈兑漕情事,如果该生等并未在场滋事,何以抄有漕务禀稿。且稿内有该县于此案只以"逍遥紫胡汤治之"等语。该署县纵意存消弭,而此等鄙亵轻浮之词,岂遽形诸简牍,径禀上官,当即交南昌府归案审讯,并将禀稿发交核对虚实,尚未据

---

[1]《清朝文献通考》卷85,杭州:浙江古籍出版社,2000年,第5617页。
[2]《清史稿》卷381《吴其濬传》,北京:中华书局,1977年标点本,第11633页。

该府讯报。该学教官既不能约束于前,迨至迭次滋事,并不据实详惩,似此袒徇,何以约束士子。教谕王运恒年已衰老,训导刘筠性情浮动,请旨将二人勒令休致。生员胡思泮、欧阳濂、张亨、李恒春裭革衣顶。[1]

教谕王运恒是江西万年人,拔贡出身,道光十六年(1836)出任。训导刘筠是南昌人,举人出身,道光十四年任。[2]而据学政此奏,包世臣的"密禀"成为生监上告的"依据",而用"逍遥紫胡汤"处理所谓闹漕案,表明包世臣不认同有"闹漕"之事。

由于包世臣未能在一个月内将万帼彩拿获,钱宝琛随后片奏,将包世臣撤任,调靖安县知县王兰接署,包世臣仍留该处协缉。[3]三月二十一日,道光帝谕内阁:钱宝琛奏请将获解人证迟延之知县撤任等语。江西署新喻县知县包世臣,前因京控要证延不拘解,当经降旨摘去顶戴,勒限拘解,今限满仍未解省,实属任意迟延,包世臣着即撤任,留于该处协缉万帼彩等务获解审,如再迟延,即着严行参处。其已革生员胡思泮等闹漕滋事,所控各案,亦着一并归案讯办。[4]

三、包世臣"擅改旧章"

新喻县包括署县令包世臣、教谕王运恒、训导刘筠等经过调查,明确上报没有闹漕,但因为临江府、学政、巡抚认定是"闹漕",因而必须把他们全部撤任,才能坐实所谓的"闹漕"案。而包世臣撤任恰好发生在完成一年的上下两忙之后,其后等待他的将是"罪"与"罚",而"擅改旧章"即"罪名"之一。

---

[1]《奏为新喻县教谕王运恒训导刘筠不能约束生员胡思津等闹漕滋事请分别休致裭革事》,道光十九年十二月二十日,录副奏折03-3132-003,中国第一历史档案馆藏。
[2] 同治《新喻县志》卷7,同治十二年刻本,第31页a。
[3]《奏报江西新喻县监生胡尚友等京控案案犯久未获解知县撤调并案件提讯情形事》,道光二十年三月二十一日,录副奏折03-3802-033,中国第一历史档案馆藏。
[4]《清宣宗实录》卷332,道光二十年三月辛亥,北京:中华书局,1986年影印本,第38册,第40页。

包世臣被撤任后,巡抚与学政接连上奏。巡抚钱宝琛于道光帝通过内阁"明发"上谕的八天后,即三月二十九日,上奏将包世臣"革审"。这通常是查办有罪官员的第一步。巡抚给包世臣加了三项互有关联的罪名,即玩视漕务、擅改旧章、迹涉科敛。[1]钱奏称:

> 州县征收漕米,历有旧章,固不容稍有浮勒,尤不得轻议更张,借名巧取,致花户得以借口挟制。臣于去冬各属征漕之始,即经通饬遵照妥办。嗣据署新喻县知县包世臣禀陈办漕情形,据称新喻漕务赔累,邀请绅士集诚公议,东北两仓按粮每石帮贴制钱二百文,罗仓并有帮贴上下忙银水钱文,拨入办漕等情。臣以借漕科费,有干例禁,当即严行批饬。兹复据藩司赵炳言、臬司刘体重会详,该臬司于三月十六日,据新喻县已革监生胡尚友,遣抱粘呈刊刻包世臣禀呈南昌府清折一纸,内开列该县漕务积弊,并有"合邑士民请出禀稿,永为案据"等语。先经南昌府倪良耀禀称:包世臣前呈收漕清折,内开有兑运规费等项,札询包世臣所禀各款有无实在凭证,则又含混具复,未能指实,云俟漕务完竣方可禀复,现仍未据禀到等情。臣查胡尚友等京控收漕勒折一案,该署县包世臣并不将原告监生万鹏程即万帼彩等获解,经臣两次奏参摘顶、撤任。兹胡尚友等复敢以该署县所呈南昌府禀稿,赴臬司衙门粘呈具控,是该署县以无据浮词率行禀陈,致胡尚友等借口叠控,愈长刁风,殊属荒谬。并所禀邀请绅士公议帮贴钱文,显系擅改旧章,更难保无任听劣衿把持,借漕分肥情事。请旨将前署新喻县知县包世臣革职,以便提同全案人证确审究办。

该折最后特别声明:"再上年漕米已据该署县全数缴完,交帮兑开,合并陈明。"显然对包世臣"留有余地",因为毕竟包世臣没有误了"天庾正供"。

---

[1]《奏为特参前署新喻县知县包世臣玩视漕务擅改旧章请革职审办事》,道光二十年三月二十九日,录副奏折03-3132-055,中国第一历史档案馆藏。

包世臣在其个人文集中,对其"擅改旧章"的指控,颇为不平。漕费比往常减少近一万两,故新喻民"踊跃输将,米既干洁,而费用毕集。兑军时丁验米色,谓为生平所未见,一切规费皆如向例,而兑付加早。及军船开行后,乃蒙擅变旧章迹涉科敛之严劾,去官待办。《漕运则例》世莫遵行,以浮收勒折为旧章久已,考曰嬗变,夫复何辞"?[1] 包世臣还对他的同乡友人桂超万强调说:"世臣在新喻办漕,恪遵《漕运则例》,禁绝浮勒。"[2]

包世臣被罢官七年后,即道光二十七年(1847),他给陈孚恩写信,专门谈及他被参的缘由:"参案之源,以粮道既收漕规,而细察世臣漕政,为遵例禁绝浮勒,阅四日退出,小价不肯领回。粮道即拨归应解漕项,而心中怏怏。学使与之姻戚,恐他处亦以不夺人为法,则粮道为空做,出头明暗叠劾。中丞畏学使甚,遂先期严参,本意于定案时开复。"[3]

漕规减少,粮道这个"肥缺"空做,粮道的姻戚学政遂明暗叠参包世臣。为此,"时时与当路论说民间疾苦,为补救之方"的包世臣,颇为感慨地说:"积久然后知上利国下利民,则中必不利于蚕蠹渔牟者,故百言而百不用;上病国而下病民,中必大利于蚕蠹渔牟者,故说一出而万口传播,终得达于大有力者。以是知仍关人事。"[4]

包世臣以上所讲,是他脱然无累后专门纠正陈孚恩得自京师的传闻而发,证之档案文献,确实是学政在主导这个案子。此时粮道徐广缙,籍隶河南归德府鹿邑县,祖籍安徽太和县,嘉庆进士,道光十六年升任安徽宁池太广道员,因回避祖籍,与江西粮道王兆琛对调。在江西粮道任内,因押运漕船三次无误,引见后,于十九年九月,仍获回任粮道。[5] 可知徐广缙与吴其濬都是河南人。

---

[1] 包世臣:《中衢一勺》"附录序言",李星等点校:《包世臣全集》,合肥:黄山书社,1993年,第9—10页。
[2] 包世臣:《中衢一勺》,李星等点校:《包世臣全集》,合肥:黄山书社,1993年,第202页。
[3] 包世臣:《齐民四术》,李星等点校:《包世臣全集》,合肥:黄山书社,1997年,第241页。
[4] 包世臣:《中衢一勺》"附录序言",李星等点校:《包世臣全集》,合肥:黄山书社,1993年,第9页。
[5] 《奉旨回任江西粮道谢恩折》,道光十九年九月二十日,朱批奏折04-01-13-0263-030,中国第一历史档案馆藏。

吴其濬第一次针对教谕的参奏是暗劾包世臣，第二次就变成明参了，且先于巡抚将新喻"闹漕"案坐实。二十年四月初六日，吴其濬奏请《将撤任令包世臣等交臬提由》[1]，此次上奏将前此"访闻"闹漕的来源说出：

> 臣考试临江府，据该府熊莪禀称，道光十八年新喻收漕之先，胡尚友、万帼彩等即出帖，邀同地保向各花户敛钱设局，声言如不依伊等章程，即行抢夺，将浮桥抽去底板，使各花户不便行走。及收漕时，胡姓挑运丑米赴仓挜缴，经前署县史致祥验明饬换，即时抗违滋闹，该前署县因人数众多，差役畏惧不前，只得停斛禀报，伊即分禀司道，会营前往弹压，并讯得地保等佥供：胡尚友等遍向花户，每粮一石派钱一百文，构讼闹漕不讳，将首先滋事二人解省审办。此新喻闹漕之实情也。

据此，在包世臣到新喻任前，已有用兵弹压"闹漕"事件。但在钱宝琛等上奏及官方档案中未见记载。

以下是对包世臣的"密禀清折"如何"荒谬"并为京控者利用，以及有与主犯万帼彩伙同科敛之嫌的参控：

> 又据该府学教官详称：该署县包世臣移知生员廖堃，保释万帼彩，请行斥革，勒令交出。臣以该犯如果拿获，即应解省，何以听其保释，显系徇情纵脱，交南昌府提讯。及臣路过新喻，接收廖堃诉呈，称伊与万帼彩姻亲，包令将伊认为师弟，命召万帼彩入署帮办公事，及收漕毕，包令又包其投案无事，同程进省。适胡尚友自省逃回，万帼彩遂不赴案，伊并无保状等语。又接民人周一得等，将所刻包世臣清折投递，并呈称伊等要赴京粘贴。臣细阅呈词，与张亨等供无异，显系该革生监等捏造姓名，情同

---

[1]《将撤任令包世臣等交臬提由》，道光二十年四月初六日，录副奏折03-3132-063，中国第一历史档案馆藏。

鬼蜮。臣查此案系十八年九月该府熊荠亲往查拿通禀之事，该署县包世臣于十九年三月甫任接印，何以禀称未便指为闹漕，是其有意消弭，已属显然。其清折所开兑费多至二万八千余两，府署酬应亦多至二千两。及札饬禀复，则又称前任兑漕旧账，未准移交，该府酬应则以工食摊捐，扣廉解库等款搪塞，而前任收漕踏毙五命等情，则又以未有报案声复。种种冒昧，妄行禀讦，复将清折给与刁生劣监，使为上控之据，尤为乖谬。至万帼彩系闹漕京控要犯，业经奏明勒限缉拿，乃敢邀入署中，帮办公事，虽系廖堃一面之词，而该署县清折内已有万帼彩来城谒见之语，即难保无商同科派情事。至休致训导刘筠，身任学官，乃带同生监多人赴县科房交柜掣串，已属卑鄙，更恐有调唆包揽情弊。至万帼彩、胡尚友等借张亨等与差役口角之嫌，胆敢设局闹漕，目无法纪，复敢刊刻该署县清折，到处张贴，煽惑乡愚，叠经委员缉拿，该犯等若罔闻知，并风闻该县书差系其党羽，即畏其凶横，该署县曾于夜间往捕，闻胡姓宗祠聚众击鼓，即行逃回，似此不法，若不严行惩办，实于漕政、学校大有关系。唯包世臣清折，业饬临江府知府熊荠、南昌府知府倪良耀详复，未便仍令讯办此案，致有含糊。查现任臬司刘体重甫经到任，无所用其回护。可否请旨将撤任署县包世臣、休致训导刘筠，交臬司刘体重亲提严讯，并严拿各犯务获，照例问拟，以肃漕政。除将该生监等所刻清折并该府原禀及该署县登复原禀，呈送军机处备查外，所有臣遵旨饬讯情形，理合据实奏闻。

四、是闹漕拒捕，还是草菅民命

吴其濬此次上奏，除详细奏报闹漕的经过外，还有许多细节值得关注，特别是包世臣访拿书差，胡姓宗祠聚众击鼓一节，不见他处记载。可见案情确比我们能够查阅到的官私记载更为复杂。吴其濬提出此案应该由刚到任的臬司刘体重审理。

而由于不认同新喻有闹漕之事的县令、教谕、训导全部撤任，官府开始强力追捕"闹漕"者，致使案件性质升级，由"闹漕"案走向抗官拒捕案。而官府调动兵力剿捕又引发江西高层的意见分歧：是官兵草菅人命，还是抗官拒捕？又出现官民截然对立的两种说法。

学政上奏近两个月后，抓捕"闹漕"者也有了重大进展。钱宝琛于五月二十一日奏报：

> 据报查拿万帼彩时，其纠约多人，意图抗拒，并有持械拒捕及殴毙购线孙堂、抢夺伤人之事，复饬臬司刘体重驰往查办，臬司行抵新喻，万帼彩等先已焚巢逃避，经该司会同袁州协副将李长寿督率员弁四路追缉，拿获伙党刘光高等十四名解省。随提同先经发解之张亨、李恒春等逐加研讯，据供万帼彩等因包漕不遂，起意同胡尚友设局把持，倡言道光十八年以前民欠漕米官已垫完，无须缴纳，令张亨等向各花户敛钱，自一百文至数百文不等，复节次纠令彭好古等出名遣抱京控，希图抵制，后闻查拿严紧，该犯等雇募素习拳棒之涂云凤等防身拒捕。本年四月初九日，万帼彩因袁玠不允给钱，令万建沅等截抢多赃，将袁玠父子殴伤，并用急公堂封条拦封袁玠谷石。四月十七日，万帼彩知委员到县查拿，舟抵河干，即令胡好六等上船阻闹，当被拿获胡好六、黄发盛、黄德盛三名，万帼彩等复于是夜在县城浮桥对岸，带同涂云凤、刘光高等，各执竹枪、木棍，抗官拒捕，经兵丁吓放鸟枪，一面赶过浮桥，格伤数人，各犯始行逃散。嗣后府县悬赏购线跟捕，万帼彩令人将购线之万照贤殴毙，自与胡尚友分投逃避，嘱令其家妇女，遇有兵役到时，即自焚房屋架陷，并倩胡洪发代作呈词，捏告官烧民房为挟制之计，现在不知逃往何处。[1]

六月十三日奉朱批：严拿未获匪犯，按律惩治。

按照钱宝琛的奏报，官兵追捕过程中，万帼彩等嘱令妇女自焚房

---

[1] 《奏拿获新喻县闹漕人犯由》，道光二十年五月二十一日，录副奏折 03-3903-022，中国第一历史档案馆藏。

屋，以作为挟制之计。但事情果真如此吗？胡尚友等京控者却讲出完全不同的情形。

当年八月，胡尚友遣抱告李心正到京城，在都察院控告，题为"愈控愈虐、兵劫火焚，应奏不奏，奏又增减，非据实奏，民万无生事"。[1] 让我们看到闹漕案的又一个"版本"。

此次都察院没有采取"咨回"方式，而是摘由上奏：事情源于道光十七年，本县西南两乡赴东仓上米，彼此拥挤，踩毙五人，次年因议挨图上米，以免拥挤，差役人等恐挨图上米不能折色，遂怂恿前任史知县，以设局把持捏禀本府（临江府）。适有皂役揪辱生员张亨之事，胡尚友等不平，公同上控，即被门丁、差役押入班馆。各役复思趁此报仇，向本县捏称胡尚友等把持漕务，本县复禀本府，本府即带兵赴县捉拿地保，重刑勒折。又在学台前禀称，胡尚友等把持漕务，遂将胡尚友押在班馆，竟至三年之久。本年正月，胡因家有老母，买脱归家。四月初，熊本府与候补府姓文者联衔遍贴"奉旨会营围屋"告示。十七日会袁州协带兵二十二船，泊城北岸，逢人即拿，旋即带兵过河，焚烧胡尚友同族一百余家，又烧周、李二姓一百余家，复烧万姓九十余家，凡仇役指为把持漕务之家，或焚或毁，不一而足。逃避不及者，被炮伤毙七人。臬司闻知赴县，不准焚烧而止。前闻学台早奏，方谓民冤可申，不意学台听信本府捏禀，不究皂役揪辱绅衿之案，反奏生监闹漕。本府复借学台增减情节之奏，因大肆荼毒。至后任包知县目击情形，据实呈禀，抚台因其有碍府县，反行奏参，而于本年四月间熊知府带兵烧毁各姓数百家，炮毙七命，臬司目睹又不奏闻，似此民不聊生，是以来京沥诉等语。

都察院奏称：查道光十八、十九两年，新喻县民人曾赴都察院具控，前后咨交江西巡抚提办，至今并未接准该抚咨结，唯于邸抄内见该抚并该学政奏称生监闹漕等因。至本年四月间，如该知府果有会营带兵烧毁民房等事，既系臬司目睹，何以该省并未奏参？如另有别故，何以

---

[1]《都察院奏江西监生胡尚友遣抱京控案由》，道光二十年八月三十日，录副奏折03-3803-058，中国第一历史档案馆藏。

未行具奏？谨抄录原呈，恭呈御览。伏候皇上训示。

如前所述，按照京控案的处理程序，告官告吏之重情，须奏请皇帝，由皇帝或派钦差大臣驰审，或交案发省督抚审理，此为"奏交"；其他一般控告，都察院、步军统领将案件用平行文书，交所在省督抚审理，此即"咨交"。而无论是奏交还是咨交，都在规定期限审结，如有延期，奏报理由并对相关官吏予以处分。但道光时期，奏交之案虽不少，可派钦差大臣驰审者越来越少，即便驰审，也多草草结案，往往不能查出真相，平反者更属寥寥。这也是道光时期社会危机加深的制度性原因。

发生在十八年的新喻漕案，究竟是绅衿闹漕在先，还是官吏勒折加征在先，对立的双方有全然不同的"版本"。案件演化的中间，作为县令的包世臣站在民众一方，这使得包世臣很"另类"，也就注定了他的结局。而胡尚友几次京控的内容，与包世臣的"密禀"及他个人文集的著述，存在高度吻合。"密禀"是包世臣"调查"所得，而收入包世臣文集的多篇记载，经过他本人几次考订，与官府档案也即钱宝琛、吴其濬等人的上奏形成几乎截然相反的另一个"事实"。

同时，十八、十九两年新喻民众京控，地方督抚并没有按照规定奏报，更没有奏结。其中的缘故，就是对是否存在闹漕案，高层官员同样存在很大分歧。

胡尚友长达六页的数千言的"呈状"，远比都察院所奏详细。其中，在是否存在闹漕，还是调军勒折在先，是官兵焚毁民屋，还是民众自焚以抵制官府，包世臣"清折"所述是否事实等几个重点提出很多令官府难以辩解的证据。关于新喻并无闹漕，呈状称：

> 十八年花户、地保议挨图上米，以免如上年拥挤踩死，生监并未与闻。九月，监生因受役辱，同严帮誉赴省控役，仓尚未开，状未及进，即被府县差拘，监于省垣。十月十六，县已开仓数日，府始调军往新喻，捉拿地保，重刑勒折，逼各地保供监生设局敛钱闹漕。又在学宪前禀称，新喻未收漕之先，胡尚友、万帼彩即出帖邀地保，向各花户敛钱设局、把持漕务。监生所在一都

二图,自编甲以来,钱漕年清年款,毫无拖欠,又从无一字入公,何以即禀监生有敛钱闹漕之事?各花户凑钱买仓前章家园,修造急公堂棚屋,以为上米时遮蔽风雨,便于守候,便于按图,免如上年拥挤上米,米皆着雨,挑掣改换,践踏立毙五人,诚美举也。十九年四月已落成,工程不下六千金,此各宪所共见共闻。监生身押班馆,未曾与场,此而谓之敛钱闹漕乎?

关于调军勒折部分,呈状称:

临江府调军勒折,十月十六日事,新喻突遭兵劫,袁州协镇委派徐都司来新喻退兵安民,都司到喻退兵后,即禀报袁协,民在协衙抄得其禀内云:察得地方并无滋事,谆欲挨图上米,稍遵折耗,闻得各衙已具禀词,原因史令禀请临江府带刘千总拨兵来喻,以致人心惶惶。又云:今各乡地保均具甘结,遵循完纳,所有上米及折色暨新完带征各张本,容回辕之日面陈宪听。又马把总禀协云:卑职遵谕随同大人中军徐竭力开导,本月二十四日坊民具结,二十五日地保具结,遵循十五年带征米纳半折半,每石价四千文,本年正供上米加四钱,折每四斗价一千二百六十四文。此调军勒折之确据也。协宪接此禀,随即通禀各大宪,抚、藩、臬接袁协禀,十一月初旬即各来札,申饬临江府,札内均有云:甫经开仓即有闹漕滋事之人,该府县何以并不禀报?殊属不解。新喻一县新旧两漕俱清,是新喻更无把持漕务之人。此案即无包爷呈抚清折,与徐都司各禀确据,官虐民良已显然矣。然民言不足信,官笔实可证。

关于官兵焚毁民屋,呈状在叙述数百家遭焚、多人被害后称:

若非臬宪按临新喻,不准焚烧,一邑俱成灰烬矣。监纵有罪,监家何罪?监族何罪?周、李、万(姓)更何罪?焚监一家不足,并阖族而皆焚之,且并周、李、万三姓而皆焚之,诚数百年未有之奇虐也。五次京控，各大人不奏，岂谓事小？想因案重据确，有碍官府耳！抚宪自先不奏，亦此意也。欣闻学宪早奏，谓民冤可申，孰意置监二次京控，民人敖凤仪等三次京控于不言，置各大人五批五咨于不问，但以案外生员胡思泮、欧阳濂（涟）、张亨、李恒春闹漕奏闻，不奏役案，独奏漕案，奏抹各据，浑称闹漕，致府得以大肆其荼毒。

关于包世臣"密禀清折"是否事实，呈状称：

今岁四月知包爷清折难掩，始据府十八年捏禀，奏监生闹漕，竟言包爷清折是妄行禀讦，而巡抚四月奏折也奏清折是无据浮词，率行具禀。包爷清折是十九年三月初上任所呈抚宪者也，本救民之心，直道之事，遂不觉有碍各大宪耳。十九年九月，民人敖凤仪等早已粘呈清折在都察院与九门提督衙门，咨抚查办，其清折论呈抚宪一年有余，论咨抚查办半年有余，抚宪何以并未言及？且今岁正月、三月两奏，也只奏其提解人证迟延之咎，并未奏其清折是无据浮词、率行具禀，何四月始奏及耶？总因清折有碍府县，有碍各大宪，始则欲匿而不奏，继知难掩，故避重就轻，归过包爷一人，以宽免众官耳。同是十八年事，学宪十九年奏生员闹漕，二十年奏监生闹漕，两奏已不相符，府本十月调军勒折，经抚藩臬申饬之后，十一月始补禀。抚宪正月奏折亦详称此案是十一月内据临江府熊菽禀报，学宪独奏此案是熊菽九月通禀之事，抚、学两奏更不相符。且徐都司各禀，岂亦无据浮词？何又置而不奏耶？今岁四月，府带兵焚烧各屋数百余家，炮伤多命，此臬宪所目睹而遏止，何又置而不奏耶？异日又将捏情而奏耳。六次奔叩，大人若再不据实奏，一邑绝无生理。

胡尚友的京控呈状如历如绘，堪称有理有据，且以官府之矛攻官府之盾，让人难以不信。这或许是都察院最终不得已"奏交"的原因所在。更令人惊异的是，呈状不但一再反驳新喻史县令、临江府的闹漕捏禀,还把学政、巡抚几次上奏的相关内容叙入其中,而且,还能把包括协镇等武职衙门在内的有关批示抄出为据,说明胡尚友等所代表的生监能够从官府获得充分的资讯。

如果说,呈状代表的是新喻"闹漕"者的意见,个人利害相关,而包世臣在纠正陈孚恩等京城传闻时明确说:"世臣旋即卸事。回省月余,竟至用兵,毁民房至三百余家。万、胡二人逃至邻邑,邻邑令侦知所匿村庄,饬令交出,否即请兵焚庄。万幅彩闻信夜逃,追至二十里外,由旧匿之庄擒献。"[1]据钱宝琛所上万幅彩被拿情形,包世臣所言得到一一证实。故包世臣所言官兵焚毁民房三百余家,与胡尚友京控内容,得到互相印证,可以肯定为真。

五、江西高层的分歧

都察院于八月三十日"奏交"胡尚友京控案,官方《实录》中没有查阅到道光帝对此案的意见。而此间一直主导重办"闹漕"案的吴其濬的调任,成为新喻漕案发生转折的重要枢机。

学政通常三年一任。吴其濬于道光十七年十二月以户部侍郎提督江西学政,二十年八月初二日卸任,九月初七日有湖北审案之命。就正常而言,"闹漕"属于重案,又处于如此关键时刻,而吴其濬又是反复上奏、推动"闹漕案"的关键人物,此时置本重案不审而调任他处审案,似乎不合情理。但或许是因为吴其濬调任,胡尚友等"闹漕"者看到希望,遂有八月三十日京控。

九月初七日,道光帝降旨派吴其濬、麟魁前往湖北查办李嘉祥案。上谕特别强调:吴其濬接奉此旨,如新任江西学政尚未到任,即将学政关防送交钱宝琛暂护,迅即驰赴湖北省城,俟麟魁驰抵该省后将李嘉祥一案,提集人证卷宗,秉公研鞫,务得确情,以成信谳。[2]

经查核档案,李嘉祥因在湖北郧阳知府任上被控派买常平仓谷时,

---

[1] 包世臣:《齐民四术》,李星等点校:《包世臣全集》,合肥:黄山书社,1997年,第240页。
[2] 《清宣宗实录》卷339,道光二十年九月甲午,北京:中华书局,1986年影印本,第38册,第151页。

听任书役诈赃,并有勒折浮收情弊,经署理湖广总督周天爵等审理,李嘉祥被拟杖徒。其妻随即在都察院控告。清廷遂派吴其濬等前往审理。后经吴其濬等审理,科派属实,在原审基础上,拟发新疆效力,充当苦差。[1]

那么,吴其濬驰往湖北审案以及随后的调任,是否另有隐情?据包世臣对陈孚恩讲,吴其濬"出参折后,采访舆论,惧有后患,访得新喻有诸生五,向以讼为生,自世臣视事,即闭门搁笔,学使意必深憾,遣亲信以千金啖之,授词稿使至其衙门投递。五生以雷神不可当拒之。数日后,中夜有叩门来谒者,具言前事,欲诓其词稿及银,禀请直揭,世臣谢罢之。学使闻之尤惭感,嘱其门生与世臣同官者,委曲解说。适戴师相薨逝,学使力言于其嗣君,谓老师墓碑,非求包君大手笔不足垂示百世,意盖世臣必以此为荣幸也。未几学使以觍楚狱去"。[2]

包世臣所记,吴其濬开始意识到参劾不妥,担心此案将来"翻案",派亲信贻千金给以讼为生者,并写好词稿,揭包世臣"阴事",以使此案无法转圜。但为诸生所坚拒。包世臣的"大度"又使得吴其濬感到惭愧,通过其门生向包世臣"委曲解说",又请包世臣为刚逝去的原大学士戴均元写墓志铭以缓颊。

戴均元是江西大庾(今大余县)人。原籍安徽休宁,包世臣早年童生试,获其激赏,后过从甚多。道光八年因宝华峪地宫渗水,家产被查抄,革职后住居江西省城。据钱宝琛二十年九月初八日奏报,戴均元于初七日在籍病逝,享年九十五岁。[3]包世臣确作有《戴公墓志铭》[4],且写于道光二十年,即戴均元病逝当年。

以上可证包世臣所记为实。又据包世臣所记,吴其濬自八月初二日卸任学政后,仍逗留在江西,直到一个月后谕令其驰往湖北,且有新任学政如未到任,将关防交钱宝琛护理之命。

---

[1]《奏为审拟已革湖北郧阳府知府李嘉祥采买仓谷借端科敛并原审草率遗漏等情一案事》,道光二十年十二月初七日,录副奏折03-3804-053,中国第一历史档案馆藏。
[2] 包世臣:《齐民四术》,李星等点校:《包世臣全集》,合肥:黄山书社,1997年,第241页。
[3] 钱宝琛:《存素堂诗集续编》,《清代诗文集汇编》,上海:上海古籍出版社,2010年,第550册,第792页。
[4] 包世臣:《中衢一勺》,李星等点校:《包世臣全集》,合肥:黄山书社,1993年,第459—462页。

吴其濬改调后，江西高层对于闹漕案的意见分歧才逐渐为清廷所知悉。其间钱宝琛于九月片奏，临江府续获从犯刘腾高等二十二名；首犯万帼彩于八月十五日由上高县在分宜县拿获，押解抵省，行司督饬南昌府提同各犯证严审确情，录供详解，遵旨按律惩治。[1]对"闹漕"首犯万帼彩的抓获，道光帝并没有给予任何"鼓励"，于九月十四日朱批"知道了"。此时道光帝关注的重点是江西高层何以对案件的态度有分歧，特别是主管一省刑名的臬司刘体重何以不愿重办。

刘体重是山西赵城人，乾隆五十四年举人，道光十四年补授河南河北道。他深得河道总督栗毓美赏识，几次密保，称其"宅心公正，办事结实"。十九年十二月初一日他接替管通群，升任江西按察使，道光帝对其颇为赏识，在刘体重谢恩折上亲批"老练"二字。[2]二十年正月二十四日，他到达江西省城，布政使兼按察使赵炳言将印信、文卷移交。[3]

刘体重到任后，正是"闹漕"案在高层发酵并向对抗性发展之时。胡尚友的京控"呈状"，已反映他的态度与钱宝琛不同：刘体重制止临江府带兵焚掠，呈状又指其"应奏不奏"。都察院据此奏称："该知府果有会营带兵烧毁民房等事，既系臬司目睹，何以该省并未奏参？如另有别故，何以未行具奏？"

最早向清廷明确奏报闹漕案存有"异情"以及江西高层有不同意见的是麟魁。他自称是满洲世仆，道光六年二甲一名进士。因其有任职刑部的经历，多次被派往各地查案。道光二十年十二月，麟魁被派与吴其濬一道审理湖北李嘉祥案。奏审后又奉旨前往广东、福建等地查办鸦片烟案。

麟魁自湖南赶往江西，二十一年正月十二日舟次新喻县境，有多人环跪岸上呼冤，他接收呈词二十纸，摘叙词由向清廷奏报：其中高仰瞻、万洪恩一纸，声叙新喻东仓于道光十七年姚县令收漕，拥挤踩毙多

---

[1]《奏报拿获抗官拒捕敛钱济恶首犯万帼彩及从犯刘腾高等多名解省归案审办事》，道光二十年九月十四日，录副奏折03-3804-002，中国第一历史档案馆藏。

[2]《奏为奉旨补受江西按察使谢恩事》，道光十九年十二月初三日，朱批奏折04-01-13-0263-037，中国第一历史档案馆藏。

[3]《到任日期由》，道光二十年正月二十七日，录副奏折93-2691-082，中国第一历史档案馆藏。

命,十八年求史县令挨图上米,以免拥挤。适皂役严安等殴辱生员胡亨(应为张亨,原档错误),经胡尚友不平具控,县令护役,捏情禀府,陷入于漕,胡尚友被押,激成京案。是年花户因无歇宿囤米之所,不便上米,凑钱买地造急公堂囤米,挨图候上。去年四月,临江府熊莪委员文(某)会营带兵,焚烧潭口各村百余家,臬司来县饬止。六月又督兵焚烧百余家。署县包令到任开折,直言漕弊,学政、巡抚反以玩漕奏参。王(兰)县令到任,浮勒更甚等情。并据粘呈刊刷前令包姓(包世臣)清折一纸,均系历叙节年漕弊。又万李氏、胡章氏二纸,以伊翁万鹏程(万帼彩)、伊子胡尚友在省被羁,上年十二月,经万赓尧、刘摹送钱赴省,被县役扭获送府,于舟中拾获私书二函,抄录呈阅。查一系该县王兰致府幕朱姓,书内叙拿获刘摹等解府,言省中办理此案不能应手,欲由府中羁縻,俟结案后再行发落,并称得有省中郑姓书,抄录寄阅等语。一系省中郑姓致该县书,内有中翁、西翁字样,系指巡抚及升任臬司刘体重而言,大意总以臬司不肯重办,委员亦为所动,与巡抚意见不合。又傅邓氏一纸,称伊子傅新万于上年四月十七日被官兵炮伤,越日殒命。其余各词或称房屋被烧,或称因案拖毙各情。查该民人等借称完漕不便,辄行聚众敛钱,私造急公堂,把持滋事,亟应严行惩创。若该地方官实有纵兵焚抢之事,亦应从严参办,方足以服民心而靖地方。

麟魁奏报还说,现闻该民人等复于正月十三四等日聚集多人,将各差役家肆行抢掠,似此憨不畏法,若再延不结案,诚恐别滋事端。查此案已迭经京控,奏奉谕旨饬交该抚审办在案,现在起意联谋、设局把持之万帼彩、胡尚友均已到案,相应请旨饬令该抚速即秉公审讯,分别从严惩办,不得消弭回护。除将收到呈词先行咨送该抚归案核办外,理合据实陈明。

麟魁于二月初一日以专折形式将此奏报。[1]

从麟魁接收的二十纸呈词而言,我们无法判断他是否有选择性地接收,还是随意而为。但呈词与包世臣个人文集所记极为吻合,也是新喻

---

[1]《奏为途次接收呈词事关闹漕京控据实奏闻事》,道光二十一年二月初一日,录副奏折03-3805-004,中国第一历史档案馆藏。

案的核心。麟魁奏报揭露出的问题惊动了清廷,特别是江西巡抚与臬司意见不同,乃至百姓欲再次聚集,是清廷关注的重点所在。

麟魁的上奏第一次使清廷感到新喻漕案事态严重,从而引发闹漕案案发后的第一次转机,即改换主审官;同时查核钱宝琛是否胜任巡抚之职,隐喻钱宝琛处理不当,以及刘体重何以不肯重办。

道光帝此次反应非常迅速,二十一年二月初七日谕军机大臣等:既据该民妇等呈获私书,牵涉臬司不肯重办,巡抚意见不合等语,未便仍交该抚审办。麟魁着于接奉谕旨后,无论行抵何处,即折回江西,提集全案人证,秉公审讯,分别从严惩办,毋任消弭回护。至此案升任臬司刘体重,因何不肯重办,钱宝琛是否能胜江西巡抚之任,并着悉心查访,据实先行奏闻。[1]

通过军机处"廷寄"发出的二月初七日谕旨,麟魁接到时已是二月二十日,此时麟魁一行已抵安徽凤阳县途次。

此间最重要的官场"换班",是不主张重办的刘体重的突然被调任。而钱宝琛是如何通过朝中大佬把刘体重调离,不得而知。刘体重是于二十一年正月初八日交卸印篆,并立即赶赴湖北新任的。此种变化颇不寻常。不仅刘体重在任甫满一年,且其接到咨文当天,即被要求交卸臬篆。经查,道光二十年十二月二十三日,道光帝下旨:刘体重升授湖北布政使。次年正月初八日,刘体重从巡抚钱宝琛接到吏部咨文,当天即交卸臬篆。刘在写给皇帝的奏报中称:"现经抚臣委员接署,臣交卸后遵旨前赴新任。"[2]

令人更为诧异的是,钱宝琛将吏部咨文转交刘体重的前一天,已派盐法道叶名琛署理臬司。据叶名琛二十一年正月初八日奏报:他于初七日奉巡抚钱宝琛札知,以臬司刘体重升任湖北布政使,应即交卸起程,奉委臣暂行兼署臬篆。即于正月初八日准升任湖北布政使刘体重,将印

---

[1]《清宣宗实录》卷346,道光二十一年二月戊辰,北京:中华书局,1986年影印本,第38册,第272—273页。

[2]《奏为新授湖北布政使谢恩事》,道光二十一年正月初八日,录副奏折03-2702-082,中国第一历史档案馆藏。

信、文卷移交前来。[1]

钱宝琛一切安排妥当后，来个先斩后奏，于正月初八日上奏称：刘体重应即起程赴任，查新任臬司存兴由直隶来江，计程尚不甚远，所遗臬篆查有盐法道叶名琛才具明干，堪以暂行兼署。[2]

查存兴于闰三月二十四日到达江西省城，次日接任臬司。由此可以肯定，钱宝琛急不可待，甚至违反组织程序，提前做好人事安排后，令刘体重当日交卸离任，非同寻常，而其目的就是让不肯重办漕案的刘体重即速离开，以便按照他的意图审结此案。据此，闹漕案由钱宝琛督同署臬司叶名琛审结，结果不审已明。

六、巡抚结案，刘䇹传帖

更巧的是，道光帝下给麟魁速回江西审案的谕旨由军机处廷寄的前一天，即二月十二日，巡抚钱宝琛已经把胡尚友等闹漕京控案审结。也就是说，皇帝重审在后，巡抚审结奏报在前，这种谕旨与巡抚的审结奏折隔空交汇的情形，绝非偶合。这一次，钱宝琛显然抢占了先机。

麟魁接到谕旨后，立即率同随带司员折回江西，于三月初九日驰抵省城。此时，万帼彩等闹漕京控一案，已经钱宝琛审明具奏。为此，麟魁除摘要奏报巡抚审拟结果外，着重奏报钱宝琛才具，以及何以与臬司意见不同。麟魁奏称：钱宝琛虽不甚优长，惟人素廉谨，办理一切公事，尚未闻有贻误，系属循分供职之员，现在别无不能胜任实据。关于巡抚与臬司意见不同一节，麟魁奏报：升任臬司刘体重不肯重办此案，缘钱宝琛以地方刁徒把持公事，蔑法抗官，自应严行惩办，刘体重以究系漕务之案，不欲问拟大辟，相持不决，承审委员无所适从，且首犯万帼彩虽已就获，尚有同谋济恶之胡尚友屡拿未到，致未定案。迨上年十二月初，胡尚友穷蹙自首，本年正月初，刘体重亦升任卸事，始经该

---

[1]《奏为奉旨兼署臬篆谢恩事》，道光二十一年正月初八日，朱批奏折 04-01-12-0454-093，中国第一历史档案馆藏。
[2]《奏为委令叶名琛暂署江西臬篆事》，道光二十一年正月初八日，朱批奏折 04-01-12-0454-110，中国第一历史档案馆藏。

抚督催委员审拟具奏。此该抚与升任臬司意见不合之实情。至该抚审拟是否允协，并有无不实不尽，现在详核案卷，亲提犯证，确切研讯，俟查明另行具奏。[1]

尽管麟魁试图淡化问题，但上奏还是将江西高层有关此案的分歧以及承审委员无所适从的境况揭露出来。可见，刘体重坚持不肯重办，是他认为这毕竟是漕务之案，而刘在江西臬司任上仅一年就升调，是否清廷有意安排？而钱宝琛于刘调离后何以急于结案，是否另有隐情？可以肯定的是，当麟魁把他接收的二十纸呈词转给钱宝琛时，熟悉国家奏章制度的钱宝琛无疑感受到了压力，也清楚麟魁会将接收呈词情形具奏。不主张重办的臬司刘体重调离在先，钦差移交呈词在后，前者使得钱宝琛能够按照聚众罪为"闹漕"者定案，后者促使案件尽早审结，以免节外生枝。

二十一年二月十二日，钱宝琛同日连上二折一片，分别对闹漕案及包世臣征漕"擅改旧章"做出地方最高层面的拟判。

关于闹漕案，钱宝琛奏文开始以"万帼彩、胡尚友等把持漕务，设局敛钱，并以该县勒折浮收等词，节次京控，经官查拿，复纠众抗拒一案"作为总括，这既是对新喻漕案性质的概括，也是其铺叙案情的逻辑顺序。

关于建造"急公堂"闹漕一节，是全案的关键节点，其缘起与纳粮户、包世臣所记完全不同。钱宝琛奏称：

> 新喻县征收漕粮，向系随到随收，十八年九月间，该前署县史致祥示期开漕，万帼彩、胡尚友冀图包漕渔利，倡言向来花户上米，常有拥挤，勒要经管漕粮之地保，禀请挨图完纳，并须由伊等派定先后完缴，不准花户自行上仓，经该署县闻知饬禁。十月初二日开仓，万帼彩、胡尚友仍商同设局把持，并主使花户将丑米挪缴，史致祥恐滋事端，禀经临江府知府熊菱，会营督带兵

---

[1]《遵旨访查先行奏闻事》，道光二十一年三月十五日，朱批奏折04-01-01-0802-013，中国第一历史档案馆藏。

役，亲赴弹压查拿，万帼彩等各逃逸，各花户自行换米缴纳，将漕收竣兑运。十九年二月，万帼彩复借词为各花户建设完漕公局，妄立急公堂名目，声称以后漕务总须由局主持，令已获之许立荣、在逃之万瑞来等在局管事，已获之万春龄等随时差遣，复令已获病故之地保周德和，并在逃之万登程等先后向花户敛钱三次，自一百文至三百文不等，共敛钱七千余串，已获之张亨、李恒春、胡思泮，并在逃之欧阳涟（濂），同已获病故之涂老三等各帮同敛钱一次。万帼彩复自行作词，捏砌该县勒折漕米各情，开列胡尚友、张亨、李恒春名字，令冯吉祥作抱告赴都察院具控，咨解回江。署县史致祥因查拿案犯不力被撤任。

胡尚友京控呈词称，所筹集七千余钱购置土地，建造急公堂是为避免漕粮着雨，而挨图上米是为避免拥挤踏毙悲剧重演。而地保参与上米，已为前引县令恽敬的文集所证实。但在钱宝琛奏文中，变成绅衿把持漕务、借端科派的证据。这也是本案所着重透视出的，征漕即便有百倍弊害，也不能操之在民；即便有数倍加征，也只能操之在官。也可以说，本案的实质之争是由官府来完全主导征漕，还是由民众来"公议"。

关于抗官拒捕一节，钱宝琛奏称：

二十年四月，万帼彩令人抢剥县差李金、萧喜衣服，使差役畏惧不敢捕拿。初九日，万帼彩因向职员袁玠敛钱不允，用急公堂封条擅封袁贮仓谷石，并商同胡尚友令涂云凤等将袁玠拦殴并撤抢衣物等件。嗣万帼彩听闻委员文海同临江府营带有兵役，到县拘拿，起意纠众抗拒，即于十七日先写闭市溜帖二纸，令素不识字之严尊二持交城乡店铺，一面与胡尚友并涂云凤商允，复主令胡尚友纠雇已获之刘腾高等一共四十九人帮拒，每人许给钱五百。是日午后，该委员文海、临江府熊栽等督带兵役坐船抵县，万帼彩令胡好六等上船詈骂，被拿获后，万帼彩即于是晚与胡尚友喊集涂云凤等多人，各执竹枪木棍，赴县城浮桥对岸喊拒。该府等饬令兵役过桥捕拿，将傅大苟等格伤。万帼彩逃到未获之万禹畴家藏匿。该府县因县书万启贤与万帼彩同族，令其悬贴赏格，万帼彩主使已获病故之万柏林与在逃之万玉乐等殴打殒命。万帼彩又逃至分宜县地方，经上高县会同委员及各县兵役拿获。胡尚友于逃匿后旋赴臬司投到。

关于胡尚友京控并万李氏等在钦差麟魁处投递呈词内官兵放火伤人一节，钱宝琛完全予以否认，称是万帼彩等为逃避官兵追捕，令妇女自烧房屋，他奏称：

> 经查明，该县潭口地方胡、万、李等姓于道光二十年四月二十日焚屋九十余间，又园下地方万姓于是月二十一日焚屋三十余间，实系万帼彩于拒捕逃散后各处藏匿，经印委各员探知踪迹前往追捕时，该犯闻信一面逃窜，一面即嘱令妇女将住屋放火焚烧，该妇女等声喊官烧民房以图抵制，使官兵不敢近前，并非官兵焚烧房屋。至黄屯地方有住屋十余间，是万帼彩与其党李、周等姓聚谋敛钱之所，该县知县王兰前往查拿，万帼彩等俱已逃避，该县恐其仍行潜回，聚众滋事，当经饬役将屋拆毁属实。又万帼彩聚众抗拒时，官兵放枪伤傅大苟八人内，傅大苟越五日身死，傅孔才于七月内因病身死。其余伤俱平复。

房屋是升斗小民赖以安生之所，也是除田土外所有资产的所在。小民为掩护"闹漕犯"，竟然把自家房屋焚毁，且整村如此，数百家焚毁，此种"奏文"明显为官府的肆虐荼毒百姓予以开脱。这与十年前即道光八年发生在江苏武进的庄午可案非常相仿。[1]本来是勒折加征激变良民，官员却逍遥法外，民众则要承受激变良民罪的法律制裁。这在道光时期几成惯常。

此外，钱宝琛还否认新喻县十七年收漕时曾有踏毙人命事件发生，

---

[1] 参见林乾：《清代聚众行为的法律控制——以讼师庄午可聚众抗法案为核心》，台湾地区"中国法制史学会""中央研究院"历史语言研究所主编：《法制史研究》2007年第12期，第125—146页。

以及历年征漕均无勒折浮收等情。最后，万帼彩依直省刁民借地方公事出头例，拟斩立决。胡尚友等照为从例绞监候，胡尚友自行投首，减一等，流三千里，从重发新疆当差。其他数十人拟徒流等罪。临江府熊莪并非擅调官军，亦无纵兵扰害，应毋庸议。前署新喻县现任乐安县知县史致祥失察差役，按例处分。[1]

钱宝琛同日另片所奏内容，表面上是对胡尚友节次京控的审结，实际上是对麟魁有关万帼彩戚党刘辇传帖聚众上奏的呼应和强调，以便让朝中感到新喻局势危迫，必须严厉弹压，这是典型的先声夺人。片奏称"所有胡尚友京控各情，业经委员查明，提同万帼彩等质讯明确，未便悬案以待，自应先行奏结"。刘辇传帖聚众案获犯后另行审结。[2]

钱宝琛审理认定，胡尚友等京控官兵焚毁民房为虚，而闹漕拒捕为实，因而包世臣收漕时"擅改旧章"也就有了定论。

包世臣认为漕政"关系国脉，盖无有大于此者。仆之败也以漕"[3]，他还说，钱宝琛"本意于定案时开复，而庚子（1840）科场，中丞以谕词忤众，士子万人，齐上至公堂肆骂，大旨皆以新喻参案为说。中丞愤甚，乃定见不与开复"。联系到钱宝琛请将包世臣撤任的上奏中，特别强调"上年漕米已据该署县全数缴完，交帮兑开，合并陈明"的话，包世臣作为当事人，所言不虚。由于士子在公众场合指责钱宝琛所办参案不公，致使巡抚无法转圜，因此二月十二日钱宝琛上一折一片后，同日又上《审明包世臣擅改漕务旧章事》一折。[4]

折中首先奏明：包世臣参案与万帼彩、胡尚友等闹漕京控一案，互相牵涉。臬司刘体重因升任湖北藩司卸事，未及随同讯结。

以下主要集中在包世臣"密禀清折"所开办漕积弊是否属实，以及收漕时如何"擅改旧章"二项上展开。

---

[1]《奏为遵旨审明定拟具奏事》，道光二十一年二月十二日，朱批奏折04-01-35-0275-056，中国第一历史档案馆藏。

[2]《奏为胡尚友京控案各情业经查明未便久悬先行奏结事》，道光二十一年二月十二日，朱批奏折04-01-01-0802-045，中国第一历史档案馆藏。

[3] 包世臣：《中衢一勺》，李星等点校：《包世臣全集》，合肥：黄山书社，1993年，第209页。

[4]《审明包世臣擅改漕务旧章事》，道光二十一年二月十二日，录副奏折03-3805-012，中国第一历史档案馆藏。

关于"清折"所开办漕积弊，特别是折开兑费多至两万八千两，府署酬应多至两千两一节，钱宝琛奏称：

> 据包世臣供称：新喻县有东、北、罗仓三处，征收各乡漕米，伊到任时向县书胡荣升询及万帼彩、胡尚友闹漕、京控原委，据该书回称，道光十七年冬间，东仓收漕，遇雨人多拥挤，致有踏伤。十八年署县史致祥任内，万帼彩、胡尚友欲借此禀请挨图上米，希冀从中把持包揽，因史致祥不准，万帼彩遂商同京控。伊又问以办理漕务，约须费用若干，该书答称：有兑运规费二万八千及府署酬应二千，伊当时信以为实，随具禀南昌府，实在并无凭据等语。臣诘以该革员所开清折内言之凿凿，且十九年漕务系该革员一手经理，果有规费酬应，断不得诿为不知。据称：前接南昌府札询，其时胡荣升已故，无从再问，唯解府书役工食、摊捐、考费等项，每年约及二千两，有案可稽，前因未及详查，误列酬应，当即据实禀复。新喻办漕，向有帮贴水脚钱文，为雇备船只，委员运米到省，一应价值、饭食并津贴漕船兑费之用，此外实无别项规费，不敢混指。

关于包世臣涉嫌科敛，并"清折"如何为控漕者抄写利用一节，钱宝琛奏称：

> 臣复诘以所开清折既属无据浮言，不应存案，何以被胡尚友等抄去刊刻，经张亨、李恒春等赴学政衙门控告，且该县收漕既有帮贴水脚，何以绅士公议又有按粮每石加贴钱二百文，并有帮贴银水钱文名目？据（包世臣）供：伊之清折系令县书胡荣升誊写，胡荣升与胡尚友同族，私将清折抄给，伊系事后查知。至加贴钱文，因闻胡荣升所说兑漕费用较多，兼之银价腾贵，恐致赔累，因令绅士公议。据绅耆等禀复，各仓花户情愿按粮一石帮钱二百文，作为兑漕费用，并赔补银水，委非自行科派。迨禀蒙批驳，始知办理错误，当即晓谕停止。计陆续已收钱二千串，因花

户四散，无可退还，又不敢擅自挪用，是以禀明本府，立案存贮县库，以备地方紧要公用，卸事时移交后任，并无丝毫染指。质之胡尚友等，供亦相同。

以下钱宝琛又就学政奏参包世臣召万帼彩入署办公，迹涉科敛；训导刘筠带同生监赴柜掣串，有挑唆包揽之嫌，查明并无其事上奏。钱宝琛最后奏称：

> 查办理漕务，总宜循照旧章，即随时情形不同，欲有变通之处，亦宜斟酌尽善，妥为经理，庶小民无所借口。该革员包世臣率听县书胡荣升无据浮词，遽行禀呈，致被胡尚友等将清折抄去刊刻，得以控告挟制，复于办漕之际令绅士公议帮贴钱文，虽讯系出于花户情愿，并无科敛情事，究属擅改旧章。且万帼彩系奏明缉拿要犯，该革员始终不能弋获，种种办理不善，咎无可辞，业已奏请革职，应毋庸议。训导刘筠已奏准勒休，亦毋庸议。

对于钱宝琛同日上奏的二折一片，道光帝也于三月初四日即同一天朱批，但内容不尽相同。对闹漕拒捕案一折，朱批"该部速议具奏"；对胡尚友京控及刘棒传帖聚众一片，朱批"另有旨"；而包世臣等"擅改旧章"一折，朱批"该部议奏"。

本来，道光帝在钱宝琛的闹漕拒捕案审结奏报上已朱批"该部速议具奏"，这就意味着除非遭到"部驳"发回重审，地方审理程序已经完成，该案的性质已无法改变。因此，道光帝发给麟魁接审此案的谕旨，就没有多大意义了。天颜难觌，但视钦差如同救命神一样的新喻民众，仍然在做最后的努力。

当得知钦差麟魁即将从袁州前往广东，经过新喻时，遭受官兵毁屋破家的人们仿佛看到了希望。据包世臣讲，正月十二日，麟魁一行进入新喻境，"有数千人环船递呈，星使收呈，谕以明早去验火场，半夜鼓枻去，至省以呈词二十张咨交中丞，而摘词由入奏"。[1]包世臣所记与麟魁所奏非常吻合。只是麟魁所奏是"多人环跪岸上呼冤"，包世臣所记是"数千人"。如果是多人，麟魁没有必要欺骗民众"明早去验火场"，即查验数百家民屋被毁，到底是官兵所为，还是百姓为救万帼彩、胡尚友等人自焚。如果是"数千人"，足证百姓遭受家破人亡之灾，而麟魁承受极大压力，才有半夜乘船而去，马上离开是非之地的举动。

麟魁刚离开，新喻知县王兰禀报，万帼彩戚党、生员刘辇等于正月十三、十四等日纠约多人，抢夺职官袁玠所开庆豫号盐店赃物并殴抢县差李金等家。又查获刘辇传单一纸，单内称钦差来江西系查办新喻一案，并捏造谕言，按村流布，煽惑乡愚，勒派讼费。为此，钱宝琛于二月十二日片奏称：刘辇等若不严加惩治，何以安良善而儆凶顽。俟拿获刘辇等犯另行照例拟办。[2]而钦差麟魁早于钱宝琛向清廷奏报刘辇等传帖聚众之事。

姑且不论官府所存相关档案的真实性如何，即便就钱宝琛离任，接任江西巡抚吴文镕的审结奏报而言，钱宝琛当初无疑夸大了刘辇等抢掠的事实。因为后来将刘辇等十余人全部抓获，核实他们得赃仅数十两，与事主袁玠原报赃数五百余两差得很远。据奏：

> 刘辇籍隶新喻，道光六年考取府学生员，后因不守学规，经学详报注劣，与另案获办之万帼彩、胡尚友均系戚好。道光二十一年正月十二日，钦差麟魁来江西查办闽广烟匪案件，经过新喻地方，刘辇闻知，起意向各花户勒派钱文，帮作讼费，为万帼彩等翻告，既可见好戚友，又可从中渔利，当与素好在逃之万赓尧、王心商允，刘辇等遂妄称，钦差来江系查办新喻一案，捏造吩咐照案公办谕言，写立传单，按村散布，令各花户凑钱交收，以作讼费。职员袁玠知系哄骗，不肯出钱。十四日，刘辇因挟袁玠不允出钱之嫌，起意纠抢袁玠店内钱物，复商允万赓尧、王心

---

[1] 包世臣：《齐民四术》，李星等点校：《包世臣全集》，合肥：黄山书社，1997年，第242页。
[2] 《奏为遵旨审明定拟具奏事》，道光二十一年二月十二日，朱批奏折 04-01-35-0275-056，中国第一历史档案馆藏。

分头纠允万贯群等共十余人，徒手将袁玠与其弟袁理合开豫庆号店内铜钱、盐、棉花、白布等抢夺。经事主袁玠报官验明，将刘莑革去生员。经审明，王心等抢掠时，有多人赴店观看，各自乘间攫取钱物，并非听从刘莑同伙往抢。刘莑依凶恶棍徒屡次生事行凶，无故扰害民人例，发极边足四千里。其他人流徒有差。[1]

旋经刑部核准，一如新抚奏拟。[2]

七、钦差复审，减轻判处

如前所述，当麟魁折回江西时，钱宝琛已经将新喻漕案及京控案审结上奏。一般而言，除非有重大"突破"，即便钦差审案，也难以推翻地方大吏的结论。更何况闹漕案由学政吴其濬主导，而吴其濬与麟魁一同审理湖北案后，即接任湖北巡抚。

耐人寻味的是，道光帝于三月初四日在钱宝琛奏拟闹漕案朱批"刑部速议具奏"后，于三月二十七日谕麟魁：新喻县革监万帼彩等闹漕京控一案，该抚审拟罪名是否允协，并有无不实不尽之处，着该侍郎亲提全案人证卷宗，覆加详核，确切研讯，务期水落石出，毋许稍有枉纵。但此谕旨，麟魁于闰三月十五日在安徽途次方接到，而五天前即闰三月初十日，麟魁按照道光帝二月初七日谕旨，已将复讯该案审结上奏。

麟魁复审，包世臣称"一切无所更动"，实际与钱宝琛原审，还是有所减轻，特别是对"首犯"万帼彩聚众抗官、主使人将眼线殴死两个死刑条款的认定上，予以改判；同时对焚烧村庄究竟是官兵所为，还是万帼彩、胡尚友指使妇女所为，尽管用了含糊用语，但仍能从中反映官兵加害的部分事实。这份奏折[3]，首先明确是复讯，因而也就难以出现

---

[1]《奏审拟刘莑等煽惑勒派案》，道光二十一年十一月二十九日，录副奏折03-3980-027，中国第一历史档案馆藏。
[2]《清宣宗实录》卷348，道光二十一年三月己丑，北京：中华书局，1986年影印本，第38册，第295页。
[3]《奏为奉旨交审闹漕京控重案，先经该抚审拟具奏，复讯核拟复奏事》，道光二十一年闰三月初十日，朱批奏折04-01-35-0276-023，中国第一历史档案馆藏。引用时略有删节。

"颠覆性"判拟:

如万帼彩等把持漕务,创造急公堂一节:道光十八年九月,万帼彩、胡尚友借十七年(1837)东仓花户完漕遇雨拥挤,倡议挨图上米,令各地保向各花户,每粮一石敛钱一百文,作为设局费用。万帼彩又借盖造公所以避风雨为名,令地保人等向各花户每粮一石,两次共敛钱五百文,建造急公堂公局,勒令完粮花户先将米石挑送局内,听候派定图分,由局汇缴,不许自行陆续完仓。伊等先后代其敛钱是实。据革生张亨、李恒春、胡思泮供认,代为敛钱一次。胡尚友供认与万帼彩伙谋设局敛钱,万帼彩亦供认起意敛钱,盖造急公堂,把持漕务不讳。

又万帼彩等聚众抗官一节:据参与者供,上年四月十七日,官兵到县查拿,胡尚友令涂云凤等纠雇众人守住浮桥,一面拆散浮桥,断绝官兵来路。是日并未见万帼彩走出,其与胡尚友如何商谋聚众,实未听闻。前蒙本省审讯,因胡尚友供系万帼彩主使,伊等因万帼彩系起意盖造急公堂之人,又在胡尚友家藏匿,亦疑有主使情事,是以照依供述。今蒙复讯,伊等实不能确指。讯据严尊二供认,是日官兵到县,伊路遇刘腾高等执持溜帖一纸,称系万帼彩等局内所发,刘腾高邀伊一同传知各店铺关闭店门,甫传过十余户,伊当即转回,各铺只关闭七八户,实无全行罢市之事。据胡尚友供认,万帼彩因官兵将到,令伊纠雇多人,作为拒敌之状,吓退官兵以便逃走。提讯万帼彩,供认与胡尚友商谋,写给闭市溜帖属实。其原审主使胡尚友纠众抗官一层,万帼彩坚供仅令胡尚友着人撑开浮桥,断绝官兵来路,以便搬运逃匿,胡尚友如何分派多人前往吓阻官兵,实不知悉。详核该抚原奏,胡尚友纠集抗官人犯共四十九名,大半在逃,所有已获之刘腾高等,均系临时纠雇乌合之众,于万帼彩如何主令胡尚友聚众抗拒,未能确指。涂云凤等十四名,其中四人已故,胡中兆等十名均在逃未获,无可质证。

又原审万帼彩逃后,主使万柏林、万玉乐将悬贴赏格之万启贤殴毙一节，复讯万帼彩坚不承认，现在万柏林业已监毙，万玉乐在逃未获，亦属无可质证。

又原审万帼彩主使胡好六等赴官船詈骂一节，讯据胡好六等供，伊等与万帼彩素不认识，当日官兵船只到县，伊等因人多嘈杂，随口混骂，即被兵役拿获，经临江府审讯，疑伊等系万帼彩伙党，严行追究，伊等畏刑混供万帼彩主使等语。提讯万帼彩，亦坚供实无主使情事。

至胡尚友京控官兵放火焚烧房屋一节：提讯全案人证，据刘腾高等供，闻系万帼彩逃匿各处，因闻官兵跟捕，主使妇女放火脱逃。其余人证均推不知。万帼彩坚供，伊逃后连日在潭口、园下各处藏匿属实，并无主使放火图赖之事。经查阅该抚原卷，复据当日带兵会拿之袁州协副将李长寿禀复，复查胡尚友京控焚毁房屋等词，该地方官并未纵兵焚毁，尚属可信。

最后予以改判：原审万帼彩主令胡尚友纠众抗官，人数已在四五十以上，罪应斩决；并主使万柏林等将万启贤殴毙，亦罪应斩候，该犯既已翻异，所有原获下手殴毙万启贤之凶犯万柏林业已监毙，余人万玉乐在逃未获，别无质证，其听商抗拒官兵各犯，或已监毙，或被官兵枪毙，其胡中兆等多名亦均未就获。应将万帼彩照例暂行监禁，饬缉各逸犯务获，另行严讯究办。胡尚友、涂云凤、刘腾高照为从例绞监候。胡尚友投首减等，发新疆当差。涂云凤、刘腾高已病故，应毋庸议。其他判拟徒流杖有差。

已革知县包世臣，经该抚另案奏结，毋庸再议。临江府熊莪、景德镇同知文海交部议处。

麟魁复审上奏后，道光帝于闰三月二十三日朱批：刑部议奏。

清廷最后采纳了麟魁的轻拟判决。官方《实录》在道光二十一年三月二十七日谕麟魁"亲提全案人证卷宗，覆加详核"后记载：

寻奏：万帼彩主令胡尚友纠众抗官，按罪应斩，惟伙党在逃，人数众多，应暂行监禁，俟逸犯缉获，另行究办。胡尚友闻拿投首，应于为从绞监候律上减一等，杖一百，流三千里。余分别问拟徒流。下部议，从之。[1]

包世臣写给陈孚恩的回信也证实"首犯"万帼彩当时尚未判刑，并强调说："来书称几于纵囚故事，而以世臣为实有感乎，为不得其实也。至来书所称首畔者，想必出贵省官常之口，其人固非善类，然加此二字则已甚。世臣以壬寅（1842）五月买舟还山，万犯在监内，痛哭不止，再三央狱卒至舟中，叩首代谢。"[2]包世臣于道光二十年（1840）三月罢官，"回省月余"，恰在四月中旬，也就是四月十七日抓捕万帼彩、胡尚友，进而"抗官拒捕""毁民房屋"的时间。罢官后的包世臣以待罪之身，继续留在江西省城，直到此案尘埃落定后，其间有一年之久。又过了一年，包世臣已脱然无累，遂离开江西。越一年，包世臣将旧刻《中衢一勺》《艺舟双楫》重加整理，连同其《管情三义》《齐民四术》一并印行，名为《安吴四种》，"备有心世道者采览"，其中包括对新喻案的记载，以及为自己乃至民众所做的"辩护"。

新喻漕案虽然改轻判处，但无法掩盖舆论的力量。包世臣对陈孚恩曰："新喻兵火之后，新臬以曾任临江守，特驻新喻，下学讲书，欲以感召万、胡，使投案。正讲时，有人在明伦堂下桂花台，弹月琴唱门词被捕。臬使饬随员赴县会审，而月琴已打破。其人名刘得祖，不识字，只能弹唱，因假三弦授之弹唱，乃新喻新事，名曰《万岁牌楼记》，共十六回，第九至十三，皆唱世臣在任所办各件。随员回省说新闻，省中官幕，乃知世臣在彼之拊循整饬，毫无错谬也。刘得祖带省收禁，中丞过堂，曾叫彼弹了数回。"后麟魁"折回江西谳此狱，一切无所更动，唯提刘得祖唱了三日而开释之。临行，谓其同年东乡令铭东屏曰：包君我竟未敢识其面，然《万岁牌楼记》已听完，中有大小文武官十八员，包君以一青天，居十七狗子之间，而得免于刑戮，幸矣！中丞心究不自安，为世臣了公私事，得以脱然无累。今已六年，并无咨追到南。以上

---

[1]《清宣宗实录》卷349，道光二十一年三月壬子，北京：中华书局，1986年影印本，第38册，第318页。
[2] 包世臣：《齐民四术》，李星等点校：《包世臣全集》，合肥：黄山书社，1997年，第240—241页。

所述，乃是真实，想阁下所闻与此互异也"。[1]

《万岁牌楼记》——如果能够查阅到——会是新喻案的最详尽"版本"，可能也是最接近事实真相的版本。而其中"大小文武官十八员，包君以一青天，居十七狗子之间，而得免于刑戮，幸矣！"的感叹，虽然只是包世臣的"一面之词"，但官官相护，上下勾连，欺凌民众，而使正派官员难以容身的官场风气，却堪称实录。

包世臣上文所说的东乡县令铭东屏，即铭岳，道光五年进士。包世臣摘顶前后，钱宝琛为取悦麟魁，以部选新喻县令佛尔国春"人地未宜"，奏请将麟魁的同年、东乡县令铭岳与之对调，奏称：新喻县系繁难中缺，该县民刁俗悍，近年征收漕粮，每有棍徒把持抗欠，必须精明熟谙之员，方足以资整顿。查新选知县佛尔国春系镶黄旗满洲监生，由部领凭于道光十九年九月二十五日到省，臣屡次接见，察看该员年力正壮，心地明白，惟初膺民社，于新喻县人地不甚相宜，自应拣员对调，俾资治理。查有东乡县知县铭岳年四十岁，正白旗汉军何裕鲁佐领下人，由进士引见以知县即用，十八年八月到任。该员年壮才明，勤于有为，以之调补新喻县知县，可期办理裕如。所遗东乡县系简缺，即以佛尔国春对调，实于治理有裨。[2]

对钱宝琛的奏请，道光帝本已准奏，但吏部查核与定例不符，奏请撤回，行令另拣合例人员对调。钱宝琛遂以浙江仁和人、靖安县知县王兰与佛尔国春对调。[3]

八、余论

清廷最后采纳钦差麟魁的奏拟，审结新喻漕案后，钱宝琛于二十一年五月二十九日与湖北巡抚吴文镕对调。吴文镕刚于四月六日交卸福建巡抚，五月二十八日赴京觐见，次日改任江西巡抚，七月八日到任，与

---

[1] 包世臣：《齐民四术》，李星等点校：《包世臣全集》，合肥：黄山书社，1997年，第242页。
[2] 《奏请对调知县折》，道光十九年十一月初二日，录副奏折03-2688-058，中国第一历史档案馆藏。
[3] 《奏请靖安县知县王兰与新喻县知县佛尔国春对调事》，道光二十年三月初三日，录副奏折03-2692-076，中国第一历史档案馆藏。

钱宝琛交卸。在道光帝的谕旨中，明令吴文镕抵达江西省城后，钱宝琛再赴湖北新任，而钱宝琛因肝病复发，先于六月初九日奏请赏假一个月，旋即奏请开缺。吴文镕接任后，承道光帝密旨，到省城前往钱的寓所"查病"，密报说钱"实因血虚肝旺，以致寝食大减，察其精神，殊为疲惫"。[1]随后，道光帝准钱宝琛回籍调理。

钱宝琛回到家乡江苏太仓时，年仅五十七岁。这是出任封疆大吏的最佳年龄，但其后直到谢世的近二十年间，除咸丰三年短暂出办团练外，他一直在籍赋闲。如此盛年何以未再出仕？据钱宝琛的后学为《存素堂诗集》所写序称，"自林文忠被议以后，即不复出"。[2]把自己的不再出仕与林则徐被发配新疆联系在一起，很能为老师"增价"，但事实究竟如何，难以探知。这或许是受到军机大臣王鼎"死谏"的"启发"附会而言。[3]钱宝琛之孙钱溯耆说，"移江右不及四载，乞归后优游林下，文史自娱者十八年"[4]。

钱宝琛的家乡更是漕弊已极之地，而伴随愈演愈烈的漕务积弊，钱宝琛也未能幸免。道光二十六年（1846），江苏不少地方发生绅民拆毁衙署之事。正月，昭文县衙被毁，漕书家亦复一空。常熟人柯悟迟感叹道："勒折浮收，日甚一日，下蠹百姓脂膏。况漕乃天下之大政，一浇莫挽，竟至于斯，日后情形，不知伊于胡底？"七月初，镇洋县署被扫，"漕书家尽毁，又到告病假归里前任江西巡抚钱宝琛家，损伤甚大。因渠筑坝刘河，良田不利故也"[5]。七月十四日，巡抚李星沅"闻镇洋有二匪借报荒为名，纠抢钱百渝家，甚可骇"[6]。这无疑是大变乱之前的征兆。

---

[1]《奏为亲视钱宝琛病情事》，道光二十一年八月初一日，录副奏折03-2710-004，中国第一历史档案馆藏。
[2] 钱宝琛：《存素堂诗集》，《清代诗文集汇编》，上海：上海古籍出版社，2010年，第550册，第552页。
[3] 卜键：《国之大臣——王鼎与嘉道两朝政治》，西安：陕西人民出版社，2015年，第492页。
[4] 钱宝琛：《存素堂诗集续编》，《清代诗文集汇编》，上海：上海古籍出版社，2010年，第550册，第809页。
[5] 柯悟迟：《漏网喁鱼集》，北京：中华书局，1959年，第7—8页。
[6] 袁英光、董浩整理：《李星沅日记》下册，北京：中华书局，1987年，第663页。

国家大政食与戎，漕穷肇兵相激春。豪民豪胥维蠹同，蚌鹬相持乃相攻。

崇阳未已耒阳从，大刑屡修谁剂穷！法穷匪变云胡通，呜呼漕赋安所终！[1]

这是魏源为在崇阳抗漕案中死去的县令师长治所写墓志铭的诗文。思想家的忧患几年后即成为现实。

（原载《中国古代法律文献研究》第九辑，社会科学文献出版社，2015年）

---

[1] 魏源：《魏源集》上册，北京：中华书局，1976年，第340页。中间有删节。